Uni-Taschenbücher 1491

UTB
FÜR WISSEN
SCHAFT

Eine Arbeitsgemeinschaft der Verlage

Wilhelm Fink Verlag München
Gustav Fischer Verlag Stuttgart
Francke Verlag Tübingen
Paul Haupt Verlag Bern und Stuttgart
Dr. Alfred Hüthig Verlag Heidelberg
Leske Verlag + Budrich GmbH Opladen
J. C. B. Mohr (Paul Siebeck) Tübingen
R. v. Decker & C. F. Müller Verlagsgesellschaft m. b. H. Heidelberg
Quelle & Meyer Heidelberg · Wiesbaden
Ernst Reinhardt Verlag München und Basel
F. K. Schattauer Verlag Stuttgart · New York
Ferdinand Schöningh Verlag Paderborn · München · Wien · Zürich
Eugen Ulmer Verlag Stuttgart
Vandenhoeck & Ruprecht in Göttingen und Zürich

Max Weber

Gesammelte Politische Schriften

herausgegeben
von Johannes Winckelmann

J. C. B. Mohr (Paul Siebeck) Tübingen

Diese Ausgabe ist ein photomechanischer Nachdruck der 4. Auflage von 1980 mit den Vorworten zur 1. (1921), 2. (1958) und 3. Auflage (1971). Entfallen ist das Geleitwort von Theodor Heuss zur 2. und den folgenden Auflagen.
Die erste Auflage, herausgegeben von Marianne Weber, erschien im Drei Masken Verlag, München, die weiteren, herausgegeben von Johannes Winckelmann, bei J.C.B. Mohr (Paul Siebeck) Tübingen.

Cip-Titelaufnahme der Deutschen Bibliothek:

Weber, Max:
Gesammelte Aufsätze: 7 Taschenbuchbd. / Max Weber. –
Tübingen: Mohr.
(UTB für Wissenschaft: Uni-Taschenbücher; 1495)
ISBN 3-16-845373-0
NE: Weber, Max: [Sammlung]; UTB für Wissenschaft / Uni-Taschenbücher

Weber, Max: Gesammelte politische Schriften. – 5. Aufl. – 1988

Weber, Max:
Gesammelte politische Schriften / Max Weber. Hrsg. von Johannes Winckelmann. – 5. Aufl. – Tübingen: Mohr, 1988
(Gesammelte Aufsätze / Max Weber)
(UTB für Wissenschaft: Uni-Taschenbücher; 1491)
ISBN 3-16-845372-2
NE: Weber, Max: [Sammlung]; UTB für Wissenschaft / Uni-Taschenbücher

Printed in Germany
Einbandgestaltung: Alfred Krugmann, Stuttgart
Druck: Presse-Druck, Augsburg

INHALT

VORWORT ZUR ERSTEN AUFLAGE

Max Webers politische Schriften sind insofern schon »Geschichte«, als sie zu den Problemen einer Epoche Stellung nehmen, die durch den Weltkrieg [1] und die ihm folgende Revolution heute als zu Ende gelebt erscheint. Aber die gegenwärtigen politischen Daseinsformen sind mühsam auf einem Trümmerhaufen errichtet und tragen in manchem den Stempel des Notbehelfs. Niemand kann wissen, ob nicht die kommende Generation, wenn ihr ein Aufstieg beschieden ist, den Faden der Entwicklung wieder da anknüpft, wo ihn der nationale Zusammenbruch abgerissen hat. Dann könnte auch der Inhalt dieses Buches wieder aktuelle Bedeutung gewinnen.

Wie dem auch sei: der Verfasser wollte mit diesen Schriften der Forderung des Tages dienen, aber ihre Wirkung ist nicht an die Vergänglichkeit der Tage, für die sie geschrieben waren, gebunden. Als Quelle der Schulung des politischen Denkens unserer Nation wird ihnen für Generationen lebendige Kraft innewohnen. Denn sie sind mit dem kühlen Kopf eines scharfsinnigen Denkers, der jederzeit Augenmaß für das der deutschen Politik Erreichbare und Notwendige hatte, geschrieben und zugleich mit dem Herzblut eines leidenschaftlichen Deutschen, dem die Größe seiner Nation und die Besonderheit ihres Wesens und ihrer Aufgaben an jedem Tage seines Lebens ein unbezweifelbarer Wert war.

Die Sammlung politischer Briefe ist vorläufig unvollständig, da ihr Aufspüren naturgemäß Schwierigkeiten bereitete. Immerhin werden die vorliegenden Dokumente, deren Veröffentlichung die Empfänger freundlichst gestattet haben, das Bild des Politikers durch einige charakteristische und lebendige Züge vervollständigen.

München, im Oktober 1920

Marianne Weber

[1] 1914–1918.

VORWORT ZUR ZWEITEN AUFLAGE

Max Webers politische Schriften sind seit langem vergriffen, ohne an Bedeutung und Interesse verloren zu haben. Sie sollen deshalb hier der Öffentlichkeit in erweiterter Form erneut vorgelegt werden. Auch der heutige Leser wird aus ihnen nur lernen können: historisch, theoretisch und politisch. Deutlich geht aus ihnen vor allem auch hervor, welches Gewicht der Verfasser gerade den kulturellen Fragen und Aufgaben beimaß. Von dem Abdruck des der früheren Auflage beigegebenen fragmentarischen Briefanhangs ist abgesehen worden, zumal da in absehbarer Zeit mit dem Erscheinen einer umfangreicheren Sammlung von Briefen Max Webers zu rechnen sein dürfte.

In innenpolitischer Beziehung sind die Grundgedanken der politischen Schriften Max Webers trotz des Zeitablaufs in keiner Weise überholt. Das gilt vorzüglich hinsichtlich der Darlegung der Voraussetzungen für die Gestaltung und das Funktionieren der Demokratie. Als äußerst aufschlußreich erweist sich insbesondere die Untersuchung über »Deutschlands künftige Staatsform«. Außenpolitisch kreisen die Gedankengänge dieser Schriften um die stets wiederholte Fragestellung nach der Beschaffenheit einer deutschen auswärtigen Politik, die die Gefahr des Entstehens einer ost-westlichen, gegen Deutschland sich richtenden Koalition ausschließt: Bismarcks »Alptraum der Koalitionen«. Immer wieder sucht der Autor, die für die Zukunft der abendländischen Kultur entscheidende Bedeutung der russischen Weltmacht zum Bewußtsein zu bringen.

Es erscheint daher gerechtfertigt, die Rußlandberichte des Verfassers aus den Jahren 1905/06, jedenfalls in politisch bedeutsamen Auszügen, ebenso in die gesammelten politischen Schriften und Reden aufzunehmen wie seinen Beitrag zum Deutschen Weißbuch von 1919 über die Verantwortlichkeit der Urheber des Krieges[1]. Dagegen hat es sich bedauerlicherweise als unmöglich herausgestellt, die beiden von

[1] Vgl. dazu Marianne Weber, Max Weber – Ein Lebensbild (1. Aufl. 1926, S. 667 f.).

Max Weber an Conrad Haussmann übermittelten Gesetzentwürfe zur Änderung der Reichsverfassung von 1871, datiert vom 1. und 7. Mai 1917, sowie die zweite Denkschrift zur Frage des Friedenschließens aus Anlaß des Berliner Rüstungsarbeiterstreiks, datiert vom 4. Februar 1918, für die vermehrte Neuauflage heranzuziehen, wie es wünschenswert gewesen wäre[1].

Im Nachlaß von Frau Dr. Marianne Weber befand sich weder die schriftliche Hinterlassenschaft Max Webers, noch die von ihr selbst veranstaltete umfangreiche Sammlung seiner Briefe. Das gesamte Material war vielmehr von ihr zur Bewahrung vor Kriegsschäden dem preußischen Staatsarchiv übergeben worden. Was davon übriggeblieben ist, befindet sich jetzt im Zentralarchiv in Merseburg. Die für den Abdruck in diesem Sammelband in Betracht kommenden politischen Manuskripte sind, wenigstens unter den für die Benutzung zugänglichen Stücken, dort nicht vorhanden[2]. Es muß gehofft werden, daß der fehlende Teil der Nachlaßschriften Max Webers sich eines Tages wieder auffinden lassen und dann auch die erwünschte Ergänzung des vorliegenden Bandes gestatten wird.

Der Hinweis auf das Erfurter Protokoll der National-Sozialen wird Herrn Wolfgang Mommsen verdankt. Den Wahlrechtsaufsatz vom 28. März 1917 hatte Max Weber in seinem Brief vom 3. Februar 1917 an Friedrich Naumann als bevorstehend angekündigt[3] und hat ihn später wiederholt ohne nähere Angabe in Bezug genommen[4]. Sehr dankbar ist der Herausgeber der Neuauflage Herrn Professor Dr. Werner Conze in Heidelberg, daß er durch das von ihm geleitete Institut für Sozialgeschichte der Gegenwart die Fundstelle auf-

[1] Siehe das »Lebensbild« Max Webers (1. Aufl. S. 599 f., 718).

Bei den Gesetzentwürfen betr. Änderung der Reichsverfassung von 1871, die hier als Anhang I hätten abgedruckt werden sollen, handelt es sich um die zwei folgenden:

a) Aufhebung von Art. 9 Satz 2 der RV. v. 1871;

b) Befugung des Reichstags zur Einsetzung von Enquetekommissionen.

Das Material (mit Einschluß eines etwaigen Memorandums oder Anschreibens) hat sich leider – einer Mitteilung Dr. Robert Haussmanns zufolge – auch nicht im Nachlaß seines Vaters Conrad Haussmann angefunden.

[2] Die Angaben beruhen auf der schriftlichen Auskunft des Deutschen Zentralarchivs, Abteilung Merseburg, die mit den Feststellungen übereinstimmt, die cand. phil. Wolfgang Mommsen an Ort und Stelle getroffen hat.

[3] Gesammelte Politische Schriften, 1. Aufl. 1921, S. 466.

[4] Siehe unten im Text Seite 268/69, 288, 295, 406. (D. H.)

suchen und bei dieser Gelegenheit auch den Artikel über »BISMARCKS Erbe in der Reichsverfassung«[1] mitteilen ließ.

Darüber hinaus möchte der Unterzeichnete allen denen aufrichtig danken, die seine – im Ergebnis leider negativ verlaufenen – Anfragen nach dem von MARIANNE WEBER gekennzeichneten Nachlaßmaterial (Vorseite, Anmerkung 1) bereitwillig beantwortet haben.

Zu höchstem Dank sind Verleger und Herausgeber Herrn Professor DR. THEODOR HEUSS verpflichtet, der trotz stärkster Inanspruchnahme durch sein hohes Amt zum Wiedererscheinen des Buches das einführende Gedenkwort beizutragen ermöglichte, in dem er das Bild MAX WEBERS in die Gegenwart heraufruft, und so durch dieses, aus zeitgenössischem Miterleben geformte document humain die Neuausgabe der gesammelten politischen Schriften und Reden bereicherte.

Die, nächst den Rußlandberichten, umfassendste politische Broschüre MAX WEBERS »Parlament und Regierung im neugeordneten Deutschland« ist aus einer Artikelfolge in der Frankfurter Zeitung hervorgegangen, die unter dem Titel »Deutscher Parlamentarismus in Vergangenheit und Zukunft« die Themen der Abschnitte I bis III der späteren Fassung behandelte[2]. Nur der zweite Teil (9./10. Juni) führte den abweichenden Haupttitel »Vergangenheit und Zukunft des deutschen Parlamentarismus«. Der erste und zweite Teil trugen die gleiche Zwischenüberschrift wie jetzt, die des dritten Teiles lautete »Verwaltungsöffentlichkeit und politische Verantwortung«. In den Abschnitt VI der Broschüre wurde von MAX WEBER ein Artikel aufgenommen, den er schon früher in der gleichen Zeitung unter dem Titel »Der preußische Landtag und das Deutsche Reich« veröffentlicht hatte[3].

MAX WEBERS letzte Broschüre rein politischen Charakters bringt in leicht überarbeiteter Form eine Artikelreihe der Frankfurter Zeitung, die unter dem Titel »Die Staatsform Deutschlands«

[1] Frankfurter Zeitung vom 28. Oktober 1917.

[2] Frankfurter Zeitung vom 27. Mai (I), 9., 10. (II) und 24. Juni 1917 (III). Über die dann einsetzenden Zensurschwierigkeiten vgl. MARIANNE WEBER, Lebensbild, 1. Aufl. 1926, S. 600, 602 ff.

[3] Frankfurter Zeitung vom 26. April 1917; vgl. unten im Text Seite 407 bis 413 oben.

erschienen war[1]. Die letzten drei Artikel führten dort die Überschrift »Die deutsche Staatsform«. Der abschließende Artikel trug den Untertitel »4. Reich und Einzelstaaten«.

Nicht nur die vorgenommenen Erweiterungen des Bandes, auch die zeitlich richtige Einordnung der Abhandlung »Parlament und Regierung im neugeordneten Deutschland«[2] schlossen die Aufrechterhaltung der bisherigen Seitenzählung aus. Der Herausgeber hofft, diesen gewiß mißlichen Umstand nicht allein durch die Bereicherung des Inhalts, sondern technisch durch die Beifügung einer vergleichenden Seitenübersicht der beiden Auflagen ausgeglichen zu haben. Das Register wird dazu beitragen, den Sammelband in verstärktem Maße als eine Fundgrube auch für die Wissenschaft von der Politik aufzuschließen.

Bad Wiessee, im März 1958

JOHANNES WINCKELMANN

[1] Frankfurter Zeitung vom 22., 24., 28., 30. November und 5. Dezember 1918.

[2] Die zeitliche Feststellung ergibt sich aus dem Titelblatt der Broschüre mit dem Erscheinungsjahr 1918, aus den entsprechenden Angaben der Verlagsanzeigen, aus dem Text der Überarbeitung selbst, in dem u. a. mehrmals von »soeben« und »Januar 1918« die Rede ist, aus der Verweisung auf Ausführungen der früheren Schriften, aus dem »Lebensbild« MAX WEBERS (1. Aufl. S. 602, 718) sowie aus dem »Wöchentlichen Verzeichnis der deutschen Neuerscheinungen« für das Jahr 1918.

VORWORT ZUR DRITTEN AUFLAGE

Seit dem Erscheinen der vorangegangenen Auflage gelang es, fünf weitere politische Beiträge MAX WEBERS aufzufinden, die in die Neuauflage aufgenommen worden sind. Die Entdeckung der Stellungnahme zur Flottenumfrage aus dem Jahre 1898 ist wiederum Herrn WOLFGANG MOMMSEN zu verdanken. Die Titel dieser Funde wurden vom Herausgeber in das Verzeichnis der Schriften MAX WEBERS in Band 229 von Kröners Taschenausgabe seit dessen 2. Auflage 1960, die Erklärung zu dem Berliner Professorenaufruf seit dessen 3. Auflage 1964 eingereiht.

Es erschien sachgemäß, die Ansprache über die Zugehörigkeit des Saargebiets zu Deutschland in den *Anhang* einzustellen, da sie – wie die Einleitung zur sog. Professorendenkschrift über die Verantwortlichkeit der Urheber des ersten Weltkrieges – keine politikwissenschaftlichen und soziologischen Erkenntnisse vorträgt, vielmehr ein geschichtliches (und wirtschaftliches) Resümee und eine politische Willenskundgebung darstellt.

Rottach-Egern, am 14. Juni 1970

JOHANNES WINCKELMANN

DER NATIONALSTAAT UND DIE VOLKSWIRTSCHAFTSPOLITIK

Akademische Antrittsrede

Vorbemerkung

Nicht die Zustimmung, sondern der Widerspruch, welchen die nachstehenden Ausführungen bei vielen ihrer Hörer fanden, veranlaßten mich, sie zu veröffentlichen. Sachlich Neues werden sie Fachgenossen wie andern nur in Einzelheiten bringen, und in welchem speziellen Sinn allein sie den Anspruch auf das Prädikat der »Wissenschaftlichkeit« erheben, ergibt sich aus der Veranlassung ihres Entstehens. Eine Antrittsrede bietet eben Gelegenheit zur offenen Darlegung und Rechtfertigung des persönlichen und insoweit »subjektiven« Standpunktes bei der *Beurteilung* volkswirtschaftlicher Erscheinungen. Die Ausführungen S. 15 bis 18 (oben) hatte ich mit Rücksicht auf Zeit und Hörerkreis fortgelassen, andere mögen beim Sprechen eine andere Form angenommen haben. Zu den Darlegungen im Eingang ist zu bemerken, daß die Vorgänge hier naturgemäß wesentlich vereinfacht gegenüber der Wirklichkeit dargestellt werden. Die Zeit von 1871–1885 zeigt in den einzelnen Kreisen und Gemeinden Westpreußens keine einheitlichen, sondern charakteristisch wechselnde Bevölkerungsbewegungen, die keineswegs durchweg so durchsichtig sind wie die herausgegriffenen Beispiele. Die Tendenz, welche an diesen zu veranschaulichen versucht ist, wird in anderen Fällen durch andere Momente durchkreuzt. Darauf werde ich demnächst ausführlicher an anderem Ort zurückkommen. Daß die Resultate, welche diese Zahlen bieten können, auf unsichereren Füßen stehen als diejenigen, welche die verdienstlichen Veröffentlichungen mehrerer Schüler NEUMANNS uns über die Nationalitätsverhältnisse in Posen und Westpreußen geliefert haben, liegt auf der Hand. Aber in Ermangelung korrekten Materials müssen wir uns vorerst mit ihnen begnügen, zumal die Erscheinungen, welche sie veranschaulichen, uns in ihren Hauptzügen bereits aus den ländlichen Enqueten der letzten Jahre bekannt sind.

F r e i b u r g, Mai 1895 MAX WEBER

Die Fassung meines Themas verspricht weit mehr, als ich heute halten kann und will. Was ich beabsichtige, ist zunächst: an *einem Beispiel* die Rolle zu veranschaulichen, welche die physischen und psychischen Rassendifferenzen zwischen Nationalitäten im ökonomischen Kampf ums Dasein spielen. Daran möchte ich einige Betrachtungen über die Stellung der auf nationaler Grundlage ruhenden Staatswesen – wie es das unsrige ist – im Rahmen der volkswirtschaftspolitischen Betrachtung knüpfen. – Ich wähle für jenes Beispiel einen Kreis von Vorgängen, die örtlich fern von uns sich abspielen, aber seit einem Jahrzehnt die öffentliche Aufmerksamkeit wiederholt erregt haben, – und bitte Sie, mir in die Ostmarken des Reiches, auf das platte Land der preußischen Provinz *Westpreußen* zu folgen. Dieser Schauplatz verbindet die Eigenschaft eines nationalen Grenzlandes mit ungewöhnlich schroffen Unterschieden der ökonomischen und sozialen Existenzbedingungen, und dies empfiehlt ihn für unseren Zweck. Ich kann leider nicht umhin, Ihre Geduld zunächst für eine Reihe trockener Daten in Anspruch zu nehmen.

Die Provinz umschließt in ihren Landdistrikten Gegensätze von dreierlei Art.

Zunächst außerordentliche Verschiedenheiten in der *Güte des Ackerbodens:* – von den Zuckerrübenböden der Weichselebene bis auf die sandige kassubische Höhe liegen Unterschiede in der Steuerreinertragsschätzung um das 10- und 20fache. Selbst die Kreisdurchschnitte schwanken zwischen $4^3/_4$ und $33^2/_3$ Mark pro Hektar.

Gegensätze ferner in der *sozialen Schichtung* der Bevölkerung, die diesen Boden bebaut. Wie im Osten überhaupt, kennen auch hier die amtlichen Aufnahmen neben der »Landgemeinde« eine zweite, dem Süden unbekannte Form der kommunalen Einheit: den »Gutsbezirk«. Und dementsprechend heben sich im Landschaftsbilde zwischen den Dörfern der Bauern die Rittergüter ab – die Sitze der Klasse, welche dem Osten sein soziales Gepräge gibt: der Junker –, Herrenhöfe, umgeben von den einstöckigen Katen, welche der Gutsherr nebst Ackerstücken und Weide den Tagelöhnern anweist, die das Jahr über zur Arbeit auf dem Hofe verpflichtet sind. Etwa je zur Hälfte ist die Fläche der Provinz zwischen beide verteilt. Aber in den einzelnen Regionen schwankt der Anteil der Gutsbezirke von wenigen Prozenten bis zu zwei Dritteln der Fläche der Kreise.

Endlich innerhalb dieser dergestalt in zweifacher Art sozial geschichteten Bevölkerung der dritte Gegensatz: derjenige der *Natio-*

nalitäten. Und | auch die nationale Zusammensetzung der Bevölkerung der einzelnen Gemeindeeinheiten ist regional eine verschiedene. *Diese* Verschiedenheit ist es, welche uns interessiert. Dichter wird das Polentum zunächst – natürlich – mit Annäherung an die Grenze. Es nimmt aber ferner, wie jede Sprachenkarte zeigt, *zu* mit *ab*nehmender Güte des Bodens. Das wird man – nicht überall mit Unrecht – zunächst historisch erklären wollen aus der Art der deutschen Okkupation, welche zuerst das fruchtbare Weichseltal überflutete. Allein wenn man nun weiter fragt: welche *sozialen Schichten* sind auf dem Lande die Träger des Deutschtums und des Polentums?, – so zeigen uns die Ziffern der bisher zuletzt publizierten[1] Bevölkerungsaufnahme von 1885 ein merkwürdiges Bild. Aus dieser Aufnahme können wir zwar die nationale Zusammensetzung der Gemeinden nicht direkt, wohl aber – wenn wir uns mit einer nur annähernden Richtigkeit der Ziffern zufrieden geben – indirekt entnehmen: durch das Mittelglied der Konfession, die innerhalb des für uns in Betracht kommenden national gemischten Gebietes mit der Nationalität bis auf wenige Prozente zusammentrifft. Scheiden wir die ökonomischen Kategorien der Bauerndörfer und der Rittergüter in den einzelnen Gegenden, indem wir sie, gleichfalls ungenau, mit den Kommunaleinheiten[2] der Landgemeinden bzw. Gutsbezirke identifizieren, so zeigt sich, daß sie sich je nach der Bodengüte in bezug auf ihre nationale Zusammensetzung *entgegengesetzt* voneinander verhalten: in den fruchtbaren Kreisen sind die Katholiken, d. h. die *Polen,* relativ am stärksten auf den *Gütern* und die Evangelischen, d. h. die *Deutschen,* in den *Dörfern* zu finden, – und gerade umgekehrt steht es in den Kreisen mit schlechtem Boden. Faßt man z. B. die Kreise mit unter 5 Mark Durchschnittssteuerreinertrag pro Hektar zusammen, so sind in den Dörfern nur 35,5 %, auf den Gütern 50,2 % Evangelische, nimmt man dagegen die Kreisgruppe, welche 10 bis 15 Mark Durchschnittssteuerreinertrag pro Hektar umfaßt, so sind die Evangelischen in den Dörfern mit 60,7 %, auf den Gütern nur mit 42,1 % beteiligt. Wie kommt das? Warum sind in der Ebene die Güter, auf der Höhe die Dörfer die Sammelbecken des Polentums? Eins sieht man alsbald: *die Polen haben die Tendenz, sich in der ökonomisch*

[1] »Gemeindelexikon«, Berlin 1887.

[2] Für die soziale Schichtung ist diese Verwaltungseinteilung dennoch charakteristischer als die Zugrundelegung der Betriebsverteilung. In der Ebene sind Gutsbetriebe unter 100, auf der Höhe Bauernbetriebe über 200 Hektar nichts Seltenes.

und sozial | niedrigst stehenden Schicht der Bevölkerung anzusammeln. Auf den guten Böden, zumal der Weichselebene, stand der Bauer in seiner Lebenshaltung stets über dem Gutstagelöhner, auf den schlechten Böden dagegen, die rationell nur im Großen zu bewirtschaften waren, war das Rittergut der Träger der Kultur und damit des Deutschtums; die kümmerlichen Kleinbauern stehen dort in ihrer Lebenshaltung noch heute *unter* den Gutstagelöhnern. Wüßten wir das nicht ohnehin, – der Altersaufbau der Bevölkerung ließe es uns vermuten. Steigt man in den *Dörfern* von der Ebene zum Höhenrücken hinauf, so steigt der Anteil der Kinder unter 14 Jahren von 35–36 % mit abnehmender Bodengüte bis auf 40 bis 41 %, – und wenn man damit die *Güter* vergleicht, so ist in der Ebene der Anteil der Kinder größer als in den Dörfern, steigt nach der Höhe zu, aber langsamer als in den Dörfern, und bleibt *auf* derselben hinter ihnen zurück. Die große Kinderzahl heftet sich hier wie überall an die Fersen der niedrigen Lebenshaltung, welche die Erwägungen der Fürsorge für die Zukunft erstickt. – Wirtschaftliche Kultur, relative Höhe der Lebenshaltung und *Deutschtum* sind in Westpreußen identisch.

Und doch konkurrieren beide Nationalitäten seit Jahrhunderten auf demselben Boden unter wesentlich gleichen Chancen miteinander. Worin ist also jene Scheidung begründet? Man ist alsbald versucht, an eine auf physischen und psychischen Rassenqualitäten beruhende Verschiedenheit der *Anpassungsfähigkeit* der beiden Nationalitäten an die verschiedenen ökonomischen und sozialen Existenzbedingungen zu glauben. Und in der Tat ist dies der Grund, – der Beweis dafür liegt in der Tendenz, welche in der *Verschiebung* der Bevölkerung und der Nationalitäten zutage tritt und welche zugleich das Verhängnisvolle jener verschiedenen Anpassungsfähigkeit für das Deutschtum des Ostens erkennen läßt.

Es stehen uns zur Beobachtung der Verschiebungen in den einzelnen Gemeinden allerdings nur die Zahlen von 1871 bis 1885 zum Vergleich zur Verfügung, und diese lassen uns den Anfang einer Entwicklung erst undeutlich erkennen, die sich seither nach allem, was wir wissen, außerordentlich verstärkt fortsetzt. Die Deutlichkeit des Zahlenbildes leidet ja überdies naturgemäß durch die notgedrungene, aber nicht ganz genaue Gleichsetzung von Konfession und Nationalität einerseits, Verwaltungseinteilung und sozialer Gliederung andererseits. Allein trotzdem sehen wir das, worauf es ankommt, deutlich genug. – Die Landbevölkerung der Provinz, wie diejenige großer Teile des Ostens überhaupt, zeigte | während des Zeitraumes von 1880 bis 1885 eine Tendenz zur *Abnahme:* in Westpreußen betrug sie 12700 Köpfe, d. h., während die Bevölkerung des Reiches sich um etwa $3\frac{1}{2}$ % vermehrt hat, verminderte sie sich um $1\frac{1}{4}$ %. Auch diese Erscheinung, wie die bisher besprochenen, verteilt sich aber ungleich: in manchen Kreisen steht ihr eine Zunahme der Landbevölkerung gegenüber. Und zwar ist die Art, *wie* sich beide verteilen, recht eigentümlich. Nehmen wir zunächst die verschiedenen Bodenqualitäten, so wird jeder vermuten: die Abnahme wird am stärksten die *schlechtesten* Böden betroffen haben, wo unter dem Druck der sinkenden Preise der Nahrungsspielraum zuerst zu eng werden mußte. Sieht man sich die Zahlen an, so zeigt sich: das *Umgekehrte* ist der Fall; gerade eine Reihe der gesegnetsten Kreise: Stuhm und Marienwerder z. B. mit rund 15–17 Mark Durchschnittsreinertrag, hatten den stärksten *Abfluß:* 7–8 %, während auf der Höhe die Kreise Konitz, Tuchel mit 5–6 Mark Reinertrag mit die stärkste, schon seit 1871 konstante *Vermehrung* erlebten. Man sucht nach Erklärung und fragt zunächst: welche sozialen Schichten sind es, denen einerseits jener Abfluß entstammte, und denen andererseits diese Vermehrung zugute kam? Sieht man sich die Kreise mit starken Verminderungsziffern an: Stuhm, Marienwerder, Rosenberg, so sind es durchweg solche, in denen der *große Grundbesitz* besonders stark herrscht, und betrachtet man nun weiter die *Gutsbezirke* der ganzen Provinz zusammen, so kommen, obwohl sie 1880 auf derselben Bodenfläche ohnehin eine um zwei Drittel geringere Volkszahl aufwiesen als die Dörfer, doch fast $\frac{3}{4}$ der Verminderung der Landbevölkerung, über 9000 Köpfe, auf sie allein: ihre Bevölkerung hat um etwa $3\frac{3}{4}$ % abgenommen. Aber auch *innerhalb* der Güter ist diese Abnahme wieder verschieden verteilt, teilweise fand Zunahme statt, und wenn man die Gegenden mit starker Abnahme der Gutsbevölkerung aussondert, so zeigt sich: gerade die Güter auf *guten* Böden haben einen besonders starken Abfluß erlebt.

Die *Zunahme* der Bevölkerung dagegen, welche auf den schlechten Böden der Höhe stattfand, ist vornehmlich den *Dörfern* zugute gekommen, und gerade den Dörfern auf *schlechten* Böden am stärksten, im Gegensatz zu den Dörfern der Ebene. *Abnahme der Tagelöhner* der Güter auf den *besten* Böden, *Zunahme der Bauern* auf den *schlechten* also ist die Tendenz. Um was es sich dabei handelt, und wie das zu erklären ist, wird klar, wenn man schließlich auch hier fragt: wie sich die *Nationalitäten* zu diesen Verschiebungen verhalten.|

Das Polentum im Osten schien in der ersten Hälfte des Jahrhunderts langsam und stetig zurückgedrängt zu werden, seit den 60er Jahren aber ist es, wie bekannt, ebenso langsam und stetig im Vordringen begriffen. Das letztere ergeben für Westpreußen die Spracherhebungen trotz ihrer mangelhaften Grundlagen doch auf das deutlichste. Nun kann die Verschiebung einer Nationalitätengrenze auf zweierlei, grundsätzlich zu scheidende Arten sich vollziehen. – Einmal so, daß nationalen Minderheiten im national gemischten Gebiet Sprache und Sitte der Mehrheit allmählich oktroyiert wird, daß sie »aufgesogen« werden. Auch diese Erscheinung findet sich im Osten: sie vollzieht sich statistisch nachweisbar an den Deutschen katholischer Konfession. Das kirchliche Band ist hier stärker als das nationale, Reminiszenzen aus dem Kulturkampf spielen mit, und der Mangel eines deutsch erzogenen Klerus läßt sie der nationalen Kulturgemeinschaft verlorengehen. Wichtiger aber und für uns interessanter ist die zweite Form der Nationalitätenverschiebung: die *ökonomische Verdrängung*. – Diese liegt hier vor. Prüft man die Verschiebungen des Anteils der Konfessionen in den ländlichen Gemeindeeinheiten 1871 bis 1885, so zeigt sich: der Abfluß der Gutstagelöhner ist regelmäßig mit einer relativen Abnahme des Protestantismus in der Ebene, die Zunahme der Dorfbevölkerung auf der Höhe mit einer relativen Zunahme des Katholizismus verknüpft[1]. *Es sind vornehmlich deutsche Tagelöhner, die aus den Gegenden mit hoher Kultur abziehen; es sind vornehmlich polnische Bauern, die in den Gegenden mit tiefem Kulturstand sich vermehren.*

Beide Vorgänge aber – der Abzug hier, die Vermehrung dort – führen in letzter Linie auf einen und denselben Grund zurück: die *niedrigeren Ansprüche an die Lebenshaltung* – in materieller teils, teils in ideeller Beziehung –, welche der slawischen Rasse von der Natur auf den Weg gegeben oder im Verlaufe ihrer Vergangenheit angezüchtet sind, verhalfen ihr zum Siege.

Warum ziehen die deutschen Tagelöhner ab? Nicht materielle Gründe sind es: nicht aus Gegenden mit niedrigem Lohnniveau und

[1] Zum Beispiel hatten die Gutsbezirke des Kreises Stuhm 1871–1885 einen Bevölkerungsrückgang um 6,7 %, der Anteil der Protestanten an der christlichen Bevölkerung ging von 33,4 auf 31,3 % zurück. Die Dörfer der Kreise Konitz und Tuchel hatten + 8 %, der Anteil der Katholiken stieg von 84,7 auf 86,0 %.

nicht aus den schlecht gelohnten Arbeiterkategorien rekrutiert sich der Abzug; kaum eine Situation ist materiell gesicherter als die eines Instmanns|auf den östlichen Gütern. – Auch nicht die vielberufene Sehnsucht nach den Vergnügungen der Großstadt. Sie ist ein Grund für das planlose Wegwandern des jungen Nachwuchses, aber nicht für den Abzug altgedienter Tagelöhnerfamilien, – und warum erwacht jene Sucht gerade da unter den Leuten, wo der Großbesitz vorherrscht, warum können wir nachweisen, daß die Abwanderung der Tagelöhner abnimmt, je mehr das *Bauerndorf* die Physiognomie der Landschaft beherrscht? *Dies* ist es: zwischen den Gutskomplexen der Heimat gibt es für den Tagelöhner nur Herren und Knechte, und für seine Nachfahren im fernsten Glied nur die Aussicht, nach der Gutsglocke auf fremdem Boden zu scharwerken. In dem dumpfen, halbbewußten Drang in die Ferne liegt ein Moment eines primitiven Idealismus verborgen. Wer es nicht zu entziffern vermag, der kennt den Zauber der *Freiheit* nicht. In der Tat: selten berührt uns heute ihr Geist in der Stille der Bücherstube. Verblichen sind die naiv freiheitlichen Ideale unserer frühen Jugend, und manche von uns sind vorzeitig alt und allzu klug geworden und glauben, einer der urwüchsigsten Triebe der Menschenbrust sei mit den Schlagworten einer niedergehenden politischen und wirtschaftspolitischen Anschauung zu Grabe getragen worden.

Es ist ein massenpsychologischer Vorgang: die deutschen Landarbeiter vermögen sich den *sozialen* Lebensbedingungen ihrer Heimat nicht mehr anzupassen. Über ihr »Selbstbewußtsein« klagen uns Berichte der Gutsherren aus Westpreußen. Das alte patriarchalische Gutshintersassenverhältnis, welches den Tagelöhner als einen anteilsberechtigten Kleinwirt mit den landwirtschaftlichen Produktionsinteressen unmittelbar verknüpfte, schwindet. Die Saisonarbeit in den Rübenbezirken fordert Saisonarbeiter und Geldlohn. Eine rein proletarische Existenz steht ihnen in Aussicht, aber ohne die Möglichkeit jenes kraftvollen Aufschwungs zur ökonomischen Selbständigkeit, welche das in den Städten örtlich zusammengeschlossene Industrieproletariat mit Selbstbewußtsein erfüllt. – Diesen Existenzbedingungen sich zu fügen, vermögen diejenigen besser, welche an die Stelle der Deutschen treten: die polnischen Wanderarbeiter, Nomadenzüge, welche, durch Agenten in Rußland geworben, im Frühjahr zu Zehntausenden über die Grenze kommen, im Herbst wieder abziehen. Zuerst im Gefolge der Zuckerrübe, welche den

Landwirtschaftsbetrieb in ein Saisongewerbe verwandelt, treten sie auf, dann allgemein, weil man an Arbeiterwohnungen, Armenlasten, sozialen Verpflichtungen spart, weil sie ferner als Ausländer prekär gestellt und deshalb in der Hand | des Besitzers sind. Der ökonomische Todeskampf des alten preußischen Junkertums vollzieht sich unter diesen Begleiterscheinungen. Auf den Zuckerrübengütern tritt an die Stelle des patriarchalisch schaltenden Gutsherrn ein Stand industrieller Geschäftsleute, – und auf der Höhe bröckelt unter dem Druck der landwirtschaftlichen Notlage das Areal der Güter von außen her ab, Parzellenpächter- und Kleinbauernkolonien entstehen auf ihren Außenschlägen. Die ökonomischen Fundamente der Machtstellung des alten Grundadels schwinden, er selbst wird zu etwas anderem, als er war. –

Und weshalb sind es die *polnischen* Bauern, die an Terrain gewinnen? Ist es ihre überlegene ökonomische Intelligenz oder Kapitalkraft? Es ist vielmehr das Gegenteil von beiden. Unter einem Klima und auf einem Boden, welche neben extensiver Viehzucht wesentlich Getreide- und Kartoffelproduktion gestatten, ist hier derjenige am wenigsten durch die Ungunst des Marktes bedroht, der seine Produkte dahin bringt, wo sie durch den Preissturz am wenigsten entwertet werden: in seinen eigenen Magen, – der [also] für seinen *Eigenbedarf* produziert. Und wiederum ist derjenige begünstigt, der seinen Eigenbedarf am *niedrigsten* bemessen kann, die geringsten Ansprüche an die Lebenshaltung in physischer und ideeller Beziehung stellt. Der polnische Kleinbauer im Osten ist ein Typus sehr abweichender Art von dem geschäftigen Zwergbauerntum, welches Sie hier in der gesegneten Rheinebene durch Handelsgewächsbau und Gartenkultur sich an die Städte angliedern sehen. Der polnische Kleinbauer gewinnt an Boden, weil er gewissermaßen das Gras vom Boden frißt, nicht *trotz*, sondern *wegen* seiner tiefstehenden physischen und geistigen Lebensgewohnheiten. –

Ein *Ausleseprozeß* also scheint es zu sein, den wir sich vollziehen sehen. Beide Nationalitäten sind in die gleichen Existenzbedingungen seit langer Zeit hineingestellt. Die Folge war *nicht*, daß sie, wie der Vulgärmaterialismus es sich vorstellt, die gleichen physischen und psychischen Qualitäten annahmen, sondern daß die eine der anderen weicht, daß diejenige siegt, welche die größere Anpassungsfähigkeit an die gegebenen ökonomischen und sozialen Lebensbedingungen besitzt.

Diese verschiedene Anpassungsfähigkeit selbst bringen sie, so scheint es, als feste Größe mit, sie könnte vielleicht im Verlaufe generationenlanger Züchtungsprozesse so, wie sie in Jahrtausenden entstanden sein mag, wieder verschoben werden, aber für die Erwägungen der Gegen|wart ist sie ein Moment, mit welchem wir, als gegeben, zu rechnen haben[1]. –

Nicht immer – das sehen wir – schlägt, wie die Optimisten unter uns meinen, die Auslese im freien Spiel der Kräfte zugunsten der ökonomisch höher entwickelten oder veranlagten Nationalität aus. Die Menschengeschichte kennt den Sieg von niedriger entwickelten Typen der Menschlichkeit und das Absterben hoher Blüten des Geistes- und Gemütslebens, wenn die menschliche Gemeinschaft, welche deren Träger war, die Anpassungsfähigkeit an ihre Lebensbedingungen verlor, es sei ihrer sozialen Organisation oder ihrer Rassenqualitäten wegen. In unserem Fall ist es die Umgestaltung der landwirtschaftlichen Betriebsformen und die gewaltige Krisis der Landwirtschaft, welche der in ihrer ökonomischen Entwicklung tieferstehenden Nationalität zum Siege verhilft. Parallel miteinander wirken der emporgezüchtete Rübenanbau und die Unrentabilität der Absatzproduktion von Zerealien nach der gleichen Richtung: der

[1] Ich glaube kaum, bemerken zu müssen, daß die naturwissenschaftlichen Streitfragen über die Tragweite des Selektionsprinzipes, überhaupt die *naturwissenschaftliche* Verwendung des Begriffes der »Züchtung« und alle Erörterungen, die sich daran auf jenem, mir fremden Gebiete knüpfen, für die obigen Bemerkungen irrelevant sind. Der *Begriff* der »Auslese« ist heute ebenso Gemeingut wie etwa die heliozentrische Hypothese, und der Gedanke der Menschen-»Züchtung« gehört schon dem platonischen Staat an. Beide Begriffe sind z. B. schon von F. A. Lange in seiner »Arbeiterfrage« verwendet und bei uns längst derart heimisch, daß ein Mißverständnis ihres Sinnes für niemand, der unsere Literatur kennt, möglich ist. Schwieriger ist die Frage, wieweit den neuesten, geistreichen, aber nach Methode und sachlichen Ergebnissen erhebliche Bedenken erregenden, in mancher Übertreibung zweifellos verfehlten Versuchen der Anthropologen, die Tragweite des Auslesegesichtspunktes im Sinne Darwins und Weismanns auch auf dem Boden der ökonomischen Forschung zu verbreitern, dauernder Wert zukommt. Trotzdem verdienen z. B. die Schriften von Otto Ammon (»Die natürliche Auslese beim Menschen«, »Die Gesellschaftsordung und ihre natürlichen Grundlagen«) jedenfalls mehr Aufmerksamkeit, als ihnen zuteil wird, – unbeschadet aller zu machenden Vorbehalte. Ein Fehler der meisten, von naturwissenschaftlicher Seite gelieferten Beiträge zur Beleuchtung der Fragen unserer Wissenschaft liegt in dem verfehlten Ehrgeiz, vor allen Dingen den Sozialismus »widerlegen« zu wollen. Im Eifer dieses Zweckes wird aus der vermeintlichen »naturwissenschaftlichen Theorie« der Gesellschaftsordnung unwillkürlich eine Apologie derselben.

erstere züchtet die polnischen Saisonarbeiter, die letztere die polnischen Kleinbauern. –

Blicken wir zurück auf die erörterten Tatsachen, so bin ich, wie ich gern bekenne, völlig außerstande, theoretisch die Tragweite der etwa daraus | zu entnehmenden allgemeinen Gesichtspunkte zu entwickeln. Die unendlich schwierige und zur Zeit sicherlich nicht zu lösende Frage, *wo* die Grenze für die Variabilität physischer und psychischer Qualitäten einer Bevölkerung unter dem Einfluß der Lebensverhältnisse, in die sie gestellt wird, liegt, wage ich nicht auch nur anzurühren.

Unwillkürlich fragt dagegen jeder vor allen Dingen: was kann und soll hier geschehen?

Gestatten Sie aber, daß ich es unterlasse, bei dieser Gelegenheit ausführlicher darüber zu sprechen, und mich begnüge, kurz die beiden Forderungen anzudeuten, die m. E. vom Standpunkt des Deutschtums zu stellen sind und tatsächlich mit wachsender Einmütigkeit gestellt werden. Die eine ist: Schließung der östlichen Grenze. Sie war verwirklicht unter dem Fürsten Bismarck und ist nach seinem Rücktritt 1890 wieder beseitigt worden; dauernde Ansiedlung blieb den Fremdlingen versagt, aber als Wanderarbeiter wurden sie zugelassen. Ein »klassenbewußter« Großgrundbesitzer an der Spitze Preußens schloß sie aus im Interesse der Erhaltung unserer Nationalität, – und der verhaßte Gegner der Agrarier ließ sie zu im Interesse der Großgrundbesitzer, welche *allein* von ihrem Zuzug Vorteil haben: nicht immer, das zeigt sich, entscheidet der »ökonomische Klassenstandpunkt« in Dingen der Wirtschaftspolitik, – *hier* war es der Umstand, daß das Steuerruder des Staates aus einer starken Hand in eine schwächere fiel. – Die andere Forderung ist: systematischer Bodenankauf seitens des Staates, also Erweiterung des Domänenbesitzes einerseits, und systematische Kolonisation deutscher Bauern auf geeigneten Böden, namentlich auf geeigneten Domänen, andererseits. Großbetriebe, welche nur auf Kosten des Deutschtums zu erhalten sind, sind vom Standpunkt der Nation wert, daß sie zugrunde gehen, und sie sich selbst überlassen, heißt, im Wege der allmählichen Abparzellierung existenzunfähige slawische Hungerkolonien entstehen lassen. Und nicht nur das Interesse an der Hemmung der slawischen Flut ruft nach der Überführung bedeutender Teile des östlichen Bodens in die Hand des Staates, sondern auch die vernichtende Kritik, welche die Grundbesitzer selbst an dem Fortbestand ihres Privateigentums üben durch das Verlangen, in Gestalt des Getreidemonopols und einer Kontribution von einer halben Milliarde jährlich ihnen das Risiko, die Selbstverantwortlichkeit für ihren Besitz, seinen einzigen Rechtfertigungsgrund, abzunehmen[1]. – |

Allein, wie gesagt, nicht diese praktische Frage der preußischen Agrarpolitik möchte ich heute besprechen. Ich möchte vielmehr an die Tatsache anknüpfen, daß eine solche Frage bei uns allen überhaupt entsteht, daß wir das Deutschtum des Ostens als solches für etwas halten, das geschützt werden und für dessen Schutz auch die Wirtschaftspolitik des Staates in die Schranken treten *soll.* Es ist der Umstand, daß unser Staatswesen ein *Nationalstaat* ist, welcher uns das Recht zu dieser Forderung empfinden läßt.

Wie verhält sich aber die volkswirtschaftspolitische Betrachtung dazu? Sind für sie derartige nationalistische Werturteile Vorurteile, deren sie sich sorgsam zu entledigen hat, um ihren eigenen Wert-

1 [»Antrag Kanitz« im dtsch. Reichstag.] – Jene Forderung [des staatlichen Bodenankaufs] stellt jetzt in dem gleichen Gedankenzusammenhang insbesondere auch Prof. Schmoller in seinem Jahrbuch [19. Jg. 1895, S. 625 ff.]. In der Tat ist derjenige Teil des Großgrundbesitzerstandes, dessen Erhaltung als landwirtschaftliche Betriebsleiter staatlich von Wert ist, vielfach nur als Domänenpächter, nicht als Eigentümer zu halten. Allerdings bin ich der Ansicht, daß der Bodenankauf nur in organischer Verbindung mit einer Kolonisation geeigneter Domänen einen dauernden Sinn hat, derart also, daß ein Teil des östlichen Bodens die Hände des Staates durchläuft und, während er sich in diesen befindet, eine energische Meliorationskur mit staatlichen Krediten durchmacht. Die Schwierigkeit, mit welcher die Ansiedlungskommission zu ringen hat, ist, abgesehen von der Belastung mit der »Nachkur« der angesetzten Kolonisten, welche nebst ihren Stundungsgesuchen nach einiger Zeit besser dem etwas hartherzigeren gewöhnlichen Fiskus überantwortet würden, darin begründet, daß die angekauften Güter zum großen Teil besser erst ein Jahrzehnt sich in einer solchen Kur in der Hand von Domänenpächtern befänden. Jetzt muß die Melioration Hals über Kopf im Wege der Administration mit großen Verlusten ausgeführt werden, während sicherlich zahlreiche Domänen zur alsbaldigen Kolonisation geeignet wären. Die durch diese Schwierigkeiten veranlaßte Langsamkeit des Verfahrens rechtfertigt freilich Hans Delbrücks Urteil über dessen nationalpolitische Wirkung in seinen verschiedenen bekannten Artikeln in den Preuß. Jahrbüchern keineswegs. Schon die mechanische Berechnung unter Vergleichung der Zahl der begründeten Bauernhöfe mit der Zahl der Polen ist für niemand, der sich das Kulturwerk der Kolonisation an Ort und Stelle betrachtet hat, beweiskräftig; wenige Dörfer mit je einem Dutzend deutscher Höfe *germanisieren* eventuell mehrere Quadratmeilen, natürlich vorausgesetzt, daß der proletarische Nachschub aus dem Osten abgedämmt wird, und daß man nicht, indem man die Abbröckelung und den Zerfall des Großbesitzes im übrigen sich selbst und dem durch die Rentengutsgesetze noch weiter entbundenen freien Spiel der Kräfte allein überläßt, dem Faß, in welches man schöpft, den Boden ausschlägt.

maßstab, unbeeinflußt durch Gefühlsreflexe, an die ökonomischen Tatsachen legen zu können? *Und welches ist* dieser »eigene« Wertmaßstab der Volkswirtschaftspolitik? Dieser Frage möchte ich in einigen weiteren Überlegungen näherzukommen versuchen. –

Auch unter dem Schein des »Friedens«, das zeigte sich uns, geht der ökonomische Kampf der Nationalitäten seinen Gang. Nicht im offenen | Streit werden die deutschen Bauern und Taglöhner des Ostens durch politisch überlegene Feinde von der Scholle gestoßen: im stillen und öden Ringen des ökonomischen Alltagslebens ziehen sie einer tieferstehenden Rasse gegenüber den kürzeren, verlassen die Heimat und gehen dem Untertauchen in eine dunkle Zukunft entgegen. Es gibt keinen *Frieden* auch im wirtschaftlichen *Kampf* ums Dasein; nur wer jenen Schein des Friedens für die Wahrheit nimmt, kann glauben, daß aus dem Schoße der Zukunft für unsere Nachfahren Frieden und Lebensgenuß erstehen werde. Wir wissen es ja: die Volkswirtschaftspolitik ist der vulgären Auffassung ein Sinnen über Rezepte für die Beglückung der Welt, – die Besserung der »Lustbilanz« des Menschendaseins ist für sie das einzig verständliche Ziel unserer Arbeit. Allein: schon der dunkle Ernst des Bevölkerungsproblems hindert uns, Eudämonisten zu sein, Frieden und Menschenglück im Schoße der Zukunft verborgen zu wähnen und zu glauben, daß anders als im harten Kampf des Menschen mit dem Menschen der Ellenbogenraum im irdischen Dasein werde gewonnen werden.

Es gibt sicherlich keine volkswirtschaftspolitische Arbeit auf anderer als altruistischer Grundlage. Die Früchte alles wirtschafts- und sozialpolitischen Strebens der Gegenwart kommen in ihrer gewaltigen Überzahl nicht der lebenden Generation, sondern der künftigen zugute. Unsere Arbeit ist und kann, wenn sie einen Sinn behalten soll, nur sein wollen: Fürsorge für die *Zukunft,* für unsere *Nachfahren.* Aber es gibt auch keine volkswirtschaftspolitische Arbeit auf der Grundlage optimistischer Glückshoffnungen. Für den Traum von Frieden und Menschenglück steht über der Pforte der unbekannten Zukunft der Menschengeschichte: lasciate ogni speranza.

Nicht wie die Menschen der Zukunft sich *befinden,* sondern wie sie *sein* werden, ist die Frage, die uns beim Denken über das Grab der eigenen Generation hinaus bewegt, die auch in Wahrheit jeder wirtschaftspolitischen Arbeit zugrunde liegt. Nicht das Wohlbefinden der Menschen, sondern diejenigen Eigenschaften möchten wir in ihnen emporzüchten, mit welchen wir die Empfindung verbinden, daß sie menschliche Größe und den Adel unserer Natur ausmachen.

Abwechselnd hat man in der Volkswirtschaftslehre das technisch-ökonomische Problem der Gütererzeugung und das Problem der Güterverteilung, der »sozialen Gerechtigkeit«, als Wertmaßstäbe in den Vordergrund gerückt oder auch naiv identifiziert, – und über beiden erhob sich | doch immer wieder, halb unbewußt und dennoch alles beherrschend, die Erkenntnis, daß eine Wissenschaft vom *Menschen,* und das ist die Volkswirtschaftslehre, vor allem nach der *Qualität der Menschen* fragt, welche durch jene ökonomischen und sozialen Daseinsbedingungen herangezüchtet werden. Und hier hüten wir uns vor einer Illusion.

Die Volkswirtschaftslehre als erklärende und analysierende Wissenschaft ist *international,* allein sobald sie *Werturteile* fällt, ist sie gebunden an diejenige Ausprägung des Menschentums, die wir in unserem eigenen Wesen finden. Sie ist es oft gerade dann am meisten, wenn wir unserer eigenen Haut am meisten entronnen zu sein glauben. Und – um ein etwas phantastisches Bild zu gebrauchen – vermöchten wir nach Jahrtausenden dem Grab zu entsteigen, so wären es die fernen Spuren unseres eigenen Wesens, nach denen wir im Antlitz des Zukunftsgeschlechts forschen würden. Auch unsere höchsten und letzten irdischen Ideale sind wandelbar und vergänglich. Wir können sie der Zukunft nicht aufzwingen wollen. Aber wir können wollen, daß sie in unserer Art die Art *ihrer eigenen Ahnen* erkennt. Wir, mit unserer Arbeit und unserem Wesen, wollen die Vorfahren des Zukunftsgeschlechts sein.

Die Volkswirtschaftspolitik eines deutschen Staatswesens ebenso wie der Wertmaßstab des deutschen volkswirtschaftlichen Theoretikers können deshalb nur deutsche sein.

Ist dem vielleicht anders, seit die ökonomische Entwicklung über die nationalen Grenzen hinaus eine umfassende Wirtschaftsgemeinschaft der Nationen herzustellen begann? Ist jener »nationalistische« Beurteilungsmaßstab ebenso wie der »Nationalegoismus« in der Volkswirtschaftspolitik seitdem zum alten Eisen zu werfen? Ja, – ist denn der Kampf für die ökonomische Selbstbehauptung, für das eigene Weib und Kind überwunden, seit die Familie ihrer einstigen Funktionen als Produktionsgemeinschaft entkleidet und verflochten ist in den Kreis der volkswirtschaftlichen Gemeinschaft? Wir wissen, es ist *nicht* der Fall: dieser Kampf hat *andere Formen* angenommen, – Formen, von denen sich noch fragen ließe, ob sie als eine Milderung und nicht vielmehr als eine Verinnerlichung und Verschärfung anzusehen seien. So ist auch die volkswirtschaftliche Gemeinschaft nur eine andere Form des Ringens der Nationen miteinander, und eine solche, welche den Kampf für die Behauptung der eigenen Kultur nicht gemildert, sondern *erschwert* hat, weil sie materielle Interessen im eigenen Schoße der Nation als Bundesgenossen *gegen* deren Zukunft in die Schranken ruft. |

Nicht Frieden und Menschenglück haben wir unseren Nachfahren mit auf den Weg zu geben, sondern den *ewigen Kampf* um die Erhaltung und Emporzüchtung unserer nationalen Art. Und wir dürfen uns nicht der optimistischen Hoffnung hingeben, daß mit der höchstmöglichen Entfaltung wirtschaftlicher Kultur bei uns die Arbeit getan sei und die Auslese im freien und »friedlichen« ökonomischen Kampfe dem höher entwickelten Typus alsdann von selbst zum Siege verhelfen werde.

Nicht in erster Linie für die Art der volkswirtschaftlichen Organisation, die wir ihnen überliefern, werden unsere Nachfahren uns vor der Geschichte verantwortlich machen, sondern für das Maß des Ellenbogenraums, den wir ihnen in der Welt erringen und hinterlassen. *Macht*kämpfe sind in letzter Linie auch die ökonomischen Entwicklungsprozesse, die *Macht*interessen der Nation sind, wo sie in Frage gestellt sind, die letzten und entscheidenden Interessen, in deren Dienst ihre Wirtschaftspolitik sich zu stellen hat; die Wissenschaft von der Volkswirtschaftspolitik ist eine *politische* Wissenschaft. Sie ist eine Dienerin der Politik, nicht der Tagespolitik der jeweils herrschenden Machthaber und Klassen, sondern der dauernden machtpolitischen Interessen der Nation. Und der *Nationalstaat* ist uns nicht ein unbestimmtes Etwas, welches man um so höher zu stellen glaubt, je mehr man sein Wesen in mystisches Dunkel hüllt, sondern die weltliche Machtorganisation der Nation, und in diesem Nationalstaat ist für uns der letzte Wertmaßstab auch der volkswirtschaftlichen Betrachtung die *»Staatsraison«*. Sie bedeutet uns nicht, wie ein seltsames Mißverständnis glaubt: »Staatshilfe« statt der »Selbsthilfe«, staatliche Reglementierung des Wirtschaftslebens statt des freien Spiels der wirtschaftlichen Kräfte, sondern wir wollen mit diesem Schlagwort die Forderung erheben, daß für die Fragen der deutschen Volkswirtschaftspolitik, – auch für die Frage unter anderen, ob und inwieweit der Staat in das Wirtschaftsleben eingreifen oder ob und wann er vielmehr die ökonomischen Kräfte der Nation zu eigener freier Entfaltung losbinden und ihre Schranken niederreißen solle, – im einzelnen Falle das letzte und entscheidende Votum den ökonomischen und politischen Machtinteressen unserer Nation und ihres Trägers, des deutschen Nationalstaates, zustehen soll. –

War es etwa überflüssig, an diese scheinbaren Selbstverständlichkeiten zu erinnern? Oder doch, daß gerade ein jüngerer Vertreter der ökonomischen Wissenschaften daran erinnerte? – Ich glaube nicht, denn es | scheint, daß gerade unsere Generation diese einfachsten Urteilsgrundlagen nicht selten am leichtesten aus den Augen verliert. Wir sind Zeugen, wie ihr Interesse für die Fragen, die gerade unsere Wissenschaft bewegen, in ungeahntem Maße wächst. Auf allen Gebieten finden wir die ökonomische Betrachtungsweise im Vordringen. Sozialpolitik an Stelle der Politik, ökonomische Machtverhältnisse an Stelle der Rechtsverhältnisse, Kultur- und Wirtschaftsgeschichte an Stelle politischer Geschichte treten in den Vordergrund der Betrachtung. In hervorragenden Werken unserer historischen Kollegen finden wir da, wo uns früher von den Kriegstaten unserer Vorfahren erzählt wurde, heute den Unhold des »Mutterrechtes« sich in die Breite dehnen und die Hunnenschlacht auf den Katalaunischen Feldern in einen Nebensatz gedrängt. Die Jurisprudenz glaubte das Selbstgefühl eines unserer geistreichsten Theoretiker als eine »Magd der Nationalökonomie« bezeichnen zu können. Und eines ist ja wahr: auch in die Jurisprudenz drang die ökonomische Form der Betrachtung; selbst in ihrem Intimum, in den Handbüchern der Pandektisten, beginnt es, hie und da leise ökonomisch zu spuken. Und in den Urteilen der Gerichte finden wir nicht selten, wo die juristischen Begriffe zu Ende gingen, sogenannte »wirtschaftliche Gesichtspunkte« an die Stelle gesetzt, – kurz, um das halb vorwurfsvolle Wort eines juristischen Kollegen zu gebrauchen: wir sind »in die Mode gekommen«. – Eine Betrachtungsweise, welche sich so selbstbewußt Bahn bricht, gerät in die Gefahr gewisser Illusionen und einer Überschätzung der Tragweite der eigenen Gesichtspunkte, – einer Überschätzung zumal in einer ganz bestimmten Richtung. Wie die Verbreiterung des Stoffes der *philosophischen* Betrachtung, – welche sich schon äußerlich darin kenntlich macht, daß wir heute vielfach die alten Lehrstühle der Philosophie den Händen z. B. hervorragender Physiologen anvertraut finden, – unter uns Laien vielfach zu der Meinung geführt hat, als seien die alten Fragen nach dem Wesen des menschlichen Erkennens nicht mehr die letzten und zentralen Probleme der Philosophie, so hat sich in den Köpfen der aufwachsenden Generation auch die Vorstellung gebildet, als sei dank der Arbeit der nationalökonomischen Wissenschaft nicht nur die *Erkenntnis* des Wesens der menschlichen Gemeinschaften gewaltig erweitert, sondern auch der *Maßstab,* an welchem wir in letzter Linie die Erscheinungen *bewerten,* ein völlig neuer geworden, als sei die politische Ökonomie in der Lage, ihrem eigenen Stoff eigenartige Ideale zu entnehmen. Die optische Täuschung, als gäbe es selbständige ökonomische oder »sozialpolitische« | Ideale, wird freilich als solche klar, sobald man an der Hand der Literatur unserer Wissenschaft diese »eigenen« Grundlagen der Bewertung zu ermitteln sucht. Ein *Chaos* von Wertmaßstäben teils eudämonistischer, teils ethischer Art, oft beider in unklarer Identifikation, tritt uns entgegen. Werturteile werden überall unbefangen gefällt, – und ein Verzicht auf die *Beurteilung* der ökonomischen Erscheinungen bedeutete ja in der Tat den Verzicht auf eben diejenige Leistung, die man von uns verlangt. Aber nicht die Regel, sondern fast die Ausnahme ist es, daß der Urteilende andere *und sich selbst* ins Klare setzt über den letzten subjektiven Kern seiner Urteile, eben über die *Ideale,* von welchen aus er zur Beurteilung der beobachteten Vorgänge schreitet: die bewußte Selbstkontrolle fehlt, die inneren Widersprüche des Urteils kommen dem Schriftsteller nicht zum Bewußtsein und, wo er sein spezifisch »ökonomisches« Prinzip der Beurteilung allgemein zu formulieren sucht, fällt er in vage Unbestimmtheiten. In Wahrheit sind es *keine* eigenartigen und selbstgewonnenen, sondern die *alten allgemeinen Typen menschlicher Ideale,* die wir auch in den Stoff unserer Wissenschaft hineintragen. Nur wer ausschließlich das rein platonische Interesse des Technologen oder wer umgekehrt die aktuellen Interessen einer bestimmten, sei es herrschenden oder beherrschten Klasse zugrunde legt, kann jenem Stoffe selbst einen eigenen Maßstab zu seiner Beurteilung entnehmen wollen.

Und sollte es so ganz unnötig sein, daß gerade wir Jünger der deutschen historischen Schule uns diese überaus einfachen Wahrheiten vor Augen führen? Gerade wir verfallen leicht einer speziellen Illusion: derjenigen, uns des eigenen bewußten Werturteiles *überhaupt enthalten* zu können. Die Folge ist freilich, wie man sich leicht überzeugen kann, nicht, daß wir einem entsprechenden Vorsatze treu bleiben, sondern daß wir unkontrollierten Instinkten, Sympathien und Antipathien, verfallen. Und noch leichter widerfährt es uns, daß der Punkt, von welchem wir bei der Analyse und *Erklärung* der volkswirtschaftlichen Vorgänge ausgingen, unbewußt auch bestimmend wird für unser *Urteil* darüber. Vielleicht werden gerade wir uns davor zu bewahren haben, daß diejenigen großen Eigenschaften der toten und lebenden Meister unserer Schule, denen sie und die Wissenschaft ihre Erfolge verdanken, sich bei uns in Fehler verwandeln. Zweierlei verschiedene Ausgangspunkte der Betrachtung kommen praktisch hauptsächlich in Betracht.

Entweder wir blicken auf die ökonomische Entwicklung vornehmlich von oben her: von der Höhe der Verwaltungsgeschichte großer deutscher | Staaten aus, deren Verwaltung und Verhalten in ökonomischen und sozialen Dingen wir in seiner Genesis verfolgen, – und unfreiwillig werden wir ihre Apologeten. Wenn – um bei unserem Beispiel zu bleiben – die Verwaltung sich entschließt, die östliche Grenze zu schließen, so werden wir geneigt und imstande sein, darin den Abschluß einer historischen Entwicklungsreihe zu finden, welche im Gefolge großer Reminiszenzen der Vergangenheit dem heutigen Staate hohe Aufgaben im Interesse der Kulturpflege der eigenen Nation stellt, – und unterbleibt jener Entschluß, so liegt uns die Erkenntnis näher, daß derartige radikale Eingriffe teils unnötig, teils den heutigen Anschauungen nicht mehr entsprechend seien.

Oder aber: wir betrachten die ökonomische Entwicklung mehr von unten aus, sehen das große Schauspiel, wie aus dem Chaos ökonomischer Interessenkonflikte sich die Emanzipationskämpfe aufsteigender Klassen abheben, beobachten, wie die ökonomische Machtlage sich zu ihren Gunsten verschiebt, – und unbewußt nehmen wir Partei für die, welche aufsteigen, weil sie die Stärkeren sind oder zu werden beginnen. Eben dadurch, daß sie siegen, scheinen sie ja zu beweisen, daß sie einen »ökonomisch« *höher* stehenden Typus des Menschentums darstellen: allzuleicht beherrscht den Historiker die Vorstellung, daß der Sieg der *höher* entwickelten Elemente im Kampfe selbstverständlich und das Unterliegen im Daseinskampf Symptom der »Rückständigkeit« sei. Und jedes neue der zahlreichen Symptome jener Machtverschiebung bietet ihm dann nicht nur deshalb eine Genugtuung, weil es seine Beobachtungen bestätigt, sondern halb unbewußt empfindet er es wie einen persönlichen Triumph: die Geschichte löst die Wechsel ein, welche er auf sie zog. Die Widerstände, welche jene Entwicklung findet, beobachtet er, ohne es zu wissen, mit einer gewissen Animosität, sie erscheinen ihm, ungewollt, nicht einfach als naturgemäße Ausflüsse selbstverständlicher Interessenvertretung, sondern gewissermaßen als Auflehnung gegen das »Urteil der Geschichte«, wie es der Historiker formulierte. Die Kritik, welche wir auch an Vorgängen zu üben haben, die uns als das unreflektierte Ergebnis geschichtlicher Entwicklungstendenzen erscheinen, verläßt uns dann gerade da, wo wir ihrer am nötigsten bedürfen. Allzunahe liegt ja für uns ohnehin die Versuchung, das Gefolge des Siegers im ökonomischen Machtkampf zu bilden und dabei zu *vergessen, daß ökonomische Macht und Beruf zur politischen Leitung der Nation nicht immer zusammenfallen.* |

Denn – und damit werden wir zu einer letzten Reihe von Betrachtungen mehr praktisch-politischer Art geführt – an jenem *politischen Wertmaßstab,* der uns ökonomischen Nationalisten der für uns einzig souveräne ist, messen wir auch die Klassen, welche die Leitung der Nation in der Hand haben oder erstreben. Wir fragen nach ihrer *politischen Reife,* das heißt nach ihrem Verständnis und ihrer jeweiligen Befähigung, die dauernden ökonomischen und politischen *Macht*interessen der Nation über alle anderen Erwägungen zu stellen. Eine Gunst des Schicksals für die Nation ist es, wenn die naive Identifikation der Interessen der eigenen Klasse mit denen der Allgemeinheit den dauernden Machtinteressen auch der letzteren entspricht. Und es ist andererseits auch eine der Täuschungen, welche auf der modernen Überschätzung des »Ökonomischen« im gewöhnlichen Sinne des Wortes beruhen, wenn man meint, daß die politischen Gemeingefühle eine Belastungsprobe durch abweichende ökonomische Tagesinteressen nicht vertrügen, womöglichst selbst *nur* eine Widerspiegelung des ökonomischen Unterbaues jener wandelbaren Interessenlage seien. Das trifft nur in Zeiten fundamentaler sozialer Umschichtung annähernd zu. – Eins nur ist wahr: bei Nationen, welchen die Abhängigkeit ihrer ökonomischen Blüte von ihrer politischen Machtlage nicht, wie der englischen, täglich vor Augen geführt wird, wohnen die Instinkte für diese spezifisch politischen Interessen *nicht,* wenigstens nicht in der Regel, in den breiten *Massen* der Nation, die mit der Not des Tages zu ringen haben, – es wäre ungerecht, sie von ihnen zu beanspruchen. In großen Momenten, im Fall des Krieges, tritt auch ihnen die Bedeutung der nationalen Macht vor die Seele, – dann zeigt sich, daß der nationale Staat auf urwüchsigen psychologischen Unterlagen auch bei den breiten ökonomisch beherrschten Schichten der Nation ruht und keineswegs nur ein »Überbau«, die

Organisation der ökonomisch herrschenden Klassen ist. Allein in normalen Zeiten sinkt dieser politische Instinkt bei der Masse unter die Schwelle des Bewußtseins. Dann ist es die spezifische Funktion der ökonomisch und politisch leitenden Schichten, Träger des politischen Sinnes zu sein, der *einzige* Grund, der politisch ihr Vorhandensein zu rechtfertigen vermag.

Die *Erlangung ökonomischer Macht* ist es zu allen Zeiten gewesen, welche bei einer Klasse die Vorstellung ihrer *Anwartschaft auf die politische Leitung* entstehen ließ. Gefährlich und auf die Dauer mit dem Interesse der Nation unvereinbar ist es, wenn eine ökonomisch sinkende Klasse die politische Herrschaft in der Hand hält. Aber gefährlicher | noch ist es, wenn Klassen, *zu* denen *hin* sich die ökonomische Macht und damit die Anwartschaft auf die politische Herrschaft bewegt, politisch noch nicht reif sind zur Leitung des Staates. Beides bedroht Deutschland zur Zeit und ist in Wahrheit der Schlüssel für die derzeitigen Gefahren unserer Lage. Und auch die Umschichtungen der sozialen Struktur des Ostens, mit denen die im Eingang besprochenen Erscheinungen zusammenhängen, gehören in diesen größeren Zusammenhang.

Bis in die Gegenwart hinein hat im preußischen Staat die Dynastie politisch sich auf den Stand der preußischen *Junker* gestützt. Gegen ihn zwar, aber doch auch nur mit ihm, hat sie den preußischen Staat geschaffen. Ich weiß es wohl, daß der Name der Junker süddeutschen Ohren unfreundlich klingt. Man wird vielleicht finden, ich spräche eine »preußische« Sprache, wenn ich ein Wort zu ihren Gunsten sage. Ich wüßte nicht. Noch heute führen in Preußen für jenen Stand viele Wege zu Einfluß und Macht, viele Wege auch an das Ohr des Monarchen, die nicht jedem Staatsbürger sich ebnen; er hat diese Macht nicht immer so gebraucht, wie er es vor der Geschichte verantworten kann, und ich sehe nicht ein, weshalb ein bürgerlicher Gelehrter ihn lieben sollte. Allein trotz alledem war die Kraft seiner politischen Instinkte eines der gewaltigsten Kapitalien, welche im Dienst der Machtinteressen des Staates verwendet werden konnten. – Sie haben ihre Arbeit geleistet und liegen heute im ökonomischen Todeskampf, aus dem keine Wirtschaftspolitik des Staates sie zu ihrem alten sozialen Charakter zurückführen könnte. Und auch die Aufgaben der Gegenwart sind andere, als solche, die von ihnen gelöst werden könnten. Ein Vierteljahrhundert stand an der Spitze Deutschlands der letzte und größte der Junker, und die Tragik, welche seiner staatsmännischen Laufbahn neben ihrer unvergleichlichen Größe anhaftete und die sich heute noch immer dem Blick vieler entzieht, wird die Zukunft wohl darin finden, daß unter ihm das Werk seiner Hände, die Nation, der er die Einheit gab, langsam und unwiderstehlich ihre ökonomische Struktur veränderte und eine andere wurde, ein Volk, das andere Ordnungen fordern mußte, als solche, die er ihm geben und denen seine cäsarische Natur sich einfügen konnte. Im letzten Grund ist eben dies es gewesen, was das teilweise Scheitern seines Lebenswerkes herbeigeführt hat. Denn dieses Lebenswerk hätte doch nicht nur zur äußeren, sondern auch zur inneren Einigung der Nation führen sollen, und jeder von uns weiß: das ist nicht erreicht. Es konnte mit seinen Mitteln nicht erreicht werden. Und als er im Winter des letzten Jahres, umstrickt von der Huld seines | Monarchen, in die geschmückte Reichshauptstadt einzog, da – ich weiß es wohl – gab es viele, welche so empfanden, als öffne der Sachsenwald wie ein moderner Kyffhäuser seine Tiefen. Allein nicht alle haben diese Empfindung geteilt. Denn es schien, als sei in der Luft des Januartages der kalte Hauch geschichtlicher Vergänglichkeit zu spüren. Uns überkam ein eigenartig beklemmendes Gefühl, – als ob ein Geist herniederstiege aus einer großen Vergangenheit und wandelte unter einer neuen Generation durch eine ihm fremd gewordene Welt. –

Die Gutshöfe des Ostens waren die Stützpunkte der über das Land dislozierten herrschenden Klasse Preußens, der soziale Anschlußpunkt des Beamtentums, – aber unaufhaltsam rückt mit ihrem Zerfall, mit dem Schwinden des sozialen Charakters des alten Grundadels, der Schwerpunkt der politischen Intelligenz in die Städte. *Diese* Verschiebung ist das entscheidende *politische* Moment der agrarischen Entwicklung des Ostens.

Welches aber sind die Hände, in welche jene politische Funktion des Junkertums hinübergleitet, und wie steht es mit ihrem politischen Beruf?

Ich bin ein Mitglied der bürgerlichen Klassen, fühle mich als solches und bin erzogen in ihren Anschauungen und Idealen. Allein es ist der Beruf gerade unserer Wissenschaft, zu sagen, was ungern gehört wird, – nach oben, nach unten, und auch der eigenen Klasse, – und wenn ich mich frage, ob das Bürgertum Deutschlands heute reif ist, die politisch leitende Klasse der Nation zu sein, so vermag ich *heute* nicht diese Frage zu bejahen. Nicht aus eigener Kraft des Bürgertums ist der deutsche Staat geschaffen worden, und als er geschaffen war, stand an der Spitze der Nation jene Cäsarengestalt aus anderem als bürgerlichem Holze. Große machtpolitische Aufgaben wurden der Nation nicht abermals gestellt; weit später erst, schüchtern und halb widerwillig, begann eine überseeische »Machtpolitik«, die diesen Namen nicht verdient.

Und nachdem so die Einheit der Nation errungen war und ihre politische »Sättigung« feststand, kam über das aufwachsende erfolgstrunkene und friedensdurstige Geschlecht des deutschen Bürgertums ein eigenartig »unhistorischer« und unpolitischer Geist. Die deutsche Geschichte schien zu Ende. Die Gegenwart war die volle Erfüllung der vergangenen Jahrtausende, – wer wollte fragen, ob die Zukunft anders urteilen möchte? Die Bescheidenheit verbot ja – so schien es – der Weltgeschichte, zur Tagesordnung ihres alltäglichen Verlaufes überzugehen über diese Erfolge der deutschen Nation. Heute sind wir nüchtern geworden, es | ziemt uns der Versuch, den Schleier der Illusionen zu lüften, der uns die Stellung unserer Generation in der historischen Entwicklung des Vaterlandes verhüllt. Und es scheint mir, daß wir dann anders urteilen. An unserer Wiege stand der schwerste Fluch, den die Geschichte einem Geschlecht als Angebinde mit auf den Weg zu geben vermag: das harte Schicksal des politischen *Epigonentums.*

Schaut uns nicht eben jetzt, wohin wir blicken im Vaterland, sein kümmerliches Antlitz entgegen? In den Vorgängen der letzten Monate, welche bürgerliche Politiker in erster Reihe zu verantworten haben, in allzu vielem, was in den letzten Tagen *im* deutschen Parlament, und in manchem, was *zu* ihm gesprochen wurde, erkannten diejenigen von uns, denen die Fähigkeit des Hasses gegen das Kleine geblieben ist, mit der Leidenschaft zorniger Trauer das kleinliche Treiben politischer Epigonen. Die gewaltige Sonne, welche im Zenit Deutschlands stand und den deutschen Namen in die fernsten Winkel der Erde leuchten ließ, war, so scheint es fast, zu groß für uns und hat die langsam sich entwickelnde politische Urteilsfähigkeit des Bürgertums ausgebrannt. Denn was erleben wir an ihm?

Nur allzu offenkundig sehnt sich ein Teil des Großbürgertums nach dem Erscheinen eines neuen Cäsar, der sie schirme: nach unten gegen aufsteigende Volksmassen, nach oben gegen sozialpolitische Anwandlungen, deren ihnen die deutschen Dynastien verdächtig sind.

Und ein anderer Teil ist längst versunken in jene politische Spießbürgerei, aus welcher die breiten Schichten des Kleinbürgertums noch niemals erwacht sind. Schon als nach den Einheitskriegen die ersten Anfänge positiver politischer Aufgaben der Nation nahe traten, der Gedanke einer überseeischen Expansion, – da fehlte ihm selbst jenes einfachste *ökonomische* Verständnis, welches ihm gesagt hätte, was es für den Handel Deutschlands in fernen Meeren bedeutet, wenn an den Küsten umher die deutschen Fahnen wehen.

Nicht ökonomische Gründe, auch nicht die vielberufene »Interessenpolitik«, welche andere Nationen in nicht geringerem Maße kennen als wir, sind schuld an der politischen Unreife breiter Schichten des deutschen Bürgertums; der Grund liegt in seiner unpolitischen Vergangenheit, darin daß die politische Erziehungsarbeit eines Jahrhunderts sich nicht in einem Jahrzehnt nachholen ließ und daß die Herrschaft eines großen Mannes nicht immer ein Mittel politischer Erziehung ist. Und die ernste Frage für die politische Zukunft des deutschen Bürgertums ist jetzt: ob | es nicht nunmehr zu *spät* ist, sie nachzuholen. Kein *ökonomisches* Moment kann sie ersetzen.

Werden andere Klassen die Träger einer politisch größeren Zukunft sein? Selbstbewußt meldet sich das moderne Proletariat als Erbe der bürgerlichen Ideale. Wie steht es mit seiner Anwartschaft auf die politische Leitung der Nation?

Wer heute der deutschen Arbeiterklasse sagen würde, sie sei politisch reif oder auf dem Weg zur politischen Reife, der wäre ein Schmeichler und strebte nach der fragwürdigen Krone der Popularität.

Ökonomisch sind die höchsten Schichten der deutschen Arbeiterklasse weit reifer, als der Egoismus der besitzenden Klassen zugeben möchte, und mit Recht fordert sie die Freiheit, auch in der Form des offenen organisierten ökonomischen Machtkampfes ihre Interessen zu vertreten. *Politisch* ist sie unendlich unreifer, als eine Journalistenklique, welche ihre Führung monopolisieren möchte, sie glauben machen will. Gern spielt man in den Kreisen dieser deklassierten Bourgeois mit den Reminiszenzen aus der Zeit vor 100 Jahren, – man hat damit in der Tat erreicht, daß hier und da ängstliche Gemüter in ihnen die geistigen Nachkommen der Männer des Konvents erblicken. Allein sie sind unendlich harmloser, als sie selbst sich erscheinen, es lebt in ihnen kein Funke jener katilinarischen Energie der *Tat*, aber freilich auch kein Hauch der gewaltigen *nationalen* Leidenschaft, die in den Räumen des Konventes wehten. Kümmerliche politische Kleinmeister sind sie, – es fehlen ihnen die großen *Macht*instinkte einer zur politischen Führung berufenen Klasse. Nicht nur die Interessenten des Kapitals, wie man die Arbeiter glauben macht, sind heute politische Gegner ihrer Mitherrschaft im Staate. Wenig Spuren der Interessengemeinschaft mit dem Kapital fänden sie bei Durchforschung der deutschen Gelehrtenstuben. Aber: wir fragen *auch sie* nach ihrer *politischen Reife*, und weil es für eine große Nation nichts Vernichtenderes gibt als die Leitung durch ein *politisch* unerzogenes *Spießbürgertum*, und weil das deutsche Proletariat diesen Charakter noch nicht verloren hat, *deshalb* sind wir seine politischen Gegner. Und weshalb ist das Proletariat Englands und Frankreichs zum Teil anders geartet? Nicht nur die ältere *ökonomische* Erziehungsarbeit, welche der organisierte Interessenkampf der englischen Arbeiterschaft an ihr vollzogen hat, ist der Grund; es ist vor allem wiederum ein *politisches* Moment: die Resonanz der *Weltmachtstellung*, welche den Staat stetig vor große machtpolitische Aufgaben stellt und | den Einzelnen in eine chronische politische Schulung nimmt, die er bei uns nur, wenn die Grenzen bedroht sind, akut empfängt. – Entscheidend ist auch für *unsere* Entwicklung, ob eine große Politik uns wieder die Bedeutung der großen politischen Machtfragen vor Augen zu stellen vermag. Wir müssen begreifen, daß die Einigung Deutschlands ein Jugendstreich war, den die Nation auf ihre alten Tage beging und seiner Kostspieligkeit halber besser unterlassen hätte, wenn sie der Abschluß und nicht der Ausgangspunkt einer deutschen Weltmachtpolitik sein sollte.

Das *Drohende* unserer Situation aber ist: daß die bürgerlichen Klassen als Träger der *Macht*interessen der Nation zu verwelken scheinen und noch keine Anzeichen dafür vorhanden sind, daß die Arbeiterschaft reif zu werden beginnt, an ihre Stelle zu treten.

Nicht – wie diejenigen glauben, welche hypnotisiert in die Tiefen der Gesellschaft starren – bei den *Massen* liegt die Gefahr. Nicht eine Frage nach der *ökonomischen* Lage der *Beherrschten*, sondern die vielmehr nach der *politischen* Qualifikation der *herrschenden und aufsteigenden* Klassen ist auch der letzte Inhalt des *sozial*politischen Problems. Nicht Weltbeglückung ist der Zweck unserer sozialpolitischen Arbeit, sondern die *soziale Einigung* der Nation, welche die moderne ökonomische Entwicklung sprengte, für die schweren Kämpfe der Zukunft. Gelänge es in der Tat, eine »Arbeiteraristokratie« zu schaffen, welche Trägerin des politischen Sinnes wäre, den wir heute an der Arbeiterbewegung vermissen, dann erst möge der Speer, für welchen der Arm des Bürgertums noch immer nicht stark genug zu werden scheint, auf jene breiteren Schultern abgelegt werden. Bis dahin scheint es noch ein weiter Weg.

Für jetzt aber sehen wir eines: eine ungeheure *politische* Erziehungsarbeit ist zu leisten, und keine ernstere Pflicht besteht für uns, als, ein jeder in seinem kleinen Kreise, uns eben *dieser* Aufgabe bewußt zu sein: an der *politischen* Erziehung unserer Nation mitzuarbeiten, welche das letzte Ziel auch gerade unserer Wissenschaft bleiben muß. Die ökonomische Entwicklung der Übergangsperioden bedroht die natürlichen politischen Instinkte mit Zersetzung; es wäre ein Unglück, wenn auch die ökonomische Wissenschaft dem gleichen Ziele zustrebte, indem sie einen weichen Eudämonismus, wenn auch in noch so vergeistigter Form, hinter der Illusion selbständiger »sozialpolitischer« Ideale züchtete.

Freilich dürfen deshalb gerade wir wohl daran erinnern, daß es das Gegenteil von politischer Erziehung ist, wenn man ein Mißtrauensvotum | gegen die friedliche soziale Zukunft der Nation in Paragraphen zu formulieren sucht, oder wenn das brachium saeculare nach der Hand der Kirche greift zur Stütze zeitlicher Autoritäten. Aber das Gegenteil von politischer Erziehung bekundet auch das schablonenhafte Gekläff jenes stets anwachsenden Chorus der – wenn mir der Ausdruck verziehen wird – Wald- und Wiesen-Sozialpolitiker, und ebenso jene menschlich liebenswürdige und achtungswerte, dennoch aber unsäglich spießbürgerliche Erweichung des Gemütes, welche politische Ideale durch »ethische« ersetzen zu können meint und diese wieder harmlos mit optimistischen Glückshoffnungen identifiziert. –

Auch angesichts der gewaltigen Not der Massen der Nation, welche das geschärfte soziale Gewissen der neuen Generation belastet, müssen wir aufrichtig bekennen: schwerer noch lastet auf uns heute das Bewußtsein unserer Verantwortlichkeit *vor der Geschichte.* Nicht unserer Generation ist beschieden zu sehen, ob der Kampf, den wir führen, Früchte trug, ob sich die Nachwelt zu *uns als ihren Ahnen* bekennt. Es wird uns nicht gelingen, den Fluch zu bannen, unter dem wir stehen: Nachgeborene zu sein einer politisch großen Zeit, – es müßte denn sein, daß wir verstünden, etwas anderes zu werden: Vorläufer einer größeren. Wird das unser Platz in der Geschichte sein? Ich weiß es nicht und sage nur: es ist das Recht der Jugend, zu sich selbst und ihren Idealen zu stehen. Und nicht die Jahre sind es, die den Menschen zum Greise machen: jung ist er, solange er mit den *großen* Leidenschaften, welche die Natur in uns legte, zu empfinden vermag. Und so – damit lassen Sie mich schließen – sind es nicht die Jahrtausende einer ruhmreichen Geschichte, unter deren Last eine große Nation altert. Sie bleibt jung, wenn sie die Fähigkeit und den Mut hat, sich zu sich selbst und den großen Instinkten, die ihr gegeben sind, zu bekennen, und wenn ihre führenden Schichten sich hinaufzuheben vermögen in die harte und klare Luft, in welcher die nüchterne Arbeit der deutschen Politik gedeiht, die aber auch durchweht ist von der ernsten Herrlichkeit des nationalen Empfindens.

ZUR GRÜNDUNG EINER NATIONAL-SOZIALEN PARTEI[1]

NAUMANN hat mit scharfer Akzentuierung von der Stellung der Gebildeten zu dieser national-sozialen Bewegung gesprochen und uns – denn ich darf zwar nicht im *Namen* derer, die er meint, wohl aber als einer von ihnen sprechen – gesagt, wie weit wir mitgehen können. Da müssen wir aber unsererseits zunächst fragen: »Was *wollen* Sie denn eigentlich?« Will man in einer nationalen Arbeiterpartei die aufsteigenden Klassen der Arbeiter für sich zu gewinnen suchen, so wäre das zweifellos ein Fortschritt. Es würde die geistige Emanzipation der Arbeiter bedeuten: Gedankenfreiheit, die die Sozialdemokratie nicht duldet, indem sie MARX' zerbrochenes System als Dogma in die Köpfe der Masse stempelt, Gewissensfreiheit, die es bei ihr, wie jeder Berliner Stadtmissionar berichten kann, nur dem Worte, nicht der Sache nach gibt. Aber in einer Klassenpartei hätten *wir* natürlich keinen Platz, und vollends dann nicht, wenn Sie jetzt einen neuen Gewissensdruck ausüben wollen, indem Sie verlangen, daß der christliche Glaube zum öffentlichen Versammlungs-Bekenntnis gemacht werde. –

Was nun aber in dem [jetzigen] Entwurf NAUMANNS geboten wird, ist ein Rückschritt. Seltsam kontrastiert mit dem vermeintlichen

[1] Diskussionsrede am ersten Verhandlungstag (23. November 1896) der Erfurter Delegiertenversammlung der nicht der konservativen Partei angehörenden Christlich-Sozialen zu dem Programmentwurf FRIEDRICH NAUMANNS für eine zu gründende national-soziale Partei. Als Ergebnis der dreitägigen Beratungen wurde der »National-Soziale Verein« gegründet, dem MAX WEBER, trotz der Bedenken im Grundsätzlichen, beitrat.

Der Abdruck erfolgt hier nach dem im Verlag der Tageszeitung »Die Zeit« veröffentlichten »Protokoll über die Vertreter-Versammlung aller National-Sozialen in Erfurt vom 23.–25. November 1896«, Berlin 1896, S. 47–49. Siehe zum Text der Rede ferner: MARTIN WENCK, Die Geschichte der Nationalsozialen (1895–1903), Buchverlag der »Hilfe«, Berlin 1905, S. 63 f. Ein abgekürzter Bericht erschien in FRIEDRICH NAUMANNS Wochenschrift »Die Hilfe« [2. Jg. Nr. 49 vom 6. Dezember 1896, Seite 5]. (D. H.)

Realismus, welcher politische Parteien nur auf wirtschaftlicher Interessenbasis aufbauen zu können meint, die Art, wie hier diese Interessengruppe, die den nationalen Sozialismus tragen soll, umschrieben wird. Denn welches ist sie? Es ist die Partei der Mühseligen und Beladenen, derjenigen, die irgendwo der Schuh drückt, aller derer, die keinen Besitz haben und welchen haben möchten. Ob Professor oder Arbeiter ist gleich; das Kriterium soll sein, ob das Einkommen aus Arbeit oder Rente fließt. Wer kann nun da zu Ihnen kommen und bei Ihnen bleiben? Ein Kellner gehört zu Ihnen. Wird er morgen Oberkellner, wird seine Befähigung zum nationalen Sozialismus schon fraglich. Und ist er ein tüchtiger Mann und bringt es einmal zum Wirt, der selber Kellner und Oberkellner hält, hat er sicherlich bei Ihnen nichts mehr zu suchen. Ein bis zum Hals verschuldeter Gutsbesitzer kann der Ihrige sein; ein Bauer, der aufsteigt und seinen Besitz mehrt, nicht. Nun, das sind Karikaturen, werden Sie sagen, – aber vergegenwärtigen Sie sich, daß eine Partei, die kein anderes Prinzip kennt als: Nieder mit den wirtschaftlich Starken!, die Karikatur einer Partei ist. Alle aufsteigenden Schichten des Volkes, auch die aufsteigenden Schichten der Arbeiterklassen, werden dann damit, daß sie aufsteigen, natürliche Gegner der national-sozialen Bewegung. Nur der Bodensatz der Bevölkerung bleibt bei Ihnen. Eine Partei aber, die nur die Schwächsten zu sich rechnet, wird die politische *Macht* nie erlangen.

Wollen Sie derartige, an die »ethische Kultur« erinnernde miserabilistische Gesichtspunkte zugrunde legen, so werden Sie nichts anderes [sein] als politische Hampelmänner, Leute, [heißt das,] die – je nachdem, wo ihnen der Anblick irgendeines wirtschaftlichen Elends auf die Nerven fällt – durch unartikulierte Bewegungen bald nach rechts, bald nach links, hier einmal gegen die Agrarier, dort einmal gegen die Börse und [gegen] die Großindustrie, reagieren. Das sind keine *politischen* Gesichtspunkte. Die einzige klare politische Form, welche das seinerzeit vereinbarte erste Programm, auf Grund dessen allein ich hier erschienen bin, enthielt, die Bewegung gegen die Großgrundbesitzer, ist aus Unklarheit fallen gelassen [worden]. Damit ist die politische Pointe fortgefallen. Denn seien Sie sich [darüber] klar: Sie haben heute einzig und allein die Wahl, welches von den einander bekämpfenden Interessen der heute führenden Klassen Sie stützen wollen: das bürgerliche oder das agrarisch-feudale. Eine Politik, die das nicht berücksichtigt, ist eine Utopie. Jede aufstrebende neue

Partei steht vor der Entscheidung, ob sie die bürgerliche Entwicklung fördern oder unbewußt die feudale Reaktion stützen will. Auch, wenn Sie es nicht wollen, [wenn Sie] meinen, ein Drittes tun, eine Politik des vierten Standes treiben zu können, wird das, was Sie wirklich erreichen, doch stets nur und allein die Stützung eines dieser beiden Interessen sein. Zwischen ihnen müssen Sie wählen und, wenn Ihnen die Zukunft der Bewegung am Herzen liegt, die bürgerlich-kapitalistische Entwicklung wählen. Die Sozialdemokratie hat dadurch, daß sie gegen das Bürgertum vorgegangen ist, der Reaktion die Wege geebnet. –

Wie unpolitisch NAUMANN denkt, ist daraus zu ersehen, daß er dem Parlament die Entscheidung über die Heeresstärke nehmen möchte. Im Gegenteil: die einzig gesunde Lösung ist die Behandlung der Militärfrage als einfache Budgetfrage, also die *jährliche* Bewilligung. Die neue Partei muß sein eine nationale Partei der bürgerlichen Freiheit; denn nur eine solche fehlt uns: es fehlt eine *nationale*[1] *Demokratie,* der wir die Leitung Deutschlands durch unsere Wahlstimmen anvertrauen könnten, weil wir der Wahrung der nationalen und wirtschaftlichen Machtinteressen in ihrer Hand sicher sein würden. –

Damit komme ich zu einem Spezialpunkt, dessen Behandlung in Ihrer Presse mir gezeigt hat, daß Sie vorläufig diese Partei nicht sind. Es ist die Art, wie in letzter Zeit die sogenannte »Polenfrage« in der »Zeit« erörtert worden ist[2]. Über die Einzelmaßnahmen, die da diskutiert wurden, läßt sich streiten, davon spreche ich nicht; sondern von der Art der Behandlung dieser Dinge in einem deutschen Blatte, wie es »Die Zeit« sein will. Die »Zeit« hat diejenigen, die eine energische Stellungnahme gegen die Polen befürworten, in einem hämischen Ton angegriffen, den Deutsche in nationalen Fragen gegeneinander nie anschlagen sollten. Man hat gesprochen von einer Herabdrückung der Polen zu deutschen Staatsbürgern zweiter Klasse. Das Gegenteil ist wahr: wir haben die Polen [erst] zu Menschen gemacht. Auch in der Auffassung der »Polenfrage« tritt bei Ihnen eben jener unpolitische Zug des Miserabilismus hervor. Aber die Politik ist ein hartes Geschäft, und wer die Verantwortung auf sich nehmen will, einzugreifen in die Speichen des Rades der politischen

[1] So M. WENCK a. a. O. S. 64. (D. H.)

[2] Wie die weiteren Verhandlungen (Protokoll, S. 54) ergaben, war HELLMUTH v. GERLACH der Verfasser des von MAX WEBER kritisierten Artikels. (D. H.)

Entwicklung des Vaterlandes, der muß feste Nerven haben und darf nicht zu sentimental sein, um irdische Politik zu treiben. Wer aber irdische Politik treiben will, der muß vor allen Dingen illusionsfrei sein und die eine fundamentale Tatsache: den unabwendbaren ewigen Kampf des Menschen mit dem Menschen auf der Erde, wie er tatsächlich stattfindet, anerkennen. Wenn nicht, dann soll er davon abstehen, eine politische Partei zu gründen. Ich möchte hier, in dieser thüringischen Stadt, Ihnen das alte Thüringerwort entgegenrufen: *»Landgraf werde hart!«*

STELLUNGNAHME ZUR FLOTTENUMFRAGE DER ALLGEMEINEN ZEITUNG (München)[1]

Für eine Vorlage, welche durch die unerwartete Geringfügigkeit ihrer Anforderungen fast ebenso sehr wie durch die kluge Sachlichkeit ihrer Vertretung die Gegner in offenbare Verlegenheit gesetzt hat, noch besonders einzutreten, scheint mir unnötig. Wird auf *formale* Momente kein unnötiges Gewicht gelegt, so erscheint sie ja glücklicherweise im wesentlichen gesichert. Nur völlige politische Verzogenheit und naiver Optimismus können verkennen, daß das unumgängliche handelspolitische Ausdehnungsbestreben aller bürgerlich organisierten Kulturvölker, nach einer Zwischenperiode äußerlich friedlichen Konkurrierens, sich jetzt mit völliger Sicherheit dem Zeitpunkt wieder nähert, wo *nur die Macht* über das Maß des Anteils der Einzelnen an der ökonomischen Beherrschung der Erde und damit über den Erwerbsspielraum ihrer Bevölkerung, speziell auch ihrer Arbeiterschaft, entscheiden wird. Wenn nun angesichts der Selbstverständlichkeit dieser Entwicklung, die uns stets erneute militärische Opfer im Interesse unserer Zukunft, für welche wir, als eine große Nation, unseren Nachfahren vor der Geschichte verantwortlich sind, näherlegen wird, sich trotzdem auch hier im Südwesten ein verhängnisvoller

[1] Die Redaktion der Allgemeinen Zeitung in München hatte im Spätjahr 1897 durch Versand von 1800 Fragebogen eine Umfrage bei ausgewählten Personen des In- und Auslandes veranstaltet über deren Einstellung zur Frage der seitens der Regierung des deutschen Kaiserreichs beabsichtigten Flottenvermehrung (die zweite Flottenvorlage des Jahres 1897 ging dem deutschen Reichstag am 30. November zu). Im 101. Jg. 1898 begann die Redaktion, die ihr zugegangenen Antworten in den Außerordentlichen Beilagen ihres Blattes zu veröffentlichen, zuerst in Nr. 1 am 11. Januar und endend mit Nr. 23 am 6. März.

Der Wortlaut des Fragebogens und die redaktionelle Kommentierung zu ihrer Enquete ist abgedruckt in der Außerordentlichen Beilage Nr. 1 auf den Seiten 1/2.

Max Webers Stellungnahme, die auf die neun detailliert gestellten Fragen nicht einging, erschien in der Außerordentlichen Beilage Nr. 3 vom 13. Januar 1898 auf Seite 4/5 unter der laufenden Nummer 46. (D. H.)

Mangel an Verständnis dafür gerade in breiten bürgerlichen Kreisen zeigt, so darf zur Erklärung dessen verschiedenes nicht vergessen werden. Zunächst, daß die Art des Regimes in Deutschland in den letzten 20 Jahren, halb »cäsaristisch«, halb »patriarchalisch«, neuerdings überdies durch eine spießbürgerliche Furcht vor dem roten Gespenst verzerrt, das *Gegenteil politischer Erziehungsarbeit* an der Nation gewesen ist. Zumal die Benutzung der Militärfragen als Kampfmittel gegen unbequeme Oppositionsparteien hat sie – sehr zum Schaden der Heeresinteressen –, aus einfach sachlichen Budgetfragen in Angelpunkte des periodisch sich wiederholenden inneren Machtkampfs umzuwandeln, zu ihrem Teil beigetragen. Eine ostentative »gefällige«, die errungenen Lorbeeren schonende, allen überseeischen Expansionsgedanken ersichtlich abholde Politik, wie sie nach 1870 begann, konnte der Erweckung des Interesses an der Flotte gewiß nicht förderlich sein. Noch weniger aber kann dies in der Gegenwart eine Wirtschaftspolitik, welche sich von der allmächtigen *agrarischen Phrase* beherrschen läßt, der auch die Allgemeine Zeitung nicht selten arglos zum Opfer fällt. Es ist begreiflich, daß zwischen dem Streben nach maritimer Macht und einer Politik, welche Deutschlands kommerzielle Machtstellung teils schon geschädigt hat, teils weiter preiszugeben sich bereit zeigt, ein Widerspruch gefunden wird. Nicht eine mit antikapitalistischen Schlagworten operierende Politik selbstgenügsamer sogenannter »Sammlung«, sondern allein eine entschlossene Durchführung der Konsequenzen unserer kraftvollen bürgerlich-gewerblichen Entwicklung – ohnehin die auf die Dauer allein mögliche Wirtschaftspolitik Deutschlands im Zeitalter des Kapitalismus[1], man mag ihn nun lieben oder hassen, – kann für die bürgerliche Klasse dem Verlangen nach Macht zur See einen Sinn verleihen. Zum Schutze der Grundrente bedarf es keiner Flotte. Und nur einem Regiment, welches in seiner inneren Politik zeigt, daß es die freien Institutionen des Vaterlandes zu erhalten und freiheitlich weiterzuentwickeln sich *nicht fürchtet,* wird man das Vertrauen entgegenbringen, daß ihm nicht auf dem Gebiete der äußeren Politik Kraft und Mut im entscheidenden Moment, aller starken Worte un-

[1] Vgl. hierzu MAX WEBERS Diskussionsreden auf dem 8. Evangelisch-sozialen Kongreß 1897 zur Frage: Agrarstaat oder Industriestaat? (Verhandlungsbericht 1897, Seite 105–113, 122/23). (D. H.)

geachtet, versagen werden, ebenso wie dies auf dem Gebiete der sozialpolitischen Arbeit im Innern der Fall zu sein scheint[1].

Heidelberg, Dezember 1897

Prof. MAX WEBER

[1] Diese Abwendung von der aktiven Sozialpolitik seitens des kaiserlichen Regimes in den 1890er Jahren wird von MAX WEBER scharf angegriffen in seiner Vorbemerkung zum 1. Heft der Einzeldarstellungen auf Grund des von ihm für den Evangelisch-sozialen Kongreß erhobenen Materials über die Landarbeiter in den evangelischen Gebieten Norddeutschlands (S. GOLDSCHMIDT, Die Landarbeiter in der Provinz Sachsen, sowie den Herzogtümern Braunschweig und Anhalt [1899], Seite 1–11). (D. H.)

ZUR LAGE DER BÜRGERLICHEN DEMOKRATIE IN RUSSLAND[1]

Auszug

Dem hier besprochenen Entwurf[2] wird man zunächst nachsagen, daß er durchaus »unhistorisch« sei, und dies trifft bei einem solchen Extrakt des modernen internationalen Verfassungsrechts, wie er ihn darstellt, in der Tat zu. Aber was ist eigentlich in dem heutigen Rußland »historisch«? Die Kirche und die bäuerliche Feldgemeinschaft, von denen wir noch reden werden, ausgenommen, – schlechthin gar nichts, außer der aus der Tatarenzeit übernommenen absoluten Gewalt des Zaren, welche heute, nach Zerbröckelung aller jener »organischen« Gebilde, die dem Rußland des 17. und 18. Jahrhunderts das Gepräge gaben, in völlig unhistorischer »Freiheit« in der Luft schwebt. Ein Land, welches vor kaum mehr als einem Jahrhundert

[1] Der erste der beiden Rußlandberichte Max Webers aus den Revolutionsjahren 1905/06 erschien in der Beilage zum 1. Heft des XXII. Bandes des Archivs für Sozialwissenschaft und Sozialpolitik und umfaßt darin die Seiten 234 bis 353. Der Beitrag von Max Weber und die in der folgenden Anm. 2 erwähnten Darlegungen von S. J. Giwago sind zusammengefaßt unter dem Titel »Zur Beurteilung der gegenwärtigen politischen Entwicklung Rußlands« und bilden gemeinsam den Inhalt dieses (ersten) Beiheftes aus dem Februar 1906. Der auszugsweise Abdruck bezieht sich auf die (dortigen) Seiten 246–248, 250–258, 280–281, 291–296, 317–318, 321–322, 332–339, 341–353 mit einem Teil der Originalanmerkungen. (D. H.)

[2] Dem Bericht Max Webers ging eine kurze Besprechung aus der Feder S. J. Giwagos über den Entwurf für eine Verfassung des russischen Reiches voraus (ebd. S. 229 bis 233), der von einer Gruppe von Angehörigen der konstitutionell-demokratischen Bewegung aufgestellt und im Verlag ihrer in Paris erscheinenden Halbmonatsschrift mit einem Vorwort von deren Herausgeber Peter Struve im Jahre 1905 erschienen war. Die im Entwurf vorgeschlagene Verfassung – etwa im Sinne der belgischen parlamentarischen Monarchie ausgerichtet – bestand aus 80 Artikeln; ihr war außerdem der Text eines Wahlgesetzes mit 45 Artikeln beigefügt. Den Abschluß bildeten die 60 Seiten umfassenden programmatischen Erklärungen der Verfasser zu ihren Entwürfen. Über das fernere Schicksal dieses Verfassungsentwurfes s. [1.] Beiheft, S. 236 bis 242, 246. (D. H.)

in seinen »nationalsten« Institutionen starke Ähnlichkeiten mit der Monarchie DIOKLETIANS aufwies, kann in der Tat keine »historisch« orientierte und dabei doch lebensfähige »Reform« vornehmen. Das lebensvollste, in der öffentlichen Meinung am meisten festgewurzelte und in seiner Leistungsfähigkeit erprobte Institut des russischen öffentlichen Lebens, das Semstwo, ist zugleich dasjenige, welches dem altmoskowitischen Gedanken ständischer Gesamthaft für die ständisch verteilten Pflichten am fremdesten ist: es ist ein moderner Selbstverwaltungskörper, ganze 40 Jahre alt und dabei bereits einmal – aus einer rein den Grundbesitz als solchen (einschließlich der Bauern) vertretenden in eine wesentlich ständisch gegliederte Körperschaft – umgestaltet worden. Seine Leistungen zu beurteilen, ist mir natürlich nicht möglich. Sie am Zustand der Brücken und Wege zu messen, wie westeuropäische Reisende zu tun pflegen, geht hier offenbar so wenig wie in Amerika an, aus den gleichen ökonomischen Gründen. Der Glaube an die Bedeutung des »Systematischen« und allgemeiner Theorien ist in Rußland, wie jeder weiß, ungleich größer als in Amerika, mit dessen Lokalverwaltung man die Semstwos am besten vergleicht, die Überzeugung von der fundamentalen Bedeutung der Volksbildung ist in den Selbstverwaltungen beider Länder gleich groß, und der Idealismus in der Übernahme pekuniärer Opfer für derartige »ideale« Zwecke in den Kreisen der meisten Semstwos der allerhöchsten Achtung wert und dem Verhalten unserer ostpreußischen Ständevertreter 1847 durchaus ebenbürtig. Auch in seiner verkümmerten jetzigen Gestalt und angesichts der unerhörten Vielseitigkeit seines von der Volksschulgründung durch Statistik, Medizinal-, Veterinärwesen, Straßenbau, Steuerverteilung und landwirtschaftlichen Unterricht bis zu dem wichtigen Gebiet des »Verpflegungswesens« (bei Hungersnöten) sich erstreckenden Tätigkeitsgebiets hat das Semstwo – das wenigstens läßt auch das im Ausland zugängliche Material ersehen – immerhin Leistungen aufzuweisen, welche, angesichts der Schwierigkeit seiner Lage, jedenfalls das noch immer häufige Urteil über die »Unreife« der Russen für eine freie Verwaltung verstummen lassen sollten. Die »Staatsgewalt« erscheint, ganz begreiflicherweise, ihm gegenüber trotz aller Überlegenheit der bürokratischen »Technik«[1], als ein nur der Erhaltung der bestehen-

[1] Und – wie ausdrücklich hinzugefügt sein möge – trotzdem jede unbefangene Betrachtung sich hüten wird, Männer wie etwa PLEHWE als eine Art Theaterbösewichte oder Finsterlinge sich vorzustellen. Davon ist keine Rede: die eherne Konse-

den politischen Machtverteilung dienender Parasit, fast ohne sachliche Interessen anderer als etwa finanzpolitischer Art, und deshalb vom tiefsten Mißtrauen gegen den Konkurrenten erfüllt. Seine Erfolge hat daher das Semstwo zu erkämpfen gehabt gegen die ständige Obstruktion der staatlichen Polizei, an deren Zwangsgewalt es für die Vollziehung seiner Beschlüsse gewiesen war, und es erzielte sie, trotzdem die Eifersucht der Regierung seine Arbeit immer fühlbarer und schließlich ganz systematisch hemmte, ihm die Erhöhung der Abgaben, speziell für Schulzwecke, verbot, im letzten Kriege z. B. die karitative Semstwo-Organisation, zugunsten des heillos korrupten staatlichen »roten Kreuzes«, unterdrückte und das »Verpflegungswesen« zu verstaatlichen suchte. Nachdem dadurch dem Semstwo mehr und mehr der Charakter eines nur passiven Zweckverbandes für die Aufbringung von der Regierung vorgeschriebener und von ihr zu verwendender Lasten aufgezwungen und die Ausdehnung der

quenz des *Systems,* dem sie dienten, die rationalistische Regierungspragmatik dieser »aufgeklärten« Bürokratie, welche ganz naturgemäß auf den »Schlendrian« und unpraktischen »Eigensinn«, die »Sonderinteressen«, den »Unverstand« und Egoismus, die »utopischen Träume« der »Intelligenz« und Selbstverwaltungskörper und die »Phrasen« der Presse, zornig als auf Elemente blickte, welche die Vereinigung utilitarischer Volksbeglückung von oben mit dem entsprechenden Respekt vor der Autorität, den die »Staatsräson« forderte, immer wieder hemmten und durchkreuzten, – dies System war es, welches das Leben »zur Hölle werden« und, bei der Nachricht von Plehwes Ermordung, stille weltfremde Stubengelehrte in eine Art von Taumel wilder Freude geraten ließ. Wer das mit ansah, dem ist es zunächst einmal »Kritik« genug. – Aber nicht nur würde die Bilanz dieses Systems, unter *utilitarischer* Bewertung aufgemacht, ganz bedeutende Aktiven aufzuweisen haben, sondern namentlich war der Weg zu jener »Hölle« auch hier, wie immer, mit den allerausgezeichnetsten Vorsätzen gepflastert, die sich, vor allem, sämtlich *»bei den Akten«* befinden. Und wenn auf Grund dieser Akten ein künftiger Historiker die Geschichte dieses Ancien Régime schreibt, so wird es sicherlich, ebenso wie nach der jetzigen Mode das – übrigens höchst wesentlich anders geartete – französische von vor 1789, in den freundlichsten Farben erstrahlen: der Historiker hat ja nicht unter ihm zu *leben* brauchen. – Innerhalb der staatlichen Bürokratie, zumal der unteren, aber auch der höchsten Stellen, stehen sich politische Ansichten der allerverschiedensten Art, bis zu den allerradikalsten, gegenüber. Nur die Entscheidung der »maßgebenden« Stelle fällt seit 25 Jahren konsequent nach der Seite der Polizeiinteressen aus. Unter den heutigen Bedingungen ist ein »aufgeklärterer« Absolutismus – und vielleicht ist gerade dies der entscheidende Punkt für die Kritik des ganzen Systems – einfach deshalb unmöglich, weil, höchst wahrscheinlich, das bisher bestehende Regime *so »aufgeklärt« war, wie der Absolutismus unter den modernen Verhältnissen, im Interesse seiner Selbsterhaltung, überhaupt sein kann.*

Semstwoverfassung auf die klein- und weißrussischen Gouvernements hintertrieben worden war, machte Plehwe in seiner letzten Zeit ernstlich Miene, die Semstwos gänzlich zu zertrümmern und durch die staatliche Bürokratie zu ersetzen.

*

Die bedingungslose Durchführung des Prinzips des »viergliedrigen«, d. h. des allgemeinen gleichen direkten geheimen *Wahlrechts* scheidet die hinter dem Entwurf stehende Partei der konstitutionellen Demokraten nach rechts von anderen konstitutionellen Gruppen, welche das Zensus- oder indirekte Wahlrecht vertreten und von der Schipowschen antibürokratischen Slawophilengruppe mit ihrem Gedanken, eine beratende und die Finanzen kontrollierende Volksvertretung aus den bestehenden Semstwos hervorgehen zu lassen. Die Forderung jenes Wahlrechts, der meistumstrittene Punkt des Entwurfs, ist für die Demokraten zunächst das konsequente Ergebnis des Fehlens anderer »historischer« Anknüpfungspunkte, nachdem die Regierung nunmehr 25 Jahre lang an der Diskreditierung der Semstwos gearbeitet hat. Dazu tritt natürlich jener Umstand, der heute überall den Vertretern prinzipieller Reformen es unmöglich macht, mit voller innerer Aufrichtigkeit für ein abgestuftes Wahlrecht einzutreten: die Wirkung des Kapitalismus mit seiner klassenbildenden Macht. Der ökonomische Interessengegensatz und der Klassencharakter des Proletariats fällt den spezifisch bürgerlichen Reformen in den Rücken: das ist das Schicksal ihrer Arbeit hier wie überall. Nur solange die Vorherrschaft des Handwerks wenigstens in der Theorie den Massen der Arbeiter die Gelegenheit gab, »selbständig« zu werden, konnte jemand eine Zensuswahlvertretung subjektiv aufrichtig als eine Vertretung auch der noch nicht Selbständigen auffassen. In Rußland ist nicht nur aus historischen Gründen die Entwicklung des städtischen »Mittelstandes« im westeuropäischen Sinn an sich sehr schwach, sondern heute hat überdies der Kapitalismus auch dort längst seine Kreise zu ziehen begonnen, und jeder Versuch des Eintretens für Zensuswahl bedeutet für den reformerischen Agitator: Offiziere ohne Soldaten. Es fiele in den Städten den Arbeitern begreiflicherweise gar nicht ein, sich darauf einzulassen. Auf dem Lande wäre überdies ein Zensuswahlrecht in den Gebieten der Obschtschina (Feldgemeinschaft) kaum ohne die größten Willkürlichkeiten durchführbar: Hier ist in der Dorfgemeinde das *gleiche* Stimmrecht der

Haushaltungsvorstände das »Historische«. Trotzdem hätte eine bisher autokratische Regierung, wenn sie es *rechtzeitig* tat, irgendein Schema der Wahlberechtigung (etwa mit Bildungszensus oder Pluralstimmrecht) oktroyieren können, – eine Reformpartei konnte aus der Situation kaum andere Konsequenzen ziehen als im Entwurf geschehen. Täte sie es, so würde – und das ist der letzte durchschlagende Grund – die Autokratie es in der Hand haben, bei der ersten Widersetzlichkeit der Duma die Arbeiter ebenso gegen sie auszuspielen, wie es jahrelang das vergangene Regime zur Einschüchterung der des Liberalismus verdächtigen besitzenden Klassen mit wenigstens scheinbarem Erfolg getan hat. Und in dem Augenblick, wo die demokratische Partei sich mit dem Zensuswahlrecht, d. h. dem Ausschluß oder der offenkundigen Zurücksetzung der Masse der Bauern von der Wahl, abfinden würde, hätte die Reaktion auch diese geschlossen hinter sich, denn die Besitzer von zensusfähigem Privateigentum, die Gutsbesitzer und vor allem die Kulaki (»Fäuste«, d. h. reich gewordene Bauern und ländliche Kleinkapitalisten) und die sonstige »Dorfbourgeoisie« sind es ja, gegen die sich der Haß der ländlichen Massen richtet. Der Zar ist für die Bauern unter keinen Umständen an ihrem Elend schuld. Wie bisher die Beamten, so würde es künftig eine Duma sein, in der die große Masse von ihnen, die ja im Zensus *hinter* allen städtischen Proletariern rangieren würden, unbeteiligt wäre. Schon jetzt verbreiteten die Vertreter des reaktionären Adels und staatlichen Beamtentums beharrlich die Nachricht, Ziel der Liberalen sei es, keinen Bauern in die Duma zu lassen. Und frappant trat diese demagogische Politik der Regierung vor allem in dem Bulyginschen Dumaprojekt hervor. Die Gesetze beratende und die Staatsrechnung kontrollierende Versammlung des Manifests vom 6. (19.) August soll nach der beigegebenen Wahlordnung in 26 Großstädten einerseits und in Gouvernementswahlversammlungen andererseits durch Wahlmänner, und zwar, um die Kandidaturen von Vertretern der »Intelligenz« möglichst zu beschränken, aus deren Mitte, gewählt werden. Die Wahl dieser ist in den Gouvernements auf die drei Klassen: 1. des größeren privaten Grundbesitzes, 2. der Städte, 3. der Bauern, und zwar in jedem Gouvernement verschieden, verteilt. Während aber die beiden ersten Klassen ein Zensuswahlrecht ziemlich plutokratischer Art haben, – die Arbeiter sind stets völlig ausgeschlossen, – werden die Bauernwahlmänner von den Wolostversammlungen gewählt, welche ihrerseits auf der Gleichstellung aller Wirte im Dorfe beruhen. Mit anderen Worten: die einzigen, für die keine Zensusgrenze besteht, sollen die meist schreibunkundigen Bauern sein. Und überdies sollen die so gewählten Bauernwahlmänner im Gegensatz zu den anderen Klassen das Recht haben, vor der Wahl der übrigen Dumadeputierten einen Abgeordneten aus ihrer Mitte zu ernennen, worauf sie, zusammen mit den anderen, die übrigen wählen: m. a. W. die Vertreter der Bauern haben ein ständisch privilegiertes Wahlrecht für mindestens 51 Abgeordnete (Zahl der europäisch-russischen Gouvernements) und bilden für den Rest mit dem Zensusgrundbesitz meist mehr als zwei Drittel der Wahlmänner. Das Manifest vom 17. (30.) Oktober, welches die »unerschütterliche Regel« aufstellt, daß fortan kein Gesetz ohne Zustimmung der Duma in Kraft treten sollte, fügte die allgemeine Zusage hinzu, daß, soweit bei der Kürze der Zeit dies möglich, das Wahlrecht den »bisher desselben beraubten« Klassen gegeben werden sollte und der »neugeschaffenen gesetzgeberischen Ordnung« überlassen bleiben würde die »weitere Entwicklung« des »Grundsatzes« des »gemeinen« Wahlrechts. Es ist nach alledem, wie Peter Struve in seiner Einleitung zu dem hier besprochenen Entwurf ganz richtig sagt, für jedes andere liberale Wahlrechtsprogramm heute in Rußland »zu spät« geworden. Der Gedanke der »Menschenrechte« und die Forderung des »vierstufigen Wahlrechts« waren es denn auch, welche die radikale bürgerliche mit der »proletaroiden«, darunter selbst einem Teil der sozialrevolutionären, Intelligenz im »Befreiungsbunde« geeinigt hatte. Das unverbrüchliche Festhalten daran schien allein die Möglichkeit zu bieten, eine Teilung der Intelligenz im Kampfe zu verhindern.

Wollte – und könnte – man von dieser Situation absehen, *dann* würde natürlich auch ein noch so überzeugter Demokrat oder Sozialdemokrat über die Frage der Neueinführung gerade dieses Wahlrechts als ersten gerade in diesem Lande und gerade im *jetzigen* Moment sehr zweifelhaft sein können[1].

Denn über den entscheidenden Punkt: die voraussichtliche Wirkung dieses Wahlrechts, urteilen die russischen Demokraten unter sich nicht gleichmäßig. Am ehesten pflegen die Bedenken gegen die Überlieferung der *Semstwos* in die Hände gänzlich ungeschulter Analphabeten zugegeben zu werden, so entschieden die Notwendigkeit

[1] Vgl. die von sozialdemokratischer Seite geübte Kritik an dem Eintreten Lassalles für das allgemeine Wahlrecht in den sechziger Jahren in der Einleitung zu der (parteioffiziellen) Ausgabe seiner Schriften (Band I, S. 124).

einer weit stärkeren Vertretung der jetzt zur einflußlosen Minderheit verurteilten Bauern betont wird. In der Tat würde die völlige Bürokratisierung der Semstwoverwaltung die unmittelbare Folge sein, und bei aller Anerkennung der hervorragenden Leistungen des Semstwobeamtentums, des sog. »dritten Elements« (»tretij element«), würde dies doch nur der Vorläufer einer Zentralisierung nach französischem Muster sein können. Die »ökonomische Unabhängigkeit« der ehrenamtlichen Semstwomitglieder war es, welche die Selbständigkeit des Semstwo »nach oben« garantierte und, unter unserer Wirtschaftsordnung, auch und erst recht gegenüber einer etwaigen parlamentarischen Parteiregierung der Zentrale gewährleisten könnte, solange die Bauern an den Agrarkommunismus ihrer Gemeinden gefesselt sind. – Über die voraussichtliche Wirkung des allgemeinen gleichen Wahlrechts für die *Duma* gehen die Ansichten auseinander. Ich kenne russische Demokraten mit etwa dem Standpunkt: »Fiat justitia, pereat mundus. Möge die Masse allen Kulturfortschritt ablehnen oder vernichten: wir können nur nach dem fragen, was gerecht ist, und wir haben unsere Pflicht getan, wenn wir ihr das Wahlrecht geben und ihr damit die Verantwortung für ihr Tun zuschieben.« »Auch die äußerste Ochlokratie – wird allenfalls hinzugefügt – kann es nicht so arg treiben wie die von den in ihrer Machtstellung bedrohten Beamten gemieteten ›schwarzen Hundert‹. Aber wie dem sei: lieber generationenlange kulturliche Finsternis leiden als politisches Unrecht tun. Und vielleicht wird doch auch irgendwann in der Zukunft die erzieherische Macht des Wahlrechts das Ihre tun.« Es liegt in solchen Ansichten unbewußt doch wohl auch etwas von Ssolowjows Glauben an die ethisch-religiöse Eigenart der politischen Aufgabe des Russentums, auf die mich übrigens auch ein Vertreter dieser Meinung direkt verwies. Die absolute Ablehnung der »Erfolgsethik« auch auf politischem Gebiet bedeutet hier: nur das unbedingte ethische Gebot gilt überhaupt als möglicher Leitstern positiven Handelns, es besteht nur die Möglichkeit des Kampfes um das Recht *oder* der »heiligen« Selbstentsagung. Ist nun das als positive »Pflicht« Erkannte getan, so tritt, weil *alle* anderen als die ethischen Werte ausgeschaltet sind, unbewußt jener biblische Satz wieder in Kraft, der sich am tiefsten in die Seele nicht nur Tolstojs, sondern des russischen Volkes überhaupt geprägt hat: »Widerstehe nicht dem Übel«. Der jähe Wechsel zwischen stürmischer Tatkraft und Ergebung in die Situation ist die Folge der Nichtanerkennung des ethisch

Indifferenten als existent oder doch als möglichen »Wertes«, welche dem Panmoralismus der Ssolowjowschen »Heiligkeit« ebenso wie der rein ethisch orientierten Demokratie eignet. – Indessen neben solchen extremen Ideologen stehen – und zwar zweifellos in der Mehrzahl – andere, welche die Chancen günstiger ansehen, als diejenigen Ausländer es meist tun, die geneigt sind, einen gewissen Grad von Ehrlichkeit der konstitutionellen Absichten des gegenwärtigen Regimes gerade daraus zu entnehmen, daß es das arithmetisch gleiche Wahlrecht im gegenwärtigen Moment *nicht* in die Hände politisch unerzogener Volksmassen gibt. Die Russen berufen sich zunächst auf gewisse später eingehender zu erörternde, weil nach Meinung einiger Führer der Demokratie besonders wichtige *ökonomische* Gründe dafür, daß die Massen, mit dem Wahlrecht in der Hand, politisch und kulturell freiheitlichen Idealen folgen *müßten*. Von rein politischen Argumenten findet sich, – neben dem allgemeinen Hinweis auf die »erzieherische« Funktion des Wahlrechts, die aber, wenn sie für das *gleiche* Wahlrecht in Anspruch genommen wird, doch gewisse »entwicklungsgeschichtliche« Voraussetzungen haben dürfte, – eigentlich, auch in der »Begründung« des Entwurfs, nur der Hinweis auf die in Bulgarien mit der Einführung des allgemeinen Wahlrechts gemachten, nach Ansicht der Verfasser günstigen, Erfahrungen. Dabei ist, von anderem abgesehen, denn doch wohl der Unterschied eines Kleinstaates von einer – auch nach Ansicht von Leuten wie Struve – zur »Weltpolitik« genötigten großen Nation, und erst recht der überlieferten Stellung des national und religiös geweihten Zaren von der eines bis auf weiteres gemieteten und importierten Duodezmonarchen unterschätzt.

Es sei übrigens ausdrücklich betont, daß der Entwurf im übrigen sehr weit davon entfernt ist, einen staatsrechtlich »radikalen« Charakter an sich zu tragen. Die Verfasser lehnen zwar mit Recht das heute modische Gerede von der »Überlebtheit« des Parlamentarismus ab[1]. Aber ihr Entwurf schont, im ganzen, sorgsam die Stellung

[1] Dies Gerede ist zur Zeit schon deshalb deplaziert, weil es zu kritischer Vergleichung der gegenwärtigen Leistungen der Länder mit parlamentarisch-demokratischem und derjenigen mit »persönlichem« Regiment auffordert und dabei selbst auf dem eigensten Gebiet der angeblichen spezifischen Leistungsfähigkeit der letzteren: der auswärtigen Politik, diese doch wohl stark den Kürzeren ziehen. Die Leistungen unserer deutschen Diplomatie zu beurteilen, ist nur berechtigt, wer die Akten kennt. Aber jeder kann sehen, daß die konsequente Führung und das

des Zaren. Er kennt keine gewählten Beamten, außer den »Friedensrichtern«. Er kennt ebensowenig die Parlamentssouveränität nach englischer Art wie die parlamentarische Majoritätsherrschaft französischen Gepräges. Diese Rücksicht auf die Stellung des Monarchen scheidet die Anhänger der konstitutionell-demokratischen nach links von den radikalen Gruppen, welche, soweit sie nicht Republikaner sind, doch das Prinzip der Volkssouveränität durch Einberufung einer »Konstituante« gewahrt wissen und die parlamentarische Bestimmung des Ganges der Politik ausdrücklich festgelegt wissen wollen. Für die Konstitutionellen sind offenbar nicht nur zwingende »realpolitische« Erwägungen, sondern auch der Gedanke maßgebend gewesen, daß nur der Monarch die Einheit des Reiches wirksam repräsentiert, wenn den Einzelnationalitäten weitgehende Autonomie gegeben werden soll. Mit Rücksicht auf die Stellung des Zaren konnte der Entwurf daher auch nicht die amerikanische gänzliche Trennung der Exekutive von der Legislative durchführen. Daher versuchte er nun, etwas in der Tat in mancher Hinsicht Neues in der Gestalt des gänzlich außerhalb des gerichtlichen Instanzenaufbaues stehenden »höchsten Tribunals« zu schaffen. Dessen Funktionen sollten umfassen: 1. die Kassation verfassungswidriger Regierungshandlungen und Gerichtsurteile einschließlich solcher, die auf formal korrekten, aber materiell unkonstitutionellen Gesetzen beruhen, auf Anrufen privater Interessenten, einer der beiden Kammern, oder einer der konstitutionellen höchsten Reichsbehörden. In dieser Funktion fassen ihn die Verfasser merkwürdigerweise als eine Kopie des amerikanischen Supreme Court auf, – ein Irrtum, der bei der großen Vertrautheit der Russen mit dem bekannten Buche von James Bryce wundernehmen muß, – 2. sollten die Wahlprüfungen vor das Tribunal gehören, – 3. aber sollte dasselbe – verstärkt durch die Richter des Kassationshofs – die Instanz sein für die seitens einer der Kammern zu erhebenden politischen Ministeranklagen. Diese politische Anklage, welche selbständig neben der gegen alle Beamten zulässigen Verfolgung vor den ordentlichen Gerichten stehen und nur auf

Erzielen dauernder Erfolge für sie schlechthin unmöglich gemacht werden muß, wenn ihre Arbeit beständig durch geräuschvolle Intermezzi, Reden, Telegramme und unerwartete Entschließungen des Monarchen gestört wird und so ihre ganze Kraft darin aufgeht, die dadurch verfahrene Situation wieder zurechtzurücken, oder sie gar schließlich auf die Idee verfällt, selbst jene theatralischen Mittel benutzen zu wollen.

Absetzung und 5jährige Amtsunfähigkeit gehen soll, kann, nach dem Entwurfe, auf a) absichtliche Verletzung der Verfassung und b) »schwere Verletzung der Staatsinteressen« durch Mißbrauch, Kompetenzüberschreitung und Nachlässigkeit gestützt werden. Diese Prozedur sollte also ganz offenbar auch das parlamentarische »Mißtrauensvotum« in die Form eines nach »objektiven« Maßstäben zu entscheidenden Prozesses überführen. Nun läßt sich aber der sachliche Inhalt der »Staatsinteressen« nicht »objektiv«, d. h. ohne Rücksicht auf jene Ideale und Interessen, also auf jene »Werturteile«, welche auch der Scheidung der politischen und sozialen Parteien zugrunde liegen, feststellen. Die streng formale Aufgabe der Hütung der Verfassung und der Abgabe juristisch zu begründender Urteile über das, was »gilt«, wäre also mit der Aufgabe der Abgabe politischer Sentiments über das, was »gelten soll«, in dieselben Hände gelegt: ein an sich recht bedenklicher Gedanke. Freilich würden die Verfasser sich z. B. darauf berufen können, daß auch die formale Entscheidung von Verfassungsfragen faktisch ähnlich zu verlaufen pflegt: bei dem Schiedsspruch der Richter des amerikanischen Bundesgerichts in der strittigen Präsidentenwahl zugunsten von Hayes teilten sich die Stimmen bekanntlich strikt nach der Parteiobödienz; niemand bezweifelt heute, daß das Urteil ein krasser Fehlspruch war, dennoch aber hat es einen Bürgerkrieg verhindert. – Der zweite Entwurf hat die Institution gestrichen, und der konstituierende Kongreß der konstitutionell-demokratischen Partei begnügte sich, gegenüber dem Manifest vom 17. (30.) Oktober, die Feststellung der Ministerverantwortlichkeit und das Recht der Duma, nicht nur die Rechtmäßigkeit, sondern auch die Zweckmäßigkeit ihrer Handlungen zu diskutieren, zu fordern. –

*

Der politische »Individualismus« der westeuropäischen »Menschenrechte«, wie ihn z. B. Struve konsequent vertritt, wurde, soweit er »ideell« bedingt war, zum einen Teil geschaffen durch religiöse Überzeugungen, welche menschliche Autoritäten als widergöttliche Kreaturvergötterung bedingungslos verwarfen[1], – Überzeugungen,

[1] Vgl. Jellineks bekannte Schrift über die »Menschen- und Bürgerrechte«; *meine* Abhandlung im Archiv f. Sozialwissenschaft, Bd. XX 1, XXI 1; E. Troeltschs Darstellung des Protestantismus in Hinnebergs »Die Kultur der Gegenwart« (I, 4, 1). –

wie sie die heutige Form der »Aufklärung« überhaupt nicht mehr als Massenerscheinung aufkommen läßt; und zum andern Teil war er Produkt eines optimistischen Glaubens an die natürliche Interessenharmonie der freien Individuen, der heute durch den Kapitalismus für immer zerstört ist. Diese Entwicklungsstadien lassen sich also für das heutige Rußland schon aus »ideellen« Gründen nicht nachholen: der spezifisch bürgerliche Individualismus ist innerhalb der Klassen von »Bildung und Besitz« selbst bereits überwunden und wird das »Kleinbürgertum« sicherlich nicht mehr erobern können. Und vollends fragt es sich, wo bei den »Massen«, denen das allgemeine Wahlrecht die Macht in die Hand drücken würde und nach ausgesprochener Absicht der Liberalen auch soll, die Impulse sich finden sollen für die Teilnahme an einer über rein materielle Forderungen hinausgehenden Bewegung, wie sie von Politikern bürgerlich-demokratischen Gepräges mit dem Programm des »Befreiungsbundes«: 1. garantierte Freiheitsrechte des Individuums, 2. konstitutioneller Rechtsstaat auf Grundlage des »viergliedrigen« Wahlrechtes, 3. Sozialreform nach westeuropäischem Vorbild, 4. Agrarreform, ins Leben gerufen ist.

*

Innerhalb der städtischen Arbeiterschaft, die ja auch von den christlichsozialen und sozialrevolutionären Anhängern des äußersten Radikalismus bearbeitet wird, und innerhalb der Gruppe der »freien Berufe« sind also die Chancen der bürgerlichen Demokratie im Falle eines demokratischen Wahlrechts wohl auch nach ihrer eigenen Meinung äußerst problematisch, obwohl ihr Programm alle Forderungen der westeuropäischen radikalen Sozialreformer enthält. Was andererseits die dünne Schicht der eigentlichen »Bourgeoisie« anlangt, so sind die Fabrikanten – die alten Träger des Nationalismus, wie sie uns v. SCHULZE-GÄVERNITZ geschildert hat – ganz naturgemäß unter den Verhältnissen der letzten Jahre, wo die PLEHWEsche Regierung die Arbeiter zu gewinnen und

STRUVE ist von JELLINEKS Arbeiten, die er wiederholt zitiert, angeregt. – Die Verwandtschaft der ökonomischen und politischen Ethik der russischen rationalistischen Sekten mit dem Puritanismus (im weiten Sinne des Wortes) ist schon LEROY-BEAULIEU und anderen nicht entgangen. Aber wenigstens bei dem zahlenmäßig bedeutendsten Teil, dem eigentlichen »Raskol«, stehen dem tiefe Unterschiede in der Eigenart der »innerweltlichen Askese« gegenüber.

gegen die »Intelligenz« auszuspielen suchte: – die elf Baracken, welche die Mittelpunkte der GAPONschen Bewegung bildeten, waren ja auf Regierungskosten gebaut, – zum Teil den Liberalen und selbst den Demokraten sehr nahe gerückt[1]. Indessen in der konstitutionell-demokratischen Partei vermißt man doch *alle* bekannteren Namen aus ihrer Mitte. Der Semstwo-Bewegung standen sie ablehnend gegenüber, und das Programm des antiprotektionistischen »Befreiungsbundes« vollends konnte für sie nichts Anziehendes haben. Sozialpolitisch verhielt sich wohl die Masse ihrer Vertreter auch zu Anfang 1905 wesentlich reaktionär und hoffte auf Repression, – immerhin keineswegs einheitlich. Es finden sich nicht wenige Eingaben von Fabrikanten für Gewährung des Koalitionsrechtes. Politisch scheinen sie jetzt sehr vielfach der »Partei der Rechtsordnung« oder dem dieser nahestehenden »Bunde des 17. Oktober« anzugehören. Immerhin sind sie nach den gemachten Erfahrungen nicht ohne weiteres für die Regierung gegen die Liberalen und für die Reaktion verfügbar. Als in einer Versammlung des »Verbandes der Händler und Industriellen« in Petersburg ein Vertreter der »Rechtsordnungspartei« zum Anschluß an die Regierung im Kampfe gegen den »Arbeiterdeputiertenrat« aufforderte, lehnten andere Redner dies scharf ab: die »Gesellschaft« müsse den Kampf allein führen. Suche der Verband jetzt Schutz bei der Regierung, so werde der Tag kommen, wo andere *gegen* ihn ebendort und mit demselben Erfolge Schutz suchen würden.

Das Kleinbürgertum endlich, dessen voraussichtliche Haltung, wie immer, am undurchsichtigsten ist, wird durch seine Judenfeindschaft doch wohl überwiegend am Anschluß an die Liberalen behindert sein, – darauf läßt seine immerhin starke Beteiligung an der Bewegung der »Schwarzen Banden« schließen. Freilich ist nicht zu vergessen, daß in Großstädten und in einigen »verdächtigen« anderen Orten die gegenwärtige Organisation der Polizeispionage, die z. B. in allen Häusern einen mit der Kontrolle der Bewohner betrauten Hausmeister (Dwornik) verlangt, den Hausbesitzern solche Verantwortlichkeiten und auch Kosten auferlegt, und daß überall der Paß-

[1] Die größten Petersburger Firmen erklärten dem Ministerium am 31. Januar (a. St.) in einer Eingabe, daß nur »gründliche Reformen allgemeinpolitischen Charakters«, nicht aber administrative Einmischung in das Arbeitsverhältnis, die Arbeiter »auf den Weg des Gesetzes« zurückbringen könnten. Ebenso die Moskauer Großindustrie (Prawo, S. 588).

zwang, die »administrative« – d. h. der Rechtsform entbehrende – Verschickung und die mangelnde Sicherheit der Wohnung vor jederzeitiger, mit Vorliebe nächtlicher, Durchsuchung ein solches Maß grenzenlos gehaßter Abhängigkeit von bestechlichen und willkürlichen Subalternen schafft, daß für die nächsten Jahre der Protest hiergegen wohl stärker sein wird als alle anderen Rücksichten. Mit einem System, welches diese Mittel benötigt, ist ein *dauernder* Kompromiß faktisch unmöglich geworden.

Aber die für die Zukunft nicht nur der konstitutionell-demokratischen Bewegung, sondern, was wichtiger ist, ihrer fundamentalen Programmpunkte und darüber hinaus für die Chancen einer, im westeuropäischen Sinn, freiheitlichen »Entwicklung« entscheidende Frage ist und bleibt doch die Stellung der *Bauern.* Sie bleibt es auch dann, wenn ein Zensuswahlrecht den Liberalen die Mehrheit geben sollte: dann hätte, falls die Bauern reaktionär sind, eine reaktionäre Regierung sie jederzeit als Rute für eine widersetzliche Duma zur Verfügung. Tatsächlich ist denn auch das Programm der bürgerlichen Demokratie ganz wesentlich auf die Bauern zugespitzt, gerade den Bauern möchte auch Peter Struve durch die Gewöhnung nicht nur an »Recht« im objektiven, sondern an »Rechte« im subjektiven Sinne, d. h. bei ihm: an die »Menschenrechte« des englischen Individualismus, zur »Persönlichkeit« machen. Mit dem größten Nachdruck wird immer wieder betont, daß im Zentrum aller Fragen die *Agrarreform* stehe, daß die politischen Reformen wesentlich ihr und sie wieder der politischen Reform zugute kommen werde und müsse. Aber freilich: damit ist noch nicht gesagt, daß die Bauern selbst demokratisch sein werden. Peter Struve und ebenso die Verfasser des Entwurfs verlassen sich in dieser Hinsicht wesentlich auf die ökonomischen Interessen der Bauern, deren Forderungen in dieser Hinsicht eine reaktionäre Regierung gar nicht befriedigen *könne.* Man fragt also, welches denn jene Forderungen der Bauern selbst und welches diejenigen der demokratischen Agrarreformer in deren Interesse sind. –

Schon die Februar-Versammlung der Semstwos hatte sich mit der Agrarfrage befaßt und dabei das seitdem für die liberale Agrarreform charakteristisch gebliebene Schlagwort von der »Vervollständigung« (dopolnjénije) des bäuerlichen Landanteils (nadjél) ausgegeben, alles weitere aber einer Spezialberatung vorbehalten. – Das Programm des »Befreiungsbundes« vom März 1905 stellte alsdann folgende unter agrarpolitischen Gesichtspunkten erheblichen Forderungen auf: 1. Abschaffung der Loskaufzahlungen der Bauern (inzwischen von der Regierung – zur Hälfte für 1906, ganz für 1907 – beschlossen), – 2. Ausstattung der landlosen und mit ungenügendem Landanteil versehenen Bauern mit Land durch Aufteilung der Domänen-, Apanagen- und Schatullgüter und, in Ermangelung solcher, durch *Expropriation* privater Grundbesitzer, – 3. Bildung eines staatlichen Landfonds behufs planmäßiger innerer Kolonisation, – 4. Reform des Pachtrechtes, derart, daß dem Pächter die Meliorationen gesichert werden, und Schiedsgerichte »zur Regulierung der Pachtzahlungen im Interesse der Arbeitenden« und für Streitigkeiten zwischen ihm und dem Verpächter, – 5. Ausdehnung der Arbeitergesetzgebung auf die Landarbeiter »nach Maßgabe der Grundbedingungen der Landwirtschaft«. – Dazu treten folgende weitere offensichtlich »physiokratisch« gefärbte Programmpunkte: stufenweise Abschaffung der indirekten Besteuerung und Entwicklung der direkten Steuern auf Grundlage der progressiven Einkommensteuer, Abschaffung der protektionistischen Begünstigung einzelner Unternehmer unter gleichzeitigem »kräftigen Schutz der Entwicklung der Produktivkräfte des Volkes«: eine stufenweise Herabsetzung der Zölle werde – so wird gesagt – »der Verbesserung der Lage der Landwirtschaft, ebenso aber der Blüte der Industrie zugute kommen«. Die völlige Abschaffung der indirekten Steuern lehnte PETER STRUVE in einer Kritik des Entwurfes wegen ihrer budgetmäßigen Bedeutung als ein »redaktionelles Versehen« ab. Indessen scheint gerade dieser Punkt bei denjenigen Landwirten, welche einer liberalen Führung eventuell folgen würden, populär zu sein. Eine den Eindruck der »Echtheit« machende Eingabe von 56 »schreibkundigen« und 84 analphabetischen »bürgerlichen« Landwirten des Kreises Cherson z. B. forderte ebenfalls die Abschaffung der Abgaben auf Tee, Zucker, Maschinen und Streichhölzer, ebenso andere ähnliche unzweifelhaft bäuerliche Petitionen, die man in Massen in Zeitungen und Zeitschriften wiedergegeben finden kann. Daß die progressive Einkommensteuer heute in Rußland finanziell keinen Ersatz für Finanzzölle und Verbrauchsabgaben liefern würde, liegt – um wenigstens dies zu bemerken – auf der Hand: es fehlen, von den ökonomischen abgesehen, vorerst auch die moralischen Voraussetzungen einer wirklich wirksamen derartigen Besteuerung, die heute bekanntlich aus dem gleichen Grunde selbst in den Vereinigten Staaten unmöglich ist. Es bleibt auch durchaus dunkel, mit welchen Geldmitteln die gewaltigen Reformen, welche hier verlangt wurden, bei einem derartigen Finanzprogramm durchgeführt werden sollten[1]. –

Es muß deutschen Lesern zunächst aufgefallen sein, daß hier mit keinem Wort des charakteristischen Instituts der russischen Agrarverfassung, der Obschtschina (Mir) gedacht ist. Nun besteht die gegenwärtige Bauernfrage freilich ganz und gar nicht etwa nur in den Gegenden mit Feldgemeinschaft[2], d. h. im Zentrum und in den östlichen Schwarzerdegebieten und allem, was davon nördlich und nordöstlich liegt. Im Gegenteil: sie durchzieht das ganze weite Reich von der Ostsee bis in die Steppe und ist in einigen Gebieten Kleinrußlands ebenso brennend wie etwa im Moskauer Gebiet. Aber allerdings sind die agrarpolitischen Probleme des zur Hegemonie berufenen großrussischen Stammes sämtlich mit der Feldgemeinschaft direkt oder indirekt verknüpft und umfaßt ihr Ausbreitungsgebiet ebenso die kompakteste Masse der Bauern wie die hauptsächlichsten Verbreitungsgebiete chronischen Massenelends. Vor allem aber ist ihr »ideelles« Verbreitungsgebiet ein durchaus universelles: die ganze sozialpolitische Parteibildung Rußlands ist mit dem seit Jahrzehnten leidenschaftlich umstrittenen Problem ihres weiteren Schicksals aufs engste verknüpft, sie beschäftigt die Phantasie der Massen ebenso wie der Sozialpolitiker aller Schattierungen und bestimmt ihr Empfinden entschieden weit über das Maß ihrer ummittelbaren realen Bedeutung hinaus. Eben dies gibt freilich wohl auch Aufschluß über einen der Gründe, aus welchen das Programm der Liberalen von ihr schweigt. Es unterliegt keinem Zweifel, daß darin auch eine Konzession, auf der einen Seite an politisch liberal gewordene Slawophilen und »Volkstümler«, auf der anderen an die Sozialisten, Sozialrevolutionäre und Bodenreformer liegt, welche alle aus entgegengesetzten Gründen einem ausdrücklichen Angriff auf die Feldgemeinschaft nicht zustimmen könnten, während andererseits die spezifischen ökonomisch Liberalen, zumal gerade solche Individualisten, die, wie Struve, eine streng marxistische Schule durchgemacht haben, eine Anknüp-

[1] Auf den – hier ganz überwiegend nicht abgedruckten – Seiten 296 bis 332 des [1.] Beiheftes behandelt Max Weber die damaligen Probleme der russischen Agrarreform. (D. H.)

[2] Unter »Feldgemeinschaft« ist hier stets jenes System (der sog. »strengen F.-G.«) verstanden, bei welchem der Einzelne seinen Anteil (Ackerland etc.) nicht von der Familie erbt, sondern von der Gemeinde (durch Umteilung) zugewiesen erhält.

fung agrarpolitischer Reformvorschläge an sie als »utopisch« bekämpfen müßten.

Im übrigen erklärt sich dieses Schweigen aber natürlich daraus, daß die gesetzgeberische Behandlung dieses Problems, in welcher Richtung immer sie erfolgen mag, ein Jahrzehnt in Anspruch nehmen muß und daß für praktische Politiker heute sehr viel dringlichere agrarpolitische Aufgaben im Vordergrund stehen. Immerhin muß schon der erste Schritt einer irgendwie großzügigen Agrarpolitik mit der Feldgemeinschaft zusammenstoßen.

*

Denn darin liegt auch die Zurückhaltung der Demokraten gegenüber dem Problem begründet: die *Bauern selbst* in ihrer Masse sind ohne allen Zweifel für ein im westeuropäischen Sinn »individualistisches« Agrarprogramm keineswegs zu gewinnen. – Zunächst ist zweifellos, daß bei der Aufrechterhaltung der Feldgemeinschaft – so sehr die Umteilungsbeschlüsse Produkt eines höchst erbitterten Klassenkampfes sein können – keineswegs *nur* ökonomische Klasseninteressen, sondern auch festgewurzelte »naturrechtliche« Vorstellungen mitwirken. Denn es steht offenbar durchaus fest, daß der erforderliche Beschluß für eine Neuumteilung des Landes keineswegs nur mit den Stimmen von Leuten gefaßt zu werden pflegt, welche von ihr eine Besserung ihrer Lage zu erhoffen haben oder die man durch Prügel oder Boykott gefügig machte. Auf der anderen Seite freilich steht auch ein anderes fest: gerade die Neuumteilung des Landes, dies dem äußeren Anschein nach wichtigste agrardemokratische Element dieser Sozialverfassung, steht gar nicht selten, soweit es als »sozialpolitisch« wirkend gedacht wird, nur auf dem Papier. Die vermögenden Bauern verpachten, veräußern, vererben ihr Land (natürlich nur innerhalb der Gemeinde), vertrauend, daß keine Umteilung beschlossen werde, – oder umgekehrt: sie haben die Gemeindegenossen als ihre Schuldner in der Hand und die Umteilung stärkt faktisch ihre Übermacht. Und da ja die Umteilung zwar Land, aber kein Vieh und Wirtschaftskapital zuteilt, ist sie mit der rücksichtslosesten Ausbeutung der Schwachen vereinbar. Aber mit steigendem Wert des Landes und steigender Differenzierung wächst dann natürlich der zornige Radikalismus der Massen gerade infolge der Diskrepanz von Recht und Tatsachen. Und – das scheint das Entscheidende – dieser kommunistische Radikalismus müßte nun offenbar, gerade *wenn* die Lage der Bauern gehoben, wenn also ihre Lasten erleichtert [werden] und das der Gemeinde verfügbare Land vergrößert wird, nach menschlichem Ermessen unbedingt stark *steigen*. Denn während in den Gegenden, wo die auf die Bodenanteile gelegten Lasten den Ertrag übersteigen, – es sind dies bekanntlich nicht wenige, – der Landbesitz noch heute als eine Pflicht gilt, der sich jeder Dorfgenosse zu entziehen sucht, wird umgekehrt die Umteilung von den Massen überall da erstrebt, wo der Bodenertrag die Lasten übersteigt. Die Gegenden besten Bodens sind deshalb die Gegenden, wo die Masse das zwingendste Umteilungsinteresse hat, und wo die wohlhabenden Bauern das stärkste Gegeninteresse haben. Jeder Erlaß von Steuern und Lasten, so jetzt der Erlaß der Loskaufgelder, muß also, – *wenn* dabei die Feldgemeinschaft bestehen bleibt, – diese Herde kommunistischer Interessen und des sozialen Kampfes *vermehren*. Es ist ferner bekannt, daß z. B. die deutschen Bauern in Südrußland vielfach die strenge Feldgemeinschaft erst eingeführt haben, als ihnen die Regierung den Landbesitz vermehrte: aus höchst begreiflichen Gründen. Der Effekt einer »Nadjél-Ergänzung« kann, generell gesprochen, nicht wohl ein anderer sein: der Glaube an den Kommunismus muß mächtig anschwellen. Mit dieser Hoffnung werden die Sozialrevolutionäre, soweit man von außen her urteilen kann, Recht behalten. –

Und doch ist für ehrliche Agrarreformer dies Programm der Nadjél-Ergänzung *heute* ganz unabweislich. Die konstitutionell-demokratische Partei hat denn auch in ihrem Agrarprogramm (Punkt 36–40) sich auf die betreffenden Forderungen des »Befreiungsbundes« und des liberalen Agrarkongresses festgelegt, mit teilweise noch weitergehenden Konzessionen an die Einwendungen der Sozialrevolutionäre. Dahin gehört: 1. die Forderung, daß die Entschädigung der zu enteignenden Grundbesitzer *nicht nach dem Marktwert*, sondern nach dem »gerechten Preis« zu erfolgen habe (Punkt 36), 2. die ausdrückliche Forderung der gesetzlichen Garantie der Pachterneuerung, eventuell des Rechtes des Pächters auf Ersatz der Meliorationen, und, vor allem, der Schaffung *gerichtlicher* Instanzen (nach irischem Vorbild) für die Herabsetzung »unverhältnismäßig hoher« Pachtrenten (Punkt 39), 3. die Schaffung einer Landwirtschafts-Inspektion zur Kontrolle der Handhabung der auf die Landwirtschaft auszudehnenden Arbeiterschutzgesetzgebung. Die Prinzipien nach denen den Bauern das enteignete Land zuzuweisen ist (persönliche oder feldgemeinschaftliche Zuteilung zu Eigentum oder Nutzung), sollen

»gemäß der Eigenart des Bodenbesitzes und der Bodennutzung in den verschiedenen Gebieten Rußlands« festgestellt werden.

*

Alles in allem würde also die Durchführung des[1] Reformprogramms der bürgerlichen Demokraten aller Wahrscheinlichkeit nach einer gewaltigen Steigerung des agrarkommunistischen und sozialrevolutionären »Geistes« unter den Bauern zugute kommen, der heute schon so stark ist, daß wenigstens die Masse der Bauern für ein individualistisches Programm, wie z. B. Struve es seinerzeit vertrat, sicherlich nicht zu haben sein würde. Das Eigenartige der Situation Rußlands scheint eben zu sein, daß dort eine Steigerung der »kapitalistischen« Entwicklung, bei dem gleichzeitig mit ihr steigenden Werte des Bodens und seiner Produkte, *neben* der weiteren Entwicklung des industriellen Proletariats und also des »modernen« Sozialismus, auch eine Steigerung des »unmodernen« *Agrar*kommunismus mit sich führen *kann.* – Und auch auf dem Gebiet der »geistigen Bewegung« scheinen die »Möglichkeiten« der Entwicklung noch nicht eindeutig.

Der Dunstkreis des Narodnitschestwo, der noch immer durch alle Schattierungen der »Intelligenz« aller Klassen und politischen Programme sich hinzieht, wird zwar durchbrochen werden, – aber es fragt sich, was an die Stelle tritt. Einer so rein sachlichen Auffassung der Dinge, wie dem sozialreformerischen Liberalismus, würde es nicht ohne harten Kampf gelingen, den »breiten« Charakter des russischen Geistes zu fesseln. Denn bei der »sozialrevolutionären« Intelligenz hat dieser romantische Radikalismus noch eine andere Seite: es ist von ihm aus, seines dem »Staatssozialismus« trotz aller Proteste nahestehenden Charakters wegen, der Sprung ins autoritäre und reaktionäre Lager äußerst leicht. Die relative Häufigkeit der rapiden »Mauserung« äußerst radikaler Studenten in höchst »autoritäre« Beamte, von der namentlich ausländische, aber auch gewissenhafte, Beobachter uns zu erzählen pflegen, braucht – die Richtigkeit der Tatsache vorausgesetzt – durchaus nicht, wie man wohl gesagt hat, angeborene Eigenart oder schnöde Brotkorbstreberei zu sein. Denn auch der umgekehrte Vorgang: plötzlicher Übergang von überzeugten Anhängern des durch Plehwe und Pobjedonosszew vertretenen pragmatischen Rationalismus der Bürokratie ins extrem

[1] agrarischen

sozialrevolutionäre Lager hat in den letzten Jahren mehrfach stattgefunden. Sondern es ist der pragmatische Rationalismus dieser Richtung *überhaupt*[1], welcher nach der im Dienst der absoluten sozialethischen Norm stehenden »Tat« lechzt und, auf dem ideellen Resonnanzboden des noch bestehenden Agrarkommunismus, zwischen der »schöpferischen« Tat von »oben« *oder* von »unten« hin- und herschwankt, daher bald reaktionärer, bald revolutionärer Romantik verfällt. –

*

Was werden nun die *Bauern* bei den Wahlen tun? Die Widerstandskraft der Bauern gegen die Beeinflussung durch Beamte und konservative Geistliche ist offenbar verschieden stark, am stärksten, wie es scheint und auch begreiflich wäre, nicht in den eigentlichen Notstandsdistrikten, sondern z. B. im Süden, in den Kasakendörfern, im Tschernigowschen und Kurskschen Gouvernement. In diesen und außerdem in manchen Gebieten des Industrierayons haben die Bauern nicht selten die schärfsten Resolutionen trotz der Anwesenheit, sei es der staatlichen polizeilichen Kontrollbeamten, sei es der Adelsmarschälle, gefaßt und Petitionen mit Tausenden von Unterschriften bedeckt: um Beseitigung der bürokratischen Beaufsichtigung und um die Gestattung der Wahl von Volksvertretern, welche – das ist ihre entscheidende, mit dem *modernen Parlamentarismus freilich durchaus nicht verwandte Vorstellung* dabei – *direkt mit dem Zaren* verkehren sollten, statt daß sich jetzt das bezahlte Beamtentum dazwischenschiebe. Sie wünschen m. a. W., daß die Bürokratie der Selbstherrschaft verschwinde, aber – darin sind die Slawophilen im Recht – sie hegen keinen Wunsch nach ihrem Ersatz durch eine parlamentarisch geleitete Bürokratie. Die Energie dieser antibürokratischen Strömung ist zur Zeit nicht unbeträchtlich. Es sind nicht ganz wenige Fälle bekannt, in welchen die Bauern die von den Beamten für den »Sschod« vorbereiteten »loyalen« Resolutionen abgelehnt, andere, wo sie sie in Anwesenheit der Beamten angenommen, nachträglich aber widerrufen, oder die ihnen zugesandten Publikationen der reaktionären Verbände zurückgesandt haben. Allein

[1] Zu der der Ideologie der »Sozialrevolutionäre« überhaupt naheliegenden »Pragmatik der Staatsallmacht« bemerkt Max Weber (auf Seite 316): »ein bedenklicher Vorgeschmack der *zentralistisch-bürokratischen* Entwicklung, welche Rußland unter dem Einfluß radikaler Theoretiker nur allzu leicht nehmen könnte«. (D. H.)

es ist wenig wahrscheinlich, daß diese Stimmung die Kraft haben sollte, bei den Wahlen sich gegen die Autorität und Vergewaltigung der Beamten durchzusetzen. Das Wahlgesetz, auch in der Fassung vom 11. Dezember, sucht jede freie Wahlagitation auszuschließen, indem es Wähler- und Wahlmännerversammlungen, welche »vorbereitend« über die Person der Kandidaten beraten wollen, zwar, unter Ausschluß der Polizei, zuläßt, den Zutritt zu ihnen aber prinzipiell nur den Wahlberechtigten des Bezirks bzw. den betreffenden Wahlmännern gestattet (unter Kontrolle des Zutritts der Teilnehmer durch die Polizei!). Von diesem Prinzip wird nun aber überdies (unglaublicherweise) eine Ausnahme zugunsten des die Wahl als Präsident *leitenden Beamten* (Adelsmarschall oder sein Vertreter), *auch wenn er nicht selbst Wähler oder Wahlmann ist,* gemacht. Daneben ist der Grundsatz der Wahl »aus der eigenen Mitte« bzw. »aus der Zahl der Teilnahmeberechtigten« aufrecht erhalten, dessen (faktische) Anwendung bei den Wahlen in den Vereinigten Staaten dort bekanntlich das Niveau der Legislaturen tief herabdrückt, – zweifellos einer der Zwecke dieser Bestimmung. In den Städten hat all dies mehr formale Bedeutung, was aber die Beaufsichtigung der Wählerversammlungen auf dem Lande, speziell bei den Bauern, bedeutet, wird sich jeder, *vor allem* auch die Bauern selbst, deren *Kardinalforderung* ja die Beseitigung der Beamtenaufsicht ist, sagen. Die Regierung, der es offenbar *nur* auf den *momentanen* Effekt ankommt, hat damit den Radikalen *dauernd* das bequemste (und legitimste) Agitationsargument in die Hand gegeben. Sie wird, höchst wahrscheinlich, konservative Bauernvertreter »erzielen«, – aber jeder Bauer wird wissen, daß sie *ihn* nicht vertreten: die Zahl der Gründe, um derentwillen er die Bürokratie haßt, ist um einen vermehrt. –

Niemand kann danach sagen, wie die bäuerlichen Wahlen zur Duma ausfallen werden. Im allgemeinen pflegen Ausländer eher auf eine extremreaktionäre, Russen eher auf eine, trotz alledem, extremrevolutionäre Zusammensetzung der Duma zu rechnen, soweit die Bauern in Betracht kommen. Beide könnten recht behalten, und, was wichtiger ist, das eine könnte mit dem andern für den Erfolg identisch sein. Bei den europäischen Revolutionen der Neuzeit sind die Bauern im allgemeinen vom denkbar weitestgehenden Radikalismus zur Teilnahmslosigkeit oder geradezu zur politischen Reaktion abgeschwenkt, nachdem ihren unmittelbaren ökonomischen Ansprüchen Genüge geschehen war. Es unterliegt in der Tat wohl keinem Zweifel, daß, *wenn* ein ganzer oder halber Gewaltakt der Autokratie den Bauern den Mund mit Land stopfte oder wenn sie in der Anarchie das Land sich selbst genommen haben würden und man es ihnen, schließlich, so oder so, ließe, alles weitere für die Masse von ihnen erledigt und das Interesse an der Regierungsform erloschen sein würde. Die Ansicht der Vertreter der bürgerlichen Demokratie – speziell Struves – ist nun demgegenüber, daß das Verlangen der Bauern nach Land von einer reaktionären Regierung gar nicht erfüllt werden *könne,* da das die ökonomische Depossedierung nicht nur des Adels, sondern auch der Großfürstenschaft und schließlich des Zaren selbst bedeute. Die Interessen der Bauern seien mit dem Selbsterhaltungsinteresse dieser Mächte unvereinbar. Allein trotz der, an sich betrachtet, gewaltigen Ausdehnung der Güter des kaiserlichen Hauses ist ihr Umfang gegenüber dem Privatbesitz nicht sehr erheblich, und der Haß der Bauern richtet sich gerade gegen diesen letzteren. Dann aber fragt es sich, was und wieviel von den Bauernforderungen denn die Demokratie ihrerseits würde erfüllen können. Gegen eine einfache Landkonfiskation hat sich Struve natürlich mit der größten Energie ausgesprochen. Natürlich aber enthält die Erklärung des konstitutionell-demokratischen Programmes, daß den Enteigneten *nicht* der Marktwert des Landes vergütet werden sollte, vom »bürgerlichen« Standpunkt aus eine »Konfiskation«: das »Ertragswert-Prinzip« unserer Anerben-Politiker ist hier einmal revolutionär gewendet. Und schon von dem Vorschlag Tschuprows fürchtete Fürst Trubezkoj, daß er den liberalen Adel in das Lager Schipows treiben werde. Immerhin ist allem Anschein nach ein Teil des Adels, dieser in sich so höchst ungleichartigen Schicht – sie reicht, nach dem Ausspruch eines Unterrichtsministers Nikolaus I., »von den Stufen des Throns bis in die Reihen der Bauern« –, der Hergabe seines Landes in den gegenwärtigen Zeitläuften nicht abgeneigt: man lebe »lieber frei auf einem Landhaus ohne Land, als, wie jetzt, mit dem Lande in einer Festung«, sagte Fürst Dolgorukow auf dem liberalen Moskauer Agrarkongreß. Der hinter verschlossenen Türen abgehaltene Kongreß der landwirtschaftlichen Unternehmer in Moskau im Dezember 1905 aber verlangte bedingungslose Repression. – Jedenfalls kostet das Land für eine nicht gewaltsame Regierung ungeheueres *Geld.* Kolonisierbares Land ist, namentlich im Südosten, dann auch im Nordosten des weiten Reiches, zu gewinnen, – wenn gewaltige Kapitalien für Bewässerung und (in Sibirien) Waldrodung flüssig gemacht werden. Die Beseitigung der Loskaufgelder, die Steuererleichterung der Bauern, *die Zivilliste,* welche an Stelle des Landbesitzes der kaiserlichen Familie zu treten hätte, die Verluste an Domänenrente, die Meliorationskapitalien, dies alles bedeutet eine gewaltige staatliche Mindereinnahme und einen ebenso gewaltigen Mehrbedarf, in toto Geldbeschaffungsprobleme noch nicht dagewesener Art. Und da schließlich mit der Landvermehrung allein das Agrarproblem ja schlechterdings nicht erledigt ist, dieser Weg vielmehr, als *einziges* Mittel gedacht, sehr wohl eine Gefährdung des »technischen Fortschrittes« bedeuten kann[1], da also mit einer schweren Enttäuschung der Bauern auch nach Erfüllung aller ihrer Forderungen gerechnet werden müßte, und da vor allem endlich die Bauern nach dem Maß ihrer heutigen Entwicklung schwerlich als »Träger« oder »Stützen«, sondern wesentlich als »Objekte« der Agrarpolitik in Betracht kommen können, – so ist die Partei, welche jene Reform auf *legalem* Wege durchführen sollte, nicht um ihre Aufgabe zu beneiden . .

Die Pfade der sozialreformerischen russischen liberalen Demokraten sind entsagungsvoll. Sie haben keine Wahl – nach ihrer Pflichtauffassung sowohl wie nach Erwägungen, die durch das demagogische Verhalten des alten Regimes bestimmt sind –, als bedingungslos das allgemeine gleiche Wahlrecht zu fordern. Und doch könnten ihre eigenen Ideen, wahrscheinlich, nur bei einem dem Semstwowahlrecht ähnlichen Wahlverfahren zu politischem Einfluß gelangen. Sie müssen, pflichtgemäß, eine Agrarreform mit vertreten, welche, der Wahrscheinlichkeit nach, nicht einen ökonomisch-technisch »fortschrittlichen« voluntaristischen Sozialismus, sondern den seinem Wesen nach archaistischen Kommunismus der Bauern, – nicht ökonomische Auslese der, im »geschäftlichen« Sinn, Leistungsfähigsten, sondern »ethische« Ausgleichung der Lebenschancen, – als ökonomische Praxis sowohl wie als ökonomische Anschauung der Massen gewaltig stärken und damit die, nach Ansicht der meisten von ihnen doch unvermeidliche, Entwicklung westeuropäischer individualistischer Kultur verlangsamen muß. –

[1] Alle spezifische Bauernpolitik läßt, vor allem, in den Getreideexportgebieten das durch die Kürze der Vegetationsperiode gegebene *Betriebs*problem ganz unberührt. Das Absterben des Kustar und des bäuerlichen Hausfleißes infolge des Kapitalismus und die geldwirtschaftliche Bedarfsdeckung berühren hier – darin haben die »Volkstümler« ganz recht – direkte Existenzfragen der Bauernwirtschaften.

Auf eine solche Bewegung wird jener Typus des »satten« Deutschen, der es unmöglich erträgt, nicht mit der jeweils »siegenden Sache« zu sein, mit seinem von dem erhebenden Bewußtsein seiner Qualität als Realpolitiker geblähten Busen, nur mit Mitleid blicken können. Denn überdies sind natürlich ihre äußeren Machtmittel gering, worauf auch die extremen Sozialrevolutionäre immer wieder mit Hohn hinweisen. In der Tat: niemand weiß, wo man heute ohne die Einschüchterung der Autokratie durch den Tod PLEHWES und des Großfürsten SSERGJEJ stände. Das einzige Machtmittel ähnlicher Art, welches die Liberalen hatten, lag in dem Umstand, daß die *Offiziere* auf die Dauer nicht gewillt bleiben konnten, gegen Familien, denen sie zum großen Teil selbst entstammten, als Henker zu fungieren. Tatsächlich hat die von liberaler Seite empfohlene Taktik: nicht, wie dies ein Teil der Sozialrevolutionäre immer wieder tat, die Truppen durch Bomben und bewaffneten Widerstand zum Kampf zu reizen, sondern sich ihnen unbewaffnet in den Weg zu stellen, recht häufig gewirkt. Freilich, einer entschlossenen militärischen Führung gegenüber hätte all dies seine Schranken, und der augenblickliche Aufstand in Moskau wird der Disziplin des Heeres *sehr* förderlich sein. Dazu tritt nun freilich ein anderes, spezifisch »bürgerliches« Machtinstrument, – aber es liegt nicht in der Hand der russischen Liberalen: Ohne das sehr ernste Wort, welches die fremden Geldmächte – nicht expressis verbis, aber der Sache nach – gesprochen haben, wäre das Patent vom 17. Oktober vielleicht gar nicht erfolgt oder doch bald widerrufen worden. Alle Angst vor der Wut der Massen und vor der Meuterei der Truppen und die Schwächung des autoritären Regimes durch die Niederlage im Osten wirkten doch nur in Verbindung mit der Abhängigkeit von der kühlen harten Hand der Banken und Börsen auf die Autokratie. Darauf beruht die Stellung von Politikern wie WITTE und TIMIRJASJEW. Denn wenn der sozialdemokratische »Natschalo« den Grafen WITTE als »Agenten der Börse« bezeichnete, so steckte hinter dieser primitiven Vorstellung natürlich etwas richtiges. WITTE hat auf dem Gebiet der konstitutionellen Frage und der inneren Verwaltung schwerlich bestimmte Überzeugungen irgendwelcher Art. Jedenfalls stehen seine verschiedenen Erklärungen darüber im offensichtlichsten Widerspruch miteinander und hat er überdies auch jetzt die Gepflogenheit, Äußerungen, die von unverdächtigen Leuten als von ihm getan referiert werden, als »Mißverständnisse« zu dementieren, auch wenn es sich um Verhandlungen mit Parteidelegierten, also nicht um vertrauliche Gespräche, handelt. Sein Interesse ist ganz wesentlich wirtschaftspolitisch orientiert. Er hat z. B., wie man sonst von ihm denken mag, den »Mut« – von seinem Standpunkt aus gesprochen – gehabt, das in den Augen der reaktionären Bürokratie wie der reaktionären Demokratie gleich schwere Odium einer Verteidigung des bäuerlichen Privatbesitzes auf sich zu nehmen, ebenso wie er jetzt den gesteigerten Haß der Slawophilen und überdies die durch seine »Unentbehrlichkeit« nur gesteigerte persönliche Abneigung des Zaren trägt. Ohne allen Zweifel ist sein Denken »kapitalistisch« orientiert, – wie das der Liberalen von Struves Gepräge es auch ist. An die Stelle der Plehweschen Versuche, mit den autoritär geleiteten Massen gegen das »Bürgertum« zu regieren, würde er zweifellos sehr gern eine Verständigung mit den besitzenden Klassen gegen die Massen setzen. Er, und vielleicht nur er, ist in der Lage, den Kredit und die Valuta Rußlands im gegenwärtigen Moment zu erhalten, und es ist sicher, daß er den Willen dazu besitzt. Daß dazu die Umwandlung Rußlands in einen Rechtsstaat mit gewissen konstitutionellen Garantien unbedingtes Erfordernis ist, weiß er zweifellos sehr wohl, und er würde voraussichtlich, wenn er die Möglichkeit dazu hätte, in der inneren Politik danach handeln, um sein Lebenswerk, die finanzielle Machtstellung Rußlands, nicht preiszugeben. Selbstverständlich tritt dazu der Gedanke, daß ein bis zu einem gewissen Grade »aufrichtig« liberales Regime das Bündnis mit Frankreich auch politisch festigen würde. Aber: unbeschränkte Tragkraft haben diese Motive zugunsten einer liberalen Politik natürlich für Witte – und vollends für den Zaren und seine Umgebung – nicht, und es fragt sich nur, bei welchem Grade der Belastung sie zerbrechen und der Gedanke, es mit einer Militärdiktatur als Vorläufer irgendeines Scheinkonstitutionalismus zu versuchen, die Oberhand gewinnt. Ein solcher Gedanke ist für die nächste Zukunft natürlich durchaus praktikabel. Bleibt auch nur der zehnte Teil des Offizierkorps und der Truppen zur Verfügung der Regierung – und der Bruchteil würde gegebenenfalls näher an neun Zehntel liegen[1] –, so wollen demgegenüber noch so viele Aufständige gar nichts besagen. – Die Börse begrüßte das erste Blut in den Straßen Moskaus mit einer Hausse, – und alles, was

[1] Der Verlauf des soeben tobenden Moskauer Aufstandes zeigt es. – Nur ein unglücklicher *europäischer* Krieg würde die Selbstherrschaft endgültig zertrümmern.

seitdem geschah, zeigte, wie mächtig dies das Selbstvertrauen der Reaktion gestärkt und WITTE umgestimmt hat. Die wirtschaftliche Not, welche infolge der furchtbaren Verwüstungen in der Industrie eintreten muß, wird hier, wie überall, nach Enttäuschung der politischen Illusionen den Kampfesmut des Proletariats lähmen. Und eine Regierung, welche, der Sache nach, die Machtstellung des zentralistischen *Beamtentums* – darauf kommt es an – erhält, muß dem ausländischen Beobachter trotz allem vorläufig sehr wohl möglich erscheinen. Denn auch die sozialen Mächte, welche das bisherige Regime trugen, sind zweifellos schon jetzt stärker organisiert, als es äußerlich scheint. Ihre Renaissance hatte um so größere Chancen, je mehr, selbst angesichts der organisierten Mordbrennerbanden des in seiner Existenz bedrohten Polizeibeamtentums, der sektenhafte Krämergeist der »Berufs-Sozialisten« die Frontstellung ihrer Anhänger wesentlich gegen die mit ihnen »konkurrierenden« bürgerlichen demokratischen Parteien richtete und gerade nach dieser Richtung ihrem, wie wir in Deutschland am besten wissen, politisch so impotenten und, vor allem, jede Erziehung zur politischen Tatkraft vernichtenden, »menschlich« ja durchaus begreiflichen Schimpfbedürfnis freien Lauf ließ. Sie können sehr wohl den Triumph erleben, daß entweder die Reaktion ganz die Oberhand gewinnt, oder daß breite Schichten der Besitzenden in das Lager der »gemäßigten« Parteien übergehen, und sie werden damit das Recht erlangen, eine weitere Generation lang in gewaltigen Worten schwelgend – wie bei uns – sich an dem Gedanken zu berauschen: »was für schrecklich schlechte Menschen es doch gibt«.

*

Die Rechtsordnungspartei offerierte dem Grafen WITTE (20. November) Streikbrecherhilfe für den Fall des bevorstehenden Post- und Telegraphen-Ausstandes. Es haben sich solchen Gruppen teils die gemäßigten Duma- und Semstwomänner, teils die eigentliche Bourgeoisie, Bankiers und Großindustrielle, teils Leute angeschlossen, die, wie KRASSOWSKI, bei Beginn der Bewegung der Semstwokongresse den Standpunkt vertraten, daß keine Konstitution zu erreichen, aber eine gesetzliche Garantie der persönlichen und Preßfreiheit zu fordern sei, – ohne freilich angeben zu können, was diese, ohne Konstitution, praktisch bedeuten würde. Gemeinsam ist diesen Kategorien neben der Anerkennung des Manifests vom 17. Oktober, welches die altkonservativen Beamten bekanntlich mit den Metzeleien der schwarzen Hundert beantworteten, vielleicht auch zu hintertreiben gehofft hatten, die unverhohlenere religiöse Indifferenz. Fest steht im übrigen von ihnen allen wohl nur, daß sie unbedingt für »Ruhe« sind und allem zustimmen, was diese auf irgendeine Weise herbeiführen kann: – der Petersburger »Rechtsordnungsverband« ist für das Judenwahlrecht, »damit sie sich beruhigen«, die Petersburger Zensuswähler waren, nach langer Debatte, für die Autonomie Polens aus dem gleichen Grunde, in anderen dortigen Zensuswählerversammlungen wurde, gegen die radikale Forderung der Trennung von Staat und Kirche, die Aufrechterhaltung des Unterrichtes im »göttlichen Gesetz« (Katechismus) als für die Ordnung unentbehrlich bezeichnet usw. Sie alle werden daher auch schließlich mit allem zufrieden sein, was der Zar ihnen zu konzedieren für gut findet. Es versteht sich, daß unter dem Druck der Bauern- und Militärrevolten, der Drohung mit dem Generalstreik und des in der Sozialdemokratie herrschenden Putschismus die Zahl dieser Leute in entschiedenes rasches Steigen geriet. Und es war selbstverständlich auch die Hoffnung der Regierung und speziell WITTES, daß die Anarchie in dieser Richtung wirken, und daß, wie WITTE es aussprach, schließlich »die Gesellschaft selbst« verlangen werde, daß man Ordnung schaffe, und – dürfen wir wohl hinzufügen – Platz werde für die Parole: »Enrichissez vous!« So geschah es. Natürlich aber vollzog sich diese Entwicklung auf Kosten der konstitutionellen Semstwodemokratie. Die Zeit der Semstwokongresse sei vorüber, bemerkte Fürst DOLGORUKOW resigniert. In der Tat: die Stunde der ideologischen Gentry war vorüber, – die Macht der materiellen Interessen trat wieder in ihre normale Funktion. Ausgeschaltet wird bei diesem Prozeß auf der Linken der politisch denkende Idealismus, auf der Rechten das auf die Erweiterung der alten Semstwo-*Selbstverwaltung* bedachte gemäßigte Slawophilentum. Beides würde WITTE wenig schmerzen. Trotzdem ist es im Effekt wahrscheinlich, daß WITTES zuwartende Politik die Geschäfte anderer besorgt hat, oder vielmehr, daß er nicht die Macht besaß, etwas anderes zu tun. Er ist in den Augen des Hofes im wesentlichen wohl in der Tat lediglich ein Platzhalter, den man wegen des Eindrucks nach außen, speziell auf die Börsen, und außerdem seiner Intelligenz wegen, jetzt nicht entbehren kann. – Denn über die Stellungnahme der dem *Hofe* nahestehenden Elemente in der Regierung hat wohl nie ein Zweifel obgewaltet. Die höheren

Verwaltungsbeamten jener Gebiete, in denen nach ganz unverdächtigen, und überdies gänzlich unbestrittenen, Nachrichten, die Polizei die Initiative zur Organisierung des Bürgerkrieges ergriffen hat, sind zwar in einzelnen Fällen, aus Rücksicht auf das Ausland, gemaßregelt worden, aber sie sind dabei, ebenso wie unsere preußischen »Kanalrebellen«, »die Treppe heraufgefallen«. Graf WITTE aber hat keinerlei ernstlichen Versuch gemacht, vielleicht gar nicht machen können, die rücksichtslose Obstruktion des Provinzialbeamtentums zu brechen, welches vorerst gar nicht daran denkt, an die Dauer eines konstitutionellen Regimes zu glauben. Wenn das die Liberalen als mangelnde »Ehrlichkeit« empfanden, so ist das begreiflich, aber vielleicht nicht ganz genau: »ein Schelm gibt mehr als er hat«, – das Hindernis liegt an einer höheren Stelle. Zahlreiche Maßregeln des Ministeriums des Innern, die man in den Zeitungen zu verfolgen imstande war, konnten gar keinen anderen *Effekt* haben, als abwechselnd die Masse zu reizen und dann ostensibel die Zügel am Boden schleifen zu lassen, bis der rote Schrecken so weit gestiegen wäre, daß die Zeit für den weißen reif würde. Es ist *nicht* zu glauben, daß diese Politik *ausschließlich* Produkt der Schwäche und Verwirrung gewesen sei: Man brauchte eine »Revanche für den 17. Oktober«. Was sie daneben herbeiführte und doch wohl auch herbeiführen sollte, mußte, bei längerer Dauer, zweifellos die Diskreditierung aller freiheitlichen Bewegungen, speziell aber des bürgerlich-konstitutionellen *antizentralistischen* Liberalismus sein, dessen Bedeutung in der öffentlichen Meinung und dessen Stellung in den Selbstverwaltungskörpern seit Jahrzehnten Gegenstand des Hasses der reaktionären ebenso wie der rationalistischen staatlichen Bürokratie ist. Zweifellos hätte er im Falle zeitweiliger völliger Anarchie noch weniger zu hoffen, als im Falle des Wiedererstarkens der Selbstherrschaft, deren Vorläufer ja, nach Lage der gegebenen Bedingungen, die Anarchie sein würde.

Es ist nun sicherlich richtig: die Erbtorheit nicht nur, wie man gesagt hat, jeder radikalen, sondern jeder ideologisch orientierten Politik überhaupt, ist die Fähigkeit, »Gelegenheiten zu versäumen«. Als VINCKE sich s. Zt. weigerte, privatim mit den Ministern der »neuen Ära« in Preußen über die einzubringende Militärvorlage zu verhandeln, da dies einem Volksvertreter moralisch nicht erlaubt sei, und ebenso, als 1893 die Liberalen um den Bruchteil einer Stunde zu spät zu dem Entschluß kamen, den sie nach der Reichstagsauflösung dennoch faßten, – da bedeutete dies beide Male einen verhängnisvollen

Wendepunkt für die Sache des Liberalismus. Man wird geneigt sein, anzunehmen, und manche Äußerungen WITTES suggerieren direkt dieses Urteil: daß die Liberalen ein – vom Standpunkt ihrer Parteipolitik aus gesprochen – ähnlicher Vorwurf treffen müsse. Auch ich hatte im Herbst prima facie diesen Eindruck. Allein je näher man die Lage der Dinge überdenkt, desto mehr wird man zu der Vermutung gedrängt, daß die liberalen Politiker das, was sie zu gewärtigen hatten, zutreffender beurteilten als jene Bemerkungen Graf WITTES. In jenen eben zitierten beiden Beispielen handelte es sich eben um zweifellos »aufrichtig« gemeinte Unterhandlungen. Im gegenwärtigen Fall aber ist auch dem »allergemäßigtsten« konstitutionellen Semstwoliberalismus überhaupt *keine* »Gelegenheit« geboten worden, und es lag daher offenbar gar nicht in seiner Macht, das Schicksal zu wenden, ebensowenig als dies 1877 in BENNIGSENS Hand lag, der damals mit weit besserem Grund, als unsere Historiker anzunehmen pflegen, den Eintritt in das BISMARCKsche Ministerium ablehnte. Denn, wie LUDWIG XVI. auf keinen Fall gerade von LAFAYETTE »gerettet« sein wollte, so scheint nichts sicherer, als daß die Hofkreise und das Beamtentum lieber mit dem Teufel als gerade mit dem Semstwoliberalismus paktieren würden. Politische Gegnerschaften innerhalb der gleichen sozialen Schicht oder zwischen gesellschaftlich rivalisierenden Schichten sind eben oft die subjektiv intensivsten.

Von seiten der Regierung war der weiteste »Schritt entgegen« die Einladung des Grafen WITTE an die Moskauer Uprawa, Repräsentanten der Semstwopartei zu ihm zur Beratung zu schicken. Diese fand am 27. Oktober (a. St.) zwischen WITTE und den Delegierten GOLOWIN, Fürst LJWOW und KOKOSCHKIN statt. Die entscheidende Meinungsverschiedenheit blieb damals, daß Graf WITTE die Durchführung des allgemeinen gleichen geheimen Wahlrechts der durch Vertreter der Arbeiterklasse zu ergänzenden Reichs-Duma überlassen wollte und dafür ausdrücklich seine Mitwirkung in Aussicht stellte, die Delegierten dagegen auf der Einberufung einer konstituierenden Duma auf Grund jenes Wahlrechts als einzigen Mittels, die Ruhe zu sichern, bestanden. Allein hinter dieser angeblichen Differenz stand, abgesehen von dem alten Mißtrauen der Semstwoleute, der *jeder* Verständigung offenbar hinderliche Umstand, daß damals TREPOW noch im Besitz seiner Vollmachten war, daß später DURNOWO, den angesehene Personen in offenen Briefen an die Zeitungen unter detaillierter Angabe der Fälle beschuldigten, Geld »selbst in kleinen Posten« (1200–1500 Rubel) für Vergünstigungen genommen zu haben[1], an seine Stelle trat und darin blieb, und daß die verlangte präzise Deklaration des Manifestes vom 17. Oktober im strikt konstitutionellen Sinn *ausblieb*. Die Versicherung WITTES, daß er sich der konstitutionell-demokratischen Semstwopartei »am nächsten stehend« fühle, konnte unter diesen Umständen, zumal nach seiner »konfidenziellen Denkschrift« vom Jahre 1899, welche die Unvereinbarkeit der Semstwos mit der Autokratie hervorhob und so die beabsichtigte Verallgemeinerung der Semstwoverfassung durchkreuzte, unmöglich genügenden Glauben finden. Und vor allem: die Lage Rußlands »schreit« zwar nach einem »Staatsmann«, – *aber:* die dynastischen Ambitionen des »persönlichen Regiments« lassen dort so wenig Platz für einen großen Reformer – wenn er sich fände – wie anderwärts, etwa bei uns.

Es hat – soviel scheint vorläufig durchaus sicher – nicht einen einzigen Augenblick gegeben, in welchem von seiten des *Zaren* eine wirklich dauernde und aufrichtige Verständigung mit diesen, von ihm noch vor 6 Monaten mit äußerst unparlamentarischen Worten bezeichneten Männern überhaupt beabsichtigt war. Wenn man dieses »Moment« als »schlechthin gegeben« in die Rechnung einstellt, dann allerdings ist es unzweifelhaft wahr, daß Rußland für eine aufrichtig konstitutionelle Reform »nicht reif« ist, – aber dies liegt dann nicht an den Liberalen. Denn unter diesen Verhältnissen – wird man dann doch auch urteilen müssen – konnte, solange nicht ganz andere »Garantien« gegeben wurden, der Gedanke einer »Verständigung« mit der Regierung für den Semstwo-Liberalismus in der Tat nicht den geringsten politischen Sinn haben. Seine Vertreter konnten nichts anderes tun, als »ihren Schild rein erhalten«, nachdem sie ihrer »Mission« in dem Umfang und Sinn, in welchem dies im gegenwär-

[1] Auch privatim werden ganz konkrete Fälle mit allen Einzelheiten und Angabe völlig unverdächtiger Gewährsmänner erzählt. Trotzdem nun DURNOWO den auch in öffentlichen Versammlungen erhobenen Vorwurf offenbar *nicht* gerichtlich ablehnen *kann*, – ist er soeben dekoriert und befördert worden. Es ist die Stärke – *und* Schwäche – des Zarismus gegenüber den »Ideologen«, daß er, im Gegensatz zu ihnen, auch für diese Art von »Gentlemen« »Verwendung« hat und – haben *muß*. Er kann, wie er ist, die verschmitzte Bauern-Tücke solcher Getreuer keinen Moment entbehren, und der Zar *muß* daher Leuten die Hand drücken, denen jeder unabhängige »Bürger« den Gruß verweigern würde.

tigen Moment überhaupt möglich war, gewaltet hatten. Es ist durchaus möglich – wenn auch nicht sicher –, daß sie für die nächste Zukunft sich damit abzufinden haben werden, daß die in ihrer Art glänzende Bewegung des Semstwo-Liberalismus, auf welche Rußland ebensogut Grund hat, stolz zu sein, wie wir Deutschen auf das Frankfurter Parlament, vorerst vielleicht – in ihrer bisherigen Form – »der Geschichte angehört«. Und es wäre dies für ihre Zukunft vermutlich besser als ein »Märzministerium«. Nur so kann der »ideologische« Liberalismus eine, auf ihrem ideellen Gebiet, von äußerer Gewalt unerreichbare »Macht« bleiben, und nur so scheint es auch möglich, die im Laufe der letzten Zeit zerrissene Einheit zwischen der durch Besitz, umfassende Bildung und politische Erfahrung mächtigen »bürgerlichen« und der durch ihre Zahl, ihre enge Fühlung mit den »Massen« und ihren rücksichtslosen Kampfesmut wichtigen »proletaroiden« Intelligenz wieder herzustellen, nachdem diese ihre heutige Unterschätzung der faktischen Bedeutung, welche das ihr »empfindungsmäßig« antipathische »bürgerliche« Element nun einmal hat, infolge der Enttäuschungen, die ihr bevorstehen, abgelegt haben wird. Für die Zersetzung der »volkstümlerischen« Romantik wird die weitere Entwicklung des Kapitalismus sorgen. Zweifellos wird an ihre Stelle zumeist der Marxismus einrücken. Aber die Arbeit an dem gewaltigen und grundlegenden Agrarproblem ist mit seinen geistigen Mitteln nun einmal absolut nicht zu bestreiten und gerade sie kann beide Schichten der »Intelligenz« wieder zusammenführen. Sie kann offenbar nur von den Organen der Selbstverwaltung gelöst werden, und schon deshalb scheint es Lebensfrage, daß der Liberalismus seinen Beruf nach wie vor darin findet, den bürokratischen ebenso wie den jakobinischen *Zentralismus* zu bekämpfen und an der Durchdringung der Massen mit dem alten individualistischen Grundgedanken der »unveräußerlichen Menschenrechte« zu arbeiten, welche uns Westeuropäern so »trivial« geworden sind, wie Schwarzbrot es für den ist, der satt zu essen hat.

Diese[1] »naturrechtlichen« Axiome geben ebensowenig *ein*deutige Weisungen für ein soziales und ökonomisches Programm, wie sie selbst ganz und gar nicht *ein*deutig durch irgendwelche – am wenigsten die »modernen« – ökonomischen Bedingungen *allein* produziert werden.

[1] individualistischen

Im Gegenteil: so sehr der Kampf für solche »individualistischen« Lebenswerte auf Schritt und Tritt mit den »materiellen« Bedingungen der Umwelt zu rechnen hat, – so wenig könnte ihre »Verwirklichung« der »ökonomischen Entwicklung« überlassen werden. Es stünde heute äußerst übel um die Chancen der »Demokratie« und des »Individualismus«, wenn wir uns für ihre »Entwicklung« auf die »gesetzmäßige« Wirkung *materieller* Interessen verlassen sollten. Denn diese weisen so deutlich wie möglich den entgegengesetzten Weg: im amerikanischen »benevolent feudalism«, in den deutschen sogenannten »Wohlfahrtseinrichtungen«, in der russischen Fabrikverfassung, – überall ist das *Gehäuse für die neue Hörigkeit* fertig, es wartet nur darauf, daß die Verlangsamung im Tempo des technisch-ökonomischen »Fortschritts« und der Sieg der »Rente« über den »Gewinn« in Verbindung mit der Erschöpfung des noch »freien« Bodens und der noch »freien« Märkte die Massen »gefügig« macht, es endgültig zu beziehen. Und zugleich schafft die zunehmende Kompliziertheit der Wirtschaft, die partielle Verstaatlichung oder »Verstadtlichung«, die territoriale Größe der Volkskörper stets neues Schreibwerk, weitere arbeitsteilige Spezialisation und Berufsschulung in der Verwaltung, d.h. aber: – Kaste. Jene amerikanischen Arbeiter, welche *gegen* die »Civil Service Reform« waren, wußten, was sie taten: sie wollten lieber von Emporkömmlingen zweifelhafter Moral als von einem patentierten Mandarinentum regiert werden, – aber ihr Protest ist vergebens. –

Möchten doch angesichts dessen diejenigen, welche in steter Angst davor leben, es könnte in Zukunft in der Welt *zu viel* »Demokratie« und »Individualismus« geben und zu wenig »Autorität«, »Aristokratie« und »Schätzung des Amts« oder dergleichen, sich endlich beruhigen: es ist, nur allzusehr, dafür gesorgt, daß die Bäume des demokratischen Individualismus nicht bis in den Himmel wachsen. »Die Geschichte« gebiert, nach aller Erfahrung, unerbittlich »Aristokratien« und »Autoritäten« neu, an welche sich klammern kann, wer es für sich oder – für das »Volk« für nötig findet. Käme es *nur* auf die »materiellen« Bedingungen und die durch sie direkt oder indirekt »geschaffenen« Interessenkonstellationen an, so würde jede nüchterne Betrachtung sagen müssen: alle *ökonomischen* Wetterzeichen weisen nach der Richtung zunehmender »Unfreiheit«. Es ist höchst lächerlich, dem heutigen Hochkapitalismus, wie er jetzt nach Rußland importiert wird und in Amerika besteht, – dieser »Unvermeidlichkeit« unserer wirtschaftlichen Entwicklung, – Wahlverwandtschaft mit »Demokratie« oder gar mit »Freiheit« (in *irgend* einem Wortsinn) zuzuschreiben, während doch die Frage nur lauten kann: wie sind, unter seiner Herrschaft, alle diese Dinge überhaupt auf die Dauer »möglich«? Sie sind es tatsächlich nur da, wo dauernd der entschlossene *Wille* einer Nation, sich nicht wie eine Schafherde regieren zu lassen, dahinter steht. »Wider den Strom« der materiellen Konstellationen sind wir »Individualisten« und Parteigänger »demokratischer« Institutionen. Wer Wetterfahne einer »Entwicklungstendenz« sein will, der möge, so schnell wie nur möglich, diese altmodischen Ideale verlassen. Die historische Entstehung der modernen »Freiheit« hatte einzigartige, niemals sich wiederholende Konstellationen zur Voraussetzung. Zählen wir die wichtigsten davon auf. Zunächst die überseeische Expansion: in den Heeren CROMWELLS, in der französischen Konstituante, in unserem gesamten Wirtschaftsleben, noch heute, weht dieser Wind von jenseits des Meeres: – aber ein neuer Erdteil ist nicht mehr zur Verfügung; große Binnengebiete, des nordamerikanischen Kontinents einerseits, Rußlands andererseits, sind es, auf deren monotone, den Schematismus begünstigende Flächen der Schwerpunkt der Bevölkerung der westlichen Kultur unaufhaltsam vorrückt, wie einst in der Spätantike. Zweitens die Eigenart der ökonomischen und sozialen Struktur der »frühkapitalistischen«[1] Epoche in Westeuropa und drittens die Eroberung des Lebens durch die Wissenschaft, das »Zusichselbstkommen des Geistes«: – aber die rationale Gestaltung des äußeren Lebens hat, zweifellos nach Vernichtung unzähliger »Werte«, heute wenigstens »im Prinzip« ihr Werk getan: die Uniformierung des äußeren Lebensstils an der Hand der »standardization« der Produktion ist, unter den heutigen Bedingungen des »geschäftlichen« Lebens, ihre universelle Wirkung, – und »die Wissenschaft«, rein als solche, schafft heute keine »Universalität der Persönlichkeit« mehr. – Endlich: gewisse, aus der konkreten historischen Eigenart einer bestimmten religiösen Gedankenwelt herausgewachsene ideale Wertvorstellungen, welche, mit zahlreichen ebenfalls durchaus eigenartigen politischen Konstel-

[1] Was darunter zu verstehen ist, hat SOMBART in wichtigen Punkten m. E. durchaus zutreffend charakterisiert. »Endgültige« historische Begriffe gibt es nicht. Die heutige Schriftstellereitelkeit aber, einer von einem anderen gebrauchten Terminologie gegenüber sich ebenso zu verhalten wie etwa gegenüber seiner Zahnbürste, mache ich nicht mit.

lationen und mit jenen materiellen Voraussetzungen zusammenwirkend, die »ethische« Eigenart und die »Kulturwerte« des modernen Menschen prägten. Die Frage, ob irgendeine materielle und gar die heutige hochkapitalistische Entwicklung als solche diese einzigartigen historischen Bedingungen zu erhalten oder gar neu zu schaffen vermöchte, braucht nur gestellt zu werden, um die Antwort zu wissen. Und kein Schatten von Wahrscheinlichkeit spricht dafür, daß die ökonomische »Vergesellschaftung« als solche entweder die Entwicklung innerlich »freier« Persönlichkeiten oder aber »altruistischer« Ideale in ihrem Schoße bergen müsse. Finden wir etwa irgendwelche Keime von irgend etwas derartigem bei denen, welche, nach ihrer Ansicht, von der »materiellen Entwicklung« zum unvermeidlichen Siege getragen werden? In den Massen drillt die »korrekte« Sozialdemokratie den geistigen Parademarsch und verweist sie, statt auf das jenseitige Paradies (welches, im Puritanismus, doch *auch* recht respektable Leistungen im Dienste der diesseitigen »Freiheit« aufzuweisen hatte), auf das diesseitige, – und macht dabei aus ihm eine Art von Schutzpockenimpfung für die Interessenten der bestehenden Ordnung. Sie gewöhnt ihre Zöglinge an Gefügigkeit gegen Dogmen und Parteiautoritäten, an erfolglosen Massenstreikspektakel und an den tatenlosen Genuß jenes entnervenden, in den Augen der Gegner ebenso harmlosen wie schließlich lächerlichen, Wutgebrülls ihrer Preßpfründner, – an einen »hysterischen Affektgenuß« also, welcher ökonomisches und politisches Denken und Handeln ersetzt und verdrängt. Auf diesem sterilen Boden kann, wenn das »eschatologische« Zeitalter der Bewegung vergangen ist und Generation auf Generation vergebens die Faust in der Tasche geballt oder die Zähne gen Himmel gefletscht hat, nur geistige Stumpfheit wachsen.

Und dabei drängt die Zeit, »zu wirken, solange es Tag ist«. Was jetzt, im Laufe der nächsten Generationen, solange die ökonomische und geistige »Revolution«, die vielgeschmähte »Anarchie« der Produktion und der ebenso geschmähte »Subjektivismus« noch ungebrochen bestehen, dem durch sie, und *nur durch sie*, auf sich selbst gestellten Individuum der breiten Massen nicht als »unveräußerliche« Persönlichkeits- und Freiheitssphäre gewonnen wird, das wird ihm, – wenn die Welt erst einmal ökonomisch »voll« und intellektuell »satt« ist, – *vielleicht* niemals erobert werden, soweit unsere schwachen Augen in den undurchdringlichen Nebel der Zukunft der Menschengeschichte zu dringen vermögen. –

Rußland tritt, so schwer die Rückschläge in nächster Zeit auch sein mögen, dennoch endgültig in die Bahn spezifisch europäischer Entwicklung: die mächtige Einwanderung der Ideen des Westens zersetzt den patriarchalen und den kommunistischen Konservatismus hier, wie umgekehrt die gewaltige Einwanderung europäischer, gerade auch osteuropäischer, Menschen in die Vereinigten Staaten dort am Werke ist, die alten demokratischen Traditionen zu durchlöchern, – in beiden Fällen im Bunde mit den Mächten des Kapitalismus. In gewissen Beziehungen ist – wie später einmal ausgeführt werden mag – trotz der ungeheuren Unterschiede die ökonomische Eigenart der kapitalistischen Entwicklung der beiden »kommunizierenden« Bevölkerungsreservoirs doch vergleichbar: das Losgelöstsein vom »Historischen« zumal ist bei beiden gleich unvermeidlich und wirkt mit dem »kontinentalen« Charakter des fast schrankenlosen geographischen Schauplatzes zusammen. An beiden Entwicklungen aber – und das ist das Wichtigere – hängt gleichviel: es sind, in gewissem Sinn, in der Tat vielleicht »letzte« Gelegenheiten für den Aufbau »freier« Kulturen »von Grund aus«. – »Jahrtausende mußten vergehen, ehe du ins Leben tratest, und weitere Jahrtausende warten schweigend, was du mit diesem deinem Leben beginnen wirst«, – dieser Satz, den Carlyles leidenschaftlicher Persönlichkeitsglaube jedem neuen Menschen zurufen wollte, kann ohne Übertreibung, wie auf die jetzige Lage der Vereinigten Staaten, so auf diejenige Rußlands, wie sie teils jetzt ist, teils nach einer weiteren Generation voraussichtlich sein wird, angewendet werden. Und deshalb vermögen wir, über alle Unterschiede der nationalen Eigenart und – verschweigen wir es uns nicht – wahrscheinlich auch vieler nationaler Interessen hinweg, unmöglich anders als mit tiefer innerer Bewegung und Anteilnahme auf den russischen Befreiungskampf und seine Träger – gleichviel welcher »Richtung« und »Klasse« – zu blicken.

Dafür, daß ihre Arbeit nicht erfolglos bleibe, wird das bevorstehende System des Scheinkonstitutionalismus selbst sorgen. Denn allerdings: soweit es auf die *negative* Seite des Problems ankommt, wird die Auffassung der »Entwicklungstheoretiker« stimmen: die bisherige russische Selbstherrschaft, d. h. die zentralistische Polizei-Bürokratie, hat gerade dann, wenn sie jetzt über die verhaßten Gegner siegt, nach aller menschlichen Voraussicht keine Wahl, als ihr eigenes Grab zu graben. Einen sogenannten *»aufgeklärten«* Despotismus gibt es für sie im Interesse ihrer Selbsterhaltung nicht, und doch muß sie, im Interesse ihres unentbehrlichen Prestiges, mit jenen ökonomischen Mächten sich verbrüdern, die, unter den *russischen* Verhältnissen, Träger unaufhaltsamer »Aufklärung« und Dekomposition bedeuten. Sie ist – darin haben STRUVE und andere augenscheinlich recht – nicht imstande, die Lösung irgendeines der großen sozialen Probleme zu versuchen, ohne sich selbst dabei tödlich zu verletzen.

Wenn diese Zeilen gedruckt sind, werden sie zweifellos bereits veraltet sein. Niemand weiß heute, wieviel bis dahin von den Hoffnungen der Liberalen darauf, daß *jetzt* die Grundlage einer freiheitlichen, den bürokratischen Zentralismus brechenden Reform gelegt werde, noch übrig ist und wieviel von ihnen sich, wie eine Fata Morgana, in nichts aufgelöst haben wird. Dies letztere braucht durchaus nicht gerade in Form einer unverhüllten Restauration zu geschehen. Es kann vielmehr wohl als, wenigstens annähernd, sicher gelten, daß so etwas wie eine »Konstitution« und zugleich ein größeres Maß von Latitüde für Presse und persönliche Bewegung geschaffen bzw. aufrechterhalten werden wird. Denn es dürften auch die entschiedensten Anhänger des alten Regimes sich überzeugt haben, daß die Bürokratie, wenn sie alle Fenster und Türen verrammelt, auch selbst im Finstern zu tappen genötigt ist. Und aus den anderweit gemachten Erfahrungen könnten sie ferner die Hoffnung entnehmen, daß der Scheinkonstitutionalismus, verbunden mit irgendeiner ökonomisch orientierten »Sammlungspolitik«, ein weit geeigneteres Werkzeug für die möglichste Behauptung der eigenen Machtstellung darbieten könne als die plumpe sogenannte »Selbstherrschaft«. Ein gewisses Maß von Vermehrung der Bewegungsfreiheit würde dann wohl immerhin als unvermeidlich herauskommen und, nach einem Willkürregiment, welches notorisch Angehörige von sprichwörtlich »friedlichen« Bevölkerungsschichten in wildem Zorn auf die Straße trieb, um, nicht irgendeinen von den »Großen«, sondern irgendeinen armseligen Polizisten über den Haufen zu schießen, – ist das ja für moderne Menschen immerhin etwas. Aber die charaktervollen und selbständigen Elemente der sozialreformerischen bürgerlichen Intelligenz würden dabei natürlich politisch beiseite geschoben, sowohl was ihr Programm, wie, was ihre Person anlangt. In dieser Hinsicht also würde die Bürokratie des autokratischen Regimes allerdings auch jetzt die Früchte ihrer langjährigen, einerseits den Kapitalismus züchtenden, andererseits jede geordnete Entwicklung bürgerlicher Selbständigkeit unterbindenden, die Klassen gegeneinander ausspielenden demagogischen Politik ernten, als eine für irgendwelche Dauer berechnete, irgend jemanden befriedigende konstitutionelle und anti-zentralistische Reform unter Beteiligung der liberalen Intelligenz *heute* vielleicht selbst dann schwierig wäre, wenn der Monarch Beruf und Neigung dazu fühlen würde, als liberaler Reformer aufzutreten. Und daß gar jene der Bürokratie verhaßte Gruppe das Heft in die Hand bekommt, ist durchaus unwahrscheinlich. – Aber allerdings: ein Sieg der bürokratischen Machtinteressen, wie er, für *jetzt*, dem Außenstehenden nach Lage der Dinge möglich und – wenn auch wohl unter konstitutionellen Formen – sehr wahrscheinlich erscheinen muß, würde in Rußland so wenig das letzte Wort sein wie seinerzeit die preußische »Landsratskammer«. Die Wahlen mögen die willfährigste »Volksvertretung« ergeben, – das sagt nichts. Jeder Bauer im weiten Reiche wird daraus nur erneuten Haß gegen die »Tschinowniki« saugen, mag auch Grabesstille sich über das Land breiten. Denn, was auch geschehen möge: vergessen werden die Ereignisse, Versprechungen, Hoffnungen des vergangenen Jahres schwerlich. Jeder Augenblick der Schwäche dieses auf dem Seil tanzenden Staatsmechanismus muß die Bewegung wieder aufleben lassen. Jene erschreckende Dürftigkeit des »Geistes«, in welcher dieses vermeintlich so »starke« Regime, trotz des scheinbaren Raffinements seiner Regierungstechnik, sich vor der Öffentlichkeit zeigte, haftet sicherlich sehr fest in der Erinnerung der breitesten Volksschichten. Das jetzige System kann aber auch seine *Verwaltungs*methode im Interesse seiner eigenen Sicherheit nicht prinzipiell ändern. Es muß, seinen politischen Traditionen gemäß, auch die *politischen* Kräfte weiter wirken lassen, durch die es sich selbst zersetzt und seinen ökonomischen Verbündeten, den Besitz, immer wieder auf die Seite seiner Gegner treibt: die Bürokratisierung der Verwaltung und die Polizei-Demagogie. Aber die Illusionen und der Nimbus, mit dem es sich umgab, und welche diese Entwicklung verhüllten, sind gründlich zerstört. Es wird ihm doch schwer fallen, nach allem dem, was zwischen dem Zaren und seinen Untertanen vorgefallen ist, »sein Gesicht zu wahren« und das alte Spiel ganz von neuem in der alten Art wieder aufzunehmen. Allzugroß ist die Zahl derer, die es in seiner Blöße sahen und die ihm ins Gesicht lächeln müßten: »Taschenspieler! – Du wirst keinen Geist mehr rufen«[1].

[1] Friedrich Schiller, Der Geisterseher, 1. Buch. (D. H.)

RUSSLANDS ÜBERGANG ZUM SCHEINKONSTITUTIONALISMUS[1]

Auszug

Um das Verhalten der russischen Regierung zu verstehen, ist die Berücksichtigung des Umstandes, daß Rußland Schuldnerstaat ist, durchaus unumgänglich. Daß »die Juden« die russische Verfassung erzwungen, erschlichen oder doch mitfabriziert hätten, wie die Reaktionäre behaupten, ist ganz richtig, nur sind es natürlich nicht die furchtbar geschändeten Bewohner der russischen Ghettos, sondern ihre zum Teil geadelten Stammesvettern aus der Haute Finance in Berlin und Paris, denen die Kontrolle der Kurse russischer Staatspapiere anvertraut ist. Dies konnte man sehr deutlich auch in jener Periode heftigster Reaktion bemerken, die dem Siege in Moskau und der sich daran anschließenden Niederwerfung der Aufstände in den Ostseeprovinzen und in den inneren Gouvernements parallel ging und folgte. Das Manifest vom 17. (30.) Oktober 1905 hatte Beruhigung verbreiten sollen. Es gelang nicht. Die Kurse sanken also wieder. Die blutige Tragi-Komödie in Moskau führte dagegen zu steigenden Tendenzen: die Besitzer russischer Papiere wünschten also »Ordnung«, und Graf Witte ließ zweideutige Worte von der Möglichkeit einer »Rücknahme« der kaiserlichen Versprechungen fallen. Dieser ballon d'essay fand aber seinerseits auch keine freundliche Aufnahme. »Nowoje Wremja« ließ Anfang und Mitte Januar sich tagelang

[1] Dieser zweite Rußlandbericht Max Webers bildet die Beilage zum 1. Heft des XXIII. Bandes des Archivs für Sozialwissenschaft und Sozialpolitik. Die Darstellung ist in acht Abschnitte gegliedert, deren Bezifferung bei dem vorliegenden auszugsweisen Abdruck entfallen ist, und umfaßt dort die Seiten 165 bis 401. Dieses (zweite) Beiheft erschien im August 1906. Der Abdruck bezieht sich auf die (dortigen) Seiten 170–174, 181–182, 224–233, 236–237, 249–252, 269–272, 274–277, 286–287, 291–296, 311–315, 327–328, 359–363, 377–382, 386–387, 391–399 mit einem Teil der Originalanmerkungen. (D. H.)

hintereinander aus London telegraphieren, die Bankkreise hielten Rußlands Kreditwürdigkeit nur im Falle der Durchführung der »konstitutionellen« Regierungsform für gesichert. Ähnlich wird es ja wohl auch gestanden haben. Folglich war, nach außen hin, Vorsicht geboten, und das bekamen nun die Reaktionäre zu fühlen. Am 23. Dezember (a. St.) hatte der Zar – es war das zweite Mal – eine Deputation der »russischen Leute« empfangen. Leidenschaftliche Reden gegen die Zerreißung von Zar und Volk, den Umsturz der Jahrhunderte alten Ordnung, die Vernichtung der unbeschränkten Gewalt brachten, so scheint es, schließlich auch sein dünnes Blut in Wallung: in etwas phantastischen Wendungen redete er davon, daß »bald, bald die Wahrheit wieder ihr Licht über der russischen Erde leuchten lassen werde« und dgl. Begeistert und entzückt setzte die Deputation dies im Januar in die Zeitungen zum Trost aller echt russischen Herzen, – und alsbald erfolgte die offiziöse Ankündigung, daß sie in Anklagezustand versetzt sei wegen unerlaubter Anfertigung eines Hofberichtes. Der Hinweis WITTES auf das Deplacierte solcher Romantik angesichts des leeren Beutels hatte offenbar genügt, das etwas zu früh den Kopf erhebende Gottesgnadentum wieder kollabieren zu lassen und fortan in einer der Lage entsprechenden Oboedienz gegenüber der unpersönlichen, aber um so unentrinnbareren Macht des Geldmarktes zu erhalten. Dies zeigte sich in mannigfacher Art: daß an den Judenkrawallen im Spätherbst und Winter Polizeifunktionäre beteiligt gewesen seien, wurde offiziös bestritten, aber man sah sich doch genötigt, als die neue große Anleihe dicht vor Ostern zur Auflage gelangen sollte, durch eine in der Tat unzweideutige, geradezu drakonische Verfügung die Provinzialbeamten für ihr etwaiges Entstehen persönlich haftbar zu machen. Die Folge war, daß sie in der Tat absolut unterblieben. Schriftsteller, die, wie GORKIJ, im Auslande bekannt sind und deren allzu harte Behandlung dort »verstimmen« konnte, hatten sich, trotz stärkster »Kompromittierung«, eines immerhin wesentlich anderen Schicksals zu erfreuen als solche, bei denen das nicht der Fall war.

So sah sich die Regierung, angesichts der Finanzlage, in der inneren Politik überhaupt zur Anlegung eines »doppelten Kontos« genötigt. Daß es von seiten des Zaren persönlich mit einer Umwandlung Rußlands in einen »Rechtsstaat« mit – wie es im Oktobermanifest etwas naiv hieß – *»wirklicher«* Garantie der Persönlichkeitsrechte zu *keiner* Zeit aufrichtig gemeint war, versteht sich von selbst und trat bei jeder Gelegenheit hervor, die dazu irgend Anlaß gab; für ihn gab es nur Polizeinteressen. Das stimmte vortrefflich mit den Machtinteressen der Polizeibürokratie alten Stils zusammen, und durch schonungslose Repression konnte ja wohl auch »nach außen«, auf die Börsen, der Eindruck einer »starken« Staatsgewalt hervorgebracht werden. Auf der anderen Seite aber zeigten wiederholte erfolglose Sendungen von Finanzbeamten ins Ausland, daß trotz allem die Bankiers schlechthin darauf bestehen zu müssen glaubten, daß die Duma wirklich gewählt und einberufen werde, ehe an die Emission einer Anleihe großen Stils gedacht werden könne. Also mußte die »Verfassung«, unter formeller Wahrung der Versprechungen vom 17. Oktober, so weit ausgeführt werden, daß für das ausländische Publikum, mit dessen Eindrücken die Bankiers rechneten, wenigstens der äußere Anschein »konstitutioneller« Garantien vorhanden war. Es mußte daher der Versuch gemacht werden, die inländische »Bourgeoisie« mit den Interessen der Regierung zu versöhnen, womöglich Parteien zu finden, welche in der Duma ihr zur Verfügung ständen, und ihnen bei den Wahlen zum Siege zu verhelfen. Dabei ergaben sich nun aber Komplikationen dadurch, daß einmal innerhalb der Bürokratie selbst, bis in den Reichsrat und in das Ministerium hinein, und ebenso innerhalb des Heeres, vorwiegend in den unteren, aber auch in den oberen Chargen überzeugte Anhänger einer entschieden liberalen Umgestaltung des Staatswesens saßen, andererseits die Zeiten des demagogischen PLEHWEschen Regimes die tiefste Verstimmung und ein schwer zu überwindendes Mißtrauen der »bürgerlichen« Kreise erregt hatten. Man konnte schließlich nur hoffen – und dies war der Standpunkt WITTES –, daß der rote Schrecken der Generalstreiks, Revolten und Bauernkriege über alle diese Reminiszenzen siegen werde.

Innerhalb der Bürokratie und des Heeres aber mußte sich, wenigstens in den leitenden Stellungen, langsam aber systematisch, die Spreu vom Weizen sondern, nachdem die Haltung des Zaren feststand. Der demokratische Landwirtschaftsminister KUTLER und der mittelparteiliche Handelsminister TIMIRJASJEW schieden nacheinander aus. Im Ministerium war seit dem Dezemberaufstand der Minister des Innern, DURNOWO, der Vertrauensmann des Zaren, die leitende Persönlichkeit. Schon die fieberhafte Tätigkeit seines Ministeriums stach im Januar und Anfang Februar von den Zuständen der anderen Ressorts sichtbar ab. Die Repressionspolitik leitete er persönlich, indessen war dies Geschäft dadurch sehr erleichtert, daß die meisten Gouverneure sie als Sport auf eigene Faust betrieben in dem richtigen Bewußtsein, dem Zaren um so sicherer zu gefallen, je mehr sie sich darin auszeichnen würden. Für sie galt kein Gesetz; Beamte wie NEIDHARDT (Odessa) und KURLOW (Minsk), deren strafrechtliche Verfolgung der mit der Revision ihrer Tätigkeit beauftragte Senator KUSMINSKI für notwendig erklärt hatte, wurden vom I. Departement des Senats, auf Drängen des *persönlich* anwesenden Ministers des Innern, außer Verfolgung gesetzt, »da ihre Handlungen den Absichten der Regierung entsprochen hätten«. Selbst auf Abmahnungen oder Verbote der Minister, insbesondere WITTES, oder in einzelnen Fällen selbst DURNOWOS, reagierten die eifrigen Gouverneure nicht; in einem solchen Falle erklärte der Minister im Konseil entschuldigend: Der Gouverneur habe sich offenbar in der Ansicht befunden, er habe nur dem Ministerkonseil, nicht einem seiner einzelnen Mitglieder, Gehorsam zu leisten; in bezug auf die administrative Willkür zerfiel Rußland im Januar de facto in regionale Satrapien. Eine Preßnachricht – in den Einzelheiten nicht sicher beglaubigt – behauptet, daß in einer Konseilsitzung WITTE auf Einschränkung der Repressionspolitik und speziell der unkontrollierbaren Willkürherrschaft der Beamten gedrungen habe, DURNOWOS Erklärung darauf: dann sei es für ihn Zeit zu gehen, sei mit eisigem Schweigen aufgenommen worden. Einige Tage später aber führte eine Unterredung beider eine »Verständigung« herbei. Tatsächlich war es nur die erneute Unterwerfung WITTES: er erreichte, daß *formell* seine Stellung als Konseilpräsident durch Mitteilung der Ressortverfügungen an ihn anerkannt wurde; in der Sache blieben die Dinge so, daß er gelegentlich erklärte: DURNOWO sei allmächtig, wolle er ihn (WITTE) hängen lassen, so könne er das jeden Augenblick tun. Die – hier nicht näher zu erörternde – Änderung der Polizeiorganisation, die Purifikation der Post-, Telegraphen- und Eisenbahnangestellten[1] – unter gleichzeitiger nicht unerheblicher Erhöhung der Bezüge – war die erste Maßregel der wieder erstarkenden Bürokratie.

*

[1] Für diese wurde – nach berühmtem Muster – ein *Revers* eingeführt betreffend Nichtzugehörigkeit zu irgendwelchen nicht von der Verwaltung gestatteten Organisationen.

Während einerseits die Unterdrückung der Mord-, speziell auch der Bombenanschläge schlechterdings nicht gelang, übten aber diese andererseits auf die Praxis der Verwaltung keine ersichtliche, einschüchternde Wirkung mehr aus: es tobte einfach der chronische Bürgerkrieg in der furchtbarsten Form der Guerilla: Pardon wurde von beiden Seiten nicht gegeben, die Mitvernichtung Unschuldiger nicht beachtet. Jede Bombenexplosion tötete ganz Unbeteiligte mit, – auf einen Schuß oder eine Bombe antworteten die Truppen, wenn sie selbst betroffen oder zufällig in der Nähe waren, ganz regelmäßig mit einer Salve blind in das Gewühl der Passanten hinein. Erst nach den Wahlen, in der Osterzeit, als die Anleihezeichnung beginnen sollte, begann man, des guten Eindrucks wegen, dem schier unerträglichen Platzmangel der Gefängnisse durch zahlreichere Freilassungen von, teilweise 4–5 Monate *ohne* Zustellung *irgendeiner Anklage* im Gefängnis steckenden, »Politischen« etwas abzuhelfen. Gegenüber der unbeugsamen Energie der Gefangenen war inzwischen die Schroffheit der Gefängnisverwaltungen bereits wieder soweit erlahmt, daß sie vielfach mit Ausschüssen aus deren Mitte Kompromisse schlossen über das, was jenen erlaubt sein sollte.

Neben diesen mit barbarischer Wildheit, dennoch aber nicht wirklich erfolgreich gemachten Versuchen, der »Kramola« Herr zu werden, im Interesse der Selbsterhaltung sowohl wie in dem der Wiederherstellung der Kreditwürdigkeit, lief nun das andere Konto: die Versuche, Institutionen zu schaffen, welche im Auslande den äußeren Eindruck einer Durchführung des Manifestes vom 17. Oktober erwecken mußten, ohne doch die Machtstellung der Bürokratie ernstlich zu gefährden. Das Manifest hatte versprochen: 1. die Gewährung der »effektiven« (djejstwitjelnaja) Unantastbarkeit der Person, der Freiheit des Gewissens, des Wortes, der Versammlungen und Vereine; 2. Ausdehnung des Wahlrechtes, wovon wir später zu sprechen haben; 3. Durchführung des Grundsatzes, daß kein Gesetz ohne Genehmigung der Duma in Kraft tritt, und einer »effektiven« Beteiligung der Duma »an der Beaufsichtigung der gesetzlichen Wirksamkeit« der Staatsgewalt.

*

[Bei Betrachtung der] Ausführung dieser Versprechungen durch das alte Regime zeigt sich immer wieder, daß dasjenige Maß an »Freiheiten«, welches bei Eröffnung der Duma *rechtlich* verwirklicht war, mit ganz unerheblichen Ausnahmen bereits das Werk des Ancien Régime *vor* dem Ministerium WITTE war, entstanden in der Angst vor der aufgeregten öffentlichen Meinung, unter dem Eindruck des im Kriege verlorenen Prestiges und in der Hoffnung, irgendwie den Besitz auf die Seite der Bürokratie hinüberziehen zu können, *ohne* deren unumschränkter Macht für die Zukunft etwas zu vergeben. *Nachdem* die Errichtung der gesetzgebenden Gewalt im Oktobermanifest versprochen war, hat das Interimsministerium nichts neues in der von jenem versprochenen Richtung mehr getan, es hat mit allen denkbaren juristischen Manipulationen den formal konzedierten »jawotschnyj porjadok« für Presse, Vereine, Versammlungen, Religionszugehörigkeit der administrativen Willkür wieder unterstellt und vor allem zur Beseitigung des gänzlich arbiträren, an keinerlei Rechtsschranken gebundenen Schaltens über die Person des Staatsbürgers *nichts* getan. Man muß bedenken, was es eigentlich besagen will, wenn *an dem gleichen Tage,* an welchem der ganze ungeheure Zorn sich in der Duma bei Gelegenheit der Adreßdebatte entlädt und die Forderung der Amnestie der sogenannten politischen Verbrecher beraten wird, wo die Gefängnisverwaltungen nicht hindern können, daß Manifestationen und *Begrüßungstelegramme* der Inhaftierten an die Duma gelangen, jedes Dorf im weiten Reich auf das entscheidende Wort harrt, wenn an diesem Tage die trockene Nachricht sich in der Zeitung findet, daß aus dem Petersburger Gefängnis ein Transport von 240 Gefangenen, ohne Gericht und Urteil natürlich, zur administrativen Versendung »bereit stehe«. Die Maschinerie arbeitet weiter, als ob nichts passiert wäre. Und dennoch: es waren eben Dinge geschehen, die nicht rückgängig zu machen waren. Gerade die Unaufrichtigkeit, mit welcher die Freiheiten offiziell gegeben, mit der anderen Hand im Augenblick, da man sie gebrauchen will, illusorisch gemacht werden, *muß* ja die Quelle unablässig sich wiederholender Konflikte und grimmigen Hasses werden, unendlich aufreizender als das alte offene, niederdrückende Repressionssystem. Man kann mit einer Nation und politischen Freiheitsrechten nicht ein Hasch-Haschspiel veranstalten, indem man sie ihr wie einem Kinde einen Ball hinhält und, wenn sie darnach greift, sie hinter den Rücken verschwinden läßt. Und ähnlich verhält es sich mit jener *»Konstitution«,* die das Manifest vom 17. Oktober, sei es auch in noch so zweideutigen Worten, versprochen hatte. Bevor wir uns der Behandlung dieses Versprechens durch die Bürokratie zuwenden, haben wir uns zu vergegenwärtigen, daß in jenen Oktobertagen der Führer des bürokratischen Rationalismus, WITTE, dem Zaren neben dem zweideutigen Verfassungsmanifest, welches für die Zukunft dunkle Versprechungen gab, noch eine *alsbald* in Kraft tretende Änderung der konkreten Maschinerie der sogenannten »Selbstherrschaft« abnötigte, welche deren innerstes Wesen endgültig wandelte.

Der eigenartige Charakter des russischen Staatswesens äußerte sich bis zum Oktober 1905 formal in den höchsten Sphären des Staatslebens in zwei äußerlich wahrnehmbaren »Lücken«: 1. dem Fehlen der ministeriellen Kontrasignatur bei kaiserlichen Erlassen und 2. in dem Fehlen eines »Ministerkabinetts« im westeuropäischen Sinn. Die kaiserlichen Erlasse, Ukase, Gesetze waren bis zu dem Grundgesetz vom 23. April 1906, welches die »Sskrjepljenije« verfügte, entweder nur vom Kaiser namentlich unterzeichnet, oder es fand sich an der Spitze die Notiz: »auf dem Original ist Höchsteigenhändig vermerkt: ‚so sei es (bytt po ssjemu)'«, oder endlich, es war dem meist eingehend begründeten, Erwägung und Verfügung nebeneinander enthaltenden Ministerialbericht oder Reichsratsgutachten am Schlusse die Bemerkung zugefügt, daß der Kaiser unter dem und dem Datum den Bericht Allerhöchst genehmigt habe. Die persönlichen Ukase und Manifeste und alle Gesetze pflegten einleitend allerhand schwülstige, angebliche Betrachtungen des Monarchen nach Art der preußischen aus dem Anfang des 19. Jahrhunderts zum besten zu geben. Dies müßte nun eigentlich ein Ende nehmen. Allein dem ist nicht so. Der erste, *nach* dem Zusammentritt der Duma sanktionierte Erlaß – vom 8. Juni (Verlängerung des Belagerungszustandes in Moskau) – trug keine Kontrasignatur. Auf die Reklamationen der Presse erfolgte ein Kommuniqué im »Prawit. Wjestnik« (17. Juni), welches besagte, daß der *Senat*, der ja schon unter dem Ancien Régime die Authentizität der Erlasse vor der Publikation zu prüfen habe, auch die ordnungsmäßige »sskrjepljenije« – der Wortsinn schwankt zwischen »Bestätigung« und »Beglaubigung« – prüfe. Also eine Art Kontrasignatur mit Ausschluß der Öffentlichkeit, um jeden Anklang an »den Westen« zu vermeiden. Überdies ist für »Gesetze« nicht die »sskrjepljenije« des Ministeriums, sondern – da sie nach ihrer Annahme in den beiden Kammern direkt durch den Reichsratspräsidenten dem Zaren präsentiert werden – durch den »Staatssekretär« vorgeschrieben (Art. 65 der definitiven Reichsratsordnung vom 24. April 1906), auch hier also die Intervention des »verantwortlichen« Ministers *formell* ausgeschaltet. Es handelt sich hier ganz offensichtlich um lauter Rückwärtsrevidierungen des Sinnes des gleich zu erwähnenden Ukas vom 21. Oktober 1905.

Allein trotz dieser kleinen Erschleichungen sind durch diesen Ukas Dinge geschaffen, welche de facto nicht wieder rückgängig zu machen sind, und durch welche schon vor der »Konstitution« die Art des Zustandekommens der Gesetze sich zu ändern wenigstens *begonnen* und die Art des Ineinandergreifens der höchsten Staatsorgane sich wirklich in weittragendster Art geändert hat. Fast mehr als die Schaffung der Duma durch das Gesetz vom 6. August 1905 und selbst als die Zusage, daß ohne ihre Zustimmung kein Gesetz in Kraft treten solle, fuhr den Slawophilen konservativer Richtung die Umgestaltung des »Ministerrates«, seine Annäherung an ein »Kabinett« mit dirigierendem Premierminister, durch den Ukas vom 21. Oktober 1905 in die Glieder. Bis dahin existierten neben dem, aus für Lebenszeit ernannten Mitgliedern, meist Exbeamten, oft abhängigen und gelegentlich halb verblödeten »vergangenen Größen« bestehenden »Reichsrat«, dessen Begutachtung alle »Gesetze« zu passieren hatten, die beiden Institutionen: 1. des Ministerkomitees, 2. des Ministerrates. Ersteres bestand nicht nur aus den jeweiligen Ministern, sondern daneben aus verschiedenen anderen Beamten, und sein »Präsident« war ein Sinekurist, der bis in die letzte Zeit gar kein Büro besaß und auch keines solchen bedurfte. Seine Geschäfte waren nicht etwa Entschließungen hochpolitischer Art, sondern umgekehrt: 1. die Erledigung bestimmter laufender inter-departementaler Geschäfte und 2. besondere, ihm durch Gesetz zugewiesene Zuständigkeiten, wie z. B. Konzessionierung von Aktiengesellschaften und dergleichen. Der Ministerrat dagegen war, nach preußischer Terminologie, ein Kronrat, präsidiert vom Monarchen oder, wenn dieser für einen Gegenstand »nähere Beratung in seiner Abwesenheit« wünschte, vom ältesten anwesenden Minister. Einberufen auf kaiserlichen Befehl, zur Beratung von Gesetzesänderungen und anderen politisch besonders wichtigen Verfügungen eines Ressorts, Entschließungen über die Berichte der so beliebten »besonderen Kommissionen«, welche konkrete Probleme von allgemeiner politischer Bedeutsamkeit beraten hatten, oder für andere, vom Monarchen bestimmte Angelegenheiten, bestand er aus allen Ressortchefs *und anderen*, ad hoc vom Monarchen berufenen Personen, unter Teilnahme des Sekretärs des Reichsrates.

Im übrigen gab es weder einen Premierminister, der die Vorträge seiner Kollegen beim Monarchen ein für allemal zu kontrollieren das Recht hatte, noch überhaupt geregelte Beratungen eines Staatsministeriums im Sinne z. B. der preußischen Praxis. Die Beziehungen der Ressorts hingen – außer in den Fällen, wo das Gesetz oder das Gebot des Monarchen ein anderes bestimmt vorschrieb – von dem persönlichen Gutbefinden der Chefs und ihren Beziehungen untereinander ab.

Die Folge war jener Zustand, den man in der Tat mit nicht allzu großer Übertreibung dahin charakterisieren konnte, daß das Reich in eine Vielheit von *Satrapien* zerfiel, deren Gebiete nur nicht regional, sondern nach sachlichen »Ressorts« abgegrenzt und [deren Grenzen] konstant streitig waren, und welche miteinander in einem ständigen Wechsel von Kriegszustand, mühsam hergestelltem Waffenstillstand, Bündnissen und wieder beginnenden Intrigen lebten. Die Bombardements zwischen deren Potentaten im Fall des ausbrechenden Kriegszustandes erfolgten in Gestalt oft dickleibiger, zuweilen Hunderte von Druckseiten füllender Staatsschriften, zu deren Ausarbeitung für das angreifende oder angegriffene Ressort dessen nicht selten in Deutschland geschulte wissenschaftliche Hilfskräfte im Schweiße ihres Angesichts alle denkbare in- und ausländische staatsrechtliche, ökonomische und historische Literatur zu wälzen hatten, und die in den Fällen, wo sich einmal ein Einblick in sie eröffnete, eine höchst ergötzliche, zuweilen sogar eine, wenn auch nicht kurzweilige, so doch sachlich ganz interessante Lektüre bilden. Es ist gar nicht selten von guten Kennern, Russen und anderen, die Frage, ob dabei die Interessen des Landes gut gefahren seien, aus ganz den gleichen Gründen entschieden *bejaht* worden, aus denen man die Bestechlichkeit und den Schlendrian mancher Schichten der russischen Beamtenschaft als ein positives Gut gewertet hat. Denn ein Versuch, sich in die russische Maschinerie von Reglements inner- und außerhalb der 16 Bände des »Sowod« zu vertiefen, muß den Eindruck erwecken, daß das Unternehmen, diesen Wust ernstlich für effektiv geltendes *Recht* zu nehmen, das Leben nicht nur für den »modernen« Menschen zur Unmöglichkeit machen, sondern, ähnlich wie es die »technischen Obstruktionen« der Eisenbahner in Italien erfolgreich versuchten, diese ganze Maschinerie selbst ad absurdum führen müßte. Und jedenfalls: *ausschließlich* vom Standpunkt der inviduellen Bewegungsfreiheit der »bürgerlichen« Kreise aus betrachtet, konnte jede Hemmung, die sich das »System« des selbstherrlichen Regimes selber bereitete, jeder – mit Leroy-Beaulieu zu sprechen – noch so schmutzige Kanal, durch den ein Entschlüpfen aus den Netzen dieses furchtbaren bürokratischen Rationalismus möglich blieb, für einen Schutz der Menschenwürde der Untertanen gelten: die tiefst gehaßten Beamten waren nicht zufällig die »pedantischen« Deutschen, welche ehrlich an die »Weihe« der »Reglements«, welche dieses »System« aus sich gebar, glaubten, oder unbestechliche zentralistische Rationalisten großen Stils wie Plehwe. Die alte patriarchale Selbstherrschaft war nur als ein System des möglichst wenig wirklich »regierenden« Schlendrians überhaupt rein technisch durchführbar.

Der Ukas vom 21. Oktober 1905 nun bedeutete das Schwinden des noch vorhandenen Scheins der »Selbstherrschaft« im alten Sinn und die definitive Errichtung der zentralisierten Herrschaft der modernisierten Bürokratie. Zwischen den Monarchen und die Ressortchefs tritt der »Ministerrat« und sein Präsident, der stets selbst Minister, wenn auch evtl. ohne Portefeuille, ist (Nr. 3). Die Teilnahme ad hoc vom Monarchen einberufener Personen, ebenso diejenige des Reichsratssekretärs an den Sitzungen dieses fortan nur aus den Ressortchefs bestehenden Ministerrates fällt fort, nur der Ministerpräsident kann andere sachkundige Personen zur Teilnahme mit beratender Stimme ad hoc einladen (Nr. 9). Der Monarch *kann* dem Ministerrat präsidieren, aber dies ist als Ausnahme gedacht (Nr. 5). Über die der Allerhöchsten Bestätigung bedürftigen Beschlüsse des Ministerrats hält der Ministerpräsident allein dem Monarchen Vortrag (Nr. 7), ebenso über alle im Ministerrat entstehenden und nicht innerhalb seiner beigelegten Meinungsdifferenzen (Nr. 16). Er hat das Recht, von allen Ressortchefs die ihm notwendig scheinenden Aufklärungen und Berichte zu verlangen, ihm sind alle Berichte der Ressortchefs an den Monarchen vorher zur Kenntnis zu bringen (Nr. 17); er hat auch das Recht, beim Vortrag zugegen zu sein. Er ist berufen, eventuell neben dem Ressortchef jedes Ressort im Reichsrat und in der Duma zu vertreten. Er hat neben dem Ressortminister das Recht, eine Angelegenheit vor den Ministerrat zu ziehen (Nr. 11). Alle vor den Reichsrat und die Duma kommenden Angelegenheiten *müssen* vor den Ministerrat gebracht werden (Nr. 12), und es darf überhaupt keine, eine »allgemeine Bedeutung« besitzende, Angelegenheit ohne Passierung des Ministerrats vom Ressortchef erledigt werden (Nr. 13); nur bezüglich der Angelegenheiten des Kaiserlichen Hofes und der

Apanagen, der Staatsverteidigung und der auswärtigen Politik ist dies auf die Fälle beschränkt, in denen die Ressortchefs es für notwendig halten (Nr. 14). Die Vorschläge für die Besetzung der obersten Stellen in der Zentral- und Provinzialverwaltung haben die Ressorts an den Ministerrat zu bringen, ausgenommen die Ressorts des Kaiserlichen Hofes und der Apanagen, des Heeres und der Flotte sowie der Diplomatie. Das bisherige Minister-»Komitee« wurde Schritt für Schritt aufgelöst und verlor bei Einberufung der Duma den letzten Rest seiner Kompetenzen.

Jeder sieht sofort, was hier geschaffen ist: die definitive bürokratische Rationalisierung der Autokratie auf dem ganzen Gebiete der inneren Politik, welche heute nun einmal den *Fachmann,* und das heißt, bei mangelnder Selbstverwaltung: *ausschließlich* den Bürokraten fordert. Der Autokrat – auch eine weniger nichtige Persönlichkeit als der regierende Zar – erhält die innerpolitischen Fragen nur vom Premierminister und Konseil »vorgekaut«; die bürokratischen Interessen sind in dem letzteren Organ zu einem mächtigen Trust vereinigt, er ist, um das für den parlamentarischen Ministerverbrauch Frankreichs aufgekommene Bild zu gebrauchen, auf die Rolle eines Keglers beschränkt, der, wenn er *will,* jedes Mal »alle Neun« wirft, dann aber auch selbst die Mühewaltung des Kegeljungen auf sich nehmen muß. Die Anträge an die liberalen Politiker, in »sein« Kabinett einzutreten, gingen denn auch ganz in westeuropäischer Art vom *Premierminister,* Grafen WITTE, aus, und obwohl diese sämtlich ablehnten, wurde doch fast das gesamte Ministerium neu gebildet. Da auch der Reichsrat, wie noch zu erwähnen, in eine parlamentarische, daher zur intimeren *Beratung* des Zaren nicht fähige Körperschaft verwandelt worden ist, bleibt vor der Hand dem Zaren – mit BISMARCK zu sprechen – als einziges »Bekleidungsstück« *nur* der Ministerkonseil. Die daraus folgende Wehrlosigkeit des Monarchen gegenüber der Bürokratie wird auch dadurch natürlich nicht gemindert, daß er in noch so vielen Einzelfällen immer einmal wieder rücksichtslos *gegen* den Konseil durchzugreifen sich entschließen und dies sicherlich eventuell sehr erhebliche politische Folgen haben kann: er ist aus dem Taktschritt des »Dienstes« ausgeschaltet und sein Tun dem Wesen der Sache nach zur *Systemlosigkeit* verurteilt, während auf der anderen Seite auch hier gilt, daß »die *Maschine* nicht müde wird«. Seinem faktischen Einfluß kam der Krieg der Ressort-Satrapien zugute; jetzt ist er de facto wesentlich auf eine *Veto*gewalt beschränkt, soweit der Bereich der Tätigkeit des Konseils sich erstreckt; auch wenn er eine private »Nebenregierung« aus den Großfürsten oder anderen »Vertrauensleuten« bildet, wie es angeblich auch jetzt der Fall ist, ist sein Eingreifen ein entweder durch die Interessen bestimmter Kliquen dirigiertes oder ein ganz zufälliges. Zu ungeheuerlichen Dimensionen würde aber die monopolistische Stellung des Konseils bei einem System des *Schein*konstitutionalismus anschwellen müssen, wo die Minister mit einem von ihrer Verwaltungsmaschinerie fabrizierten, des *rechtlich* gesicherten Einflusses entkleideten Schattenparlament schalten und walten würden. Ganz anders – und dies wäre, so seltsam es heute manchem klingt, das sicherste Mittel für den Monarchen, faktischer *Herr* der Bürokratie zu bleiben – *könnte* sich das Verhältnis entwickeln bei *rechtlich* voller Durchführung des »konstitutionellen« Systems; denn dann ist eventuell die Bürokratie auf den Monarchen *gegenüber* dem Parlament angewiesen und steht mit ihm in Interessen*gemeinschaft*.

So wenig sich über diese Dinge, bei denen dem Wesen der Sache gemäß stets »alles im Flusse« ist, generelle Sätze aufstellen lassen, so ist doch aus dieser Möglichkeit heraus die faktisch oft so viel stärkere Position *formell*-rechtlich strikt konstitutioneller Monarchen (Preußen, Baden) zu erklären. Ja, das rein *parlamentarische* »kingdom of influence« *kann, gerade* infolge seiner bewußten *Bescheidung*, ein Maß von positiver systematischer Arbeit im Dienste seines Landes leisten, welches dem »kingdom of prerogative« nicht erreichbar ist, weil die dynastische Eitelkeit oder die Schwellung des Selbstbewußtseins [des Monarchen], welche durch das rechtlich anerkannte Bestehen seiner Kronprärogative so leicht in Bewegung gesetzt werden, ihn zu persönlichen Ambitionen verleitet, die nun einmal mit der Realität des heutigen Staatslebens, welches mit dem Dilettantismus des Herrschers, wie ihn die Renaissancezeit kannte, nichts anfangen kann, nicht ohne schweren Schaden vereinbar sind. Für das Zarentum darf man – welches auch das weitere Schicksal der »Konstitution« für den Augenblick sein mag – gespannt sein, welche Wege es einschlagen wird.

Der in seiner Wurzel slawophile Vorschlag SCHIPOWS vom April 1906, den Reichsrat lediglich oder doch gänzlich überwiegend aus Vertretern der Semstwos und ähnlicher Korporationen zusammenzusetzen und ihn dann – im Gegensatz zu der bald zu besprechenden, jetzt bestehenden Neuerung – *nur* als eine den Zaren unmittelbar *beratende* Körperschaft, unabhängig von der allein an der Legislative zu beteiligenden Duma, bestehen zu lassen, beruht, *theoretisch* betrachtet, auf einem teilweise richtigen Gedanken: so wie er durch die Gesetze vom 20. Februar 1906 geworden ist, ist der Reichsrat *nur* eine Bremse für die Duma und nur im Sinne und Interesse der kraft Gesetzes in ihm die absolute Stimmen*mehrheit* besitzenden *Bürokratie*. Der Zar seinerseits dagegen hat an einer solchen Körperschaft, die nach parlamentarischer Geschäftsordnung verhandelt und beschließt, für sich nicht die geringste Stütze. Dagegen ein rein beratendes, *nicht zu großes* Gremium, mit dem er direkt verkehrte, könnte – so nimmt diese Theorie offenbar an – nicht nur für die »positive« Arbeit *einflußreicher* (im Sinne der darin vertretenen Kreise), sondern auch für Zaren, die es zu gebrauchen verständen, eine starke Stütze gegen die Bürokratie sein. Bei der mangelnden »Intimität«, die ein notwendig *mindestens* 60 bis 80 Mitglieder umfassender Körper bedingt, dürfte der Erfolg immerhin stark bezweifelt werden.

Wie dem nun sei, soviel steht fest, daß die Ordnung, die der Ukas vom 21. Oktober geschaffen hat, die Akme der bürokratischen Machtstellung Wittes bedeutete. Die darin von ihm für sich geschaffene Position des Premierministers wirklich zu behaupten, ist ihm nicht gelungen: wie im »Fall Miquel« bei uns, zeigte sich auch hier, daß *nur* mit, noch so großem, Intellekt und *gänzlich* ohne das, was man »politischen Charakter« nennt, ein maßlos ehrgeiziger Mann (wie beide Staatsmänner es waren) schließlich doch nur dazu gelangt, dem Besitz des Portefeuilles schlechthin alles zu opfern und ohne Ehre vom Schauplatz abzutreten. Nachdem er für die *Börsen* lange genug an seinem Platze gestanden hatte und die Anleihe im Hafen war, verschwand er, und nicht einmal die Behauptung des Staatskredits war ihm gelungen in dem Sinne, den sicherlich er selbst damit verband. Anstatt im Januar, wo er *noch* unentbehrlich war, die Kabinettsfrage gegen Durnowo zu stellen, fügte er sich diesem Individuum, dem einzig bestechlichen Mitgliede des Konseils, verdammte sich zu absoluter Einflußlosigkeit und gab sich dem Haß und der Verachtung der »Gesellschaft« preis, ohne das Vertrauen des Zaren zu gewinnen; er machte sich so auch als etwaiger künftiger »Retter« unmöglich (oder doch nur sehr schwer möglich). Allein hier ist nicht von Witte persönlich die Rede. Fest steht, daß, wenn jetzt die Rationalisierung des Bürokratismus in Rußland weiterhin unvermeidlich um sich greift und nach unten fortschreitet, alle slawophilen Ideale an der Wurzel getroffen werden.

Damit aber ist der Krieg der »Gesellschaft« gegen die Bürokratie in Permanenz. Wie »Nowoje Wremja« das meines Wissens einzige große Blatt war, welches dem Grafen WITTE zum Bleiben zuredete, mit der in diesem Falle besonders geschmackvollen Devise: »Noblesse (!) oblige«, so ist die Schicht der modernen großkapitalistischen Unternehmerschaft und der Banken die einzige, außerhalb des Beamtentums stehende Schicht, welche mit einer Herrschaft der Bürokratie in scheinkonstitutionellen Formen und unter der Voraussetzung, daß dem Gelderwerb freie Hand gegeben wird und die staatliche »Subátowschtschina« verschwindet[1], sich ganz gern einverstanden erklären würde. Nun hat aber, wie noch zu erzählen sein wird, die Bürokratie bei ihren *Wahl*gesetzen sich dergestalt in ihre eigenen Netze verstrickt, daß sie diesen ihren Lieblingen nicht helfen konnte: die »Handels- und Industriepartei« – wie wir sehen werden: die Klassenvertretung der Bourgeoisie im strikten Sinne dieses Wortes – hat *einen* einzigen Abgeordneten durchgebracht. Die ganze übrige russische Gesellschaft steht wie ein Mann *gerade* gegen die Entwicklung der alten Selbstherrschaft zu einer modernen rationalen Bürokratie, einerlei welche Parteistellung sie sonst einnimmt. Der rote Schrecken scheucht die Besitzenden zeitweilig in ihren Schatten, aber wir werden uns bald zu überzeugen haben – das ist das Interessante der Entwicklung zur Zeit des Interimsministeriums –, daß selbst er nicht imstande ist, der russischen Gesellschaft das in der Konsequenz der Technik der modernen bürokratischen Arbeit liegende System des »aufgeklärten«, d. h. bürokratisch rationalisierten, Absolutismus der Aktenstube aufzuerlegen, die Kluft sich vielmehr derart erweitert, daß, nach endgültiger Vernichtung der patriarchalen Ideale der Staatstheorie des Slawophilentums, nur um den Preis des

[1] Das damals bestehende russische sog. »Streikrecht«. – Gegen die Duma werden die Großkapitalisten natürlich *immer* zur Bürokratie stehen und sich selbst die weitestgehenden *formalen* Rechte dieser gefallen lassen. Auch bei uns flehten z. B. vor den Verhandlungen des Vereins für Sozialpolitik, Herbst 1905, manche Kartell-Vertreter in förmlich ergötzlicher Weise darum, daß »der Staat« mit ihnen eine Interessengemeinschaft eingehen, sie *»erziehen«* (sic!) solle usw., – wohl wissend, daß bei dieser so ersehnten Umarmung die Kartelle die Brunhilde sein und der »Staat«, falls er sich zu viel herausnehmen sollte, das Schicksal König Gunthers erfahren würde.

chronischen Bürgerkrieges die *rechtliche* Einschränkung der Bürokratie vermeidbar wäre: wir sahen schon, daß das Interims-Regime nicht einmal rein äußerlich die Herstellung der »Ruhe« erzwingen konnte.

*

Als eine Verletzung des »Geistes« des Manifestes vom 17. Oktober erschien – und zwar nicht nur der Demokratie, sondern auch den gemäßigten Slawophilen, wie Schipow – die Einsetzung des Reichsrats, einer bisher rein beratenden Instanz, in die gleichen Rechte mit der Duma. Zwar wurde der Reichsrat durch Mitglieder ergänzt, die vom Adel, der Geistlichkeit, den Semstwos, den Universitäten und von Gewerbe- und Industriekörperschaften zu wählen waren, aber der Kaiser konnte eine ihrer Zahl zusammengenommen *gleichkommende* Anzahl von Mitgliedern ernennen, und der von ihm *ernannte* Reichsratspräsident hatte den Stichentscheid. Da die ernannten Reichsratsmitglieder nur auf eigenen Antrag entlaßbar sind, ein Pairsschub durch ein etwaiges, der Duma entnommenes Ministerium also unmöglich ist, bedeutete das *formal* die Obstruierung des Fortschritts der Gesetzgebung durch die *ernannte* Reichsratsbürokratie. Die gesamten, der Duma zugewiesenen Befugnisse erweisen sich, bei Licht besehen, in der Tat nur als eine mäßige Änderung des Gesetzes vom 6. August, strikt in dem Sinn, daß der Duma – aber ebenso dem erweiterten Reichsrat – ein *Veto* gegen neue *dauernd* gelten wollende »Gesetze« eingeräumt war. Die gesamten Beziehungen zwischen Regierung und Volksvertretung wurden unter der axiomatischen Voraussetzung geordnet, daß die *Volksvertretung der natürliche Feind der Staatsgewalt* ist und immer bleiben wird. Es ist von vornherein klar, daß darauf die bekannte, mit vieler Entrüstung oft der Demokratie (namentlich der deutschen) vorgeworfene Anschauung: daß die Regierung der natürliche Feind »des Volkes« sei, die *einzig mögliche* Reflexempfindung gewesen wäre, – wenn sie nicht ohnedies seit Jahrzehnten durch das Verhalten der Bürokratie den Massen beigebracht wäre.

*

Die *Kodifikation* der Karikatur eines immerhin heute so mächtigen Rechtsgedankens, wie es der Konstitutionalismus ist, kann auf die Dauer sehr anders wirken, als die Kodifikatoren erhoffen. Mit einer Art von Bauernschlauheit sucht die verschmitzte Mongolentücke dieser – bei aller Tüchtigkeit vieler Einzelner und bei allem Raffinement der Technik – doch *politisch* unendlich stupiden Bürokratie klüglich alle Maschen des *juristischen* Netzes zu schließen, auf daß das Parlament sich in ihnen verfange und gefesselt bleibe. Aber wie die »Heuchelei die Verbeugung des Lasters vor der Tugend« ist, so ist die ausdrückliche Kodifikation eines derart tief unwahrhaftigen Scheinkonstitutionalismus eine ebenso tief erniedrigende »Verbeugung der ›Idee‹ der Autokratie vor dem konstitutionellen Prinzip«, sie schädigt auf die Dauer nicht die Achtung vor diesem Prinzip, sondern sie schädigt die Autorität der Krone, die so offensichtlich sich zwingen läßt, »Konzessionen« an ein ihrer Eitelkeit und ihrem Herrenkitzel widerliches System zu gewähren, statt offen und ehrlich eine *Probe* mit ihm zu machen. Wenn eine solche »ehrliche Probe« tatsächlich zur Phrasenherrschaft, Verkennung der durch das Entwicklungsstadium gegebenen »Möglichkeiten« und zu Versuchen einer pseudoparlamentarischen Kliquenherrschaft geführt hätte, *dann* hätte diese alte Krone mit ihrer – trotz allem – noch immer tief im Bewußtsein der Masse wurzelnden religiösen Weihe neben den Bajonetten auch die Macht »ideeller« Kräfte – und seien diese noch so »illusionistischen« Charakters – auf ihrer Seite gehabt, wenn sie alsdann über das formale Recht hinwegschritt und die »Probe« für mißlungen erklärte: ihr Ansehen wäre auf Kosten ihrer wirklich gefährlichen Gegner auf lange hinaus gestärkt aus dem Kampfe hervorgegangen. Jetzt, wo jede Bewegung des Parlaments auf juristische Stacheldrähte stößt, ist die Sachlage aber offenbar genau die umgekehrte: das Parlament ist in der Lage, die Massen mit der Überzeugung zu erfüllen, daß die Probe, mit der *Krone* zu regieren, »mißglückt« sei, und, wenn man es auseinanderjagt und mit Gewalt und Trug eine »Landratskammer« erzwingt, so hat die *»Idee«* des Zarismus die Kosten zu tragen. –

*

Das Bulyginsche Wahlgesetz (Wahlverordnung vom 6. Aug. 1905) beruhte auf dem Gedanken einer im Anschluß an das bestehende Semstwowahlrecht ziemlich kompliziert konstruierten Klassen- und Ständevertretung. Innerhalb jedes Wahlbezirks – der normalerweise mit dem Umfang eines Gouvernements zusammenfällt – sollten einerseits die Vertreter des privaten Grundbesitzes, die großen persönlich, die kleinen, bis zum Minimalzensus von ein Zehntel desjenigen der großen, durch Bevollmächtigte, andererseits die Vertreter des städtischen Hausbesitzes und mit ihnen zusammen aller anderen Arten »beweglichen« Besitzes: Handels- und Industriekapitalien und desjenigen »beweglichen« Vermögens, welches sich in der Innehabung besonders wertvoller Wohnungen äußert, in zwei gesonderten Sitzungen zur Wahl von Wahlmännern schreiten; als dritte Klasse hatten, wiederum gesondert, die Bauern (im *ständischen* Sinne des Wortes, also die in die bäuerlichen Steuerlisten Eingetragenen) Wahlmänner zu wählen. Bei der Deputiertenwahl war dann den »Bauern« das Privileg gegeben, in jedem Bezirke Einen aus ihrer Mitte in die Duma zu schicken, alsdann wählten sie mit den Wahlmännern der beiden anderen Klassen zusammen den Rest. Der Zensus in den städtischen und ländlichen Zensusklassen war etwa so bemessen, daß Besitz im Werte von 30 000 bis 50 000 Rubel oder ein Einkommen in Höhe von mindestens wohl 3000 Rubel dazu gehörte, um denjenigen Bedingungen (Zahlung bestimmter Steuern, Minimalumfang des Grundbesitzes) zu genügen, an die der Besitz einer eigenen Stimme bei der Wahl der Wahlmänner geknüpft war: die kleinen Eigentümer auf dem Lande (*nur* dort) hatten Kurienwahlrecht. Man schloß also nicht nur das Proletariat (außer dem bäuerlichen), sondern auch den »unteren Mittelstand« (Handwerker, mittlere Beamte), vor allem aber die nicht mit erheblichem Besitz verknüpfte *Intelligenz* aus, diese noch speziell durch Aufstellung des gegen populäre »Leader« gerichteten Prinzipes der Wahl »aus der Mitte« des *(örtlichen)* Wahlkörpers selbst, Verbot der Doppelkandidatur und andere Kautelen. So hoffte man die Interessenten des Besitzes auf der einen Seite, die für »autoritär« gehaltenen Bauern auf der anderen mit den Interessen der Bürokratie zu verbinden. Die Wahlmänner des »beweglichen« Besitzes waren dabei überall in die Wahlgemeinschaft mit den beiden anderen Klassen hineingebannt und nur eine Anzahl größerer Städte als selbständige Wahlbezirke konstitutiert. Großgrundbesitz und Bauern sollten sich also in die Macht teilen, daneben die »Bourgeoisie« im spezifischen Sinne des Wortes und die »Hausagrarier« der Städte eine warme Ecke reserviert erhalten . .

Das Manifest vom 17. Oktober versprach nun Ausdehnung des Wahlrechts auf die nach diesem System unvertretenen Klassen, – und dies schien alle jene Finessen über den Haufen zu werfen. Die Bürokratie suchte jedoch mit Geschick die Wirkungen der starken Verbreiterung der Wahlrechtsbasis, zu der sie sich genötigt sah, dadurch für sich unschädlich zu machen, daß sie den Strom der neu hinzukommenden Wähler fast ganz in einen einzigen Kanal hineinströmen ließ: in die, gegenüber den beiden Wählerklassen der ländlichen Grundbesitzer und der Bauern, in hoffnungsloser Minderheit befindliche Klasse der den *beweglichen* Besitz vertretenden Wähler. Die Zahl dieser *Wähler verzwanzigfachte* sich mindestens, – die Zahl der von ihnen zu ernennenden *Wahlmänner blieb die gleiche.*

*

Wäre im Herbst 1904, vor dem Fall Port Arthurs, oder wenigstens statt des dem Zaren offensichtlich abgerungenen und ganz unbestimmt gehaltenen »Reskripts« vom 18. Februar 1905 eine »Konstitution« mit Zensus- oder Klassenwahlrecht oktroyiert und alsbald durch Wahlausschreiben und Einberufung der Volksvertretung in Kraft gesetzt worden, so war eine zu weitestgehendem Entgegenkommen bereite, »dankbare« bürgerliche Duma höchst wahrscheinlich. Dynastische Eitelkeit und die Interessen der Bürokratie ließen den Zeitpunkt verpassen. Hätten nun wenigstens für die Zensusduma des Bulyginschen Entwurfs die Wahlen alsbald Anfang August ausgeschrieben und der Zeitpunkt des Zusammentritts bekannt gegeben werden können, dann war die Möglichkeit immerhin nicht ausgeschlossen, daß man ein Parlament bekommen hätte, mit dem Witte bei seinem damaligen Nimbus hätte regieren können. So aber kam der Oktoberaufstand dazwischen, und nun lagen nach dem Manifest vom 17. Oktober – einer reinen und offenkundigen, schmählichen persönlichen Niederlage des Zaren – alle Chancen auf Seite der Demokratie. Vom *egoistischen* Standpunkt der Bürokratie aus war »Abwarten« nunmehr das »taktisch Richtige«, wenn man eben den Scheinkonstitutionalismus und nicht eine »ehrlich« konstitutionelle Politik *wollte.* Als nun aber die Dezembervorgänge und die Bauernunruhen ihre Wirkung getan hatten, wäre der Moment gegeben gewesen. Wäre man damals, Ende Dezember, im Besitz eines Wahlgesetzes und der Wählerlisten und also in der Lage gewesen, jetzt alsbald, und natürlich auf Grund einer politischen Verständigung mit den führenden Kreisen des »Besitzes«, Wahlen abzuhalten, dann ist mit einem sehr hohen Grade von Wahrscheinlichkeit anzunehmen, daß das Ergebnis sehr wesentlich »günstiger« ausgefallen wäre als zwei Monate später. Aber nun schwankte man wieder, ob denn dieser »Kelch« nicht doch vielleicht ganz vorübergehen könne, und dann kam die *Technik* der Wahlen dazu, um abermals eine Frist von mehreren Monaten bis zum Vollzug der wichtigsten Wahlen zu schaffen. Dieser lange Zwischenraum konterkarierte alles, was man mit dem Gesetz zu erzielen gehofft hatte.

Wenn der Gesetzgeber etwa geglaubt hatte, die Hitze der Wahlagitation oder die exklusive Bedeutung des Parteiwesens herabzusetzen, so wurde er trotz des törichten Boykotts der äußersten Linken gründlich enttäuscht. Nicht nur war gerade bei diesem Wahlverfahren die Prämie auf die Parteidisziplin *sehr* hoch, sondern überdies mußte gerade die mit der Verzwicktheit des Systems zusammenhängende *lange Dauer* der Wahlkampagne die Agitation, wo sie nicht überhaupt einfach gänzlich unterdrückt werden konnte – und das zeigte sich schwieriger, als man geglaubt hatte –, schließlich bis zur Siedehitze ansteigen lassen. Tatsächlich ist dies das Eigenartige an der gegenwärtigen russischen Entwicklung, daß alle Erscheinungen der westeuropäischen ökonomischen und staatlichen »Zivilisation« plötzlich und ganz unvermittelt in das – mit Ausnahme der obersten Schicht – noch immer archaistische Milieu dieser Gesellschaft hineintreten . .

Ungleich größer als die Zahl der abgehaltenen ist, wenigstens für die Linke, die Zahl der infolge des ganz dem Ermessen der lokalen Behörde (Gouverneur) anheim gegebenen Verbotes – welches übrigens gelegentlich auch Versammlungen der Mittelparteien traf – wieder abgesagten Versammlungen, Vortragsabende und Zyklen. Und diese letzteren waren für die Parteiagitation nicht etwa wertloser als die ersteren, – im Gegenteil. Für die Massen in den Städten und ebenso für die Bauern stand es ja – wen sollte das eigentlich wundern? – völlig fest, daß, was die Bürokratie verbietet, notwendig etwas Vortreffliches sein müsse, das sie »dem Volke« nicht gönnt. Die Behörde übte auf diese Art im Effekt nur eine Art Sanitätspolizei für die Nerven der Agitatoren, besonders unserer russischen Kollegen, deren Leistungsfähigkeit ohnehin die Begriffe eines an eine gewisse Gemächlichkeit gewöhnten deutschen Professors weit hinter sich läßt: neben der rednerischen »Kraftentfaltung« geht die publizistische her, und es ist wiederum unglaublich, welche Flut von jeweils auf den umfassendsten, wenn auch stets einander unvereinbarlich widersprechenden, statistischen Rechnungen beruhenden Artikeln, namentlich über agrarpolitische Fragen, nicht nur zwischen den verschiedenen Parteirichtungen, sondern auch in unausgesetzter Kanonade *innerhalb* einer und derselben Zeitung zwischen Parteigenossen aus den Universitätskreisen gewechselt worden ist. Ein Versammlungsverbot war für den halbtoten Redner dann eine Wohltat, und überdies verschaffte er der betreffenden Partei die denkbar wirksamste Reklame, sicher oft eine weit bessere, als der Vortrag selbst es hätte tun können, und dabei *kostenlos*. Und das bedeutet bei diesem Wahlsystem auch etwas. Denn auch die Kosten der Wahlkampagne sind relativ ganz unverhältnismäßig. Schon die Ausgaben der Regierung müssen sehr bedeutende sein. Im Gegensatz zu Frankreich und England und im Einklang mit Deutschland hat man – hier das erste Mal natürlich notgedrungen, aber nach dem Gesetz auch für die Zukunft – das System der Schaffung von Wählerlisten ad hoc, für die einzelne Wahl, adoptiert . .

Welche bedeutenden Kosten bei einer so komplizierten Wahltechnik für die Parteien entstehen müssen, liegt auf der Hand. Es ist ja unter anderem auch der Wunsch, die Wahlkampagne zu vereinfachen und mit geringeren Kosten – geistigen sowohl wie materiellen – zu bestreiten, was die Presse und die bestorganisierten Parteien – Sozialisten und Klerikale – des Westens auf den Ersatz der indirekten durch die direkte Wahl drängen läßt. Das Interesse der Massen an der Wahl und damit die Stoßkraft der »Demagogie« ist bei der letzteren Form der Wahl mit weit geringerem Aufwand von Mitteln zu erhöhen als bei der ersteren.

*

Durch den Formalismus, mit dem die Regierung künstlich die Intelligenz, namentlich das gefürchtete »dritte Element«, von der Wählbarkeit durch die Bauern auszuschließen suchte, und durch ihr Filtriersystem konnte sie zwar den Durchschnitt des geistigen Niveaus der Deputierten herabdrücken, aber die Wahlkandidaturen gerade der ihr gefährlichsten Klasse, der »Bauernintelligenz«, *nicht* treffen, sondern deren Stellung nur festigen. Soweit sie sich nicht durch den törichten Boykottbeschluß selbst von der Teilnahme an den Wahlen ausschloß, konnte gegen sie – nach den Vorstellungen der Polizeibürokratie – nur Gewalt helfen, und diese wieder wirkte, wo immer sie angewendet wurde, als *Reklame*. Verhaftete Bauernbevollmächtigte haben aus der Haft heraus der Polizei telegraphisch für die

Arbeit gedankt, die sie für ihre Wahl geleistet habe, – und sie hatten, wie sich herausstellte, allen Grund dazu. Die Anwendung polizeilicher Gewalt verletzt das Gerechtigkeitsempfinden des russischen Bauern überall und immer, obwohl und, zum Teil, weil er gewohnt und geneigt ist, sich ihr äußerlich zu fügen, in wahrscheinlich weit stärkerem Maße als in anderen Ländern. Denn er sieht eben darum in ihr schlechterdings nichts »Sittliches«, nichts als die rein »zufällige« brutale, sinnlose Faktizität der Macht, die in den Händen von Leuten liegt, die seine geschworenen Feinde sind. Es konnte sich nur das eine fragen, ob jenes trotzig-verschwiegene Gerechtigkeitsgefühl oder die Furcht vor der Polizei bei der Wahl das stärkere Motiv abgeben würde. Die Regierung setzte das letztere voraus, und man wird ihr zugestehen müssen, daß sie wenigstens in dieser Hinsicht »das Ihre« getan hat . .

Der gänzliche Mißerfolg bei den Wahlen kam nach solchen Vorkehrungen der Regierung selbst und ihren Gegnern gleich unerwartet und ist auch objektiv betrachtet eine so merkwürdige Erscheinung, daß er in seinen Peripetien wohl der Interpretation wert erscheint.

*

Die zu plötzlicher mächtiger Blüte gelangten professionellen Verbände, die Träger der radikalen Bewegung, waren aufgelöst und wenn man auch, darin unbefangener als das stupide PUTTKAMERsche Regime bei uns, die eigentlichen Gewerkschaften schonender behandelte, so schuf doch der furchtbare Druck, der auf der Industrie lag, eine unerhört starke Reservearmee von Arbeitslosen, so daß diejenigen Fabriken, in welchen die Arbeit wieder aufgenommen wurde, mit der größten Bequemlichkeit eine gründliche »Filtrierung« der Arbeiterschaft vornehmen konnten, die Stimmung des Proletariats tief sank und es im Begriffe schien, selbst die rein ökonomischen Früchte der Revolution gänzlich wieder einzubüßen. Überall begannen die Fabriken, soweit sie überhaupt arbeiteten – die Schließungen dauerten zum Teil bis zum April –, den Arbeitstag wieder auszudehnen; es schien, als ob nur etwa das »Sie« statt des »Du« in der Anrede an die Arbeiter als Frucht der Revolution übrig bliebe. Allein dieser ökonomische Druck zeitigte nun unter den russischen Verhältnissen eine Frucht, die mit dem Agrarkommunismus eng zusammenhängt. Die Reservearmee der Arbeitslosen blieb nur zu einem, allerdings bedeutenden, Teil in den Städten, zum anderen strömte sie in das heimische Dorf zurück und die von den Fabriken »herausfiltrierten« Agitatoren und Sozialisten wurden nun hier Propagandisten des Radikalismus unter den Bauern. Die Arbeiterbewegung selbst aber erhob trotz der schweren Lage mit einer ganz erstaunlichen, wohl noch nirgends erhörten Elastizität ihr Haupt von neuem, so sehr den Führern die faktische Macht der bestehenden Gewalten in die Glieder gefahren war.

*

Es ist vielleicht richtig, das Agrarprogramm [der konstitutionell-demokratischen Partei[1]] und die darüber zutage getretenen Meinungsverschiedenheiten hier wenigstens in gedrängter Skizze zu erörtern, um einen Begriff von den unerhörten Schwierigkeiten zu gewinnen, mit denen der Versuch, zur Zeit in Rußland in dieser wichtigsten Frage überhaupt irgend etwas zu »wollen«, zu rechnen hat.

Fest steht für fast alle Gegenden des Reiches, den äußersten Norden und die Neulandgebiete ausgenommen, das Vorhandensein der zunächst »subjektiven« Erscheinung des akuten »Landhungers« der Bauern, der am stärksten, aber keineswegs nur, in einer Zone besteht, welche die rein oder fast rein agrarischen, und zwar *Getreide* bauenden, Gebiete der »schwarzen Erde« und der an sie angrenzenden, vom Westufer der Wolga durch das südliche Zentralgebiet bis an und über den Dnjepr, umfaßt. »Objektiv« äußert sich diese drückende Landnachfrage am deutlichsten darin, daß seit zwei Jahrzehnten trotz beinahe unaufhörlich *sinkendem* Getreidepreis und – relativ! – stabiler Technik die Pachten und Güterpreise in konstantem, zum Teil geradezu exorbitantem *Steigen* begriffen sind: die Nachfrage nach Boden ist nicht eine solche zum Zweck der geschäftlichen Verwertung von »Anlagekapital« als Erwerbsmittel, sondern zum Zweck des Besitzes des Landes als gesicherter Gelegenheit zur Verwertung der eigenen persönlichen Arbeitskraft für den eigenen Lebensunterhalt; nicht Profit, sondern Deckung des unmittelbarsten

[1] Die konstitutionell-demokratische Partei, in der Presse (nach den Anfangsbuchstaben K-D) gewöhnlich die »Kadetten« genannt, hatte auf ihrem zweiten Kongreß (5. bis 11. Januar 1906) das Agrarprogramm eingehend beraten, war jedoch zu keiner Einigung gelangt. Die strittigen Fragen wurden einer Kommission überwiesen, die dem dritten Kongreß ein ausgearbeitetes Programm vorlegte, das in allen wesentlichen Teilen mit dem Gesetzesantrag übereinstimmte, den die Partei später in der Duma einbrachte. Vgl. [2.] Beiheft, S. 284 bis 286; die Darstellung des Agrarproblems insgesamt nimmt dort die Seiten 286 bis 348 ein. (D. H.)

Bedarfs ist ihr Zweck, und daher gibt es eine Obergrenze für den Bodenpreis *nur* in den jeweiligen, wie immer erworbenen, Geldvorräten der Nachfragenden . .

Rechnet man nun mit den heute gegebenen geschäftlichen und ökonomischen Qualitäten der Bauern als mit einer jedenfalls nur höchst allmählich umzugestaltenden, gegebenen Größe, dann allerdings erscheint die Vermehrung ihres Landbesitzes um jeden Preis als die für die Gegenwart schlechthin nicht zu umgehende Voraussetzung alles weiteren, insbesondere auch der Möglichkeit der »Selbsthilfe«.

Diese Vermehrung findet nun heute im Wege des freien oder durch die Bauernlandbank vermittelten Verkehrs zwar in bedeutendem Umfang, aber doch zu Preisen statt, welche die Herauswirtschaftung von »Mehrerträgen« aus dem gekauften oder gepachteten Land generell zweifellos ausschließen, weil 1. die Ertragsergebnisse der bäuerlichen Wirtschaften schon an sich 20 % unter denjenigen der Gutswirtschaft stehen, von der sie Land kaufen; der Bauer steht sich vielfach als Arbeiter des Grundherrn besser wie als Pächter oder Käufer, selbst wenn dabei nur der »Ertragswert« des Gutslandes zugrunde gelegt würde, und vor allem weil 2. die ungeheure Konkurrenz der pacht- und kaufbedürftigen Bauern um das Land die Preise weit über den kapitalisierten Ertragswert selbst des Gutslandes, man kann sagen: ohne jede fixierbare Obergrenze, in die Höhe treibt. Überdies aber sind es natürlich keineswegs die Bedürftigsten, die bei diesem rasenden Wettlauf in den Besitz des ihnen nötigen Landes gelangen. Aus dieser Situation ist der Gedanke, die Preise *zwangs*weise zu fixieren, dem Bodenwucher ein Ende zu machen und den bäuerlichen »Nadjél« der wirklich Landbedürftigen planmäßig auf eine Höhe zu bringen, welche dem Bauern wenigstens den konstanten Druck des Hungers von den Schultern nimmt, der Expropriationsgedanke also, geboren. Sehen wir kurz die *Probleme* an, in die er sich verstrickt: 1. entsteht die Frage, welche Norm für die – soweit möglich – durch Landzuteilung zu erreichende Größe des bäuerlichen Nadjél gelten soll. An Vorschlägen und Forderungen standen sich gegenüber: a) das Verlangen, der Bodenbesitz jedes Bauern solle so groß sein, daß er seine *Arbeitskräfte* voll darauf verwerten könne. »Das Land ist Gottes, es muß nur den selbst Arbeitenden überlassen werden, jedem aber so viel, als er bearbeiten kann.« Die Unmöglichkeit, dieses Ziel in Rußland zu erreichen, ist statistisch absolut außer Zweifel gestellt. Es ist so viel Land schlechthin nicht verfügbar; gleichwohl hat nicht nur die sozialrevolutionäre Bauern- und Arbeiterpartei auch in der Duma daran ausdrücklich festgehalten, sondern sind gelegentlich auch bekannte Agrarpolitiker für diese *»trudowaja norma«* eingetreten. b) das »Bedarfsprinzip« *(»potrebitjelnaja norma«)*: der Bauernwirtschaft ist so viel Land zuzuteilen, als sie für die Deckung der elementaren Lebensbedürfnisse (Essen, Wohnung, Kleidung) bedarf; es versteht sich dabei, daß diese Norm nur unter Berücksichtigung aller konkreten Verhältnisse, also lokal verschieden, feststellbar wäre. Die »trudowaja norma« geht vom »Recht auf Arbeit«, die »potrebitjelnaja norma« vom »Recht auf Existenz« aus. Die erstere setzt, wie das »Recht auf Arbeit« selbst, den Gedanken voraus, daß Zweck der Wirtschaft der Erwerb sei, sie ist ein revolutionäres Kind des Kapitalismus; die letztere behandelt als Zweck der Wirtschaft die Gewinnung des »Bedarfs«, ihre gedankliche Grundlage ist der »Nahrungs«standpunkt. Das Prinzip der »potrebitjelnaja norma« kann nun in der doppelten Formulierung auftreten: *α*) daß maßgebend sein solle ein Bodenausmaß, welches bei Hebung der Technik des Bauern auf das für ihn normalerweise *erreichbare* Niveau moderner Bauernwirtschaften ausreicht, oder *β*) daß die *heutige* Technik des Bauern, also, da man die Faulen und Dummen nicht direkt *begünstigen* kann, die in den einzelnen Gegenden »ortsübliche« durchschnittliche Leistungsfähigkeit zugrunde gelegt wird. Endlich c) hat man, da diese Normen, ganz besonders diejenige ad b*β*, die minutiösesten Erhebungen erfordern würden und der Schein der Willkür unvermeidlich wäre, eine »historische« Norm, und zwar entweder *α*) die des in den einzelnen Gegenden verschieden bemessenen bäuerlichen Maximallandanteils von 1861 *oder β*) den heute vorhandenen *mittleren* Bodenanteil der einzelnen Landesgebiete als *Minimal*-Nadjél vorgeschlagen. Gegen *α* wurde geltend gemacht, daß die ungeheuren Umwälzungen der Wirtschaft Rußlands seit 1861 die Anwendung dieser Norm heute zu einer höchst willkürlichen, ganz ungleichartig wirkenden machen müßten. – Das von der Agrarkommission der k.-d. Partei ausgearbeitete Projekt hat das *Bedarf*sprinzip akzeptiert.

*

Die Projekte der *systematischen* Enteignung und Aufteilung des privaten Bodenbesitzes werden zweifellos nicht leicht zur Ruhe kommen. Aber es ist sehr ernstlich zu bezweifeln, ob schließlich irgendeines von ihnen in einer den jetzigen Idealen in den entscheidenden Punkten auch nur annähernd entsprechenden Weise von irgendeiner russischen Regierung durchgeführt werden wird. Selbst das recht maßvolle k.-demokratische Projekt ist der Antrag auf eine Art von Auto-Vivisektion; es macht Vorschläge, deren Ausführung einen »leidenschaftsleeren Raum« voraussetzen würde. Wenn man die furchtbaren Leidenschaften und vor allem das Chaos der Interessenkonflikte *innerhalb* der Bauernschaft, die jeder Versuch einer *systematischen* und *allgemeinen* Landzuteilung hervorrufen würde, sich einen Augenblick vergegenwärtigt, so wird man sagen müssen: dies müßte eine *zugleich* von streng demokratischen Idealen beseelte *und* mit eiserner Autorität und Gewalt jeden Widerstand gegen ihre Anordnungen niederzwingende Regierung sein. Die Durchführung der Reformen selbst, ebenso aber die periodische Neuverpachtung so ungeheurer Areale an eine riesige Zahl von Einzelinteressenten ist, soweit wenigstens geschichtliche Erfahrung reicht, nur durch die Hand despotischer Regierungen unter *stabilen* ökonomischen Verhältnissen möglich. Die Millionen kleiner Staatspächter würden einen Kolonenstand bilden, wie ihn in dieser Art und diesem Umfang nur etwa das alte Ägypten und das Römerreich kannten. – Dem bürokratischen Regiment fehlt jede Möglichkeit, jenen Idealen nachzugehen, überhaupt rücksichtslos gegen den Adel und die Grundbesitzerklasse zu regieren, einem demokratischen Ministerium würde dagegen die undemokratische »eiserne« Autorität und die Rücksichtslosigkeit gegen die Bauern fehlen. Eine Zwangsenteignung ganz großen Stiles also ist jedenfalls nicht sehr wahrscheinlich, was auch weiterhin in Rußland geschehen möge. Freiwilliger Landaufkauf ist, solange die Bauern politisch so unruhig bleiben wie jetzt, zu relativ billigem Preise möglich: die Kosakenwachen kosten die Gutsherren Geld, und ihre Lage ist äußerst unbehaglich, – aber der dazu erforderliche Kredit ist gerade dann für eine ganz große, eine Milliardenaktion, kaum erschwinglich, und die Bauern kaufen nicht. Wenn aber das Land erst wieder »ruhig« ist, so wird der Landpreis bei konstanter Kaufnachfrage des Staates oder der Landbank noch ganz anders als bei uns in der Provinz Posen emporschnellen: eine Verfünf-, gelegentlich eine Verzehnfachung hat schon jetzt in *einzelnen* Gebieten im Laufe von etwa 15 Jahren (trotz sinkender Produktenpreise) stattgefunden.

Nicht weil die Idee des dopolnitjelnyj nadjél[1] etwas in sich besonders »Unmögliches« enthielte – davon ist gar keine Rede! –, sondern weil nach der historisch gegebenen Lage der Dinge die Klippen, an denen ein ernstlicher Versuch, sie zur Tatsache werden zu lassen, scheitern *kann,* in so ungeheurer und ganz unübersehbarer Zahl sich dem statistisch ins Dunkle steuernden Schiff in den Weg stellen würden, erscheint ihre Verwirklichung – leider! – sehr wenig wahrscheinlich. Denn zu jenen Schwierigkeiten gesellt sich vor allem noch der Umstand, daß die Bauern auch politisch »erwacht« sind und starke revolutionäre Parteien, von den glühendsten Hoffnungen erfüllt, ihre Phantasie mit Beschlag belegen. Eine sachliche und unbefangene Arbeit, wie sie jede wirkliche »Lösung« dieser unerhört komplizierten Frage auf so breiter Basis, wie sie das k.-d. Programm will, erfordert, ist unter dem Temperaturgrad, den heute neben den sozialen auch die rein politischen Leidenschaften erreicht haben, in deren Dienst die Führer der äußersten Linken die Hoffnungen der Bauern stellen, ganz ausgeschlossen: es ist dazu, wie zu so vielem, dank der Politik der letzten 20 Jahre, »zu spät« geworden. Und bei allem Respekt vor den intellektuellen Fähigkeiten der Bauern – von denen auch antidemokratische russische Beobachter einen für sie offenbar überraschenden Eindruck gewonnen haben – wäre es eben doch eine verhängnisvolle Selbsttäuschung, ihnen *heute die* Fähigkeit zuzutrauen, *selbst* eine große Agrarreform zu *machen.* Ein genialer Parvenü wie NAPOLEON oder ein Bürger wie WASHINGTON könnten, im sicheren Besitz der militärischen Gewalt und vom Vertrauen der Nation getragen, vielleicht ein neues Rußland auf kleinbäuerlicher Basis aus dem Boden stampfen, – legitime Monarchien sind dazu ebenso wenig imstande, wie voraussichtlich eine mühsam nach rechts und links um ihre Existenz kämpfende blutjunge parlamentarische Körperschaft.

Würde die Agrarreform in der Art, wie die k.-d. Partei sie vorschlägt, auch nur teilweise durchgeführt, so wäre – wie ich schon an früherer Stelle[2] ausführte – eine mächtige Steigerung des auf »kommunistischer« Grundlage ruhenden »naturrechtlichen« Geistes und eine auf längere Zeit hinaus höchst eigenartige, politische, soziale

[1] Das Postulat des zu vervollständigenden bäuerlichen Landanteils. Siehe oben im Text S. 45. (D. H.)

[2] Siehe oben im Text S. 48 f., 50. (D. H.)

und geistige Physiognomie Rußlands die wahrscheinliche Folge, etwas wirklich »noch nicht Dagewesenes«, – aber was? das scheint unmöglich im voraus zu deuten. Ein starker ökonomischer *Kollaps* aber auf die Dauer von 1–2 Jahrzehnten, bis dieses »neue«, kleinbürgerliche Rußland wieder vom Kapitalismus durchtränkt wäre, scheint ganz sicher: man hat hier *zwischen »materiellen« und »ethischen« Zielen zu wählen.*

Schon wesentlich anders würde eine Enteignungsaktion unter Beschränkung auf das schon faktisch im Besitz von Bauern befindliche *Pacht*land wirken, etwa in der Form der obrigkeitlichen Pachtregulierung für das am 1. Januar 1896 verpachtete Land, dann der Pachtablösung und Überweisung an die Gemeinden oder (wie schon jetzt bei der Bauernbank) freigebildete Genossenschaften von Bauern, eine Verbindung also einer »Regulierungsgesetzgebung« mit der Arbeit der Bauernbank. Sie fügte sich ökonomisch durchaus ebenso und noch sehr viel leichter in das Fachwerk der »heutigen Gesellschaftsordnung« ein als etwa die irische Landgesetzgebung; aber sie würde eben – wie das starke Überwiegen des individuellen und frei-genossenschaftlichen Landaufkaufs über den gemeindlichen bei der Bauernbank zeigt – auf »ökonomischer Auslese« ruhen, deshalb dem naturrechtlich-ethischen, von den Sozialrevolutionären herrührenden Charakter, der – wenn auch verdünnt – auch dem Agrarprogramm der »Kadetten« zugrunde liegt, strikt zuwiderlaufen und daher von ihnen, erst recht aber von der Masse der Bauern und ihren Ideologen in der radikalen Intelligenz abgelehnt werden. Tatsächlich wäre eine solche Agrarpolitik – *auch wenn* man die skizzierte Maßregel ferner auf alles am 1. Januar 1906 nur mit Bauerninventar bearbeitete Gutsland erstreckte, in Form etwa der gesetzlichen Umgestaltung des Arbeitsverhältnisses zunächst in ein Arbeiterpachtverhältnis mit amtlich fixierten Gebührnissen, welches weiterhin abgelöst werden könnte – ebenso »konservativ«, wie der »Kadetten«-Gedanke der systematischen Versorgung der Landlosen und Landarmen *als solcher* mit Minimalland dem Wesen nach sozialrevolutionär ist (und auch sein will). – Allein vielleicht wird keiner von beiden Wegen beschritten, und der russische Bauer hat seinen Kalvariengang in Qual und Zorn weiter zu gehen, bis teils der moderne Agrarkapitalismus, teils der moderne, an die gewerblichen Märkte sich anschmiegende Kleinbauernbetrieb auf erblich eigener Scholle auch in Rußland endgültig gesiegt hat und damit die letzte Zufluchtsstätte des Kommunismus und des ihm entsteigenden bäuerlichen revolutionären Naturrechts in Europa endgültig verschüttet ist. Die Politik derjenigen jedenfalls, welche heute die physische Macht in Händen haben, bewegt sich in dieser Richtung, trotz starker Konzessionen an die Gedankenkreise des Narodnitschestwo. –

*

Nicht zu verkennen war die nicht überall straffe Organisation aller rechts von den »Kadetten« stehenden Gruppen, ihre geringere »Technik« in der Wahlagitation und das geringere Maß von agitatorisch begabten und *zugleich* wissenschaftlich gebildeten, rücksichtslos opferfähigen Kräften. Die geistigen Kosten der Agitation des »Bundes des 17. Oktober« haben zu einem sehr erheblichen Teil Dr. PILJENKO, die der progressiv-ökonomischen Partei Prof. OSEROW allein bestritten, die vornehmen Politiker des »Zentrums«, wie SCHIPOW, hielten sich zurück, und vollends die Handels- und Industriepartei und die Rechtsordnungspartei glaubten, auf die soziale und ökonomische Machtstellung ihrer Mitglieder, die Rechte auf ihre nationalistisch-antisemitische Demagogie sich verlassen zu können. Gleichwohl mußte ihre Lage im Wahlkampf den äußeren Anzeichen nach als günstig gelten gegenüber den endlosen Hemmungen, mit denen die Demokratie zu kämpfen hatte und die so stark waren, daß das Zentralkomitee der »Kadetten« noch unmittelbar vor den Wahlen in Erwägungen darüber eintrat, ob nicht angesichts derselben der Boykott der Duma für sie rätlicher sei.

Schwerer als alle Hemmungen von seiten der Verwaltungsbehörden schien nun aber gegen die Demokratie und zugunsten der Mittelparteien und Konservativen der Umschwung in der Stimmung derjenigen Kreise ins Gewicht fallen zu müssen, welche durch das Wahlgesetz besonders begünstigt waren: der *privaten Grundbesitzer*.

Nach Niederwerfung des Moskauer Aufstandes und unter dem Eindruck der Bauernunruhen begann die Reaktion, aus der Sphäre der Bürokratie in die »Gesellschaft«, d. h. in erster Linie in die *Semstwos* einzudringen. Es versteht sich, daß hierbei die Bauernunruhen und die schwere Bedrohung der ökonomischen Unterlagen des privaten Grundbesitzes, dessen Vertreter ja die besten Köpfe des Semstwoliberalismus stellten, die ausschlaggebende Rolle spielten. Der Vorgang ist ein gutes Beispiel für die Bedingungen ideologischer Arbeit seitens einer besitzenden Klasse und für das Maß von Tragfähigkeit humanitärer Ideale gegenüber den ökonomischen Interessen. Solange die ökonomische Unterlage der in den Semstwos herrschenden Grundbesitzer im wesentlichen unerschüttert stand, fügten sie sich der Führung der zahlreichen, aus ihrer Mitte hervorgegangenen politischen und sozialen Ideologen. Nun aber drohte ihr unmittelbar physischer und ökonomischer Untergang, die ganze Wucht der latent gebliebenen Interessengegensätze stürmte auf sie ein, und es konnte nicht ausbleiben, daß, aus ihrem Alltagsdasein herausgerissen und an die materiellen Grundlagen der eigenen Position empfindlich erinnert, sie ihre Stellung nicht unerheblich modifizierten . .

Nachdem nun Mitte Januar die Flut im wesentlichen abgelaufen war, zeigte sich die veränderte Stimmung der von ihr Betroffenen: der Wirkungsspielraum für die Ideologen hatte sich bedeutend verengt. Diejenigen Kreise des Adels und der privaten Großgrundbesitzer, welche sich bis dahin entweder der Führung der fortgeschrittenen Liberalen untergeordnet oder sich einfach der politischen Betätigung enthalten hatten, begannen die Semstwoversammlungen des Januar zu überfluten und, während infolge jener Zurückhaltung der »Gemäßigten« die von Gutschkow geführte Minderheit auf dem Oktoberkongreß geradezu verschwindend gewesen war – 15 bis 20 Köpfe –, gingen die materiellen »Klasseninteressen« jetzt auf der ganzen Linie zur Offensive über.

*

Es hätte »a priori« scheinen müssen, als würde [im *Reichsrat*] die Einigung der Regierung mit den rechtlich oder faktisch privilegierten Klassen, insbesondere also, da der Adel eine allzu dünne Basis geboten hätte, mit den Kreisen des »gemäßigteren« Semstwo-Konstitutionalismus, für die erstere der gewiesene Weg und auch leicht durchzuführen gewesen sein. Allein dem war keineswegs so. Wie bei den Semstwos – das angeführte Beispiel von Moskau zeigt es – die Furcht vor der Revolution doch durch das Mißtrauen gegen die Regierung im entscheidenden Moment *überwogen* wurde, ebenso bei der Regierung der Wunsch nach einer Stütze gegen die Revolution durch den alten Haß gegen die Semstwos. Wirklich weitgehende Opfer an ihrer *arbiträren* administrativen Gewalt zu bringen – das absolute und erste Erfordernis einer Verständigung mit den besitzenden Klassen –, war die Bürokratie eben schlechthin nicht bereit.

Die leidenschaftliche Eifersucht gegen die Semstwos, die sich in der Zeit des Krieges in dem geradezu unglaublichen Verhalten des »Roten Kreuzes« zu den von den Semstwos für dessen Zwecke zur Verfügung gestellten Organisationen zeigte, blieb die alte. Die zugunsten der Hungerbezirke geschaffene, rein karitative gemeinsame Semstwo-Organisation z. B. wurde auch jetzt wieder ganz ebenso kleinlich schikaniert, überwacht, gehindert, wie alle anderen aus Semstwokreisen hervorgehenden karitativen Aktionen, seien es auch bloße Freitische: sie unterlagen trotz der schreienden Not massenhaft dem Verbot. Anstatt dem »Klasseninteresse« der besitzenden Schichten, welches, wie wir sahen, immerhin prompt genug im »staatserhaltenden« Sinn funktionierte, die Repression gegen das »dritte Element« zu überlassen, drängte sich die Verwaltung der Gouverneure und Generalgouverneure more solito überall ein in einer schon durch die brüske Form das Selbstgefühl der Semstwos schwer verletzenden Weise; sie konnte sich eben schlechterdings an den Gedanken, überhaupt etwas von ihrer Allmacht, es sei zu wessen Gunsten immer, preiszugeben, nicht gewöhnen. Die Antwort der Gegenseite blieb nicht aus. Die von WITTE Ende Oktober angebotenen Portefeuilles hatten auch die gemäßigtsten Semstwomitglieder (SCHIPOW) abgelehnt, weil ein Zusammenarbeiten mit TREPOW oder DURNOWO für sie undenkbar war. Im Januar verschickte WITTE ein Rundschreiben an die Semstwos mit der Einladung, ihm zu seiner regelmäßigen Beratung in politischen Fragen geeignete Vertrauensleute aus ihrer Mitte zu senden. Die Semstwos lehnten fast sämtlich ab, und WITTE blieb nichts übrig, als nach einiger Zeit offiziös erklären zu lassen, die beabsichtigten Beratungen hätten sich als »überflüssig« erwiesen. Beide Teile konnten, wie sie waren, nicht zusammenkommen, und da die WITTEsche *ökonomisch* liberale Bürokratie ihre intimsten Freunde, die Unternehmer-Bourgeoisie, durch die Art der Gestaltung des Wahlrechts und der Vertretung im Reichsrat zur Bedeutungslosigkeit verurteilt, auch ihren charaktervollsten Vertrauensmann im Ministerium, TIMIRJASJEW, in schnödester Weise behandelt hatte und endlich immer wieder sich der Neigung zur »Subátowschtschina« verdächtig machte, so waren für sie auch diese Kreise politisch nicht fruktifizierbar.

Unter solchen Verhältnissen begannen die *Duma*wahlen. Die ersten Wahlergebnisse liefen vom 21. Februar an ein und zeigten zunächst allgemeine Apathie und anscheinend vollkommen zufällige Resultate.

Aber schon mit der ersten und zweiten Märzwoche ergaben zahlreiche Wahlen in den Landstädten Siege der demokratischen Wahlmännerlisten. Mit großer Spannung sah man daher den Wahlmännerwahlen in Petersburg (20. März) und Moskau (26. März) entgegen. In beiden Städten hatte der »Bund des 17. Oktober« sich mit den anderen konstitutionell-monarchischen Parteien geeinigt, auch die Bürokratie trat für seine Liste ein, und man erwartete ihren Sieg mindestens in der Mehrzahl der städtischen Wahldistrikte. Allein zur Überraschung von Freund und Feind siegte in beiden Hauptstädten die konstitutionelle Demokratie in ausnahmslos allen Distrikten, selbst in den von der Bürokratie, den Banken und der reichen Rentnerklasse okkupierten, mit ganz unerwarteten Majoritäten (2/3 bis 3/4) bei einer ebenfalls, angesichts des »Boykottes«, unerwartet starken Wahlbeteiligung. Es folgten Kiew, ein Hauptzentrum rücksichtslosester monarchistischer Agitation, und *alle* selbständig wählenden Städte des europäischen Rußlands (außer Polen) nacheinander. Die Wahlbeteiligung zeigte, daß die Boykottparole der äußersten Linken von der Mehrzahl der als Quartierinhaber wahlberechtigten Arbeiterschaft, auch von den vielfach ausschlaggebenden Juden und dem radikalen Kleinbürgertum, meist einfach nicht befolgt worden war. Daß Massen sozialdemokratischer Wähler für den Demokraten gestimmt hatten, ist nicht nur direkt bezeugt, sondern ergab sich auch, als unter dem Eindruck dieser Wahlergebnisse die Sozialdemokratie den Boykott aufgab und bei den nachher noch stattfindenden Wahlen eigene Kandidaten aufstellte; in Tiflis unterlag alsbald die Demokratie der sozialistischen Liste, die 9/10 aller ihrer Wahlmänner durchsetzte. Es zeigt dies zugleich, daß der demokratische Wahlsieg auf nicht sehr festen Füßen steht: im Fall starker Wahlbeteiligung der äußersten Linken würde in einem sehr großen Teil der großen Städte diese der Demokratie wahrscheinlich so stark Abbruch tun, daß – wie bei uns – die Waagschale nur noch zwischen Sozialisten und bürgerlichen Klassenparteien schwanken, die ideologische Demokratie aber ausgeschaltet werden würde.

Nicht minder zeigte sich sehr bald, daß mit zunehmender Wahlagitation die Boykottparole auch *auf dem Lande* vollkommen ins Wasser fiel. Denn die vielfach erbärmlich schlechte Wahlbeteiligung der kleinen Privatgrundbesitzer ist nicht auf sie zurückzuführen. Die Bauern aber boykottierten nur ganz vereinzelt, im Beginn der Wahlbewegung. Die Demokratie gewann auch hier in der überwiegenden

Mehrheit der groß- und kleinrussischen, baltischen und kaukasischen Gouvernements das entschiedenste Übergewicht, in den Neusiedlungsgebieten des Südostens und in Teilen der schwarzen Erde siegte die äußerste Linke. Fast überall waren es hier die *Bauern*, welche gegen die »gemäßigten« Kandidaten, entschieden und unerwarteterweise, mit den »Städtern« gemeinsame Sache machten.

*

So sah sich die Regierung in allen ihren Erwartungen hinsichtlich des Ausfalles der Wahlen und der Haltung der Bauern enttäuscht und – das ließ sich schon Ende März übersehen – einer überwältigenden Mehrheit schlechthin antibürokratischer und sozial wie politisch gleich radikaler Elemente gegenübergestellt. Das erste, was sie unter diesem Eindruck tat, war die schleunige Aufnahme einer »Kriegsanleihe« gegen den »inneren Feind« zu denjenigen Bedingungen, die ihr von den Banken diktiert wurden. Diese hatten nun das Spiel in der Hand. Sie hatten zuerst beharrlich die Einberufung der Duma gefordert, nun, da diese bevorstand, hatten auch sie das dringendste Interesse daran, die Anleihe vor ihrem Zusammentritt unter Dach zu bringen; denn daß die Duma ihnen die Bedingungen, zu denen die hilflos in ihre Hände gegebene Regierung abzuschließen geneigt war, niemals konzedieren würde, stand fest, und ein Zusammenbruch der Bürokratie oder ihre Unterwerfung unter die Duma mußte alle Russenfonds alsbald unabsehbaren Schicksalen aussetzen und das Geschäft gründlich verderben.. Die finanzielle Lage der Regierung aber war derart, daß sie sich entweder der Duma oder den Banken unterwerfen mußte und, das letztere vorziehend, auf schlechthin jede Bedingung einging: trotz eines zeitweise 9 % betragenden, Ende Januar jeden Augenblick zum Sprung auf 10 % bereiten Diskontes sank der Barvorrat der Bank, der Steuerboykott der Bauern war immerhin fühlbar, gewaltige Verschiebungen im Etat – durch Erhöhung der Bezüge der Eisenbahn- und Postbediensteten, Besserung der Armeeverpflegung, Donative an die Kosaken, Umgarnisonierungen, erhöhte Polizeikosten, hohen »Verpflegungs«-Etat gegen die Hungersnot, durch Erlaß der Loskaufgelder, endlich durch die direkten Verluste an Staatseigentum und Steuerkraft – waren teils schon in Gestalt des vorjährigen Defizits verrechnet, teils standen sie noch bevor. Mit kurzfristigen Schatzwechseln war nicht weiter zu wirtschaften. So nahm man denn Bedingungen an, welche in fast groteskem Kontrast zu den Kursen standen, welche – zufolge einer allerdings geradezu bewundernswürdigen Taktik in der Behandlung der Börsen durch die großen Finanzinstitute – die russischen Fonds selbst in den ungünstigsten Augenblicken des japanischen Krieges gehabt hatten, und zu den härtesten gehören, die Rußland oder überhaupt eine bisher »unbescholtene« Großmacht sich je hat gefallen lassen.. Immerhin: die Anleihe war »im Hafen« und Graf WITTE daher ein vorerst entbehrlicher Mann, ja, da er das ganze Odium der Wirtschaft des Ministers des Innern mitzutragen hatte, mußte auch den fremden Banken es eher bedenklich scheinen, ihn mit dieser Duma in Berührung kommen zu sehen, und daher genügte der erste Anlaß – welcher Art er war, ist vorerst wohl schwerlich eindeutig feststellbar –, um ihn und sein Kabinett ehr- und ruhmlos verschwinden zu lassen und ein Assortiment von korrekten, auch gegenüber der »Gesellschaft« noch wenig »kompromittierten« konservativen Beamten an die Stelle zu setzen..

Der Tag der [Duma-]Eröffnung kam, und unter dem mit Feierlichkeit überladenen Gepränge des höfischen Aufzuges stieg der Zar »unsicheren Schrittes« (nach Zeitungsangaben) die Stufen zum Thron hinauf und verlas seine gänzlich inhaltsleere »Begrüßung«; die allseitig sicher erwartete »Thronrede« soll angeblich unter »unverantwortlichen« Einflüssen zurückgelegt worden sein, wahrscheinlich aber einfach deswegen, – weil man sich keines Rates wußte und nicht einigen konnte, was sie enthalten solle. Den stärksten – negativen – Effekt erzielte die Ansprache dadurch, daß in ihr mit keinem Wort von der in allen Gefängnissen des Landes und in all jenen Zehntausenden von Dörfern, in denen Verschickungen und Verhaftungen vollzogen worden waren, erwarteten Amnestie als einem Symbol, daß es mit der Praxis der ohne Rechtspruch erfolgenden Bestrafung ein Ende haben werde, die Rede war, – nachdem die Regierung soeben wohl oder übel eine Anzahl Verschickter aus Sibirien und Archangelsk hatte zurücktransportieren lassen müssen, weil sie in die Duma gewählt waren. Ein seinerzeit abgesetzter Professor (MUROMZEW) wurde zum Präsidenten, ein soeben verschickter, aus dem Zwangsdomizil in Archangelsk in die Duma gewählter Professor (GREDESKUL) zum Vizepräsidenten der Duma gewählt. Augenblicklich und außerhalb der Geschäftsordnung rollte einer der Veteranen der Befreiungsbewegung, der gewesene Präsident des »Befreiungsbundes« bei seiner konspirativen Konstituierung im deutschen Schwarzwald, PETRUNKJEWITSCH, unter stürmischen Kundgebungen die Amnestieforderung auf. Und nun begann das eigentümliche Schauspiel: keiner von beiden Teilen glaubte, daß etwas anderes als »Pulver und Blei« das Ende vom Liede sein werde. Der offizielle »Prawitjelstwjennyj Wjestnik« hatte die Begrüßungsansprache des Kaisers gebracht. Aber die Existenz der Duma ignorierte er fortan: er schien im Zweifel zu sein, meinte die Petersburger Presse, ob er sie als eine staatliche Institution oder nicht vielmehr als einen revolutionären Klub anzusehen habe. Ebenso die »Spitzen« des bisherigen Rußland. MUROMZEW war, ehe die Sitzungen begannen, der Vorschrift des Gesetzes gemäß vom Zaren empfangen und brachte »gute Eindrücke« mit zurück. Als nun in der stürmischen Amnestiedebatte sich der ganze aufgespeicherte Zorn – übrigens in maßvollen Formen – entlud und die nach Form und Inhalt scharfe Antwortadresse angenommen worden war, hatte MUROMZEW wiederum zum Geburtstag des Zaren bei Hofe zu erscheinen. Mit ausgesuchter Höflichkeit auf einen Ehrenplatz gesetzt, wurde er von niemandem, der etwas zu sagen gehabt hätte, angesprochen. Die persönliche Entgegennahme der Adresse lehnte der Zar ab und ersuchte, die Adresse an den Hofminister zu senden, – sicherlich ein Vorgang, der im Lande bei den Bauern, welche ja am einmütigsten »direkten Verkehr« ihrer Vertreter mit dem Zaren verlangen, den tiefsten Eindruck machen mußte, – wie denn überhaupt die Zerbröckelung der Zarenromantik bei der Masse der Bauern wohl das bleibendste Ergebnis all dieser Vorgänge bleiben wird.

Aber nicht nur äußerlich blieben die Ministerbänke in der Duma 16 Tage lang leer, sondern bis *Ende Mai* hatte die Regierung, welche seit Dezember die Hinausschiebung der Einberufung stets u. a. auch mit der Notwendigkeit begründet hatte, ihr »vorbereitet« gegenüberzutreten, noch *nicht einen einzigen* sachlichen Gesetzentwurf bei ihr eingebracht. Ihre ganze Tätigkeit bestand bis dahin in der Beantwortung der Adresse. Diese Adresse, welche die Duma nach langen Beratungen einstimmig – Graf HEYDEN hatte erklärt, daß er und seine Anhänger, da sie nur mit der *Fassung* der Adresse nicht einverstanden seien und die Einstimmigkeit nicht zu gefährden wünschten, den Saal verlassen würden – annahm, hatte als Programmpunkte enthalten: die »viergliedrige« Wahlrechtsformel, Beseitigung der den Zaren vom Volk trennenden Willkür der

Beamten durch parlamentarische Kontrolle der Exekutive, Verantwortlichkeit der Minister, parlamentarisches Regime, Beseitigung des Reichsrates, Persönlichkeitsgarantien, Freiheit des Wortes, der Presse, der Vereine, Versammlungen und Streiks, Petitionsrecht, Gleichheit aller vor dem Gesetz, Abschaffung der Todesstrafe, Bodenenteignung zur Landausstattung der Bauern, Arbeitergesetzgebung, unentgeltliche Volksschule, Steuerreform, Umgestaltung der Selbstverwaltung »auf der Basis des allgemeinen Wahlrechts«, Gerechtigkeit und Recht in der Armee, »Kulturselbständigkeit« der Nationalitäten, Amnestie für alle religiösen, politischen und Agrarverbrechen. – Die Antwort sagte zu: Änderung des Wahlrechts, jedoch nicht schon jetzt, wo die Duma eben erst zu arbeiten beginne, Arbeitergesetzgebung, allgemeine Volksschule, gerechtere Steuerverteilung, insbesondere Einkommensteuer und Erbschaftssteuer, Reform der Selbstverwaltung unter Berücksichtigung der Eigenart der Grenzländer, Persönlichkeits- und Freiheitsgarantie, jedoch unter Erhaltung »wirksamer« Mittel gegen »Mißbrauch« der Freiheiten, gerichtliche Verantwortlichkeit der Beamten, Abschaffung der Inlandspässe, Aufhebung der ständischen Sonderstellung der Bauern und Mittel für ihre Landausstattung durch die Bauernbank und ferner aus Staatsdomänen und durch Umsiedlung, jedoch unter Ablehnung jeder Expropriation; – alle anderen Forderungen wurden mehr oder minder bestimmt abgelehnt, insbesondere die Amnestie; es wurde nur »sorgsame Prüfung« der Verhältnisse der noch nicht unter Anklage gestellten Inhaftierten zugesagt.

*

Auf eine Schilderung der *sachlichen* Verhandlungen der Duma hier einzugehen, hat keinen Zweck, da sie ja in das Nichts ausgemündet sind. Sie sind – nachdem sie gegenüber der Obstruktion der Regierung endlich beginnen konnten – mit einer Intensität gefördert worden, wie nur in irgendeinem Parlament der Welt. Denn die eigentliche Arbeit ist natürlich auch hier nicht im Plenum, über welches die Presse allein berichtete, sondern in den Kommissionen geleistet worden. Ein Blick in die Wochenzettel der Kommissionssitzungen zeigt, in welchem Grade die Deputierten hier, hinter den Kulissen, in Anspruch genommen waren. Alle von den Dumadeputierten eingebrachten Entwürfe standen Anfang Juli dicht vor der Fertigstellung, das Agrarprojekt war, nachdem im Plenum 14 Tage lang weit über 100 Mitglieder gesprochen, dann die 91gliedrige Kommission mit zahlreichen Subkommissionen 4 Wochen lang gearbeitet hatten, so weit gelangt, daß die Grundlinien, auf welche sich eine große Mehrheit einigen wollte, fast durchweg feststanden: sie entsprachen fast ganz denjenigen des k.-d. Projekts. Nicht daß die Duma *zuwenig* zustande zu bringen versprach, sondern daß sie *zuviel*, der Regierung durchweg inhaltlich unbequeme Ergebnisse in Aussicht stellte, war es, woran die Hofkreise Anstoß nahmen. Man versuchte, sie nun in eine schiefe Lage zu manöverieren, indem man ihr das Projekt einer 50-Millionen-*Anleihe* für die Linderung der schweren in Aussicht stehenden Mißernte vorlegte. Allein die Duma bewilligte 15 Millionen für jetzt und behielt sich weitere Bewilligungen vor, bestimmte aber, daß der Betrag aus *Ersparnissen* zu gewinnen sei, da das – übrigens beispiellos undurchsichtige – Finanzexposé KOKOWZEWS den Beweis für die Notwendigkeit einer Anleihe nicht geliefert habe. Da die *Reichsrats*mehrheit unter Führung der »Zentrums«-Gruppe – nachdem charakteristischerweise der Antrag SSAMARINS auf namentliche Abstimmung *abgelehnt* war – dieser Ansicht beitrat, bedeutete das eine schwere Niederlage des Ministeriums. Seine Lage wurde zunehmend schwieriger: es blieb nur Auflösung oder Unterwerfung.

*

Taktisch schien nun der Moment zur Auflösung, auf die niemand vorbereitet war, infolge der Spaltung der Duma und der Isolierung der »Kadetten« günstig, und die Regierung griff zu.

Die Auflösung der Duma und die Vertagung des Reichsrats (mit Ausnahme der beiden rein bürokratischen Departements) bis zu ihrem Wiederzusammentritt erfolgte unter unmittelbar nachfolgender Bekanntgabe eines kaiserlichen »Manifestes«, welches als eine selbst für russische Verhältnisse erstaunliche Leistung bezeichnet werden muß. Es wird darin zunächst behauptet, daß die Duma, »*anstatt* auf dem Gebiete der Gesetzgebung zu schaffen«, sich vom Bereich ihrer Zuständigkeit entfernt habe, indem sie sich mit der Untersuchung der Handlungen der »auf unsere Anweisung eingesetzten Lokalbehörden« und ferner mit der Unvollkommenheit der »nur durch unsern kaiserlichen Willen abänderbaren Grundgesetze« beschäftigte. Die letztere Behauptung steht einfach in der Luft, da die Duma keinerlei Versuch gemacht hat, die dem Kaiser vorbehaltene

Initiative an sich zu reißen. Das Recht der Interpellation wegen Ungesetzlichkeiten der Behörden steht ihr verfassungsmäßig zu, und was die schöpferische Arbeit auf dem Gebiete der Gesetzgebung anlangt, so hat, da es nicht auf die Reden im Plenum, sondern auf die Tätigkeit der Kommissionen ankommt, bisher kein Parlament der Welt – das sei nochmals wiederholt – mehr Arbeit geleistet als das russische, – nur eben nicht in einem Sinne, der dem Zaren genehm war . . Sehr schwer dürfte es endlich sein, angesichts der verdächtigen und pompösen Wendung: »Wir werden Ungehorsamen unsern kaiserlichen Willen aufzwingen«, einen adäquaten Ausdruck für die Charakterisierung des *Schluß*passus zu finden: Der Eingang des »Manifests« bemerkt mit jener unaufrichtigen religiösen Salbung, welche heute die widerliche Zutat aller monarchischen Kundgebungen geworden ist, daß der Kaiser »fest auf die *göttliche Gnade* vertraut« habe, fügt jedoch alsbald hinzu, daß er »in seinen Erwartungen durch eine grausame Prüfung enttäuscht« worden sei, und der Schluß ergibt, daß er nunmehr sein Vertrauen auf *Menschen* zu setzen entschlossen ist: *»Wir glauben (!),* daß *Helden des Gedankens und der Tat erscheinen* werden und daß, dank ihrer selbstverleugnenden Arbeit, der Ruhm Rußlands erstrahlen wird«. Allein selbst wenn ein solches Eingeständnis der eigenen Impotenz jene irgendwo im Hintergrund vermuteten »Helden« soweit erbarmen könnte, daß sie aus ihrer Verborgenheit heraus sich zeigten, – in dem Polizeisystem dieses Regimes wäre für sie ja doch kein Platz, es sei denn, daß Individuen wie der Exminister DURNOWO oder der General TREPOW oder der gleichzeitig mit dieser Kundgebung zum Premierminister avancierte Minister des Innern STOLYPIN, dem Redakteur des Manifests als derartige »Helden« galten. Allein von ihnen gilt doch höchstens das Wort, daß »mit dem Säbel jeder Dummkopf regieren kann« . .

Vor der Hand kann – da die Vorbereitungen noch nicht getroffen sind – alles ruhig bleiben, es sei denn, daß die Masse den Führern, wie letzten Spätherbst, aus der Hand gleitet. Der Kurssturz der Anleihen ist nicht sehr stark: die Banken können nur mit dem absoluten Regime »Geschäfte« machen und müssen nunmehr ihre Bestände abstoßen; der Kurs wird dementsprechend »stilisiert« werden. Wer sich dadurch oder durch ein mittels Vergewaltigung und Fälschung erpreßtes, gefügiges Parlament täuschen läßt, – *dem ist nicht zu helfen.* Es erscheint vor der Hand durchaus ausgeschlossen, daß – dies dürften die Darlegungen dieser Chronik doch wohl erkennen lassen – dieses Regime irgendeinen Weg zu wirklich *dauernder* »Beruhigung« des Landes findet: es müßte sich selbst am Schopfe aus dem Sumpf ziehen können – und wollen. Und sehen wir von den »taktischen« Fragen einmal ab, so kann der nachhaltige Effekt des Vorgehens der Regierung nur eine weitere Entwertung des Zaren bei der Bauernschaft sein, sollte diese Wirkung vielleicht auch durch die zu erwartende Wahlfälschung für die nächste Zeit daran verhindert werden, sichtbar in die Erscheinung zu treten. –

Hiermit hat diese Chronik abzubrechen. Sie vermochte den intimeren Zusammenhängen der letzten Ereignisse, namentlich den bei Hofe sich bekämpfenden Anschauungen, nur in sehr rohen Umrissen nachzugehen, – auch in Rußland selbst ist man darüber nur unvollkommen unterrichtet. Aber es war hier auch nicht die Absicht, so etwas wie eine »Geschichte« des letzten Halbjahres zu liefern, – hier war es die Aufgabe, die allgemeine gesellschaftliche und politische Situation, in welche der Polizeiabsolutismus der nicht rechtzeitig abgelehnten politischen Erbschaft Alexanders III. und, neuestens, die Arbeit des Witteschen Interimsministeriums das Land geführt hat und aus der es sich nun zunächst – wer könnte sagen wie ? – herauszufinden hat, zu veranschaulichen, soweit dies nach den hier zur Verfügung stehenden Quellen möglich ist. Prophezeiungen, auch nur für die nächsten Monate, scheinen mir ganz unmöglich, auch von seiten der bestinformierten Politiker in Rußland selbst werden sie nicht gewagt. Das läßt sich heute sagen: die fast unvermeidliche Neigung und Nötigung moderner dynastischer Regimes, auf *Prestige* auch nach innen zu arbeiten, ihr »Gesicht zu wahren«, hatte in Rußland die Regierung dazu geführt, nicht *rechtzeitig* zu geben, was sie geben mußte, und als dann eine Konzession nach der anderen ertrotzt war, suchte und sucht man das verlorene »Prestige« durch schonungslose Polizeiwillkür wieder herzustellen. Eben dies Bewußtsein aber, daß es der Kitzel dieser Eitelkeit ist, dem die Opfer geschlachtet werden, führte dazu, daß die wilde und wüste Form, in welcher die Linke in der Duma die Minister beschimpfte und von ihren Plätzen jagte, keinen schärferen Widerspruch seitens derjenigen Parteien, die an der »parlamentarischen Lösung« festhielten, hervorrief. Es ist nicht abzusehen, durch *welche* Konzessionen von seiten der Regierung überhaupt noch der Duma, angesichts ihrer durch das Verhalten der Regierung zu roter Wut gereizten Wähler, hätte ermöglicht werden können, sich auf irgendein Programm hin mit ihr zu einigen. Es ist nicht abzusehen, mit welchen Elementen in dem von der Bürokratie geschaffenen Flugsand überhaupt in zivilisierten Formen regiert werden *könnte*. Wir haben uns überzeugt, daß die schroffe Zuspitzung der Klassengegensätze jedem Versuch, sich auf den »Besitz« zu stützen, *reaktionäres* Gepräge geben muß.

Es ist bei uns die lächerliche Sitte in Schwung, bei solchen fürchterlichen Geburtswehen, wie sie Rußland jetzt durchmacht, nach jemandem zu suchen, der »schuld« ist, – und da »natürlich« der Monarch und seine nächsten Diener dafür nicht in Betracht kommen und die – so äußerst billige – »Kritik« des Parlamentarismus Mode ist, so muß es in den Augen des deutschen Philisters ja wohl die Duma sein. Sie sei »politisch unfähig« gewesen und habe nichts »Positives« geleistet, sagt man, und fügt zur Erfrischung des deutschen Lesers hinzu: die russische Nation überhaupt sei nicht »reif« zum konstitutionellen Regime. Nun, – man fragt sich zunächst: wofür denn jene Leute auf und neben dem Thron »reif« sind, welche das Land in diese Lage gebracht haben? –

Neun lange Monate hat das bestehende Regime nichts getan, als mit wahrhaft mongolischer Tücke den »Rechten«, die es gewährte, hinterrücks ein Bein zu stellen. Erst gegen Mitte Juni (alten Stils) kamen die *ersten* wirklichen bescheidenen Reformvorschläge, *sämtlich* die Spuren ihrer Herkunft aus den Gedankenkreisen des Semstwoliberalismus an der Stirn tragend: der Gesetzentwurf über die Friedensgerichte war der Annahme, die Agrarentwürfe waren der ernstesten sachlichen Beratung sicher. Aber das Entscheidende hatte die Regierung *nicht* getan: die Garantie gegen die absolute Polizeiwillkür (Beseitigung der administrativen Inhaftierung und Verschickung, Verantwortlichkeit ausnahmslos aller Beamter vor unabhängigen Gerichten) gewährte sie nicht, und ohne dies fand sie keinerlei Kreise der Bevölkerung, auf die sie sich stützen konnte. Die Auflösung der Duma aber wird nur dann zu einem ihr günstigen Ergebnis führen, wenn sie – wie allerdings wahrscheinlich – entschlossen ist, die Wahlen in aller Form zu *fälschen*. Sie beruft sich für das wahnwitzige Willkürregiment der Polizei auf die Taten der Terroristen. Allein es läßt sich ja einfach *statistisch* ersehen, daß die Verhängung des Kriegszustandes, d. h. der Rechtlosigkeit, diese *gesteigert* und ihnen Sympathie verschafft hat. Wie eine Revolution von unten nicht ohne Mithilfe oder Duldung des Bürgertums, so ist ohne eine Stütze an ihm auch eine Eindämmung der Gewalttaten von oben nicht möglich. An die *Regierung* wendete sich in diesem Falle der bekannte Spruch: »Que messieurs les assassins commencent!« Statt dessen rechnet sie offenbar lediglich auf die Erfahrung, daß allerdings gemeinhin »die Maschine« – in diesem Falle der bürokratische Mechanismus – »nicht ermüdet«, während dies auch dem wildesten Enthusiasmus irgendwann zu widerfahren pflegt. Aber es steht nicht fest, ob die unbeugsame Energie des russischen Radikalismus, zumal nachdem die Kader der sozialdemokratischen und sozialrevolutionären Organisationen einmal geschaffen sind, gegenüber dem *heutigen* oder einem ihm gleichartigen Regime jemals für mehr als nur kurze Pausen erschlaffen wird, – und sicher geschieht das nicht vor dem völligen ökonomischen Ruin des Landes. –

Der russische Freiheitskampf zeigt – das ist richtig – für das übliche Urteil wenig »große«, unmittelbar zum »Pathos« des unbeteiligten Beschauers sprechende Züge. Das folgt zunächst aus dem Umstand, daß, mit Ausnahme des schwer verständlichen Agrarprogramms, die Forderungen, um die es sich handelt, zu einem großen Teil für uns im Westen den Reiz des *Neuen* längst verloren haben: sie scheinen der Originalität zu entbehren, die sie zu Cromwells und Mirabeaus Zeiten hatten, und entbehren ihrer, soweit sie rein politischen Inhalts sind, auch wirklich. Sie sind *uns* (meist!) trivial, – wie das tägliche Brot es ist. Dazu tritt ein anderes: es fehlen auf beiden Seiten die wirklich »großen Führer«, an die sich ein pathetisches Interesse Fernstehender heften könnte; denn ein noch so ausgezeichneter politischer Publizist oder sozialpolitischer Sachverständiger, an denen wahrlich kein Mangel ist, ist ebensowenig ein politischer »Führer«, wie der mutigste »praktische« Revolutionär ein solcher ist. Das alles erzeugt leicht den Eindruck des Epigonenhaften: alle Gedanken, die hier, von allen verschiedenen beteiligten Seiten, erörtert werden, sind nicht nur der Sache nach, sondern expressis verbis »Kollektivprodukte«. Und das Auge des Zuschauers, zumal dasjenige politisch und ökonomisch »satter« Völker, ist nicht gewohnt und, von der Ferne aus, auch nicht in der Lage, durch den Schleier aller dieser Programme und Kollektivaktionen hindurch bei solchen Massen das mächtige Pathos der Einzelschicksale, den rücksichtslosen Idealismus, die unbeugsame Energie, das Auf und Ab von stürmischer Hoffnung und qualvoller Enttäuschung der Kämpfer zu unterscheiden. Die oft gewaltige Dramatik jener Einzelschicksale flicht sich zu einem für den Außenstehenden undurchsichtigen Gewühl zusammen. Es ist ein unablässiges zähes Ringen, mit wilden Mordtaten und schonungslosen Willkürakten in einer Zahl, daß selbst diese Gräßlichkeiten schließlich zur Gewohnheit geworden sind. Und wie die moderne Schlacht, des romantischen Reizes der alten Reiterkämpfe entkleidet, als ein mechanischer Prozeß zwischen den in Werkzeugen objektivierten Produkten der Gedankenarbeit der Laboratorien und Werkstätten und – der kalten Macht des Geldes sich darstellt, daneben aber ein furchtbares, unausgesetztes Anspannen in erster Linie der *Nerven*kraft der Führer wie der geführten Hunderttausende *ist*, so steht es auch mit der modernen »Revolution«. Alles ist – wenigstens für das Auge des Beschauers – »Technik« und Frage der zähen Ausdauer der Nerven. In Rußland, wo die Polizeigewalt – wie diese Schilderung wohl gezeigt hat – ihre Machtstellung mit allen raffiniertesten Mitteln verschmitztester Asiatentücke ausnutzte, mußte der Kampf mit ihr so viele Kräfte in der bloßen »Taktik« verzehren, auf »parteitechnische Erwägungen« so sehr den Nachdruck legen, daß hier eine Rolle für »große führende Persönlichkeiten« überhaupt nicht leicht zu spielen war. Gegen Ungeziefer sind eben »große« Taten nicht zu verrichten. Und auf der Gegenseite fehlen sie vollends: die zahlreichen ausgezeichneten Einzelkräfte in der russischen Beamtenschaft, von deren Vorhandensein denn doch schon ein flüchtiger Blick von außen jeden überzeugen muß, können unter dem bestehenden System alles, nur keine »Staatsmänner« für große Reformen werden. Dafür sorgen schon die dynastischen Ambitionen, – dort wie bei uns[1]. Auch die Unmasse einer im einzelnen oft erstaunlich sorgsamen Gedankenarbeit, auf die man in den Staatsschriften dieses Regimes stößt, wird aufgebraucht und mündet, wie wir sahen, immer wieder in den Dienst des einen, absolut nicht über sich selbst hinausweisenden Zieles der polizeilichen Selbsterhaltung. Und die fürchterliche, objektive Sinnlosigkeit dieses Zieles, die vollkommene Unmöglichkeit, irgendwelche, und seien es die bescheidensten, »sittlichen« oder »Kulturwerte« als in diesem Regime verkörpert, sich vorzutäuschen, verleiht dem Tun und Treiben dieser Machthaber und der »Berufsarbeit« dieser Staatsdiener – gerade der

[1] Überhaupt lassen sich alle Konsequenzen des modernen spezifischen »Monarchismus« – der eben, wie heute die Dinge liegen, unvermeidlich mit einem Monarchen zu rechnen hat, der ungünstigenfalls ein gefährlicher politischer Dilettant, günstigenfalls ein einseitiger militärischer Fachmann wird – an dem Gang der Dinge in Rußland studieren.

»tüchtigen« unter ihnen – in der Tat etwas von jenem gespenstischen Zug, den LEO TOLSTOJS Apolitismus in seiner »Auferstehung« so unheimlich empfinden zu lassen verstand. Man hat die russische mit der französischen Revolution verglichen. Abgesehen von zahlreichen anderen Unterschieden genügt es, auf dasjenige entscheidende Objekt hinzuweisen, welches, im Gegensatz zu damals, den heutigen, auch den »bürgerlichen«, Vertretern der Freiheitsbewegung *nicht mehr* als »heilig« gilt und in den Katalogen der von der »Befreiung« erhofften Güter *fehlt:* das *»Eigentum«.* Seine »Heiligkeit« verkündet heute – etwas verspätet vom Standpunkt seiner eigenen Interessen aus – der Zar. Das ist, was auch nun geschehen wird, das Ende aller und jeder slawophilen Romantik und überhaupt des »alten« Rußland. Aber es stoßen in Rußland die importierten allermodernsten großkapitalistischen Mächte auf einen Untergrund von archaistischem bäuerlichen Kommunismus und entfesseln ihrerseits innerhalb ihrer Arbeiterschaft so radikal sozialistische Stimmungen, denen sie alsdann so absolut »freiheitsfeindliche« Organisationen allermodernsten Gepräges entgegensetzen, daß man kaum absehen kann, welches Gepräge die russische Entwicklung gewinnen wird, auch wenn – wie ganz überwiegend wahrscheinlich – die »Heiligkeit des Eigentums« gegenüber der sozialrevolutionären Bauernideologie zuletzt das Übergewicht behält. Es sind alle jene Entwicklungsstadien ausgeschaltet, welche im Westen starke *ökonomische* Interessen besitzender Schichten in den Dienst der bürgerlichen Freiheitsbewegung stellten. Die wenigen Prozente industriellen Proletariates besagen vorläufig äußerst wenig, die Ideale der Bauern aber liegen vorerst, trotz allem, in einer irrealen Welt. – Niemals ist, nach alledem, ein Freiheitskampf unter so schwierigen Verhältnissen geführt worden wie der russische, niemals mit einem solchen Maß von rücksichtsloser Bereitschaft zum Martyrium, für die, scheint mir, der Deutsche, der einen Rest des Idealismus seiner Väter in sich fühlt, tiefe Sympathie besitzen müßte.

Den üblichen deutschen reaktionären »Realpolitikern« aber sei die Frage nahegelegt, ob sie gut tun, Empfindungen gegen sich in Rußland zu wecken, wie sie NAPOLEON III. vor 1870 bei uns gegen sich wachrief. Man braucht die reaktionären und offiziösen russischen Zeitungen nur zu lesen, um zu sehen, mit welcher Geschicklichkeit sie die blöde Demokratenfeindschaft unserer »staatserhaltenden« Preßorgane als Mittel der Ablenkung des Hasses der Massen nach außen–

gegen uns – verwerten. Gewiß: das erbärmliche Regiment des Zaren, von jedem Krieg in den Grundfesten gefährdet, scheint ein »bequemer« Nachbar. Ein wirklich konstitutionelles Rußland müßte ein stärkerer und, weil gegen die Instinkte der Massen empfindlicher, ein unruhigerer Nachbar sein. Aber man täusche sich nicht: dies Rußland kommt, so oder so, – und man müßte, rein »realpolitisch«, auf dem Standpunkt stehen: besser jetzt bald, wo wir, auf unsere Stärke gestützt, uns friedlich-schiedlich über das Chaos von Fragen, welches zwischen uns liegt, verständigen können, als daß wir diese Probleme auf unsere Enkel abwälzen und inzwischen alle idealen Mächte dieser aufstrebenden Völker gegen uns in Bewegung setzen.

Die beiden großen Nachbarnationen verstehen sich vorerst wenig. Einerseits ist mir persönlich kein russischer Demokrat begegnet, der für die Eigenart der deutschen Kultur innere Sympathie, die nur aus sicherem Verständnis hervorgehen kann, gehegt hätte. Andererseits erschwert der Druck des zunehmenden Reichtums, verbunden mit der zum System gesteigerten Gewöhnung, »realpolitisch« zu denken, den Deutschen die Möglichkeit, das stürmisch erregte und nervöse Wesen des russischen Radikalismus sympathisch zu empfinden. Aber wir unsererseits sollten, bei aller Notwendigkeit, inmitten einer Welt von Feinden nüchtern zu sein, doch nicht vergessen, daß wir der Welt das Unvergänglichste in jener Epoche gegeben haben, als wir selbst ein blutarmes weltfremdes Volk waren, und daß »satten« Völkern keine Zukunft blüht.

BISMARCKS AUSSENPOLITIK UND DIE GEGENWART[1]

I. Dreibund und Westmächte

Äußerlich angesehen war Bismarcks Außenpolitik: Dreibundpolitik. Aber die innerliche Lockerung, welche er selbst durch den Rückversicherungsvertrag mit Rußland hineintrug, beweist, daß er sogar dem bedingten Bund mit Österreich-Ungarn schon während seiner Amtsführung nur den gleichen historisch bedingten Wert beimaß, wie in den »Gedanken und Erinnerungen«. Vollends über Italien dachte er wohl sehr skeptisch. Die italienische Angst vor der englischen Seemacht freilich, welche Italien veranlaßte, nach Gründen zu suchen, sich der aktiven Teilnahme im Bündnisfalle zu entziehen, konnte Bismarck unmöglich in seine Rechnung einstellen. Aber das Bündnis mit Italien hatte noch andere schwache Punkte. Bismarck hatte gleich zu Beginn die Forderung eines Verzichts auf die »Irredenta« gestellt, den er selbst doch schwerlich als dauernd einschätzen konnte. Rein sachlich wäre eine rechtzeitige Verständigung darüber, wie die Wiener Angebote dieses Frühjahrs zeigten, nicht so schwer gewesen, wie sie jetzt geworden ist. Der schwierigste Punkt: Triest, hatte vor dem Kriege langsam an Bedeutung für Italien verloren. Aber nachdem die Unterschätzung der Kraft und des Zusammenhalts der Doppelmonarchie und das bei dem eigenen Verhalten Italiens ja leider subjektiv recht begreifliche, eben deshalb aber für den Gegenpart höchst verdächtige und verletzende Mißtrauen in die Loyalität Österreich-Ungarns die Verhandlungen zerschlagen hatte, ist jetzt ein Bund gebrochen und Blut geflossen und sind die auf keinerlei nationales Interesse Italiens mehr zu gründenden Forderungen italienischer Straßenpolitiker öffentlich erhoben worden. Das alles ist jetzt erschwerend hinzugetreten. Daß ein Entgegenkommen von Anfang des Bündnisses an nur aus Österreich-Ungarns alleiniger Initiative und nur bei stärkeren und dauerhafteren Garantien

[1] Frankfurter Zeitung vom 25. Dezember 1915.

möglich war, als sie die stets – aus Gründen der Entstehungsart des modernen Italiens – gegenüber der Macht der Straße unsicher im Sattel sitzende italienische | Dynastie und Regierung bieten zu können schien, war klar. Vor allem aber war etwas derartiges nur gelegentlich einer Ausdehnung der österreichisch-ungarischen Machtsphäre nach anderen Richtungen hin überhaupt möglich. Und da lag nun die Schwäche des Dreibundes in dem, was vom Standpunkt der Erhaltung des Friedens sein Vorzug war: in seinem reinen Defensivcharakter. Aus einem solchen Bund entsprangen keine Chancen für ein politisches Ausdehnungsbedürfnis Italiens. Auch die allgemeine Zusage eventueller Kompensationen im Falle der Ausdehnung des Nachbarn ist erst nachträglich, und zwar in gleichem Schritt mit einer Lockerung der italienischen Verpflichtung, mithin als ein Bestandteil dieser Lockerung, nicht aber als einer der positiven Zwecke des Bundes in den Vertrag aufgenommen worden.

Diese Eigenart des Dreibundes folgte aus allgemeinen Eigentümlichkeiten der in jedem Sinn »konservativen« Bismarckschen Politik. Sie war in keinem Sinn eine Politik eines »größeren Deutschlands«.

Der Erwerb von Siedlungsland zur Erweiterung der Gebietsgrundlage unseres Volkstums wäre angesichts der Auswanderungsziffern in den siebziger Jahren naheliegend gewesen. Nachdem wir jetzt längst ohne eine Millionenziffer fremder Arbeitskräfte im Lande nicht mehr auskommen, ist er nach meiner Ansicht überholt. Die Hinzufügung neuer, mit dem geschlossenen Körper des Deutschtums nicht zusammenhängender Fetzen deutschen Bauernlandes im Osten würde angesichts der dortigen, ohnehin ungünstigen Gestaltung unseres Siedlungs- und Sprachgebiets Bismarck in keinem Fall in Betracht gezogen haben, auch wenn er mit der jetzigen Lage jemals zu rechnen gehabt hätte.

Auch dem Gedanken überseeischer Erwerbungen stand er bekanntlich innerlich fremd gegenüber. In dieser Frage schob der Verächter der öffentlichen Meinung dieser die Initiative zu. Für eine solche mangelte damals jegliche kapitalistische Interessengrundlage.

Zufällige geschäftliche Einzelunternehmungen in Westafrika, zufällige Pioniertaten einzelner in Ostafrika bestimmten dann die Richtung überseeischen Erwerbs dort. Unsere sonstige koloniale Ausdehnung kam vollends verspätet und blieb nach Art und Umfang dürftig. Man braucht die großen Kolonialgebiete, welche andere Staaten: Rußland, England, Frankreich, Belgien, im letzten Menschenalter neu annektierten, nur mit unseren eigenen Erwerbungen zu vergleichen, um zu sehen, daß diese Kolonialpolitik rein sachlich niemandes Eifersucht zu erregen geeignet war. Weil historische wirtschaftliche Interessensphären für uns | fehlten, vollzog sich unsere Überseeausdehnung als ein Streuerwerb in aller Welt, der nur für einen künftigen Austausch gegen möglichst geschlossene Interessengebiete Sinn haben konnte. Inzwischen aber hatte dieser Streuerwerb den Nachteil, uns angesichts des Geräusches, welches er erregte, in Reibung mit aller Welt zu bringen und unser Wollen, bei Fehlen historischer Interessensphären, als unsachlichen Ehrgeiz erscheinen zu lassen. Er engagierte uns auch an Punkten, wohin unsere Machtmittel nicht reichten. Ostasiatischen Besitz hätten wir in keinem Fall eines Krieges mit einer dortigen Großmacht wirksam verteidigen können.

Einen Grund zum ernstlichen Konflikt mit England hat dieser Übersee-Erwerb nicht gebildet. Im Gegenteil: in gewissem Maße hatte jeder deutsche Kolonialbesitz für England den Wert eines »Pfandes«. Denn selbst bei gleicher Flottenmacht wäre für uns die geographische Lage Englands als eines Riegels vor der Nordsee und die Lage von Liverpool durch nichts auszugleichen (selbst nicht durch die Eroberung aller Kanalhäfen!). Allein dieser Umstand hat Bismarck nicht davon abgeschreckt, schließlich doch Kolonien zu erwerben. Mit Recht. Objektiv auch für heute mit Recht deshalb, weil wir andererseits Machtmittel auch gegen England besitzen, welche nach den Erfahrungen dieses Krieges, den England mit der stärksten überhaupt möglichen Koalition gegen uns führt, für künftig steigend ins Gewicht fallen werden. Und nach jetzt 1½ Jahren sind die wichtigsten deutschen Besitzungen noch immer nicht ganz erobert. Andererseits ist das Ideal eines möglichst sich selbst genügenden Reichs für uns eine offenbare Utopie. Alle Textilstoffe und wichtige Metalle werden dauernd vom Ausland bezogen, müssen also durch Außenhandel verdient werden. Ob aber Kolonien oder Handelsschiffe und Handelsverbindungen das »Pfand« bilden, ist gleichgültig. Zu Bismarcks Zeit konnte nicht als wahrscheinlich gelten, daß die englische Politik jemals das Interesse haben würde, sich, wie sie im Begriffe zu tun steht, ohne Not in uns einen Todfeind für alle Zukunft zu schaffen. Auch nicht, daß es erst eines Krieges mit uns bedürfen würde, um englischen Politikern zu zeigen, was ein Konflikt mit uns auch für England bedeute. Auch nicht, daß in England Theorien entstehen würden, wonach »jeder Engländer reicher sein würde«, wenn Deutschland aufhörte zu existieren. Wie diese Rechnung steht, weiß jeder ökonomisch Gebildete. Gesetzt aber, sie wäre richtig, so würde das, was sich England auf unsere Kosten an Seehandelsprofit (zu 10 Prozent des Umsatzes) günstigenfalls aneignen könnte, nicht ganz ein Drittel dessen ausmachen, was von ihm an Schuldzinsen und Mehrausgaben für das Heer zur Durchführung einer Politik blinden Neides jährlich mehr aufzuwenden wäre. Es ist rein sachlich ein Irrtum, anzunehmen, daß eine dauernde Verständigung und selbst ein festes Bündnis beider Mächte aus diesen Gründen unmöglich gewesen wäre. Ein Bündnis kam für BISMARCK nicht in Frage, weil die damalige Tradition der englischen Politik feste Bündnisse ablehnte, teils weil es als unzulässig für eine Parteiregierung galt, die künftige Regierung der Gegenpartei zu binden, teils aus der überlieferten Politik der freien Hand heraus, welche damals als dem Interesse an dem berüchtigten »Gleichgewicht der Kräfte« allein entsprechend galt. Wäre es aber in Frage gekommen, so würden teils innerpolitische Antipathien, teils und entscheidend aber die überlieferten Beziehungen zu Rußland es für BISMARCK ausgeschlossen haben. Als später die englische Politik bündnisreif wurde, geschah dies aus Angst vor uns und, um sich *gegen* uns zu wenden. Dafür gab aber nicht unser dürftiger Kolonialbesitz und auch nicht in erster Linie unser gelegentlich lästiger Handelsaufschwung den Ausschlag, sondern: die vermeintliche Bedrohung in der Nordsee. An die Tatsache einer relativ steigenden Seemacht *aller* anderen Mächte wird sich England schon infolge der bevorstehenden Entstehung einer amerikanischen Flotte ersten Ranges endgültig gewöhnen müssen. Für den Umfang unserer eigenen Rüstung aber haben eine Reihe unsachlicher und deshalb unkluger Rücksichtslosigkeiten der englischen Politik den Ausschlag gegeben. Sie behandelte im Ärger über unseren Flottenbau auch unsere kolonialpolitischen Interessen in allzu augenfälliger Art unfreundlicher als diejenigen Frankreichs mit seiner damals weit größeren Flotte. Wir gewannen dadurch den Eindruck, daß England bei allen überseeischen Chancen Deutschlands, auch wo wichtige englische Interessen gar nicht bedroht wurden, dennoch stets gegen uns Partei nehmen würde. Bei diesem sachlich nicht gebotenen Verhalten war die Angst vor uns ein schlechter Berater. Es liegt vor Augen, welche Zukunftsinteressen die englische Politik mit ihrer Wendung gegen uns und Österreich-Ungarn diesem Gespenst geopfert hat und, wenn sie sich nicht ändert, noch wird opfern müssen.

Die Bismarcksche Politik konnte diese Entwicklung nicht voraussehen und ging von der Annahme aus, daß wir auf Englands Neutralität mindestens für den Fall eines Zusammenstoßes mit Rußland sicher | rechnen dürften. Allerdings hatte Bismarck auch keine ganz zutreffende Vorstellung von den militärischen Verhältnissen, welche im Fall einer doch immerhin möglichen Feindseligkeit Englands gegen uns eintreten könnten. »Die Engländer jagen wir mit ein paar Landwehrregimentern in die Nordsee«, lautete seine Antwort an die Staatsmänner, welche ihn in Friedrichsruhe aufsuchten, um (vergeblich) seine Sympathie für den Flottenbau zu gewinnen. Es ist heute jedermann klar, welche Tragweite für die Möglichkeit, zur See überhaupt einer Großmacht würdig aufzutreten, der Besitz von Helgoland hat. Damit vergleiche man die darauf bezüglichen Bemerkungen der »Gedanken und Erinnerungen«. Nüchtern zog Bismarck es vor, dies für unser heutiges Empfinden verletzende deutsche Gibraltar lieber in – wie er annahm – neutraler Obhut bestehen zu lassen, als die Verpflichtung zu übernehmen, diesen »Steinfelsen« künftig unsererseits gegen die französische Flotte (die er allein in Betracht zog) verteidigen zu müssen. Die geringfügigen Leistungen der Franzosen zur See 1870 ermöglichten es ihm, die Marine als subaltern zu behandeln. In den 70er Jahren wäre der Bau einer ausreichenden deutschen Flotte schwerlich als Bedrohung Englands empfunden worden, sondern als eine selbstverständliche Ehrenpflicht, unsere einer Großmacht nicht würdige Ohnmacht zur See gegenüber Frankreich auszugleichen. In starkem Maße innerpolitische Antipathien bestimmten Bismarcks verhängnisvolle ablehnende Stellung zur Flotte, für welche, wie er sagte, »sogar der Abgeordnete Rickert« Sympathie habe. Das damals Unterlassene wurde später schwer und daher mit einem Geräusch nachgeholt, welches Mißtrauen erwecken konnte.

Was an der heutigen Praxis der englischen Seeherrschaft das für uns Unerträgliche ist, weiß jedermann. Dem allein durch England gestützten Seebeuterecht hat die Initiative Englands heute ein noch weit gehässigeres Landbeuterecht zur Seite gestellt. Die Willkür der Konterbandebegrenzung bekommt jeder neutrale Staat zu fühlen. Wir unsererseits würden in jedem Kriege Englands gegen den Versuch einer solchen Kontrolle und Vergewaltigung, wie sie gegenüber anderen Mächten, auch Großmächten, jetzt geübt worden ist, um unserer Ehre willen Gewalt haben anwenden müssen. Die englische

Politik wird über die wirkliche Wirkung ihres Verhaltens auf die Stimmung der Welt erst nach dem Kriege ihre Erfahrungen zu machen haben, wenn die Augenblickskonstellation der Interessen sie nicht mehr verschleiert. Entscheidend wird dann wohl die Erfahrung wirken, daß alle diese | Vergewaltigungen und sittenlose Gehässigkeit eines krämerhaften Wirtschaftskrieges gegen uns nutzlos gewesen sind. Aber nur, wenn die Schlüsse daraus von England schon im Friedensvertrag voll gezogen werden, kann dieser die Pforte zu einer Verständigung werden.

Die Racheabsicht der Franzosen hat Bismarck nach 1870 als etwas für alle Zukunft in unsere Rechnung Einzustellendes angesehen. Welche Momente bei einer solchen Auffassung ihn eigentlich zur Herausgabe von Belfort veranlaßten, wissen wir heute ebensowenig, wie wir die Stellung der damaligen militärischen Autoritäten zu diesem Schritt kennen. Bismarck begann dann in Ermangelung anderer Möglichkeiten eine Politik der Isolierung Frankreichs, welche von ihm selbst unmöglich auf unbegrenzte Zeit berechnet sein konnte. Gleichzeitig machte er seine bekannten Versuche der Ablenkung der Franzosen auf koloniale Erwerbungen in der Erwartung, sie würden, auf diesem Gebiet von uns unbehelligt und loyal gefördert, die kontinentalen Gegensätze schließlich vergessen. Zunächst enttäuschte der Sturz Ferrys diese Politik, die aber dennoch fortgesetzt wurde. Sie war kontinentalpolitisch völlig verständlich. Weltpolitisch aber hat sie auch einige bedenkliche Folgen gehabt. Worüber wir uns in letzter Zeit mit Grund beschwerten, war bekanntlich, daß Frankreich und andere Mächte unsere Existenz bei Fragen der Verteilung von Interessensphären einfach ignorierten. So England bei seiner südafrikanischen, Frankreich bei seiner nordafrikanischen Politik. Keine Großmacht darf sich ungestraft immer wieder vor vollzogene Tatsachen stellen und über sich zur Tagesordnung übergehen lassen. Eben jene Haltung der Bismarckschen Politik hatte aber Frankreich und die Welt daran gewöhnt, die Vorgänge in Überseegebieten als Dinge anzusehen, bei denen eigentlich Deutschland nur aus Anmaßung mitzureden beanspruche. Der nüchterne Standpunkt des »do ut des« war ausgeschaltet. Als er von unserer Seite aufgenommen wurde, stand das entstehende Geräusch zu unseren wahrlich bescheidenen Ansprüchen außer allem Verhältnis, und wir gerieten dadurch in eine auch innerlich ungünstige Position. Denn es ist klar, daß ein Krieg mit Frankreich wegen »kapitalistischer« Interessen in

Marokko nicht jener unbedingten innerlichen Hingabe des deutschen Volkes sicher gewesen wäre, welche selbstverständlich war, als Frankreich, von uns unbedroht, als russischer Vasall uns angriff. Eine frühzeitigere und stärkere kolonialpolitische Betätigung Deutschlands hätte jedenfalls die Kriegsgefahr Frankreich gegenüber nicht gesteigert. Für diese bleibt allein entscheidend | die französische Vorstellung, daß die Zugehörigkeit des Elsaß zu uns ein Provisorium sei. Diese Ansicht erhielt freilich durch das Provisorium seiner staatsrechtlichen Stellung im Reich stets neue Nahrung. Es gab daher in Frankreich eine nicht ganz unerhebliche Strömung für ein schweigendes Nebeneinander, aber keine für eine offene Verständigung mit uns. Eine Politik des Ignorierens ist aber gegenüber einer Großmacht friedlich nicht durchführbar. Darüber war auch die französische Politik nicht im Zweifel. Sie konnte aber den Entschluß zu etwas anderem nicht finden. Und seitdem sie den gebildeten Klassen des Landes auf Verlangen Rußlands die dreijährige Dienstzeit zugemutet hatte, mußte sie positiv entschlossen sein, den Krieg gegen uns baldmöglichst zu führen. »Wir werden Barbaren, wenn wir drei Jahre in der Kaserne liegen müssen; entweder wir vernichten Deutschland und brauchen das dann nicht mehr, oder – es lohnt nicht mehr«, war das entscheidende Argument, welches man von gebildeten Franzosen zu hören bekam. Nachdem entgegen der Annahme vieler von uns, welche unser eigenes Heer noch mit der dritten Jahresklasse kannten, die zweijährige Dienstzeit sich bei uns so glänzend bewährt hat, wird auch in Frankreich künftig jenes Argument an Gewicht verlieren. Die Erfahrung, daß auch diese Koalition Elsaß-Lothringen nicht wiederbringt, und die zu erwartende endgültige Regelung von dessen Stellung in Deutschland kann manches ändern. Wie schnell und viel wissen wir nicht.

Für den Augenblick liegt zwischen uns und den beiden Gegern im Westen vor allem das *belgische Problem.* Der deutsche Standpunkt zu Belgien ist nicht unbekannt, aber immer wieder unzutreffend formuliert. Belgiens Selbständigkeit war von Frankreich bedroht, von Bismarck gestützt. Den Kongostaat hat Bismarcks Politik dem König der Belgier schaffen helfen. England hat diesen Besitz so lange bedroht, bis Belgien sich ihm politisch und militärisch willfährig zeigte. In den Irrsinn, dieses von jeher in seinen beiden Nationalitäten gleich stark an seiner Unabhängigkeit hängende Volkstum aus gleichviel welchen Gründen uns jemals zwangsweise angliedern zu wollen, sind vor dem Kriege weder kluge noch törichte deutsche Politiker je verfallen. Was könnte es uns auch nützen, wenn dadurch das uns stammverwandte *Holland* dazu getrieben würde, »Einfallspforte« der Gegner zu werden? Nicht daß Belgien, wohl aber daß das holländische Volkstum und mit ihm das Rheinmündungsgebiet sich national von uns geschieden hat, ist beklagenswert. Aber die Versäumnisse unseres Mittelalters sind | heute nicht mehr rückgängig zu machen, und es ist bedauerlich genug, daß Hannovers Verhalten 1866 zur Einverleibung in Preußen zwang und durch diesen Eindruck das historische Vertrauensverhältnis Hollands zu uns getrübt war. Dies zu verschärfen, bestand und besteht kein Grund. Die Schwierigkeiten in den Beziehungen zu Belgien waren und sind rein militärischer Art.

Ein Mittelstaat, welcher lediglich die gegen Deutschland gerichtete Grenze wirklich befestigte, seine Seegrenze gegen England und seine Landgrenze gegen Frankreich aber in völlig verteidigungsunfähigem Zustand ließ, welcher ein zur Abwehr eines Durchmarsches unzulängliches Heer hielt und sein Verteidigungssystem letztlich auf die Behauptung einer von jenen beiden verteidigungslosen Grenzen möglichst entfernt liegenden Festung zuschnitt, – ein solcher Staat konnte, militärisch und politisch betrachtet, unmöglich als *effektiv* neutral gelten. Seine Neutralität war in der Tat »Papier«. Vollends nachdem jahrelang in seinen führenden Blättern und in spontanen Kundgebungen seines Parlaments immer wieder, und zwar ohne jeglichen Anlaß unsererseits, die Parteinahme für unsere Gegner zum Ausdruck gebracht worden war. Wirtschaftliche Momente: die Stellung des französischen Kapitals in sehr vielen, unter belgischer Flagge gehenden Unternehmungen, begünstigt durch die fast absolute rechtliche Freiheit des Börsenverkehrs und der Aktiengründungen in diesem Eldorado der Bourgeoisie, sprachen bei dieser sonst ganz unverständlichen Haltung entscheidend mit. Auch nicht die allergeringste Gewähr bestand daher dafür, daß dieser Staat nicht im Ernstfall seine Neutralität genau so betätigen würde, wie Griechenland jetzt unter dem Zwang unserer Gegner hat tun müssen, d.h. also: unter formalem Protest den Durchmarsch unserer Feinde geschehen lassen wird. Zum Überfluß war erinnerlich, daß England die Versetzung der holländischen Seeküste in verteidigungsfähigen Zustand fast wie einen Akt der Feindseligkeit gegen sich behandelt und zu hintertreiben gesucht hatte, um den Einbruch durch holländisches Gebiet nach Deutschland offen zu halten. Hollands Neutralität wurde von uns ebenso peinlich respektiert wie die der Schweiz. Das gleiche wäre selbstverständlich im gleichen Fall Belgien gegenüber geschehen. Wie man in Deutschland darüber dachte, war denen, die es anging, nicht verborgen. Belgien aber versagte uns jene Flankendeckung gegen Überfälle über sein Gebiet, welche die Schweiz durch ihre effektive Neutralität ebenso uns wie unseren Gegnern gewährte. Dabei war die deutsche Westgrenze bereits | durch die Änderung des bis 1867 zu beiderseitiger Zufriedenheit in Luxemburg bestehenden Zustandes höchst ungünstig beeinflußt. Bismarck hatte das Besatzungsrecht ausschließlich um des Friedens willen Napoleon III. gegenüber aufgegeben. Der Krieg von 1870 blieb uns aber dennoch nicht erspart.

Das nur aus unbeglaubigten Gerüchten bekannte angebliche Projekt des jetzigen Königs der Belgier, einen Bund der neutralen Mittelstaaten zusammenzubringen, hätte die Lage vielleicht verschieben können. Freilich nur in dem leider äußerst unwahrscheinlichen Fall, wenn dabei etwa in erster Linie an eine feste militärische Verbindung Belgiens mit Holland zum Zwecke der gemeinsamen Verteidigung ihrer Neutralität gegen *jede* Antastung, also vor allem auch zur Herstellung eines verteidigungsfähigen Zustandes der Süd- und Seegrenzen Belgiens, gedacht gewesen wäre. Mit solchen effektiven Neutralitätsgarantien hätte Deutschland sich zufrieden geben können, und es wäre uns dann der trotz aller zwingenden Gründe für das Empfinden jedes Deutschen peinliche präventive Durchmarsch durch Belgien erspart geblieben, den vermeiden zu können auch Bismarck sicher mit allen Mitteln angestrebt hätte. Ob etwa jene vagen Möglichkeiten künftig jemals praktische Bedeutung gewinnen könnten, ist bei der Stellung der beteiligten Nationalitäten zueinander durchaus problematisch und hängt jedenfalls nicht von uns ab. Nachdem das Geschehene einmal geschehen mußte und nachdem inzwischen die Emigrantenregierung in Le Havre ausdrücklich die Forderung von Gebietserweiterungen Belgiens angemeldet hat, ist die Lage stark verändert. Greifbare Garantien sind geboten. Daß diese jeder gewissenhafte deutsche Politiker nach Art und Zeitdauer gern auf das unentbehrliche Mindestmaß beschränken möchte, weiß jedermann. Denn es besteht keinerlei Interesse Deutschlands daran, sich Todfeinde zugleich jenseits der Grenze und im eigenen Lande zu schaffen und seine Politik auf lange Zeit gänzlich gegen die Westmächte festzulegen. Klar ist aber, daß die Art jener Garantien von der politischen »Gesinnung« abhängen muß, deren wir uns von unseren Nachbarn im Westen und jenseits der Nordsee künftig zu versehen haben werden, dann nämlich, wenn die Leidenschaften des Kriegs verflogen sind. Über »Gesinnungen« überhaupt und vollends über Zukunftsgesinnungen ist durch Friedensverträge nichts auszumachen. Die Garantien, wie immer sie aussehen mögen, müssen also mindestens für so lange Zeit gelten, bis sich voraussichtlich klar übersehen läßt, woran Deutschland mit jenen Nachbarn sein | wird. Zur Zeit sind leider ihre Gesinnungen die denkbar ungünstigsten für die Erwartung, daß wir künftig dort Ruhe haben werden. Wenn selbst jetzt noch Minister der Westmächte (auch Englands!) von Abtrennungen deutschen Gebiets reden, über die Deutschland, wie sie wissen, auch dann nicht verhandeln würde, wenn bei Köln und Heidelberg statt bei Arras und Reims gekämpft würde, so kann allerdings von ernsthaften Friedenserörterungen keine Rede sein. Angesichts dessen werden vielmehr diejenigen deutschen Politiker sich im Recht fühlen, welche die Ansicht vertreten, daß bei der Gesinnung unserer Gegner ein Friede in jedem Falle nur ein Waffenstillstand, und daß es also militärisch unklug sein werde, irgendein Stück besetzten Landes herauszugeben. Müßte man diesen Eindruck gewinnen, dann freilich bliebe nichts übrig, als das Faustpfand festzuhalten und die Gegner einfach so lange gegen die deutschen Linien anrennen zu lassen, als sie wollen, und abzuwarten, bis sie für diesmal aufhören müssen. Das deutsche Heer kann das. Das Schicksal möge die europäische Kulturwelt, uns selbst eingeschlossen, davor bewahren, daß es geschehen müßte. Dies hängt jedoch nicht von uns ab, und die bekannten Worte des Reichskanzlers gaben dieser Lage den zutreffenden Ausdruck.

II. Dreibund und Rußland

Durch die Ereignisse überholt ist die Bismarcksche Politik im Osten. Infolge unserer eigentümlichen Lage dort war sie nicht ganz frei von widersprechenden Möglichkeiten. Man konnte innerlich nicht wohl gleichzeitig ein dauerndes Waffenbündnis mit Österreich-Ungarn für wünschenswert halten und den Rückversicherungsvertrag mit Rußland abschließen. Letzten Endes war aber auch schon nicht recht abzusehen, was für ein Interesse Deutschland daran hatte, den Berliner Kongreß zu arrangieren und den unvermeidlichen Haß enttäuschter Hoffnungen auf sich zu nehmen, wenn diese Probleme uns wirklich »Hekuba« waren. Eine Festsetzung der Russen in Konstantinopel hätte nach Bismarcks späteren Erklärungen ihm nicht nur für die deutschen, sondern auch für die österreichisch-ungarischen Interessen unter gewissen Bedingungen als unschädlich und direkt nützlich gegolten. War dies wirklich seine letzte Meinung, dann freilich war nicht recht ersichtlich, aus welchem Grund gerade wir der damaligen englischen Politik zu Hilfe | kamen. Es kann, solange nicht triftige Gründe dagegen vorliegen, nicht als unwahrscheinlich gelten, daß auch später eine langfristige Verständigung unserer beiden östlichen Nachbarn über die Zerlegung des Balkangebietes in Interessensphären durch Vermittlung des Kanzlers möglich gewesen wäre, wie sie der damaligen, inzwischen gründlich veränderten Lage entsprach. Das Desinteressement Rußlands an den Gebieten zwischen der Adria und der bulgarischen Grenze war noch bis in weit spätere Zeit alles, was Österreich im Interesse seiner Existenz verlangen mußte. Darauf einzugehen, hat sich Rußland erst später durch sein Engagement in Serbien außerstande gesetzt. Sich aus gefühlspolitischen Motiven an Punkten zu engagieren, bis zu welchen aus politisch-geographischen Gründen die eigenen Machtmittel nicht mit Sicherheit reichen, führt sehr leicht zu solchen für das Prestige bedenklichen Fehlschlägen, wie wir sie bei unserer Burenpolitik erfuhren und wie sie den Russen für ihre Serbenpolitik jetzt im größten Maßstab zuteil werden. Nicht nur und letztlich nicht einmal vornehmlich die Entstehung starker wirtschaftlicher Interessen Deutschlands in Kleinasien und Mesopotamien, sondern sehr wesentlich dies rein politische Hinausdrängen Rußlands über seinen natürlichen Aktionsradius hat Gegenaktionen Deutschlands im Orient und jetzt die für Rußland so peinliche Kampfgemeinschaft mit der Türkei und Bulgarien ins Leben gerufen. Über die rein wirtschaftlichen Interessen wäre eine Verständigung gerade mit Rußland nicht schwer gewesen. Das starke politische Engagement, welches jetzt das aus politischen Motiven entstandene Bündnis für uns mit sich bringt, hat alle Voraussetzungen der Bismarckschen Politik endgültig verschoben. Diese und ihre scheinbaren Widersprüche beruhten auf der Annahme, daß 1. wirkliche Interessengegensätze zwischen uns und Rußland nicht vorliegen, daß vielmehr 2. Interessengemeinschaft zwischen Rußland und uns infolge der Teilung Polens bestehe und immer bestehen werde. Das polnische Problem war einer der Angelpunkte seiner Politik. Es beherrschte seine Außenpolitik gegen Osten durchweg und seine innere Politik im Kulturkampf und auch sonst in sehr entscheidender Art. Die Polen waren ihm die Landesverräter schlechthin kraft unausrottbarer Eigenart, wie sie es für die Russen seit Nikolaus I. gewesen waren. Auch wer dieser Ansicht absolut fernstand und die von Anfang an ganz verfehlte antipolnische Sprachenpolitik in Preußen ablehnte, konnte unter den früheren Verhältnissen schwer umhin, für die preußische Siedlungspolitik im Osten und gegen die Zulassung der polnischen | Arbeiter in Deutschland einzutreten. Die unvermeidliche Konkurrenz der Nationalitäten und nationalen Kulturen im Osten wollte man nicht dem Prinzip der billigsten Hand im Kampf um Bodenbesitz und Arbeitsmarkt unterstellt sehen. Das Verschwinden des loyal preußischen Beamtentums polnischer Herkunft war eine unangenehme Begleiterscheinung der Art, wie seit Bismarck der Kampf geführt wurde.

Diese Lage ist völlig verändert. Zunächst durch eine Entwicklung im deutschen Polentum, welche es nicht mehr zuläßt, nur von der »billigeren Hand« zu reden. Dann durch die jetzt entstandene politische Lage Deutschlands gegenüber den Polen. Nicht nur darf eine deutsche Regierung unter gar keinen Umständen öffentliche Versprechungen gemacht haben, die nicht zur Wahrheit werden, wie dies in Rußland nach dessen Eigenart immer wieder unvermeidlich geschehen wird. Sondern vor allem weist die Gewalt der Tatsachen beide Nationen für die Zukunft aufeinander hin. Während England unseren Handel und Überseebesitz, Frankreich die Integrität unseres Landbesitzes bedrohen kann, ist Rußland die einzige Macht, welche im Fall des Sieges, wie die polnische, so auch die deutsche Nationalität und politische Selbständigkeit in ihrem ganzen Bestande zu bedrohen in der Lage wäre. Das wird in Zukunft vermutlich in steigendem Maße der Fall sein. Die Frage, wie die Verständigung [mit] den Deutsch-Polen in den bisherigen Streitpunkten gestaltet werden kann (z. B. etwa: Abgrenzung von lokalen Siedlungsgebieten für jede Nationalität), kann jetzt und hier nicht behandelt werden. Sicher ist nur, daß die Aufgabe vor uns steht. Erst recht nicht könnte die künftige Politik den außerdeutschen Polen gegenüber hier erörtert werden. Sicher ist nur, daß dies die wichtigste aller zwischen uns und Österreich-Ungarn zu regelnden Fragen ist, und daß darüber vor Eintritt in die Friedensverhandlungen Einigkeit erzielt sein muß.

Die Bismarcksche Staatskunst würde sicherlich Nachdruck darauf gelegt haben, 1. daß eine Umgebung Schlesiens durch das Gebiet eines einheitlichen, sei es auch noch so fest befreundeten Staatswesens wirtschaftlich und politisch-geographisch nicht annehmbar sei, außer bei Herstellung solcher Beziehungen, welche jede Zwiespältigkeit der beiderseitigen Wirtschafts- und Gesamtpolitik dauernd ausschließen würden, 2. daß wenigstens im Nordosten die technisch-militärische Sicherung einer etwaigen Grenze Mitteleuropas gegen Rußland durch Garnisonen und strategische Verkehrsmittel nur in unserer eigenen Hand liegen könne. Andernfalls würde sie es abgelehnt haben, die Feindschaft des russischen | Nachbarn von dessen anderen Gegnern ab- und auf uns allein zu ziehen, wie es jetzt geschieht. Welche Formen Bismarck etwa hätte vorschlagen können, um die von ihm in allgemeinen Wendungen befürwortete Umwandlung des Bündnisvertrages in eine verfassungsmäßige Verbrüderung durchzuführen, kann man nicht wissen. Den bloßen formalen Akt einer Genehmigung durch die Parlamente kann der Verächter des Parlamentarismus schwerlich im Auge gehabt haben, obwohl er nur davon spricht. Das Bündnis als solches steht auch ohne solchen Formalakt fest genug. Denn eine Bedrohung der Großmachtstellung Österreich-Ungarns wird auch in Zukunft uns veranlassen, das Schwert zu ziehen. Es sei denn, daß dessen eigene Politik uns jemals das Gegenteil direkt aufzwingen sollte. Ein solcher Selbstmord ist nicht zu gewärtigen. Das Interesse unseres Bundesgenossen an der Erhaltung unserer Machtstellung bleibt jedenfalls dauernd ebenso stark wie das entsprechende Interesse bei uns.

Die Stellung der Deutschen und der westslawischen Kulturvölker zueinander wird durch die politischen Folgen des Krieges von Grund aus umgestaltet werden müssen und einer solchen Umgestaltung auch fähig sein. Erstmalig ist erst jetzt diesen Völkern bewiesen worden, daß es gegenüber der ihnen allen drohenden Verwandlung in russische Fremdvölker überhaupt eine Macht gibt, die im Verein mit ihnen selbst ihre nationale Selbständigkeit gegen Rußland zu garantieren in der Lage ist. Eine der Grundlagen ihres bisherigen Verhaltens war der fatalistische Glaube an die Unvermeidlichkeit einer Entfaltung der russischen Macht ins Grenzenlose. Es wird nun darauf ankommen, ihnen auch die Sicherheit beizubringen, daß sie statt der russischen keine deutsche Vergewaltigung zu befürchten haben. Unser Interesse gestattet und fordert ihre unbedingte Kulturselbständigkeit auf dem Boden zweckmäßiger Abgrenzung nationaler Wirkungsgebiete nach rein sachlichen politischen Gesichtspunkten, und das heißt: unter Ausschaltung nationaler Eitelkeit unsererseits. Soweit dabei andere Nationalitätsfragen als die polnischen in Betracht kommen, sind diese formell eine innere Angelegenheit unserer Verbündeten. Ihre möglichst schleunige Lösung ist allerdings auch für unsere weitere Politik von entscheidender Wichtigkeit, ohne daß wir ihnen doch irgendwie hineinzureden hätten. Eine Annexion polnischer oder anderer slawischer Gebietsteile durch uns hätte BISMARCK sicherlich abgelehnt.

Was Rußland selbst anlangt, so weiß jeder: daß die vorläufig kaum überbrückbare Gegnerschaft, in welche wir zu diesem Land geraten sind, | von unserer Seite durchaus unfreiwillig war. Es ist BISMARCKS Lebensarbeit trotz aller Anstrengungen nicht gelungen, ihr Entstehen zu hindern. Auch nicht durch den Rückversicherungsvertrag, der zwar den formellen Abschluß der Allianz mit Frankreich hinausschob, nicht aber die politische Haltung Rußlands uns gegenüber in ihren Grundlagen änderte. BISMARCK rechnete stets nur mit der Regierung des Zaren selbst. Innerhalb weiter Grenzen natürlich mit vollem Recht. Aber die polizeilichen Gefälligkeiten, welche der russischen Regierung im Kampfe gegen ihre inneren Gegner von uns dargeboten wurden, entsprangen nicht einem eigenen sachlichen Interesse unseres Staates und waren kein Mittel, auch nur den Respekt der russischen Machthaber uns zu erhalten. Deshalb waren sie unklug. Bei den Reformpolitikern stärkten sie den Glauben: Deutschland sei der eigentliche Feind einer freiheitlichen Entwicklung Rußlands, ja sogar: es würde gegebenenfalls gegen eine solche intervenieren, zu einem ebenso unsinnigen wie schwer ausrottbaren Dogma. Zu schwach, in ihrem eigenen Hause auch nur die elementarsten Forderungen nach einer festen Rechtsordnung und garantierten Freiheitssphäre durchzusetzen, geriet die enttäuschte russische Intelligenz im Suchen nach einem Halt für ihr gebrochenes Selbstgefühl in den Dienst einer phrasenverhüllten, nackten Expansionspolitik. Die von ihr verabscheute, dem Sinne nach westeuropäische Agrarreform der Regierung suchte die Bauernschaft von den altnationalen Bauernidealen abzulenken und ihren Landhunger für die gleiche Politik einzuspannen. Einmal in den Krieg hineingetrieben, glaubte die Regierung des

Zaren, aus Angst vor Prestigeverlust und, in dessen Gefolge, einer neuen Revolution es nicht wagen zu können, rechtzeitig mit uns einen ehrenvollen Frieden zu schließen, der sehr wohl möglich gewesen wäre. Denn wir hatten keinerlei Interesse daran, russischen Bedürfnissen da in den Weg zu treten, wo sie nicht Lebensinteressen von uns oder unseren Verbündeten: Österreich-Ungarns, der Türkei und jetzt Bulgariens bedrohten. Bei rein sachlicher Behandlung war ein Ausgleich durchaus nicht ausgeschlossen. Jetzt kann nur die Zukunft lehren, wie sich die russische Politik weitergestalten wird. Ihr Ausdehnungsehrgeiz und der Eifer der Intelligenz für die Beglückung fremder Nationen stand und steht mit den ungelösten Kulturaufgaben im eigenen Lande in schreiendem Kontrast. Und in diesem Fall hat sich das einmal gerächt. Eine der wichtigsten Erfahrungen dieses Krieges ist es bisher gewesen: daß die bloße Masse und Zahl, so wenig sie militärisch gleichgültig ist, doch nicht entscheidet. | Entgegen den Annahmen, die bei uns verbreitet waren, haben sich die zivilisierten Heere den Barbaren- und Analphabetenheeren qualitativ stark überlegen gezeigt. Bei Fortsetzung der bisherigen Taktik würde Rußland wirtschaftlich dauernd außerstande bleiben, durch Zivilisierung seiner Bauernmassen die Voraussetzungen für ein Qualitätsheer zu schaffen. An einer großen Zukunft der russischen Nation zu zweifeln, hat niemand, der sich mit ihrer Eigenart beschäftigt hat, Grund. Aber in der Gegenwart führt ihr Weg nicht in dieser Richtung. Die russische Intelligenz hat ihre alten Ideale über Bord geworfen. Sollte der Deutschenhaß, den der Krieg bei ihr nicht erst erzeugte, aber ins Unsinnige steigerte, dauernd fortbestehen – und dies ist nach ihrer Haltung nicht unwahrscheinlich –, dann allerdings bleibt uns nichts übrig als die einfache praktische Konsequenz: suchen wir diesen Haß, im Gegensatz zu unserer bisherigen offenbar ganz nutzlosen Deferenz, wenigstens wirklich zu verdienen. Es wird in den Friedensbedingungen hoffentlich Anlaß genommen werden, allen russischen Deutschen das Abwanderungsrecht mit vollem Entschädigungsanspruch zu sichern.

Wenn so in zahlreichen Einzelpunkten und in der äußeren Gesamtlage die meisten Voraussetzungen der Bismarckschen Politik sehr stark verschoben sind, so können manche ihrer allgemeinen Maximen voraussichtlich für jede sachliche deutsche Politik als dauernd maßgebend gelten.

Zunächst solche formeller Art. Bismarck hat stets daran festgehalten, daß die Armee den Krieg führt, und zwar nur nach strategischen Rücksichten, daß aber den Frieden der Staatsmann macht. Unter gebührender Berücksichtigung der militärischen Erfordernisse, aber auch im Bewußtsein, daß die Interessen des Landes nach dem Kriege für vielleicht (hoffentlich!) sehr lange Zeit nur durch die friedlichen Mittel der Politik wahrgenommen werden können und sollen. Es ist unmöglich, bei jedem der zahlreichen, je für sich allein nicht lebenswichtigen Interessengegensätze, die auftauchen, erneut und ausschließlich an die Waffen zu appellieren. Eine Politik, die lediglich über diese Mittel verfügte, wäre praktisch so gut wie matt gesetzt. Für die nächste Zukunft ist nach der Erbitterung des Krieges die Fortdauer naher Beziehungen zwischen unseren Gegnern das Wahrscheinlichste, so radikal entgegengesetzt ihre Lebensinteressen in vielen Punkten sind. Aber infolge dieser Gegensätze wird auch diese höchst unnatürliche Koalition das Schicksal aller ihrer Vorgänger teilen. Jede künftige Außenpolitik setzt dann ein | gewisses Minimum von Bewegungsspielraum der Zentralmächte in der Wahl ihrer künftigen Stellungnahme zu den verschiedenen jetzigen Gegnern voraus. Die rein militärisch wünschbarste Lösung einer Frage ist daher nicht immer auch die politisch günstigste. Aus manchen Äußerungen Bismarcks aus den Jahren 1870/71 ist zu schließen, daß er nicht immer richtig über das militärisch Zulässige und Mögliche informiert war. Er selbst hat damals ebenso wie schon 1866 seine Stellung zu den militärischen Autoritäten als einen fast beständigen unvermeidlichen Kampf aufgefaßt. Dies wird sich zweifellos nicht wiederholen.

Wenn etwas die sachlichen Ziele der Bismarckschen Politik auszeichnete, so war es das Augenmaß für das Mögliche und politisch dauernd Wünschbare, gerade auf den höchsten Höhen berauschender militärischer Erfolge. Sein Verhalten im Jahre 1866 freilich könnte nur in schiefer Art als unmittelbar übertragbar auf die ganz andersartigen Beziehungen zu unseren jetzigen Gegnern angewendet werden, zu welchen uns die Bande der Nationalität und Tradition fehlen. Dauernd anwendbar ist aber das Prinzip. Es widerstreitet auch heute den deutschen Interessen, einen Frieden zu erzwingen, dessen hauptsächliches Ergebnis wäre: *daß Deutschlands Stiefel in Europa auf jedermanns Fußzehen ständen*. Das wäre das Ende einer sachlichen deutschen Außenpolitik sowohl innerhalb wie außerhalb Europas. Und bleibende Wahrheiten stecken vor allem auch in jenen Ausführungen der »Gedanken und Erinnerungen«, welche vor dem Außerachtlassen der, in Bismarcks Redeweise: »von der Vorsehung«, in der unsrigen: durch historische Schicksale, dem heutigen Deutschland mit auf den Weg gegebenen politisch-geographischen Bedingungen und Schranken und vor einer unsachlichen Politik der *nationalen Eitelkeit* warnen. Deutschlands Ehre an Punkten zu engagieren, zu denen unsere Machtmittel entweder gar nicht oder nur bei gutem Willen allzu vieler anderer hinreichen, kann im großen zu politisch ähnlichen Situationen führen, wie Preußen sie im kleinen beim Abfall Neuchâtels erlebte. Es bestehen unzweifelhaft starke deutsche Interessen im Orient und noch stärkere werden entstehen. Unseren jetzigen und, wie bestimmt zu erwarten ist, bleibenden Verbündeten dort wird an materiellen, technischen, geistigen Hilfsmitteln, über welche Deutschland verfügt, alles das zu Gebote stehen, was sie selbst für sich für brauchbar halten; eine Politik des Aplombs aber, der Aufdringlichkeit und Eitelkeit wird deutscherseits zweifellos streng vermieden werden. Die deutsche Unterschätzung der Form | erstreckte sich bei uns gelegentlich, und dann stets zum Nachteil, auch auf das Gebiet der Politik. Auch dort aber ist in hohem Maße wichtig nicht nur, was geschieht, sondern auch *wie* es geschieht.

Bismarcks Politik hatte nicht seinen Worten, aber seinen Taten nach das Ideal des *deutschen Nationalstaats* zur Voraussetzung. Seine Polenpolitik war der Ausdruck dessen. Wenn unter dem Eindruck unserer neuen Aufgaben die Vorstellung aufgetaucht ist: die »Nationalität« sei nun in ihrer Kulturbedeutung durch den »Staatsgedanken« abgelöst oder ablösbar, so ist das ein Mißverständnis. Alle *Kultur* ist und bleibt heute durchaus national gebunden, und zwar nur immer um so mehr, je »demokratischer« die äußeren Kulturmittel nach Verbreitung und Art werden. Aber der *Staat* muß nicht notwendig ein »Nationalstaat« in dem Sinne sein, daß er sein Interesse ausschließlich an den Interessen einer einzelnen, in ihm vorwiegenden Nationalität orientierte. Er kann den Kulturinteressen mehrerer Nationalitäten dienen, auch im eigenen wohlverstandenen Interesse der in ihm vorwiegenden Nationalität. Gemäß den veränderten Aufgaben ist heute auch im Kulturinteresse der deutschen Nationalität zu fordern, daß unser Staat sich dieser Aufgabe steigend zuwende. Wenn dann der russische Staat durch unser Verhalten veranlaßt werden sollte, den in seinem Verbande bleibenden Fremdvölkern um der »Konkurrenz« willen dasjenige Maß von »Kulturselbständigkeit« zu gewähren, welches DRAGOMANOW[1] und ähnlich gerichtete Politiker vor 50 Jahren an die Spitze ihrer Reformprogramme stellten, so wird dadurch Rußlands Macht gewiß nicht sinken, vielleicht aber sein von der Bürokratie und der einseitig großrussischen Legende getragener Expansionszwang sich abschwächen. Denn die ukrainischen und lettischen Bauern werden, je mehr sie national erwachen, desto weniger die Verwendung ihres Landes zur Befriedigung des Landhungers großrussischer Bauern ertragen, und die nationalen Intellektuellenschichten dieser Völker des russischen Westgebiets werden nicht an uferlosen nackten Machtidealen hängen, welche ja nur dem Herrenkitzel der Petersburger und Moskauer Beamten zugute kämen.

Deutlicher als jetzt wird die Welt dann erkennen können: bei wem »die Interessen der kleinen Nationalitäten«, die unsere Gegner, nachdem sie Indien, Ägypten, Nordafrika, Persien, die Kaukasusvölker, die Polen, Kleinrussen, Letten, Finnen, Gibraltar, Malta, den Dodekanes usw. geknebelt haben, im Munde führen, Rücksicht und Förderung finden.

[1] Vgl. Beilage zum XXII. Bd., Heft 1 des Archivs für Sozialwissenschaft und Sozialpolitik, S. 249, 263, 267 ff. (D. H.)

ZUR FRAGE DES FRIEDENSCHLIESSENS[1]

Der Friedensschluß einer europäischen Macht in unserer geographischen Lage, welche auch künftig »Weltpolitik« zu treiben beabsichtigt, hat von der Tatsache auszugehen, daß außer uns noch sechs andere Mächte vorhanden sind, welche das gleiche zu tun willens sind und von denen einige der stärksten an unseren Grenzen auch die Macht dazu haben. Daraus folgt, daß trotz eines noch so vollständigen Sieges jene Absicht für uns unausführbar ist. Weltpolitik ist für uns nicht zu führen, wenn wir die Chance haben, bei jedem Schritt auch in Zukunft stets erneut auf die gleiche Koalition zu stoßen, wie sie diesmal gegen uns sich zusammengefunden hat. Es muß die Möglichkeit für uns offen gehalten werden, mit einer der stärksten von ihnen eine feste Verständigung auf lange Sicht hinaus zu erzielen. Dies muß keineswegs sofort geschehen, wohl aber dürfen die Friedensbedingungen nicht so gestaltet werden, daß sie jene Möglichkeiten dauernd ausschließen. Dies wäre der Fall, wenn Annexionen nach *beiden* Fronten auf jeder von ihnen uns Gegner schaffen würden, welche durch die Interessen ihrer eigenen Sicherheit genötigt wären, jedem Feind, der gegen uns in die Schranken tritt, die Hand zu reichen. – So aber wäre die Lage Englands und Frankreichs, wenn Belgien durch Deutschland ganz oder überwiegend annektiert oder in einer Art dauernd »angegliedert« würde, welche einer Verwandlung der belgischen Seeküste in eine maritime Opera-

[1] Diese im Nachlaß des Verfassers vorgefundene, offenbar als Denkschrift an Parlamentarier und Regierung gedachte Abhandlung muß, wie der Hinweis auf die Höhe der Kriegsanleihezinsen (Seite 141) ergibt, nach der dritten Anleihe, also Ende 1915 oder in den ersten Monaten des Jahres 1916, geschrieben sein – zu einer Zeit, als Deutschland jedenfalls im Osten noch auf der Höhe seiner militärischen Erfolge stand. Die öffentliche Erörterung der Kriegsziele war damals noch verboten; um so heftiger agitierten große Interessentengruppen in Denkschriften und heimlichen Kundgebungen für Annexionen im Westen und Osten.

Die Herausgeberin.

tionsbasis gegen England, der belgischen Südgrenze in eine territoriale Operationsbasis gegen Frankreich gleichkäme.

Die Annexion Elsaß-Lothringens hat jeder Macht, welche in Gegen|satz zu unseren weltpolitischen Interessen geriet, gestattet, bedingungslos und ohne alle Gegenleistung auf die Hilfe Frankreichs gegen uns zu zählen, ohne daß die geringste Chance für uns bestand, durch Verständigung mit Frankreich diese Lage zu ändern, weil die *Ehre* den Franzosen verbot, die Annexion als definitiv anzuerkennen, solange die Elsässer selbst dies zu tun zum erheblichen Teil abgeneigt waren, und solange die politische Lage des Elsaß den Stempel des Provisoriums an sich trug. Wir sind dadurch weltpolitisch vollkommen gelähmt und sowohl Rußland wie England gegenüber zur Ohnmacht verurteilt worden. Eine Annexion oder dauernde widerwillige »Angliederung« von Belgien an uns innerlich anzuerkennen, verbietet Frankreich und England nicht nur die Ehre, sondern die elementarste Rücksicht auf die eigene Sicherheit ganz ebenso, wie unsere Sicherheitsinteressen uns verbieten würden, die Angliederung Belgiens an eine jener beiden Mächte zu dulden. An ein innerliches Sichabfinden mit der deutschen Herrschaft von seiten der Belgier selbst ist vollends unter gar keinen wie immer gearteten Verhältnissen jemals zu denken. Alle gegenteiligen Vorstellungen sind – auch hinsichtlich der Flamen – große Selbsttäuschungen. Aber auch abgesehen davon steht fest: jede Macht, die uns künftig bedrohen könnte, insbesondere also *Rußland,* würde im Fall der Annexion [jenes Gebiets] nunmehr die vollkommene Sicherheit haben, nicht nur wie jetzt: Frankreich, sondern: Frankreich *und* England auf seiner Seite zu haben. Und nicht nur diese Militärmächte allein, sondern alle jene ideellen Mächte in der ganzen Welt, welche nun einmal durch das Schauspiel der dauernden Vergewaltigung und Unterjochung eines Volkes mit (formell) erstklassiger Zivilisation in Bewegung gesetzt würden. Die Stimmung, welche diesmal in Amerika und Italien von Kriegsbeginn an gegen uns bestand, und deren Folgen politisch und auch militärisch nicht gleichgültig gewesen sind, bestände dann dauernd auch im Frieden. Denn so hoch man die ältere und technisch weit überlegene englische Nachrichtenorganisation und vor allem die Angst dieser Länder vor der überlegenen englischen Seemacht als Gründe ihrer feindlichen Stellungnahme gegen uns einschätzen mag, so kann über die gewaltige Bedeutung des Eindrucks unseres Einmarsches in Belgien dafür doch kein Zweifel bestehen. Die urwüchsige Solidaritätsempfindung der lateinischen ebenso wie der angelsächsischen Bevölkerung der Erde ist an sich in ihrer Bedeutung für die Stellungnahme Italiens und Amerikas von uns zu niedrig eingeschätzt worden. An ihrer Erweckung ist der Eindruck | von deutschen Eroberungs- und Invasionsplänen in Belgien und auf dem Weg über Belgien ganz wesentlich beteiligt.

Haben wir mit einer dauernden und wachsenden Gefährdung unserer nationalen Unabhängigkeit durch Rußland in Zukunft zu rechnen, so gebieten uns zwingende Gründe weltpolitischer Art, nicht an unserer Westgrenze einen Zustand zu schaffen, welcher für alle Zukunft die Feindschaft eines großen und – mögen wir annektieren, was wir wollen – sehr mächtig bleibenden Teils der Welt zur Folge haben *muß*. Daß wir mit jener Bedrohung durch Rußland zu rechnen haben werden, unterliegt nicht dem geringsten Zweifel. England kann unseren Handel abschneiden und uns Kolonien abnehmen – auf Kosten eigener materieller Interessen, wie selbst dieser Krieg gezeigt hat –, Frankreich könnte uns im Fall eines Sieges eine Provinz abnehmen. Keine der beiden Mächte und auch nicht beide zusammen könnten jemals unsere Existenz als Nation und Großmacht wirklich dauernd vernichten. Die einzige Macht, von welcher uns etwas derartiges drohen kann, ist aus geographischen und nationalpolitischen Gründen Rußland, und zwar bis zum Eintritt eines (relativen) populationistischen Sättigungsgrades, der noch in weiter Ferne liegt, in steigendem Maße. Rußland wird auch, wenn wir die gegenwärtige Linie unserer Orientpolitik fortsetzen, unbedingt dazu genötigt sein, mit allen Mitteln nach der Vernichtung unserer Machtstellung zu trachten. Nicht nur der durch ökonomische und soziale Motive bedingte Expansionsdrang der russischen Bauernschaft, sondern die Abschneidung vom offenen Meer und von den historisch und kulturlich bedingten nationalen Aspirationen aller Jahrhunderte zwingt jede russische Regierung in Zukunft zu einer vor allem darauf gerichteten Politik. Es scheint nicht klug, dieser Politik in Gestalt der Heere und der ökonomischen Mittel von Frankreich und England Helfer zu verschaffen, welche durch ihr eigenes Interesse genötigt sind, ihr bedingungslos dauernd zur Verfügung zu stehen.

Die durch den ungeheuren Lärm, mit welchem wir unsere wahrlich bescheidene Übersee-Expansion in Szene setzten, verursachte Vorstellung, daß wir das ebenso aussichtslose wie nach geographischen Bedingungen sinnlose Ziel verfolgten: 1. eine deutsche Expansion in Westeuropa vor Englands Toren, 2. die Eroberung des indischen und ägyptischen Kolonialreichs und 3. die Vernichtung des national-britischen Weltreichs durchzusetzen, hat der russischen Politik schon bisher diesen Dienst geleistet. Die beginnende Umsetzung des zuerst genannten Ziels | (Expansion in Westeuropa) in die Tat würde für die russische Politik die gleichen Chancen für alle Zukunft verewigen. Die beiden anderen Ziele würden aber beim Versuch der Umsetzung in die Tat alsbald als Utopien erkannt werden – im Gegensatz zu der äußerlich möglichen Annexion Belgiens. Daß der Gedanke, ein auf nationaler Grundlage ruhendes Weltreich wie England mit Kanada, Australien und jetzt auch Kapland zu zersprengen, für uns Unsinn ist und durch keine Niederlage Englands in die Tat umzusetzen wäre, hat der Krieg wohl erwiesen. Nur innere ökonomische und soziale Zersetzung könnte es zerfallen lassen. Gegen den Versuch, eine deutsche Herrschaft an die Stelle der englischen zu setzen, fände es sich sofort wieder zusammen, genau so wie jetzt die Anglo-Amerikaner zum alten Mutterland halten. Über den Ungedanken einer deutschen Herrschaft in Indien ist wohl kein Wort zu verlieren. Eine etwaige Überspannung des direkten Aktionsradius der deutschen Orientpolitik bis nach Syrien und Ägypten bedeutete die dauernde solidarische Feindschaft Frankreichs und Italiens mit England gegen uns und ist aus geographischen Gründen für uns militärisch nicht durchführbar.

Es wird politisch durchaus nützlich sein, wenn der Verlauf des Kriegs in England den Eindruck hinterläßt, daß wir über Mittel verfügen, die naturgegebenen und unvermeidlichen Orientinteressen dieses Landes ernstlich zu schädigen, wenn Englands Politik unseren eigenen Kolonialinteressen so wie bisher ohne Notwendigkeit schikanös in den Weg tritt. Sicher aber ist, daß der Krieg, einerlei wie er im übrigen ausgeht, bei uns wie in England den Beweis liefern wird, daß eine *Verdrängung* der englischen Macht speziell in Ägypten zu unseren eigenen Gunsten politisch nicht in Betracht kommt, und daß es also notwendig und auch sehr wohl möglich ist, mit England über die beiderseitigen nordafrikanischen und Orientinteressen zu einem beide Teile befriedigenden Abkommen zu gelangen. Eine politische Mittelmeermacht können wir nun einmal aus geographischen Gründen nicht werden. Wenn so diese utopischen Ziele, welche der Zorn gegen England und die Phantastik politischer Publizisten anläßlich der Siege unserer Heere hie und da auftauchen ließ, sich von selbst durch die Gewalt der Tatsachen erledigen werden, so steht es infolge der militärischen Okkupation Belgiens und Nordfrankreichs anders mit dem Ziel der westeuropäischen Expansion. Der Gedanke einer solchen hat vor dem Krieg wohl auch dem verantwortungslosesten Bierstubenpolitiker ganz ferngelegen. Unser militärischer Aktionsradius, der im Orient selbst bei den überschwenglichsten | Siegen seine festen Grenzen haben wird, reicht, wie sich zeigt, selbst in der jetzigen unerhörten Lage dieser Koalition gegenüber weit genug, um – wenn nichts zur Zeit Unvorhergesehenes geschieht – Belgien und Nordfrankreich wenigstens äußerlich militärisch in der Gewalt zu behalten. Die Frage ist: ob wir es sollen.

Was haben wir uns von diesem Besitz zu versprechen? Zunächst 1. *keine* »deutsche Rheinmündung«, ein Kanal nach Antwerpen ist nur durch holländisches Gebiet möglich; ebensowenig 2. selbst im Fall des Hinzunehmens von Dünkirchen, Calais und Boulogne einen Kriegshafen für Schlachtschiffe. Dafür müßte schon Cherbourg mitannektiert werden, und dann wäre die deutsche Hochseeflotte, falls England in der Themsemündung einen Flottenstützpunkt schafft, in zwei strategisch getrennte Hälften zerschnitten. Also nur 3. einen Stützpunkt für Unterseeboote und also die Möglichkeit einer Sperrung der Themsemündung, wenn dieses Kampfmittel genügend weiterentwickelt wird und wir es rücksichtslos, insbesondere ohne Rücksicht auf die Neutralen, gebrauchen. Aber die Ungunst unserer militär-geographischen Lage zur See wäre damit nur wenig gebessert, denn diese beruht darauf, daß die quer vorgelagerten britischen Inseln die fast vollständige Sperrung aller Nordsee- und Kanalhäfen für England sehr leicht machen, während die Sperrung Liverpools, auf die alles ankäme, dann ebensowenig wirklich durchführbar wäre, wie sie es jetzt gewesen ist. Dem freien Ozean wären wir in einem praktisch wirklich entscheidenden Grade nur dann näher gerückt, wenn wir auch die Häfen der Bretagne besäßen; ohne diese wird eine wirkliche Hinderung von Truppentransporten von England nicht möglich, und sie wird auch dann nur in unerheblichem Grade möglicher werden als diesmal, wo sie trotz des Besitzes von Zeebrügge und Ostende *nicht* gelang. Die Flankenlage der Häfen der britischen Seeküste bliebe bestehen. Die (in dem diesmaligen Kriege) völlig utopische Invasion nach England hinein wäre auch in Zukunft nur im Fall des Besitzes von Calais und der Nachbarhäfen eine ernsthafte Möglichkeit. Eben deshalb aber wäre die dauernde Besetzung benachbarter belgischer Küstenstriche durch uns nur das Mittel, England und Frankreich zu einem dauernden Schutz- und Trutzbündnis gegen uns direkt zu zwingen, also der russischen Politik in die Hände zu arbeiten. So wehrlos wie diesmal gegenüber einer wirklich gelungenen Invasion werden wir England künftig nicht wieder finden. Die Notwendigkeit ständiger Munitions- und Proviantnachschübe macht übrigens auch jede | gelungene Truppenlandung, wenn nicht die feindliche Torpedo- und Unterseebootsflotte in jeder Hinsicht absolut unterlegen ist, zu einem reinen Abenteuer. Ob endlich unserer eigenen Unterseebootmacht für die Schädigung des englischen Handels und der englischen Truppentransporte künftig etwas mehr als die diesmalige – weit mehr durch den in dieser Art nicht leicht wiederholbaren, moralischen Eindruck als in wirklich militärisch wichtigen Erfolgen sich äußernde – Bedeutung beschieden sein wird, hängt von der heute nicht übersehbaren Frage ab, ob nicht vielleicht zunehmend wirksamere technische Mittel zur Unschädlichmachung der Unterseeboote geschaffen werden. Andererseits auch davon, wie sich der Aktionsradius und das Aktionstempo der Unterseeboote selbst entwickelt. Diese letzteren Umstände werden auch darüber entscheiden, wieviel oder wie wenig der Unterschied des Besitzes von Kanalstützpunkten gegenüber den Nordseehäfen für die Verwertung der Unterseeboote gegen England künftig bedeuten wird. Daß die Chance, dem englischen friedlichen und militärischen Schiffsverkehr im Kriegsfall Verlegenheiten zu bereiten, mit dem Besitz von Kanalhäfen steigt, soll mit alledem natürlich nicht bestritten werden. Ganz unsicher sind nur alle Faktoren für die Berechnung, wie *stark* diese Steigerung künftig militärisch ins Gewicht fällt. Politisch wird die *ideelle* Bedrohung: das gewaltig gesteigerte subjektive Bedrohtheits*gefühl* der englischen Bevölkerung uns gegenüber, das einzig sichere Ergebnis sein. Es scheint, daß manche Politiker sich eben davon günstige Wirkungen versprechen. Gerade dies aber geschieht mit dem denkbar zweifelhaftesten Recht. Gelänge es *jetzt* etwa, Calais zu besetzen und zu behaupten, so wäre ein guter Friede mit England gewiß wahrscheinlich, – dann nämlich, wenn England dabei gegen andere Konzessionen die *Beseitigung* dieser (wesentlich ideellen) Bedrohung, also unseren *Verzicht* auf die Kanalküste eintauschte. Würde man aber darauf bestehen, im *Frieden* Kanalhäfen oder auch nur dem Kanal naheliegende Gebiete zu behalten, dann wären die einzigen politisch denkbaren Wirkungen: einerseits dauernde Todfeindschaft

Englands (und Frankreichs) [uns gegenüber] und andererseits die Verewigung [von] der[en] jetziger Koalition mit Rußland ausdrücklich oder stillschweigend, also: die günstigsten Zukunftschancen für Rußland gegen uns.

Gewiß ist es ein nationales Unglück, daß unsere mittelalterliche Geschichte und dann das 16. Jahrhundert die Mündungsgebiete des Rheins von uns trennte. Aber selbst wenn es möglich wäre, die Fehler von | acht Jahrhunderten durch Annexionen wieder zu reparieren, so liegt doch eins auf der flachen Hand: nicht Belgien, welches an uns mit rein französischen Landesteilen grenzt, sondern – wie schon angedeutet – *Holland* müßte dann das Objekt unseres westeuropäischen Expansionsstrebens sein. Jede Karte zeigt und jeder ehrliche Politiker sollte zugeben, daß *hier* die politisch-geographische Verstümmelung Deutschlands liegt, welche durch jenes geschichtliche Verhängnis herbeigeführt wurde. Nun gibt es freilich hie und da Politiker, welche meinen, wenn wir Belgien uns zwangsweise »angliedern«, so wird Holland sich uns »freiwillig anschließen«. Es gehört ein unglaubliches Maß von Unkenntnis der holländischen Eigenart und Interessenlage dazu, um das zu glauben. Nur durch militärische Gewalt oder durch Vergewaltigung (gleichviel mit welchen Mitteln) könnte jetzt und künftig Holland zu irgend etwas, was einer Aufgabe seiner Selbständigkeit ähnlich sieht, veranlaßt werden. Es bleibe dahingestellt, ob eine indirekte, etwa durch ökonomische Mittel, ins Werk zu setzende Vergewaltigung leicht durchführbar wäre. Die Erfolge der österreichischen ökonomischen Zwangspolitik gegen Serbien sind nicht ermutigend. Jedenfalls wäre die Chance sehr groß, daß Holland alle Mittel dagegen in den Kauf nehmen würde, auch das: sich seinerseits zum Einfallstor Englands gegen uns und schlimmstenfalls selbst zu einem »Bündnis« nach Art Portugals herzugeben. In jedem Fall aber würde ein schwerer, auch für den Kriegsfall immerhin nicht gleichgültiger Haß der – seit der Annexion Hannovers – ohnehin tief mißtrauisch gewordenen holländischen Bevölkerung gegen Deutschland die Folge jeder als solcher fühlbaren Vergewaltigung der Selbständigkeit des Landes sein. Eine etwaige militärische Besetzung aber, die nicht so einfach ist, wie die Landkarte dem Landesunkundigen vortäuscht, würde England lediglich Anlaß geben, die holländischen Kolonien in »Verwahrung« zu nehmen, ohne daß wir dies hindern könnten.

Es ist eine ganz andere Frage, ob es etwa auf dem Gebiet unserer

Verkehrspolitik Mittel gibt, den Holländern einzelne bestimmte, auf gegenseitigen Konzessionen ruhende Abmachungen vorteilhaft erscheinen zu lassen, welche dann zu intimeren Beziehungen der beiden Länder und Völker führen können, als sie bisher bestanden. Je sorgsamer dabei die unbedingte Selbständigkeit des Landes unsererseits geschont wird, desto möglicher kann dies erscheinen, und desto mehr wird auch politisch das Interesse Hollands, so wie bisher gegen jedermann, auch gegen England seine Selbständigkeit zu wahren, zugunsten einer engeren | Freundschaft mit uns ausschlagen. Die »Angliederung« Belgiens aber und ein fühlbarer Druck unsererseits auf Holland würde das vorhandene Mißtrauen nur steigern.

Jegliche Annexions- und Vergewaltigungspolitik an der Westgrenze führt uns in eine Verwicklung von Todfeindschaften, welche unsere Macht für die Lösung der Probleme des Ostens dauernd lähmen. Glauben wir trotzdem, aus welchen Gründen immer, über das hinausgehen zu müssen, was das absolute Minimum an *Sicherung* der Grenzen unserer Rheinprovinz erfordert, nämlich 1. Herstellung des Zustandes von vor 1867 in Luxemburg und 2. eine Behandlung des belgischen Problems, welche eine zukünftige Versöhnung mit dem belgischen Volke nicht ausschließt und welche uns lediglich die *ohne* Annexionen oder annexionsartige »Angliederung« erreichbaren, relativ optimalen Garantien gegen plötzliche Überfälle auf unser westliches Industriegebiet gibt, – wollen wir also *Expansions-* und nicht bloße Sicherungspolitik im Westen treiben –, dann wäre eine vorbehaltlose Verständigung und d. h. ein festes Bündnis mit *Rußland* absolute Voraussetzung. Andernfalls gibt es durchaus keine Mittel, den Fortbestand der jetzigen Koalition und die Erneuerung des gleichen Krieges in einem dem Gegner gelegeneren Zeitpunkt zu vermeiden, weil beides absoluten Lebensinteressen der Westmächte entspricht. Wir würden dann unsere Gegner in West und Ost geradezu nötigen, auf nichts anderes als die Vorbereitung dieses Zukunftskrieges hinzuarbeiten, selbst unter Preisgabe von anderen wichtigen (asiatischen und anderen außereuropäischen) Interessen, die sie schon im Lauf der letzten beiden Jahrzehnte lediglich aus Angst vor uns in auffallendem Maße zurückgestellt haben. Es steht aber dann auch bei noch so ausschließlicher Berücksichtigung rein militärischer Gesichtspunkte bei einem siegreichen Friedensschluß keineswegs fest, ob nicht die innerösterreichische und die Balkansituation sich bis dahin so verschoben und ob nicht die Entwicklung der englischen und russischen Wehrkraft und die technische Vervollkommnung der Gegner bis dahin solche Fortschritte gemacht haben, daß die Lage dennoch für uns weit schwieriger wäre als diesmal.

Abgesehen von diesen Zukunftschancen aber wird ein direkt greifbarer Effekt jeder, eine aufrichtige Verständigung mit den Westmächten doch für die Zukunft ausschließenden Annexionspolitik im Westen unvermeidlich der sein: *den jetzigen Krieg ins Unabsehbare zu verlängern,* gleichviel welche äußeren militärischen Erfolge wir erzielen. | Unsere Gegner können aus finanziellen Gründen in absehbarer Zukunft einen Krieg gegen uns nur wagen, *wenn England will.* Sie können den jetzigen Krieg nur so lange fortführen, *wie England will.* England muß den Krieg gleichviel um wie viele sonstige Opfer fortsetzen, und wenn das Versagen eines Bundesgenossen etwa den Frieden erzwingt, die künftige Erneuerung der Koalition wollen, solange nicht feststeht, daß unsere Politik im Westen den Standpunkt der reinen *Sicherungs*politik (im obigen Sinn) festhält. Das Fortbestehen und stete Wiedererstehen der gleichen Koalition in der Zukunft würde unsere Weltpolitik dauernd lähmen. Wir werden, wenn wir mit keiner der jetzt gegen uns verbündeten Mächte zu einem wirklichen Vertrauensverhältnis gelangen, auch künftig auf Schritt und Tritt, in Afrika, im Orient und wo es sei, auf ihre gemeinsame Gegnerschaft stoßen. Und es wäre ein ganz gewaltiger Irrtum, zu glauben, daß uns dann immer erneut das Mittel des Krieges zur Verfügung stände, um sie zu beseitigen. Es wäre ferner ein schwerer Irrtum, zu meinen, daß die Nation seinerzeit etwa in einen Krieg wegen Marokko ebenso hineingegangen wäre wie in den jetzigen. Ein noch schwererer Irrtum, daß wir bei solchen Kriegen um kolonialpolitische Objekte der Mithilfe Österreich-Ungarns schlechthin sicher wären, mögen wir mit dieser Monarchie Verträge schließen, welche immer. Wir haben die Wahl: *Weltpolitik* oder eine sämtliche Weltmächte gegen uns zusammenschließende europäische, insbesondere – da die Gegnerschaft Rußlands naturgegeben ist – *westeuropäische* Expansionspolitik zu treiben.

Die unabsehbare Verlängerung des Kriegs aber hat noch andere Folgen. Zunächst lohnt es freilich, nach ihren *Gründen* zu fragen. Daß unter der Hand Verhandlungen aller Art stattgefunden haben, auch abgesehen von den bekannten fehlgeschlagenen Versuchen im Haag, dürfte kaum zweifelhaft sein. Indessen ist davon nichts bekannt. Sicher scheint nur, daß jeder Versuch einer eigentlichen »Vermittlung« von neutralen Staaten auf unabsehbare Zeit als aussichtslos unterlassen wird, gleichviel was sich im Felde ereignen möge. Es fragt sich: warum dies aussichtslos erscheint? Bei unseren Gegnern zunächst und vor allem: weil sie trotz allem an eine Wendung des Kriegsglücks glauben und an diesem Glauben so lange festhalten werden, bis 1. auch der letzte der noch in Betracht kommenden Staaten seine Macht in die Waagschale geworfen haben und 2. sich gezeigt haben wird, ob nicht doch Rohstoffmangel und erlahmende Finanzkraft einen unabweisbaren Druck auf | uns ausüben. Aber daneben wird aus anderen, innerpolitischen Gründen, auch im Fall größter Unwahrscheinlichkeit einer Änderung der Lage, an der Fortsetzung festgehalten aus dem Grunde, weil der Entschluß zum Frieden nicht gefunden wird. Innerpolitische Befürchtungen spielen dabei in Rußland, Frankreich, Italien unzweifelhaft die entscheidende Rolle, weniger in England. In allen gegnerischen Ländern sind von seiten der für den Krieg verantwortlichen Leiter maßlose Versprechungen gemacht worden. Die Enttäuschung und der Zorn nach einem Frieden, der diese Hoffnungen unerfüllt läßt, bedroht die russische und italienische Dynastie und die französischen führenden Staatsmänner zu sehr. Wie steht es damit bei uns? Bei uns ist wenig versprochen worden, es ist aber dennoch eine ähnliche Situation entstanden. Es sind bei uns der »Burgfriede« und das Verbot der Erörterung der »Kriegsziele« der Sache nach so gehandhabt, daß alldeutschen Phantasten und den Kriegslieferungsinteressenten einseitig die Freiheit des Wortes zugestanden, allen anderen aber unterbunden wurde. Es ist ferner unterlassen worden, von Anfang an und stets erneut zu erklären: daß das okkupierte belgische und französische Gebiet für uns lediglich die Bedeutung eines *Pfandes* habe, daß wir es also bei anderweitigen Garantien für das Aufhören der Kriegsbedrohung von Westen her und gegen geeignete Abgrenzung unserer kolonial- und weltwirtschaftlichen Interessensphäre jederzeit herausgeben würden. Die Folge ist, daß, wenn jetzt oder künftig ein Frieden auf Grundlage einer solchen Herausgabe zustande kommt, im Ausland und Inland der Anschein entstehen kann, als ob wir diese Gebiete wieder hergeben, nicht weil wir wollen, sondern weil wir müssen. Die weitere Folge ist, daß in breiten Schichten der Bevölkerung und des Heeres die Vorstellung entstanden ist: nur die Annexion dieser Gebiete sei ein würdiges Kriegsziel, jede Form der Herausgabe aber ein nach unseren Siegen ganz unbegründetes Eingeständnis von Feigheit oder Schwäche. Die Fortsetzung des Krieges ist auch bei uns höchst wesentlich nicht durch sachlich-politische Erwägungen, sondern durch die Angst vor dem Frieden bedingt. Man fürchtet einerseits die außenpolitischen Wirkungen jedes Anscheins von Schwäche und Nötigung, Frieden schließen zu müssen. Noch weit mehr aber fürchtet man die innerpolitischen Wirkungen jener Enttäuschungen, welche angesichts der törichten Erwartungen, die nunmehr ins Kraut geschossen sind, in jedem Fall eintreten müssen. Irgendwelche schwere Enttäuschungen nun werden unvermeidlich eintreten. Sie und ihre Folgen werden aber wesent|lich akuten Charakters und zugleich (relativ) vorübergehende sein, wenn sie nur darauf beruhen, daß die politischen Friedensbedingungen, insbesondere die »Angliederungen« hinter den Forderungen der annexionistischen Presse zurückbleiben. Sie werden dagegen chronische und schwere Folgen nach sich ziehen – selbst bei den ausgiebigsten Annexionen –, wenn der Güterverbrauch des Krieges rein als solcher die Steigerung der Schuldzinsen und die Festlegung der Vermögen in Rentenpapieren die Anlage suchenden Kapitalien derart dezimiert haben wird, daß die Masse der heimkehrenden Krieger keine oder doch keine ihren Ansprüchen und Selbstgefühl ökonomisch und sozial entsprechende Arbeitsgelegenheit findet. Diese Folgen werden mit zunehmender Länge des Krieges rein an sich immer unvermeidlicher und schwerer. Sie sind durch keinerlei Annexionen zu kompensieren, und es steht auch rein ökonomisch völlig fest, daß eine Kriegsentschädigung so phantastischen Umfangs, um dagegen überhaupt ins Gewicht zu fallen, niemals von irgendeinem Gegner zu erlangen sein würde.

Die bloße Verlängerung des europäischen Krieges bis zur Ermattung aller Beteiligten bringt rein an sich die Folge mit sich, daß die außereuropäischen Nationen, insbesondere Nordamerika, die industrielle Suprematie an sich reißen und uns für alle Zeit ins Hintertreffen drängen. Dies ist die unvermeidliche Folge einerseits eines Hineingleitens in Papier[geld]wirtschaft mit ihren bekannten Folgen, andererseits der Aufzehrung der Inlandskapitalien durch die zunehmende Anlage in festverzinslichen öffentlichen Anleihen. Diese letztere bedeutet zunächst Minderung der für die Industrieanlagen verfügbaren Mittel, also erstens Stillstand der Inlandsentwicklung der Industrie und zweitens Fehlen der für die Erschließung der uns etwa beim Frieden zufallenden Interessensphäre erforderlichen Kapitalien. Was das erste für unsere Zukunftskampfkraft bedeuten kann, ist an sich klar. Das zweite aber kann die Folge haben, daß in den uns zufallenden Interessensphären fremde Kapitalisten die ökonomische Herrschaft gewinnen, weil wir nicht mehr die Mittel haben, sie uns zu sichern. Abgesehen aber hiervon bedeutet jede Zunahme der Anleihewirtschaft rein an sich eine gewaltige Steigerung des Rentnertums – es sind schon jetzt jährlich eine Milliarde Kriegsanleihezinsen an Rentner zu zahlen – und vor allem die Züchtung der Rentner*gesinnung*, welche ökonomische »Sekurität« sucht.

Deutschland verliert dann mit dem ökonomischen Wagemut auch die ökonomische Expansionskraft zugunsten in erster Linie der Amerikaner. | Es dürfte ein sehr bescheidener Trost für uns sein, daß auch England und Frankreich ein ähnliches Schicksal gegenüber Amerika droht. Aber selbst dieser Trost ruht auf nicht ganz sicherer Grundlage. Es ist richtig, daß im Krieg, wenigstens diesmal und vorerst, die finanzielle Lage Englands und Frankreichs im Verhältnis zu uns relativ schwächer war, als man nach der Weltstellung ihrer Börsen in Friedenszeiten vielleicht erwartet hat. Aber es wird sich zeigen, daß im Frieden das Land des Zweikindersystems und das Mutterland der angelsächsischen Handelssprache, Handelstechnik und Handelsbeziehungen erheblich schneller, als jetzt angenommen wird, und weit schneller als wir es für uns – der Krieg möge ausgehen, wie immer er wolle – erwarten können, wieder in die Reihe der Geldgeber der Welt werden eintreten können, und daß dies künftig ebenso wie bisher die bekannten politischen Folgen haben wird.

ZWISCHEN ZWEI GESETZEN[1]

Die Diskussion über den Sinn unseres Krieges (in der »Frau«) wäre vielleicht durch stärkere Betonung eines Gesichtspunktes zu ergänzen, den gerade Sie sicher würdigen: *unserer Verantwortung vor der Geschichte* – ich finde nur diesen etwas pathetischen Ausdruck. Der Sachverhalt selbst ist schlicht:

Ein an Zahl »größeres«, machtstaatlich organisiertes Volk findet sich durch die bloße Tatsache, daß es nun einmal ein solches ist, vor gänzlich andere Aufgaben gestellt, als sie Völkern wie den Schweizern, Dänen, Holländern, Norwegern obliegen. Weltenfern liegt dabei natürlich die Ansicht: ein an Zahl und Macht »kleines« Volk sei deshalb weniger »wertvoll« oder vor dem Forum der Geschichte weniger »wichtig«. Es hat nur einfach als solches andere Pflichten und eben deshalb auch andere Kulturmöglichkeiten. Sie kennen Jacob Burckhardts oft bestaunte Ausführungen über den diabolischen Charakter der Macht. Nun, dies ist ganz konsequent gewertet vom Standpunkt derjenigen Kulturgüter aus, welche in der Obhut eines Volkes, wie z. B. der Schweizer, stehen, die den Panzer großer Militärstaaten nicht tragen können (und also auch nicht zu tragen historisch verpflichtet sind). Auch wir haben allen Anlaß, dem Schicksal zu danken, daß es ein Deutschtum außerhalb des nationalen Machtstaates gibt. Nicht nur die schlichten Bürgertugenden und die echte, in keinem großen Machtstaat jemals noch verwirklichte Demokratie, sondern weit intimere und doch ewige Werte können nur auf dem Boden von Gemeinwesen erblühen, die auf politische Macht verzichten. Selbst solche künstlerischer Art: ein so echter Deutscher wie

[1] Zu diesem Thema: »Den Gesetzen des Evangeliums und den Gesetzen des Vaterlandes« fand in der Monatsschrift »Die Frau« eine Auseinandersetzung zwischen Gertrud Bäumer und einer schweizer Pazifistin statt, die Max Weber zu vorstehenden, im Februarheft der »Frau« 1916 veröffentlichten brieflichen Äußerungen an Gertrud Bäumer veranlaßte.

Die Herausgeberin.

Gottfried Keller wäre nie dies ganz Besondere, Einzigartige, geworden inmitten eines Heerlagers, wie unser Staat es sein muß.

Die Anforderungen umgekehrt, welche an ein machtstaatlich organisiertes Volk ergehen, sind unentrinnbar. Nicht die Dänen, Schweizer, | Holländer, Norweger werden künftige Geschlechter, unsere eigenen Nachfahren zumal, verantwortlich machen, wenn kampflos die Weltmacht – und das heißt letztlich: die Verfügung über die Eigenart der Kultur der Zukunft – zwischen den Reglements russischer Beamter einerseits und den Konventionen der angelsächsischen »society« andererseits, vielleicht mit einem Einschlag von lateinischer »raison«, aufgeteilt würde. *Sondern uns.* Und mit Recht. Weil wir ein Machtstaat sind und weil wir also, im Gegensatz zu jenen »kleinen« Völkern, unser Gewicht in dieser Frage der Geschichte in die Waagschale werfen können –, deshalb eben liegt auf uns, und nicht auf jenen, die verdammte Pflicht und Schuldigkeit vor der Geschichte, das heißt: vor der Nachwelt, uns der Überschwemmung der ganzen Welt durch jene beiden Mächte entgegenzuwerfen. Lehnten wir diese Pflicht ab, – dann wäre das Deutsche Reich ein kostspieliger eitler Luxus kulturschädlicher Art, den wir uns nicht hätten leisten sollen und den wir so schnell wie möglich zugunsten einer »Verschweizerung« unseres Staatswesens: einer Auflösung in kleine, politisch ohnmächtige Kantone, etwa mit kunstfreundlichen Höfen, wieder beseitigen sollten –, abwartend, wie lange unsere Nachbarn uns diese beschauliche Pflege der Kleinvolk-Kulturwerte, die dann für immer der Sinn unseres Daseins hätten bleiben sollen, gestatten würden. Ein schwerer Irrtum aber wäre es, zu meinen, ein politisches Gebilde, wie das Deutsche Reich es ist, könne durch *freiwilligen* Entschluß sich einer pazifistischen Politik in dem Sinne zuwenden, wie sie etwa die Schweiz pflegt, also: sich darauf beschränken, einer Verletzung seiner Grenzen durch eine tüchtige Miliz entgegenzutreten. Ein politisches Gebilde wie die Schweiz – obwohl auch sie, falls wir unterlägen, sofort italienischen Annexionsgelüsten ausgesetzt wäre – ist, wenigstens im Prinzip, niemandes politischen Machtplänen im Wege. Nicht nur ihrer Machtlosigkeit, sondern auch ihrer geographischen Lage wegen. Aber die bloße Existenz einer Großmacht, wie wir es nun einmal sind, ist ein Hindernis auf dem Wege anderer Machtstaaten, vor allem: des durch Kulturmangel bedingten Landhungers der russischen Bauern und der Machtinteressen der russischen Staatskirche und Bürokratie. Es ist absolut kein

Mittel abzusehen, wie das hätte geändert werden können. Österreich war der von Expansionslust sicher freieste aller Großstaaten, und *eben deshalb* – was leicht übersehen wird – der gefährdetste. Wir hatten nur die Wahl, im letzten möglichen Augenblick vor seiner Zerstörung dem Rad in die Speichen zu fallen oder ihr | zuzusehen und es nach einigen Jahren über uns selbst hinweggehen zu lassen. Gelingt es nicht, den russischen Expansionsdrang wieder anderswohin abzulenken, so bleibt es auch künftig dabei. Das ist Schicksal, an dem alles pazifistische Gerede nichts ändert. Und ebenso klar ist es: daß wir *ohne Schande* der Wahl, die wir einmal getroffen hatten – damals, als wir das Reich schufen –, und den Pflichten, die wir dadurch auf uns nahmen, uns nie mehr entziehen konnten und können, auch wenn wir wollten. –

Der Pazifismus amerikanischer »Damen« (beiderlei Geschlechts!) ist wahrlich der fatalste »cant«, der – ganz gutgläubig! – jemals, vom Niveau eines Teetisches aus, verkündet und vertreten worden ist, – mit dem Pharisäismus des Schmarotzers, der die guten Lieferungsgeschäfte macht, gegenüber den Barbaren der Schützengräben. In der antimilitaristischen »Neutralität« der Schweizer und ihrer Ablehnung des Machtstaats liegt gelegentlich ebenfalls ein gut Teil recht pharisäischer Verständnislosigkeit für die Tragik der historischen Pflichten eines nun einmal als Machtstaat organisierten Volks. Indessen, wir bleiben trotzdem objektiv genug, zu sehen, daß dahinter ein durchaus echter Kern steckt, der nur, nach Lage unseres Schicksals, für uns Reichsdeutsche nicht übernommen werden kann. –

Das Evangelium aber möge man aus diesen Erörterungen draußen lassen – *oder: Ernst* machen. Und da gibt es nur die Konsequenz Tolstojs, sonst nichts. Wer auch nur einen Pfennig Renten bezieht, die andere – direkt oder indirekt – zahlen müssen, wer irgendein Gebrauchsgut besitzt oder ein Verzehrsgut verbraucht, an dem der Schweiß fremder, nicht eigener, Arbeit klebt, der speist seine Existenz aus dem Getriebe jenes liebeleeren und erbarmungsfremden ökonomischen Kampfs ums Dasein, den die bürgerliche Phraseologie als »friedliche Kulturarbeit« bezeichnet: eine andere Form des Kampfes des Menschen mit dem Menschen, bei der nicht Millionen, sondern Hunderte von Millionen jahraus, jahrein an Leib und Seele verkümmern, versinken oder doch ein Dasein führen, dem irgendein erkennbarer »Sinn« wahrhaftig unendlich fremder ist als dem Einstehen aller (auch der Frauen – denn auch sie »führen« den Krieg, wenn sie ihre Pflicht tun) für die Ehre, *und das heißt* einfach: für vom Schicksal verhängte geschichtliche Pflichten des eigenen Volkes. Die Stellung der Evangelien dazu ist in den entscheidenden Punkten von absoluter Eindeutigkeit. Sie stehen im Gegensatz nicht etwa gerade nur zum Krieg – den sie gar nicht besonders | erwähnen –, sondern letztlich zu allen und jeden Gesetzlichkeiten der sozialen Welt, wenn diese *eine Welt der diesseitigen »Kultur«*, also der Schönheit, Würde, Ehre und Größe der »Kreatur« sein will. Wer die Konsequenzen nicht zieht – Tolstoj selbst hat das erst getan, als es ans Sterben ging –, der möge wissen, daß er an die Gesetzlichkeiten der diesseitigen Welt gebunden ist, die auf unabsehbare Zeit die Möglichkeit und Unvermeidlichkeit des Machtkrieges einschließen, und daß er nur *innerhalb* dieser Gesetzlichkeiten der jeweiligen »Forderung des Tages« genügen kann. Diese Forderung lautete und lautet aber für die Deutschen Deutschlands anders als für die Deutschen der Schweiz. Dabei wird es bleiben. Denn alles, was an den Gütern des Machtstaates teilnimmt, ist verstrickt in die Gesetzlichkeit des »Macht-Pragma«, das alle politische Geschichte beherrscht.

Der alte nüchterne Empiriker John Stuart Mill hat gesagt: rein vom Boden der Erfahrung aus gelange man nicht zu *einem* Gott – mir scheint: am wenigsten zu einem Gott der Güte –, sondern zum Polytheismus. In der Tat: wer in der »Welt« (im christlichen Sinne) steht, kann an sich nichts anderes erfahren als den Kampf zwischen einer Mehrheit von Wertreihen, von denen eine jede, für sich betrachtet, verpflichtend erscheint. Er hat zu *wählen*, welchem dieser Götter, oder wann er dem einen und wann dem anderen dienen will und soll. Immer aber wird er sich dann im Kampf gegen einen oder einige der anderen Götter dieser Welt und vor allem immer fern von dem Gott des Christentums finden – von dem wenigstens, der in der Bergpredigt verkündet wurde.

DER VERSCHÄRFTE U-BOOTKRIEG[1]

Einen »Weg zum Frieden«, d.h. zu einem Frieden an einem früheren als dem sonst dafür zu erwartenden Zeitpunkt, bietet der verschärfte U-Bootkrieg nur unter der Voraussetzung, daß

entweder ein Eingreifen Amerikas aus diesem Anlaß nicht zu erwarten ist,

oder daß, wenn es stattfindet, es keine stark ins Gewicht fallende Belastung unserer eigenen Lage bedeutet,

oder endlich, daß diese Belastung sich bestimmt erst so spät fühlbar macht, daß vorher England zur Kapitulation gezwungen worden ist.

Zu diesen Voraussetzungen nun ist zu bemerken:

1. Es steht leider fest, daß Amerika bei einem Eingreifen so gut wie nichts riskiert und den Krieg zeitlich unbeschränkt führen kann. Im Bunde mit England geführt, wäre er die denkbar beste Versicherung gegen die japanische Gefahr.
2. Jeder Kenner Amerikas muß als wahrscheinlich ansehen, daß ein Krieg von ihm mit mindestens der gleichen Hartnäckigkeit geführt würde wie bisher von England, und daß im Falle un-

[1] Der Verfasser hat diese bisher unveröffentlichte Denkschrift, an der Herr Dr. Felix Somary mitgearbeitet hat, in der ersten Märzhälfte 1916 den Parteiführern und bekannten Abgeordneten und dem Auswärtigen Amt zugestellt. Von letzterem ist sie auch dem Reichskanzler übermittelt. Damals, nach der Torpedierung der »Lusitania«, stand die Gefahr des Krieges mit Amerika auf dem Höhepunkt. Und ebenso die Agitation der konservativen und alldeutschen Kreise für den verschärften U-Bootkrieg. In einem im März aus Berlin geschriebenen Briefe des Verfassers heißt es: »Inzwischen ist die Gefahr mit Amerika auf dem Höhepunkt. Und mir ist, als ob eine Horde Irrsinniger uns regierte. Alle Leute, die vor vierzehn Tagen meiner Ansicht waren, sind umgefallen. Die vor vierzehn Tagen sagten: ‚Ach, die Amerikaner schlagen ja *nie* los' –, sagen jetzt: ‚Ach, die Amerikaner wollen ja den Krieg auf jeden Fall' – ganz wie damals bei Italien.«

Die Herausgeberin.

serer Unfähigkeit, ihn durchzuhalten, wir überaus schmähliche Bedingungen annehmen müßten.

3. Falls nicht eine überaus schnelle Kapitulation Englands erzwungen wird – eine Chance, von der noch zu sprechen ist –, bedeutet | das Eingreifen Amerikas eine Verlängerung des Krieges um mehrere Jahre.

Es soll hier nicht allgemein erörtert werden, wie eine derartige Verlängerung von uns auszuhalten wäre:

finanziell –,

in bezug auf unsere Versorgung mit Rohstoffen –,

im Hinblick auf die allmähliche seelische und körperliche Abnutzung unserer Truppen –,

im Hinblick auf die Chance eines Separatfriedens der Türkei, welcher bei den politisch irrationalen Bedingungen dort und angesichts des Umstandes, daß wir unsererseits Annexionen erstreben, der Türkei aber keine solche zu bieten vermögen, stets möglich, bei einer unabsehbaren Verlängerung des Krieges aber wahrscheinlich scheint (Finanzen! Feldarbeiter- und Nahrungsmittelnot!).

Fest steht jedenfalls: unsere Gegner würden durch ein nicht unbedingt verspätetes Eingreifen Amerikas materiell und moralisch auf praktisch unabsehbare Zeit zur Fortführung des Krieges befähigt. Schon die bloße Chance, daß ein Zufall ein solches Eingreifen herbeiführen könnte, wird die Gegner, selbst schweren Mißerfolgen zum Trotz, so lange aufrecht erhalten, bis jene Chance ausgeschaltet ist.

Im übrigen ergibt sich, wenn man von der Möglichkeit einer schnellen Kapitulation Englands zunächst einmal absieht und also mit der *Verlängerung* des Krieges durch Amerikas Eingreifen rechnet, folgendes Bild:

I. Nach dem Kriege würde beim Ausbleiben der Zufuhr neutralen Kapitals das wichtigste Kriegsziel Englands: Vernichtung unserer Konkurrenzfähigkeit, *erreicht* sein. Es würden infolge der dann eintretenden Unmöglichkeit der Retablierung unserer Industrie die denkbar schwerste wirtschaftliche Depression und bisher unbekannte soziale Spannungen gefährlichster Art uns sicher sein. Ein gemeinsamer Krieg [beider Mächte] gegen Deutschland verflicht das amerikanische Kapital so innig mit der City von London, daß es schlechthin »feindliches« Kapital werden würde.

II. Für unsere Interessen gleichgültig wäre, daß die Schwächung Englands dabei die City in ein Anhängsel der Neuyorker Finanzmächte verwandeln würde. Denn dies würde die Machtstellung des feindlich interessierten Kapitals nur weiter stärken. Unabhängig von allen Friedensbedingungen wäre damit der Krieg im Effekt wirtschaftlich *verloren*. Die unzweifelhaft schon heute, neben sozialen Beziehungen der | Amerikaner zu England, starken materiellen Beziehungen gewisser Finanzkreise dort zur City haben nicht im entferntesten die dann eintretende beherrschende Tragweite.

III. Die Zeichnung unserer Kriegsanleihe würde schwer gefährdet. Die bei Verlängerung des Krieges befürchtete assignatenartige Papier[geld]entwertung und die Unsicherheit des Ausganges schrekken schon jetzt, wie zahlreiche Anfragen potenter Privatleute ergeben, Teile des Privatpublikums ab. Dies könnte sich bei Eintritt des Krieges leicht katastrophal steigern. Der bekannte »Kreislauf« als Quelle der Zeichnungspotenz hat bekanntlich zwar elastische, doch aber endgültige Schranken. Jene Haltung wäre also eine ernste Gefahr.

IV. Daß diese Befürchtungen absolut sinnlos seien, läßt sich ernstlich nicht behaupten. Dauernde Papier[geld]wirtschaft bei Abschneidung der Zufuhr neutralen Kapitals als Folge des Krieges für uns würde bedeuten, daß England sein wirtschaftliches Kriegsziel *erreicht* hätte. Ihm selbst stände schlimmstenfalls zur Retablierung seiner Währung, neben der Herrschaft über die Goldminen, die Finanzkraft Amerikas zufolge der gestiegenen ökonomischen Verflechtung zur Verfügung. Die dabei entstehende Herrschaft der Neuyorker Finanzmächte über die City wäre für unser Interesse auch hier keine Wendung zum Besseren. Wir hätten unsere weltpolitische Zukunft für absehbare Zeit verspielt.

V. Falls Amerika den Krieg als Subsidienkrieg führt, so würde damit die sonst sichere Deklassierung der Währung Italiens hintangehalten, Frankreich und England die Notwendigkeit von Maßregeln, welche einer teilweisen Zahlungseinstellung gleichkämen, endgültig erspart.

Dagegen wäre, von der Türkei ganz abgesehen, die endgültige Deklassierung der Währung Österreich-Ungarns absolut sicher und ebenso eine langdauernde valutarische Lähmung Deutschlands. Nach dem Kriege wären mithin alle kreditbedürftigen Staaten auf den guten Willen unserer Gegner angewiesen. Der Krieg wäre für uns also auch bei äußerlich günstigen Friedensbedingungen im politischen Effekt *verloren.*

VI. Die Gegner könnten während des Krieges, falls sie nicht vernichtende Niederlagen erleiden, in aller Ruhe und stets erneut ihre Munitionsvorräte und Mannschaftsreserven ergänzen, unter Heranziehung des gewaltigen amerikanischen Werbungsmarktes. Denn jeder Kenner Amerikas muß es für höchst wahrscheinlich halten, daß eine überaus große, nach vielen Hunderttausenden zu schätzende Anzahl gut [aus]gerüsteter | und sportlich trainierter amerikanischer Freiwilliger an der Westfront erscheint. Ganz abgesehen davon, daß die Geschäftskrisis auch in Amerika Kräfte für diese Art der Verwendung freisetzen wird. Es gibt eben in Amerika in allen Schichten der Bevölkerung Kreise, auf welche das Erleben eines Krieges, wenn er einmal Realität ist, einen mächtigen Reiz ausüben wird, und es ist ganz dringend davor zu warnen, die törichten Vorstellungen, welche über die Kriegswilligkeit der Engländer, namentlich ihrer gebildeten Schichten, vor dem Krieg bei uns herrschten, nun bei den Amerikanern erneut ihre Rolle spielen zu lassen.

Die Möglichkeit eines Bruches mit Amerika um des U-Bootkrieges willen wäre daher unter Zukunftsperspektiven selbst dann äußerst gefährlich, wenn die Chance bestände, England zur Kapitulation zu zwingen, es sei denn, daß dies in wenigen Monaten geschehen könnte. Die Frage aber, ob eine solche ernsthafte Chance besteht, ist mit einer Anzahl politischer und ökonomischer Voraussetzungen belastet, welche keineswegs auch von noch so hervorragenden Marinesachverständigen endgültig beantwortet werden können. Sie bedürfen einer von jeder pathetischen und Gefühlspolitik absolut freien, *ganz nüchternen Berechnung*, ehe irgendein Schritt geschieht.

I. Dabei ist vor allem davon auszugehen, daß England, von einer wirklichen Blockade bedroht, etwa die gleichen Maßregeln zum Zwecke des Durchhaltens ergreifen wird und, entgegen voreiligen Vorstellungen, auch durchführen kann wie wir. Wir müssen die Voraussetzung machen, daß unser jetziges Versorgungsmaß alsdann dort durchgeführt werden würde. (Konsumregulierung, Höchstpreis, Beschlagnahme der Handelsschiffe, Stillegung aller nicht für absolut unentbehrliche Bedürfnisse arbeitenden Industrien, vor allem derjenigen, deren Rohstoffeinfuhr viel Tonnage beansprucht.) Daneben würde die Einfuhr der Lebensmittel in der mindestvoluminösen Form (Mehl, Gefrierfleisch, Konserven) erfolgen. Im Laufe von 4 bis 5 Monaten wäre dies, wenn auch nicht ohne peinliche Schwierigkeiten und bedeutende Kosten, ohne allen Zweifel durchführbar und würde durchgeführt werden, sobald England den Enderfolg des Krieges davon abhängig wüßte und des langsam steigenden Druckes der Hilfe Amerikas sicher wäre.

Folglich müßte berechnet werden, welcher Mindesttonnage unter derartigen Voraussetzungen England absolut bedarf. Dieselbe wäre *ganz überraschend gering*, und zu ihrer Ergänzung ständen alle Werften der Welt (außer den deutschen) zur Verfügung. |

Diese sehr eingeschränkte Zufuhr könnte nun aber überdies unter Benutzung südlicher Routen nach südfranzösischen, portugiesischen, spanischen, italienischen Häfen und von da an die Kanalküste mit der Bahn zur Seeverfrachtung gebracht werden. Es sei denn, daß wirklich die zunächst ganz unglaubwürdige Behauptung erwiesen würde, daß die erforderlichen Waggons hierfür auf keine Weise beschafft werden können.

II. Angesichts dessen müßte ferner festgestellt werden, welcher Grad von Absperrung der Kanalüberfahrt von Frankreich nach England zu garantieren ist. Ob auch zur Nachtzeit? (Was jetzt nicht der Fall ist.) Ob auch bei Benutzung zahlreicher kleiner Transportschiffe, welche (wie jetzt) eine wirklich umfassende Torpedierung möglichst aller Transporte unmöglich machen? Ob auch bei Schutz durch Torpedoboote des Feindes? Wie bekannt, ist für die Truppen- und Munitionssendungen nach Frankreich wegen dieser Schwierigkeiten die Absperrung bisher praktisch nicht gelungen, und sie gilt, soviel bekannt, auch als nicht ausführbar. Je nach dem Grade der möglichen oder nichtmöglichen Absperrung dieses Einfalltores richtet sich aber die Chance des U-Bootkrieges. Denn es darf als unwahrscheinlich gelten, daß vermittels der U-Boote außer England selbst auch alle jene südlichen Routen kontrolliert werden können. Die technischen Möglichkeiten des U-Bootbaues in Deutschland sind ungefähr übersehbar. Ebenso ist die sehr bedeutende Mindestzeit, welche der Bau von U-Bootmotoren beansprucht, ungefähr bekannt. Daraus ergibt sich die ungefähre Zahl und die Ergänzungschance der neuen U-Boote, und wenn diese auch nur annähernd zutrifft, so muß schon eine wirkliche Blockade Englands als Utopie gelten, falls nicht ganz neue und unbekannte Rechnungsposten in Betracht kommen.

III. In Betracht ist ferner zu ziehen, daß beim Eingreifen Amerikas zunächst die konfiszierte deutsche Tonnage dem Feinde zuwächst und es vermutlich mehrere Monate dauern wird, bis zunächst einmal auch nur der jetzige Stand der für Englands Versorgung verfügbaren Schiffsräume durch Torpedierung wieder hergestellt ist.

Daß dabei England, selbst im Fall sehr starker eigener Verluste, eins seiner Kriegsziele: eine furchtbare Dezimierung unserer Handelsflotte erreicht haben, seinerseits aber zur relativ schnelleren Retablierung seiner Flotte nach dem Kriege instand gesetzt und daß Amerika billig in den Besitz eines Teils unserer Handelsflotte gelangt sein würde, dürfte immerhin auch in Betracht kommen. |

Es darf wohl angenommen werden, daß alle diese Erwägungen auch von den maßgebenden amtlichen Instanzen des Reiches in Betracht gezogen sind.

IV. Die Frage, wieweit durch Konvoyierung der für die absolut unentbehrliche Einfuhr nötigen Schiffe in Gruppenfahrten mittels Torpedobooten oder durch andere im Bereich des Möglichen liegende Mittel der Wirksamkeit der U-Boote Abbruch getan [werden kann,] und [die Möglichkeit,] daß die Handelsschiffe zu deren Bekämpfung vielleicht zunehmend wirksamer ausgerüstet werden können, dürften ebenfalls erwogen sein. Allein in jedem Falle bleibt es höchst gefährlich, auf ein in sehr begrenzter Quantität verfügbares, nicht schnell ergänzbares, rein technisches und also technischen Umwälzungen preisgegebenes Mittel Entschlüsse von einer für unsere ganze Zukunft ungeheuren Tragweite aufzubauen.

V. Irgendwelche Erhöhung der Handelsfrachten und Versicherungsspesen, mit denen (unglaublicherweise) in der Presse operiert wird, kommen für England im Falle des Eingreifens Amerikas selbstverständlich überhaupt nicht mehr in Betracht, zumal bei einer Beschlagnahme der [deutschen] Handelstonnage.

VI. Als sicher ist anzunehmen, daß die Frage der Rückwirkung des amerikanischen Drucks auf die Neutralen (Holland) erwogen worden sein wird. In Betracht zu ziehen ist dabei selbstverständlich die bei längerer Dauer sicher zu gewärtigende schärfste mögliche Form desselben und deren äußerste mögliche Konsequenzen.

VII. Es ist zu hoffen, daß einwandfrei festgestellt ist, welche Rohstoff- und Lebensbedarf-Zufuhren trotz allem jetzt noch über neutrale Länder zu uns gelangen und im Fall des Eingreifens Amerikas fortfallen würden und welche Rückwirkung dies auf die Chancen eines noch mehrjährigen Durchhaltens des Kriegs für uns haben würde. Ganz gering sind jene Quantitäten nach allem, was bekannt ist, kaum.

Die Erörterungen in der in fast allen Parteien sich findenden Presse der sogenannten »scharfen Tonart« über die Frage des U-Bootkrieges und über die Chancen des Eingreifens Amerikas, welche sich teilweise als fachmäßig informiert hinstellen, haben unseren Interessen schon jetzt schweren Schaden zugefügt. In zwei Richtungen:

I. Sie erweckten mit der ersten Frage: »Gibt es einen anderen Weg zum Frieden?« bei Freunden, Feinden und Neutralen den verhängnisvollen Anschein, daß wir materiell und seelisch außerstande seien, die | kaiserliche Parole des »Durchhaltens« so lange wirklich zu befolgen, bis der Gegner von der Aussichtslosigkeit unserer Niederwerfung überzeugt sei, daß also die deutsche militärische Leitung aus diesem Grunde zu einer Verzweiflungspolitik genötigt sei.

II. Sie haben diesen Anschein mit dem allerschlimmsten Erfolge auch bei massenhaften privaten Kreisen im Inland und selbst im Heere hervorgerufen. Das plötzliche aufgeregte, oft geradezu hysterisch anmutende Rufen nach einem »Weg zum Frieden«, die aufgeregte Ablehnung des Eingehens auf sachliche Erörterung, der plötzliche Meinungswechsel einflußreicher Kreise innerhalb weniger Wochen und zwar, wie sich stets herausstellte, ohne alle und jede neuen sachlichen Informationen, waren erschreckende und objektiv höchst gefährliche Erscheinungen. Man braucht sich nur zu verdeutlichen, welcher Rückschlag erfolgen wird, wenn das verlangte einzige Mittel den in Aussicht gestellten Erfolg nicht voll erzielt. Und es muß offen gesagt werden: daß die moralische Feigheit, sich nicht als einen Flaumacher hinstellen zu lassen, dabei eine gelegentlich überaus verächtliche Rolle gespielt hat. Der Unterzeichnete hat von Anfang des Krieges an dessen Ausgang mit unbedingtem Vertrauen darauf, daß wir mit Ehren aus ihm hervorgehen werden, entgegengesehen. Zum erstenmal angesichts solcher Erscheinungen und angesichts der Chance, daß, auf einen ganz unsicheren Einsatz hin, ein Krieg mit Amerika in den Bereich der Möglichkeit tritt, hegt er ernste Besorgnisse für das Land und eventuell für die Zukunft der Dynastie.

Es wiederholten sich in letzter Zeit bei uns diejenigen Erscheinungen, welche s. Zt. Italien gegenüber auf österreichischer Seite zu beobachten waren. Zunächst versicherten einflußreiche und angeblich gut informierte Kreise: Italien »bluffe« nur, obwohl Kenner Italiens das Gegenteil genau wußten. Nach der Entscheidung versicherten die gleichen Kreise: »Der Krieg sei auf jeden Fall sicher gewesen.« Daß die Unterstellung gegen[über] einer Großmacht, welche mit Krieg droht, sie bluffe, eine tödliche Verletzung bedeutet, wurde dabei ebenso übersehen, wie: daß unsere Politik, Österreich zu Zugeständnissen zu veranlassen, zu einer unverzeihlichen Torheit gestempelt würde, wenn eine jener Behauptungen, gleichviel welche, wahr gewesen wäre. Genau ebenso wechselt jetzt die Ansicht über Amerikas Absichten bei einem und demselben Politiker. Dies muß zu genau den gleichen Konsequenzen führen, und die Verantwortung dafür ist um so schwerer, als jedenfalls diesmal unbedingt keine von beiden Voraussetzungen zutraf. Sicher ist wohl freilich, daß|ein bloßes Treibenlassen und ein Hin und Her zwischen Entgegenkommen unserer Regierung und Auftrumpfen in der deutschen Presse die hysterische Erregung und die auf dieser sich aufbauende Straßen- und Tribünenpolitik schließlich auch jenseits des Ozeans derart steigern könnte, daß die maßgebenden Bosses der Parteien im Wahlkampf keine andere Möglichkeit hätten, als auf eine schwere Demütigung Deutschlands oder auf den Krieg loszusteuern. Soweit irgend erkennbar, liegen *heute* drüben die Dinge noch keineswegs so, so unbegründet auch der mehrfach vertretene Optimismus anläßlich der Abstimmungen im Kongreß sein dürfte. Fest steht nur das eine: daß die Situation hoffnungslos verfahren wird, wenn die deutsche Öffentlichkeit aus der Art der Erledigung dieses unter allen Umständen höchst schwierigen und komplizierten Streitfalls einen Ehrenpunkt macht und so eine Lage schafft, aus der es keinen Weg rückwärts mehr gibt. Leider muß mit solchen Möglichkeiten und also damit, daß die Geschäfte Englands bei uns durch mißverstandenen, gewiß gut gemeinten patriotischen Eifer besorgt werden, gerechnet werden.

Es dürfte nach alledem Pflicht der Parteiführer sein, soweit die Regierung sich aus naheliegenden Rücksichten zu militärtechnischen Informationen außerstande sehen sollte, die bündige Zusicherung zu erbitten:

1. daß keinerlei Schritt erfolgt oder unterlassen wird, der den Krieg direkt oder indirekt, durch Engagement unserer Ehre, herbeiführen kann, ohne daß alle den Entschlüssen zugrunde liegenden *Rechnungen* mit dem absoluten Höchstmaß von Vorsicht gemacht worden sind,

2. daß *ganz eindeutig alle* diejenigen Persönlichkeiten, welche für die Richtigkeit jeder einzelnen dieser *Rechnungen* einstehen, als dafür verantwortlich aktenkundig gemacht werden, nebst den von ihnen angewendeten *Rechnungs*grundlagen und *Rechnungs*methoden. Denn stimmt auch nur ein einziger *Rechnungs*faktor nicht, so kann die größte Tapferkeit der Truppen den wirtschaftlichen Zusammenbruch im Kriege und die wirtschaftliche Agonie nach dem Kriege nicht hindern.

Die innerpolitischen Folgen einer solchen wirtschaftlichen Niederlage und eines Verlustes des Krieges infolge des Eingreifens Amerikas auf Grund eines als möglich vorauszusehenden unglücklichen »Zufalls« sind mit dem Allerungünstigsten, was ohne diese Eventualität uns weiterhin widerfahren könnte, an Schwere nicht im entferntesten zu vergleichen. Denn darauf, daß das Durchhalten zunehmend schwieriger wird und vielleicht noch radikalere wirtschaftliche Maßregeln erfordert, ist in | Deutschland heute jedermann gefaßt. Ebenso rechnet jedermann, wenn auch als mit einer sehr unwahrscheinlichen Möglichkeit, mit den Unberechenbarkeiten militärischer Ereignisse, die unsere Lage auch einmal nachteiliger als jetzt gestalten können. Dafür wird niemand die Regierung und den Träger der Krone verantwortlich machen. Wohl aber, ganz einerlei ob mit Recht oder Unrecht, für die Folgen einer Politik gegenüber Amerika, welche von breiten Teilen der Bevölkerung nachträglich, wenn sie fehlschlägt, als eine Abenteuerpolitik aufgefaßt werden wird[1].

gez. Professor Max Weber,
Heidelberg

[1] Der Abdruck wurde überprüft an Hand der im Archiv des Max Weber Instituts in München vorhandenen Photokopie des Originals. (D. H.)

DER BERLINER PROFESSOREN-AUFRUF[1]

Aus akademischen Kreisen schreibt man uns:

Der im Zweiten Morgenblatt vom 27. Juli abgedruckte Aufruf einiger Berliner Professoren kann *nur durch Versehen* in die Öffentlichkeit gelangt sein. Er war ein Entwurf und zur Unterzeichnung versendet, stieß jedoch auf so scharfen Widerspruch, daß seine Veröffentlichung – wie zuverlässig verlautet – aufgegeben war. Die Bedenken richteten sich gegen den gewiß nicht beabsichtigten, tatsächlich aber durch manche Wendungen ermöglichten falschen Schein, als bestehe in Deutschland irgendwo nicht die vollste Entschlossenheit, durchzuhalten bis zu einem solchen Frieden, wie wir ihn im Interesse unserer Ehre und Sicherung brauchen. Der Aufruf konnte aus diesem Grunde sehr leicht – sicher entgegen dieser Absicht seiner Verfasser – ähnlich schädlich für die nationalen Interessen Deutschlands wirken, wie dies ganz unzweifelhaft jene Quertreibereien einer kleinen Klique getan haben, welche die Stellung des Reichskanzlers, dem sie zum Teil

[1] Frankfurter Zeitung vom 28. Juli 1916. –

Die Frankfurter Zeitung vom 27. Juli 1916 hatte einen Aufruf der Berliner Universitätsprofessoren OTTO V. GIERKE, WILHELM KAHL, EDUARD MEYER, DIETRICH SCHÄFER, REINHOLD SEEBERG, ADOLPH WAGNER und ULRICH V. WILAMOWITZ-MÖLLENDORF unter der Überschrift veröffentlicht: »Der Wille zum Sieg. Ein Aufruf Berliner Universitätsprofessoren.« Darin wurde u. a. gesagt, daß »die Erkenntnis der Notwendigkeit weiteren Ausharrens und Kämpfens nicht mehr herrschende Stimmung des Tages« sei, daß »die Erwartung eines nahen Friedens weite Kreise« bewege und daß das deutsche Volk »von jeher, seit Jahrhunderten, ein Friedensvolk« gewesen sei. Das Ringen gehe deutscherseits allein um einen ehrlichen Frieden. Dieser aber müsse für die Zukunft gesichert werden. Das sei nicht ohne Mehrung der deutschen Macht, ohne Ausdehnung des deutschen Herrschaftsbereichs zu erlangen, und es bedürfe für diese Sicherung auch »realer Garantien«. Dazu aber müsse man »durchhalten und siegen«. Demgemäß wird der »Wille zum entscheidenden Sieg« betont, vor dem »die Zweifel an der Notwendigkeit weiteren Kämpfens und Siegens«, die das »Volk beschleichen und schwach zu machen drohen«, dahinschwinden sollen. (D. H.)

aus rein innerpolitischen Gründen gram ist, ohne die geringste Rücksicht auf die Interessen des Vaterlandes dadurch zu erschüttern sucht, daß sie ihm öffentlich »Schwäche« vorwirft[1]. Die Nation ist dieses Treibens überdrüssig. Nächst der militärischen Führung genießt der gegenwärtige Reichskanzler bis in den letzten Schützengraben um deswillen Kredit, weil jedermann weiß, daß dieser Krieg nicht um abenteuerlicher Ziele willen geführt wird, sondern nur, weil und nur solange er für unsere Existenz notwendig ist. *Diesen Kredit genießt keiner seiner Gegner*. Unsere Soldaten im Felde haben ein Recht darauf, daß diesem Umstand endlich Rechnung getragen werde.

[1] Dr. THEOBALD v. BETHMANN HOLLWEG wurde als Nachfolger Graf POSADOWSKYS am 22. Juni 1907 Staatssekretär des Reichsamts des Innern sowie zugleich allgemeiner Stellvertreter des Reichskanzlers und war als Nachfolger des Fürsten BÜLOW Reichskanzler vom 14. Juli 1909 bis zum 13. Juli 1917. (D. H.)

DEUTSCHLAND UNTER DEN EUROPÄISCHEN WELTMÄCHTEN[1]

Nicht als Parteimann will ich reden. Politik habe ich immer nur unter dem nationalen Gesichtspunkte angesehen, nicht nur die auswärtige, sondern alle Politik überhaupt. Danach allein orientierte ich auch meine Parteizugehörigkeit. Als ich zum erstenmal mit meinem Vater zur Wahlurne ging, gab er einen liberalen Stimmzettel ab und ich einen konservativen, – jetzt längst nicht mehr. Ich habe dem alldeutschen Verbande angehört und erhielt in der Kriegszeit ein Zirkular mit der Überschrift »Alldeutscher Verband«, welches mir (wie anderen) die Brandmarkung vor der Nachkommenschaft ankündigte. Ich überlasse diesen guten Leuten und schlechten Musikanten die Sorge für unsere Unsterblichkeit, halte es aber für richtig, scharf Farbe zu bekennen[2].

Es herrscht jetzt viel Gerede von »innerer Einigung«. Das soll doch heißen: Einigung unter dem ausschließlichen Gesichtspunkt einer nationalen auswärtigen Politik. Gut! Es hat Zeiten gegeben, wo man Sympathien für ein Zusammengehen mit England hatte, deshalb, *weil* man liberal war. Nun, das ist jetzt für immer vorbei. Ebenso aber hat es Parteien gegeben, die Rußland würdelos umschmeichelten, *weil* sie konservativ waren. Die »Kreuzzeitung« hat über Olmütz gejubelt und den Einmarsch der Heere des Kaisers NIKOLAUS ersehnt. Die Polizeidienste, die wir ohne jegliches politische Entgelt der russischen Regierung leisteten, haben in Rußland uns den Haß der Liberalen und – selbstverständlich – die Mißachtung der reaktionären Kreise eingetragen, wie jeder aus der Presse sich überzeugen konnte. Ist auch diese innerpolitische Sympathie mit Rußland jetzt vorbei? Ich glaube ganz und gar nicht. Mit Eifer bie-

[1] Dieser in einem Sonderheft der »Hilfe« (22. Jg. 1916, S. 735–741) erschienene Aufsatz gibt den Inhalt eines Vortrags wieder, den der Verfasser am 27. 10. 1916 in München gehalten hat. Mit Rücksicht auf die Zensur wurden s. Zt. beim Abdruck die Ausführungen gegen die Demagogie in rein militärischen Fragen fortgelassen.

[2] Siehe die Ergänzungen unten im *Anhang 1*.

ten sich manche Berliner Politiker den Russen an, obwohl die russische Presse, gerade auch die reaktionäre, diesem Liebeswerben nur Hohn und Spott entgegensetzt. Dabei sind rein innerpolitische Gründe im Spiel. Nicht *einmal*, sondern Dutzende von Malen trat mir in Berlin die Äußerung entgegen: »Keine Verständigung mit England, denn das führt zum Parlamentarismus«, oder: »Wie denken Sie sich aber die innere | Politik, wenn wir wirklich Belgien räumen sollten?« Und leider haben derartige Erwägungen auch in die U-Boot-Kriegsfrage hineingespielt, wie wir alle wissen. Denn ohne dies hätte jeder sich gesagt, daß es ein Frevel ist, den schwer kämpfenden Truppen draußen vorzureden: es gäbe ein Mittel, den Krieg in einigen Monaten zu beenden. Männer, die innerpolitische Antipathien in unserer Kriegs- und Friedenspolitik mitsprechen lassen, *sind für mich keine nationalen Politiker*, und von einer inneren Einigung mit ihnen kann gar keine Rede sein.

Unsere besondere internationale Lage und unsere Außeninteressen allein haben unsere Außenpolitik zu bestimmen.

Welches sind nun diese unsere Außeninteressen und welches ist unsere besondere Lage? Davon will ich reden und mich dabei ganz kühl und akademisch nicht an das Gefühl, sondern nur an das politische *Denken* wenden.

Unsere Außeninteressen sind zum erheblichen Teil rein geographisch bedingt. Wir sind ein Machtstaat. Für jeden Machtstaat bildet die Nachbarschaft eines anderen Machtstaates ein Hemmnis in der Freiheit seiner politischen Entschließungen, weil er auf ihn Rücksicht nehmen muß. Für jeden Machtstaat ist es wünschenswert, von möglichst schwachen Staaten oder doch von möglichst wenigen anderen Machtstaaten umgeben zu sein. Unser Schicksal nun hat es gefügt, daß nur Deutschland an drei große Landmächte, und noch dazu die stärksten nächst uns, und außerdem an die größte Seemacht als unmittelbarer Nachbar angrenzt und ihnen also im Wege ist. Kein anderes Land der Erde ist in dieser Lage.

Daraus folgt erstens die Notwendigkeit besonders starker Rüstung. Auch der extremste Pazifist bei uns wird das heute nicht mehr bestreiten. Aber es folgt daraus allerdings auch, daß wir unsere Politik mit unserer geographischen Lage in Einklang bringen müssen. – Was heißt das?

Das heißt zunächst, daß wir Politik nicht – wie BISMARCK sagen würde – durch Einwerfen von Fensterscheiben betreiben dürfen, daß wir, heißt es, nicht, um unsere Gefühle auszutoben, Feindschaften auf uns nehmen dürfen um solcher Objekte willen, *für welche wir unsere Machtmittel nicht einsetzen können oder wollen.* Bei dem heute üblichen Schelten auf unsere Diplomatie wird immer das eine vergessen: daß auch die beste Diplomatie gar nichts leisten kann, wenn die Politik einer Nation darin falsch orientiert wird. Die erste, lange nachwirkende schwere und dabei ganz nutzlose Niederlage, welche die deutsche Politik sich zugezogen hat – es muß einmal daran erinnert werden –, ist durch die törichte Gefühls|politik in der Burenfrage herbeigeführt worden. Die Nation, unter der Führung ganz der gleichen Kreise, die jetzt die »Fronde« betreiben, *nicht die Diplomatie,* machte den Fehler. Es war eine ganz planlose Gefühlspolitik oder – was dafür nur ein anderes Wort ist – eine alldeutsche Politik, die uns das zugezogen hat. Und es war nur einer von zahlreichen Fällen.

Es bedeutet weiter: daß wir nur eine sachliche Politik und keine *Politik des Hasses* treiben dürfen. Ich spreche nicht gegen Haß und Zorn als solche. Man kann das Große nicht wahrhaft lieben, wenn man das Niederträchtige nicht hassen kann. Deutscher Haß, einmal fest eingewurzelt, ist nachhaltig. Gewiß wäre es von England töricht, wenn es durch Fortsetzung seiner bisherigen Politik gegen uns sich einen Todfeind auf 100 Jahre schüfe. Denn in der Tat kann es dann unter Umständen für unsere Politik unmöglich werden, darüber hinwegzukommen. Aber das ist Englands Sache. Töricht wäre es jedenfalls von unserer Seite, wollten wir jetzt unsere politischen Ziele abgrenzen nicht nach politischen Gesichtspunkten, sondern aus dem Gefühl eines noch so begreiflichen Hasses. *Gegen uns* ist der Haß am stärksten in Frankreich. Bei uns dagegen richtet sich der Haß ganz ausschließlich gegen England, ganz ebenso, wie er sich in Österreich ausschließlich gegen Italien richtet. Mag er nun in beiden Fällen menschlich noch so begreiflich sein, so sind doch die einzigen wirklichen Fehler, die – vielleicht! – in diesem Kriege gemacht worden sind, aus der Unsachlichkeit eben dieses Hassens geboren worden.

Sachliche Politik bedeutet weiter: keine *Politik der Eitelkeit,* des renommistischen Redens und Auftrumpfens, sondern eine Politik des *schweigenden Handelns.* Wie aber ist bei uns Politik gemacht worden? Vergleicht man etwa den Kolonialerwerb Deutschlands mit dem anderer Staaten in der gleichen Zeitspanne, so ist er wahrhaftig lächerlich bescheiden. Denkt man aber dann an den Lärm, der bei uns diesen bescheidenen Erwerb begleitete, als wenn es sich darum handelte, die halbe Welt zu verschlingen, – und vergleicht man damit das ruhige Schweigen der anderen, so wirkt das politisch für uns tief beschämend. Das war ein Produkt politischer Unerzogenheit der Nation, wiederum: ein alldeutsches Produkt. Genau die gleiche Erscheinung: die gleichen alldeutschen Renommistereien, bei der Flotte. Und noch jetzt im Kriege erleben wir ja genau das gleiche. Man hat von dem »Ende des englischen Weltreichs« als Kriegsziel gefabelt, – als ob das | englische Weltreich auf dem Besitz etwa des Suezkanals und ähnlicher Dinge und nicht vielmehr auf der nationalen Gemeinschaft der Angelsachsen beruhte, die nun einmal mehrere Kontinente teils ganz, teils halb besiedelt haben und die doch nun einmal von dort nicht durch uns herausgejagt werden können. Oder man hat von dem Ende der englischen Seemacht geredet. Und doch liegt es auf der Hand, daß auch bei gleich starker Flotte es für uns unmöglich wäre, den Hafen von Liverpool ebenso zu blockieren, wie für England den von Hamburg. Die geographische Lage Großbritanniens rein als solche erleichtert ja die Blockade Hamburgs und behindert die von Liverpool. Und der Besitz von ein paar Kanalhäfen würde daran gar nichts ändern. »Ja, wozu brauchen wir dann unsere Flotte!«, bin ich daraufhin allen Ernstes gefragt worden. Es ist ein Glück, daß die ruhmvolle Seeschlacht beim Skagerrak angesichts dieses Unsinns auch jedem Laien gezeigt hat, wofür wir Schlachtschiffe brauchen. Ohne sie hätten wir die englische Landung in Dänemark. Wir brauchen sie auch, um England im Angriffsfall so schädigen zu können, daß es sich zweimal besinnt, uns anzugreifen. Und das wird es künftig tun. »Vernichten« aber können wir einander nun einmal nicht. In England wie bei uns sollte man dies prahlerische Gerede abstellen.

Wenn wir Bismarcks »Gedanken und Erinnerungen« aufschlagen, so werden wir finden, daß zu den nicht sehr zahlreichen gesperrt gedruckten Worten im Text auch die Warnung gehört, uns zu einer Politik der »Eitelkeit« und dazu verleiten zu lassen, aus den geographischen Bedingungen unseres Daseins heraustreten zu wollen. Das gilt auch heute noch. Denn am allerwenigsten dürfen wir, in unserer geographischen Lage, eine Politik der *Erobereitelkeit* treiben wollen. Es ist öffentlich bekannt, daß eine Denkschrift mehrerer Interessentenverbände unter alldeutschem Einfluß seinerzeit die Einverleibung – oder noch Schlimmeres: die Unterwerfung ohne Gewährung von Bürgerrecht! – für ganz Belgien und Nordfrankreich bis zur Somme gefordert hat. Wenn jemand diese, nach meiner Meinung unglaublich törichte Ansicht hatte, – nun, so war es gewiß sein Recht, sie zu vertreten. Dazu stand ihm das Mittel der Eingabe an die politischen Instanzen und daneben der Erörterung mit den politischen Parteiführern zu Gebote. Den Weg zu diesen hatten gerade diese Herren nicht weit. Was aber geschah? In so zahlreichen Exemplaren wurde die Denkschrift gedruckt verschickt, daß nach kurzer Zeit ihr Inhalt Gemeingut aller ausländischer Zeitungen war: das also waren die deutschen Kriegsziele. Ich habe es von Anbeginn | an als einen Fehler des Reichskanzlers angesehen, daß er diesem Unfug nicht scharf entgegentrat und den Ausdruck »Faustpfand« für Belgien nicht alsbald erneut unterstrich. Alldeutsche Einflüsse stellten sich ihm in den Weg. Als sich dann für jedermann deutlich herausstellte, daß *keinerlei* deutsche Autorität hinter den Plänen jenes Machwerks stand, war infolgedessen das Echo des Auslands: »Deutschland wird billiger«, es fühlt sich also wohl schwach. Aber damit nicht genug: die Demagogie dieser Eitelkeitspolitiker – ich will ganz davon absehen, daß dahinter sich zum Teil materielle Interessen verbargen – ging nun dazu über, den Ehrenpunkt auszuspielen: »Wer Belgien herausgibt, der ist besiegt.« So etwas ist doch auch rein *menschlich unerträglich*. Wenn die Armee draußen sich auf den Standpunkt stellte: »Wir haben diese Gebiete erobert, wir wollen nicht, daß sie herausgegeben werden«, – nun, so würden wir immer noch für uns in Anspruch nehmen zu sagen: »Bedenkt, es ist vielleicht nicht klug.« Bliebe sie dann dabei, – gut. Wenn aber Daheimgebliebene, im Kontor oder auf dem Katheder oder wo immer sie sitzen mögen, – wenn die unseren Truppen, die draußen für Deutschlands Ruhm und Ehre das Unerhörte getan und unvergängliches Gedenken an ihre Fahnen geheftet haben, die Freude an dem ungeheuren Erfolg zu verderben und ihnen zu sagen sich herausnehmen: »Wenn nicht die Landkarte so und so verändert wird, dann habt ihr *umsonst* gefochten«, – dann kann ich nur hoffen, daß sich noch deutsche Fäuste finden, um solchen Burschen auf den Mund zu schlagen. Das sind nicht die Leute, die in ernsten Stunden der Nation das Wort zu führen haben. Und dann noch eins: wir führen einen gemeinsamen Bundeskrieg. Jeder Admiral weiß, daß er im Geschwaderverband sich nach dem langsamsten Schiff richten muß. Wenden wir das einmal auf die Politik an. Für sachliche Lebensfragen eines Verbündeten werden alle beliebig lange weiterkämpfen. Nicht aber für eitle Erobererinteressen, für ein deutsches Belgien die anderen so wenig wie wir etwa für ein österreichisches Venedig.

Unsere Politik hat sachliche Politik zu sein, auch in der Aufregung des Krieges. Was folgt nun positiv daraus?

Zunächst folgt aus unserer geographischen Lage die *Notwendigkeit weitsichtiger Bündnispolitik.* Heute kann keine Weltmacht, auch nicht Rußland oder England, der Bündnisse für die Weltpolitik entbehren. Wir noch weniger als andere. Verteidigen können wir uns gegen eine Welt von Feinden auch allein. In der Welt mitreden nicht. Denn man könnte nicht etwa wegen Samoa gegen eine Weltkoalition wie diese | in einen Krieg gehen. Die Nation hätte nicht so dahintergestanden wie jetzt. Jede Bündnispolitik aber hat eine unumgängliche sachliche Voraussetzung: die möglichste *Erhaltung der Wahlfreiheit.* Bündnisse kann man um so zweckmäßiger schließen, je mehr Möglichkeiten man sich vorher, durch seine Politik, offengehalten hat. Und da war und ist nun für uns durch unsere *historische Lage* folgendes gegeben.

Es bestand *eine* absolute Schranke unserer Wahlfreiheit schon bisher: Frankreich. Es war für jeden Gegner gegen uns zu haben, und es war niemals für uns zu haben. Unsere ganze internationale Lage seit 1871 war dadurch bestimmt.

Eine neue Schwierigkeit, das wollen wir uns nicht verhehlen, ist jetzt hinzugetreten: die Sprengung des Dreibundes, dessen ausschließlicher Sinn im letzten Jahrzehnt die Erhaltung der Wahlfreiheit war. Dadurch ist unsere Wahlfreiheit wiederum eingeschränkt. Sehr verstärkt ist dadurch die Notwendigkeit, in unserer Gesamtpolitik *wählen* zu müssen zwischen den beiden größten Weltmächten: England und Rußland. Nicht notwendig in der Form eines Bündnisses, – das würden wir nur bei sehr gewichtigen Vorteilen abschließen. Wohl aber in der Form der Verständigung. Absolut notwendig aber ist, um eine zweckmäßige Politik nach dem Kriege zu ermöglichen, die Fernhaltung jeder weiteren nutzlosen Beschränkung unserer Wahlfreiheit, solange dies möglich ist. Jedenfalls dürfen wir sie uns nicht durch eine unsachliche Politik beschränken lassen. Es ist gewiß nicht wünschenswert, daß wir in Zukunft etwa auch Rußland uns für immer zum Gegner machen. Ebensowenig aber, statt Frankreich allein, nun: Frankreich *und England.* Denn in diesem Fall könnte uns Rußland die Bedingungen jeder Verständigung einseitig vorschreiben. Es hätte uns in der Tasche, wir würden sein Werkzeug. Unglaublicherweise ist aber in der letzten Zeit in der alldeutsch beeinflußten Presse sogar die Parole aufgetaucht: »Wir sind für Verständigung mit Rußland, *und deshalb* für den U-Bootkrieg.« Das heißt: wir wollen die ganze Welt gegen uns in die Schranken rufen, damit Rußland uns in der Tasche hat. Solch törichtes Gerede nennt man bei uns: nationale Politik.

Jede Verständigungspolitik nach dem Kriege muß von unseren *sachlichen Interessen* ausgehen. Welches also sind diese? *Was liegt zwischen uns und unseren Feinden,* – nach Ausscheidung aller Gefühls- und Eitelkeitsfragen?

Man hat gesagt: *wirtschaftliche Gründe* haben den Krieg bedingt. Ist das wahr? Wo sind sie bei Frankreich? Wo bei Italien? Bei Serbien? | Bei Rumänien? Schön, sagt man, aber bei England: eben deshalb, weil da wirtschaftliche Gründe vorliegen, sei es unser »natürlicher Feind«. Wirklich? Und Rußland weniger?

Fast jede Handelsvertragsverhandlung mit Rußland hat doch zu Kriegsdrohungen Rußlands gegen uns geführt. Gewiß: England war unsere industrielle Konkurrenz sehr im Wege. Vor allem: die Preispolitik mancher Kartelle: hohe Preise im Inland, Schleuderpreise im Ausland, das sog. »dumping«. Rußland andererseits verlangte: das Opfer unserer Landwirtschaft. In beiden Fällen ist aber aus diesen Gründen kein Krieg entstanden, wäre er nicht entstanden und wird er künftig erst recht nicht entstehen. Denn das ist ein einfaches Rechenexempel. Nehmen wir einmal an, England könne uns wirklich 2 bis 3 Millarden von unserem Überseehandel dauernd gewaltsam abnehmen. Nehmen wir weiter an, daß an Unternehmergewinn und reinem Arbeitslohn dabei für England 400 bis 500 Millionen mehr jährlich herauskämen, – das ist gut gerechnet. Die Verzinsung der diesmaligen englischen Kriegskosten aber wird schon jetzt mehr als 3 Milliarden jährlich betragen. So schlecht rechnet dort niemand.

Aber, könnte man sagen: der Interessengegensatz im Orient: der Kampf gegen die Linie Berlin–Bagdad. War das ein rein wirtschaftliches Problem? Und war dies unausgleichbar? Die Erfahrung hat gelehrt: nein. Gewiß: wenn dadurch die Orientstellung Englands *politisch* bedroht werden sollte, dann freilich trug diese Interessenkonkurrenz den Keim des Krieges in sich. Sonst nicht. Wie aber stellt sich denn unser Interesse zu dem Rußlands? Da handelt es sich nicht um Bagdad, sondern um Konstantinopel selbst! Die Erfahrungen des tripolitanischen Krieges, die Bankerotte in Odessa, als damals die Dardanellen gesperrt wurden, haben das *wirtschaftliche* Interesse Rußlands an Konstantinopel gewaltig in den Vordergrund gerückt. Rußland ist die schlechthin einzige Macht, die an dem, was wir *politisch* nicht zulassen wollen: am Untergang der Türkei, *wirtschaftlich* interessiert ist und vorläufig bleibt. England und Frankreich dagegen hatten seit alters ganz ebenso wie wir das entgegengesetzte Interesse. Erst jetzt, aus *politischen* Gründen, haben sie sich anders gestellt. Unsere eigenen rein wirtschaftlichen Interessen in der Türkei sind [nicht] bedeutend. Immerhin muß man doch bedenken: wenn man den Reinertrag der dortigen Unternehmungen für uns nach Abzug der Kosten berechnet, so könnten von den Renten vielleicht 50 000 bis 60 000 von den 70 Millionen Deutschen | bescheiden existieren. Sehr wichtige *politische*, nicht aber wirtschaftliche Gründe bestimmen also letztlich unser Verhalten zur Türkei. Eine wirtschaftliche Verständigung mit den Westmächten über den Orient wäre wahrscheinlich sofort möglich, wenn der politische Gegensatz nicht mehr bestände. Eine Verständigung darüber mit Rußland ist politisch *und* wirtschaftlich schwer, solange nicht die unbedingte *politische* Integrität der Türkei als Grundlage anerkannt ist. Die vielberedete Ablenkung auf Persien bedeutet für Rußland keinerlei Ersatz für Konzessionen an den Dardanellen. Und was schließlich das national-türkische Interesse selbst anlangt, so muß man sich doch nüchtern klarmachen, daß nach dem Kriege die Türkei neben unserm Geldmarkt auch den der Westmächte wieder wird suchen wollen. Wir sind gewiß für die Türkei der naturgemäße, weil notwendig politisch uneigennützige Freund. Aber sie wird uns schwerlich das absolute Monopol einer wirtschaftlichen Freundschaft gewähren wollen oder auch nur können.

Und schließlich findet sich in unserer Lage gegenüber Rußland noch ein wirtschaftliches Element, welches bei den Westmächten gänzlich fehlt: der russische *Volksimperialismus*, wie ein österreichischer Sozialdemokrat es genannt hat: die Expansionstendenz durch den Landhunger der russischen Bauern. Der ist Folge des Kulturzustandes, er wird irgendwann schwinden, aber er wird vorläufig zunehmen.

Alles in allem also entscheidet die *wirtschaftliche* Interessenkonstellation, rein aus sich, *keinesfalls zugunsten einer Verständigung mit Rußland.* Indessen, die wirtschaftlichen Gründe waren ja nicht die wirklichen Kriegsgründe. Diese waren, wie fast immer, politischer Natur. Welche waren sie?

Zunächst für *Frankreich:* Vor allem natürlich unsere Existenz als benachbarter Machtstaat an sich. Aber Frankreich wird uns sowenig aus der Welt schaffen wie wir Frankreich. Dann ein Einzelgrund: das Elsaß. Diese Frage war vor 15 Jahren auf dem Punkt, sich allmählich von selbst zu erledigen, und wäre längst erledigt, wenn nicht ein Grundfehler der Bismarckschen Politik dort einen Zustand geschaffen hätte, der in den Augen der Franzosen und auch der Elsässer selbst nur ein Provisorium bedeuten *konnte.* Es ist eine der allerwichtigsten Friedensgarantien, daß dieser Zustand unbedingt ein Ende nimmt. Nur ein großer Staat ersetzt den Elsässern Frankreich. Das Elsaß kann finanziell nur gedeihen durch Anschluß an einen Bundesstaat, der groß genug ist, um die künftig unvermeidliche jährliche Mehrausgabe von etwa 40 Millionen | nicht scheuen zu müssen. Würde diese Lösung etwa durch Eifersüchteleien der Regierungen verhindert, so trügen diese die furchtbare Verantwortung, wenn in der Tat der Krieg nutzlos geführt ist. Aber in den letzten Jahren war nun ein weiterer ganz entscheidender Kriegsgrund hinzugetreten: seit Einführung der dreijährigen Dienstzeit betrachtete die gebildete Schicht in Frankreich wie ein Mann den Krieg als unvermeidlich. »Wir werden Barbaren, wenn wir alle wirklich drei Jahre in der Kaserne liegen; wir brauchen den Krieg bis aufs Messer. Entweder wir brauchen nachher die starke Armee nicht mehr, oder – sie lohnt sich nicht mehr.« Das sagte mir ein Jahr vor dem Kriege ein gebildeter Franzose. Nun, dieser Kriegsgrund wird fortfallen. Die Finanzen der Staaten auf der einen Seite, die Notwendigkeit der Ausbildung jedes Mannes auf der anderen werden automatisch in allen Ländern die Abkürzung der Dienstzeit erzwingen. Nicht ein Bündnis, aber eine friedliche Beziehung zu Frankreich wird dann möglich sein.

Nun zu *England:* Nicht die deutsche Konkurrenz war der entscheidende Kriegsgrund, sondern die vermeintliche Bedrohung durch unsere *Flotte.* Der englische Spießbürger fürchtete die Gefahr einer Landung. Der englische Weltpolitiker aber fand den Zwang unerträglich, die ganze englische Flotte in der Nordsee zu konzentrieren; das bedeutete eine Einschränkung der weltpolitischen Handlungsfreiheit und zwang zu Opfern an andere, die England sonst nie gebracht hätte. Ist da eine Änderung möglich? Nach dem Geschehenen gewiß nicht leicht. Aber eine Verständigung ist ja seinerzeit versucht worden unter Beteiligung des Staatssekretärs v. Tirpitz. Woran scheiterte sie? Nicht an der Formel. Sondern einmal daran, daß *kein Teil dem anderen traute,* dann aber auch daran, daß sie *zu spät* versucht wurde, als England schon zu fest engagiert war. Da Deutschland nur eine Verteidigungsflotte braucht, ist künftig eine Änderung dieser Lage nicht ausgeschlossen. Vorbedingung ist freilich: einmal eine Änderung des Seerechts von Grund auf. Dazu wird sich England früher oder später ohnedies verstehen müssen, sonst droht ihm bei jeder künftigen kriegerischen Verwicklung auch der Krieg mit neutralen Großmächten. Denn niemals würden *wir* uns das gefallen lassen, was jetzt Amerika und andere Neutrale sich von England bieten lassen. Und auch Amerika wird, wenn es erst seine Kriegs- und Handelsflotte hat, es sich nicht mehr bieten lassen. Und ferner: daß auf kolonialpolitischem Gebiet England zu dem Grundsatz: »Leben und leben lassen« sich bekennt. Wir brauchen statt unseres | Streubesitzes gewiß keine Welteroberung, aber eine arrondierte Interessensphäre, wie andere Länder sie auch haben, ohne daß jemand dadurch gefährdet wird. Nun ist seit dem Krieg die *belgische Frage* zwischen uns getreten. Der Kriegsgrund war unser Einmarsch in Belgien nicht, das wissen wir ja. Aber daß über Belgien ein Einvernehmen hergestellt wird, ist allerdings Vorbedingung einer ehrlichen dauernden Auseinandersetzung. Die dauernde Besetzung Belgiens durch uns in Verbindung mit unserer Flotte bedeutet für England die Notwendigkeit, außer der größten Flotte auch ein sehr großes Landheer zu halten, und das erklärt die Hartnäckigkeit des Krieges. Eine dauernde Kriegsgefahr gegenüber Frankreich *und* England, wie sie die Eroberung Belgiens bedeuten würde, hätte aber für die Zukunft die Folge für uns: daß wir uns *nicht* auf gleichem Fuß mit Rußland verständigen könnten, sondern ihm preisgegeben wären. – Wie steht es nun angesichts dessen mit unseren eigenen Interessen an Belgien?

Zunächst: Was war der Sinn unseres Durchmarsches? Eroberungsabsicht? Kein Deutscher hat an so etwas vor dem Krieg auch nur im Traum gedacht. Sondern das *Fehlen der effektiven Neutralität* auf belgischer Seite. Da waren nicht die verdächtigen Verhandlungen Belgiens mit unseren Feinden das letztlich Entscheidende. Die folgten erst aus der Lage, in welche Belgien sich gebracht hatte. Entscheidend war: daß Belgien zwar seine Grenze gegen uns verteidigungsfähig gemacht hatte, sich aber *außerstande gesetzt hatte, seine Grenze gegen Frankreich und England überhaupt zu schützen.* Das war in der Tat »papierne«, nicht effektive Neutralität. Bei einem französisch-englischen Angriff befand es sich in der Lage Griechenlands. Wenn uns freilich England seine eigene Neutralität zusagte, dann war der Durchmarsch dennoch überflüssig. Das tat Herr GREY aber bekanntlich nicht, und damit war der Garantievertrag, den ja die nunmehr kriegführenden Mächte abgeschlossen hatten, ein wertloser Fetzen Papier geworden. Ein neutraler Staat, wie Belgien sein wollte, hatte die Pflicht, sich in den Stand zu setzen, alle seine Grenzen verteidigungsfähig zu erhalten. Den Belgiern war diese Lage auch gut bekannt. Durch die ganze Presse war die Äußerung des Deutschen Kaisers bei den Schweizer Manövern gegangen: *„daß wir an unserer anderen Flanke« (in Belgien also) »ungedeckt« seien.* Die Schweiz und Holland schützten ihre Neutralität effektiv. Holland tat das bekanntlich gegen Englands Widerspruch. Belgien allein tat es nicht. |

Welches Interesse haben wir nun jetzt, nach dem Einmarsch, an Belgien? Nach meiner Ansicht kein wirtschaftliches. Wenn man nämlich das wirtschaftliche Interesse *national* versteht und *nicht als ein Profitinteresse einzelner Unternehmer.* Antwerpen bleibt immer eine nichtdeutsche Stadt. Die belgische Industrie wird immer welsches Volkstum tragen. Wir haben kein Interesse daran, für den Profit einiger deutscher Reeder, Bankiers und Unternehmer unseren Arbeitern die Konkurrenz eines Fremdvolkes auf den Hals zu hetzen. Haben wir etwa ein Interesse an einer deutschen Verwaltung Belgiens? Sie wäre ein Unding. Man braucht die Verhältnisse nur auszudenken, die entstehen würden. Sie sind jetzt trotz der Tüchtigkeit unserer Beamten nur haltbar, weil eben das Kriegsrecht dahintersteht. Und ganz undenkbar ist eine Kastration Belgiens durch eine *dauernde* deutsche Vormundschaft. Wer an so etwas denkt, unterschätzt die Wirkung des Würde- und Ehrgefühls zivilisierter Völker. Wir haben ein Kulturinteresse daran, daß das flämische Volkstum nicht verwelscht, ein politisches daran, daß es nicht rein französisch beeinflußt wird. Aber die Flamen denken gar nicht daran, die deutsche Beherrschung für die französische eintauschen zu wollen. Die Revolte in Belgien würde in Permanenz sein, und wir würden im Westen niemals wieder die Hände frei bekommen. Wir wären Rußland preisgegeben.

Unser Interesse ist ein rein militärisches: Belgien darf kein Einfallstor unserer Feinde werden. Daß es das werden *müsse,* wenn wir es nicht zum Klientelstaat erniedrigen, – das ist ein Irrtum. Die Belgier wollen unabhängig sein. Jetzt freilich und in der nächsten Zukunft wirkt der Haß gegen uns. Garantien sind also nötig. Welcher Art sie sein müssen, das allein ist die Frage. Wenn von »realen« Garantien die Rede ist, so heißt es wohl: militärisch wirksame Garantien. Und zwar so lange, *bis sie überflüssig werden.* Sie wären schon jetzt überflüssig, wenn ein festes Neutralitätsbündnis Belgiens mit Holland denkbar wäre. Leider ist das augenblicklich sehr wenig wahrscheinlich. Also muß die Änderung der gesamtpolitischen Situation den Zeitpunkt ergeben. Je früher, je besser.

Die englischen Minister verlangen ihrerseits »Garantien« von uns. Was sie sich darunter denken, sagen sie nicht. Was der Sinn unserer Garantien ist, wissen sie dagegen. Jedenfalls ist der Sinn beiderseits, wenn man sachliche Politik treibt: Garantien, *bis sie überflüssig werden.* Also: auf Zeit. |

Demgegenüber nun *Rußland:* Die wirklichen, d. h. die politischen Kriegsgründe, waren hier einerseits das Machtinteresse der Bürokratie und der Großfürstenschaft. Andererseits die *panslawistische Legende.* Diese ist nun in diesem Kriege – das ist ein wichtiges Ereignis – durch die Haltung vor allem der Bulgaren und Polen zerbrochen worden. Und der Traum von der Zertrümmerung Österreichs und der Herrschaft der russischen Bürokratie über alle Slawen wird nun, hoffentlich, damit ausgeträumt sein. Für uns allein wäre eine Verständigung für die Gegenwart vielleicht – ich weiß es nicht – möglich. Wir hätten freilich auch dabei zu bedenken, daß nicht die slawische Frage allein im Wege steht: auch die Ostseefrage: die Frage der Ålandsinseln, liegt heute zwischen uns. Indessen die wirklichen Schwierigkeiten liegen anderswo. Zunächst und vor allem darin, daß wir *Bundesgenossen* haben und *haben müssen.* Wir haben sie nur im Osten, nicht im Westen. Im Osten, nicht im Westen fing der Krieg an. Mit großem Nachdruck muß daran erinnert werden: uns [dort] durch Annexion zu arrondieren, unsere Bundesgenossen aber an ganz entscheidenden Punkten – etwa: Armenien – Provinzen abtreten zu lassen, würde uns in die Unmöglichkeit versetzen, in Zukunft Bündnispolitik zu treiben. Wir können nur eine Verständigung annehmen, die unseren östlichen Bundesgenossen annehmbar ist.

Weiter: die Bedrohung von Osten her nimmt, infolge der Volkszunahme Rußlands, in Zukunft zu. Das ist im Westen nicht der Fall. Und vor allem: Die Bedrohung von *Rußland* her ist die einzige, die sich *gegen unsere Existenz* als nationaler Machtstaat überhaupt richtet. England kann wohl unseren Seehandel lahmlegen, – unseren gesamten Außenhandel überhaupt schon nur bei einer solchen Koalition wie jetzt. Frankreich kann uns ein Stück Land wegnehmen. Ein siegreiches Rußland kann unsere Selbständigkeit vernichten. –

Jedenfalls also: eine Verständigung mit Rußland ist nicht leicht. Sie ist, deutlich gesagt, nur möglich im Falle eines *Desinteressements Rußlands zum mindesten an der serbischen und polnischen Frage.* Denn beide sind Existenzfragen für Österreich und uns. Und sie ist nur möglich bei *dauernden* Garantien, weil die Bedrohung dauernd, und bei *sehr starken* Garantien, weil sie im Wachsen ist. –

Nun aber etwas Letztes: Rußland bedroht nicht nur unsere staatliche Stellung, sondern unsere ganze Kultur und darüber hinaus die Weltkultur, *solange* es so geartet ist wie jetzt. In dieser Art trifft das für | keine andere Macht zu. Unter universalgeschichtlichen Gesichtspunkten werden künftig die Streitpunkte im Westen, wegen Belgien, als Lappalien erscheinen gegenüber den Entwicklungen im Osten, welche Weltentscheidungen bedeuten.

Und auch wir selbst: *im Osten,* nicht aber (nach Lösung der Flamenfrage) im Westen, werden wir außerhalb unserer Grenzen *Kulturaufgaben* haben. Kulturaufgaben? Der moderne deutsche sog. »Realpolitiker« zuckt darüber die Achseln. Es ist eigentümlich: andere Nationen treiben Realpolitik und schwatzen nicht darüber. Der Deutsche aber muß auch aus der Realpolitik sich eine Phrase machen, an die er dann mit der ganzen Inbrunst eines – ich möchte sagen – femininen Gefühls glaubt. Wie steht es denn mit der realpolitischen Bedeutung der »Kultur«? (Wir wollen hier der Einfachheit wegen unter »Kulturgemeinschaft« jetzt einmal nur die durch die Sprache begründete Gemeinschaft verstehen, die »Nation« als im Sinne von Sprach- und Literaturgemeinschaft.) Der Krieg hat den Nimbus des *Staates* gewaltig gehoben: *»Der Staat, nicht die Nation«,* ist die Parole. Ist sie richtig? Erkundigen Sie sich bei österreichischen Offizieren einmal über die fundamentale Schwierigkeit, die dadurch gegeben ist, daß der Offizier nur 50 deutsche Kommandoworte mit seiner Mannschaft gemein hat. Wie soll er im Schützengraben mit ihr Gemeinschaft pflegen? Was soll er tun, wenn etwas Unvorhergesehenes, nicht durch jene Worte Gedecktes, geschieht? Vollends im Fall einer Niederlage? Blicken Sie noch weiter östlich auf das russische Heer, das zahlreichste der Erde: 2 Millionen Gefangene sprechen eine deutliche Sprache dafür, daß der Staat zwar vieles kann, daß er aber nicht die Macht hat, die *freie Hingabe des einzelnen* an sich zu erzwingen, ohne welche die innere Wiedergeburt Deutschlands zu Beginn dieses Krieges unmöglich gewesen wäre.

Diese Bedeutung der Kultur hat aber für uns auch *negative* Konsequenzen, die wir uns rückhaltlos klarmachen müssen. Jede Politik jenseits unserer Ostgrenze ist, gerade wenn sie Realpolitik ist, *unvermeidlich westslawische Politik* und *nicht* nationaldeutsche Politik. Daß dies das Schicksal des Krieges ist, ist eine ganz zentrale Einsicht, die wir die sittliche Selbstzucht haben müssen, uns nicht zu verhehlen. Auch einige hunderttausend deutscher Kolonisten in Kurland würden daran *gar nichts* ändern. Ihren gefühlspolitischen Wert verkenne ich nicht, – realpolitisch aber bedeuten sie schlechterdings *nichts*. Würden wir im Osten deutsche Nationalitätspolitik treiben, so würden wir die | 15 Millionen dazwischensitzender Slawen für alle Zeit zu [unseren] Todfeinden und [zu] Parteigängern Rußlands machen. –

Was folgt nun aus dem Gesagten? Zunächst: daß alle Friedensziele töricht sind, die jedem Hunde der feindlichen Meute ein Stück vom Schwanz abhacken würden. Das hat Bismarck 1866 weislich vermieden. Dann: daß für die Gegenwart zwar eine Verständigung mit England gefühlspolitisch und infolge des einmal bestehenden Mißtrauens schwierig ist, daß aber für die Zukunft die größere Schwierigkeit Rußland gegenüber besteht, weil es der dauernd gefährlichere Nachbar bleibt und weil es immer stärker wird. Daß wir im Westen nur zeitweilige, im Osten aber dauernde und auch stärkere Garantien brauchen als im Westen. Daß eine dauernde Verständigung mit Rußland gewiß möglich ist, aber nur bei starken Änderungen in den Grundlagen seiner Politik: Einschränkung seines Eroberungsdranges oder Änderung seines Expansionszieles. – Feststeht aber natürlich eins: *verständigen werden wir uns nach dem Krieg unter allen Umständen mit dem, der uns die besseren Garantien gibt;* er sei, wer er wolle. Dem können auch wir alle denkbaren Freundschaftsgarantien geben. Unabhängig aber muß diese Frage bleiben von unsachlichen Motiven: von Haß, von Eitelkeit und unabhängig vor allem auch: von innerpolitischen Sympathien.

Ich habe bisher allein von unseren Gegnern gesprochen. Von unseren Beziehungen zu unseren Verbündeten enthält verwickelte Probleme nur unser Verhältnis zu *Österreich-Ungarn.* Eins freilich ist selbstverständlich: Solange nicht die Politik dieser unserer großen Nachbarmonarchie uns ein anderes Verhalten absolut aufzwingt – und das ist nicht zu erwarten –, kann unser Interesse stets nur dahin gehen: das Bündnis immer noch inniger zu gestalten. Wir denken dabei an das glänzende Buch unseres Freundes Naumann[1]. Seine Intuition allein hat bei uns und drüben das starke Stimmungskapital geschaffen, mit dem jetzt die Politiker diesseits und jenseits wirtschaften können. Rein sachliche politische Erwägungen müssen nun den Weg zum Ziele bestimmen. Die Schwierigkeiten sind natürlich nicht ganz gering. Wirtschaftliche Momente können auch hier nicht den Ausschlag geben. Ein »gutes Geschäft« ist die engere zollpolitische Verbindung für uns durchaus nicht sicher. Aber die entscheidenden Probleme sind natürlich auch hier politische. Die beteiligten Dynastien und auch die Völker werden ihre Bewegungsfreiheit sich nicht gern beschränken lassen. Ganz einfach ist dabei die | Lage gerade für uns nicht. Ein enger Verband mit zwei souveränen Staaten belastet uns mit allen Konsequenzen von deren äußerer und innerer Politik und Wirtschaftspolitik. Und gerade der Versuch, eine *wirtschaftliche* Einigung herbeizuführen, belastet, wenn er gelingt, die gegenseitige Beziehung mit all jenen Verstimmungen, welche aus dem wirtschaftlichen Wettbewerb folgen. Man muß sich jedenfalls ganz klarmachen: daß der Inhalt der Militärkonvention für beide Teile bei weitem das Wichtigste von allem ist, weit wichtiger z. B. als alle Zollfragen. Die beiden Heere müssen, wenn die neue Entwicklung einen Fortschritt im Vergleich mit der Gegenwart bedeuten soll, in ihren inneren Einrichtungen und im Kriege im Kommando so ineinandergreifen können, als ob sie Verbände eines einheitlichen Heeres wären. Und doch muß dabei die beiderseitige Militärhoheit gewahrt bleiben. Eine solche Konvention ist schwerlich auf der Grundlage eines kündbaren Bündnisses möglich. Und jeder derartige Versuch erfordert von beiden Seiten vor allen Dingen ein ganz ungeheures Maß von Vertrauen. Beide Teile dürfen nicht enttäuscht sein, wenn er nicht sofort in allen Einzelheiten ihren Idealen entspricht. Wird er in die richtige, für alle Teile zweckmäßige Bahn gelenkt, so führt

[1] »Mitteleuropa« (1915).

das Schwergewicht der Tatsachen weiter als der formelle Inhalt. In den siebziger Jahren kam einmal bei BISMARCK die Rede auf die Verhandlungen über den Eintritt *Bayerns* in das Deutsche Reich. Schräg gegenüber dem Reichskanzler saß der bayerische Bundesratsbevollmächtigte, um beide herum [saßen] Abgeordnete der nationalliberalen Partei. Die heikle Frage der bayerischen Reservatrechte, die Enttäuschung, welche sie anfänglich erregt hatten, wurde berührt. Der Reichskanzler sagte etwa: Gewiß, die Stimmung in Deutschland und auch in Bayern selbst war unter der Einwirkung des Krieges so, daß wir von der bayerischen Regierung durch einen scharfen Druck wohl mehr hätten erreichen können. »Aber«, fuhr er fort, indem er die Hand über den Tisch nach dem bayerischen Gesandten hin reckte, »wenn ein Freund seine Hand in meine gelegt hat, *so werde ich sie doch nicht zerquetschen«*, – und er ballte sie zusammen. Ich sprach Anwesende gleich nachher; der Eindruck war gewaltig: es war der grandiose Stil der deutschen Politik jener Tage. Ich denke: das, was BISMARCK sagte, ist gehalten worden: – Bayerns Dynastie und Volk haben ihr Vertrauen nicht zu bereuen gehabt, und die Einrichtung genügte trotz ihrer Mängel. Nun ist aber freilich die Frage eines Bündnisses unter mehreren gleich mächtigen Großstaaten eine andere als die | zwischen dem Norddeutschen Bund und auch einem starken deutschen Einzelstaat. Da mußte nur Bayern das Vertrauen haben, nicht vergewaltigt zu werden. In diesem Falle müssen *beide* Teile es haben. Auch wir. Und damit komme ich denn zuletzt auf den wichtigsten Punkt, an dem sich das zeigen muß und wird. Gemeinsam erobert sind Serbien und Polen. Die Probe *unserer* Bundestreue ist: daß über Serbien nur so disponiert werden wird, wie es Österreich und Ungarn verlangen. Die Probe der Treue unserer Bundesgenossen ist: daß über das eroberte *Polen* nur so disponiert werden kann, *wie es unsere Lebensinteressen erheischen.* Die polnische Frage reicht bei uns bis vor die Tore der Reichshauptstadt. Jede Landkarte ergibt, daß das Schicksal Kongreß-Polens über Schlesien entscheidet und uns unendlich näher berührt als Österreich. Niemand wird erwarten, daß wir uns als Resultat des Krieges ein Serbien vor die Tür setzen, welches durch sein Schwergewicht die Nachbarmonarchie *gegen* uns beeinflussen könnte. Eine wirklich glatte, sowohl für uns wie für Österreich und für die Polen befriedigende Lösung der polnischen Frage *gibt es nicht.* Rein politisch war der Zustand vor dem Kriege für unser Interesse so lange erträglich, als Rußland nicht – wie es im Begriff stand – Polen als

Operationsbasis gegen uns ausbaute. Jetzt ist dieser Zustand von vor dem Kriege nicht mehr möglich. Polen wurde russisches Einfallstor, die Polen selbst [wurden] sämtlich Parteigänger der Einigung unter russischer Oberherrschaft. Es ist nun bekannt, daß die Polen Galiziens und vielleicht anfangs ein Teil der Kongreß-Polen die Angliederung an Österreich wünschten. Die wäre aber allerdings nur möglich, wenn wirklich zwischen uns und Österreich-Ungarn ein ewiger unzerreißbarer Staatenbund, das heißt: neben dem ewigen Militärbündnis eine volle Wirtschafts-, Zoll-, Bank- und Währungsgemeinschaft derart geschaffen würde, daß die drei Staaten trotz ihrer Souveränität einen für alle Zeit unzerreißbaren Verband bildeten. Bloße Verabredungen tun das nicht. Für uns wäre eine Befriedigung solcher Wünsche vielleicht politisch so ratsam, daß wir sogar jenes sehr starke politische und wirtschaftliche Opfer zu bringen uns entschließen könnten: ich lasse das hier unerörtert. Denn unsere Bundesgenossen müssen zuerst entscheiden, ob *sie* das können und wollen. Die preußischen Polen und eine wachsend starke Partei Kongreß-Polens wünschen die Angliederung an uns als verbündeter, aber selbständiger Staat. Das wäre die einfachere Lösung. Wirtschaftlich brauchten wir von diesem Staate nur die Meistbegünstigung. In allen anderen Dingen | wäre absolut entscheidend nur: nichts zu versprechen, was wir nicht halten können, alles loyal zu halten, was versprochen ist. Das aber können wir. Wir sind in der Lage, jene Forderungen der Polen selbst, welche sie 1905 während der Revolution an Rußland stellten, weit zu überbieten. Die Nation würde die volle Selbstregierung haben. Nur militärisch müssen wir – das verkennen die Polen selbst am wenigsten – die Garantien für unsere Nordostgrenze angesichts der russischen Übermacht in eigener Hand haben.

Nun hat man gesagt, und auch Parteiführer der Rechten haben das getan: was gehen denn uns die Polen an? Ja, ich wiederhole, die Polen reichen bis vor die Tore Berlins. Ich galt für einen Polenfeind. Ich verwahre noch einen mit Namen unterzeichneten Brief aus Lemberg von vor 20 Jahren, der das Bedauern aussprach, daß mein Urahne nicht von einem mongolischen Schwein gefressen sei, – davor hätten mich die Polen bewahrt, und nun bewähre ich mich schlecht. Gewiß: gegen die Nationalitätenkonkurrenz nach dem System der billigeren Hand, Unterbieten im Arbeitslohn durch ausländische Arbeiter, habe ich mich gewandt und trat aus dem Alldeutschen Verband aus, weil er das Interesse der Großgrundbesitzer an billigeren slawischen Arbeitskräften über das der Nationalität stellte. Die alldeutsche, törichte und unwirksame Sprachenpolitik gegen die Polen habe ich niemals mitgemacht. Jetzt aber ist – innen und außen – die Lage völlig verändert, genau so, wie ich es alldeutsch beeinflußten Kollegen vor dem Kriege voraussagte. Im Innern muß eine ehrliche Verständigung mit den Polen, die wie alle anderen ihre Pflicht taten, stattfinden. Jenseits unserer Grenze aber können wir, in Polen und im Osten überhaupt, nachdem einmal dieser Krieg gekommen ist, keine großdeutsche Politik treiben. Sondern es ist unser Schicksal, daß dieser Krieg die Westslawenfrage aufrollt, und daß wir im Osten Befreier der kleinen Nationen *selbst dann* sein würden, *wenn wir es nicht wollten.* (Der inzwischen im preußischen Abgeordnetenhaus eingebrachte Antrag zur Polenfrage und die Reden der Politiker der Rechten dazu sind – von anderem abgesehen – das vernichtendste Zeugnis gegen deren politische Urteilsfähigkeit oder Urteilswilligkeit; denn daß dieser Schritt bevorstand, wußten die Führer so gut wie andere mindestens seit mehreren Monaten.)

Als eine der Phrasen unserer Gegner wurde ja das Problem der »kleinen Nationen« aufgeworfen. Wenn sie wirklich auf der Grundlage des Nationalitätenprinzips Frieden schließen wollten, nun, *das könnten | wir – sagen wir das doch mit lauter Stimme vor der ganzen Welt! – jeden Tag.* Aber: »Que Messieurs les assassins commencent!« Der Friedensvertrag hätte dann also zu besagen, daß Irland, Malta, Gibraltar, Ägypten, Indien, die Buren, Indochina, Marokko, Tunis, die Araber in Algier, die Polen, Ukrainer, Litauer, Letten, Esten, Finnländer, Kaukasusvölker, – daß, sage ich, diese 350 *Millionen Fremdvölker,* welche unsere Gegner ungefragt beherrschen, ausbeuten, in unsere Maschinengewehre jagen, in einer – sagen wir – durch den menschenfreundlichen Herrn Präsidenten der Vereinigten Staaten zu kontrollierenden freien Abstimmung sich zu äußern hätten, ob sie einen eigenen Staat bilden wollen oder nicht. Wir wollen dabei gern unsern Gegnern zugestehen, daß man kein Prinzip bis zum Unsinn treiben kann. Die drei rationalen Komponenten einer politischen Grenzabsteckung: militärische Sicherheit, ökonomische Interessengemeinschaft, nationale Kulturgemeinschaft, harmonieren nun einmal auf der Landkarte nicht, und solange es Staaten mit Armeen und Wirtschaftspolitik gibt, sind Kompromisse zwischen jenen Prinzipien unvermeidlich. Mehr als das militärisch Unentbehrliche besitzen an fremdvölkischem Land wir selbst weder im Westen noch im Osten, wo ja innerhalb unserer Grenzen Deutsche und Polen dörferweise durcheinander und benachbart auf demselben Boden sitzen, so daß eine Grenzziehung gar nicht möglich ist. Eine reinliche Scheidung der Nationalitäten Österreich-Ungarns in selbständige reine Nationalstaaten ist teils schon geographisch unmöglich, teils würde sie zum politischen oder wirtschaftlichen Unsinn in der Staatsbegrenzung führen. Hier ist für immer nur die Nationalitätenföderation in einem übernationalen Staatswesen möglich. Unsere Gegner aber können gar nicht daran denken, ihrerseits mit dem Nationalitätenprinzip Ernst zu machen. Das französische ebenso wie das russische und englische Weltreich wären ja damit von vornherein gerichtet. Wir dagegen *müssen* damit Ernst machen im eigenen Interesse. Nicht wir waren es, die das Prinzip des Machtstaates über die Schranken der Nation hinaustrugen. Wir besitzen keine Kolonie, deren Einwohner wie die Inder, Birmanen, Cochinchinesen, Araber, Litauer, Ukrainer, Georgier, Finnen eine eigene und zum Teil uralte Kultur und, mindestens Rußland gegenüber, eine weit *überlegene* Kultur besäßen.

Aber freilich: ein Machtstaat sind auch wir. Und daß wir das sind, *das ist der letzte entscheidende Kriegsgrund.* Gelänge es, uns zu vernichten, so hätten alle unsere Gegner für die Teilung der Welt | freie Hand und brauchten dafür nur die Hälfte ihrer jetzigen Heere zu halten. *Das* ist wahr an dem Gerede über den Kampf gegen den Militarismus. *Warum sind wir eigentlich ein Machtstaat geworden?*, fragen wir also zuletzt. Sind denn Nationen, die keine großen Machtstaaten bilden, sind die »kleinen« Nationen, die Schweizer, Holländer, Dänen, Norweger, Schweden etwa um deswillen *weniger wert? Keinem Deutschen* ist es in den Sinn gekommen, derartiges zu behaupten.

Im geschichtlichen Dasein der Völker haben die Machtstaaten und die äußerlich kleinen Nationen beide ihre dauernde Mission. Ein großer Machtstaat von 70 Millionen kann gewiß vieles, was ein Schweizer Kanton oder ein Staat wie Dänemark nicht kann. Aber er kann auch in manchem weniger als diese. Auf dem Kulturgebiet sowohl wie auch bei den ganz eigentlich politischen Werten. Nur in den kleinen Staaten, wo die Mehrzahl der Bürger einander noch kennt oder kennenlernen kann, – wo, auch wenn man nicht mehr das ganze Volk wie in Appenzell auf einem Platz versammelt, doch wenigstens die Verwaltung so von jedem übersehen werden kann wie in einer mittelgroßen Stadt, nur da ist die echte Demokratie, nur da ist aber auch die echte, auf persönlichem Vertrauen und persönlicher Leistung ruhende Aristokratie *überhaupt möglich.* Im Massenstaat wandeln sich beide bis zur Unkenntlichkeit: die Bürokratie statt der vom Volk gewählten oder ehrenamtlichen Verwaltung, die gedrillte Armee statt der Volkswehr wird unvermeidlich. Das ist das unentrinnbare Schicksal des im Massenstaat organisierten Volkes. Darum hat der Schweizer Jacob Burckhardt in seinen »Weltgeschichtlichen Betrachtungen« die Macht als ein Element des Bösen in der Geschichte gewertet. Jeder von uns wird es als eine Fügung des Schicksals preisen, daß einem Teil unseres Volkstums: den Deutsch-Schweizern, es vergönnt ist, die Tugenden der Kleinstaatsexistenz zu pflegen und ihre Blüten hervorzubringen. Wir jedenfalls sind objektiv genug, diese Sonderlage und den Sonderwert der Schweizer anzuerkennen, trotz so manchem recht törichten und zugleich unangenehm pharisäischen Wort aus ihrem so sorgsam »neutralen« Mund über unseren »Militarismus«. Grenzenlos unverständlich sind solche Reden. Denn *warum* begaben wir selbst uns in den Bann dieses politischen Machtverhängnisses? Aus Eitelkeit nicht. Sondern unserer *Verantwortung vor der Geschichte* wegen. Nicht von den Schweizern, den Dänen, Holländern, Norwegern wird die Nachwelt Rechenschaft fordern über | die Gestaltung der Kultur der Erde. Nicht sie würde sie schelten, wenn es auf der Westhälfte unseres Planeten gar nichts mehr geben würde als die angelsächsische Konvention und die russische Bürokratie. Und das mit Recht. Denn nicht die Schweizer oder Holländer oder Dänen konnten das hindern. Wohl aber wir. Ein Volk von 70 Millionen zwischen solchen Welteroberungsmächten hatte die *Pflicht,* Machtstaat zu sein. Wir mußten ein Machtstaat sein und mußten, um mitzusprechen bei der Entscheidung über die Zukunft der Erde, es auf diesen Krieg ankommen lassen. Wir hätten es selbst dann tun müssen, wenn wir hätten fürchten müssen, zu unterliegen. *Weil es uns Schande vor Nach- und Mitwelt* gebracht hätte, wenn wir uns dieser Pflicht feig und bequem entzogen hätten. Die Ehre unseres Volkstums gebot es. *Um Ehre,* nicht um Änderungen der Landkarte und des Wirtschaftsprofits – das wollen wir nicht vergessen – geht der deutsche Krieg. Er geht nicht nur um unsere eigene Existenz. Im Schatten unserer Macht leben die kleinen Nationen um uns herum. Was würde aus der Selbständigkeit der Skandinavier, was auch aus der Hollands und was aus dem Tessin, wenn Rußland, Frankreich, England, Italien unser Heer nicht zu scheuen hätten?

Nur das Gegengewicht der Großmächte gegeneinander verbürgt die Freiheit der Kleinstaaten.

Gewiß, nicht nur diese Verantwortlichkeit steht jetzt im Krieg in Frage. In der letzten Stube des letzten Arbeiters würde man noch bei unseren Enkeln es gefühlt haben, wenn wir unterlegen wären. Diese Einschränkung, diese Not, die das Durchhalten im Kriege jetzt über Hunderttausende brachte und noch bringen wird, diese selbe beengte Existenz würde dann das dauernde Schicksal der Masse der Deutschen sein. Denn die Welt wird voller, der Vorteil der Auswanderung versagt. Mit der Demokratisierung der Kultur wird die Sprachgemeinschaft auch in den Massen exklusiv, die nationalen Gegensätze [werden] notwendig schärfer, mit dem ideellen und wirtschaftlichen Interesse der Massenschriftstellerei in den einzelnen Volkssprachen fest verknüpft. Ein durch den Verlust des Krieges wirtschaftlich ruiniertes Deutschland würde deutsche Ware als Schleuderware, deutsche Arbeitskräfte als Kulis auf den Weltmarkt werfen; das würde erst die wirkliche »deutsche Gefahr«, den Deutschen aber die Pariastellung bringen. Das hängt für uns am Siege.

Wollten wir diesen Krieg nicht riskieren, nun, dann hätten wir die Reichsgründung ja unterlassen und als ein Volk von Kleinstaaten weiter existieren können. Freilich, so wenig uns der französische Besitz des | Elsaß Ruhe vor den Franzosen, so wenig hätte uns das Ruhe vor dem Krieg als solchem gebracht. Den Krieg hätten wir auch dann gehabt: die einen hätten als Rheinbundstaaten für französische, die anderen als russische Satrapie für russische Interessen fechten oder dafür, wie früher stets, den Kriegsschauplatz abgeben dürfen. Nur die Weihe eines *deutschen* Krieges, die hätten wir dann nicht kennengelernt. Daß wir nun einmal nicht ein Volk von sieben, sondern von 70 Millionen sind, *das* war unser Schicksal. Das begründete jene unentrinnbare Verantwortung vor der Geschichte, der wir uns nicht entziehen konnten, selbst wenn wir wollten. Das muß man sich immer wieder klarmachen, wenn heute die Frage nach dem »Sinn« dieses endlosen Krieges gestellt wird. Die Wucht dieses Schicksals, das wir bestehen müssen, führte die Nation empor, an Abgründen und Gefahr des Untergangs vorbei, auf der steilen Bahn der Ehre und des Ruhmes, auf der es keine Umkehr gab, in die klare harte Luft des Waltens der Weltgeschichte, der sie in ihr grimmiges, aber gewaltiges Angesicht schauen mußte und durfte, späten Nachfahren zu unvergänglichem Gedächtnis.

DEUTSCHLANDS ÄUSSERE UND PREUSSENS INNERE POLITIK[1]

I. Die Polenpolitik

Der monarchischen Staatsform wird die Fähigkeit besonders stetiger und einheitlicher Haltung in der großen Politik nachgerühmt. Wenn es nun irgendeine hochpolitische Frage gibt, welche besonders dringend zielbewußter Einheitlichkeit der Behandlung bedarf, so ist es die polnische. Im Winter 1916 kündigte der Reichskanzler die Wiederaufrichtung Polens an, nachdem das Problem schon seit Monaten erwogen war. Bis zur Novemberproklamation der beiden Kaiser blieb also hinlänglich Zeit für alle Instanzen, sich über die Konsequenzen klar zu werden. Daß diese vor allem auch auf dem Gebiet der *innerdeutschen* Polenpolitik liegen mußten, war selbstverständlich. Die folgenschwere Wandlung unserer Gesamtpolitik im Osten wäre sonst ein politischer Aberwitz. Ohne grundsätzliche Neuorientierung der Beziehungen zwischen den beiden Nationalitäten bedeutete sie ja die bewußte Schaffung eines »Serbien« vor unseren Toren. Die Ära, in welcher unsere Interessengemeinschaft mit Rußland auf der beiderseitigen Beherrschung polnischen Gebietes beruhte, ist [ab]geschlossen, und neue Wege müssen beschritten werden.

Eine für die Deutschen sowohl wie die Polen absolut befriedigende Lösung der zahlreichen schwierigen Interessenkollisionen ist – leider – nicht möglich. Denn solange Militärstaaten und staatliche Wirtschaftspolitik bestehen, kann die Nationalität – deren Grenze überdies im Osten mit seinem Durcheinanderwohnen beider Völker gar nicht gefunden werden könnte – für die Ziehung der politischen Grenzen nur *neben* 1. der militärischen Sicherheit und 2. der wirtschaftlichen Zusammengehörigkeit maßgebend sein. Aber auch eine nur irgend-

[1] Frankfurter Zeitung vom 25. Februar 1917.

wie leidliche Lösung ist ausgeschlossen, wenn nicht von beiden Seiten alle jene »Prestige«- und Eitelkeitsfragen ausgeschieden werden, deren Hineintragung die Kämpfe der Nationalitäten ebenso wie die der Staaten immer unaustragbar macht. Die Frage darf nur dahin gestellt werden: was die rein sachlich-*staatlichen* Interessen des Reichs und Preußens einerseits | und was das Interesse der Polen an der Entwicklung ihrer eigenen *Kultur* auf der anderen Seite als absolutes Minimum erfordern, was also z. B. auf den wichtigsten Gebieten: der Schul- und Sprachenpolitik und der Siedlungspolitik beiderseits rein sachlich 1. unentbehrlich, 2. wünschenswert, 3. erträglich ist. Die bisherige preußische Polenpolitik ist jedenfalls fortan unhaltbar. Das ist sie aber auch rein an sich.

Daß das Vordringen der Polen auf Kosten der Deutschen im Osten sich vollzog gerade infolge der größeren *Kulturarmut* der ersteren, die sich ausdrückte in geringeren Lohnforderungen der polnischen Arbeiter und geringerem Mindestbodenbedarf der polnischen Bauern, – diese fatale Beherrschung der Nationalitätenkonkurrenz durch das »Prinzip der billigeren Hand« war seinerzeit ein triftiger Grund für uns Deutsche, die *Ansiedlungspolitik* der preußischen Regierung zu unterstützen. Selbstverständlich aber unter der Voraussetzung, daß gleichzeitig und vor allem die alljährliche Überschwemmung des Ostens durch Hunderttausende billiger russisch-polnischer Wanderarbeiter aufhörte, welche dazu dienten, Großgrundbesitzern eine Existenz *auf Kosten der nationalen Interessen* zu ermöglichen. Statt dessen wurde die von BISMARCK durchgeführte Grenzsperre beseitigt und damit der Ansiedlungspolitik aller Wind aus den Segeln genommen, sie, trotz noch so ausgezeichneter Arbeit, zur politischen Sinnlosigkeit verurteilt. An Stelle jener nationalitäts- und siedlungspolitisch allein wirksamen Maßregel begann die bekannte Sprachenpolitik. Alle Erfahrungen darüber, daß solche Maßregeln überall und immer eine jede *nicht* mehr analphabetische, sondern mit eigener Presse und einer eigenen Literatenschicht ausgestattete Nationalität, schon durch das materielle Interesse dieser Schichten, zum äußersten, bisher noch in *keinem* Falle gebrochenen Widerstand zusammengeschlossen haben, blieben unbeachtet. Jetzt erst wurden die »Massen« innerlich beteiligt. Die wirtschaftliche Mobilmachung des Polentums folgte. Die immer weiter sich verschärfenden Gegenmaßregeln führten in logischer Konsequenz zum Enteignungsgesetz. Damit war man aber auf dem Punkt, wo Interessen der hohen Politik mitsprachen:

Rücksicht auf das *österreichische Bündnis* nötigte dazu, haltzumachen, und das Gesetz blieb ein agitatorisch für die Polen höchst wirksamer toter Buchstabe. Der sichtbarste Erfolg dieses Kampfes und all jener höchst fatal wirkenden »Ostmarken«-Pfründen, die er schuf, war – wie das mit amtlichem Material arbeitende Buch von Ludwig | Bernhard drastisch schilderte: –, daß die Polen in ihren Kampforganisationen sich ökonomisch so entwickelt haben, daß von einer »Konkurrenz der durch Kulturlosigkeit billigeren Hand« heute *nicht* mehr wie früher geredet werden darf.

Die jetzige Außenpolitik des Reichs in Polen aber ist mit der bisherigen innerpreußischen Polenpolitik ganz unvereinbar: *beide* müssen zu den verhängnisvollsten Konsequenzen führen, wenn nicht die innere Polenpolitik Preußens sich der hochpolitisch bedingten Stellungnahme des Reichs anpaßt.

Selbstverständliche Voraussetzung jedes Erfolgs einer neu orientierten Polenpolitik ist zunächst, daß die Regierung und daß die in Preußen maßgebenden Parteien sich mit den *Vertretern der preußischen Polen in Verbindung setzen.* Ob nicht auch im Königreich Polen der sachlich zweckmäßige erste Schritt, statt der Ausstellung einer Art von Ehrenwechsels mit unbestimmtem Inhalt und zugunsten eines als Verband noch nicht existierenden Adressaten, die Schaffung einer von niemand anzweifelbaren gewählten Vertretung der Bevölkerung, zunächst natürlich zu rein intern beratenden Zwekken, gewesen wäre, mit der man dann hätte verhandeln können, das soll hier unerörtert bleiben. Denn es ist unbekannt, ob nur sachliche Gründe den jetzt beliebten Weg erzwangen. Über manche Zukunftsfrage aber, z. B. die der geographischen Begrenzung des künftigen Polen nach Osten und Nordosten, sind aus den Kreisen der preußischen Polen Ansichten vertreten worden, deren Berücksichtigung gerade eine rein »realpolitische« Vertretung deutscher Interessen weit eher in Erwägung ziehen sollte als die vielfach heillos konfusen östlichen Ideale mancher deutscher Politiker. Für die preußische *Innen*politik ist ohne streng sachliche Erörterung der Ausgleichsprobleme mit den polnischen Interessenten keinesfalls vorwärts zu kommen. Die Sprachenprobleme, Fragen wie die Schaffung von Siedlungsrayons beider Nationalitäten in den Ostprovinzen und die Begünstigung freiwilliger Umsiedlungen deutscher Ansiedler aus dem Königreich Polen nach Deutschland und umgekehrt, können nicht einseitig ohne den ehrlichen Versuch einer vorherigen Verständigung gelöst werden. Allein wie man darüber denken mag, unter *allen* Umständen ist eins zu verlangen: daß für unbedingte *Einheit der Politik* des Reichs und Preußens in dem ganzen Komplex von Fragen, welche die kaiserliche Proklamation aufgeworfen hat, Sorge getragen werde. Ist davon irgend etwas bisher zu bemerken? |

Die November- und erst recht die Januarverhandlungen des Abgeordnetenhauses gaben darauf eine negative und, wenn es dabei bleibt, für die Politik des Reiches vernichtende Antwort. Direkt provozierend, politisch gänzlich zwecklos und ohne alles Augenmaß war schon das Vorgehen der Rechtsparteien in der Spätherbsttagung. Rein agitatorisch gebärdeten sich die auf den Ton der Kapitolsrettung gestimmten Reden so, als ob der Schritt der beiden Kaiser sie aus allen Wolken fallen lasse, obwohl die Absicht doch seit Monaten niemandem unbekannt war. Wenn man die Proklamation der beiden Kaiser in ihrer politischen Wirkung absichtlich zu durchkreuzen und zu diesem Zwecke das nun folgende Verhalten der preußischen Polenfraktion als Echo absichtlich hätte hervorrufen wollen, dann war dies freilich der Weg. Die damalige Erklärung des Ministers des Innern zeigte überdies: daß jetzt erst, endlose Monate nach der öffentlichen Ankündigung des Kanzlers, die aus der Reichspolitik folgenden Probleme Gegenstand von »Erwägungen« werden *sollten.*

Die Januartagung dieses Jahres brachte Schlimmeres: Die Etatsrede des Abgeordneten KORFANTY war, so begreiflich eine gewisse Ungeduld der Polen nachgerade sein konnte, doch in der Tonart mancher Stellen gewiß keine Leistung eines verantwortungsbewußten Politikers, wie übrigens von polnischer Seite nicht verkannt zu werden scheint. Beide Teile, die Deutschen ganz ebenso wie die Polen, werden eben außer ihren alten Schlagworten nötigenfalls auch manche ihrer alten Führer über Bord werfen müssen, wenn jemals etwas Verständiges herauskommen soll. Eine Ablehnung dieser Teile der Rede war am Platze, aber gut vereinbar mit sachlicher Behandlung des Problems selbst. Indessen, die Antwort des Ministers, der sich doch nicht verhalten darf wie ein bloßer (und noch dazu wie ein die Selbstbeherrschung verlierender!) Parteipolitiker, war von Sachlichkeit weit entfernt. Auf die von dem polnischen Redner erörterten Etatstitel ging er gar nicht ein. Sondern nachdem er erklärt hatte, daß »Beschwerden« über seine Verwaltung nicht an die Zentralinstanz gelangt seien, fuhr er unter Hinweis auf die wirtschaftliche Blüte der Provinz Posen fort: »Sie (die Polen) sollten noch heutigen

Tages Gott auf den Knien danken, daß sie zu solcher Entwicklung gekommen sind! Sie sollten den preußischen Königen danken, die die Staatsregierung angewiesen haben, solche Wege zu gehen!« Abgesehen davon, daß es wohl besser wäre, wenn ein Minister Gott und die Könige nicht als Deckung seiner eigenen Politik verwenden würde, werden die Polen wohl der Ansicht sein, daß für die wirtschaftliche Entwicklung | ihrer eigenen Nationalität jedenfalls in den letzten zwanzig Jahren »Gott« durch die Leiter der polnischen Genossenschaften besser vertreten war als durch die preußischen Minister. Der übliche unsachliche Prestigestandpunkt der Regierung: ein gewisses »Entgegenkommen« in der Praxis der Verwaltung wie eine Art von Gnadengeschenk an »Untertanen« zu behandeln, für welches man von diesen »Dankbarkeit« beanspruchen könne, schneidet jede sachliche Erörterung von vornherein ab. Wir könnten allmählich wenigstens eins wissen: *Wo immer* man eine auf Dank spekulierende Politik betrieben hat, war sie von vornherein zum Scheitern verurteilt. Angesichts der wahrlich schwierigen Frage, wie die bisherigen schweren Auseinandersetzungen im Osten durch einen billigen *Ausgleich* ihrer doch nun einmal *kollidierenden Interessen* in andere Bahnen geleitet werden können, wirkt es doch unglaublich oberflächlich, wenn der Minister solche Probleme von obenher mit der etwas schulmeisterlichen Bemerkung abtun zu dürfen glaubt: es sei »ungehörig« (!), einen »Unterschied zu machen zwischen polnischen und deutschen Interessen hier im Inland«. Und wenn der Minister, der am 20. November die »überkommenen bisher erfüllten Aufgaben Preußens in den Ostprovinzen« als »in naher und ferner Zukunft« fortbestehend bezeichnet hatte, nunmehr gar in Aussicht stellte, die Staatsregierung werde auf Grund der Rede des Abgeordneten KORFANTY *»diejenigen Entschlüsse finden, die sie als Konsequenz solcher Ausführungen für nötig erachtet«*, so ist das nichts anderes als eine Kriegsansage gegen die innerdeutschen Polen sowohl wie vor allem *gegen die hochpolitisch bedingte Polenpolitik des Reichs.* Denn diese wäre ja bei der angekündigten Haltung eine frevelhafte politische Leichtfertigkeit. *Eine von beiden,* die jetzige Politik des Reichs oder die Preußens, muß *jedenfalls weichen.* Schon die ungünstige Rückwirkung der rein agitatorischen Novemberreden der Rechten auf die Entwicklung der Verhältnisse im künftigen Königreich ist kaum zweifelhaft. Diese jetzige Regierungserklärung aber schafft eine politisch unhaltbare Lage. Es handelt sich hier nicht etwa um die Person eines Ministers, gegen den persönlich gewiß niemand etwas hat. Daß gerade er *absichtlich* die kaiserliche Proklamation zu konterkarieren versuchte, traut ihm selbstverständlich niemand zu. Der Sache nach aber hat er dies in einem Maße getan, welches die deutsche Polenpolitik in einer der ernstesten Stunden unserer Geschichte in kaum zu verantwortender Art bloßstellt und tatsächlich geeignet ist, ihr alles Vertrauen | zu entziehen. Solche bedenklichen Fehler sich zu gestatten, ist Deutschland, wenn es große Politik treiben will, nicht in der Lage, und der Ministerpräsident, der zugleich Leiter der Reichspolitik ist, muß schlechterdings dafür haften, daß sie sich fortan nicht wieder ereignen. Die bürokratische Fachspezialisierung und die Stellung Preußens im Reich dürfen nicht zu einem *Zerfall der einheitlichen Leitung*, wie sie eine monarchische Staatsform zu gewährleisten beansprucht, in Satrapien führen, die miteinander im Kampfe liegen. Der letzte Grund liegt freilich nicht in der Struktur des Reichs, sondern in der Abhängigkeit der preußischen Regierung von der politisch unendlich kurzsichtigen, aber nun einmal den Landtag beherrschenden Plutokratie, der sich keine, angeblich noch so »starke«, Regierung bisher entzogen hat. *Entweder* dies findet einmal ein Ende, *oder* es ist besser, auf jede Politik jenseits unserer Ostgrenze sofort und definitiv zu verzichten. Sie könnte unter solchen Einflüssen nur zum Unheil führen.

II. Die Nobilitierung der Kriegsgewinne [1]

Zu den erstaunlichsten Schritten der neuesten preußischen Politik gehört die Einbringung der *Fideikommißvorlage*. Das Wesentliche darüber hat die Redaktion dieser Zeitung schon gesagt. Es sei aber gestattet, im Anschluß daran noch auf einige *politisch* wichtige Punkte etwas näher einzugehen.

Es besteht in Deutschland zurzeit ein starkes Ressentiment gegen »Kriegsgewinne«. Je nach den Umständen, mit Recht oder mit Unrecht. Bei Kriegsgewinnen der Firma KRUPP z. B. wäre doch wohl ausschließlich zu fragen: 1. waren ihre Leistungen der Nation nicht diesen Betrag (und vielleicht ein Vielfaches davon) wert?, und ferner 2. verwendet sie diese Gewinne nicht in ihrem Betrieb in einer Art, welche den Interessen der Nation frommt? Und das gleiche gilt in

[1] Frankfurter Zeitung vom 1. März 1917.

vielen anderen Fällen. Auch den Landwirten, welchen die Kriegspreise die Abstoßung ihrer Schuldenlast ermöglicht haben, sei das gegönnt. Der bloße Neid gegen den, der Geld verdient, wäre ein schlechter und auch ein der Nation unwürdiger Berater. Etwas ganz anderes ist es freilich, wenn ein Gesetz geschaffen werden soll, welches im wesentlichen ausschließlich, und zwar auf Kosten von Lebensinteressen der Nation, der *Nobilitierung von Kriegsgewinnen* | zu dienen bestimmt ist. Darum aber handelt es sich hier. Wer wird Fideikommisse gründen? Einerseits der Landwirt, den die Kriegsgewinne schuldenfrei und damit »fideikommißfähig« gemacht haben. Andererseits der Händler und Gewerbetreibende, der sein durch Kriegsgewinne vermehrtes Vermögen zum Ankauf eines Rittergutes verwendet, dessen Sohn dann den erworbenen Besitz in ein Fideikommiß verwandelt – was nach dem Gesetz schon nach dreißig Jahren, für Leute aber, die auf dem Lande Wohnung nehmen, *ohne* alle Zeitgrenze zulässig sein soll –, und der dann die schlichtbürgerliche Vergangenheit des Vaters vergessen zu machen trachtet, indem er den Briefadel erwirbt. Im wesentlichen nur dazu dient die Zulassung neuer Fideikommißgründungen. Sie ist ein Instrument für die Befriedigung der allererbärmlichsten Art von Eitelkeit, die es gibt. Diese Schaffung neuer Peers, welche man im vermeintlichen Interesse der Krone und des Adels damit bezweckt, ist nichts als eine grobe und dabei ganz ungleichwertige Nachahmung englischer Gepflogenheiten. Denn in England, außerdem in Spanien und im Orient (der Türkei), war dies Institut vornehmlich zu Hause. Und in allen diesen Ländern ist das Problem heute dies: ob und wie man seine Folgen wieder *beseitigen* könnte. Unseren historischen Adel möchte auch ich nicht missen. Aber gerade er bedarf bekanntlich keiner neuen Fideikommißgründungen. Diese dienen lediglich der Eitelkeit der *Plutokratie*. Über die Eigenart jenes Talmiadels, der auf dieser Leiter »aufsteigen« möchte, nehme ich eine gewisse Urteilsfähigkeit in Anspruch und bin der Ansicht: daß, allgemein gesprochen, unter allen Parvenüs der Erde diese Art von Briefadeligen bei weitem die wertlosesten sind. Unsere tüchtigsten Offiziere stammen ebensowenig aus diesen Kreisen wie unsere tüchtigsten Beamten. Keinerlei Staatsinteresse fordert die Vermehrung einer Schicht von Emporkömmlingen, deren nichterbberechtigte Angehörige doch geradezu darauf hingewiesen sind, ihr Adelsdiplom und ihre Konnexionen zur Jagd auf Staatspfründen zu benutzen. Denn jene »Versorgungsmasse«, deren Aufspeicherung aus den Einkünften des Fideikommisses der Entwurf für diese »Enterbten« vorschreibt, wird zwar bei ihnen die Vorstellung nähren, einer alimentationsberechtigten Kaste anzugehören, ohne sie doch zu sättigen. Wir haben heute in Preußen etwa tausend Fideikommißbesitzerfamilien. Um diese Familien zu sustentieren, ist bereits jetzt *mehr als der Flächenraum einer ganzen preußischen Provinz fideikommissarisch gebunden,* was auch einem fanatischen Freund des Instituts genügen | muß. Der Entwurf richtet zwar (§ 5) gegen das Umsichgreifen der Fideikommisse eine Schranke auf, die sich aber, näher hingesehen, sofort als Attrappe erweist: ein Zehntel des landwirtschaftlichen Bodens des Staatsgebiets will er den Fideikommissen preisgeben. Mehr als 10 Prozent der landwirtschaftlichen Fläche des betreffenden Kreises soll nicht gebunden werden dürfen. Aber: für Grund und Boden, der sich sechzig Jahre in derselben Familie befindet, *fällt auch dies fort,* und die schon bestehenden riesigen Fideikommißkomplexe werden überhaupt nicht angetastet. In Wirklichkeit wird also weit mehr, wohl etwa 15 Prozent des Staatsgebiets, der Eitelkeit der Parvenüs preisgegeben. Wer ein erjobbertes Vermögen in einem Rittergut anlegt, kann seinen Enkel ohne Rücksicht auf jene Schranken hoffähig werden sehen. Das ist keine ernsthafte Schranke, wie es z. B. die in Baden geltende Beschränkung auf alten Adel ist.

Was bedeutet nun die Existenz und Neuzulassung von Fideikommissen praktisch? Rein technisch-wirtschaftlich wirkt die Bindung des Grundbesitzes so weit und nur so weit günstig, als reiner *Waldboden* in Betracht kommt. Denn auf diesem entfalten die feudalen Instinkte ihre wirtschaftlich günstigen Seiten. Nur etwa ein Viertel des Waldbesitzes ist heute fideikommissarisch gebunden, und es wäre also reichlich Platz für ein etwaiges Bedürfnis nach unschädlicher Vermehrung der Fideikommisse. Für den *landwirtschaftlichen* Boden dagegen gelten die folgenden statistisch feststehenden Tatsachen:

1. Die Plutokratie sucht für neue Fideikommisse gerade den *guten* Boden auf, denjenigen, der für den Besitzer nicht ein bloßes Arbeitsentgelt, sondern außerdem eine *Rente* liefert. Die Bauern werden also auf die schlechteren Böden gedrängt. In den typischen Fideikommißkreisen des Ostens steht daher neben den Fideikommissen nicht etwa Mittelstand, sondern *Zwerg*besitz. Ganz natürlich: die Einschränkung des käuflichen Bodens steigert den Landhunger der Massen, und alle Bodenmonopole haben daher überall diese Folge gehabt.

2. *Abwanderung* und *Unstetheit* der Landbevölkerung sind, unter sonst gleichen Umständen, da weitaus am größten, wo der kompakte Großbesitz vorherrscht und natürlich am allermeisten da, wo dieser Besitz überdies gebunden ist. Die Landbevölkerung ist um so landsässiger, der Prozentsatz der im Bezirk ihrer Geburt Ansässigen um so größer, je beweglicher der Boden ist (bis erheblich über 90 Prozent im Rheinland, gegen 55–63 Prozent in Schlesien). Ganz natürlich: die Chance, | sich *in der Heimat ankaufen* zu können, ist das entscheidende Motiv, auf dem Lande zu bleiben.

3. Wo der Boden frei beweglich ist und Kleinbesitz vorherrscht, ist die *Landbevölkerung* auch am *dichtesten*. Den Grund dafür kann man so ausdrücken: Die Bauern wirtschaften, um ein Maximum von Menschen mit den Erzeugnissen der gegebenen Landfläche auf dem Lande selbst zu ernähren. Der große Landkapitalist dagegen wirtschaftet, um mit möglichst *wenig* Aufwand an ortsansässigen Arbeitskräften möglichst viel für den Absatz in die *Ferne* zu erzeugen.

4. Der Mobilisierung, Verdünnung und Verdrängung der Landbevölkerung von der Scholle parallel geht bei herrschendem Großbesitz ihre Zusammendrängung in den Wohngebäuden und Wohnräumen, die auf dem Lande im Osten um ein vielfaches größer ist als im Westen (in den schlesischen Gutsbezirken 15–16 Köpfe auf das Wohnhaus gegen 6–7 auf dem Lande im Westen).

5. Unglaublicherweise wird nicht selten die Bindung des Bodens mit dem Interesse an der *Erhaltung des Deutschtums* in Zusammenhang gebracht. Statistisch steht aber fest: daß die Landkapitalisten am meisten mit billigen Saisonarbeitern fremder Nationalität wirtschaften, und allen voran stehen auf dem national umstrittenen Gebiet im Osten gerade die *Fideikommiß*grundherrschaften, die den Höchstbruchteil *polnischer* Arbeiter verwenden. Das Interesse der Plutokratie an billigen Arbeitern und das Interesse des Deutschtums sind unvereinbar.

6. Gerade die *mittleren* und *kleineren* gebundenen Besitzungen sind agrarpolitisch die schlimmsten Schädlinge. Ein ganz großer Standesherr kann und wird häufig eine großzügige Agrarpolitik, nach Art etwa des Mecklenburgischen Domaniums durchführen: planvolle Einteilung in rationelle Betriebsgrößen, langfristige und gesunde Pacht- oder Erbrentnerstellen, verhältnismäßig günstige Wohn- und Lohnverhältnisse der Arbeiter, planvolle Unterstützung der Pächter mit Kapital sind nur bei ihm heimisch und können es auch nur dort

sein. Das Fideikommiß ist auch geschichtlich ein Institut der allergrößten Landkomplexe. Um aber dem Vorwurf zu entgehen, die »Latifundien« zu begünstigen, hat der Entwurf die Bindung landwirtschaftlichen Bodens auf höchstens 2500 Hektar beschränkt, dagegen nach unten keine andere Grenze gezogen als die Vorschrift: daß das Fideikommiß dem Besitzer mindestens 10 000 Mark Reinertrag abwerfen müsse. Diese Demagogie ist auf die Ignoranz des Mittelstandes berechnet. Denn während ein ganz großer | Grundherr mit fürstlichen Einnahmen nicht auf die Herauspressung des absoluten Höchstgewinnes aus seinem Besitz bedacht sein muß, muß ein Fideikommißherr von ein paar hundert Hektaren aus Boden, Pächtern und Arbeitern herausholen, was irgend möglich ist, um »standesgemäß« zu leben und außerdem das Betriebskapital zu sammeln, welches er nicht hat. Und gelingt ihm das gut, – was wird er tun? *Land kaufen.* Denn Rente braucht er und immer mehr Rente, um zunächst geadelt, dann im Lauf der Generationen Freiherr, Graf usw. werden zu können. Denn wird einmal der Grund und Boden des Landes der Befriedigung der Parvenüeitelkeit preisgegeben, so besteht für diese keine Obergrenze. Jedes Fideikommiß ist, wie die Statistik erweist, ein naturgegebenes Zentrum von Landhunger zu Rentenzwecken. Der Entwurf freilich gebärdet sich so, als wolle und könne er dieser ganz selbstverständlichen Entwicklung Halt gebieten.

Sehen wir zu, wie? Da finden wir zunächst eine Attrappe: die königliche *Genehmigung* für jedes Fideikommiß und jede Erweiterung um mehr als 20 Hektar landwirtschaftlichen Bodens. Was bedeutet sie? Schlesien, in welchem die königliche Genehmigung für große Fideikommisse erforderlich war, ist deren klassischer Boden. In Hannover war die königliche Genehmigung unbekannt, und Hannover hat das Minimum an Fideikommißentwicklung. Ganz natürlich: das Fideikommiß ist eine Angelegenheit der *Eitelkeit,* und nichts kann die Eitelkeit mehr kitzeln als der Glaube: daß die genehmigte Fideikommißstiftung den Beweis liefere, die betreffende Familie habe der Allerhöchsten Prüfung auf ihre »Würdigkeit« hin unterlegen und diese Probe bestanden. Eine wirksame *materielle* Prüfung der Zweckmäßigkeit der Fideikommißgründung ist absolut *nicht* garantiert. Die Prüfung durch die Fideikommißbehörde (Oberlandesgericht, Beschwerdeinstanz – höchst unpassender Weise – der Justizminister!) erstreckt sich lediglich auf die Verletzung formaler Rechte. Das

Amtsgericht (!) und der Kreisausschuß sollen im Falle der Einverleibung früher bäuerlicher Grundstücke über die Unschädlichkeit von deren Einbeziehung in ein Fideikommiß gehört werden: eine absolut unwirksame Bestimmung, wenn einmal das Land dem Bauernareal verloren ist. Der König wird sich in solchen Fällen der Zustimmung dazu, daß das einmal gekaufte Land nun auch Fideikommißland wird, nie entziehen können. Das Allermindeste, was zu verlangen wäre, ist: 1. die Vorschrift einer öffentlichen Bekanntmachung des Antrages auf Fideikommißerrichtung mit angemessener Frist zur Geltendmachung von Bedenken, die dann *öffentlich* vor einer unbefangenen | Instanz zu verhandeln wären, – 2. Verbot jedes Ankaufs von Land durch den Fideikommißbesitzer.

Je *kleiner* das Fideikommiß, desto kapitalärmer und schlechter [ist] die Wirtschaft des Besitzers, dem ja die Unterlage für den persönlichen Betriebskredit fehlt. Als wahre Mißgeburten haben sich daher überall die Bauernfideikommisse bewährt. Tüchtigkeit als Landwirt vererbt sich nicht mechanisch auf einen durch Gesetz oder Statut bestimmten und oft überhaupt auf keinen Sohn. Die Einführung von »Stammgütern« durch den Entwurf für selbständige Bauerngüter ist daher lediglich ein Feigenblatt für den eigentlichen Zweck: die Schaffung von Parvenüadel. Unglaublicherweise scheint aber ein Teil der Zentrumspartei in diese plumpe Falle zu gehen. Die Verbreitung der mittleren und kleinen Fideikommisse wäre eines der sichersten Mittel, die Leistung unserer Landwirtschaft herabzusetzen. Man braucht sich die Vorschriften des Entwurfs über die Aufstellung und obrigkeitliche Genehmigung eines »Wirtschaftsplans« und alle die anderen Fälle, in denen der Fideikommiß- und Stammgutsbesitzer an behördliche Genehmigung gebunden ist, nur anzusehen, um sich ein Bild davon zu machen, wie wenig anpassungsfähig ein solcher Besitzer an Konjunkturen und neue Wirtschaftsmethoden ist.

Der Entwurf züchtet nicht Wirtschafter, sondern: *Rentner*. Und zwar solche von der übelsten Sorte. Ein Einkommen von 10000 Mark, wie es der Entwurf als Minimum zuläßt, genügt heute zur Führung einer schlicht bürgerlichen Existenz nach Art eines mittleren Beamten, nicht aber für eine Lebensführung von in irgendeinem Sinn »aristokratischer« Art. Die Parvenüansprüche, welche in einem solchen Fideikommißbesitzer geweckt werden, verdammen ihn zu einer scheinadligen Bettelexistenz. Jenes Interesse an der Züchtung von Rentnern aber ist das Unerhörte an dem ganzen Vorgehen gerade im gegenwärtigen Augenblick. Denn ohnehin wird der Zustand nach dem Kriege ja der sein: daß mindestens ein Fünftel unseres Nationalvermögens in Kriegsanleihen, fast ein Drittel in rententragendem Besitz aller Art angelegt sein wird. Denn wir haben dann für 60 Milliarden Kapital *neue* Rentiers und sicher für über 100 Milliarden Rentiers überhaupt. Dazu treten die Kriegsbeschädigten, Alters-, Invaliditäts- und Unfallrentner, die »privatisierenden« Hausbesitzer usw. usw. Das *Ideal der sicheren Rente* schwebt einem steigenden Bruchteil der Nation vor, und das stupide Literatengezeter gegen den »Kapitalismus« ist sein Schrittmacher. Das über unsere ganze Zukunft entscheidende Problem ist: jene *Rentner*|*gesinnung*, die daraus entstehen muß, *wieder loszuwerden*. Gelingt das nicht, so wird Deutschland ein ökonomisch stationäres Land, weit mehr als Frankreich es ist, und unsere Zukunft in der Welt, die auf angespanntester ökonomischer Arbeit allein ruhen kann, ist verscherzt, möge der Krieg noch so glänzend ausgehen. Und in einem solchen Moment will man diese Rentnergesinnung zugunsten von reinen *Eitelkeits*interessen noch verstärken und dabei nebenher die Zukunft unserer inneren Kolonisation, welcher der beste, für Bauern geeignetste Boden entzogen werden soll, über Bord werfen. Man redet viel von der Notwendigkeit, Neuland zur Besiedlung für den Nachwuchs unserer Bauern zu schaffen. Aber wo? Draußen in Kurland, wo diese Kolonisten dann im Kriegsfall als erste den Anprall der Barbaren auszuhalten haben, dabei rund umstellt von Millionen fremdstämmiger, aller menschlichen Berechnung nach ihnen, als Eindringlingen, feindlich gesinnter Nachbarn? Dabei ist aber unser eigener deutscher Osten um ein *volles Viertel dünner besiedelt* als das angrenzende kongreßpolnische Gebiet. Dieses soll durch Fideikommißbildung verewigt werden, obwohl doch unsere dringendsten Interessen für die möglichste Verstärkung der Zahl der Landbevölkerung gerade im Osten sprechen. Reichlich *zehn Armeekorps* wären aus den Bauernstellen, die innerhalb unserer Grenzen noch neu geschaffen werden könnten, in Zukunft zu rekrutieren. Im Innern das Reservoir an besiedlungsfähigem Boden zugunsten von Bodenkapitalisten, die den Briefadel erstreben, der Bauernsiedlung zu sperren und dafür dem deutschen bäuerlichen Nachwuchs Hoffnungen auf Boden weitab von der Heimat zu eröffnen, dieses »Ineinandergreifen« von östlicher Expansionspolitik des Reichs und Binnenpolitik Preußens eröffnet unerwartete Perspektiven. Im Ernst: etwas Maßloseres als die Zumutung dieses Gesetzentwurfs in dieser Zeit unter dem »Burgfrieden«, hinter dem Rücken unserer Heere draußen, ist schwer auszudenken, und das Ganze ist eine schlimme Karikatur des Wortes: Freie Bahn jedem Tüchtigen.

Unsere militärischen und nationalen Interessen fordern gebieterisch, daß dem sofort Einhalt geboten werde. Zu Unrecht hat das Reich die Fideikommißgesetzgebung den Einzelstaaten und damit gerade an dem gefährdeten Punkt, den im preußischen Landtag vertretenen Interessen der *Plutokratie* an der Nobilitierung von Parvenüs preisgegeben. Mag man die Regelung der technischen Einzelheiten des Instituts den Einzelstaaten belassen. Zu verlangen aber ist, daß *für das Reich* folgende Grundsätze festgelegt werden: |

1. Beschränkung der Neugründung von Fideikommissen auf absoluten *Wald*boden.

2. Beschränkung auf hinreichend *große* Komplexe (mindestens etwa 30 000 Mark sicherer Reinertrag), um keine auf die Staatskrippe angewiesenen Bettelexistenzen zu schaffen.

3. Beschränkung auf Familien, die a) seit hundert Jahren in den betreffenden Bezirken begütert sind, und b) dem historischen *Adel* angehören, – ausgenommen etwa für hervorragend verdiente Feldherren oder Staatsmänner im Einzelfall durch Staatsgesetz.

4. Verbot und Auflösung aller nach Nr. 1 und 2 unzulässigen Fideikommisse.

5. Vor allem: *hoher Fideikommißstempel und dauernde Sonderbesteuerung.* Denn was durch die Bindung des Bodens der Staatskasse durch Mindereinnahmen aus dem Immobilienstempel entgeht, muß ja durch andere Volksteile, also auch durch die Bauern, aufgebracht werden. Wie soll man es aber parlamentarisch kennzeichnen, wenn im gegenwärtigen Moment der Steuernot der Entwurf den Fideikommißstempel gerade für die schädlichsten, die mittleren Fideikommisse bis auf die Hälfte *herabsetzen* will? Ausdrücklich ist ferner auch festzustellen, daß alle Fideikommißnachfolge der *Erbschaftsteuer* unterliegt. Eine etwaige Steuerfreiheit würde sonst bei Einführung der Erbschaftsteuer für die direkte Linie von 1 Prozent eine Steuerentlastung dieses besonders steuerfähigen Großgrundbesitzes von schon jetzt etwa 8 bis 10 Millionen Mark in jeder Generation bedeuten!

Der Gegenstand darf nie wieder von der Tagesordnung irgendeiner wirklich nationalen Partei verschwinden. Die beabsichtigte Erleichterung der Nobilitierung von Kriegsgewinnen auf Kosten der Bauerninteressen gehört zu dem auch sittlich Unerträglichsten, was eine durch das plutokratische Wahlrecht an der Macht erhaltene Minderheit sich gegen die Nation herausnehmen könnte. Die überwältigende Mehrheit des preußischen Volkes, erfreulicherweise einschließlich der Nationalliberalen Partei, lehnt den Entwurf ab. Durch das Vorgehen der privilegierten Minderheit ist der Burgfriede gebrochen, und es besteht aller Anlaß, daraus sofort die Konsequenzen zu ziehen.

EIN WAHLRECHTSNOTGESETZ DES REICHS[1]

Das Recht der heimkehrenden Krieger

Wir erhalten folgende Zuschrift:

Der innere Burgfriede ist durch den Fideikommißentwurf gebrochen und damit der Weg frei, um dem vielen unverbindlichen Sprechen über das, was *nach* dem Kriege geschehen soll, ein Ende zu machen. Die an dieser Stelle gemachten Ausführungen über den Fideikommißentwurf haben in zahlreichen Zuschriften aus dem Inland und, was noch wichtiger ist, aus der Front Zustimmung gefunden. *Gerade aus der Front* aber ist dabei immer wieder auf ein Grundproblem hingewiesen worden, ohne dessen *alsbaldige* wenigstens provisorische Lösung es in der Tat nach dem Krieg für jeden Versuch eines »Neubaues« *zu spät* sein wird. Die eindrucksvolle Rede des Reichskanzlers ändert naturgemäß daran gar nichts, daß er zur Einlösung seiner Zusagen sich alsdann völlig außer Stand sehen wird, wenn nicht wenigstens *eines* sofort geschieht. Alle, gleichviel wie sich nennenden, wirklich nationalen Reichstagsparteien haben die Pflicht, die brennendste aller Fragen: nach der Zukunft des *einzelstaatlichen Wahlrechts* durch einen darauf gerichteten Notgesetzantrag im *Reichstag* jetzt ins Rollen zu bringen. *Von Reichs wegen* zu bestimmen wäre folgendes:

»Wer während des Krieges zum *Heeresdienst eingezogen* gewesen und im Besitz der bürgerlichen Ehrenrechte ist, erlangt mit Erreichung der Großjährigkeit dauernd das Wahlrecht für jede in dem Bundesstaat seiner Staatsangehörigkeit bestehende, aus allgemeinen Wahlen hervorgehende gesetzgebende Körperschaft am Orte seines letzten Wohnsitzes in diesem Staat, *und zwar, falls das Wahlrecht dort ein abgestuftes ist, in der bevorzugtesten Klasse oder Art.*«

[1] Frankfurter Zeitung vom 28. März 1917.

Durch besondere Bestimmungen wäre dabei Vorsorge für eine rechtzeitige (nicht zu frühe und nicht zu späte) Veranstaltung dieser Wahlen nach Friedensschluß zu treffen und zugleich dafür, daß jeder nach diesem Notgesetz wahlberechtigte eingezogene Mann daran teilnehmen kann, eventuell durch Beurlaubung mit freier Fahrt.

Die absolute *Notwendigkeit* eines solchen Notgesetzes ergibt sich, wenn man das nächstliegende Beispiel: Preußen, heranzieht, aus folgenden einfachen Erwägungen.

Wie würden die jetzigen nach der Steuerleistung abgestuften *Wählerklassen*, von denen jede ein Drittel der Wahlmänner stellt, *nach dem Kriege* aussehen? Ungeheure neue Rentenvermögen und -einkommen hat der Krieg erzeugt, große Unternehmervermögen und -einkommen teils riesenhaft vermehrt, teils sie neu aus dem Boden gestampft, dagegen massenhaft mittlere und kleinere teils ganz vernichtet, teils absolut oder relativ vermindert. In der ersten Klasse würden also nach dem Kriege die ganz großen *Kriegsgewinnmacher* (die legitimen sowohl wie auch die eigentlichen Kriegswucherer) und die großen neuen Kriegsrentner in Stadt und Land ganz allein den Ausschlag geben. Bei der bekannten Eigenart der Bildung der Klassen würden sie sehr oft auch die zweite beherrschen. Annähernd die Hälfte aller Wahlmännerstimmen würden also von diesen ganz großen Vermögensinhabern beherrscht werden, *die daheimgeblieben sind.* In der zweiten Klasse würden sich, neben einigen von ihnen, solche Mittelstandselemente befinden, welche daheimgeblieben sind und denen daher die Kundschaft der nächstens drei Jahre im Feld liegenden Krieger zugefallen ist. Die dritte Klasse endlich würde nicht nur die abwesend gewesenen Arbeiter, auch die höchstqualifizierten, umfassen, welche sich neue Arbeitsgelegenheit *erst suchen* müssen, sondern ebenso die abwesend gewesenen Betriebs- und Ladeninhaber, die ihren Betrieb und ihre Kundschaft neu aufbauen müssen, die abwesend gewesenen Bauern, deren Frauen mühsam den Betrieb aufrechterhielten, die in der Kriegsnot mit Schulden belasteten Hausbesitzer, – mit einem Wort alle diejenigen Mittelschichten enthalten, welche in ihrer Steuerkraft *durch Militärdienst* auf längere Zeit gelähmt sind. Also: *die ganze Masse der jetzt draußenliegenden Krieger ohne Unterschied des Standes.* Es hilft gar nichts, von der »Unhaltbarkeit des preußischen Wahlrechts« und von der »Unvermeidlichkeit eines Neubaues« zu reden. Denn die Glückspilze, in deren Händen sich infolge des Krieges mehr als ein Drittel des Volksvermögens zusammengehäuft hat, würden dann über die Neuordnung der Dinge entscheiden, die anderen aber, die zuerst mit ihrem Blut den Staat erhalten haben, und die nun weiterhin mit ihrer *geistigen oder körperlichen Arbeit* die Zinsen für jene Kriegsrentner herauswirtschaften müssen, wären zur politischen Ohnmacht verdammt.

Das wäre an sich ein Skandal ohnegleichen. Aber es ist auch *politisch ganz unmöglich.* Denn wie denkt sich der Reichskanzler eine Neuordnung des deutschen Staats-, Finanz- und Wirtschaftslebens mit einem *nach dem Kriege* gewählten preußischen Parlament, welches die reichgewordenen Kriegsparvenüs vertritt, und mit Ministern, die diesem Parlament nach dem Munde reden? Es ist einfach lächerlich zu denken, daß er gegen diese Leute irgend etwas ausrichten könnte, nachdem er jetzt, mitten im Ernst des Krieges, nur mit Mühe sich der Intriganten aus diesen Kreisen erwehren konnte. Seit Jahrzehnten sind in Preußen Minister durch »Friktionen« und Intrigen gestürzt worden. Dabei ist es, wie die Vorgänge im Hotel Adlon und die Vorstöße im Herrenhaus zeigten, zum mindesten der Absicht der Beteiligten nach geblieben, und gegen derartige Absichten wird *gar nichts* zu machen sein, wenn diese in ihrer Machtstellung ins Ungeheure gewachsene Plutokratie nach dem Krieg im neuen Abgeordnetenhause *ganz und gar unter sich* sein wird. *Niemals* wird diese aus dem Krieg hervorgehende neue Plutokratie von sich aus auf ihr Wahlrechtsprivileg verzichten. Nach dem Krieg, wo es an das Steuerzahlen geht, am allerwenigsten. Auch das blödeste Auge sieht ja an der unverfrorenen Behandlung der Fideikommißfrage schon durch die jetzige Mehrheit, daß die Interessenten ausschließlich darauf ausgehen, ihre Kriegsgewinne *hinter dem Rücken des kämpfenden Heeres* in Fideikommißform ins Trockene zu bringen. Nur Scheinwerk hat bei diesen Kreisen Aussicht auf Annahme. Vollends, wo es sich um Wahlreformanträge handelt. Die Vergangenheit aller dahingehenden Versuche, schon unter den bisherigen Verhältnissen, ist bekannt. Sie alle begannen seit 30 Jahren ihren Weg in gleicher Art im Königlich Preußischen Statistischen Büro mit Berechnung derjenigen Zahl zuverlässig plutokratischer Abgeordneter, welche die Reform voraussichtlich ins Parlament bringen würde. Und die betroffenen Parteien rechneten dann ihrerseits ebenso weiter. So wird es in Zukunft, wenn das neue Abgeordnetenhaus nach den bisherigen Normen gewählt wird, erst recht gehen. Die Natur der Dinge schließt jeden anderen Verlauf aus.

Der obige Vorschlag eines Reichsnotgesetzes ist dagegen von *jeglicher Parteiinteressiertheit frei.* Denn kein Mensch weiß heute, welches die politische Stellungnahme der heimkehrenden Krieger sein wird. Vielleicht eine sehr autoritäre. Zu erwarten ist nur, daß diese gleichweit von umstürzlerischen und pazifistischen Utopien wie von dem billigen Heldentum des Mundes entfernt seien, daß sie ferner Sinn für die *Realitäten, Sachlichkeit* und *Verachtung von Phrasen* jeglicher Art mitbringen werden. Darauf allein kommt es an.

Die Unterlassung eines solchen Antrags wäre eine schwere und vor allem nie wieder gut zu machende *Unterlassungssünde.* Die nächsten Wahlen nach dem Frieden würden in Preußen ein Kriegsparvenüparlament in den Sattel setzen, das über unsere Zukunft entscheiden würde, und dann wäre alles zu spät. Keine nationale Partei im Reich hat Anlaß, die Mitverantwortung dafür auf sich zu laden.

Eine dauernde Einmischung in die Verfassung der Einzelstaaten kommt bei dem föderativen Grundcharakter des Reichs nicht in Frage. Die Wirkung des Gesetzes ist eine zeitweilige. Aber: *das Reich* führt den Krieg; *das Reich* verlangt seinen Bürgern die ungeheuren Lasten ab, die er erfordert. *Das Reich* hat daher dafür zu sorgen, daß wenigstens das absolute Minimum an politischen Konsequenzen daraus gezogen werde, wenn der Fall vorliegt, daß die Regierungen der Einzelstaaten voraussichtlich durch kurzsichtige und eigensüchtige Interessenten daran gehindert werden, es ihrerseits zu tun, wie das durch die preußische Plutokratie ohne allen und jeden Zweifel geschehen wird.

Das Notgesetz bedürfte nicht der Formalien des Art. 78 Abs. 2, sondern nur derjenigen des Art. 78 Abs. 1 der Reichsverfassung. Die Stimmen zum Bundesrat werden instruiert von den Ministerien, welche sich nach geltendem Recht die Monarchen, insbesondere auch der König von Preußen, frei wählen. Der Reichskanzler, an dessen ehrlichem Wollen niemand zweifelt, ist in diesem Fall nun einmal *nicht* die Instanz, deren Stellungnahme letztlich entscheidet. Nein! Auf die deutschen *Dynastien* kommt es an, und *sie* müssen jetzt, ehe es zu spät ist, vor die *klare Entschließung* gestellt werden: ob sie sich nach dem Kriege auf reichgewordene Kriegsparvenüs stützen zu können und zu sollen glauben oder auf das Heer, welches ihnen allen Macht und Ehre und – es ist wohl kaum zu viel gesagt – die Krone mit seinem Blut und seinem Schweiß verteidigt hat und noch verteidigt. Der endgültige Neubau mag sorgsamer Überlegung vorbehalten bleiben.

Aber daß über diesen einen entscheidenden Punkt Klarheit geschaffen werde, dafür ist es jetzt schlechterdings die höchste Zeit. Die Armee selbst hat Anspruch darauf, – und die Zuschriften von der Front lassen mich schließen, daß sie diesen Anspruch auch erhebt: – endlich zu wissen, was bei den einzelnen Parteien und auch bei den führenden Staatsmännern hinter den gewiß schönen Worten zu ihrem Lob denn eigentlich an Bereitwilligkeit *zur Tat* steht. Nicht um »Dank« handelt es sich hier, sondern um eine politisch absolut notwendige Maßregel – und daneben allerdings: um eine schlichte zwingende *Pflicht des politischen Anstandes*. Das Heer, das die Schlachten schlug, soll auch die entscheidende Stimme beim Neubau des Vaterlandes nach dem Kriege haben.

Ich habe Grund zu der Annahme, daß dies nicht die zufällige Meinung eines einzelnen ist, und glaube, Ihnen daher die Aufnahme dieser Zeilen zumuten zu dürfen.

gez. Prof. MAX WEBER (Heidelberg).

RUSSLANDS
ÜBERGANG ZUR SCHEINDEMOKRATIE[1]

Der Unterzeichnete beansprucht für die Gegenwart keinerlei Sachverständnis über Rußland, welches sich nicht jedermann sonst auch verschaffen könnte. Vielleicht aber hat er ein nüchternes Urteil über das, was von den jetzt ans Ruder gekommenen Männern uns gegenüber zu erwarten ist. Unbeschadet meiner von jeher sehr starken Sympathien für die russische Freiheitsbewegung muß nachdrücklich ausgesprochen werden: bei der jetzigen Zusammensetzung der russischen Regierungsgewalt kann von aufrichtig friedlichen Gesinnungen der Mehrheit der maßgebenden Männer Rußlands *gar keine Rede* sein und noch viel weniger von freundlichen Absichten gegenüber dem deutschen Volke (ich sage sehr absichtlich: »dem deutschen Volke«, und nicht etwa nur: der jetzigen deutschen Regierung). Die, trotz der im höchsten Grade herausfordernden und geradezu kriegswütigen Äußerungen von Prof. Miljukow, von seiten der Zentralmächte abgegebenen friedlichen Erklärungen waren nicht nur ehrlich, sondern es war und *bleibt* trotz und wegen jenes Verhaltens auch politisch absolut richtig, sie erneut zu geben. Denn wir haben an die weitere Zukunft zu denken. Aber freilich müßten noch Ereignisse anderer Art als bisher oder starke Machtverschiebungen eintreten, um ihnen zum unmittelbaren Erfolg zu verhelfen.

Prophezeiungen über den weiteren Verlauf der Revolution wären wohl selbst für den bestinformierten Beobachter unmöglich. Daß ein Umsturz der Zarenmacht während des Krieges überhaupt entstehen würde, haben auch ungleich besser über die Lage orientierte Leute als ich unbedingt bezweifelt und selbst nach dem Krieg für mehr als fraglich gehalten. Die Agrarreform Stolypins hatte ja den klugen Schachzug getan, eine der sozialrevolutionären Kerntruppen, die Bauern der altrussischen Gebiete, in zwei ungleich große, aber un-

[1] Die »Hilfe« vom 26. April 1917 (23. Jg. 1917, S. 272–279).

vermeidlich tief verfeindete Teile zu spalten: einerseits die neuen, aus dem Dorfkommunismus ausgeschiedenen Privateigentümer: die ökonomisch stärksten Elemente der Bauern also, deren neuer Besitz sie mit dem bestehenden | Regime eng verknüpfte, und andererseits die im Dorfkommunismus verbliebenen proletarisierten Bauernmassen, welche die Verleihung jenes Privatbesitzes als schnödes Unrecht zugunsten der anderen empfanden. Des weiteren schien es immerhin möglich, daß ein anderer wichtiger Träger der alten sozialrevolutionären Ideen sich anders als früher verhalten könnte: das sogenannte »dritte Element«. Dahin gehören die massenhaften, fest aber schlecht bezahlten Angestellten der großen Selbstverwaltungsverbände, der sogenannten »Semstwos«. Unter ihnen befindet sich fast die gesamte, überhaupt in der materiellen Verwaltung tätige »Intelligenz«. So alles Personal der in Rußland sehr wichtigen agronomischen, der veterinären und überhaupt fast aller in unserem Sinn »volkwirtschaftlichen« Arbeit und des weltlichen Volksschulunterrichts, ebenso die, im Gegensatz zu unseren Verhältnissen, mit festem Gehalt angestellten ländlichen Ärzte. Das sind also fast alle jene Kreise der »Intelligenz«, welche mit der Bauernschaft im Alltagsleben als Vertrauensleute ständig zu tun haben. Sie standen in der Zeit der vorigen Revolution zu der fast nur polizeilichen Zwecken dienenden staatlichen Verwaltung im schroffsten inneren Gegensatz und waren die Träger der sozialrevolutionären Propaganda auf dem Lande. Ebenso aber standen sie in Gegnerschaft zu den ehrenamtlichen Mitgliedern der Semstwos selbst, die dem bürgerlichen Besitz, vor allem dem ländlichen Grundbesitz, entstammten. Gewisse Änderungen in der sachlichen Richtung der Semstwoarbeit sowohl wie auch in der Zusammensetzung dieser Schicht, welche man als Folge von Maßregeln der Stolypinschen Regierung und auch der Semstwos nach der Revolution vermuten durfte, konnten immerhin die jetzige Stellungnahme dieses Elements zu einer Revolution unsicher erscheinen lassen. Durch die Proletarisierung breiter Unterschichten der Bauern und durch die neue Privateigentumsordnung war ferner zwar das landlose, mit dem Dorf nicht mehr durch Landansprüche verknüpfte Industrieproletariat stark vermehrt worden. Es war ein führender Faktor der früheren Revolution gewesen. Aber es ist an Zahl begrenzt, und der Verlauf der Dinge nach dem Verfassungsmanifest hatte damals die neuerdings überall gemachte Erfahrung bestätigt: daß heute Revolutionen mit einem mehr als ganz kurzfristigen Erfolg *weder* von dem Bürgertum und der bürgerlichen Intelligenz allein, *noch* auch von den proletarischen Massen und der proletarischen Intelligenz allein erfolgreich durchgeführt werden können. Alle Generalstreiks und Putsche waren gescheitert von dem Augenblicke | an, als das Bürgertum und dessen in Rußland wichtigster Bestandteil, die landbesitzenden Semstwokreise, sich der weiteren Mitwirkung versagt hatten. Auch wo aufständische Massen so fähige und wenigstens teilweise uneigennützige Führer haben, wie ohne Zweifel in Rußland, fehlt ihnen eben *ein* heute nun einmal auf die Dauer grundlegend wichtiges Kampfmittel: die *Kreditfähigkeit*. Diese genießt dagegen das Bürgertum. Und auf Grund ihrer kann es sich die Geldmittel verschaffen, welche heute für die Organisation einer dauernden Verwaltung, mag sie sich auch »revolutionär« nennen, ebenso notwendig sind wie für jede Machtorganisation überhaupt. Die Menschen wollen und müssen materiell zunächst einmal existieren, und um ein Heer von noch so idealistischen Angestellten zu bezahlen und die zahlreichen materiellen Mittel einer dauernden Macht zu beschaffen, braucht man: Geld. Es kam also darauf an, wie die bürgerlichen Kreise sich zu einer abermaligen Revolution verhalten würden. Die absolut reaktionäre Haltung der wenigen Riesenunternehmer der Schwerindustrie stand auch in Rußland natürlich fest. (Sie waren so reaktionär, daß ihre Haltung Revoltestimmungen der Massen – wie bei uns – allerdings geradezu herausfordern mußte.) Über das Verhalten der Mehrheit der einst die Reformbewegung tragenden bürgerlichen Intelligenz und der Semstwokreise seit der Revolution schien aber ebenfalls kein Zweifel zu bestehen. Ihr durch die Enttäuschung ihrer innerpolitischen Machthoffnungen gebrochenes Selbstgefühl flüchtete sich um so inbrünstiger in die Romantik der äußeren Macht. Ganz begreiflich: die Angehörigen der höheren russischen Bürokratie ebenso wie des Offizierkorps rekrutieren sich ja schließlich dort wie überall sehr stark aus diesen besitzenden Schichten. Konstantinopel und die sogenannte »Befreiung« der Slawen, das hieß praktisch: ihre Beherrschung durch die nationale großrussische Bürokratie, ersetzten also jetzt die Schwärmerei für »Menschenrechte« und die »Konstituante«. Lebendig geblieben war ja diese imperialistische Legende und insbesondere der großrussische Herrschaftsanspruch innerhalb Rußlands selbst in der bürgerlichen Intelligenz auch während der ganzen Befreiungsbewegung. Schon ehe auch nur die allergeringste Garantie für die angeblich allein erstrebten freiheitlichen Errungenschaften erreicht war, hatten (1905) fast alle führenden Persönlichkeiten des »Befreiungsbundes« (*nicht* etwa nur der ganz zu Unrecht dafür geschmähte Herr PETER STRUVE) ihre Augen nach Konstantinopel und der Westgrenze gerichtet. Die Existenz einer ukrainischen Nationalität wurde von ihnen bestritten, die polnische | Autonomie lediglich unter dem Gesichtspunkt, sich für eine künftige Expansion Rußlands nach außen »Freunde an der Westgrenze« zu schaffen, behandelt, die »Befreiung« aller möglichen Völker als Aufgabe ausgerechnet gerade des Großrussentums verkündet, – während doch im eigenen Haus noch schlechthin alles an Befreiung zu tun war. Die kleine Gruppe von Ideologen der alten DRAGOMANOWschen Schule, welche eine Umgestaltung Rußlands zu einer wirklichen gleichberechtigten Nationalitätenföderation erstrebten, waren schon damals entweder betrogene Betrüger oder vollkommen einflußlos und in steter Furcht, den großrussischen Chauvinismus ihrer Genossen zu reizen. Die Frage der *Nationalitätenautonomie* innerhalb Rußlands war denn auch, wie Prof. J. HALLER in seiner vor kurzem erschienenen lesenswerten Schrift: »Die russische Gefahr im deutschen Hause« (Stuttgart 1917) mit Recht betont hat[1], das wichtigste Mittel in der Hand STOLYPINS gewesen, durch Weckung des großrussischen Nationalismus die demokratische Opposition niederzuwerfen. Die feste Überzeugung von dem vermeintlich »unvermeidlichen« Zerfall Österreich-Ungarns

[1] Die Schrift richtet sich gegen das Buch und auch gegen die Kreuzzeitungstätigkeit des Herrn Prof. HOETZSCH. Es ist in der Tat geradezu erstaunlich, daß ein Mann, der in Rußland wiederholt gewesen ist und dessen Buch mit beträchtlichen Ansprüchen auftritt, eine so vollständige Unkenntnis entscheidender politischer Parteigruppierungen an den Tag legt, wie es in jenem in jeder Hinsicht überaus seichten Buche geschieht, welches als politische Informationsquelle nicht in Betracht kommt. Meine eigenen seinerzeit gleichzeitig mit den Ereignissen geschriebenen Chroniken der Revolution von 1905/06 (»Zur Lage der bürgerlichen Demokratie in Rußland« und »Rußlands Übergang zum Scheinkonstitutionalismus«, Tübingen, Mohr, 1906) können *nur* unter dem Vorbehalt noch in Betracht kommen, daß man 1. heute natürlich auch bei uns sehr viel mehr wissen kann, als damals, und den ganz lückenhaften Berichten zu entnehmen war, 2. daß seitdem die STOLYPINsche Reform unternommen wurde. STOLYPINS Bedeutung überhaupt war damals nicht zu erkennen. Für die Orientierung über die (seitdem teilweise verschobenen) Parteiströmungen in Rußland und ihre reale Unterlage können jene anspruchslosen Chroniken vielleicht auch heute noch dem gänzlich Ununterrichteten eine gewisse Stütze bieten, wenn er die Mühe des Lesens nicht (wie z. B. Herr HOETZSCH tat) scheut.

und die Schwächung der Türkei im Balkankrieg schwellten die Hoffnungen dieser imperialistischen Intelligenz aufs äußerste. In der Duma wurde sie Hauptträgerin der Kriegsvorbereitungen, und im Kriege vertritt sie die Parole vom »Krieg bis zum äußersten«. Seit der von Prof. HALLER (S. 80) erwähnten Rücksprache des Großfürsten NIKOLAJ (Juli 1914) | mit den Führern der »Kadetten« waren diese Politiker höchst plötzlich in das Lager der Kriegshetzer abgeschwenkt. Sie hofften von der Fortsetzung des Kriegs eine Stärkung der finanziellen Position der Bourgeoisie. Die politisch liberale Entwicklung Rußlands, meinten Vertreter der Kadettenpartei zu Kriegsbeginn in Privatgesprächen, »komme ganz von selbst«. *Wie* dies je hätte geschehen sollen, *wenn* die Autokratie und Bürokratie durch einen Sieg über uns mit ungeheurem Prestige aus dem Krieg hervorgegangen wären, – dies blieb im Dunkeln. Es war ja nur als Folge einer schweren Niederlage möglich, welche diese russischen Imperialisten durchaus nicht erwarteten. Eine Revolution mußte nach alledem als sehr unwahrscheinlich gelten.

Wenn sie nun dennoch gekommen ist, so war dafür nach den Erfolgen unserer Waffen *das rein persönliche Verhalten des Zaren* ausschlaggebend. Die Niederlage von 1915 benutzte er zwar zur Kaltstellung des jetzigen »Bürgerkönigs« in spe: des Großfürsten NIKOLAJ. Aber den Teilerfolg von 1916 benutzte er nicht, um mit einem ehrenvollen Frieden aus dem Kriege zu kommen. Die Hoffnung auf Größeres und wohl auch der bei ihm bestehende tiefe, rein persönliche Haß gegen den Deutschen Kaiser bedingten das. Nach der Niederlage in Rumänien gab es noch immer den Weg der Verständigung mit der durch und durch nationalistischen bürgerlichen, monarchisch gesonnenen Mehrheit der auf Grund eines krassen Klassenwahlrechts gewählten Duma. Ihn zu betreten und damit in die Bahn des Parlamentarismus einzulenken, hinderte den Zaren aber offenbar seine verhängnisvolle *Eitelkeit.* Ob daneben leicht pathologische Züge mitspielten, wie die Art seiner »Frömmigkeit«, die schließlich das Würdegefühl auch seiner besten Anhänger tief verletzt zu haben scheint, vermuten lassen könnte, kann ganz dahingestellt bleiben. Denn sein alles entscheidender Kernfehler lag ganz und gar in jenem verderblichen Irrtum: *selbst regieren zu wollen.* Dies zu tun, konnte ein Monarch wie der Zar sich allenfalls dann einmal vortäuschen, wenn der Zufall es wollte, daß ein ganz ungewöhnlich begabter Staatsmann ihm den *Schein* zu wahren half. Der Zar wäre schon bei der letzten Revolution verloren gewesen, nachdem er aus Eifersucht und Eitelkeit den Grafen WITTE entlassen hatte, wenn nicht wider alles Erwarten ihm in STOLYPIN eine der Situation gewachsene Persönlichkeit erstanden wäre, der er sich unbedingt fügte. Ohne einen solchen Anhalt blieb er notwendig ein Dilettant, dessen unvermeidlich unstetes und unberechenbares Eingreifen auch bei weit größerer Begabung alle | zielbewußte Politik unmöglich machte und der um die Existenz des Landes und seiner Krone spielte. Technische Kenntnis der modernen Verwaltung konnte er, nachdem der Thron einmal in jungen Jahren bestiegen war, überhaupt nicht mehr erwerben. Aber sie war nicht das Entscheidende. Denn dafür konnten schließlich, bei der nötigen Zurückhaltung des Monarchen, tüchtige Beamte sorgen. Allein – was so gern vergessen wird – ein noch so hervorragender Beamter ist um deswillen noch kein irgendwie geeigneter *Politiker* und umgekehrt. Noch weniger aber war ein solcher Politiker der Zar. Die besonderen Qualitäten für dieses schlüpfrige Gebiet verantwortlichen Handelns, verbunden mit der strengen *Sachlichkeit,* dem sicheren *Augenmaß,* der reservierten *Selbstbeherrschung,* der Fähigkeit *schweigenden* Handelns, die es verlangt, sind keine ererbten Angebinde einer Krone. Und diese Qualitäten sich zu bewahren, war für diesen, wie für jeden Monarchen in der die romantische Phantasie stark anregenden Lage eines solchen, noch ungleich schwerer als für andere. Es bedarf eben in monarchischen Staaten heute ganz fester und starker anderer Gewalten, um die *Ausschaltung* politisch unbegabter Herrscher in ihrem eigenen Interesse im Fall der Notwendigkeit zu ermöglichen.

Eben dieses Problem der gegebenenfalls nötigen *Ausschaltung* des Monarchen mußte nun aber im Kriege, je länger, je mehr, in Rußland gerade für die tüchtigsten Schichten auch der absolut undemokratischen Imperialisten beherrschend werden. Dazu bedurfte es keiner Anzettelung Englands. Es folgte auch für die zum Teil höchst sozialkonservativen Kreise des sogenannten »Fortschrittlichen Blocks« der Duma aus der Forderung der *Sache.* Große Politik wird stets von kleinen Kreisen der Menschen gemacht. Entscheidend für den Erfolg ist aber: – 1. daß ihre Entschlüsse nicht durch Einfälle eines politisch so unbegabten Monarchen, wie des Zaren, gestört werden, – 2. daß sie die *freie* Hingabe einer hinlänglich breiten mächtigen gesellschaftlichen Schicht hinter sich haben, – 3. daß sie wissen, wie Machtkämpfe da geführt werden, wo Reglement, Befehl und militärischer oder bürokratischer Gehorsam nach der Natur der Sache *nicht* die technischen Mittel ihrer Durchführung sind, – und dies ist in der großen Politik der Fall. Ein Apparat nun, einen politisch unbegabten Herrscher im eigenen Interesse und dem des Landes, da, wo es sachlich nötig ist, auszuschalten, ohne daß die politischen Institutionen umgestürzt werden, bietet *nur* eine sehr starke und breit fundierte selbstständige *Parlamentsmacht* | der Vertrauensmänner der Wähler. Die menschlich verständliche Eifersucht des Fachbeamtentums, die sich als »monarchistisch« gebärdende Schmeichelei plutokratischer Interessenten und der ästhetenhafte Snobismus von Bildungsphilistern und Literaten (dieser Speichellecker der jeweils als »vornehm« geltenden Mode) hat zwar diesen einfachen Sachverhalt seit Jahrzehnten verlästert. Ästhetisch wird sich niemand an einem Parlament berauschen können. Vom Standpunkt der reinen Verwaltung aus ist es nur Kräftevergeudung und Redegelegenheit eitler Menschen, denen sich jeder tüchtige Fachbeamte an Beherrschung seines Ressorts weit überlegen fühlt, die man durch kleine Vorteile und verhüllten Anteil an der Ämterpatronage ködert und eben dadurch von realer Macht und Verantwortlichkeit ausschließt. Genau diese Qualitäten eignen tatsächlich und ausschließlich jedem *machtlosen* und daher politisch verantwortungslosen Parlament, welches die großen politischen Begabungen mit ihrem sittlich berechtigten Machtehrgeiz von der Beteiligung fernhält. Das ist »Scheinkonstitutionalismus« und schädigt unweigerlich die politische Qualität der Leistung. Deutschland z. B. hat die besten und ehrlichsten Fachbeamten der Welt. Was militärische Disziplin und Beamtentüchtigkeit können, hat die deutsche Leistung in diesem Krieg gezeigt. Aber die furchtbaren Mißerfolge der deutschen Politik haben auch gezeigt: was nun einmal durch diese Mittel *nicht* zu leisten ist.

Die Parlamentsmacht verdammt – das ist ihre weitaus wichtigste positive Leistung – durch eine einfach wirkende Auslese den politisch *unbegabten* Herrscher, und nur ihn, zur Ohnmacht. Dem politisch begabten Monarchen hält sie dagegen jenen gewaltigen Einfluß offen, den z. B. EDWARD VII. – mehr als ein anderer Monarch eine beherrschende Figur der neuesten Zeit – ausgeübt hat. Der Zar hatte zu wählen zwischen dem *realen* Besitz jener Macht, die jedem Monarchen sein bei politischer Klugheit und Beherrschtheit stets überaus großer tatsächlicher Einfluß auf die Staatsleitung gewährt, und jener eitlen Romantik und Pathetik des äußeren *Scheines* der Macht, durch dessen Erstreben sein ostensibles und geräuschvolles Eingreifen für die sachliche und konsequente Führung der Politik verderblich wurde und für seine Krone gefährlich werden konnte. In Rußland war zwar (im Gegensatz zu uns) strafbar (als »Publikation eines Hofberichtes«) jede *Veröffentlichung* von Reden und Telegrammen des Monarchen, welche nicht durch den zuständigen Beamten kontrolliert worden war. | Allein das genügte, da dieser Beamte eben ein Hofbeamter war und keine parlamentarische Macht dem Monarchen gegenüber als selbständige Grundlage seiner Stellung hinter sich hatte, nicht einmal zur Verhinderung des Bekanntwerdens politisch unkluger Äußerungen des Zaren. Erst recht nicht setzte irgend etwas der unbegabten Unstetheit seines Eingreifens in die Politik eine Schranke. Deshalb wurden selbst die konservativsten Kreise des russischen Besitzes, und gerade sie, im Kriege Anhänger des Parlamentarismus. Der Zar dagegen optierte für die Romantik des Scheins und entschloß sich auch in letzter Stunde nicht, die formelle Macht auch nur mit den sozialkonservativen Mächten des in der jetzigen Duma vorherrschenden bürgerlichen Besitzes zu teilen. Mit der ihm im eigenen Machtinteresse unbedingt ergebenen Polizei und den angeworbenen »Schwarzen Banden« allein war aber das Land in einer Lage wie der jetzigen nicht in der Hand zu behalten. Sie hatten ihre Fähigkeit gezeigt, Attentate, Generalstreiks, Pogrome zu arrangieren, um das Bürgertum und unbequeme Minister einzuschüchtern, wie dies festgestelltermaßen geschehen ist. Sie waren eine vollständig nach eigenem Ermessen operierende und tatsächlich sehr erhebliche Macht. Aber fast die ganze materielle Verwaltung lag, dem reinen Polizeicharakter des Staates entsprechend, in den Händen eben jener dem Zaren besonders tief verhaßten Semstwokreise. Vor allem mußte daher, wenn diese Vertreter der »Gesellschaft« geflissentlich beiseitegeschoben, desorganisiert oder gar zur Obstruktion getrieben wurden, die wirtschaftliche Versorgung des Landes und der Hauptstädte völlig zum Stillstand gebracht werden. Das geschah offenbar und brachte in Verbindung mit dem Versagen des russischen Eisenbahnsystems infolge der Ansprüche des rumänischen Feldzugs die Revolte unmittelbar zum Ausbruch.

Nun wäre ohne die Gegnerschaft der *bürgerlichen* Intelligenz gegen das alte Regime jede noch so erfolgreiche Massenrevolte natürlich nach kurzer Dauer ebenso ins Nichts verlaufen und im Blut erstickt worden wie im Winter 1905/06, und wie es etwa einem Putsch der Schwätzer unserer »Gruppe LIEBKNECHT« ergehen würde, wenn man sie sich an Zahl um das Zwanzigfache vermehrt denkt. Aber nicht nur alle geschulten Arbeiterführer, sondern auch die führenden Schichten der bürgerlichen Intelligenz taten infolge des Verhaltens des Zaren mit. Ihre Bataillone gegen Angehörige jener Familien marschieren zu lassen, denen die meisten von ihnen selbst entstammten, hätte sich die Mehr|zahl selbst der aktiven und vollends der – jetzt vorwiegenden – Reserve-Offiziere nicht dauernd bereit gefunden. Gerade den tüchtigsten unter ihnen schien überdies die Ausschaltung des unberechenbaren persönlichen Eingreifens dieses Monarchen aber *sachlich* unumgänglich, nachdem die Folgen seines Dilettantismus zutage getreten waren. Daß dann diese »Ausschaltung« wesentlich anders verlief, als wohl die Mehrzahl von ihnen es gewünscht hätte, daß sie nämlich zum Sturz der Dynastie und *nicht* zu einem Bürgerkönigtum eines Großfürsten oder zu einer Militärdiktatur führte, – dies erzwang die zunächst unvermeidliche Rücksicht der hauptstädtischen Führer der Bewegung auf die Machtstellung des für den Kampf gegen den Zaren unentbehrlichen *Proletariats.* Die Hungersnot entstand allein aus einem Versagen der russischen Eisenbahnen gegenüber den Aufgaben, welche die Verlängerung der Front durch den rumänischen Feldzug stellte. Und es zeigte sich nun, daß die Führer der proletarischen Schichten der »Intelligenz«, des staatlichen und sonstigen Unterbeamtentums und der Eisenbahn-, Post- und Telegraphenarbeiter, ihre Leute so in der Hand hatten, daß sie KERENSKIJS Machtstellung hinnehmen und die völlige Beseitigung der Dynastie dulden mußten. Daß aber eine Entwicklung zu einer offenen oder verhüllten Militärdiktatur dauernd unterbleibt, ist, *falls der Krieg fortgesetzt wird,* sehr wenig wahrscheinlich. Eine gewisse Rücksichtnahme auf die besitzenden Schichten wäre dabei freilich unvermeidlich. Die Mehrzahl der Berufsoffiziere, sicherlich aber die bürgerlichen Schichten der heutigen Klassenduma und provisorischen Regierung fürchten jedoch die wirkliche Demokratie. Und vor allem fürchten eine solche die *Geldgeber* im Inland und in den verbündeten Ländern. Teils weil sie die Fortsetzung des Krieges wünschen, teils aber weil sie für die Sicherheit ihrer Geldvorschüsse fürchten. Dieser Einfluß ist der wichtigste. Bei der früheren Revolution ließ sich Schritt für Schritt verfolgen, wie seitens der Regierung des Grafen WITTE ganz genau das geschah, an Konzessionen und an Repressionen, was jeweils von den ausländischen Banken und Börsen für die *Kreditwürdigkeit* seines Regimes für ersprießlich gehalten wurde. Die bürgerlichen Leiter des gegenwärtigen Regimes haben, wenn sie Kredit erhalten wollen, gar keine Wahl, als genau ebenso zu verfahren. Das Gelingen der auswärtigen Anleihe setzte den Zaren 1906 in den Stand, WITTE zu entlassen, die Scheinkonstitution zu oktroyieren, vor allem die Polizeigewalt und die »Schwarzen Banden« neu zu etablieren und dann die Duma zuerst als Luft zu | behandeln und weiterhin zum Staatsstreich zu schreiten. Finden sich die Persönlichkeiten, so erhalten sie das Geld zur Bändigung des Landes unter gleichviel welchen *schein*demokratischen Formen natürlich auch diesmal. Die Aufgabe an sich ist nicht unlösbar und die Frage nur die: ob sich Persönlichkeiten finden. Das kann kein Ausländer wissen. Jedenfalls aber wird sich jeder selbst sagen, daß ein Regime, für dessen Kosten zunächst Leute wie MOROSOW und die anderen Führer des erzreaktionären Großkapitals das Geld zeichneten, keine »Demokratie« bedeuten kann. Nach den Banken, den inländischen und ausländischen, und jetzt nach Amerika richten die Herren MILJUKOW und GUTSCHKOW ihre Blicke, um von da das Geld zu erhalten – nicht in erster Linie zur Führung des Krieges, sondern um sich *gegen die Radikalen* im Sattel zu befestigen.

In diesem ganzen Zusammenhang ist nun entscheidend wichtig und charakteristisch die Stellung der Regierung gegenüber den *Bauern,* welche auch bei der früheren Revolution das in die Augen fallende Symptom der jeweiligen innerpolitischen Machtlage war.

Wirkliches Interesse am *Frieden* haben objektiv vor allem die *Bauern,* die ungeheure Mehrzahl des russischen Volkes. Im Sinn ihrer eigenen Ideale sind ihre realen Interessen nicht zu befriedigen ohne: 1. Enteignung des gesamten nichtbäuerlichen Grundbesitzes und 2. *Kassierung der Auslandsschulden Rußlands.* Gerade das letztere ist entscheidend. Denn sollten die Bauern die Schuldzinsen für das Ausland decken, so begänne der von den russischen Nationalökonomen eindringlich geschilderte Prozeß aufs neue: daß diese total unterernährte Schicht das Getreide, welches für den Export zur Dekkung jener Zinsen erforderlich ist, hergeben müßte und durch gewaltige Steuern zum unfreiwilligen Verkauf gezwungen werden würde. So war es früher. – Die praktisch vermutlich auch diesmal unüberwindlichen Schwierigkeiten aber, welche der *erste* Punkt: die Enteignung, bietet, liegen nicht so sehr in der Sache an sich als in den unvermeidlich bei der Durchführung entstehenden Interessenkonflikten zwischen den einzelnen, vor allem: den lokalen und regionalen Gruppen innerhalb der Bauern selbst. Wenn die Enteignung in einem Kreise für die dortigen Bauern 6 Hektar ergibt, im Nachbarkreise aber je 15, so verlangen die Bauern des ersteren natürlich Gemeinsamkeit der Verteilung, während die letzteren das Land ihres Kreises für sich monopolisieren wollen. Diese Konflikte spielten schon in den ersten Stadien der früheren Revolution ihre Rolle. Außerdem natürlich liegt die Schwierigkeit darin, daß sie für | das Land nichts bezahlen wollen, also in hoffnungslosen Konflikt mit den bürgerlichen Interessenten des Bodeneigentums geraten. Diese Schwierigkeiten wären zu beseitigen nur im Wege einer jahrelang dauernden sozialrevolutionären *Diktatur* (unter »sozialrevolutionär« ist dabei nicht irgendein Wüterich, sondern einfach ein Politiker verstanden, welcher an die in Rußland überaus jugendliche »Heiligkeit« des privaten ländlichen Grundbesitzes sich nicht kehrt). Ob Persönlichkeiten dafür vorhanden sind, weiß ich nicht. Dauernde Macht könnten sie aber nur dann gewinnen, wenn schleunigst *Frieden* geschlossen würde. *Denn nur dann wären die Bauern überhaupt in der Heimat und ständen zur Verfügung.* Jetzt sind in der Heimat Greise, Kinder und Frauen, die Bauern aber sind der »Disziplin«, und das heißt in diesem Fall: der Gewalt der jetzt herrschenden, besitzenden Schichten und der aus ihnen hervorgehenden Offiziere und Beamten, ausgeliefert. Die Disziplin mag noch so sehr gelockert und das Heer in seiner Offensivkraft geschwächt sein, *diesen* Dienst leistet die Fortdauer des Krieges den besitzenden Schichten doch. Diese Schichten sind natürlich *geschworene Feinde jeglicher Bauernbewegung*, denn sie sind verbündet mit den in den Semstwos herrschenden Grundbesitzinteressenten. Sie sind daher, *um die Bauern von der Heimat fernzuhalten*, bedingungslos für die Fortsetzung des Krieges *um seiner selbst willen*, auch wenn sie völlig aussichtslos ist. Denn nur dadurch können: – erstens die Massen der *Bauern* weiter von der Heimat fern in den Schützengräben *unter der Kontrolle der Generale* gehalten, inzwischen – zweitens die Festigung der neuen Macht der besitzenden Klassen vor dem Friedensschluß durchgeführt, und dafür – drittens die *Geldunterstützung der Banken* im Inland und Ausland gewonnen werden, um die neue Macht zu organisieren und die Bauernbewegung niederzuhalten. Die Situation ähnelt der unserigen darin, daß auch unsere Konservativen jetzt gern *hinter dem Rücken des Heeres draußen* eine Scheinreform des preußischen

Wahlrechts vornehmen möchten. *Niemals* wären solche Reaktionäre wie Gutschkow und ähnliche Persönlichkeiten in die jetzige Regierung eingetreten ohne Garantien dafür, daß jede wirkliche Bauernbewegung niedergeschlagen wird. Nur zu diesem Zwecke traten sie ein. Das liegt auf der Hand. *Niemals* würden andererseits die erzreaktionären Schwerindustriellen und Handelskammerpräsidenten und die Banken die »Freiheitsanleihe« zeichnen oder die Geldgeber in den verbündeten Staaten dem neuen | Regime Kredit gewähren ohne die gleichen Garantien, da sie sonst ihr bisher geliehenes Geld verlieren würden. Das liegt ebenfalls auf der Hand. Mit Geld kann man gewiß nicht alles in der Welt machen. *Ohne* Geld aber kann man auf die Dauer gar nichts machen. Mit den Milliarden der »Freiheitsanleihe« wird es nach menschlichem Ermessen möglich sein, 1. die Massen der Bauern weiter in den Schützengräben und also in Ohnmacht zu erhalten, – 2. jeden Versuch der wirklichen Demokraten im Inland, die Macht an sich zu reißen, zu vereiteln. Diese Gewalt des Geldes kann durch Putsche und Revolten wohl gehemmt und in ihrer Bedeutung für die Öffentlichkeit im Kriege gelähmt, aber sie kann ohne eine völlige Liquidation des Krieges nun und nimmer gebrochen werden. Für die Machtlage der beiden feindlichen Parteien liegt *bisher* als Symptom nur die Tatsache vor: daß ein Teil des inländischen Hauptkapitals die »Freiheitsanleihe« zu zeichnen sich *weigert,* also dem Bestand der bürgerlichen plutokratischen Regierung nicht zu trauen scheint. Immerhin ein wichtiges Anzeichen.

Die Demokraten haben aber ihrerseits wenigstens bisher noch nicht die Fähigkeit gezeigt, an der Machtstellung der Finanz ernstlich zu rütteln. Man hat ihnen natürlich durch Zulassung eines gewissen Maßes von Bewegungsfreiheit, vor allem der praktisch wichtigen Freiheit des Agitierens, ferner durch das Versprechen der »Republik« und im übrigen durch *genau so allgemein gehaltene Versprechungen* für die Zukunft, wie sie seinerzeit auch die Regierung des *Zaren* gegeben hatte, Konzessionen gemacht. Denn vorläufig sind sie anscheinend nach wie vor im Besitz der Verfügung über einen Teil der Verkehrsmittel, vor allem der inländischen Telegraphen und Eisenbahnen. Aber *nicht sie* erhalten den Kredit der Banken, und solange der Krieg fortgesetzt wird, hat daher ihre Macht zur Etablierung eines ständig funktionierenden Regierungsapparates eine feste und enge Grenze. Auch die zu ihnen haltenden zahlreichen

Beamten wollen ja auf die Dauer vor allem – *bezahlt* sein, und dazu braucht man Bankkredit. Von den Banken erhält aber nur Geld, wer 1. vorläufig den Krieg fortsetzt und 2. die Bauern, deren Ideale mit den Interessen der russischen Staatsgläubiger unvereinbar sind, unbedingt niederhält.

Die Regierung hat nie die *»Konstituante«* versprochen. Diese würde, wenn 1. wirklich freie Wahlen stattfänden und 2. die Bauern wirkliche Informationen über die Sachlage erlangen könnten, ganz unfehlbar eine ungeheure Mehrheit von Bauernvertretern bringen, | welche für 1. Landenteignung, 2. Kassierung der Staatsschuld, 3. Frieden einträten. Die herrschenden besitzenden Schichten und die leitenden Offiziere sind daher ebenso wie die großen Geldmächte des In- und Auslandes einerseits an Verfälschung der Informationen der Bauern und der Wahlen selbst, andererseits, wenn dies nicht möglich ist, an Hinausschiebung der Konstituante interessiert. Vor allem aber daran: daß die Angehörigen des *Heeres,* d. h. die Masse der kräftigsten Bauern, um *keinen Preis an den Wahlen* zur Konstituante teilnehmen.

Aber auch viele Vertreter der sozialdemokratischen russischen Industriearbeiter können sich für keinen der drei Punkte jenes naturgegebenen Bauernprogramms ernstlich begeistern. Die wirklichen Hoffnungen der Bauern erscheinen dem marxistischen Sozialdemokraten, vor allem Plechanow, natürlich heute genau so utopisch und »rückständig« wie 1905. Plechanow und ähnliche Ethiker sind als marxistische Evolutionisten die geschworenen Gegner aller »kleinbürgerlichen, bäuerlichen Gleichheits- und Teilungs-Ideale«; dazu treten materielle Momente. Die Arbeiter verlangen Höchstpreise und billiges Brot, die Bauern halten das Getreide zurück und würden der Beschlagnahme, wenn sie könnten, Gewalt entgegensetzen. Der Verdienst der Arbeiter in der Kriegsindustrie ist sehr gut. Irgendwelche Erfolge der wirklichen Bestrebungen der Bauern könnten die kapitalistische industrielle Entwicklung Rußlands für Jahre verlangsamen. Und wie in der ganzen Welt haben sich die sozialistischen Arbeiter, wo immer sie zur Regierung kamen (so in sizilianischen Städten), als bewußte Förderer der kapitalistischen Entwicklung, die ihnen ja Arbeitsgelegenheit gibt, gezeigt. Vor allem aber müßten sie ihre Macht mit der riesigen Mehrheit einer Bewegung ganz anderen Gepräges teilen, von deren abgründiger »Unreife« sie so überzeugt sind, wie nur irgendein deutscher Literat es ist. Das hindert natürlich ein ganz aufrichtiges *gefühls*mäßiges Solidaritätsempfinden mit den Bauern nicht. Und es hindert nicht, daß die nicht kriegsindustriell interessierten oder evolutionistisch gebundenen Sozialisten für den Frieden eintreten. Es hindert endlich auch nicht, daß sie ihrem Programm gemäß »prinzipiell« die Forderung der alleinigen Zuständigkeit der Konstituante vertreten müssen. Wohl aber beeinflußt es die *tatsächliche* praktische Haltung der mit in der Macht sitzenden sozialistischen Politiker unbeschadet aller Prinzipien.

Die sozialistischen Arbeiterführer können durch Obstruktion der Verwaltung wohl politische Konzessionen von einer *bürgerlichen* Regie|rung eintauschen, – *nicht* aber von einer »Konstituante« der *Bauern.* Aus eigener Kraft, ohne die bürgerlichen Schichten, können sie ferner keine stetige Verwaltung des Landes organisieren, solange der Krieg dauert. Denn dafür ist eben der entscheidende Punkt: der Mangel der *Kreditfähigkeit,* die so lange ein für die Teilnahme an der Macht ausschlaggebender Faktor bleibt, *als der Krieg fortgesetzt wird.* Gegen diese Fortsetzung energisch aufzutreten, riskieren sie aber dennoch nicht. Denn sie können gerade jetzt die Bundesgenossenschaft der allein *kreditwürdigen* bürgerlichen Schichten nicht entbehren. Ohne Fortsetzung des Krieges aber würde diesen der Kredit gesperrt. Die Sozialdemokraten und Sozialrevolutionäre können also, solange die Lage bleibt, wie sie ist, nur die Rolle von »Mitläufern« spielen und werden als solche gern geduldet, weil sie den Massen einen wirklich »revolutionären« Charakter der Regierung vortäuschen. Aber über die entscheidende Frage von Krieg und Frieden verfügen vorerst nicht sie, sondern die besitzenden bürgerlichen Schichten, die Offiziere und – die *Banken. Nicht eine »Revolution«, sondern eine einfache »Ausschaltung« eines unfähigen Monarchen hat bisher stattgefunden.* Die reale Macht ist mindestens zur Hälfte in den Händen von lauter monarchisch gesinnten Kreisen, die den jetzigen republikanischen Schwindel nur deshalb mitmachen, weil der Monarch sich zu ihrem Bedauern nicht in die sachlich gebotenen Schranken seiner Macht gefügt hat. Ob die »Republik« infolge der Torheiten und der Minderwertigkeit der Dynastie schließlich der Form nach wirklich für längere Zeit (womöglich dauernd) sich etablieren muß – was jene Kreise bestimmt *nicht* wünschen –, ist sachlich gleichgültig. Es kommt nur darauf an, ob die wirklich »demokratischen« Elemente: Bauern, Handwerker, Industriearbeiter *außerhalb* der Kriegsindustrie, die reale Macht gewinnen. Das ist nicht unmöglich, aber im Augenblick jedenfalls noch nicht der Fall. Haben aber erst die bürgerlichen Teilhaber der Regierung, Gutschkow, Miljukow usw., das *Geld* Amerikas oder der Banken in der Hand, *dann* ist die Zeit reif für den Versuch, sich der sozialistischen Mitläufer mit Hilfe der Offiziere und der Gardetruppen gänzlich zu entledigen. In dem Augenblick, wo dann *wirklich* »revolutionäre« Konsequenzen gezogen werden sollten, würden die sozialistischen Ideologen die Geldmacht und die jetzt herrschenden bürgerlichen Kreise geschlossen gegen sich haben. Alle noch so radikalen Politiker, die *mit* diesen Mächten herrschen wollen, haben gar keine Wahl, als sich zu der elenden Rolle | herzugeben, welche Leute wie Kerenskij und Tscheidsee heute spielen müssen. Das ist der *sehr* einfache Zusammenhang.

Wer diesen Zusammenhang bezweifelt – und so naive Gemüter wird es im neutralen Ausland sicher, vielleicht aber auch bei uns geben –, der wird doch die *Probe* auf das Exempel anerkennen müssen, wenn er ehrlich sein will. Diese Probe besteht in folgenden Punkten:

1. Die ganze Masse der Bauern befindet sich an der Front. Die Radikalen, die angeblich gegen den »Militarismus« sind, müßten nun vor allem dafür eintreten, daß diese Leute ihre Meinung in geheimer Abstimmung und Wahl (deren Geheimhaltung sorgsam zu kontrollieren wäre) *äußern* dürfen. Die *Reaktionäre* und nur *sie* haben dagegen, wie gesagt, das klare Interesse: 1. die *Bauern an der Front zu halten* und 2. die *Beteiligung der Front an der Abstimmung zu hindern.* Solange in den Dörfern nur Greise, Kinder und Frauen sind, sind die Bauern machtlos. Und die Daheimgebliebenen haben es äußerst billig, das große Maul für die Fortsetzung des Krieges zu führen. Sie verdienen ja Geld daran und eignen sich die Kundschaft der draußenliegenden Krieger zu. Das alles ist sonnenklar. Wenn sich also die Radikalen der Fernhaltung der Armee von den Wahlen fügen, so wollen sie den Frieden *nicht,* – weil sie nicht »dürfen«. Die Probe ist, wenn die Nachrichten nicht direkt gefälscht sind, gemacht: die Deputierten der neuen Regierung, mit Einschluß des Reaktionärs Gutschkow einerseits, des Revolutionärs Kerenskij andererseits, sind bei dem (erzreaktionären) General Brussilow gewesen. Was ist geschehen? *Sie haben sich gefügt.* Nach neueren Nachrichten scheint freilich irgendeine Form der Beteiligung des Heeres doch durchgesetzt zu sein. Aber es gibt der Proben noch mehrere.

2. Eine öffentliche, absolut unzweideutige Erklärung der Zentralmächte und überdies ein Telegramm der deutschen sozialdemokratischen Partei liegt den (angeblich) »radikalen« Petersburger Führern vor. Die ganz einfache Probe ist: ob sich daraufhin die jetzige Regierung, deren im Innern mächtigster Mann Kerenskij ist, oder ob wenigstens die Konkurrenzregierung, deren mächtigster Mann Tscheidsee ist, die Herbeiführung von Friedensverhandlungen der Zentralmächte mit den verbündeten Ententemächten zu erzwingen versucht oder nicht. Weigern sie sich, ihren Bundesgenossen abzuverlangen, auch nur in Friedens*verhandlungen* einzutreten (unter der Androhung, dies sonst selbständig zu tun), so ist die zweite Probe gemacht. – Die nächste Zeit wird es lehren. |

3. Es gibt aber immer noch weitere Proben: Friedensverhandlungen kann man unmöglich machen durch öffentliche Proklamierung von Bedingungen, denen sich der Gegner wie einem »Ultimatum« *vor* Beginn der Verhandlungen zu fügen habe. Darauf läßt sich kein Gegner ein. Das hat aber Prof. Miljukow – ohne Widerspruch des »Radikalen«: Kerenskij – durch sein Manifest über *Polen* und seine Erklärung über *Serbien* getan. In dem Manifest über Polen ist nicht gesagt, *welches Gebiet* Prof. Miljukow darunter versteht. Es gibt in ganz Deutschland, wie er genau weiß, keinen Menschen, der über deutsches, von Deutschen in untrennbarer Mischung mit Polen bewohntes Reichsgebiet zu verhandeln gedenkt. Sondern es handelt sich darum: daß die von Rußland 1815 *garantierte* Selbständigkeit Polens, nachdem sie von dem russischen Zaren schnöde geraubt worden ist, unter neuen Garantien wiederhergestellt werden soll. Die Hauptfrage ist: welches soll die *Ost*grenze dieses Gebiets sein? Nach deutschem Standpunkt hat dafür die *Ansicht der Polen* maßgebend zu sein. Die Polen sind jetzt aus der Duma ausgetreten, da sie nicht mehr ihre Vertretung sei. Prof. Miljukow, dem die Duma die Macht gegeben hat, hat also mit ihnen offenbar nichts mehr zu schaffen.

Dazu tritt die innerrussische Nationalitätenfrage. Ein echt demokratisches Programm dafür hatte seinerzeit der Kleinrusse Dragomanow aufgestellt[1]: ganz freie Föderation mit Bundesparlament und Kontrolle nur der formalen *Rechtmäßigkeit* der Akte der auto-

[1] Siehe des Verfassers Bemerkungen in seinem Bericht »Zur Lage der bürgerlichen Demokratie in Rußland«, aus dem Jahre 1906 [Beilage zum XXII. Band, 1. Heft des Archivs für Sozialwissenschaft und Sozialpolitik, S. 267 ff.]. (D. H.)

nomen Landtage und Behörden der Einzelvölker. Die jetzige Regierung hat nicht umhin gekonnt, ein Nationalitätenprogramm aufzustellen, welches *Gleichstellung* verheißt. Aber von *Autonomie*, d. h. einem *Ersatz* des *großrussischen Beamtentums* und Offizierkorps durch frei von den einzelnen Nationalitäten bestimmte Funktionäre, von Landtagen oder doch von solchen Rechten, wie sie die Tschechen, Kroaten, Slowenen in Österreich haben, steht *nichts* darin.

Hier hat diese Demokratie ihre feste Schranke, solange die jetzige bürgerliche Regierung in Rußland besteht. Denn ihre imperialistischen Mitglieder, insbesondere die Dumakreise, wollen ja gerade die *Beherrschung* der anderen Fremdvölker durch eine Bürokratie und ein Offizierkorps, welche aus ihrer eigenen Mitte, das heißt aus den besitzenden *großrussischen* Schichten hervorgegangen sind. So war es von jeher, einerlei, wer in Rußland regierte. An diesem Problem ist die frühere Revolution durch das Wachrufen des großrussischen Chauvinismus zum Scheitern gebracht worden. – Auch die Sozialisten werden sich da – aus Angst vor dieser Möglichkeit – zunächst fügen müssen. Daß »nationale« Versprechungen, welche Herr Gutschkow und die übrigen Mitglieder der aus Klassenwahlen hervorgegangenen Duma machen, ehrlicher erfüllt würden als die des Zaren, glaubt weder eines der russischen Fremdvölker, noch glaubt es Herr Gutschkow selbst, und am allerwenigsten glauben es die Herren Kerenskij und Tscheidsee. Aber sie müssen das trotzdem mitmachen.

Denn – um es immer wieder zu sagen – die an der gegenwärtigen Gewalt teilnehmenden Politiker, gleichviel welcher Richtung, bedürfen des Geldes der *Banken*. Dies Geld wird nur zum kleinsten Teil für den Kampf gegen die Zentralmächte verwendet. Die Hauptmasse wird gebraucht, um die Beherrschung des Landes durch die kapitalistischen Interessenten und die Interessenten der großrussischen besitzenden Intelligenz zu sichern. Zu dieser Sicherung gehört zunächst die Schaffung einer Wehrmacht, so zuverlässig für das bürgerliche Regime, wie die Schwarzen Banden des Zaren es für diesen waren. Sie ist bestimmt vor *allen* Dingen gegen *innere* Gegner. Das geschieht soeben – mit den Vorschüssen der Banken und der Großindustriellen. Ferner ist dafür nötig die *Verhaftung* aller derjenigen Leute, welche die Bauern im Sinn von deren eigenen Interessen zu beeinflussen imstande sind. Das sind die gleichen Mittel, welche das Regime des Zaren anwandte. Diese Verhaftungen haben schon jetzt begonnen. Sie erfolgen unter der Firma: daß diese Radikalen geheime Agenten

Deutschlands seien. Vor allem werden die Wahlen zur Konstituante (wenn sie überhaupt während des Krieges stattfinden) durch Verbreitung der bekannten unwahren Behauptung über die »Unterstützung des alten Regimes durch Deutschland« verfälscht. Davon ein Wort.

Im Jahre 1905 wurde ich von akademisch gebildeten, lange Zeit in Deutschland gewesenen Russen allen Ernstes immer wieder gefragt: 1. ob Deutschland im Fall der Enteignung des russischen Privatgrundbesitzes intervenieren, – 2. wenn ja, ob die Sozialdemokratie in der Lage sein werde, dies zu hindern. Die Verneinung der *beiden* für jeden Kenner deutscher Verhältnisse gleich lächerlichen Fragen stieß auf völligen Unglauben. Nun hat gewiß das Verhalten der konservativen preußischen Polizei zur Entstehung dieses Glaubens das ihrige beigetragen: ich will diese würdelosen und dabei politisch für uns wertlosen Dienste hier nicht nochmals aufzählen. Denn ich denke, das ist jetzt vor|bei. Direkter Urheber des wahnwitzigen Märchens war aber 1905 der erzreaktionäre Militärgouverneur von Warschau, Skalon, der sehr genau wußte, was er damit tat. Keiner der *heutigen* Petersburger Machthaber glaubt diesen Unsinn. Dennoch wird er von ihnen genau ebenso benutzt wie von Skalon. Und es scheint sich dabei auch zu zeigen: daß die Vertreter des russischen Sozialismus nur die Wahl haben, entweder dies erbärmliche Spiel mitzumachen *oder:* auf die Teilnahme an der Macht zu verzichten. Sie müssen es ebenso *mitmachen,* daß die Friedensbotschaft der Zentralmächte ignoriert wird, und müssen es dulden, daß Kriegsmanifeste und Interviews mit dem Kriegsziel: »Vernichtung des preußischen Militarismus« oder »Absetzung der Hohenzollern« oder Losreißung türkischer oder österreichischer oder deutscher Gebietsteile in die Welt gehen. *Denn sonst gibt es kein Geld* für die Erhaltung der eigenen Herrschaft im Lande.

Diese sonnenklare Lage der russischen Scheindemokratie und insbesondere der sozialistischen Führer in Rußland begründet nun die politisch sehr verantwortliche Situation der *deutschen sozialdemokratischen Partei* und ihrer Führer.

Denn die Lage ist jetzt diese: Neben den erwähnten sehr materiellen Umständen beruht jene Haltung der russischen sozialistischen Führer auf einer grundsätzlichen Voraussetzung: daß nämlich die deutsche Sozialdemokratie jetzt, wo ein Heer von Negern, Ghurkas und allem barbarischen Lumpengesindel der Welt an unserer Grenze steht, halb wahnsinnig vor Wut, Rachedurst und Gier, unser Land zu verwüsten, sich dennoch vielleicht dazu hergeben werde, den Schwindel der jetzigen russischen Duma-Plutokratie mitzumachen und dem deutschen Heer, das unser Land vor wilden Völkern schützt, moralisch in den Rücken zu fallen. Daneben freilich auch auf einer *ungeheuren Unterschätzung* der deutschen militärischen Kraft und unseres Entschlusses, nötigenfalls alle Entbehrungen auf uns zu nehmen, um einen dauerhaften Frieden zu erzwingen, wenn es den russischen Machthabern, wie vorauszusehen, wiederum gelingt, Friedensverhandlungen zu vereiteln. Es ist durchaus notwendig, daß die deutsche Arbeiterschaft *weiß*, daß und warum zur Zeit von irgendeiner echten »Demokratie« in Rußland gar keine Rede ist. Mit einem *wirklich* demokratischen Rußland könnten wir jederzeit einen ehrenvollen Frieden schließen. Mit dem jetzigen vermutlich *nicht;* denn die Machthaber brauchen den Krieg um ihrer Machtstellung willen.

Es ist gewiß ein widerwärtiger Gedanke, daß unsere Truppen nach | fast drei Kriegsjahren noch immer der Heimat fernbleiben müssen, nur weil die plutokratische Hälfte der jetzigen Regierung in Rußland ihre Macht im Innern des Landes durch Festhaltung der Bauern in den Schützengräben und Benutzung des Bankkredits festigen muß, und weil die Macht der Sozialisten infolge ihrer Kreditunfähigkeit unzulänglich ist und sie deshalb genötigt sind, mit den Wölfen zu heulen. Aber wenn nicht ein neuer Umsturz eintritt oder die Machtlage sich verschiebt, wird es mindestens mehrere Monate dauern, bis auch das Interesse breiter *bürgerlicher* Elemente in Rußland an einer Durchführung geordneter Verhältnisse, deren Vorbedingung ein anständiger Friede ist, sich maßgebend durchsetzen kann – so oder so. Der Moment kommt natürlich mit absoluter Sicherheit. Aber bis dahin muß eventuell rücksichtslos weitergekämpft werden, darin besteht tatsächlich gar keine Wahl. Daß man, solange noch eine wirklich erhebliche Hoffnung auf einen Sieg der Friedensströmung besteht, die Russen unter sich läßt, ist in der Ordnung. Zeigt sich, daß die am Krieg interessierten Mächte doch das Übergewicht gewinnen, dann fällt dazu der Grund fort.

Zu lernen haben wir unsererseits von dieser *jetzigen Scheindemokratie* gar nichts als nur das eine: daß man nicht durch solchen Schwindel, wie es das jetzige *Dumawahlrecht* ist, den *moralischen Kredit einer Krone gefährden* soll. Das zu betonen, scheint leider auch jetzt noch zeitgemäß.

DIE LEHREN DER DEUTSCHEN KANZLERKRISIS[1]

Die innere Krisis, deren Widerspiegelung in einem Teil der Presse offenbar dem Inland, der Front und dem Ausland ein irreführendes Bild gegeben hat, entstand im Juli, von Nebenpunkten abgesehen, aus drei Ursachen:

1. Aus dem Unwillen über die fortwährende Rücksichtnahme der Regierung auf die alldeutsche Demagogie und dem festen Willen, daß vor Eintritt in das vierte Kriegsjahr eine unbezweifelbare *ehrliche Probe* auf die Aufrichtigkeit der ausländischen Friedensformeln gemacht werde. Das war politisch um so richtiger, als er der öffentlichen Feststellung der Einheit unseres eigenen Kriegsprogramms mit dem unserer *Verbündeten* diente, welche ebensowenig für ein deutsches Belgien fechten würden wie wir für ein österreichisches Venedig. Da die Friedensresolution[2] gefaßt wurde *in Kenntnis* der von den militärischen Chefs dargelegten ausgezeichneten Lage und da ihr die in Aussicht gestellten Erfolge auf dem Fuße folgten, so konnte und kann kein Mensch in ihr ein Symptom von »Schwäche« erblicken. Dazu trat

2. der Unwille über die Verzögerung der preußischen Wahlreform und der inneren Neuordnung überhaupt. Da die entscheidenden Reformen nicht im sachlich geeigneten Augenblick: bei Eröffnung des Tauchbootkrieges, angekündigt worden waren, entstand, angesichts der Agitation der Rechten, der fatale Anschein, daß auch politisch unabweisbare Notwendigkeiten nur als »Konzessionen«, unter einem Druck, erledigt werden würden. Dem ein Ende zu machen, war politisch richtig. Endlich machte sich

3. der Unwille Luft über die niemals von der Leitung unserer Seestreitkräfte, wohl aber, trotz aller Warnungen vor dem unausbleiblichen Rückschlag, von anderen Seiten – am unverantwortlich-

[1] Frankfurter Zeitung vom 7. September 1917.

[2] Reichstagsresolution vom 19. Juli 1917. (D. H.)

sten von Herrn von Heydebrand – genährte Erwartung: daß der Tauchbootkrieg schon jetzt England zur »Kapitulation« zwingen werde. Dem Unfug war nie hinlänglich bestimmt entgegengetreten worden. Der Zorn darüber explodierte im gleichen Augenblick, wo über den zu erwartenden Erfolg tatsächlich Klarheit geschaffen war. |

Irreführend an den Vorgängen war zweierlei: einmal die *Verquickung* der Friedensfrage mit den Problemen der Neuorientierung, dann aber der verworrene *Verlauf* der Krise selbst. Zunächst von dem ersten.

Es ist lächerlich zu glauben, der Krieg wäre auch nur um einen Tag später ausgebrochen, wenn Deutschlands Verfassung derjenigen Frankreichs oder Englands geglichen hätte *wie ein Ei dem anderen, nachdem* einmal diese Weltkonstellation geschaffen und dadurch dem russischen Imperialismus eine nie wiederkehrende Chance gegeben war. Und jedes Kind kann sehen, daß jetzt die Gegner die deutsche Demokratie nur deshalb umschmeicheln, weil sie sich einbilden, ihr Sieg könne eine *Schwächung* Deutschlands bedeuten. Auf die naive Frechheit einer Einmischung in innerdeutsche Verfassungsfragen vollends wird jeder Deutsche ohne Parteiunterschied dem Ausland, welches ihn mit »Befreiung« zu beglücken verspricht, ein für allemal mit der bekannten freundlichen Einladung des belagerten Götz von Berlichingen antworten. Das, was man die »Demokratisierung« der deutschen politischen Institutionen nennt, verlangen wir als unentbehrliches Mittel der *Erhaltung der Einheit der Nation* in einem Augenblick, wo wir einem vielleicht noch langen Verteidigungskrieg entgegengehen, die Parlamentarisierung aber als Garantie der *Einheitlichkeit in der Führung* der Politik und der künftigen Vermeidung jener Fehler, welche in der Vergangenheit allerdings an der Entstehung dieser Weltkoalition gegen uns nicht unbeteiligt gewesen sind. Aber keine Partei, welche Deutschlands Interessen und Ehre preisgäbe, würde sich auch nur einen Augenblick in der Macht behaupten können.

Woher rührt nun aber *im Inland* die schiefe und verwirrende Verquickung der beiden Fragen: eines sachlichen Friedens auf Grundlage der Verständigung einerseits und der freiheitlichen Neuordnung andererseits, miteinander? Das *Gerede und Geschreibe der Literaten* ist es gewesen, welches sie zuerst in Verbindung miteinander gebracht hat. Von Kriegsbeginn an haben sie unseren nationalen Existenzkampf umzufälschen getrachtet zu einem Kampf für die jetzige, angeblich spezifisch »deutsche«, rein bürokratische Staatsstruktur gegen eine angebliche »Verschwörung« der westeuropäischen Demokratie. Die große Mehrheit der Nation aber weist es zurück, daß unsere Brüder draußen für nichts besseres als für solche Literatenprodukte und für die durch sie verklärte *kontrollfreie Beamtenherrschaft* ihr Blut vergossen haben sollen. Die Struktur eines Staates hat sich ausschließlich nach den sachlichen | welt- und kulturpolitischen *Aufgaben* zu richten, vor welche die Nation sich gestellt sieht.

Auch die irreführende Art des *Verlaufs* der Krise war letztlich begründet in der inneren Struktur des heutigen Parlaments und vor allem: seiner Stellung zur Regierung. Die deutsche Beamtenregierung stand ihm als eine fremde Gewalt gegenüber, welche lediglich das Beamtentum repräsentierte, innerhalb der politischen Parteien aber nicht wurzelte und sie daher nicht zu leiten vermochte. Das Parlament war seit Bismarck für positive politische Leistungen machtlos gemacht, und neben der Erörterung von Budget- und Gesetzesvorschlägen auf rein »negative Politik«: Beschwerde und Kritik der Maßregeln jener außerparlamentarischen politischen Gewalt, beschränkt. Es konnte keine Stätte sein, auf welcher politische Führer von der Qualität der Bennigsen, Völk, Mallinckrodt, Bethusy-Huc u. a. gediehen. Ein Parlament ohne fest eingeschulten Apparat von Führern aber, der in Fällen einer Krise sofort in Aktion tritt, und mit dem der Monarch über Programm und Persönlichkeiten Fühlung nimmt, ist nichts Besseres als irgendeine andere Menschenansammlung, und ein führerloses Aufflammen politischen Wollens in ihm verläuft daher *nach Art eines Sklavenaufstandes.* Bis in die letzten Einzelheiten der heutigen parlamentarischen Konvention und der Geschäftsgebarung der Fraktionen ist alles auf die selbstverständliche Voraussetzung abgestellt: daß dies Parlament und seine Parteiführer *niemals* in die Lage kommen werden, eine *Mitverantwortung* für das Schicksal des Staates zu übernehmen. Wie wenig aber eine außerhalb stehende Beamtenherrschaft ein Parlament zu leiten in der Lage ist, zeigte die durch keinerlei sachliche Gründe bedingte Kopflosigkeit am Bundesratstische. Die deutsche Regierung war eben seit langem ein Nebeneinander von Beamtenressorts, nicht eine von einem Politiker dirigierte Staatsleitung. Der ganze Hergang war ein Schulparadigma: *wie das Fehlen eines normal entwickelten Parlamentarismus in Krisenfällen wirkt.* Niemals wird da eine Änderung eintreten, wenn man die Reichstagsparteien *nicht* fortwährend zu klarer, ausdrücklicher *Stellungnahme* gegenüber den sachlichen Fragen sowohl wie den Persönlichkeiten nötigt. Dafür aber sind uns sogar die äußeren Formen abhanden gekommen. Jedenfalls ist derartiges in der Julikrise *nicht* geschehen. Daß es nicht geschah, war, vom eigenen Interesse der Regierung aus, ein schwerer Fehler. Um das einzusehen, braucht man sich die *Lage,* in welche die Parteien dadurch gesetzt worden wären, nur zu | vergegenwärtigen. Und es ist völlig klar, wie grundlegend anders die Stellung der neuen Männer dadurch nach innen und außen geworden wäre, und wie dies auf die politische Situation zurückgewirkt hätte. So aber trat, wieder unter dem Eindruck der unredlichen Sophistik der Rechten, im August alsbald die gleiche, mühsam aufs neue beschworene Situation ein, deren Einzelverlauf darzulegen noch nicht an der Zeit ist, die aber jedenfalls eine Stärkung der Regierung nicht bedeutet hat. *Nicht* das Parlament und die Parteien, wie der äußere Anschein glauben machen könnte, tragen dafür die Verantwortung. Es stecken ja lediglich Prestige-Interessen des Beamtentums, und gar nichts anderes, dahinter, wenn so ängstlich schon der äußere Anschein vermieden wird, als ob man bei der Auswahl der leitenden Persönlichkeiten des Reichs auch die Führer der Volksvertretung zu Rate gezogen habe. Erstaunlich war es vollends, in diesem Zusammenhang die Bemerkung hören zu müssen: der *Bundes*charakter des Reiches stehe einer solchen Befragung der Parteien im Wege. Nach der Verfassung (Art. 18) hat der Bundesrat in die Ernennung sämtlicher Reichsbeamter mit Einschluß des Reichskanzlers *mit keinem Worte* hineinzureden, und es wäre ein verfassungswidriger Übergriff, wenn von seiten eines Bundesstaates versucht würde, die Zurateziehung der Volksvertreter zu hindern.

Ebenso fehlerhaft war aber die bisherige Organisation der parlamentarischen Einflußnahme auf die Regierungsgeschäfte. Aus dem *Hauptausschuß des Reichstages* kann recht wohl einmal ein leidlich geeignetes Instrument der fortlaufenden *Verwaltungs*kontrolle entstehen, sofern ihm die dafür unentbehrlichen Mittel (Enqueterecht) gegeben werden. Aber nimmermehr ist eine vor Hunderten von Zuhörern verhandelnde Versammlung geeignet, *hochpolitische* Fragen zu diskutieren oder wohl gar: Entschließungen darüber zu fassen. Die ganze völlig unnötige Erregung in der Öffentlichkeit war durch diesen technischen Fehler bedingt, – Politik wird innerhalb wie außerhalb der Demokratie *überall von wenigen* gemacht. Parteien eines politisch aktiv mitarbeitenden Parlaments dürfen also nicht nach Art von »Zünften«, sondern müssen nach Art von »Gefolgschaften« organisiert sein. Aus dem jetzt für einen Einzelfall geschaffenen Siebenerausschuß könnte, heißt das praktisch, *nur* dann ein politisch leistungsfähiges Gebilde vielleicht entstehen, wenn

1. die darin sitzenden Parteivertreter *unbedingte Vollmacht* ihrer Parteien haben (oder eventuell sich jederzeit in wenigen Stunden von einem permanenten Parteiausschuß verschaffen können), – |

2. wenn sie ständig und jederzeit über alle politisch maßgebenden Vorgänge (unter Diskretionspflicht) auf dem laufenden gehalten werden. *Sonst nicht.* Und was soll es heißen, daß man mit diesen sieben Parteivertretern Bundesratsgesandte deutscher Kleinstaaten zusammensetzt? Wird etwa dadurch das politische Gewicht des (zum Hineinreden in die Außenpolitik verfassungsmäßig gar nicht befugten) Bundesrats oder vollends die »Idee« des »Föderalismus« gestärkt? In die gemeinsamen Sitzungen gehören vernünftigerweise neben den Vertretern der zwei bis drei größten Mittelstaaten die vier oder fünf Chefs der für die Kriegszeit wichtigsten militärischen und zivilen *Ressorts des Reichs*, vorbehaltlich der Zuziehung anderer, vor allem preußischer Ressortchefs nach Bedarf. Beschlüsse zu fassen, ist ja ein solches Gremium natürlich schon verfassungsmäßig, angesichts der alleinigen Verantwortlichkeit des Kanzlers, nicht der Ort. Sondern es kann ein Mittel werden, endlich der unvermeidlichen *Direktionslosigkeit* des bisher *politisch strukturlosen Parlaments* ein Ende zu machen, und vielleicht dadurch auch indirekt jene »Disziplin der Presse« überhaupt erst zu *ermöglichen*, deren Fehlen man bei uns so oft, mit einem neidischen Seitenblick auf England, beklagt, ohne sich über die Gründe klar zu werden. Zum politischen Prinzip sollte lediglich erhoben werden: daß Veröffentlichungen und Kundgebungen an das Ausland, welche durch den Namen des Monarchen selbst gedeckt werden, nicht ohne *beratende* Anhörung dieses Gremiums stattfinden.

Der neue Reichskanzler[1] hat das Wort gesprochen: er werde »sich die Führung nicht aus der Hand nehmen lassen«. Es steht heute fester als je, daß Deutschland und seine Verbündeten einen ehrenvollen Frieden erlangen, wenn nötig: erzwingen werden, wenn die *innere*

[1] Dr. Georg Michaelis, Reichskanzler vom 13. Juli bis 1. November 1917. (D. H.)

Einheit der Nation hinter dem Willen zum Durchhalten steht. Möchten die neuen Männer uns also die Wiederholung nutzloser innerer Erschütterung ersparen und sich als nationale *Politiker* erweisen, nicht nur als tüchtige Beamte. Ob sie aber das Erstere sein können, das hängt davon ab, ob sie die deutsche innerpolitische Frage *überhaupt richtig stellen,* und das heißt so: *wie ist das nach seiner jetzigen inneren Struktur zur negativen Politik verdammte Parlament zum Mitträger der politischen Verantwortung umzuformen?*

DIE ABÄNDERUNG DES ARTIKEL 9 DER REICHSVERFASSUNG[1]

Der letzte Satz des Artikels 9 der Reichsverfassung [von 1871], welcher verbietet, daß jemand gleichzeitig *Mitglied des Bundesrats* und des *Reichstags* sei, muß *beseitigt* werden, wenn Parlamentarier in leitende Reichsämter berufen werden sollen, ohne zugleich ihren Einfluß innerhalb des Parlaments aufgeben zu müssen. Denn der Reichskanzler muß nach ausdrücklichen Bestimmungen der Verfassung, die Chefs der großen Reichsämter aber müssen aus praktischen Gründen Bevollmächtigte, und zwar, wiederum aus praktischen Gründen: preußische Bevollmächtigte, zum Bundesrat sein. Der verworrene und verwirrende Verlauf der letzten inneren Krisen hat abschreckend gezeigt, welche Folgen es hat, wenn zwischen Bundesrat und Reichstag nur wie zwischen zwei gegnerischen Mächten verhandelt werden kann. Die Beseitigung der grundverkehrten Bestimmung würde natürlich nicht die Einführung des »parlamentarischen Systems« bedeuten. Denn dieses verlangt, daß die leitenden Minister zugleich Führer der ausschlaggebenden Partei sein *müssen*, während die Beseitigung jener Bestimmung dies lediglich *ermöglichen* will. Heute kann ein aus der Mitte des Parlaments neu ernannter Staatssekretär sein Reichstagsmandat nicht beibehalten, und aus diesem Grunde hat zum Beispiel der über die Kreise seiner Partei hinaus geschätzte bisherige Reichtagsabgeordnete SCHIFFER auf seinen Einfluß innerhalb der nationalliberalen Partei verzichten müssen, während der Beibehaltung eines Mandats zum *preußischen Abgeordnetenhause* nichts im Wege stand.

Mit Belustigung findet man nun in der rechtsstehenden Presse (so vor längerer Zeit von einem, anscheinend akademischen, Anonymus in der »Kreuzzeitung«) den Einwand: Durch die Verbindung eines Reichstagsmandats mit einer Stellung im Bundesrat könnten »Gewis-

[1] Frankfurter Zeitung vom 8. September 1917.

senskonflikte« entstehen, weil der Reichstagsabgeordnete nach eigener Überzeugung, der Bundesratsbevollmächtigte aber nach den Instruktionen seiner Regierung zu stimmen habe; ja, sie bedeute eine Gefährdung der Rechte der Bundesstaaten. Es gibt offenbar keine noch so plumpe Gedankenlosigkeit und keine noch so unbedenkliche Sophistik, welche nicht gut genug wären, der Herabdrückung der Stellung des Reichstags zu dienen. Denn die Beseitigung der Bestimmung *erweitert* ja die Rechte der Bundesregierungen, indem sie ihnen *gestattet* (was ihnen jetzt *verboten* ist), nach Ermessen ihre Bevollmächtigten auch aus dem Kreise einflußreicher Reichstagsabgeordneter zu wählen. Fürchtet sie dadurch eine Schädigung ihrer Interessen, so wird eine Regierung dies eben *nicht tun* oder gegebenenfalls ihren Bevollmächtigten wieder abberufen. Vor allen Dingen aber: Die Instruktionen der preußischen Bundesratsbevollmächtigten werden *im preußischen Landtage kritisiert,* dem die preußische Regierung dafür verantwortlich ist, wie jede Regierung ihrem Landtag. Dabei ist es aber nicht nur gestattet, sondern es ist wiederholt Tatsache gewesen: daß preußische Bundesratsbevollmächtigte Mitglieder eben dieses preußischen Landtages waren, in welchem sie doch auch »nach eigener Überzeugung« zu stimmen haben! Das stört die »Kreuzzeitung« nicht. Aber noch mehr! Die *preußischen Landräte* haben nach der bekannten Verfügung des Ministers v. PUTTKAMER[1] »die Politik der Regierung zu vertreten«. Gleichwohl gehören sie massenhaft – und zur lebhaften Befriedigung der »Kreuzzeitung« – dem preußischen Landtage an. Aber während es sich hier um der Regierung *unterstellte* Beamte handelt, welche die Regierungspolitik im Landtag kritisieren, um eine Situation also, welche – mag sie den Herren auch bei der Kanalvorlage[2] keine tragischen »Gewissenskonflikte« gemacht haben – doch rein *politisch* recht wohl die Kritik herauszufordern geeignet wäre, – so ist die Lage im Fall der Abschaffung des Artikels 9 genau die umgekehrte. Und damit kommen wir zum *politischen Sinn* der beabsichtigten Reform.

Es handelt sich dabei doch natürlich nicht um Bevollmächtigte von

[1] 1882. (D. H.)

[2] Das Mittellandkanalprojekt der preußischen Regierung, das vom preußischen Abgeordnetenhaus (mit den Stimmen von 22 konservativen Beamtenabgeordneten) am 19. August 1899 entgegen der Regierungsvorlage abgelehnt wurde. Der größte Teil dieser Beamten wurde daraufhin von der Staatsregierung gemaßregelt (»Kanalrebellen«). (D. H.)

Schwarzburg-Rudolstadt, sondern um die *leitenden* Stellen der Reichspolitik, um diejenigen Verwaltungschefs also, welche im Bundesrat die »Präsidialstimme« führen. Der politische Zweck der Änderung wäre daher an sich auch dann erreicht, wenn der jetzige Artikel 9 bestehen bliebe, nur mit dem Zusatz: »Diese Bestimmung« (das erwähnte Verbot des letzten Satzes) *»findet auf den Reichskanzler und die Staatssekretäre des Reichs keine Anwendung.«*

Wenn ein dem Parlament angehöriger Inhaber eines leitenden Reichsamts, der als solcher zum Bundesrat bevollmächtigt ist, in einer Weise instruiert wird, welche seiner politischen *Überzeugung* in entscheidend wichtigen Punkten zuwiderläuft, so hat er sein Amt zu quittieren. So sollte ein leitender Staatsmann *schon heute* handeln. Und dies unseren Verwaltungschefs verstärkt einzuschärfen, ist natürlich gerade einer der *wichtigsten Zwecke der beabsichtigten Reform.* Sie will dem Zustand ein Ende machen, daß bei uns noch immer die Verantwortlichkeit des *Staatsmannes* mit derjenigen eines Beamten verwechselt wird. Beide [Arten der Verantwortlichkeit] sind durchaus zweierlei, und jede ist an ihrer Stelle, aber auch *nur* dort, am Platze. Der Beamte, welcher gegen Anweisungen, die ihm seine vorgesetzte Behörde erteilt, gewichtige Bedenken hegt, kann diese durch Berichte und Vorstellungen geltend machen und soll dies in wichtigen Fällen auch tun. Verharrt dann aber die vorgesetzte Instanz [ihm gegenüber] auf ihrer Anweisung, so ist es seine dienstliche Pflicht, diese gewissenhaft und unter vollständiger Zurückstellung seiner eigenen Meinung auszuführen. Gerade diese Fähigkeit macht seine Amtsehre aus. Genau umgekehrt der politisch verantwortliche *Staatsmann.* Wo immer er sich, in politisch entscheidenden Punkten, diejenigen Instruktionen, welche seiner gewissenhaften politischen Überzeugung entsprechen, *nicht* verschaffen kann, da hat er seine *Entlassung* zu nehmen. Tut er das nicht, so ist das eine verächtliche politische Pflichtverletzung, welche einen schweren Makel auf seinen Charakter wirft[1]. Er ist dann das, was Fürst Bismarck (der anläßlich eines ziemlich nebensächlichen Punktes genau nach jenem Prinzip gehandelt hat) einen *»Kleber«* nannte. Wir wollen einstweilen nicht hoffen, daß durch Vorbringen jenes törichten Argumentes die Notwendigkeit geschaffen wird, einmal *öffentlich,* im Reichstag, Abrechnung darüber

[1] Gemeint ist, wie eine spätere Erläuterung Max Webers ergibt, der *»politische* Charakter«: siehe unten im Text Seite 378. (D. H.)

zu halten: was für Unheil der Zustand angerichtet hat, daß bei uns leitende *politische* Stellen leider oft genug von Leuten ausgefüllt wurden, welche darin die Gesinnung eines »Beamten« betätigten, der im Amt bleibt, bis er die Höchstpension erreicht hat oder fortgeschickt wird. Es ist keineswegs nötig, daß jeder Staatsmann in leitender Stellung fortan aus dem Parlament hervorgehe und ihm angehöre. Nötig aber ist, daß ein leitender *Politiker* weiß: daß er etwas anderes zu sein hat als ein Beamter. Auch ein leitender Politiker und parlamentarischer Führer kommt natürlich in die Lage, Kompromisse zu schließen, also: Unwichtigeres zu opfern, um Wichtigeres zu erreichen. Hat sich ein Verwaltungschef als Bundesratsbevollmächtigter aus solchen Gründen einer Ansicht gefügt, gegen die er persönlich Bedenken hatte, dann wird er in seinem Ressort selbstverständlich den einmal gefaßten Beschluß loyal ausführen. Wenn aber den leitenden Politikern der Besitz eines Reichstagsmandats etwas wirksamer in Erinnerung bringt, daß ihnen *Ehre und Pflicht verbieten, in ihrer Stellung zu bleiben,* wenn sie sie nicht nach *eigenen Überzeugungen* führen können, dann kann dies im Interesse der Politik des Reichs und ihrer charaktervollen Leitung nur begrüßt werden. Man darf hoffen, daß ein bekanntes Wort des neuen Reichskanzlers[1] in *diesem* Sinne aufzufassen ist, und daß demgemäß auch bezüglich des letzten Satzes des Artikels 9, der jetzt lediglich eine einseitige kränkende *Deklassierung der Reichstagsabgeordneten* im Gegensatz zu allen anderen Parlamentariern enthält, die Konsequenzen gezogen werden.

[1] Siehe oben im Text Seite 220 nebst Anm. 1. (D. H.)

DIE SIEBENTE DEUTSCHE KRIEGSANLEIHE[1]

Die *Oberste Heeresleitung* hat gelegentlich der innerpolitischen Erörterungen im Juli die durch die bisherigen Ereignisse *glänzend bewährte Garantie* dafür übernommen, daß eine militärische Niederringung Deutschlands völlig ausgeschlossen und der endgültige Erfolg, falls die Gegner auf die deutsche Friedensbereitschaft auch jetzt nicht eingehen, nur eine *Frage der Zeit* ist. Durch die *in Kenntnis dessen* gefaßte *Friedensresolution des Reichstags*[2] und das Verhalten der Regierung ist dem kämpfenden Heer und dem deutschen Volk die Gewähr gegeben, daß der Krieg *nicht einen Tag länger dauern* wird, als für die Sicherung von Deutschlands nationaler Existenz und wirtschaftlich freier Entwicklung unbedingt erforderlich ist. Kommt der Friede in diesem Jahr nicht zustande, so sichern die diesjährige Ernte und die Verfügung über die nunmehr hergestellten Produktivkräfte Rumäniens die Ernährung Deutschlands, unter Vermeidung früherer Irrtümer, bis zur nächsten Ernte voraussichtlich besser als im letzten Jahre. Die in Angriff genommene *innere Neuordnung* gibt die Sicherheit: daß Deutschland in Übereinstimmung mit dem Willen der Nation und ihrer gewählten Vertreter dauernd in einer Art *politisch geleitet* werden wird, welche die feste und weitsichtige Wahrnehmung unserer nationalen Interessen mit einer Vermeidung solcher Ungeschicklichkeiten und Mißgriffe verbindet, wie sie die Zustände *vor* dem Kriege zum Schaden auch der besten und loyalsten Absichten der deutschen Politik leider mehrfach zur Folge gehabt haben. Sie wird aber zugleich die Gewähr dafür geben, daß bei Ordnung der wichtigen Frage: wie unter unbedingter Sicherung aller *Rechte der Staatsgläubiger* die dauernde *Steuerlast* in erträglichen Grenzen gehalten werden kann, vor allem diejenigen Schichten in

[1] Frankfurter Zeitung vom 18. September 1917.

[2] Friedensresolution der Mehrheitsparteien des deutschen Reichstags zugunsten eines Verständigungsfriedens vom 19. Juli 1917, 6 Tage nach dem Rücktritt des Reichskanzlers v. Bethmann Hollweg. (D. H.)

gebührendem Maße, aber auch in geeigneter Form, herangezogen werden, deren *Vermögensbesitz* das kämpfende Heer mit seinem Blut verteidigt hat. Die vorauszusehenden gewaltigen Besitzabgaben und der Umstand: daß für deren Zahlung zweifellos die Kriegsanleihe *und nur sie allein* zum vollen Nennwert *wie bares Geld* in Zahlung genommen werden [wird], bieten schon allein für sich (ganz abgesehen von der bestimmt vorauszusehenden, durch die Erwartung der Wertsteigerung der deutschen Währung bedingte künftige Kauflust des Auslands) allen Anleihezeichnern die *volle Sicherheit,* daß nach dem Krieg ein mächtiger *Vorzugsbegehr* nach diesem Wertpapier im Verhältnis zu anderen eintreten wird, welcher ihren berechtigten Erwartungen voll gerecht wird und es schon im eigensten Interesse eines jeden, der dazu imstande ist, *dringend* empfiehlt, alle seine verfügbaren Mittel und Ersparnisse durch Zeichnung gerade darin anzulegen.

Abgesehen davon aber und in erster Linie ist diese Kriegsanleihe natürlich eine Angelegenheit unserer nationalen Existenz und: *des Friedens.* Jene *ehrliche Probe,* welche die *Friedensresolution* des Reichstags, in Übereinstimmung mit dem Willen der Nation, gemacht hat, ergab, bisher wenigstens, den *Fortbestand der Kriegslust* bei den feindlichen Machthabern. Eine *durch den Reichstag gestützte* deutsche Regierung wird im Innern stark genug sein, um jederzeit im Einvernehmen mit unseren Bundesgenossen einen rein sachlichen Frieden zu schließen...[1].

Die Nation darf andererseits *zuversichtlich erwarten,* daß der deutsche Reichstag, gegenüber der gewissenlosen Agitation einer Hand voll politischer Narren, welche ihren völligen Mangel an Augenmaß – *unbelehrt durch den von jedem Urteilsfähigen sicher vorauszusehenden Fehlschlag ihrer leichtfertigen öffentlichen Versprechungen über den Zeitpunkt der kriegsbeendigenden Wirkung des Tauchbootkriegs* – auch jetzt wieder durch frivole Angriffe auf den Reichstag an den Tag legen, *unerschütterlich festbleiben* wird. Sie darf also erwarten, daß die ehrliche Probe: ob der Krieg in diesem Jahr durch sachliche Verständigung beendigt werden kann, auch weiterhin *ohne Zweideutigkeit* offen gehalten bleibt. Sie darf andererseits aber auch sicher sein, daß, wenn eine solche *ehrliche Probe*

[1] Es folgt eine Anzahl heftiger Ausfälle gegen die Führungen der Kriegsgegner, die zur Sache nichts austragen und für den Abdruck entbehrlich sind. (D. H.)

durch Schuld der Gegner *nicht* zum Frieden führt, alle Parteien in Einigkeit die Konsequenzen daraus ziehen werden. Und sie darf schließlich auch mit Sicherheit gewärtigen, daß die für die Gewährleistung einer rein sachlichen Politik, einschließlich insbesondere einer für die schwer belasteten Schichten der Nation sachlich richtigen Finanz- und Übergangswirtschaft, erforderliche *Neuordnung,* – eine Neuordnung, welche vor allem die geordnete Mitbestimmung über die Schicksale des Vaterlandes *nicht* in die Hände einer kleinen Zahl daheimgebliebener Kriegsgewinnmacher und ihrer zum Teil von aller politischen Urteilsfähigkeit entblößten, zum Teil durch Kriegsgewinngelder geworbenen Gefolgschaft, *sondern in die Hände der Masse der aus dem Feld heimkehrenden Krieger* legen wird, – jetzt, ohne Verzug, in die Wege geleitet und *rücksichtslos,* mit allen Mitteln, gegen etwaige Widerstände, durchgeführt wird. Die dafür erforderliche Mehrheit steht dem Reichstag zur Verfügung und wird sich durch jene Interessenten *nicht einschüchtern* lassen.

Angesichts alles dessen darf das draußen kämpfende Heer sicher sein, daß die Daheimgebliebenen auch bei der Zeichnung der siebenten – *hoffentlich letzten,* jedenfalls aber für den Existenzkampf der Nation unentbehrlichen – Kriegsanleihe ihrer Mitverantwortung für das Schicksal Deutschlands voll gerecht werden.

VATERLAND UND VATERLANDSPARTEI[1]

Die neue sogenannte »Vaterlandspartei« begründet ihre Existenz damit: die heutige Zusammensetzung des Reichstags und infolgedessen auch dessen Beschlüsse in der Friedensfrage entsprächen nicht »der Volksstimmung«. Nun gäbe es ja ein einfaches Mittel, die Wahrheit dieser Behauptung zu kontrollieren: die *Volksabstimmung*. Durch sie könnte insbesondere auch das kämpfende Heer, welches ja schließlich für all dies bramarbasierende Schwadronieren mit seinem Blut einzustehen hat, zur Meinungsäußerung veranlaßt werden. Rein politisch empfiehlt sich die Technik der Volksabstimmung in vieler Hinsicht gewiß wenig. Aber wenn diese Agitation so fortgeht, könnte ja schließlich die Probe gemacht werden.

Die politischen Motive der Reichstagsentschließung[2] lagen auf dem Gebiet der internationalen Beziehungen, insbesondere derjenigen zu unseren Bundesgenossen. Was unsere Kriegsredner immer wieder vergessen, ist: *wir führen einen Bundeskrieg* und müssen, wie der Admiral im Geschwaderverband, unsere Ziele nach der Offensivkraft und dem Offensivwillen der in dieser Hinsicht »schwächsten Schiffe« richten. Von den verbündeten Mächten kämpft Bulgarien gemäß den Bündniszusagen für die Herstellung derjenigen, auch dem Nationalitätsverhältnis entsprechenden Machtverteilung auf dem Balkan, die schon der Friede von San Stefano festgelegt hatte, mit jenen Kompensationen im Nordosten und Nordwesten, welche durch die zuletzt im Übereinkommen mit der Türkei von 1915 festgelegte, andersartige Grenze im Süden bedingt sind. Österreich-Ungarn und die Türkei kämpfen ausschließlich um die Sicherung der Integrität ihres Gebiets, und Österreich-Ungarn hatte sich sogar, auf deutschen Wunsch, seinerzeit zu gewissen Konzessionen an Italien bereit erklärt. Für Deutschlands Sicherheit und Unversehrtheit werden alle Ver-

[1] Münchener Neueste Nachrichten vom 30. September 1917.

[2] Siehe Anm. 2 auf Seite 216 sowie Anm. 2 auf Seite 226. (D. H.)

bündeten ebenso solidarisch und unbegrenzt kämpfen, wie wir für ihre Ziele. Es ist aber ebensowenig daran zu denken, daß Österreich und die Türkei unbegrenzt für ein deutsches Belgien kämpfen werden, wie wir etwa für ein österreichisches Venedig oder für ein türkisches Persien. An diese nüchterne Tatsache sind unsere politischen Phantasten auch öffentlich erinnert worden. Aber obwohl sie schlechthin ausschlaggebend für unsere Friedenspolitik ist, haben jene Herren noch immer nichts gelernt. Die Friedensentschließung des Reichstags gab gegenüber dem fortwährenden rein demagogisch und innerpolitisch bedingten Gerede der Rechtsparteien unseren Verbündeten die Sicherheit, daß ihnen nichts anderes als die Erfüllung jener Bündnispflicht zugemutet werde, daß also die gemeinsame Absicht: keinen Eroberungskrieg zu führen, von uns genau ebenso ehrlich wie von Österreich-Ungarn gemeint sei und innegehalten werde. Daß für Deutschland die Herrschaft über Belgien bei schwersten politischen Nachteilen ausschließlich militärische Bedeutung hätte, daß sie deshalb aufgegeben werden sollte, falls ein Friede zustande käme, welcher die Gewähr der Dauer in sich trüge, – dies stand bei Politikern von Augenmaß längst vor der Friedenskundgebung des Reichstags fest. Die Frage ist, ob ein solcher Friede möglich ist. Und eben darauf wünscht diese Kundgebung eine ehrliche Probe zu machen.

Es ist ein politisch bedenkliches Unterfangen, wenn Militärs a. D., und seien sie als solche noch so bedeutend, Dörchläuchtings und dergleichen unverantwortliche Amateurpolitiker sich herausnehmen, an dem festen Vertrauensverhältnis innerhalb des Bündnisses, um dessen gewissenhafte Pflege sich, wie bei aller sonstigen Gegnerschaft anerkannt werden muß, auch der bayerische Ministerpräsident Graf Hertling nicht unerhebliche Verdienste erworben hat, leichtfertig zu rütteln. Zumal der Zweck auch hier wieder kein nationaler, sondern rein innerpolitische Demagogie ist. Schon die Vorgänge bei der Friedensentschließung selbst zeigten das. Wirklich gegen ihren sachlichen Inhalt stimmten nur etwa achtzig Reichstagsmitglieder. Nicht nur Linke und Zentrum, sondern bekanntlich auch ein Teil der konservativen Partei hat in aller Form für sie gestimmt. Die Nationalliberalen aber mußten, da ein Teil ihrer angesehensten Mitglieder das gleiche tun wollte, zunächst die Abstimmung freigeben (als Partei der »Individualitäten«, wie sie das für ihre Mitglieder motivierten). Erst später einigten sie sich auf eine eigene Entschließung, deren Unterschied von jener der Mehrheit man allenfalls mit dem Mikroskop entdecken kann. Auch dies wurde mit Opportunitätsgründen (Möglichkeit der »Mißdeutung«) motiviert und den Mehrheitsparteien gegenüber eine Loyalitätserklärung abgegeben. Dennoch hat ein Teil der norddeutschen nationalliberalen Presse leider in schwer illoyaler Art sich an der Hetze gegen den Reichstag beteiligt. |

Das immer weitere Reden über den Frieden bei uns ist nachgerade gewiß durchaus unerwünscht und schädlich. Allein die Schuld liegt ausschließlich an der Hetze der Gegner der Friedensentschließung. Es ist wahrlich eine schwere Verantwortung, durch derartige Hetzereien in der Öffentlichkeit das Vertrauen sowohl der Bundesgenossen wie des deutschen Volkes in die Aufrichtigkeit des deutschen Friedenswillens zu erschüttern und überdies die Ehrlichkeit der Probe zu gefährden und dadurch deren günstige Wirkung, wenn sie fehlschlägt, auf die Kriegsentschlossenheit des deutschen Volkes in Frage zu stellen. Vollends unglaublich ist freilich die dreiste Behauptung: die Friedensentschließung habe »die Stimmung im Lande verdorben«. Soweit dies zeitweilig überhaupt zutraf, war bekanntlich etwas ganz anderes daran schuld: die Enttäuschung der ununterrichteten Massen über das Ausbleiben der in frevelhafter Art, wieder und wieder mit der größten Bestimmtheit und unter Berufung auf angebliche Informationen eines Admirals von den Politikern der Rechten, von Herrn von Heydebrand noch im Sommer 1917, öffentlich in sichere Aussicht gestellten Kapitulation Englands in diesem Herbst. Da die Admiralität etwas Ähnliches nie behauptet hat, ist es jetzt an der Zeit, öffentlich und auch im Reichstag zu fragen: *wer war jener angebliche Admiral?* Heraus mit ihm! Er melde sich öffentlich, – wenn er nämlich existiert! Wir wünschen keine politisierenden Militärs und keine Neuauflage der gleichen leichtfertigen Demagogie unter neuer Maske. Will es die Verblendung der Gegner, dann muß natürlich der Krieg auch um den Preis noch so schwerer Lasten noch bis zu jenem keineswegs nahen Zeitpunkt fortgeführt werden, zu welchem nach unserer jetzigen, auf Erfahrung gestützten Kenntnis der Tauchbootkrieg die Offensivkraft und schließlich auch die Defensivkraft des Feindes militärisch entscheidend geschwächt haben wird. Aber nicht nur den Verbündeten, sondern auch dem eigenen Heer draußen schuldete der Reichstag die Sicherheit, daß der Krieg nicht einen Tag länger geführt wird, als es für Deutschlands Ehre und Zukunft unerläßlich ist.

Dies Vertrauen bringt den Herren von der »Vaterlandspartei« kein Urteilsfähiger entgegen. Um es unmöglich zu machen, dazu genügt schon das einzige Ziel, das ihnen wirklich innerlich offensichtlich am Herzen liegt: der Widerstand gegen die unabweisliche *innere Neuordnung*, deren alsbaldige Durchführung allein den heimkehrenden Kriegern die Gewähr geben kann, daß bei den sofort nach dem Krieg erfolgenden Wahlen nicht die Kriegsgewinnmacher allein die Herrschaft in Händen haben | und die Krieger im führenden Staate Deutschlands unvertreten bleiben. Nie wieder würde die Nation so, wie 1914, gegen den Feind zu führen sein, wenn feierlich gegebene Versprechungen nicht voll und loyal erfüllt würden. Nie wieder ist Weltpolitik in Zukunft überhaupt möglich, wenn das frühere Regime, unter dessen diplomatischen Niederlagen wir in den Krieg eintraten und welches uns während des Krieges noch immer neue diplomatische Niederlagen eingetragen hat, wiederkehrt. *Da* liegt das Interesse des Vaterlandes. Niemals freilich wird im Falle der Neuordnung das Schicksal des Reiches in der Hand jener Demagogen liegen, deren unverantwortlich lärmendes Gebaren an seinem Teil dazu beigetragen hat, fast die ganze Welt gegen uns in einer widernatürlichen Koalition zusammenzuschmieden. *Da* liegt das Interesse derjenigen, welche den Namen des Vaterlandes zu einer demagogischen Parteifirma herabwürdigen, *gegen* die Neuordnung. Die Nation aber wird zwischen Vaterland und »Vaterlands*partei*« zu wählen wissen.

BAYERN UND DIE PARLAMENTARISIERUNG IM REICH[1]

I.

Während der Julikrise trat das Problem der *Parlamentarisierung* zum erstenmal in ein aktuelles Stadium. Im Zusammenhang damit aber fanden sich in einem Teil der bayerischen Presse heftige Auseinandersetzungen über den dadurch drohenden »Zentralismus«, welcher die föderalistischen Grundlagen des Reiches gefährde und den Geist »beschworener Verträge« (?) verletze. Im Anschluß an die Sprache einiger dieser Blätter malten dann konservative norddeutsche Literaten das Gespenst einer »Abkehr Bayerns vom Reich« an die Wand. Nüchterne Betrachtung der Lage ergibt, daß derartige Wendungen nur geeignet sind, die *wirklichen* Gegner des Föderalismus zu stärken. Ganz abgesehen nämlich von der Frage, wie denn eine solche »Abkehr« praktisch durchgeführt werden sollte, wissen die wirklich zentralistisch gesinnten Interessenten im Reich nur zu genau, daß sie gegebenenfalls nur kaltblütig zu warten brauchten, um im Falle des ernstlichen Versuchs sofort, aus wirtschaftlichen Gründen, ein so überwältigendes Anwachsen der zentralistischen Stimmung *in Bayern* selbst erstehen zu sehen, daß sie das Spiel in der Hand hätten. Sich vom Zollverband abzukehren, wäre für Bayern (von der Lage der Pfalz ganz abgesehen) die aussichtsloseste aller Unternehmungen. Solche Wendungen stärken Bayerns Stellung im Reich gewiß nicht. Diese ist formal gesichert zunächst durch die, nur mit seiner freiwilligen Zustimmung abänderbaren, weittragenden Singular- und Reservatrechte. Ferner durch die Möglichkeit, jede Änderung der geschriebenen Verfassung zu Fall zu bringen, falls im Bundesrat noch acht Stimmen dagegen zu gewinnen sind, wie dies bei wichtigen Fragen stets der Fall sein würde. Dies alles gewährleistet Bayern ein starkes Maß von Freiheit *vom* Reich. Nicht dagegen, was für Bayern

[1] Münchener Neueste Nachrichten vom 15. Oktober 1917.

mit Recht (und übrigens vielfach auch außerhalb seiner Grenzen) gewünscht wird, von positiver Macht *im* Reich. Wie kann diese gesichert werden?

Eine gänzliche oder teilweise Angliederung des *Elsaß* an Bayern wurde öffentlich angeregt. Diese hier nicht weiter zu besprechende | Angelegenheit will rein *sachlich* erwogen sein. Es muß aber mit der Tatsache gerechnet werden, daß die weit überwiegende Stimmung der deutschen öffentlichen Meinung nun einmal dahin geht: daß ähnliches nur *bei Verzicht auf die Reservatrechte* diskutabel sei, daß ferner im Elsaß selbst die Stimmung für einen Anschluß an Preußen, falls dort das gleiche Wahlrecht das entscheidende Hindernis hinweggräumt, weit stärker, am stärksten aber der Wunsch nach bundesstaatlicher Selbständigkeit ist.

Wie immer solche Sonderprobleme aber gelöst werden mögen, – ein Unglück wäre es jedenfalls, wenn die berechtigten Ansprüche Bayerns auf Einfluß im Reich sich der Forderung der *Parlamentarisierung* in den Weg stellen würden. Denn die letzte Krisis hat jedermann zeigen müssen: daß es *so nicht weitergeht*. Nicht Persönlichkeiten, sondern das System der Führung der Reichspolitik muß gewechselt werden, und es kann niemand übersehen, daß zu den unumgänglichen Voraussetzungen jedenfalls ein starkes Maß von »Parlamentarisierung« gehört. Angesichts dessen erscheint es nützlich, ganz nüchtern festzustellen: wie sich denn tatsächlich das Interesse Bayerns dazu stellt.

Zunächst: die formale Rechtslage. Einer Durchführung des Prinzips, daß der Reichskanzler und die Staatssekretäre des parlamentarischen Vertrauens bedürfen, wäre Bayern verfassungsmäßig überhaupt *nicht* in der Lage, sich zu widersetzen. Alle Reichsbeamten ernennt und entläßt der Kaiser allein (Art. 18 R.V.), ihm allein versprechen sie Gehorsam; dem Bundesrat haben sie nicht einmal die Pflicht, Rede zu stehen, außer soweit ihm ein Aufsichtsrecht über Verwaltungsmaßnahmen ausdrücklich zugesprochen ist. Falls der Kaiser fortan die leitenden Staatsmänner *prinzipiell* nur gemäß den Vorschlägen der Parlamentsführer ernennt, wäre jeder Einspruch dagegen verfassungswidrig. Ein kollegiales Reichsministerium kennt die Reichsverfassung freilich nicht. Indessen, auch in Preußen, wo es besteht, ist der Ministerpräsident »collega major« der anderen Minister, deren Vorträge beim Monarchen er kontrolliert. Und überall in parlamentarischen Staaten *steigert* sich diese überragende Stellung des Ministerpräsidenten im Interesse der Einheitlichkeit der Regierung. Die Reichsverfassung schließt ferner das parlamentarische System im engeren Sinne, das heißt die Leitung der Reichsgeschäfte durch den Führer der ausschlaggebenden Reichstagsparteien insofern aus, als der Art. 9 der Reichsverfassung den Bundesstaaten *verbietet,* Mitglieder des Reichstags zu Bundesratsbevollmächtigten zu ernennen, und also der Reichskanzler, der nach Art. 15 notwendig dem Bundesrat angehört, | zwar dem preußischen Landtag, nicht aber dem Deutschen Reichstag angehören kann. *Nicht* ausgeschlossen ist dagegen, daß die *Staatsekretäre* der Reichstagsmehrheit entnommen werden. Denn es ist zwar jetzt üblich, aber verfassungsmäßig keineswegs nötig, daß auch sie dem Bundesrat angehören.

Schon heute also wäre durchaus möglich, daß der Reichskanzler nur nach *Vorschlag* der Reichstagsmehrheit ernannt würde, daß ferner alle Staatssekretäre grundsätzlich der Reichstagsmehrheit *entnommen* würden und ihr weiter angehören, und daß alsdann der Reichskanzler die Reichsangelegenheiten als Vorsitzender eines aus diesen parlamentarisierten Staatssekretären gebildeten Kollegiums mit ihnen *maßgeblich* beriete. Sie, *nicht* er, würden dabei den Einfluß auf die Reichstagsparteien, denen sie angehörten, haben, und also durch deren Macht gestützt werden, politisch also seine Kollegen sein, möge auch der Wortlaut des Stellvertretungsgesetzes[1] sie nur als seine »Stellvertreter« anerkennen. Würde sich eine ähnliche Gepflogenheit entwickeln, so wäre der Bundesrat trotz oder vielmehr *infolge* des erwähnten Verbotes des Art. 9 Satz 2 der Reichsverfassung weitgehend ausgeschaltet. Natürlich mit *Ausnahme* der Präsidialmacht: *Preußen.* Denn die Machtstellung des im Reichstag wurzellosen Reichskanzlers gegenüber den im Reichstag wurzelnden Staatssekretären würde nun ganz und gar auf seiner *preußischen* Stellung beruhen. Der Reichskanzler ist gemäß Art. 11 der Reichsverfassung notwendig Träger der preußischen Stimmen im Bundesrat, welche durch das preußische Ministerium instruiert werden und tatsächlich, wenn außer den vom Statthalter des Kaisers instruierten drei elsässischen Stimmen noch die der von Preußen gänzlich abhängigen norddeutschen Zwergstaaten auf ihre Seite treten, die feste Mehrheit im Bundesrat, auch gegen alle größeren Bundesstaaten zusammen, besitzen.

[1] Reichsgesetz vom 17. März 1878. (D. H.)

Ein *nicht* im Reichstag wurzelnder Reichskanzler muß, wenn er nicht völlig machtlos sein will, unbedingt Leiter des preußischen Ministeriums sein, wie er dies bisher schon in aller Regel gewesen ist. Für die Instruktion der in politischen Fragen stets ausschlaggebenden preußischen Stimmen ist aber das preußische Ministerium dem *preußischen Landtag* verantwortlich. Die Stimmen Preußens werden nun *heute* von der Reichsregierung dadurch zu beeinflussen gesucht, daß der Kaiser und König die Staatssekretäre tunlichst zu preußischen Ministern ernennt, und dadurch in das preußische Staatsministerium einschiebt. Dagegen ist zwar | verfassungsmäßig nichts zu sagen, und das preußische Dreiklassenparlament mußte, in seiner prekären Lage, den Zustand wohl oder übel dulden. Keineswegs sicher ist aber, daß ein auf gleichem Wahlrecht ruhendes preußisches Parlament, das eine *effektive* Verantwortung der eigenen Regierung erzwingen könnte, ihn sich dauernd gefallen lassen würde. Der Reichskanzler würde dann, solange der Art. 9 der Reichsverfassung besteht, mit steigender Macht des preußischen Parlaments immer ausschließlicher *preußischer* Interessenvertreter werden.

Widersetzt sich also Bayern noch so sehr jeder formellen parlamentarischen Neuordnung, so könnte es doch auf keine Art hindern, daß der Reichskanzler als *preußischer* Vertrauensmann dem *Bundesrat* präsidiert, die Staatssekretäre aber entweder dem preußischen Landtag oder dem Reichstag oder beiden angehören, in den letzteren beiden Fällen aber *außerhalb* des Bundesrats bleiben. Ohne jede Änderung der Reichsverfassung würde so den größeren Bundesstaaten, insbesondere Bayern, *jeder aktive Einfluß auf die Reichspolitik genommen* und diese zu einer Angelegenheit der Verständigung zwischen den Staatssekretären als Vertrauensmännern des Reichstags und den preußischen Ministern, einschließlich des Reichskanzlers, als Vertrauensmännern des preußischen Landtags [werden]. Der überragende Einfluß würde dabei ganz und gar dem *preußischen Landtag* zufallen, der Bundesrat aber zwischen diesem Landtag und dem Reichstag als eine reine Abstimmungsmaschinerie mit völlig beherrschendem Einfluß Preußens mitten hindurchfallen. *Großpreußischer Zentralismus* im Reich würde also die Folge davon sein, wenn Bayern der Tendenz zur Parlamentarisierung, die nun einmal sich früher oder später Bahn schaffen wird, einfach ablehnend oder tatenlos gegenübersteht.

II.[1]

Die BISMARCKsche Politik beruhte wie nach außen so im Verhältnis zu den Bundesstaaten auf Verhandlung und Kompromiß mit den Ministerien und Höfen. Nur als ultima ratio hielt er die Abstimmung im Bundesrat im Hintergrund. Wenn er mit großer Emphase den Reichstag vor der Unterschätzung des Bundesrats warnte und betonte, daß der Freiherr von FRIESEN nicht als Person, sondern als Resultante »aller poli|tischen Kräfte Sachsens« dort sitze, so konnte mit diesen »Kräften« damals nur die sächsische Bürokratie und der Hof gemeint sein, nicht aber das sächsische Parlament. Die einzelstaatliche Bürokratie ihrerseits betrachtete das Reich als eine Art Versicherungsanstalt nicht nur für die Dynastien, sondern auch für die eigene Machtstellung, froh, daß das Dreiklassenparlament in Preußen und das preußische Beamtentum sie in ihrem kleinen Umkreis frei schalten ließ unter der stillschweigenden Bedingung, daß sie sich des Einflusses auf den Gang der Dinge in Berlin enthielten. Insbesondere die bayerische Regierung fuhr dabei leidlich. Denn das Übliche war, daß für die in den Reichsämtern ausgearbeiteten Präsidialvorlagen zunächst die preußischen Stimmen gewonnen und dann Bayern ins Vertrauen gezogen, die anderen Regierungen aber meist vor die vollendete Tatsache gestellt wurden.

Ganz unabhängig von Parteistellungen muß man sich nun klarmachen, daß dieser idyllische Zustand zu Ende geht, und daß selbst eine Periode der Reaktion, wenn es zum Unheil Deutschlands den Interessenten gelingen sollte, sie jetzt zu organisieren, den späteren Rückschlag nur verschärfen würde. Nur auf parlamentarische Macht gestützt, werden die Einzelregierungen künftig sich im Reich zur Geltung bringen können. Wie in der äußeren Politik die dynastischen Zusammenkünfte und Korrespondenzen bedeutungslos wurden (in die Schären brachte der Zar nicht einmal seinen Außenminister mit, und dieser ging lächelnd über die Zusammenkunft zur Tagesordnung über), so werden in der inneren Reichspolitik die einzelstaatlichen Parlamente stärker mitsprechen, und es ist nicht wahrscheinlich, daß eine nachdrückliche Stellungnahme Bayerns, hinter welcher sein Parlament steht, leichter unbeachtet bleibt als früher eine solche seiner Regierung.

[1] Münchener Neueste Nachrichten vom 17. Oktober 1917.

Indessen, in die innerpolitischen bayerischen Konsequenzen wird ein Auswärtiger nicht hineinreden wollen. Hier ist zu betonen, daß infolge der steigenden Bedeutung der großen Parlamente (vor allem des demokratisierten preußischen Landtags) die Regierungen der Einzelstaaten voraussichtlich nur die Wahl haben werden, entweder den großpreußischen Charakter des Reichs sich verstärken zu sehen, also »Vasallen« zu werden, oder den Strom des parlamentarischen Lebens in den Kanal des Reiches leiten zu helfen und im Reich mit den Mitteln der neuen Verhältnisse Einfluß zu erstreben. Die Abgeordneten aus den Einzelstaaten im Reichstag werden angesichts der schroffen Gegensätze in der preußischen Reichstagsvertretung notwendig einen stark ins Gewicht fallenden Faktor bilden. |

Was aber den Bundesrat anlangt, so widerspricht es den bayerischen ebenso wie den Interessen der anderen Bundesstaaten, durch Aufrechterhaltung des Art. 9 Satz 2 der Reichsverfassung einerseits die künftigen parlamentarischen Staatssekretäre, wenn sie ihr Mandat beibehalten wollen, aus dem Bundesrat hinauszudrängen, andererseits die Stellung des Reichskanzlers, infolge seiner Wurzellosigkeit im Reichstag, zu einer zunehmend rein preußischen werden zu lassen. Es muß vielmehr den Bundesstaaten gestattet werden, nach Ermessen auch Reichstagsabgeordnete zu Bundesratsbevollmächtigten zu ernennen, und es muß möglich sein, gegebenenfalls dem Reichskanzler und dem Staatssekretär neben ihrer jetzigen Stellung als preußischen Stimmenträgern im Bundesrat auch Einfluß innerhalb der Reichstagsparteien zu erhalten.

Wie der jetzige Zustand wirkt, zeigten die letzten Monate. Der in die Reichsregierung hineingenommene Abgeordnete SPAHN schied aus dem Reichstag aus, verlor damit aber jeden Einfluß auf seine Partei, und die Regierung hatte nichts gewonnen. Der neue Reichskanzler wurde ohne alle Fühlungnahme mit den großen Parteien ernannt, und die Folge war, daß er deren Vertrauen nicht genoß und sich daher die Kuratel des Siebenerausschusses gefallen lassen mußte. Man sollte sich wirklich durch die Redensart von der »Parlamentarisierung« des Bundesrats nicht schrecken und nicht einreden lassen, daß es Bayerns Einfluß abträglich gewesen wäre, wenn in der Zeit der liberalen Mehrheit etwa der Abg. VÖLK und später der Abg. Frhr. v. HERTLING oder der Abg. Frhr. v. FRANCKENSTEIN bayerischer Bundesratsbevollmächtigter gewesen [wäre] und zugleich Einfluß in der betreffenden Partei behalten hätte. Jedenfalls ist die »Parlamentarisierung« des Bundesrats in diesem Sinne nichts, was gerade die außerpreußischen Bundesstaaten zu scheuen hätten. Im Gegenteil. Die Sonderstellung und Eigenart Bayerns bliebe dabei gegen alle zentralistischen Vergewaltigungen mindestens so gut wie bisher gesichert.

Aber ebenso wichtig wäre die Steigerung der *positiven* Anteilnahme Bayerns und anderer Mittelstaaten am Reich. Diese Anteilnahme beruhte bisher auf bloßer Höflichkeit. So wichtig diese ist, so wird sie doch in Zukunft nicht ausreichen, um einen legitimen Einfluß der größeren Bundesstaaten an der *Vorerwägung*, welche ja oft über die Richtung politischer Schritte bereits entscheidet, zu sichern. Gerade *dieser* Einfluß sollte auf eine gesicherte *rechtliche* Unterlage gestellt werden. Während der Beratung des Verfassungsausschusses ist bei der Erörterung der Stellung des Reichskanzlers auch die Einführung seiner Verantwortlichkeit | gegenüber dem Bundesrat kurz besprochen worden. Was könnte sie praktisch bedeuten? Heute bedeutet auch die parlamentarische Verantwortlichkeit bei uns im Grunde nichts anderes als die Pflicht, Rede zu stehen. Diese Art von Verantwortlichkeit könnte nun auch gegenüber dem Bundesrat oder besser gegenüber besonders dazu verordneten Ausschüssen desselben mit Nutzen geschaffen werden. Für die äußere Politik gegenüber dem bisher rein dekorativen Bundesratsausschuß für die auswärtigen Angelegenheiten, dem Bayern präsidiert. Für andere Angelegenheiten gegenüber ähnlichen, neu zu bildenden Ausschüssen. Das Entscheidende wäre dabei, daß die größeren Bundesstaaten nun durchzusetzen in der Lage wären, daß sie wenigstens bei wichtigen Aktionen (in der auswärtigen Politik vor allen öffentlichen Schritten) bereits im *Vorberatungsstadium* zugezogen werden, damit ihre Regierungen und Parlamentsführer schon dann Stellung zu nehmen in der Lage sind. Dafür ist entscheidend wichtig, daß diese Ausschüsse mit den betreffenden Ressortchefs und den maßgebenden Parlamentsführern in Berührung stehen, und das ist der Fall, wenn diese andererseits zu beanspruchen das Recht erhalten, als Bundesratsbevollmächtigte der gleichen Körperschaft anzugehören. Man unterschätze solche »nur beratenden« Gremien nicht. Es ist irrig, daß jeder tatsächliche Einfluß auf die Politik sich in formellen Stimmrechten ausdrücke. Politische Entschlüsse werden stets von wenigen gefaßt, die dann für sie die anderen zu gewinnen suchen. Es ist nun nicht zu verkennen, daß im Reich die »Präsidialstimme«, welche in allen militärischen, zoll- und handelspolitischen und den wichtigsten Finanzfragen ein Veto hat, aus diesem Grunde und infolge der Vorbereitung der Vorlagen in den Reichsämtern an Gewicht stark über das bei Schaffung der Verfassung vorgesehene Maß gewachsen ist.

Die Frage ist, ob in Zukunft diese Stimme eine zunehmend rein preußische Stimme sein wird, die *Entwicklung zum »Großpreußentum«* also zunimmt. Das aber wird geschehen, wenn die Beseitigung des Art. 9 Satz 2 von den Bundesstaaten aus Angst vor »Parlamentarisierung« und »Zentralisierung« hintertrieben wird. Im eigenen Interesse wäre das sicher nicht klug. Parlamentarisierung (im obigen Sinn) verbunden mit der Schaffung vorberatender, aber zur Erzwingung von Rede und Antwort der Zentralbehörden des Reiches berechtigter Ausschüsse ist der gewiesene Weg, bei Festigung des Reichsgedankens zugleich den Einfluß der größeren Bundesstaaten und an ihrer Spitze Bayerns zu stärken.

»BISMARCKS ERBE IN DER REICHSVERFASSUNG«[1]

Es ist angenehm, sich ausnahmsweise mit einem *sachlichen* Gegner auseinanderzusetzen. Die eben erschienene Schrift des jungen Berliner Ordinarius Erich Kaufmann (mit dem obigen Titel) verdient diese Bezeichnung. Die Gesinnung, die sie trägt, ist sympathisch, der staatsrechtliche und historische Inhalt, auch wo er anfechtbar sein könnte, wertvoll. Gänzlich *versagt* sie erst da, wo der Jurist zum *Politiker* wird. Das ist der Fall vor allem bei der Würdigung der politischen Folgen der vom Verfassungsausschuß [des Reichstags] beantragten Aufhebung des Art. 9 Satz 2 der Reichsverfassung, welcher bekanntlich den bundesstaatlichen Regierungen *verbietet,* Mitglieder des *Reichstags,* wenn sie ihr Mandat beibehalten, zu *Bundesratsbevollmächtigten* zu ernennen, und es damit ausschließt, daß ein dem Parlament entnommener Reichskanzler (der dem Bundesrat angehören muß) oder Staatssekretär (wenn er, wie durchweg üblich, in den Bundesrat eintritt) Einfluß in seiner Partei behält. Die praktische Bedeutung zeigte sich gerade jetzt. Die Übernahme der auch außerhalb ihrer Parteien angesehenen Abgeordneten Spahn (Zentrum) und Schiffer (nationalliberal) in Regierungsstellen hatte den Verlust ihres Einflusses in ihren Parteien zur Folge. Die Regierung gewann ein paar brauchbare Verwaltungsbeamte, die sie ohnedies besitzt, ohne aber, wie die jüngste Krisis zeigte, politisch irgend etwas an parlamentarischem Rückhalt zu gewinnen. Auf der anderen Seite hatten jene Politiker zwar durch ihre Metamorphose ihren parlamentarischen Einfluß eingebüßt, Einfluß innerhalb der Regierung aber nicht im mindesten gewonnen. In seiner politischen Sinnlosigkeit war der Vorgang ein Musterbeispiel für die verderbliche Wirkung jener Bestimmung. Wenn Bennigsen, den der Verfasser (Seite 75) in befremdlicher Art zitiert, in Bismarcks Regierung eingetreten wäre, so würde er, infolge des Art. 9, die Partei in die

[1] Frankfurter Zeitung vom 28. Oktober 1917.

Hände des linken Flügels (LASKER-FORCKENBECK) haben fallen lassen, und er hat in persönlicher Rücksprache BISMARCK auch erklärt, daß er dessen Politik als Parteiführer wirksamer dienen könne als in einer Verwaltungsstelle. Der Sinn der Beseitigung jener Schranke liegt eben keineswegs nur in einer Stärkung der Parlamentsmacht, sondern ganz ebenso auch umgekehrt in der Stärkung des *legitimen* Einflusses der politischen Führung auf das Parlament. Heute beeinflußt die Bürokratie das Parlament durch ein Trinkgeldersystem von kleinen Konzessionen und verhüllter Ämterpatronage. Höchst charakteristischerweise möchte nun der Verfasser *diesen* Zustand noch in seinen Konsequenzen steigern. Er findet es »angenehm« und »ersprießlich« für die Regierung, wenn im Parlament Leute mit »solchem Ehrgeiz« (nach »Regierungsstellen« nämlich!) sitzen (S. 77). Also schreite man auf dem durch die Übernahme von SPAHN und SCHIFFER betretenen Wege fort und eröffne den Parlamentariern die Chance, anders als auf dem Wege »der normalen Beamtenlaufbahn« Ämter zu erlangen. In *unserer* Sprache: man mache das Parlament zu einer Stätte für das Getriebe von Strebern und Stellenjägern, ohne ihm aber politischen Einfluß einzuräumen, und also ohne für *Führer*naturen, – die ja nicht Pfründe, Rang, Gehalt, sondern etwas ganz anderes: Macht und *politische Verantwortung* erstreben, – in ihm Raum zu schaffen. Resultat: Neben den kleinen die großen Trinkgelder als Prämie für eine der Bürokratie genehme Parlamentstätigkeit!

Wenden wir dem abstoßenden Bild den Rücken und fragen nur noch, welche *Bedenken* denn nun eigentlich gegen die Aufhebung jener Bestimmung vorgebracht werden. Mit den »Gewissenskonflikten« zwischen der »eigenen Überzeugung« des Abgeordneten und der »Instruktion« des Bundesratsbevollmächtigten bleibe man uns vom Leibe. Der Abgeordnete SPAHN müßte als Mitglied der preußischen Zentrumsfraktion ja die preußische Regierung für die ihm gegebenen Instruktionen »nach eigener Überzeugung« zur Verantwortung ziehen. Warum erregt dieser tolle Zustand keinen Anstoß? Einfach, weil es sich nicht um den *Reichstag* handelt. Der »Konflikt« erledigt sich sehr einfach: Ein Staatsmann, der Instruktionen erhält, welche seinen politischen Überzeugungen zuwiderlaufen, *hat sein Amt zu verlassen.* Der Rücktritt ist dann ein Gebot der *politischen Ehre* und nicht: eines »Gewissenskonflikts«.

Aber der Verfasser fährt schwereres Geschütz auf. Zwar die Gefahr, daß Preußen durch einen Block parlamentarischer Bundesratsbevollmächtigter von Kleinstaaten vergewaltigt würde, ist schwerlich ernst gemeint. Mehr als zwei Drittel der Reichstagsabgeordneten stellt Preußen, und die ungeheure Übermacht, welche neben dem Veto der Präsidialstimme und den persönlichen Machtbefugnissen des Kaisers die Militärkonventionen und die oft rücksichtslos ausgenutzte Eisenbahn- und Finanzmacht gegenüber den Kleinstaaten darbieten, ist unerschütterlich. Aber der Verfasser sieht durch parlamentarischen Zentralismus die Mittelstaaten mit »Zerstörung« bedroht, Bayern zum Suchen nach »Anschluß außerhalb« verleitet oder gar »aus dem Reich herausdrängt«. Ob solche Wendungen politisch angebracht sind, möge der Verfasser doch reiflich erwägen. Sie entbehren jedes Ernstes und würden die wirklichen Zentralisten (wenn es solche gibt) wenig schrecken. Aus der *Zollgemeinschaft* heraus führt heute kein gangbarer Weg. Wir wünschen die Teilnahme Bayerns und der anderen großen Mittelstaaten an der Leitung des Reichs *gestärkt* und sehen gerade in der Parlamentarisierung in Verbindung mit der Entwicklung vorberatender Ausschüsse unter obligatorischer Vertretung der Mittelstaaten und mit dem Recht, vom Reichskanzler Rede und Antwort zu verlangen, dazu den Weg. Bleibt aber die mechanische Schranke des Art. 9 Satz 2 bestehen, so kann die Entwicklung dahin gehen, daß zwar der Reichskanzler als zunehmend rein preußischer Interessenvertreter im Bundesrat bleibt, die künftigen parlamentarischen Staatssekretäre aber, um sich im Parlament nicht zu entwurzeln, *nicht* in den Bundesrat eintreten, sondern, gestützt auf das Parlament, trotz ihrer formalen Unselbständigkeit auf Kosten des Reichskanzlers und des Bundesrats an selbständigem Einfluß gewinnen, der Bundesrat aber eine zwischen preußischem und Reichsparlament ausgeschaltete Abstimmungsmaschinerie wird. Dies möchten wir verhindern.

Der Verfasser schildert richtig, wie Bismarck seinerzeit seine Leitung der Politik nicht auf Bundesratsabstimmungen, sondern auf Verständigung und Kompromiß mit den Höfen und Ministerien abgestellt hat (der reale Machtanteil der Bundesstaaten war freilich minim!). Aber wie in der Außenpolitik die Beeinflussung der Monarchen und Kabinette als politisches Mittel an Bedeutung zurücktritt, so werden in Zukunft auch in der Innenpolitik die Bundesratsbevollmächtigten an der Stellung der Einzel*parlamente* nicht vorübergehen können und an ihnen den nötigen Rückhalt finden. Die Frage ist nur, ob man nicht klug tut, demgegenüber den Strom der deutschen Parlamentarisierung in die Kanäle des *Reiches* zu leiten. Damit dies möglich sei, muß jenes mechanische Hemmnis des Art. 9 beseitigt werden.

Schließlich noch eins. Ungern liest man auch in dieser Schrift unsachliche Literatenwendungen wie die Warnungen vor dem Aufgeben deutscher »Eigenart« (d.h. der reinen Bürokratenherrschaft). Wir haben das satt. Noch jedesmal vor unvermeidlichen Neuordnungen waren in den Augen der Interessenten des Bestehenden spezifisch »deutsche« Kleinodien in Gefahr, vor allem bei den großen Reformen zwischen 1807 und 1813, welche bekanntlich als Nachäffungen der französischen Revolution mit ungefähr so viel Recht verketzert wurden wie heute die Arbeit an der Schaffung eines deutschen Volksstaats. Und es ist ein peinliches Schauspiel, wenn heutige Professoren Leute wie Bennigsen oder auch wie die Männer der Paulskirche oder die Göttinger Sieben *nicht* als Repräsentanten spezifisch *deutscher* politischer Gesinnung anerkennen wollen, weil ihre Eigenart den heutigen Schulmeistern des »deutschen Geistes« nicht in ihr trauriges Eintagsschema paßt.

WAHLRECHT UND DEMOKRATIE IN DEUTSCHLAND[1]

Das weitschichtige Problem der Demokratie wird hier nur mit Rücksicht auf die augenblickliche Problemlage *bei uns* behandelt, der wir uns sofort ohne Umschweife und allgemeine Betrachtungen zuwenden.

Das jetzige Reichstagswahlrecht ist von Bismarck bekanntlich ausschließlich aus Demagogie, und zwar teils aus außenpolitischen Gründen, teils zu innerpolitischen Zwecken: für den Kampf seines Cäsarismus gegen das damals widerspenstige Bürgertum, in seinem berühmten Ultimatum an den Frankfurter Bundestag auf den Schild gehoben und gegen schwere Bedenken der damaligen Liberalen eingeführt worden. Zwar seine Hoffnung auf ein konservatives Verhalten der Massen erfüllte sich nicht. Aber die Spaltung gerade der für die moderne soziale Gliederung charakteristischen Schichten in zwei sich ebenso intim berührende wie, eben deshalb, verfeindete Klassen: Bürgertum und Proletariat, gab später die Möglichkeit – wie Fürst Hohenlohe bemerkt hat –, die *Feigheit* (Hohenlohe sagt: »Schüchternheit«) des Bürgertums vor der »Demokratie« für die Erhaltung der Herrschaft der Bürokratie auszunutzen. Diese Feigheit wirkt bis heute nach. Daß man recht wohl ein Demokrat sein und dennoch Lassalles Begeisterung für jenes Wahlrecht unter den damaligen Umständen ablehnen konnte, zeigt z. B. Eduard Bernsteins Stellungnahme in der Einleitung zu dessen Schriften. Rein staatspolitisch wäre sehr wohl die Frage aufzuwerfen: ob für die ersten Jahrzehnte der neuen Reichsgründung ein die ökonomisch und sozial prominenten und politisch (damals) geschulten Schichten etwas stärker privile-

[1] Im Dezember 1917 erschienen in der Reihe »Der Deutsche Volksstaat«, Schriften zur inneren Politik, herausgegeben von Wilhelm Heile und Walther Schotte im Buchverlag der »Hilfe« (2. Heft). Ein auszugsweiser Vorabdruck einzelner Ausführungen (auf den Seiten 268 bis 288 nachstehend) wurde im November 1917 in der »Hilfe« veröffentlicht [23. Jg. 1917, S. 709–710]. (D. H.)

gierendes Wahlrecht – etwa so, wie es das bisherige englische tat – den inneren und äußeren Ausbau des Reichs, vor allem: die Eingewöhnung in parlamentarische verantwortliche Mitarbeit, nicht erleichtert hätte. Doktrinäre »Wahlrechts-Orthodoxie« wollen wir hier nicht treiben. Aber das Beispiel Österreichs unter Graf Taaffe zeigt: daß alle nur durch Wahlrechtsprivilegien in der Macht erhaltenen bürgerlichen Parteien heute nicht in der Lage sind, dem Beamtentum die demagogische Waffe der Drohung mit dem gleichen Wahlrecht zu lassen, ohne daß sie bei jeder ernstlichen Gefährdung büro|kratischer Machtinteressen auch von ihm gegen sie gebraucht wird. Ganz ebenso wäre es den deutschen bürgerlichen Parteien Bismarck gegenüber gegangen, wenn sie das gleiche Wahlrecht abgelehnt hätten. Und Ungarns Beispiel lehrt, daß sogar die stärksten Gegeninteressen einer herrschenden staatsklugen Nationalität gegen das gleiche Wahlrecht es nicht dauernd verhindern, daß im Konkurrenzkampf ihrer eigenen Parteien dennoch die Parole eben dieses Wahlrechts ausgespielt, dadurch ideell propagiert und schließlich einmal durchgeführt wird. Immer wieder finden sich – und das ist kein Zufall – politische Gelegenheiten, bei denen es auf dem Plan erscheint. Gleichviel wie es damit anderwärts liegt, für Deutschland jedenfalls steht seit Bismarck fest, daß ein anderes Wahlrecht nie mehr *am Ende* von Wahlrechtskämpfen stehen kann. Und während andere Fragen des Wahlrechts (z. B. das Proportionalwahlrecht) bei aller politischen Wichtigkeit doch als »technische« empfunden werden, ist die Frage der Gleichheit des Wahlrechts eben auch subjektiv eine so rein politische, daß ihr ein Ende gemacht werden *muß*, wenn man sterile Kämpfe vermeiden will. Schon dies ist staatspolitisch entscheidend. Der 4. August 1914 und die Zeit nachher zeigte aber auch, daß dies Wahlrecht bei entscheidenden politischen Proben sich bewährt, wenn man damit zu regieren versteht und den guten Willen dazu hat. Es würde *dauernd* ganz ebenso gut funktionieren, wenn das gleiche Stimmrecht seinen Gewählten die Verantwortlichkeit der *an der Macht im Staat wirklich mitbestimmend Beteiligten* auferlegte. Überall sind *mitherrschende* demokratische Parteien Träger des Nationalismus.

Der zunehmende Nationalismus gerade der Massen ist nur natürlich in einem Zeitalter, welches die Teilnahme an den Gütern der nationalen Kultur, deren Träger nun einmal die nationale *Sprache* ist, zunehmend demokratisiert. Schon das wahrlich bescheidene Maß faktischer und prekärer Anteilnahme, welches den Vertretern der radikalen Demokratie im Kriege bei uns eingeräumt wurde, genügte, sie in den Dienst sachlicher *nationaler* Politik treten zu lassen. Sehr im Gegensatz zu der Plutokratie des preußischen Landtags, die im dritten Kriegsjahr wahrhaftig nichts Besseres zu tun wußte, als ein Gesetz zur *Nobilitierung von Kriegsgewinnen* zu beraten. Statt daß im deutschen Osten neues Bauernland bereitgestellt würde – und wir könnten noch den Mannschaftsbestand für 10 Armeekorps durch neue Bauernstellen beschaffen –, sollte hinter dem Rücken des kämpfenden Heeres der deutsche Boden den Eitelkeitszwecken der Kriegsparvenü-Plutokratie für Fideikommiß|stiftungen zwecks Erlangung des Adelstitels ausgeliefert werden. Diese bloße Tatsache ist Kritik des Klassenwahlrechts genug. –

Die innere Unhaltbarkeit dieses und jedes ähnlich wirkenden Wahlrechts liegt aber auch an sich auf der Hand. Bei Fortbestand der preußischen Dreiklassengliederung würde sich die ganze Masse der heimkehrenden *Krieger* einflußlos in der untersten Klasse befinden, in den Vorzugsklassen aber: *die Daheimgebliebenen,* denen inzwischen Kundschaft und Arbeitsstellen jener zugefallen, die im Kriege oder durch den Krieg reich geworden oder doch intakt geblieben sind, und deren schon vorhandenen oder neuerworbenen Besitz jene durch den Krieg politisch Deklassierten mit ihrem Blut draußen verteidigt haben. Gewiß ist die Politik kein ethisches Geschäft. Aber es gibt immerhin ein gewisses Mindestmaß von Schamgefühl und Anstandspflicht, welche auch in der Politik nicht ungestraft verletzt werden.

Welches andere Wahlrecht könnte an seine Stelle treten? Bei den Literaten erfreuen sich allerhand Pluralwahlsysteme großer Beliebtheit. Welche aber? Soll der Familienstand, etwa durch Zusatzstimmen, privilegiert werden? Die Unterschichten des Proletariats und die Bauern auf den ärmsten Böden, überhaupt aber alle Schichten mit der geringsten ökonomischen Voraussicht, heiraten am frühesten und haben die meisten Kinder. Oder – der Lieblingstraum der Literaten – die »Bildung«? Unterschiede der »Bildung« sind heute, gegenüber dem *klassen*bildenden Element der Besitz- und ökonomischen Funktionsgliederung, zweifellos der wichtigste eigentlich *stände*bildende Unterschied. Wesentlich kraft des sozialen Prestiges der Bildung behauptet sich der moderne Offizier vor der Front, der moderne Beamte innerhalb der sozialen Gemeinschaft. Unterschiede der »Bildung« sind – man mag das noch so sehr bedauern – eine der allerstärksten rein innerlich wirkenden sozialen Schranken. Vor allem in Deutschland, wo fast die sämtlichen privilegierten Stellungen innerhalb und außerhalb des Staatsdienstes nicht nur an eine Qualifikation von *Fach*wissen, sondern außerdem von »allgemeiner *Bildung«* geknüpft [sind] und das ganze Schul- und Hochschulsystem in deren Dienst gestellt ist. Alle unsere Examensdiplome verbriefen auch und vor allem diesen *ständisch* wichtigen Besitz. Also könnte man sie der Wahlrechtsgliederung zugrunde legen. Welche aber? Sollen die Doktorfabriken der Hochschulen oder die Maturitätszeugnisse der Mittelschulen oder soll etwa das Einjährigenzeugnis die politische »Reife« beglaubigen? Rein quantitativ bedeutet das ganz gewaltige Unterschiede, und mit der | letztgenannten, der Masse nach stark ins Gewicht fallenden, Mehrstimmrechtsqualifikation könnte man politisch recht eigenartige Erfahrungen machen. Vor allem aber: Soll wirklich das *Examens*diplom, welchem schon die Masse aller Ämter ausgeliefert ist, und die dadurch patentierte Schicht mit ihren sozialen Prätensionen noch weiter privilegiert werden? Soll dem Pfründenhunger der examinierten Amtsanwärter – deren Zahl durch die Frequenzkonkurrenz der Hochschulen und den sozialen Ehrgeiz der Eltern für ihre Kinder ungeheuer über den Bedarf gesteigert ist – die Macht über den Staat zugewendet werden? Und was hat eigentlich der Doktor der Physik oder der Philosophie oder Philologie mit *politischer* »Reife« zu tun? Jeder Unternehmer und jeder Gewerkschaftsführer, der, im freien Kampf um das ökonomische Dasein stehend, die Struktur des Staates täglich am eigenen Leibe spürt, weiß mehr von Politik als derjenige, dem der Staat nur die Kasse ist, aus der er kraft Bildungspatentes eine standesgemäße, sichere, pensionsfähige Einnahme erhält.

Oder – eines der Lieblingskinder aller kurzsichtigen »Ordnungsphilister« – ein *»Mittelstandswahlrecht«*, also etwa: Privilegierung der Inhaber »selbständiger« Betriebe oder dergleichen? Abgesehen davon, daß auch dies die *Daheimgebliebenen* gegenüber den Kriegern bevorzugen würde, – was bedeutete es für den »Geist« der künftigen deutschen Politik?

Von den wirtschaftlichen Bedingungen der deutschen Zukunft lassen sich mit Sicherheit heute nur *drei* vorausberechnen. Zunächst: die Notwendigkeit einer ungeheuren *Intensivierung* und *Rationalisierung* der wirtschaftlichen Arbeit. Nicht, damit das deutsche Dasein reich und glänzend, sondern damit das Dasein der Massen bei uns überhaupt *möglich* sei. Es ist angesichts des eisernen Frühlings, den uns der Frieden bringen wird, ein Frevel, wenn jetzt Literaten der verschiedensten Lager den deutschen »Arbeitsgeist« als die nationale Erbsünde und ein »gemächlicheres« Dasein als Zukunftsideal hinstellen. Das sind *Schmarotzerideale* einer Pfründner- und Rentnerschicht, welche den schweren Alltag der geistig und körperlich arbeitenden Mitbürger an ihrem Tintenfaßhorizont messen zu wollen sich erdreistet. Wie vollends die kindliche Literatenvorstellung vom »Segen« der genügsamen Armut der guten alten Zeit, den Deutschland als Frucht des Krieges wieder genießen werde, in der Realität aussehen würde, lehrt die zweite unzweifelhafte Zukunftstatsache: daß der Krieg uns für 100 Milliarden Kapitalwert *neue* | *Rentner* hinterlassen wird. Schon vor dem Krieg war die relative statistische Zunahme der reinen Rentner bedenklich groß für eine auf den Wettkampf mit den großen Arbeitsvölkern der Erde angewiesene Nation. Für diese nunmehr ganz ungeheuer in die Breite gewachsene Schicht werden die wirtschaftlich arbeitenden Staatsbürger die Rente zu beschaffen haben. Teils in der Entstehung großer neuer [Wert-]Papiervermögen, teils aber auch in der Verwandlung der vorhandenen Vermögen durch Anleihezeichnung äußert sich die Umgestaltung. Denn wenn ein Vermögensbesitzer heute statt Dividendenpapieren (also: Anteilen an privatwirtschaftlichen Unternehmungen) staatliche Rentenverschreibungen in seinen Bankdepots hat, – was *bedeutet* das? Ein »Rentner«, dessen Einkommen die Banken mit der Couponschere beschaffen, ist er formell in beiden Fällen. Allein: wenn ihm früher die Dividendenpapiere Einnahmen brachten, dann bedeutete dies: daß auf einem Kontor und in einem betriebstechnischen Büro – Stätten geistiger Arbeit so gut und oft besser als irgendeine Gelehrtenstube es ist –, und daß in den Maschinensälen von Fabriken von kaufmännischen und technischen Leitern, Angestellten, Meistern und Arbeitern scharf und hart *gearbeitet*, Güter für einen vorhandenen Massenbegehr hergestellt, Menschen ihr Lohn und Brot beschafft wurde, dies alles in der Vollkommenheit oder Unvollkommenheit, wie dies nun einmal die heutige noch auf lange gültige Wirtschaftsordnung gestattet. Für die Leiter hat dabei die ökonomische und soziale Macht- und Rangstellung, für die Angestellten und Arbeiter die Brotstelle im Kampf um den Markt auf dem Spiele gestanden, und dieser Kampf ist gewonnen worden: *das* »beweist« die Dividende. Wenn er dagegen jetzt Zinsen von seinen staatlichen Rentenpapieren bezieht, so bedeutet dies: daß der Steuerexekutor oder der Zollbeamte oder ihresgleichen den Zahlungspflichtigen das Geld erfolgreich aus der Tasche geholt haben und dafür bezahlt worden sind, und daß auf staatlichen Büros nach Reglement und Anweisung die geforderte Arbeit abgeleistet wurde. Natürlich muß *beides* geschehen, die privatwirtschaftliche wie die staatliche Arbeit. Aber es liegt auf der flachen Hand, daß die ganze Zukunft Deutschlands, wirtschaftlich und politisch, die Lebenshaltung der Massen sowohl wie die Beschaffung von Mitteln für »Kulturbedürfnisse«, in *erster* Linie daran hängt, daß die Intensität der deutschen *wirtschaftlichen* Arbeit nicht herabgesetzt wird, daß – wie man es auch ausdrücken kann – die *Rentnergesinnung:* die typisch *französische* innere Haltung der dortigen Kleinbürger- und Bauernschichten zum Wirtschafts|leben, in der deutschen Nation nicht noch mehr, als es ohnedies geschieht, überhand nimmt. Denn das würde die wirtschaftliche Lähmung Deutschlands bedeuten und – eine noch rapidere Propagierung des ohnehin sich schnell ausbreitenden Zweikindersystems. Außerdem noch einen anderen Zug der französischen Zustände: die Abhängigkeit von den *Banken.* Die Unwissenheit der Literaten, welche das *Rentenvermögen* des Couponschneiders von dem *Erwerbskapital* des Unternehmers nicht zu unterscheiden vermag und dem letzteren mit ebensoviel Ressentiment wie dem ersteren mit begehrlichem Wohlwollen gegenübersteht, hat von der Rolle etwas läuten gehört, welche im parlamentarischen Regime Frankreichs das »Finanzkapital« spielt, sowohl bei sachlichen Maßregeln (Steuern), wie bei der Auswahl der Minister, und meint natürlich, daß dies eine Folge des gefürchteten »Parlamentarismus« sei. Aber es ist in Wahrheit die Folge davon, daß Frankreich ein *Rentner*staat ist, daß die *Kreditwürdigkeit der jeweiligen Staatsregierung,* wie sie sich in dem Börsenkurse der Staatsrenten ausdrückt, für die Millionen mittlerer und kleinerer Rentner schlechthin *die* Frage ist, nach welcher sie den Wert der Minister taxieren, daß *deshalb* die Banken bei der Ministerauswahl oft irgendwie mitwirken oder geradezu konsultiert werden. Von jeder, ganz gleichviel ob monarchischen oder parlamentarischen oder plebiszitären Regierung würden sie berücksichtigt werden *müssen,* ganz ebenso wie ein Schuldnerstaat wie der russische Zarismus 1905 seine »Verfassung« und nachher wieder den »Staatsstreich« machte, weil in beiden Fällen die Stimmung der auswärtigen Börsen: die Quelle seines Kredits, es verlangte. Fortschreitende Verstaatlichung gegen Ausgabe von Staatsrenten bei uns, vor allem aber: die Zunahme der *mittleren* und *kleinen* Staatsrentenpapierbesitzer, würde bei uns genau die gleichen Folgen haben, ganz einerlei ob »Demokratie« oder »Parlamentarismus« besteht oder »monarchische« Regierung. Während die Beziehung des *englischen* Staates zum Kapitalismus vornehmlich eine solche zum *Erwerbs*kapitalismus war, welcher der Ausdehnung der Macht und des Volkstums über die Erde hin gedient hat. Welche Maßregeln finanzpolitischer Art nun in Deutschland dazu dienen können, jene erstickende Rentnerlast abzuwälzen und doch den Ansprüchen und Erwartungen der Anleihezeichner voll zu genügen, ist eine gewichtige Frage für sich. Wirtschaftspolitisch ist jedenfalls die höchstmögliche Rationalisierung der wirtschaftlichen Arbeit, also die ökonomische Prämiierung der rationalen Wirtschaftlichkeit der Produktion, also: des »Fortschrittes« in diesem technisch-ökonomischen Sinn, | – mag man ihn nun an sich hassen oder lieben, – eine Lebensfrage für die Weltstellung nicht nur, sondern einfach für die Möglichkeit einer erträglichen Existenz der Nation überhaupt. Und deshalb ist es eine gebieterische politische Notwendigkeit, daß den Trägern dieser rationalen Arbeit wenigstens jenes Mindestmaß politischen Einflusses zugewendet wird, welches ihnen nur das *gleiche* Wahlrecht gewährt. Denn in jenem einen wichtigen Punkt: dem Interesse an der Wirtschafts*rationalisierung*, ist, trotz aller sozialen Gegensätze, das Interesse der Arbeiterschaft mit dem der organisatorisch *höchst*stehenden Unternehmer und sind beide mit dem politischen Interesse an der Erhaltung der Weltstellung der Nation, nicht immer in den Einzelheiten, wohl aber *im Prinzip*, identisch und schnurstracks entgegengesetzt dem Interesse aller Pfründnerschichten und aller ihnen kongenialen Vertreter ökonomischer Stagnation. Und es scheint die höchste Zeit, daß der Einfluß jener Schichten eingesetzt wird an einem Punkt, dessen prinzipiell falsche Behandlung schon jetzt einen Schatten auf unsere Zukunft vorauswerfen könnte. Denn – das ist die dritte völlig sichere Zukunftsperspektive – wir werden für Jahre im Zeichen einer *»Übergangswirtschaft«* stehen mit Rationierung der Rohstoffzuteilung, der Zuweisung internationaler Zahlungsmittel und womöglich: der Betriebe selbst und ihrer Kundschaft. Es ist klar, daß dies eine nie wiederkehrende Gelegenheit sein kann *sowohl* im Sinne der *Rationalisierung* der Wirtschaft *wie auch*, genau umgekehrt, eine Fundgrube für sogenannte »mittelständlerische« Experimente im denkbar übelsten Sinne dieses fast stets mißbrauchten Wortes. Mit Hilfe eines staatlichen Bezugscheinsystems und verwandter Mittel könnte man »selbständige« Bettelexistenzen aller Art, vor allem das Ideal jedes Kleinkapitalisten: bettelhafte, aber bequeme *Ladentisch*existenzen und ihresgleichen, in Masse subventionieren, welche das gerade Gegenteil einer Intensivierung und Rationalisierung unserer Wirtschaft bedeuten würden: die Züchtung von Schmarotzern und Tagedieben, Trägern jener »Gemächlichkeit«, die das Zukunftsideal der Literaten ist. Was würde das bedeuten? *Die »Verösterreicherung« Deutschlands.* Und zwar in jenem Punkte, der von den Österreichern selbst als eine der Hauptquellen alles dessen angesehen wird, was sie bei sich als »Schlamperei« bezeichnen. Denn soviel wir auf dem Gebiet der Geschmackskultur und gesellschaftlichen Erziehung von ihnen zu lernen hätten – allen Grund, uns zu bedanken, hätten wir für die Übernahme ihrer »Mittelstandspolitik«, deren wunderbare Früchte man in den dicken Bänden der Entscheidungen über | solche Fragen wie: ob das Benageln eines Stuhls Tapezier- oder Tischlerarbeit sei, studieren kann. Die Gefahr aber, daß etwas Ähnliches geschieht, ist nicht gering. Denn es gibt in den heute maßgebenden Schichten zweifellos Politiker, welche unbelehrbar der Meinung bleiben: daß auf dem gen Himmel stinkenden Sumpf von Faulheit und Schlamperei, den man dadurch ins Leben rufen würde, am besten die Fundamente dessen, was *sie* »monarchische Gesinnung« nennen, das heißt: einer die Machtstellung der *Bürokratie* und der wirtschaftlich reaktionären Gewalten unangetastet lassenden bierseligen Fügsamkeit, gelegt werden könnten. Denkt man sich nun gar Wahlrechtsprivilegien für jene Schichten, welche eine solche Politik gern züchten möchte, so kann man sich leicht vorstellen, wie das wirkt: im Sinne der *Lähmung Deutschlands,* ökonomisch und politisch. Wer diese Lähmung aus irgendeinem positiven religiösen oder anderen letzten metaphysischen Glauben heraus *will,* – nun wohl! er bekenne sich offen dazu. Aber aus erbärmlicher *Feigheit vor der Demokratie* soll man sie *nicht* wollen, und eben jene Feigheit: Angst um die Erschütterung der Legitimität des Besitzes und der heute in Kraft stehenden sozialen Positionen, ist das derzeit zentrale Motiv, es zu tun.

Zu den dilettantischen Seifenblasen, welche deutsche Literateninstinkte immer neu hervortreiben, gehören nun auch alle jene zahlreichen Ungedanken, welche unter der Firma: *»berufsständische* Vertretung« kursieren. Sie hängen mit allerhand konfusen Vorstellungen von der Zukunft unserer Wirtschaftsorganisation eng zusammen. Es ist erinnerlich, daß schon die Art der Organisation der Unfallversicherung in Berufsgenossenschaften die Erwartung einflußreicher Literatenkreise erregte (und zum Teil ihr entstammte): hiermit werde der erste Schritt zu einem »organischen Aufbau« der Volkswirtschaft getan, – und man könnte auch wissen, was daraus geworden ist. Und heute erwartet mancher von den vorwiegend finanz- und valutapolitisch bedingten wirtschaftlichen Zukunftsorganisationen gar, daß sie sich als Drachentöter gegen den unruhestiftenden Vater alles Bösen, den *»Kapitalismus«*, erweisen werden. Man stellt sich dabei die »Gemeinwirtschaft«, »Solidaritätswirtschaft«, »Genossenschaftswirtschaft« (oder wie die Phrasen lauten) der Kriegszeit und der durch sie geschaffenen Zwangsorganisationen, kindlich genug, als Vorläufer einer künftigen prinzipiellen Änderung der »Wirtschaftsgesinnung« vor, welche die abhanden gekommene »Wirtschaftsethik« der Vergangenheit auf höherer Stufe »organisch« wiedererstehen lassen werde.

Dabei ist nun vor allem die profunde Ignoranz unserer Literaten über | das Wesen des Kapitalismus das, was jeden mit den Verhältnissen Vertrauten so ungeduldig macht. Es ist noch das wenigste, wenn diese heilige Einfalt etwa die Kriegsgewinne der Firma KRUPP mit den Kriegsgewinnen irgendeines Malzschiebers in einen Topf wirft, weil ja beides Produkte von »Kapitalismus« seien. Wichtiger ist, daß sie von dem abgrundtiefen Gegensatz alles von der rein *politischen* Konjunktur: von Staatslieferungen, Kriegsfinanzierungen, Schleichhandelsgewinnen und all solchen durch den Krieg wieder gigantisch gesteigerten Gelegenheits- und Raubchancen lebenden Kapitalismus und seiner Abenteurergewinne und -risiken gegenüber der Rentabilitätskalkulation des bürgerlichen *rationalen Betriebs* der Friedenszeit nicht die geringste Ahnung hat. Was auf dem Kontor eines solchen Betriebes eigentlich geschieht, ist ihr ein Buch mit sieben Siegeln. Daß ferner die grundlegende »Gesinnung«, oder wenn man es so ausdrücken will: das »Ethos« jener beiden verschiedenen Arten von Kapitalismus untereinander so entgegengesetzt ist, wie zwei geistige und sittliche Potenzen es überhaupt zu sein vermögen, daß die eine: der rein politisch verankerte »Raubkapitalismus«, so uralt ist wie die uns bekannte Geschichte von Militärstaaten überhaupt, die andere aber ein spezifisches Produkt des modernen europäischen Menschentums, davon ahnt sie natürlich gar nichts.

Wenn man einmal ethisch unterscheiden *will* (und das ist hier immerhin möglich), dann besteht ja die eigentümliche Lage eben darin, daß in der persönlichen Geschäfts*ethik* gerade die höchststehende – im Durchschnitt weit höher als irgendeine historisch wirklich *real* gewesene, und nicht nur von Philosophen und Literaten *gepredigte*, ökonomische Durchschnittsethik *irgend*eines Zeitalters stehende –, [die] *rational*-kapitalistische *Betriebsethik* dieser zweiten Art von »Kapitalismus«: die Ethik der Berufspflicht und Berufsehre es ist, welche jenes eherne Gehäuse hergestellt hat und erhält, durch das die wirtschaftliche Arbeit ihr heutiges Gepräge und Schicksal empfängt und natürlich nur um so mehr und endgültiger empfangen wird, wenn man an Stelle des *Gegensatzes* zwischen privatkapitalistischer und staatlicher Bürokratie durch »Vergemeinwirtschaftung« der Betriebe eine *einheitlich* den Arbeitern übergeordnete Bürokratie schaffen würde, gegen die es kein Gegengewicht außerhalb ihrer selbst mehr gäbe.

Um aber hier bei jenem Gegensatz zu bleiben: *nicht* jene Gewinne, die nach dem berüchtigten Satz gemacht wurden: daß man »die Millionen nicht verdient, ohne mit dem Ärmel an das Zuchthaus zu streifen«, sondern gerade jene Rentabilität, welche nach dem Grundsatz erzielt wurde: | »honesty is the best policy«, wurde der Träger des spezifisch modernen Kapitalismus als eines die Wirtschaft und durch sie das Alltagsschicksal der Menschen *unentrinnbar* beherrschenden *Systems*. Hat denn wohl jemand von diesen schreibseligen Ideologen einer geträumten wirtschaftlichen Solidaritätsethik einmal einen Blick hinter die Vorhänge unserer »Kriegsgemeinwirtschaft« getan und gesehen, *was* unter ihrer Einwirkung aus dem angeblich durch sie zu erdrosselnden »Erwerbstrieb« geworden ist? Ein wilder Tanz um das goldene Kalb, ein hasardierendes Haschen nach jenen Zufallschancen, welche durch alle Poren dieses bürokratischen Systems quellen, ein Verlust jedes Maßstabes für irgendwelche *wie immer* gearteten geschäftsethischen Unterscheidungen und Hemmungen und – ein eherner Zwang für jeden, auch den gewissenhaftesten, Geschäftsmann, bei Strafe des ökonomischen Untergangs mit den Hyänen dieser beispiellosen Schädelstätte *aller* Wirtschaftsethik mitzuheulen und mitzutun, – genau so oder vielmehr in weit ungeheuerlicherem Maßstab so, wie es zu allen Zeiten gewesen ist, wenn kapitalistische Erwerbschancen sich an die Fußstapfen des Kriegsgottes oder – des heiligen Bürokratius hefteten. Generationen werden vergehen, bis die Nachwirkungen dieser Zersetzung des normalen bürgerlich-kapitalistischen Ethos wieder *ausgetilgt* sind, – und das soll die Grundlage einer neuen Wirtschaftsethik sein? Wir werden uns zu bemühen haben, zunächst das Niveau der *alten* wieder zu erreichen! Doch das alles nur nebenbei.

Rationale *Zweckverbands*bildungen größten Stils werden die Kriegswirtschaft ablösen. Aber doch wahrhaftig keine »organisch« auf dem Boden der natürlich gewachsenen oder aus primären *inneren* menschlichen Beziehungen heraus entfalteten Gemeinschaftsverhältnisse und Gebilde von jener innerlichen Eigenart, wie sie Familie, Sippe, Gemeinde, die feudalen und grundherrlichen Beziehungen und auch noch die Zünfte, Gilden, sogar die Ständeeinungen des Mittelalters immerhin in verschieden starkem Maße an sich trugen. Wer von dem Gegensatz *aller* modernen rationalen Zweckverbände zu ihnen noch keine Ahnung hat, der begebe sich zunächst in die soziologische Abc-Schule, ehe er anfängt, den Büchermarkt mit seiner Literateneitelkeit zu behelligen. Daß der einzelne nicht einem, sondern oft zahlreichen solcher Gebilde zugleich angehören müßte, würde zwar einem auf ihnen aufgebauten Wahlrecht die Qualität einer »Volksvertretung« nehmen, es aber nicht schon dazu verdammen, »Unsinn« zu sein. Es wäre eben »Interessenvertretung«: | die Vergangenheit kannte Ähnliches. Aber man braucht nur die ersten Anfänge eines Versuchs zu machen, die typischen Figuren der modernen Wirtschaft nach *»Berufen«* so zu gruppieren, daß die entstehenden Gruppen als *Wahl*körperschaften für eine allgemeine *Volks*vertretung brauchbar wären, – dann steht man vor dem vollendeten Unsinn. Gleich die eigentlichen »Leiter« des Wirtschaftssystems finden einfach gar keinen Platz. Unter welche »Berufe« – es stünden deren Dutzende zur Wahl – sollen die Herren STINNES, THYSSEN, KRUPP V. BOHLEN, Graf HENCKEL-DONNERSMARCK, V. MENDELSSOHN, RATHENAU, die persönlich haftenden Gesellschafter der Disconto-Gesellschaft usw. verteilt oder sollen sie vielleicht in einer einzigen Wahlkörperschaft der »Riesenunternehmer« vereinigt werden? Und sollen andererseits die Generaldirektoren KIRDORF, HUGENBERG und ihresgleichen unter die »Betriebsbeamten« der einzelnen »Berufe« verteilt werden, oder was geschieht mit ihnen? So aber geht es nun von diesen höchsten Spitzen des kapitalistischen Getriebes bis zum untersten Boden. Gerade die wirklich wichtigsten von den Steuerleuten der heutigen Wirtschaft entziehen sich überall, bis zum Engrossortimenter und Betriebsvorstand herunter, jeder Einordnung unter *materiell* zutreffende Kategorien. Denn überall müßte ja für die Abgrenzung der Wahlkörperschaften ein *formales* Merkmal gefunden werden, dem aber unter den heutigen wirtschaftlichen Verhältnissen der materielle, ökonomische *Sinn* der betreffenden Stellung hundertfältig ins Gesicht schlüge. Unsere moderne Wirtschaft zeichnet sich ja im Gegensatz zur *ständisch* gebundenen Wirtschaft gerade dadurch aus, daß man aus der äußeren Stellung fast *nie* entnehmen kann, welche ökonomische *Funktion* dem einzelnen eignet, daß auch die eingehendste Berufsstatistik noch nicht das geringste von der inneren Struktur der Wirtschaft verrät. So wenig man in dem Landschaftsbild einer schönen Standesherrschaft ihre Hypothekenbelastung sieht, so wenig sieht man einem Ladeninhaber an, was er ökonomisch ist: ob ein Filialbetriebsbesitzer, ein Angestellter oder fest gebundener Klient einer kapitalistischen Macht (z. B. einer Brauerei), ein wirklich selbständiger Detaillist oder was sonst. Ebensowenig einem »selbständigen Handwerker«, ob er Hausindustrieller, Zwischenmeister oder selbständiger Kleinkapitalist oder handwerksmäßiger Kundenarbeiter ist. Und das sind noch die einfachsten Fälle! Vollends die immer wieder neu auftauchende naive Literaten-Vorstellung, daß dies der Weg sei, um die heute in »verhüllter« Art sich bei den Parlamentswahlen geltend machende Macht der materiellen Interessen »offen« und also »ehrlich« sich »im Kreise | der Berufsgenossen« auswirken zu lassen, gehört in die politische Kleinkinderstube. Tausendfach sind die Drähte, an welchen kapitalistische Gewalten den »selbständigen« Kleinhändler und Handwerker nicht nur, sondern auch den selbständigen Fabrikanten bei den Wahlen nach ihrem Willen tanzen lassen würden. Ganz abgesehen davon, daß sich jede solche Berufsabgrenzung in breitestem Maße auf dem Flugsand der durch jede neue Maschine oder Absatzchance radikal umgeschichteten Betriebseinheiten, Produktionsrichtungen und Arbeitskräfte bewegte.

Etwas objektiv Unwahrhaftigeres als den Versuch, in einem Zeitalter beständiger technischer und kommerzieller Umschichtungen und fortschreitender *zweckverbands*mäßiger ökonomischer und sozialer Bindungen *»organische«* Gliederungen im alten ständischen Sinn als politische Wahlkörper schaffen zu wollen, gibt es schon aus diesen rein ökonomischen Gründen in aller Welt nicht. Wo immer man »berufsständische« Wahlrechtsexperimente gemacht hatte – in neuerer Zeit in Österreich und in dem BULYGINschen russischen Dumawahlrecht –, hatte man daher ganz grobe und formale Kategorien bilden müssen, und man hatte damit in Österreich ein tief korruptes Parlament geschaffen, welches nur die Ehre der ersten Erfindung der Obstruktion für sich in Anspruch nehmen darf, in Rußland aber: die Vorfrucht der Revolution. In keinem von beiden Fällen aber sind dabei die Vertreter der in der ökonomischen Welt heute wirklich bedeutsamen Gewalten überhaupt politisch zur Geltung gekommen. Am allerwenigsten: »offen«. Zu dieser Unangepaßtheit an die moderne, fortwährend in Umwälzung begriffene ökonomische Struktur käme die Kreuzung der beruflichen durch die rein politischen Interessen, deren selbstherrliches Wirken solche vermeintlich realistischen Afterprojekte stets gründlich verkennen. Nicht etwa eine Fundierung der Parlamentsvertretung auf »offene« Wahrnehmung der »natürlichen« in sich solidarischen beruflichen Interessen käme heraus, sondern gesteigerte Zerreißung der Berufssolidarität durch politische Parteiung. Schon heute sehen wir die politischen Parteien auch in den Gemeindeverwaltungen, Genossenschaften, Krankenkassenverwaltungen usw. – kurz, in allen möglichen sozialen Bildungen, um die Macht ringen. Man hat das oft beklagt. Die verschiedenen Seiten des gar nicht einfachen organisationspolitischen Problems sollen hier nicht nebenher miterörtert werden. Jedenfalls zeigt sich darin eins: daß überall, wo Wahlzettel und Agitation herrscht, die *politischen* Parteien als solche schon jetzt dazu prädisponiert sind, Träger des Kampfes zu werden. Schon weil sie über den Apparat dazu verfügen. Man stelle | sich nun vor, daß jene Interessenkörperschaften durch ihre Vertreter über die staatspolitischen und Kulturfragen abzustimmen hätten, und das Resultat ist klar: Das Hineintragen politischer Parteiungen in Interessentenverbände, welche *sachliche,* den Verbandsgenossen wirklich *solidarisch* gemeinsame Angelegenheiten zu erledigen haben, durch ihre Erhebung zu parlamentarischen Wahlkörpern würde selbstverständlich zur Folge haben, daß zunächst einmal der wirklich rein wirtschaftliche Interessenkampf sich *neben* dem Gehäuse dieser politischen Wahlkörperschaften neue Organe schaffen müßte und würde. Vergebens würden jene Schachteln für die Zählung von Wahlstimmen versuchen, das reale ökonomische Leben in sich einzufangen. Zwar würde der ökonomische Interessenkampf natürlich in diese wie in alle Wahlkörper hineinspielen. Aber weit mehr auf nackte *individuelle* Gewaltverhältnisse: – Verschuldung, Kundschaft – statt auf dauernde Klassenlage abgestellt als heute bei der Finanzierung und Beeinflussung des Parteiwahlkampfes durch Interessenten. Und zugleich: ungleich verborgener. Denn wer könnte unter einer derart verzwickten Wahlrechtsgliederung noch den Abhängigkeitsverhältnissen, in welchen ein formal »selbständiger« Händler oder Gewerbetreibender zu einer kapitalistischen Potenz steht, nachspüren und den Einfluß ermitteln, welchen der Druck solcher kapitalistischer Mächte auf die politische Haltung der von ihnen Abhängigen ausüben würde? Die Schärfe der Abhängigkeit als solcher würde steigen, da ja die Betroffenen nun durch ihre *Konkurrenten* in den Wahlkörpern sehr zuverlässig kontrolliert werden würden. Denunziation und Boykott würden diese in den Wahlkörperschaften zusammengepferchten vermeintlichen Träger von »Berufssolidarität« gegeneinander hetzen. Denn nun würden diese berufsständischen Körperschaften ja nicht nur *berufliche* Interessen wahrzunehmen haben, sondern: das Ergebnis des Wahlkampfes in ihnen entschiede *über die Besetzung der staatlichen Pfründen und Ämter*. Haben sich die »guten Leute und schlechten Musikanten«, welche *dies* System empfehlen, wohl klargemacht, was dabei herauskäme? – Genug. Diese kindlichen literarischen Seifenblasen sind hier nur deshalb erwähnt, weil sie Anlaß geben, zu noch einem allgemeinen Problem Stellung zu nehmen.

Wir *haben* ja bei uns und anderwärts schon heute auch Interessentenverbände als Träger von Vertretungsrechten. Zunächst für die Beratung der Bürokratie: die Landwirtschafts-, Handels-, Handwerks-, künftig wohl einmal die Arbeitskammern, auch die Eisenbahnräte u. dgl. Gerade | an ihnen aber kann man lernen, was heute eine formale Berufsorganisation *nicht* leistet. Oder bildet sich jemand ein, diese offiziellen Körperschaften könnten den »Bund der Landwirte«, den »Zentralverband der Industriellen«, vollends: die Arbeitgeberverbände oder die Gewerkschaften, je *ersetzen?* Wo pulsiert denn *wirklich* das »Leben« der berufsgegliederten Interessensolidarität? Und ebenso *haben* wir ja innerhalb unserer Gesetzgebungsmaschinerie wenigstens teilweise berufsständisch zusammengesetzte Körperschaften: die ersten Kammern. Vorwiegend Grundbesitzerverbände bestimmter sozialer Prägung (»alter und befestigter Grundbesitz«), daneben Handelskammern, einige besonders große Gemeinden, auch Universitäten, künftig vielleicht einmal Handwerks- und Arbeiterkammern, senden ihre Vertreter hinein. Unendlich grobschlächtig ist diese Art der Interessenvertretung, aber für diese politischen Zwecke notdürftig ausreichend. Die politische Kindlichkeit unserer Literaten bildet sich nun offenbar ein: durch Häufung und Spezialisierung solcher Vertretungsrechte müsse es schließlich doch gelingen können, aus diesen Oberhäusern Parlamente zu machen, in welchen nun jeder Staatsbürger als Glied seines organischen Berufs- und Lebenskreises sich vertreten finde, – wie (angeblich) einst im »Ständestaat«. Von diesem »Ständestaat« nachher ein Wort. Die ersten Kammern aber, bei denen wir hier kurz verweilen, sind (der »Idee«, meist nicht der Wahrheit nach) heute Stätten der politischen Aussprache teils von Honoratioren, teils aber von solchen Interessentenschichten, welche rein staatspolitisch aus Traditionsgründen als besonders ins Gewicht fallend gelten. Vor allem: des Besitzes und bestimmter sozial hoch bewerteter Berufe. Nicht immer tatsächlich, meist aber nach der »Idee« werden sie *nicht* nach politischen Parteigesichtspunkten ausgelesen. Daraus folgt sofort das Entscheidende für die naturgemäße Stellung eines solches Oberhauses im Staate. Wo immer sie politisch richtig geordnet ist, *fehlt* ihm zum mindesten das eigene Budgetrecht, die Grundlage der Machtstellung der *Volks*vertretung, und ist seine Rechtslage im übrigen, politisch angesehen, die: daß es eine Instanz ist, welche Beschlüsse der Volksvertretung beanstanden, kritisieren, zur nochmaligen Erörterung zurückgeben, sistieren und zurückstellen, auch amendieren kann, welche aber – gleichviel ob das formale *Recht* dazu besteht – *nicht* dauernd in einer politisch wichtigen Frage dem Willen einer unbezweifelbaren starken Mehrheit der Volksvertretung sich in den Weg stellen darf, bei Strafe des Verlustes ihrer formalen Rechte (wie jetzt in England) oder des Pairsschubs (wie | in Preußen 1873). Dieser letztere ist ein Ventil, welches ohne politische Gefahr nie beseitigt werden kann, obwohl alle Oberhäuser aus Machtlust dagegen zu remonstrieren pflegen und das preußische Herrenhaus sicherlich gelegentlich der Wahlreform die Beseitigung dieses Kronrechts und womöglich das Budgetrecht erstreben wird, – was politisch zu den schwersten Krisen und Gefahren führen würde: denn das würde bedeuten, daß das *Klassenwahlrecht fortbestände*, nur auf *zwei* Körperschaften verteilt, deren Konflikte sich zu Staatskrisen auswachsen würden. Hoffen wir, daß das nicht versucht wird.

Der Einfluß von Oberhäusern kann – und zwar auch und gerade bei formal beschränkten Rechten – sehr bedeutend sein. Aber mit einer Volksvertretung haben sie, wie immer sie zusammengesetzt seien, schlechterdings gar nichts zu schaffen. Sie bilden der Idee nach ein Gegengewicht gegen die Parteiherrschaft. Der Tatsache nach freilich oft ein solches von problematischer politischer Nützlichkeit und unzulänglichem geistigem Niveau: das preußische Herrenhaus ist die einzige »gesetzgebende« Körperschaft, welche des *Strafrichters* zur Erzwingung des von ihr in Anspruch genommenen Respekts zu bedürfen glaubt. Die Oberhäuser könnten gewiß heute recht eigentliche Stätten *individueller* politischer Beredsamkeit sein. Tatsächlich freilich sind sie statt dessen recht oft Stätten überflüssigen Geredes. Im preußischen Herrenhause wird gewiß viel kunstgerechter und »vornehmer« geredet als im Reichstag, – aber wer möchte seine Zeit daran wenden, diese Reden zu lesen? Und doch könnte ein solcher *öffentlich beratender Staatsrat* – denn das ist ein richtig konstruiertes Oberhaus dem Sinne nach – als eine Stätte der Aussprache des *parteiungebundenen* politischen Denkens und der *amtlosen,* aber amtserfahrenen politischen Intelligenz, namentlich also der Amtserfahrung *früherer Staatsmänner,* gegenüber der aktuellen politischen Parteiführerschaft, gerade in einem parlamentarischen Staat unleugbar wertvolle Dienste leisten. Von den heutigen Gebilden dieser Art entsprechen freilich nur sehr wenige diesem Zweck.

In einem Volksstaat kann eine erste Kammer entweder – wie in den überseeischen Demokratien – eine ebenfalls nach gleichem Wahlrecht, aber nach anderem Wahl*verfahren* zusammengesetzte Körperschaft sein, – also: ein Mittel der Korrektur der unvermeidbaren Unvollkommenheiten, die jedes *Wahlsystem* hat. Oder eine Vertretung der in Politik, Verwaltung, Wirtschaft, Wissenschaft, Technik *bewährten Intelligenz.* In diesem Falle aber: eine nur *beratende,* kritisierende und (durch | suspensives Veto) *sistierende* Körperschaft. Sie kann also *formell* nur eine *minder*berechtigte Kammer sein. *Politisch* wäre wünschenswert, daß in solchen Oberhäusern die beruflichen Interessentenvertreter jedenfalls nur *neben* der Vertretung 1. staatspolitischer *Intelligenz* und 2. kulturpolitischer *Bildung* ständen, daß also z. B. *alle* aus dem Amt scheidenden Minister und Bürgermeister von Großstädten und daneben die Vertreter kulturpolitisch wichtiger Kreise (gewählte Vertreter der Schullehrer, Hochschullehrer, Künstler, Journalisten) ihnen angehörten. Die Frage der zukünftigen Zusammensetzung solcher Körperschaften ist jedenfalls nicht so unwichtig, wie man bei uns vielfach um deswillen glaubt, weil sie heute allerdings leider meist nur als eine mechanische Bremse gegen die »Gefahren« der Demokratie zur Beruhigung der Feigheit des Spießbürgers (gleichviel welcher sozialen Stellung) konstruiert werden. Indessen kann und soll uns dies Problem hier nicht auch noch nebenher beschäftigen. –

Wir fragen hier vielmehr lediglich: Wie *kommt* es wohl eigentlich, daß jene staatlich organisierten Interessenkörperschaften, wie die einst von EUGEN RICHTER so scharf bekämpften Handelskammern und alle nach ihrem Schema seitdem entstandenen ähnlichen Gebilde, der Tatsache nach so ganz und gar *nicht* als Gefäße des eigentlich lebendigen Stroms der wirtschaftlichen Interessen fungieren, verglichen mit dem strotzenden Leben der wirklichen ökonomischen *Interessentenverbände?* Und daß sie andererseits doch auch gegenüber den *Parteien* so absolut unfähig bleiben, das politische Leben in sich einzufangen? Ist das Zufall? Es ist durchaus *kein* Zufall, sondern die *Folge* davon, daß die Parteien einerseits, die ökonomischen Interessentenverbände andererseits auf dem Boden der rechtlich *freien Werbung* ihrer Anhängerschaft stehen und jene staatlichen Bildungen eben *nicht.* Jene sind, *infolge* jener Struktur, die geeigneten Organisationen für *Kampf* und *Kompromiß,* diese *infolge* der ihrigen: für sachliche gutachtliche *Äußerung* oder rein »pflegliche« friedliche Verwaltungsarbeit. Der Eifer für »Organisation« versteht bei uns unter diesem Wort eben leider immer nur: Zwangsorganisation mit obrigkeitlichem Reglement durch die Polizei. Die auf dem Boden der freien Eigeninitiative *(»voluntaristisch«)* geschaffenen Organisationen werden von den Literaten gern als eigentlich illegitim, günstigstenfalls aber als nur provisorisch, zum dereinstigen Aufgehen in eine polizeilich reglementierte Organisation bestimmt, angesehen, ohne Rücksicht darauf, ob sie vielleicht ihrem Wesen und Sinn nach nur einer voluntaristischen Struktur fähig sind. Da liegt der Kernfehler. |

Es gehört zu den Erbtorheiten unseres dilettantischen politischen Literatentums: »mit Worten«, in diesem Fall: mit Paragraphen eines von ihnen zu entwerfenden Statuts, »ein System bereiten« zu wollen, wo dafür alle Bedingungen mangeln. Jene offiziellen berufsständischen Organisationen – bis zu den etwaigen aus Berufsvertretern zusammengesetzten Oberhäusern hinauf – sind, politisch angesehen, Gebilde, dazu bestimmt, daß ihre Äußerungen: Gutachten oder Resolutionen oder Debatten, *gewogen* und *nicht gezählt* werden. Und sie werden, je nach dem *sachlichen* Gehalt ihrer Äußerungen, schwerer oder leichter wiegen. *Politische Parteien* sind dagegen im modernen

Staat Organisationen, welche auf (rechtlich) »*freie*« Werbung von Anhängern ausgehen und deren Ziel ist: durch die *Zahl* ihrer Anhänger die Politik zu bestimmen: die ultima ratio aller modernen Parteipolitik ist der Wahl- oder Stimmzettel. Und *wirtschaftliche* Interessentenvertretungen sind in der kapitalistischen Wirtschaft Vereinigungen ebenfalls auf der Grundlage (rechtlich) »*freier*« Werbung, welche darauf ausgehen, durch die privatwirtschaftliche Macht ihrer Glieder, beruhe sie nun auf Besitz von Gütern, Marktmonopol oder monopolistischer Zusammenfassung der wirtschaftlich unentbehrlichen Arbeitskräfte, ein *Kompromiß* über die Bedingungen des Preises von Sachgütern oder von Arbeit zu erzwingen, welches ihren Interessen entspricht. Für beide Arten von freien Gebilden ist aber gerade diese ihnen charakteristische »*voluntaristische*« Grundlage der Organisation das Entscheidende, absolut allein Angemessene, daher »Organische«. Der Versuch, sie nach Art einer staatlichen Behörde zwangsmäßig zusammenzuschließen, wäre ein rein mechanischer Zwang, der ihrem inneren Leben ein Ende bereiten würde. Nicht, daß ihnen selbst etwa der »Zwang« überhaupt fremd wäre. Ganz im Gegenteil. Boykott, Verfemung und alle Lock- und Zwangsmittel materieller und geistiger Art, welche auf dem Boden (formal) freier Werbung der Menschengeist ersinnen kann, stellen sie in ihren Dienst: – nur gerade mit Ausnahme jener dem Apparat des staatlichen Zwangsverbandes eigentümlichen und ihm vorbehaltenen Form der Herstellung staatlich »*legitimer* äußerer Ordnung«. Man kann auch für Parteiorganisationen von Staats wegen Bestimmungen treffen, welche, je nachdem, die Rechte der Mehrheit gegen Illoyalität einer Minderheitsklique oder umgekehrt Minderheitsrechte gegen Vergewaltigung schützen, und [man] hat das in Amerika getan. Aber an dem voluntaristischen Grundzug: der rechtlichen Freiwilligkeit der *Mitgliedschaft* ändert das so wenig etwas wie staatliche Vorschriften über | die Bedingungen der Gründung von Gewerkschaften. Gerade daß der Parteiführer auf die formal *freie* Werbung seiner Gefolgschaft angewiesen ist, ist das schlechthin Entscheidende gegenüber dem reglementierten Avancement des Beamten. Gerade, daß die Leiter von wirtschaftlichen Interessenten zur formal »*freien*« Organisation ihrer Gefolgschaft genötigt sind, bedingt deren Eigenart und ist wiederum durch die Struktur der modernen Wirtschaft bedingt. Organisation und staatspolizeilich herbeigeführter Zusammenschluß sind auf diesem Gebiet unter den heutigen Bedingungen schlechthin unversöhnliche Gegensätze. Wer diese Dinge noch nicht begriffen hat, der hat das Abc des modernen politischen und wirtschaftlichen Lebens noch nicht erfaßt. Das sind keine »ewigen« Tatbestände. Aber sie liegen heute so. Natürlich kann man auf dem Papier ganz beliebige berufsständische Wahlkörper konstruieren. Aber gesetzt, man täte es, so würde, wie gesagt, die Folge sein, daß nun *hinter* ihnen die politischen Parteien einerseits, die wirtschaftlichen Interessentenverbände andererseits ihr *wirkliches* Leben führen würden.

Es muß das hier genügen. Wir haben alle diese romantischen Phantasien, welche ja für den Kundigen der Ehre ernster Widerlegung nicht wert sind, hier nur erwähnt, weil diese ganz ungeschichtlichen Konstruktionen immerhin den einen Schaden anrichten: die Wasserscheu des deutschen Spießbürgertums (aller Schichten) vor dem Eintauchen in die spezifisch *moderne* Problemlage noch zu steigern, es noch weltfremder und unpolitischer zu machen. Ob denn wohl – um schließlich auch das kurz zu berühren – einer von diesen Tintenfaßromantikern vom Wesen des *wirklichen* »Ständestaats« der Vergangenheit eine klare Anschauung hat? Verworrene Vorstellungen über eine »Gliederung der Gesellschaft« nach den »natürlichen Berufen« in »ständischen Gemeinschaften«, den Trägern »christlicher Brüderlichkeitsethik«, und von einem »stufenförmigen Aufbau« mit dem geistlichen Weltmonarchen an der Spitze verhüllen die *absolute Unkenntnis* über das, was hinter diesem, teils den Ideologien der philosophischen Literatur, teils aber sehr modernen rationalistischen Organisationsbegriffen entnommenen Bilde an Realitäten wirklich stand. Denn diese sahen anders aus. Das wirklich Charakteristische an dem sog. Ständestaat war nicht etwa die »organische« Gliederung der Gesellschaft nach »natürlichen ökonomischen Berufsgruppen« oder gar der Aufbau der Wirtschaft auf dem »Prinzip der Solidarität«. Das, was die Wirtschaft im Ständestaat von der heutigen unterschied, waren Züge, die sich in aller Welt unter den denkbar | verschiedensten politischen Verfassungen wiedergefunden haben. Diese Wirtschaftsformen machten, im Gegensatz zu den heutigen wirtschaftlichen Verhältnissen, den Ständestaat allerdings *möglich,* – was er heute nicht ist (ebenso wie sie anderwärts ganz anderen, heute nicht mehr möglichen Staatsformen [die Voraussetzungen bereiteten]). Aber sie *schufen* [den Ständestaat] nicht. Sondern etwas ganz anderes war dem nur in einem Teil von Europa zur vollen Ausbildung gelangten Ständestaat eigentümlich: die Aneignung *politischer* Rechte durch Einzelpersonen und Körperschaften nach Art des *Privat*besitzes an sachlichen Gütern und: der Zusammentritt (nicht immer *nur*, aber immer: vornehmlich) *dieser Privilegieninhaber* zu gemeinsamen Tagungen behufs Ordnung politischer Angelegenheiten durch *Kompromiß*. Burgenbesitz und militärisch oder politisch oder finanziell wichtige Befugnisse aller denkbaren Art waren damals als erbliche Privilegien in ganz gleicher Art in den Händen einzelner, wie heute nur noch der König seine Krone hat. Das, was wir heute als Inhalt der einheitlichen »Staatsgewalt« anzusehen gewohnt sind, fiel dabei in ein Bündel von Einzelberechtigungen in verschiedenen Händen auseinander. Von einem »Staat« im modernen Sinn war da überhaupt noch keine Rede. Zu jeder politischen Aktion war vielmehr eine Einigung dieser gegeneinander prinzipiell selbständigen Inhaber von Prärogativen nötig, und *dies* herbeizuführen war der Zweck der Ständeversammlungen. Sie kannten daher, im Prinzip und ursprünglich, weder Abstimmungen noch einen für denjenigen, der nicht zustimmte, bindenden Beschluß, sondern als Form der Erledigung der Geschäfte den Vergleich (»Rezeß«, »Abschied«), im heutigen Sprachgebrauch: das Kompromiß, und zwar nicht nur zwischen den verschiedenen Ständegruppen, sondern ebenso innerhalb einer jeden von ihnen unter den einzelnen Privilegieninhabern. Man lese beliebige Akten solcher Versammlungen und frage sich dann: ob ein moderner Staat in solchen Formen regiert werden könne? Diese Formen aber sind gerade (bei aller Flüssigkeit im einzelnen) die wesentlichsten Bestandteile des Typus, der sich sofort zu ändern beginnt, wo die ultima ratio des *Stimmzettels:* dies wichtigste (wenn auch nicht einzige) Merkmal des modernen Parlaments, in diese Gebilde einzudringen beginnt. Damit erst entsteht die moderne rationale Form der staatlichen Willensbildung. Im konstitutionellen Staat ruht in entscheidenden Punkten auch heute noch das staatliche Handeln (z. B. die Budgetfeststellung), im Rechtssinn und politisch, auf dem Kompromiß. Jedenfalls aber ist dies im *Rechts*sinne weder bei Wahlen | noch bei Verhandlungen einer parlamentarischen Körperschaft der Fall und kann es auch gar nicht sein, ohne deren Bestand zu sprengen. Nur als das Kompromiß die *rechtliche* Grundlage politischen Handelns war, war auch die ständische Berufsgliederung ihrem Wesen nach am Platze. Nicht aber da, wo der Stimmzettel regiert: für eine Parlamentswahl.

Heute noch beherrscht ferner das Kompromiß, wie ehemals, als Erledigungsform die *wirtschaftlichen* Interessenkämpfe, vor allem zwischen Unternehmern und Arbeitern: es ist hier unvermeidlich die einzige endgültige Form des Austrags, und gerade dies gehört zum *wesentlichen* Charakter aller wirklich lebendigen wirtschaftlichen Interessentenvertretungen. Natürlich herrscht es auch in der parlamentarischen Politik, zwischen den Parteien: als Wahlkompromiß oder Kompromiß über Gesetzesvorlagen. Die Möglichkeit des letzteren gehört sogar, wie noch zu erörtern, zu den allerwichtigsten Vorzügen des Parlamentarismus. *Aber,* wohlgemerkt: *immer* mit der ultima ratio des *Stimmzettels* im Hintergrund. Das heißt also: unter dem Druck, daß in Ermanglung des Zustandekommens des Kompromisses die dann stattfindende Wahl oder Abstimmung ein vielleicht *allen* Beteiligten annähernd gleich unerwünschtes Resultat haben werde. Wirkliche und schätzungsweise Stimmen*zählung* gehört nun einmal zum eingeborenen Wesen des modernen Wahlkampfes sowohl als der parlamentarischen Geschäftsführung; daran werden unsere Romantiker mit ihrem Abscheu vor der »Ziffer« nichts ändern. Mögen sie der Politik fernbleiben, wenn ihnen das »Rechnen« ein allzu prosaisches Mittel scheint. Nichts anderes als eine mehr als gewöhnliche Dreistigkeit ist es aber, gerade das *gleiche* Wahlrecht als »Zifferndemokratie« zu verlästern zugunsten anderer, etwa »berufsständischer« Wahlen. Denn wie steht es mit den Ziffern bei diesen? Alles Gerede über die »organisch« sinnvolle Art der beruflichen oder sonstigen ständischen Gliederung ist in allen diesen Projekten nur Schaufenster. Wer nicht Phrasen, sondern Realitäten wünscht, hört darüber ganz hinweg und sieht sie sich stets nur darauf an: wie die *Zahl* der Mandate und Stimmen unter diese kunstvoll ersonnenen Gruppen *verteilt* werden soll. Denn da der Stimmzettel auch dort die ultima ratio bleibt, so ist dies an ihnen ganz allein wichtig: sie alle sind eben nichts anderes als: *Wahlrechtsarithmetik.* In dieser Wissenschaft hat insbesondere das Königlich Preußische Statistische Büro Übung. Die »Wahlrechtsreformprojekte« der letzten 30 Jahre, mit denen es sich zu befassen hatte, beruhten stets auf Berechnungen: wieviel Konservative, Zentrumsleute, Nationalliberale | usw. ungefähr bei einem bestimmten Wahlmodus zu erzielen seien. Solche Ziffernkunststücke und ihre Produkte aber als das gegenüber der »Zifferndemokratie« Erhabenere anzusehen, – das wollen wir den Phraseologen und Literaten gern überlassen.

Es ist rein politisch kein bloßer Zufall, wenn heute das gleiche »Ziffernwahlrecht« überall im Vordringen ist. Denn diese *Gleichheit* des Stimmrechtes entspricht in ihrer »mechanischen« Natur dem Wesen des heutigen Staates. Dem modernen Staat erst gehört der Begriff des *»Staatsbürgers«* an. Und das gleiche Wahlrecht bedeutet zunächst schlechterdings nichts anderes als: daß an diesem Punkt des sozialen Lebens der einzelne einmal *nicht,* wie sonst überall, nach seiner Besonderung in beruflichen und familienhaften Stellungen und nach den Verschiedenheiten seiner materiellen oder sozialen Lage in Betracht kommt, sondern eben nur: *als Staatsbürger.* Die Einheit des Staatsvolks an Stelle der Gespaltenheit der privaten Lebenssphären kommt darin zum Ausdruck. Das hat mit einer Theorie von irgendeiner natürlichen »Gleichheit« der Menschen natürlich nicht das geringste zu schaffen. Seinem Sinne nach ist es gerade im Gegenteil ein gewisses Gegengewicht gegen die *nicht* durch natürliche Qualitäten, sondern, oft im schroffsten Mißverhältnis zu ihnen, durch gesellschaftliche Bedingungen, vor allem durch das *Portemonnaie* geschaffenen unvermeidlichen, aber in *keinerlei* natürlichen Unterschieden begründeten sozialen *Ungleichheiten.* Solange auch nur annähernd die heutige Gesellschaftsordnung besteht – und sie hat ein sehr zähes Leben –, wird die Ungleichheit der äußeren Lebenslage, vor allem des *Besitzes,* und werden die dadurch bedingten sozialen Abhängigkeitsverhältnisse zwar gemildert, aber nie ganz beseitigt werden können, die dadurch Privilegierten also auch ihren weit über ihre Zahl hinausgehenden Einfluß auf die Staatspolitik nie auch nur annähernd ganz einbüßen. Ebenso bedingt die Natur der modernen staatlichen und wirtschaftlichen Organisation dauernd die privilegierte Lage der *Fachschulung* und damit der (mit ihr nicht identischen, aber durch sie – auch rein erziehungstechnisch – geforderten) *»Bildung«,* dieses stärksten Elements ständischer Unterscheidung innerhalb der modernen Gesellschaft. Eben deshalb ist es sinnvoll, daß im parlamentarischen Wahlrecht hiergegen ein Äquivalent: die Gleichstellung der an Masse überlegenen sozial beherrschten gegenüber den privilegierten Schichten zum mindesten bei der Wahl der *kontrollierenden* und als *Auslesestätte der Führer* fungierenden Körperschaft geschaffen wird. |

Und noch wesentlich gesteigert wird die Unentbehrlichkeit dieser Instanz, wenn wir einmal annehmen: es würde wirklich im Gefolge der Kriegswirtschaft eine *dauernde* weitgehende »Organisation« der

Volkswirtschaft in Interessenverbänden *unter Beteiligung von staatlichen Amtsstellen,* also eine bürokratisch »beaufsichtigte« oder »mitverwaltete« oder sonst irgendwie mit den staatlichen Instanzen in feste dauernde Beziehungen gesetzte berufsgenossenschaftliche Regulierung der Wirtschaft (oder doch gewisser wichtiger ihrer Zweige) ins Leben treten. Hat sich eigentlich irgendeiner unserer dafür so kindlich begeisterten Literaten einmal überlegt, was dabei *politisch* herauskommen würde, wenn nicht gleichzeitig durch eine gewaltige Machtsteigerung des *nicht* berufsständisch organisierten Parlaments ein Gegengewicht geschaffen wird? Sie bilden sich ein: »der Staat« werde dann der weise Regulator der Wirtschaft. *Umgekehrt!* Die ihnen so verhaßten Bankiers und kapitalistischen Unternehmer würden die *unbeschränkten und kontrollfreien Herren des Staates!* Denn *wer in aller Welt ist denn »der Staat«* neben dieser Maschinerie von groß- und kleinkapitalistischen *Kartellen* aller Art, in denen die Wirtschaft »organisiert« ist, wenn seine eigene Willensbildung in die Hand eben *dieser* »genossenschaftlichen« Organisationen gelegt wird? Schon die Beteiligung des Staates am Kohlensyndikat und am Bergbau überhaupt bedeutet praktisch: daß der Fiskus interessiert ist *nicht* an der bestmöglichen Versorgung der Nation mit billiger Kohle, sondern an *hoher Rente* aus seinen Bergwerken, daß private und staatliche Zechen und Bürokratie in diesem Interesse *identisch* sind, gegenüber den Arbeitern sowohl wie gegenüber dem Kohlenverbraucher. Jeder weitere Fortschritt der *staatlich* geleiteten Kartellierung bedeutet selbstverständlich nichts anderes als eine weitere Propagierung dieses Tatbestandes. Mag sein, daß sie trotzdem unausweichlich ist, – das soll hier nicht erwogen werden. Aber welche unermeßliche Naivität zu glauben, *dadurch* würde die – in den Augen unserer Tintenfaß-Ideologen – so höchst verwerfliche Herrschaft des Interesses am »Profit« und an der Produktion von Gütern zu »Erwerbszwecken« beseitigt oder geschwächt zugunsten des »naturgemäßen«: des »gemeinwirtschaftlichen« Interesses an der möglichst besten, das heißt möglichst wohlfeilen und guten Versorgung der die Güter begehrenden und verbrauchenden *Menschen?* Welch abgründiger Unsinn! Jenes von den Kartellen vertretene kapitalistische Produzenten- und Erwerbsinteresse *beherrschte dann den Staat selbst ganz ausschließlich. Es sei denn,* daß jener Organi|sation der Produzenten-Interessen eine Macht gegenübergestellt wird, stark genug, um sie zu kontrollieren und entsprechend dem *Bedarf* der Bevölkerung zu lenken. Der *Bedarf* eines Menschen aber richtet sich *nicht* nach seiner Stellung im Mechanismus der Güter*produktion.* Der Arbeiter *bedarf* Brot, Wohnung, Kleidung ganz in *gleicher* Art, ganz gleichviel, in welcher Art von Fabrik er arbeitet. Gerade wenn also jene Organisation der Wirtschaft bevorsteht, ist es schlechthin notwendig, daß, *ehe* sie zu funktionieren beginnt, jetzt sofort also, ihr ein *nicht* nach der Art der Beschäftigung bei der Güterbeschaffung, sondern nach dem Prinzip der Vertretung des Massen*bedarfs* gewähltes Parlament: – ein Parlament des gleichen Wahlrechts – mit ganz souveräner Macht gegenübergestellt wird. Mit wesentlich souveränerer Macht als bisher, denn die bisherige Machtstellung hat *nicht* genügt, die naturgegebene Herrschaft des Fiskalismus in den Staatsbetrieben und die Macht der Erwerbsinteressenten zu brechen. – Dies ist ein *negativer* Grund für das gleiche Wahlrecht.

Positiv steht aber das gleiche Wahlrecht rein staatspolitisch in einer engen Beziehung zu jener Gleichheit gewisser *Schicksale,* die wiederum der moderne Staat als solcher schafft. »Gleich« sind die Menschen vor dem Tod. Annähernd gleich sind sie auch in den unentbehrlichsten Bedürfnissen des körperlichen Lebens. Eben dies Ordinärste und andererseits jenes pathetisch Erhabenste aber umfassen auch diejenigen Gleichheiten, welche der moderne Staat allen seinen Bürgern wirklich dauernd und unbezweifelbar bietet: die rein physische Sicherheit und das Existenzminimum zum Leben, und: das Schlachtfeld für den Tod. Alle Ungleichheiten der politischen Rechte der Vergangenheit führten letztlich auf ökonomisch bedingte Ungleichheit der *militärischen* Qualifikation zurück, welche im bürokratisierten Staat und Heer fehlen. Gegenüber der nivellierenden unentrinnbaren Herrschaft der Bürokratie, welche den modernen Begriff des »Staatsbürgers« erst hat entstehen lassen, ist das Machtmittel des Wahlzettels nun einmal das *einzige,* was den ihr Unterworfenen ein Minimum von Mitbestimmungsrecht über die Angelegenheiten jener Gemeinschaft, für die sie in den Tod gehen sollen, überhaupt in die Hand geben *kann.*

In Deutschland nun ist es das *Reich,* welches den Krieg führt, von den Einzelstaaten aber ist *Preußen* kraft seiner Stellung im Reich der für dessen Politik schlechthin ausschlaggebende Hegemoniestaat. An das *Reich* stellt daher der einzelne den Anspruch, daß es die Erfüllung wenig|stens des absoluten Mindestmaßes von politischer Anstandspflicht gegenüber den heimkehrenden Kriegern seitens dieses

Hegemoniestaates garantieren müsse. Keiner von ihnen darf – das ist ein *Reichs*interesse – in dem ausschlaggebenden Einzelstaat *gegenüber einem Daheimgebliebenen* im politischen Wahlrecht zurückgesetzt sein, wie es bei jedem anderen als dem gleichen Wahlrecht unvermeidlich der Fall wäre[1]. Die Forderung ist rein staatspolitischen, nicht parteipolitischen Charakters. Wir kennen ja die Stimmung und politische Gesinnung gar nicht, welche die heimkehrenden Krieger erfüllen wird. Vielleicht wird sie sehr »autoritär« sein. Denn starke »konservative« Parteien wird es immer geben, weil es immer autoritär gestimmte Menschen geben wird. Dann mögen sie mit dem Wahlzettel in der Hand den Staat nach ihren Idealen aufbauen, und wir Daheimgebliebenen werden an unseres Tages Arbeit gehen. Nur der schamlose Widerstand der »Heimkämpfer« gegen die Erfüllung jener elementaren Anstandspflicht wird hier bekämpft. Dafür, daß die Bäume der veralteten, negativen, nur die Freiheit *vom* Staat fordernden Demokratie nicht in den Himmel wachsen, sorgen die unerbittlichen Realitäten der Gegenwart und würde am besten die selbstverantwortliche Beteiligung der parlamentarischen Parteiführer an der Macht *im* Staate sorgen. Gerade die Erfahrungen dieses Krieges haben (auch jetzt in Rußland) gezeigt, was schon einmal betont wurde: daß *keine* Partei, welchen Programms auch immer, die *effektive* Leitung eines Staates in die Hand bekommt, ohne *national zu werden.* Das würden wir bei uns ganz ebenso erleben, wie man es überall erlebt hat. *Weil* sie von der Staatslenkung nicht ausgeschlossen waren, waren die sozialistischen Parteien anderer Staaten »nationaler« als (damals) die unsrige. Welches aber auch immer die Stimmung der heimkehrenden Krieger sein wird, – jedenfalls bringen sie Erlebnisse, Eindrücke und Erfahrungen mit, welche *nur sie* gehabt haben. Was wir von ihnen vor allem erwarten zu dürfen glauben, ist einmal ein mindestens relativ größeres Maß von *Sachlichkeit.* Denn im Höchstmaß sachlich sind die | Aufgaben, welche der moderne Krieg stellt. Und ferner: ein größeres Maß von Gefeitheit gegen bloße

[1] Die, wie es scheint, beabsichtigte Verknüpfung des Wahlrechts mit *Aufenthaltsfristen,* welche also die *Entziehung* des (jetzt in der dritten Klasse bestehenden) Wahlrechts der zu häufigem Ortswechsel genötigten Arbeiterschaft bedeuten würde, wäre eine *Entrechtung* der betreffenden Schichten von im Felde stehenden Proletariern! Bei der großen Umschichtung der Wirtschaft würde bei den nächsten Wahlen vielleicht die *Mehrzahl aller Arbeiter* die Arbeitsstelle neu suchen müssen, also das Wahlrecht *verlieren!*

Literatenphrasen, gleichviel welcher Partei. Dagegen hat die Kriegszeit innerhalb der *Daheim*gebliebenen, vor allem der Besitzenden und der Literatenschichten, ein so widerwärtiges Bild fehlender Sachlichkeit, mangelnden politischen Augenmaßes und geflissentlich genährter Verblendung gegen die Realitäten offenbart, daß hier nur gelten kann: »Du hast ausgeläutet, herunter vom Glockenturm«! Zum mindesten die Neuordnung des Wahlrechtes aber muß schon während des Krieges erfolgen. Denn die heimkehrenden Krieger dürfen nicht in die Notwendigkeit versetzt werden, zunächst in sterilen inneren Kämpfen um Wahlrechte sich die Machtmittel zu verschaffen, in dem Staat, dessen Existenz sie verteidigt haben, maßgebend mitreden zu dürfen. Sie müssen eine solche Ordnung der rein formalen politischen Rechte bereits *vorfinden,* daß sie unmittelbar Hand an den materiellen Neuaufbau seiner Struktur legen können. Dies ist das rein praktisch entscheidende Argument für das gleiche Wahlrecht in Preußen und seine alsbaldige Einführung gerade jetzt, *ehe* der Krieg zu Ende gegangen ist. –

Wir kennen ja nun alle die Phrasen, mit welchen demgegenüber die Interessenten den Spießbürger, zumal: den Literaten, zu schrecken suchen. Vor allem: die Angst vor der Zerstörung der angeblich »vornehmen« und daher kulturfördernden »Traditionen« und auch der vermeintlich unergründlichen politischen Weisheit der den Staat beherrschenden, angeblich »aristokratischen« Schichten durch die »Demokratie«. Gehen wir einmal auf den wirklichen Kern dieser Argumente ein, obwohl sie von der Wahlrechtsfrage als solcher zunächst abführen.

Es ist unzweifelhaft, daß eine *echte Aristokratie* recht wohl ein ganzes Volk im Sinn und in der Richtung ihres Vornehmheitsideals zu prägen vermag. Denn die plebejischen Schichten ahmen ihre »Geste« nach. Und sie kann ferner, den Vorteil der festen Tradition und des sozial weiten Horizonts mit dem Vorteil der »kleinen Zahl« verbindend, als Leiterin eines Staatswesens politisch hochwertige Erfolge erzielen. Die Herrschaft einer Aristokratie mit politischen Traditionen hat vor demokratischen Herrschaftsformen ferner einen staatspolitischen Vorzug: die geringere Abhängigkeit von *emotionalen* Momenten. Anders ausgedrückt: den durchschnittlich *kühleren Kopf,* der das Produkt einer bewußt durchgeformten Lebensführung und durch Erziehung auf »Contenance« eingestellten Haltung ist. Sie hat die Gabe *schweigenden Handelns* regelmäßig in wesentlich höherem Maße als sowohl die demokratischen Massen | wie auch – was von Schmeichlern meist verschwiegen wird, obwohl es weit schlimmer wirkt – die nichtparlamentarischen modernen Monarchen. *Alle* nichtparlamentarischen modernen Monarchen sind der Gefahr ausgesetzt: zu glauben, sie müßten im Interesse ihres Prestiges ähnlich für ihre Person durch *Reden* sozusagen Reklame machen, wie es demokratische Führer im Klassenstaat für ihre Partei im Interesse der Werbung zu tun gezwungen sind. Ein Volk kann daher dem Himmel danken, wenn seinem Monarchen die staatspolitisch höchst unwillkommene Gabe und das Bedürfnis der persönlichen Rede *versagt* ist. Und das parlamentarische System hat eine seiner Stärken darin, daß es den Monarchen vor dieser Bloßstellung seiner Person bewahrt. Einer alten politischen Aristokratie liegt diese Gefahr am fernsten. Und sie verbindet mit diesem Vorzug die Fähigkeit der *Geschmackskultur*. Demokratische Parvenüstaaten, wie der italienische, pflegen von ihr ebenso entblößt zu sein wie neu entstandene Monarchien. Wenn die furchtbare Barbarei der pietätlosen – dabei durch antiklerikale Tendenz gegen »peinliche«, das heißt beschämende, »Erinnerungen« eingegebenen – Verunstaltung Roms dem italienischen großen Lyriker CARDUCCI den Wunsch entlockte: es möchte der Kirchenstaat einmal auf einen Monat hergestellt werden, um die hohle Theatralik und den Ungeschmack der »terza Roma« hinwegzufegen, so ist das seiner kargen Schlichtheit entkleidete Berlin mit seinem elenden Dom, seinem Scheusal von BISMARCK-Denkmal und manchem andern, verglichen etwa mit München oder Wien, aber auch mit vielen kleineren Residenzen, ein solches Monument banalen Pseudomonumentalismus, daß man mit Schaudern an das Geschmacksurteil der Nachwelt über dies Menschenalter deutscher Geschichte und mit Scham an eine Künstlergeneration denkt, die sich dafür hergegeben hat, und an ein Publikum, welches dem nicht entgegentrat. Jedenfalls aber erbringt diese Verunstaltung den Beweis: daß die Monarchie *an sich* wahrlich nicht die geringste Garantie, oft eine Gefährdung künstlerischer Geschmackskultur bietet. Während das BISMARCK-Denkmal Hamburgs, die einzige vollwertige Monumentalleistung Deutschlands, für immer dem Hamburger Patriziat zur Ehre gereicht und unseren blöden Literaten zeigen kann, daß »Kapitalismus« und »Kunst« nicht notwendig in jener natürlichen Feindschaft leben, die man ihnen andichtet. Für die Demokratien aber erbringen italienische Gewerkschaftshäuser den gleichen Beweis, im übrigen:

Städte wie Zürich. Hohe Geschmackskultur, wie sie einer fest gefügten und selbstsicheren alten Aristokratie oder einer deren Traditionen | nachahmenden Demokratie am ehesten eignet, ist aber auch rein staatspolitisch keineswegs gleichgültig: das Prestige Frankreichs in der ganzen Welt beruht auf dem Schatz, den es aus seiner aristokratischen Vergangenheit herübergerettet und, bei höchst üblem Verfall der offiziellen Kunstpflege, eben doch in den intimen Kreisen seines Kunstschaffens und der ästhetischen Durchgeformtheit des französischen Menschentypus weitergepflegt hat. Hier hat die Demokratisierung wenigstens partiell zur Propagierung der alten exklusiven Geschmackskultur geführt, wie es für den italienischen Menschentypus gerade der Unterschichten in anderer Art ebenfalls gilt. –

Fassen wir auch für Deutschland dies Problem ganz prinzipiell und zunächst von der hier besprochenen Wahlrechtsfrage ganz unabhängig. Da fragt es sich nun zunächst: *wo ist denn die deutsche Aristokratie mit ihrer »vornehmen« Tradition?* Gäbe es sie, – dann wäre zu diskutieren. *Aber sie ist ja,* außerhalb einiger *Fürsten*höfe (gerade kleinerer) *einfach nicht da.* Denn was bedeutet: Aristokratie, oder vielmehr: welche Bedingungen sind gefordert, damit eine Schicht – gleichviel, ob im Wesen feudal (»Adel«) oder bürgerlich (»Patriziat«) – als Aristokratie im *politischen* Sinne des Wortes fungieren und politisch nutzbar gemacht werden kann? Vor allem anderen: eine ökonomisch sturmfreie Existenz. Ein Aristokrat muß, das ist ja die allerelementarste Vorbedingung, *für* den Staat leben können, nicht *von* ihm leben müssen. Die bloß äußerliche Tatsache des Besitzes solcher Einnahmen, daß ihm der Verzicht auf ein Ministergehalt nicht allzu schwer fällt, entscheidet dabei noch nicht. Er muß vor allem »ökonomisch abkömmlich« sein, um äußerlich, und vor allem auch innerlich, für politische Zwecke zur Verfügung zu stehen. Das heißt: die Arbeit im Dienst eines wirtschaftlichen *Betriebes* darf ihn nicht, oder jedenfalls nicht erschöpfend, in Anspruch nehmen. Von allen privatwirtschaftlichen, auf scharfe eigene geistige Arbeit zugeschnittenen Erwerbsarten ist der *Advokaten*beruf derjenige, welcher am relativ ehesten den, der ihn ausübt, für politische Zwecke abkömmlich bleiben läßt (durch die Möglichkeit der Assoziation oder des Engagements von Vertretern und das Fehlen des Kapitalrisikos) und – weil der Advokat über Rechtskenntnis und Erfahrung in der Alltagspraxis der Lebensbedürfnisse, überdies aber über ein organisiertes *Büro* verfügt – ihn in allen Demokratien sehr stark in der politischen Laufbahn begünstigt, ihm auch im Falle von Wahlmißerfolgen den Wiedereintritt in die Leitung seines Betriebes relativ sehr | erleichtert. Man hat über die Bedeutung der Advokaten in zahlreichen Demokratien sehr gescholten, und zumal die niedrige soziale Schätzung des Anwaltes bei uns ist für dies Urteil bestimmend gewesen. Außerdem der nicht selten berechtigte Vorwurf des »Formalismus« in der Behandlung politischer Probleme. Allein der Formalismus gehört zum Wesen aller juristischen Schulung, auch der des Richters und Verwaltungsbeamten, wenn man nicht die Willkür züchten will. Andererseits aber bedeutet die Advokatenarbeit im Gegensatz zu der des Richters und Beamten eine Schulung zum »Kampf mit dem Wort«: die starke Überlegenheit unserer Feinde über uns in der politischen Werbearbeit, und überhaupt in der Benutzung der wichtigen Waffe des Wortes ist durch jenen *Mangel* an Advokatenschulung (die durchaus vornehmen Niveaus sein kann) bedingt, der *jeder* reinen Beamtenregierung gegenüber den Advokatenministern der Demokratien anhaftet. Wer also eine Änderung darin wünscht, muß das Mittel: Vermehrung des politischen Einflusses der Advokaten durch Steigerung ihrer politischen *Chancen,* in den Kauf nehmen. Von dem Wesen des wirklich großen Advokatenberufes hat freilich der Deutsche, vor allem der Literat, dessen Vorstellung an Schöffengerichts- oder Eheprozessen oder kleinen Ärgernissen des Alltags, die ihn zum Advokaten führten, orientiert ist, im allgemeinen keinerlei Ahnung. Wer ihn kennt, weiß, daß er die Krone *aller* juristischen Arbeit nicht nur, sondern auch aller freien Vertrauensstellungen ist und an geistiger Intensität und *Verantwortlichkeit* hoch über der meisten juristischen Arbeit steht. Das Beamtentum *haßt* selbstverständlich den Advokaten als lästigen Mittelsmann und Querulanten und daneben aus Ressentiment gegen seine Erwerbschancen. Es ist gewiß nicht erwünscht, daß Parlamente und Kabinette ganz und gar von Advokaten regiert werden. Aber ein kräftiger Einschlag vornehmen Advokatentums wäre jedem modernen Parlament zu wünschen. – Immerhin: eine »Aristokratie« bildet die heutige Anwaltschaft jetzt nicht einmal in England mehr. Sondern einen bürgerlichen Erwerbsstand; freilich einen solchen, der politisch abkömmlich ist.

Niemals ist dagegen ein moderner *Unternehmer* ein »Aristokrat« im *politischen* Sinne des Wortes. Er ist im Gegensatz zum Advokaten spezifisch *unabkömmlich,* und zwar je größer und also ihn in Anspruch nehmender der Betrieb ist, *desto mehr*. Das alte Handelspatriziat der Städterepubliken war eine Schicht von *Gelegenheits*unternehmern, im übrigen aber: von Rentnern; *darauf* beruhte seine politische Brauch|barkeit. Ein moderner Fabrikant, an die stetige, scharfe, aufreibende Arbeit seines Betriebes gefesselt, ist von allen Vertretern besitzender Schichten der für Politik unabkömmlichste Typus. Darauf vor allen Dingen beruht die im Verhältnis zur ökonomischen Wichtigkeit und praktischen Intelligenz dieser Schicht *relativ* unvermeidlich geringe Bedeutung ihrer Mitglieder für die politische sowohl wie für die Arbeit der Selbstverwaltung. Nicht – wie der übliche stupide Literatenmoralismus schwätzt – geringerer »Opfersinn« oder »Mammonismus«, sondern die dem bürgerlich-kapitalistischen Betrieb und Erwerb immanente äußere Arbeitsgebundenheit und innere Pflichtgebundenheit an den Betrieb entscheidet darüber. Der Saisoncharakter der *Landwirtschaft* läßt immerhin wenigstens die Wintermonate für die politische Arbeit frei. Aber: bei *allen* in den ökonomischen Interessenkampf als Unternehmer unmittelbar verflochtenen Schichten fehlt etwas anderes, noch Wichtigeres: die, sozusagen, innerliche Abkömmlichkeit, die *Distanz* von privatwirtschaftlichen Alltagsinteressen*kämpfen*. Stets ist der moderne Unternehmer, auch der landwirtschaftliche, im Gegensatz zum Advokaten, viel zu unmittelbar in diesen Kampf verflochtener *Interessent*, um politisch verwertbar zu sein.

Die hinlängliche Distanz vom ökonomischen Interessenkampf besitzt seit jeher nur: der *Großrentner*. Vor allem der ganz große Grundherr (Standesherr). Aber auch der große Rentenvermögensbesitzer überhaupt. Ihm allein eignet die nötige relativ weitgehende Entrücktheit aus dem ökonomischen Alltagskampf, den jeder Unternehmer um sein Dasein, seine ökonomische Macht, den Bestand seines Betriebes unausgesetzt zu führen hat. Die demgegenüber weit größere Sturmfreiheit der Existenz des Großrentners, die – auch wo er Großunternehmungen zu seinen Rentenquellen zählt – weit größere *Distanz* zum Alltag des Betriebs setzt äußerlich und innerlich seine Kräfte für politische – staats- und kulturpolitische – Interessen, für »weltmännische« Lebensführung, Mäzenatentum und Erwerb von Weltkenntnis großen Stils frei. Nicht, daß er etwa in einem ökonomisch »interessenleeren Raum« lebte. Derartiges gibt es nicht. Aber er steht nicht im Alltagskampf um die Existenz seines Betriebes, ist nicht *Organ* eines solchen, ist nicht Träger plutokratischer *Klassen*-

interessen, weil er dem aktuellen Interessen*kampf* entrückt ist. *Nur* eine Schicht *dieser* Struktur könnte heute auf das Prädikat einer »Aristokratie« im Sinn einer spezifischen *ökonomischen* Qualifiziertheit Anspruch erheben. |

Von der Bedeutung dieser ökonomischen Qualifikation kann man sich schon im kleinen leicht überzeugen. Nehmen wir ein Beispiel: Jedermann weiß, um ein Alltagsbeispiel zu wählen, was für den Geist eines Offizierkorps ein »nervöser« Regimentskommandeur bedeutet. Nun, – diese »Nervosität« ist (bei sonst gleichen Verhältnissen) in typischer Art Folge der ökonomischen Lage: der Vermögenslosigkeit, die den Kommandeur für den Fall der Verabschiedung mit seiner an soziale Ansprüche gewöhnten Familie vor eine schäbige Zukunft stellt, ihn daher in seinem dienstlichen Verhalten bedrückt und belastet und es ihm im Vergleich mit einem vermögenden Kommandeur unendlich erschwert, die Ruhe zu bewahren und – ein praktisch sehr wichtiger Punkt – die Interessen seiner Untergebenen nach oben rücksichtslos zu vertreten. Jeder Offizier mit offenen Augen wird diese Erfahrung gemacht haben, die durch Einzelbeispiele zu illustrieren wohl unnötig ist. Und ähnlich steht es auf anderen Gebieten. Viele der sozialpolitisch charaktervollsten Figuren unseres Beamtentums – z. B. in den Fabrikinspektionen – waren vermögende Männer, welche eben um deswillen nicht nötig hatten, sich jedem Luftzug der Interessenten zu beugen, sondern ihr Amt einsetzten, wenn ihnen Zumutungen gestellt wurden, die sie mit ihrem Gewissen nicht vereinbaren konnten. Die Bedeutung Paul Singers und seine Stellung innerhalb der Sozialdemokratie war, angesichts seiner intellektuell schließlich doch recht begrenzten Begabung, in starkem Maß Funktion seines Vermögens, welches ihm erlaubte, *für* die Partei zu leben – wie er es getan hat –, statt daß er *von* ihr hätte leben müssen. »Politischer Charakter« ist nun einmal billiger für den vermögenden Mann, daran kann kein Moralismus etwas ändern. Und es handelt sich keineswegs nur um Charakter »nach oben«. Die relativ größere Zugänglichkeit der besitzlos im Alltagskampf um ihr Dasein ringenden Massen für alle *emotionellen* Motive in der Politik: für Leidenschaften und Augenblickseindrücke sensationeller Art, gegenüber dem »kühleren Kopf« des dieser Sorge enthobenen Besitzenden läßt es dringend erwünscht erscheinen, daß gerade demokratische Parteien auch Leute in gesicherter ökonomischer Lage, die aus rein persönlicher Überzeugung sich der politischen Arbeit widmen, in ihrer *Leitung* zählen, um gegen diese Einflüsse ein Gegengewicht zu haben, welches das Partei*beamtentum* als solches nicht immer zu bieten vermag. Die emotionalen Qualitäten der Masse sind zwar, weil sie nicht *unmittelbar* in die Politik einzugreifen vermag, und weil ihr Verhalten leichter vergessen wird, | bei weitem nicht so gefährlich wie die emotionalen Qualitäten der *Monarchen,* welche durch erregte und unvorsichtige Telegramme und Reden die politische Lage einer Nation auf Jahrzehnte hinaus kompromittieren können. Aber vorhanden sind sie auch, und auch *ihnen* gegenüber ist »politischer Charakter« und kühle Überlegung unter sonst *gleichen* Verhältnissen *billiger* für den besitzenden Mann. Es ist eine wichtige Zukunftsfrage: ob auch die in ihrer Vermögenslage unabhängigen Besitzenden, die nun einmal dasein werden, solange es eine Privateigentumsordnung gibt, in den Dienst der politischen, und zwar gerade auch der *demokratischen* parteipolitischen Arbeit treten. Das leicht entstehende Ressentiment des schwer um sein Brot arbeitenden und auf sein Gehalt angewiesenen Parteibeamten gegen solche Elemente darf die Parteien nicht hindern, die Lehren, welche die Erfahrung in dieser Hinsicht gibt, zu beherzigen. Andererseits ist jenes Ressentiment des Partei- und Genossenschaftsbeamtentums das ganz geeignete Gegengewicht gegen die Gefahr, daß eine »plutokratische« Leitung der Parteien aus jener Lage entstehen könnte. Die Erfahrungen der russischen demokratischen Parteien, bis zur äußersten Linken hin, bei denen Fürstentöchter mit auf den Barrikaden gefochten und Mäzenaten größten Stils die Mittel für die Volksbewegung aufgebracht haben, zeigen, daß der Spielraum, welchen das ökonomische Eigeninteresse besitzender Ideologen für die idealistische Betätigung zuverlässig »demokratischer« *Gesinnung* offenläßt, *weit* größer ist als bei irgendeiner, sozial angesehen, plebejischeren, aber dabei in den Interessenkampf unmittelbar verstrickten Schicht, weil ihre Vermögenslage ihnen nicht die Richtlinien ihres politischen Verhaltens weisen muß, sondern Rückhalt für politisch selbständige Überzeugung sein *kann.* Rein äußerlich leisten diesen Dienst die prosaischen Rentenpapiere ihrem Besitzer ebensogut wie etwa der Besitz einer Standesherrschaft. Aber allerdings schult diese durch die Art der im großen disponierenden Aufgaben, vor welche sie den Inhaber stellt, und durch den Resonanzboden der Herrenstellung, ihn unter sonst gleichen Umständen in einer weit spezifischeren Art für politisches Handeln, als die Couponschere und der rein konsumtive Stadthaushalt eines [Wert-]

Papierrentners es zu tun vermögen. Kein Zweifel also: eine Grundherrenschicht, wie sie in England bestand und wie sie ähnlich den Kern des altrömischen Senatsadels ausmachte, ist staatspolitisch ein durch nichts zu ersetzender Träger von politischer Tradition, Schulung und Temperierung. *Aber wo ist sie* bei uns? Wie viele solcher Standesherren gibt | es in Deutschland, insbesondere in Preußen? Wo ist ihre politische Tradition? So gut wie *nichts* bedeuten sie politisch, und *am allerwenigsten in Preußen*. Und es scheint denn doch klar, daß eine staatliche Politik mit dem Ziel der Züchtung einer solchen wirklich aristokratischen Großrentnerschicht heute ein Ding der Unmöglichkeit ist. Mag es auch möglich sein, auf Waldboden – dem einzigen zur Fideikommißbildung sozialpolitisch qualifizierten Grundbesitz – noch eine Anzahl großer Standesherrschaften entstehen zu lassen, so wäre es doch ausgeschlossen, dadurch Resultate zu erzielen, die quantitativ ins Gewicht fallen. Und *das* war ja die tiefste innere Unwahrhaftigkeit des Anfang 1917 in Preußen beratenen Fideikommißgesetzentwurfs: daß er dies adäquate Institut eines *standesherrlichen* Besitzes auf den *Mittelstand* des durchschnittlichen ostelbischen Rittergutsbesitzers erstrecken und dadurch Existenzen zu einer »Aristokratie« *aufblasen* wollte, die nun einmal keine sind und auch keine sein können. Wer die viel (und oft zu Unrecht) geschmähten und ebensoviel (und ebenso zu Unrecht) verhimmelten »Junker« des Ostens kennt, wird gewiß rein persönlich seine Freude an ihnen haben müssen: auf der Jagd, beim guten Trunk, bei der Karte, in der Gastlichkeit des Gutshofs: da ist alles echt. Unecht wird alles erst, wenn man diese schon rein ökonomisch auf landwirtschaftliche *Unternehmerarbeit* und auf den *Interessenkampf* – einen so rücksichtslosen sozialen und ökonomischen Interessenkampf wie nur irgendein Fabrikant – angewiesene, also dem Wesen nach »bürgerliche« Unternehmerschicht als »Aristokratie« stilisiert. Zehn Minuten im Kreise von ihresgleichen genügen, um zu sehen: daß sie *Plebejer* sind, gerade und vor allem in ihren Tugenden, die durchaus massiv plebejischen Charakters sind. Ein ostdeutsches Rittergut *»trägt heute keine Herrschaft«*, wie sich der Minister von Miquel einmal (privatim!) ganz richtig ausdrückte. Versucht man eine solche heute auf schlichte bürgerlich-kapitalistische Arbeit hingewiesene Schicht zu einer »Aristokratie« zu stempeln mit feudalen Gesten und Prätensionen, so wird daraus unweigerlich nur eines: *eine Parvenüphysiognomie*. Diejenigen Züge unseres politischen und sonstigen Auftretens in der Welt, welche diesen Charakter tragen, sind zwar nicht nur, aber immerhin *auch* dadurch mitbedingt, daß man diese Ansprüche, eine Aristokratie zu spielen, Schichten eingeflößt hat, denen dazu nun einmal die Qualifikation fehlt.

Nicht *nur* gerade *dieser* Schicht. Denn das Fehlen von Formen weltmännischer Erziehung bei uns ist natürlich keineswegs *nur* durch | die Physiognomie gerade der Junker, sondern durch den penetrant bürgerlicher Charakter *aller* derjenigen Schichten gegeben, welche die spezifischen Träger des preußischen Staatswesens in den Zeiten seines ärmlichen, aber glorreichen Aufstiegs gewesen sind. Die alten Offiziersfamilien, welche in ihren oft überaus dürftigen Verhältnissen hochehrenwert die Tradition des altpreußischen Heeres pflegen, die gleichartigen Beamtenfamilien sind – einerlei, ob adlig oder nicht – ökonomisch und sozial ebenso wie nach ihrem Horizont ein *bürgerlicher Mittelstand.* Die gesellschaftlichen Formen des deutschen Offizierkorps sind innerhalb seines Kreises im allgemeinen durchaus dem Charakter der Schicht angemessen und gleichen in ihren entscheidenden Zügen denen der Offizierkorps der Demokratien (Frankreich, auch Italien) *durchaus.* Sie werden aber allerdings sofort zur Karikatur, wenn sie über diesen Kreis hinaus von nichtmilitärischen Kreisen als vorbildlich behandelt werden. Vor allem dann: wenn sie eine Mischehe eingehen mit gesellschaftlichen Formen, welche dem Pennalismus der *Beamtenschulen* entstammen. Und das ist bei uns der Fall.

Das *studentische Couleurwesen* ist bekanntlich die typische soziale Erziehungsform des Nachwuchses für die nichtmilitärischen Ämter, Pfründen und »freien« sozial gehobenen Berufsstellungen. Die »akademische Freiheit« des Paukens, Trinkens, Schwänzens entstammt Zeiten, wo andere Freiheiten irgendwelcher Art bei uns nicht existierten und wo nur diese Literatenschicht der Amtsanwärter mit eben jenen Freiheiten *privilegiert* war. Der Einschlag aber, welchen die damals entstandenen Konventionen in der »Geste« des in Deutschland von jeher und noch immer zunehmend wichtigen »Prüfungsdiplommenschen« hinterlassen haben, ist noch heute nicht zu beseitigen. Die studentischen Couleuren selbst würden auch dann schwerlich verschwinden, wenn heute nicht schon die Hypotheken auf den Couleurhäusern und die Notwendigkeit für die »Alten Herren«, sie zu verzinsen, für ihre ökonomische Unsterblichkeit hinlänglich Sorge trügen. Im Gegenteil dehnt sich das Couleurwesen stetig weiter aus. Einfach deshalb, weil das *Konnexionswesen* der Couleuren heute eine spezifische Form der *Auslese der Beamten* ist und weil die Reserveoffizierqualität und die dazu erforderliche, durch das Couleurband sichtbar verbriefte »Satisfaktionsfähigkeit« den Zutritt zur »Gesellschaft« öffnet. Zwar der Trinkzwang und die Mensurentechnik der Couleuren werden zunehmend den Bedürfnissen der schwächlicheren Konstitution der um der Konnexionen | willen immer zahlreicheren Reflektanten auf das Couleurband angepaßt: es gibt angeblich jetzt Teatotaler in einigen Korps. Aber das Entscheidende: die *geistige Inzucht* (eigene Lesezimmer in den Couleurhäusern, besondere, nur von »Alten Herren« mit einer unsäglich subaltern-kleinbürgerlichen Art von gutgemeinter »patriotischer« Politik versorgte Couleurblätter, Perhorreszierung oder doch sehr große Erschwerung des Verkehrs mit Gleichaltrigen anderen gesellschaftlichen oder geistigen Gepräges) ist in den letzten Jahrzehnten *stetig gesteigert* worden. Dabei ergreift die Couleurkonnexion stets weitere Kreise. Ein Kommis, der auf Reserveoffizierqualitäten und das durch sie gebotene Konnubium mit der »Gesellschaft« (der Tochter des Chefs vor allem) reflektiert, besucht eine jener Handelshochschulen, welche um eben dieses Verbindungstreibens willen einen guten Teil ihres Zulaufs finden. Wie immer man nun alle diese studentischen Gebilde an sich beurteilen mag – und der Maßstab des Moralismus ist nicht der des Politikers –, jedenfalls bieten sie *keine weltmännische* Erziehung, sondern mit ihrem schließlich doch unleugbar banalen Pennalismus und ihren subalternen sozialen Formen so ziemlich das gerade Gegenteil davon. Der stumpfsinnigste angelsächsische Klub bietet gerade davon mehr, so »leer« man an sich z. B. den Sportbetrieb, in dem er sich nicht selten erschöpft, finden mag. Vor allen Dingen deshalb, weil er bei oft sehr strenger Auslese doch stets auf dem Prinzip der strengen *Gleichheit des Gentleman* aufgebaut ist und nicht auf demjenigen des *Pennalismus,* welchen die Bürokratie an unseren Couleuren als *Propädeutik für die Disziplin* im Amt so außerordentlich schätzt und durch dessen Pflege die Couleuren sich nach oben zu empfehlen nicht versäumen[1].

[1] In der deutschen Korpszeitung Nr. 428 (hier zitiert nach der Wiedergabe von Prof. A. Messer, Gießen, in der »Weserzeitung« vom 2. 6. 17) heißt es bei der Kritik »moderner« Reformvorschläge: »Die Vorschläge berücksichtigen überhaupt nicht das wechselnde Material von Füchsen und überhaupt Aktiven bei jedem Bunde. Um eins herauszugreifen: Kein Trinkzwang! Kein Resttrinkenlassen! Kein Vollpumpen! Derartige Kneipen habe ich ohne vorhergegangene Reformen oft genug bei den verschiedensten Korps erlebt, manchmal semesterlang. Und später bei denselben Bünden Abende, an denen alles rollte. Es waren eben andere da,

Jedenfalls erziehen die formel|haften Konventionen und erzieht vollends der Pennalismus dieser sog. »akademischen Freiheit«, welche den Amtsreflektanten aufgenötigt werden, nur um so *weniger* einen aristokratischen Weltmann, je *mehr* sie sich zu einem Protzen mit dem Geldbeutel – der *Eltern* ausgestalten, wie es unvermeidlich geschieht, wo immer es die Verhältnisse gestatten. Wenn der junge Mensch, der in diese Schule gerät, nicht ein ungewöhnlich selbständiger Charakter und ein sehr freier Geist ist, so werden an ihm jene fatalen Züge eines *lackierten Plebejers* entwickelt, die wir so oft an ihren Vertretern, auch sonst recht tüchtigen, beobachten. Denn durchaus *plebejisch* und fern von allen in gleichviel welchem Sinne »aristokratischen« sind diejenigen Interessen, welche von diesen Gemeinschaften gepflegt werden. Und der entscheidende Punkt liegt auch hier eben darin, daß ein seinem Wesen nach *plebejisches,* aber da, wo es unbefangen nur jugendlichen Überschwang suchte, unschädliches Scholarentreiben heute die Prätension erhebt, ein Mittel *aristokratischer,* zur Führung im Staat qualifizierender *»Erziehung«* zu sein. Der geradezu unglaubliche Widerspruch, der *darin* liegt, rächt sich darin, daß als Resultat – eine *Parvenüphysiognomie* entsteht.

und die hielten eben Vieltrinken für schön und angenehm, sehr oft aber auch für notwendig. Und die Möglichkeit des Vieltrinkens und des Vieltrinkenlassens ist auch notwendig. Verbieten wir das Resttrinkenlassen, so kann jederzeit jeder trinkfeste Fuchs jeden weniger vertragenden Korpsburschen in Grund und Boden trinken, und die Autorität ist hin, oder aber wir schaffen die Bierehrlichkeit und damit die Grundlage jeder Kneipgemütlichkeit ab. Verbieten wir das Vollpumpen, so geben wir ein Erziehungsmittel aus der Hand! Ich bitte diese Worte nicht aus dem Zusammenhang gerissen zu zitieren. Unser Korpsleben soll doch eine Kette von Erziehungsversuchen darstellen. Und jeder Korpsstudent wird bestätigen, daß er nie mehr im Leben so deutlich, so ungeschminkt, so unglaublich grob manchmal die Wahrheit zu hören bekam wie im Korps. Und wie kam's, daß er sich das gefallen ließ? So lächerlich es klingt: Infolge der Kneipe! Die Kneipe ist für uns, was der vielgelästerte Kasernenhofdrill, der Parademarsch für den Soldaten. So wie dort das hundertmal wiederholte ‚Knie beugt!' nacheinander Faulheit, Wurstigkeit, Trotz, Wut, Schlappheit und Ermattung überwindet und aus dem Gefühl hilfloser Ohnmacht und völliger Willenlosigkeit vor dem Vorgesetzten die Disziplin hervorgehen läßt, so bietet bei uns das ‚Rest weg!' dem Älteren vor dem Jüngeren immer Gelegenheit, seine unbedingte Überlegenheit zu zeigen, zu strafen, Abstand zu wahren, die Atmosphäre zu erhalten, die für das ständige Erziehungswerk des Korps unbedingtes Erfordernis ist, wollen wir nicht Klubs werden. Das ‚Rest weg!' ist natürlich nicht immer, nicht bei jedem angebracht, aber es muß über der Kneipe schweben, wie das ‚Knie beugt!' über jedem Kasernenhof. Auf beiden kann es trotzdem urgemütlich zugehen.«

Man hüte sich doch sehr, diese Parvenüzüge im deutschen Angesicht für politisch so ganz gleichgültig zu halten. Nehmen wir gleich ein Beispiel: »Moralische Eroberungen« bei Feinden, d. h. Interessengegnern, zu machen, ist ein eitles, von Bismarck mit Recht verspottetes Treiben. Aber: bei *Bundesgenossen,* jetzigen oder künftigen? Unsere öster|reichischen Bundesgenossen und wir sind *politisch* dauernd aufeinander angewiesen. Das ist ihnen wie uns bekannt. Ohne große Torheiten droht da keinerlei Gefahr eines Bruches. Die deutsche *Leistung* wird von ihnen – auch *ohne* daß immer so viel davon bei uns geredet wird, ja dann noch leichter! – rückhaltlos und neidlos anerkannt (von den sachlichen Schwierigkeiten, welche sie ihrerseits haben und die Deutschland erspart sind, hat man bei uns nicht überall die richtige Vorstellung und daher nicht immer die entsprechende Wertschätzung *ihrer* Leistung). Aber was jedermann in der ganzen Welt weiß, muß offen auch hier gesagt werden: was von ihnen und von allen anderen Völkern, mit denen wir je Freundschaft wünschen könnten, nicht ertragen werden würde, wären *Parvenü*manieren, wie sie gerade neuerdings wieder in unerträglicher Art sich breitmachen. Derartiges wird auf die stumme, höfliche, aber bestimmte *Ablehnung* jedes Volkes mit alter, guter, gesellschaftlicher Erziehung stoßen, wie es z. B. die Österreicher nun einmal sind. Von schlecht erzogenen Parvenüs will keiner regiert sein. Jeder Schritt über das außenpolitisch absolut Unentbehrliche hinaus, alles also, was von »Mitteleuropa« (im innerlichen Sinne des Wortes) möglich oder bei künftigen Interessengemeinschaften mit anderen Nationen erwünscht wäre (gleichviel, wie man zu dem Gedanken der *wirtschaftlichen* Annäherung steht), kann jedenfalls politisch für beide Teile an dem absoluten Entschluß scheitern, sich das *nicht* aufdrängen zu lassen, was neuerdings mit protziger Geste als »preußischer Geist« ausgegeben wird und dessen angebliche Gefährdung durch die »Demokratie« in den Deklamationen der Phrasendreschmaschine der Literaten eine solche Rolle spielt. Solche Deklamationen hat man bekanntlich bei ausnahmslos *allen* Schritten innerer Reform seit 110 Jahren[1] ganz ebenso zu hören bekommen.

Der echte »preußische Geist« gehört zu den schönsten Blüten des Deutschtums. Jede Zeile, die wir von Scharnhorst, Gneisenau, Boyen, Moltke haben, atmet ihn ebenso wie die Taten und

[1] 1807. (D. H.)

Worte der großen preußischen (zum guten Teil freilich außerhalb Preußens heimischen) Reformbeamten, die man nicht erst zu nennen braucht. Und ebenso BISMARCKS von den heutigen bornierten Philistern der »Realpolitik« übel karikierte eminente Geistigkeit. Aber es scheint zuweilen, als ob dieser alte preußische Geist heute im Beamtentum *anderer* Bundesstaaten stärker weiterlebe als in Berlin. Und der Mißbrauch dieses Wortes durch die jetzige konservative Demagogie ist gar nichts als eine Schändung jener großen Gestalten. |

Es existiert, um es zu wiederholen, in Deutschland *keine Aristokratie* von hinlänglicher Breite und politischer Tradition. Sie hatte am ehesten in der freikonservativen und Zentrumspartei (jetzt auch nicht mehr), nicht dagegen in der konservativen Partei eine Heimat. Und, was mindestens ebenso wichtig ist: es existiert auch *keine vornehme deutsche gesellschaftliche Form.* Denn völlig unwahr ist – womit unsere Literaten gelegentlich zu prahlen suchen –, daß, im Gegensatz zu den angelsächsischen Gentlemankonventionen und dem romanischen Salonmenschentum, in Deutschland »Individualismus« in dem Sinn der *Freiheit* von Konventionen existiere. Starrere und zwingendere Konventionen als die des »Couleurmenschen« gibt es nirgends, und sie beherrschen, direkt und indirekt, einen ebenso großen Bruchteil des Nachwuchses der Führerschichten als irgendeine Konvention in anderen Ländern. *Sie sind,* soweit nicht die Offizierkonventionen reichen, *»die deutsche Form«!* Denn in ihren Nachwirkungen bestimmen sie weitgehend die Formen und Konventionen der in Deutschland maßgebenden Schichten: der Bürokratie und aller derer, welche in die von dieser beherrschte »Gesellschaft« rezipiert werden wollen. »Vornehm« sind freilich diese Formen nicht. Staatspolitisch noch wichtiger als dieser Umstand ist aber der andere: daß sie, im Gegensatz zu den romanischen und angelsächsischen Konventionen, auch schlechterdings nicht geeignet sind, der ganzen Nation, bis in die untersten Schichten hinein, als *Vorbild* zu dienen und sie in ihrer Geste derart einheitlich zu einem in seinem äußeren Habitus selbstsicheren »Herrenvolk« *durchzuformen,* wie es jene romanischen und angelsächsischen Konventionen getan haben. Es ist ein schwerer Irrtum zu glauben, die »Rasse« spiele bei dem auffallenden Mangel an Anmut und Würde der deutschen äußeren Haltung die entscheidende Rolle. Dem Deutschösterreicher mit seiner durch eine wirkliche Aristokratie durchgeformten Art des Auftretens fehlen jedenfalls *diese*

Qualitäten, trotz gleicher Rasse, nicht, welches auch immer seine sonstigen Schwächen sein mögen.

Die Formen, welche den romanischen Menschentypus bis in seine Unterschichten hinein beherrschen, sind bestimmt durch die Nachahmung der »*Kavaliergeste*«, wie sie sich seit dem 16. Jahrhundert entwickelte. Die angelsächsischen Konventionen, ebenfalls bis tief in die Unterschicht hinein die Menschen formend, entstammen den sozialen Gewohnheiten der in England seit dem 17. Jahrhundert tonangebenden Schicht, welche im späten Mittelalter aus einer eigenartigen Mischung ländlicher und | städtisch-bürgerlicher Honoratioren, der »*Gentlemen*«, sich als Träger des »Selfgovernment« entwickelt hatte. In all diesen Fällen waren – das war das Folgenreiche – die entscheidenden Züge jener Konventionen und Gesten leicht allgemein nachahmbar und also: *demokratisierbar*. Die Konventionen der deutschen akademisch geprüften Amtsanwärter dagegen und der durch sie beeinflußten Schichten, vor allem die Gewohnheiten, welche die Couleuren anerziehen, waren und sind, wie gesagt, offenkundig *nicht* geeignet, von irgendwelchen außerhalb der Examensdiplomschicht stehenden Kreisen und vollends von den breiteren Massen nachgeahmt, also: »demokratisiert« zu werden, obwohl oder vielmehr gerade *weil* sie ihrem inneren Wesen nach keineswegs weltmännisch oder sonstwie »aristokratisch«, sondern durchaus plebejisch sind. Der romanische Ehrenkodex war ebenso wie der ganz andersartige angelsächsische einer weitgehenden Demokratisierung fähig. Der spezifisch deutsche Begriff der »Satisfaktionsfähigkeit« dagegen ist dies nicht, wie jede Überlegung lehrt. Dabei ist er aber von großer politischer Tragweite. Und zwar ist nicht etwa – wie immer wieder geglaubt wird – die Geltung des im engeren Sinne sogenannten »Ehrenkodex« innerhalb des *Offizier*korps, wo er durchaus am Platze ist, das politisch und sozial Wichtige. Politisch wichtig ist vielmehr der Umstand, daß ein *preußischer Landrat* schlechterdings im Scholarensinn für »satisfaktionsfähig« gelten muß, um sich auf seinem Posten *überhaupt behaupten* zu können, und ebenso jeder andere leicht absetzbare Verwaltungsbeamte (im Gegensatz z. B. zu dem kraft Gesetzes »unabhängigen« Amtsrichter, der eben dieser Unabhängigkeit wegen gegenüber dem Landrat sozial *deklassiert* ist). Der Begriff der »Satisfaktionsfähigkeit« ebensowohl wie alle anderen Konventionen und Formen, welche durch die Struktur der Bürokratie und der für sie maßgebenden deutschen Scholarenehre getragen sind, bilden, weil ihrer Eigenart nach nicht demokratisierbar, *formal: Kastenkonventionen. Material* aber sind sie dennoch, weil jeglicher ästhetischen Würde und aller Vornehmheit entbehrend, nicht aristokratischen, sondern durchaus *plebejischen* Charakters. Dieser innere Widerspruch ist es, der an ihnen so sehr den Spott herausfordernd und politisch ungünstig wirkt.

Die Deutschen sind ein *Plebejervolk,* – oder wenn man es lieber hört: ein bürgerliches Volk, und nur auf dieser Basis könnte eine spezifisch »deutsche Form« wachsen. |

Irgendeine durch die politische Neuordnung herbeigeführte oder beförderte gesellschaftliche Demokratisierung – das ist dasjenige, was hier auseinandergesetzt werden sollte – fände also bei uns, *gesellschaftlich* angesehen, keine aristokratischen Formwerte vor, welche sie entweder zerstören oder umgekehrt ihrer Exklusivität entkleiden und in der Nation propagieren könnte, wie sie dies mit den Formwerten der romanischen und angelsächsischen Aristokratie getan hat. Die Formwerte des deutschen »satisfaktionsfähigen Prüfungsdiplommenschen« sind aber andererseits wieder auch *nicht* hinlänglich weltmännisch, um als Stütze der inneren Sicherheit auch nur der eigenen Schicht dienen zu können. Vielmehr genügen sie, wie jede Probe zeigt, nicht einmal immer, um die tatsächliche innere Unsicherheit gegenüber weltmännisch gebildeten Fremden zu verbergen. Es sei denn in der Form einer als Unerzogenheit wirkenden, meist aus Verlegenheit stammenden »Patzigkeit«.

Dabei sei nun hier ganz dahingestellt, ob eine *politische* »Demokratisierung« diese Folge der *gesellschaftlichen* Demokratisierung wirklich haben würde. Die schrankenlose politische »Demokratie« Amerikas hindert z. B. nicht, daß gesellschaftlich nicht etwa nur – wie bei uns geglaubt wird – eine rohe Plutokratie des Besitzes, sondern außerdem eine ständische »Aristokratie« im langsamen – wenn auch meist unbemerkten – Entstehen ist, deren Wachstum kulturgeschichtlich ebenso wichtig ist wie jene andere. –

Die Entwicklung einer wirklich vornehmen und zugleich dem *bürgerlichen* Charakter der sozial maßgebenden Schichten angemessenen »deutschen Form« liegt jedenfalls noch im Schoß der Zukunft. Die Anfänge der Entwicklung einer solchen bürgerlichen Konvention in den Hansestädten sind unter dem Einfluß der politischen und ökonomischen Änderungen seit 1870 nicht fortgebildet. Und der jetzige Krieg beglückt uns mit so vielen Parvenüs – deren Söhne auf den

Universitäten sich mit Eifer die üblichen Couleurkonventionen, welche ja an vornehme Tradition keine Anforderungen stellen, als bequeme Dressur für den Erwerb der Reserveoffizierfähigkeit aneignen werden –, daß vorläufig hier wohl nichts Neues zu hoffen ist. Jedenfalls steht fest: sollte die »Demokratisierung« den Erfolg haben, das soziale Prestige des Prüfungsdiplommenschen zu *beseitigen* – was keineswegs feststeht, wie hier nicht erörtert werden kann –, so würde sie damit politisch wertvolle gesellschaftliche Formwerte bei uns *nicht* vernichten. Sie *könnte* dann vielleicht die Bahn freimachen für die Entwicklung unserer *bürgerlichen* | sozialen und ökonomischen Struktur angemessener und daher »echter« und vornehmer Formwerte. Von diesen Formwerten läßt sich – da man sie selbst sowenig »erfinden« kann wie einen Stil – nur das eine (wesentliche Negative und Formale) sagen, was für alle Formwerte dieser Art gilt: daß sie jedenfalls auf keiner anderen Grundlage entwickelt werden können als auf innerer *Distanz* und *Reserve* in der persönlichen Haltung. An dieser Voraussetzung jeglicher persönlichen Würde hat es uns oben und unten nicht selten stark gefehlt. Und das neueste Literatentum mit seinem Bedürfnis, seine »Erlebnisse«, erotische oder »religiöse« oder welcher Art sie sonst seien, zu beschwatzen oder drucken zu lassen, ist der Feind aller Würde, gleichviel welcher Art. »Distanz« ist aber keineswegs, wie der Mißverstand der verschiedenen auf Nietzsche zurückgehenden »Prophetien« bei uns glaubt, nur auf dem Kothurn der »aristokratischen« Kontrastierung seiner selbst gegen die »Vielzuvielen« zu gewinnen: – sie ist im Gegenteil stets unecht, wenn sie heute dieser inneren Stütze bedarf. Gerade als Probe ihrer Echtheit kann ihr vielleicht die Notwendigkeit, sich innerhalb einer demokratischen Welt innerlich zu behaupten, nur dienlich sein.

Alles Gesagte aber zeigt aufs neue, daß das deutsche Vaterland auch in dieser, wie in so vielen anderen Hinsichten, *nicht* das Land seiner Väter, sondern das Land seiner *Kinder* ist und sein muß, wie Alexander Herzen dies von Rußland schön gesagt hat. Das gilt vor allem auch in bezug auf die *politischen* Probleme. Der »deutsche Geist« ist für deren Lösung nicht aus noch so wertvollen Geisteswerken unserer Vergangenheit zu destillieren. Den großen Schatten unserer geistigen Ahnen alle Pietät und ihrer Geistesarbeit jede der formalen Schulung unseres eigenen Geistes dienende Verwertung! Aber: sobald die Eitelkeit unserer Literaten, weil es *ihr* Schriftstellerberuf ist, sie der Nation zu interpretieren, daraus das Recht ableitet, unsere politische Zukunftsgestaltung damit wie mit einem Bakel zu *schulmeistern: in die Ecke mit den alten Scharteken!* Darüber ist *nichts* aus ihnen zu lernen. Die deutschen Klassiker können uns u. a. lehren, daß wir ein führendes Kulturvolk der Erde zu sein vermochten in einer Zeit materieller Armut und politischer Ohnmacht und sogar Fremdherrschaft. Dieser *un*politischen Epoche entstammen ihre Ideen, auch wo sie politisch und ökonomisch sind. Sie waren teils, angeregt durch die Auseinandersetzung mit der Französischen Revolution, Konstruktionen in einem politisch und ökonomisch leidenschaftsleeren Raum. Soweit aber eine andere poli|tische Leidenschaft in ihnen lebte als die zornige Auflehnung gegen die Fremdherrschaft, war es die ideale Begeisterung für *sittliche* Forderungen. Was darüber hinaus liegt, blieben philosophische Gedanken, die wir als Mittel der Anregung zu eigener Stellungnahme entsprechend *unseren* politischen Realitäten und der Forderung *unseres* Tages benutzen können, – nicht aber: als Wegweiser. Die modernen Probleme des Parlamentarismus und der Demokratie und die Wesensart unseres modernen Staates überhaupt lagen ganz außerhalb ihres Gesichtskreises. –

Dem gleichen Wahlrecht, zu dem wir damit zurückkehren, wirft man vor, es bedeute den Sieg der dumpfen, politischer Überlegung unzugänglichen »Masseninstinkte« gegenüber der wohlerwogenen politischen Überzeugung oder der emotionalen gegenüber der rationalen Politik. Was zunächst das letztere anlangt, so ist Deutschlands auswärtige Politik – *dies* muß hier allerdings gesagt werden – ein Beweis dafür, daß eine Monarchie, die mit einem Klassenwahlrecht regiert (denn der Hegemoniestaat *Preußen* war und ist der maßgebliche Leiter der deutschen Politik), an Einfluß rein persönlicher emotionaler und irrationaler Stimmungen der Leitung jedenfalls jeden Rekord hält. Man braucht den jahrzehntelangen erfolglosen Zickzackgang dieser geräuschvollen Politik mit der ruhigen Zielbewußtheit etwa der englischen Außenpolitik nur zu vergleichen, um den Beweis zu haben. Und was die irrationalen »Masseninstinkte« anlangt, so beherrschen sie die Politik nur da, wo die Massen kompakt zusammengedrängt sind und als solche einen *Druck* üben: in den modernen Großstädten unter den Bedingungen vor allem der romanischen städtischen Lebensform. Die Kaffeehauszivilisation und daneben klimatische Bedingungen gestatten dort der Politik der *»Straße«*, wie man sie zutreffend genannt hat, von der Residenz her das Land zu vergewaltigen. Die Rolle des englischen »man in the street« andererseits ist mit sehr spezifischen, bei uns völlig fehlenden, Eigentümlichkeiten der dortigen Struktur der städtischen »Massen«, die russische hauptstädtische Straßenpolitik mit den dortigen Geheimbund-Organisationen verknüpft. Alle diese Vorbedingungen fehlen in Deutschland, und die Temperierung des deutschen Lebens macht es ganz unwahrscheinlich, daß wir dieser *Gelegenheits*gefahr – denn das ist sie im Gegensatz zu dem, was bei uns als *chronische* Gefahr *unsere* Außenpolitik beeinflußt hat – verfallen, wie es dort geschieht. Nicht die an ihre Arbeitsstätten gebundene Arbeiterschaft, sondern die *Tagediebe* und Kaffee|hausintellektuellen in Rom und Paris sind es, welche dort die kriegshetzerische Politik der »Straße« fabriziert haben, übrigens ausschließlich im Dienst der Regierung und *nur* soweit diese es wollte oder zuließ. Das Gegengewicht des industriellen Proletariats *fehlte*. Das industrielle Proletariat ist, wenn es geschlossen auftritt, sicherlich eine gewaltige Macht, auch in der Beherrschung der »Straße«. Aber, verglichen mit jenen gänzlich verantwortungslosen Elementen, eine Macht, die der Ordnung und geordneten Führung durch ihre Vertrauensmänner, durch rational denkende Politiker also, zum mindesten *fähig* ist. Auf die Steigerung der Macht dieser Führer, bei uns der Gewerkschaftsführer, über die Augenblicksinstinkte kommt daher staatspolitisch alles an. Und darüber hinaus auf die Steigerung der Bedeutung der *verantwortlichen* Führer, des politischen Führertums als solchen, *überhaupt*. Es ist eines der stärksten Argumente *für* die Schaffung geordneter *verantwortlicher* Leitung der Politik durch ein *parlamentarisches* Führertum, daß dadurch die Wirksamkeit rein emotionaler Motive von »oben« *und* von »unten« so weit geschwächt wird, als dies möglich ist. Mit dem gleichen Wahlrecht hat die »Herrschaft der Straße« *nichts* zu tun: Rom und Paris wurden durch die »Straße« beherrscht, auch als in Italien das plutokratischste Wahlrecht der Welt und in Paris Napoleon III. mit einem Scheinparlament regierten. Im Gegenteil kann *nur* die geordnete *Führung* der Massen durch verantwortliche Politiker die *regellose* Straßenherrschaft und die Führung von Zufallsdemagogen überhaupt brechen.

Das gleiche Wahlrecht ist ein Problem von politischer Tragweite für das *Reichs*interesse nur im führenden Bundesstaat: *Preußen*. Durch die inzwischen erfolgte Interpretation der Osterbotschaft scheint es hier im Prinzip erledigt. Im Prinzip, – aber nicht: dem einzuschlagenden Wege nach. Denn es ist ganz unwahrscheinlich, daß das jetzige Klassenparlament freiwillig auf das Wahlprivileg verzichten werde, falls nicht politisch zwingende Verhältnisse eintreten. Oder wenn doch, dann in der Art eines Scheinverzichtes: etwa unter Koordination eines mit Hilfe der Wahlrechtsarithmetik konstruierten Herrenhauses. *Legale* Durchführung des gleichen Wahlrechts für Preußen ist aber eine staatspolitische Forderung des *Reiches.* Denn das Reich muß auch in Zukunft in der Lage sein, seine Bürger zum Kampf für die eigene Existenz und Ehre aufzurufen, wenn es not tut. Dazu genügen nicht Munitions- und andere Vorräte und die erforderlichen amtlichen Organe, sondern | auch: die *innere Bereitschaft* der Nation, diesen Staat als *ihren* Staat zu verteidigen. Die Erfahrungen im Osten können lehren, was geschieht, wenn diese Bereitschaft fehlt. Eins aber ist sicher: *niemals wieder ist die Nation für einen Krieg in der Art wie dieses Mal in Bewegung zu setzen,* wenn feierliche Zusagen durch irgendeinen vermeintlich klugen Trug verfälscht werden. Das würde für immer unvergessen bleiben. Das ist der politisch *entscheidende* Grund, von seiten des *Reiches* die Durchführung nötigenfalls zu erzwingen. –

Zuletzt möge noch die prinzipielle Frage gestreift werden: wie verhält sich denn die *Parlamentarisierung* zur *Demokratisierung?* Es gibt gar nicht wenige sehr aufrichtige und gerade besonders fanatische »Demokraten«, welche in der »Parlamentarisierung« ein korruptes, zur Verfälschung der Demokratie und [zur] Kliquenherrschaft führendes System für Streber und Schmarotzer erblicken. »Politik« sei ein vielleicht für Tagediebe recht »interessantes«, aber im übrigen steriles Treiben: auf eine gute »Verwaltung« komme es, gerade den breiten Schichten der Nation, allein an und diese garantiere nur die »wahre« Demokratie, wie wir sie ja in Deutschland, dem Lande des »wahren Freiheitsbegriffs«, teils schon besser besäßen als anderwärts, teils ohne Parlamentarisierung besser als dort herstellen könnten. Und es versteht sich, daß die Vertreter der Kontrollfreiheit der Bürokratie mit Wonne beides als Gegensätze gegeneinander ausspielen: die »wahre« Demokratie sei gerade dann und da am reinsten verkörpert, wo das Advokatenvolk der Parlamentarier nicht in der Lage sei, die sachliche Arbeit der Beamten zu stören. Der dreiste Schwindel – bei unseren Literaten: Selbstbetrug durch arglose Hingabe an Phrasen – findet, wie alles, was dem Interesse der Bürokratie und den mit ihr verbündeten kapitalistischen Interessen dient, leicht Anhänger, und zwar in allen Lagern. Daß es Schwindel ist, liegt auf der flachen Hand. Denn 1. *Welches Organ hat,* wenn man sich die Parlamentsmacht fortdenkt, *die Demokratie, um die Verwaltung der Beamten ihrerseits zu kontrollieren?* Hierauf gibt es überhaupt keine Antwort. Ferner: 2. *Was tauscht sie für die Herrschaft der parlamentarischen »Kliquen« ein?* Die Herrschaft noch weit verborgenerer und – meist – noch weit kleinerer, vor allem unentrinnbarerer Kliquen. Das System der sogenannten unmittelbaren Demokratie ist technisch nur in einem Kleinstaat (Kanton) möglich. In jedem Massenstaat führt Demokratie zur bürokratischen Verwaltung, und, ohne Parlamentarisierung, zur reinen Beamten*herrschaft*.| Gewiß: unter der Herrschaft des Systems des »Cäsarismus« (im weiteren Sinn des Wortes), also: der unmittelbaren Volkswahl des Staats- oder Stadthauptes, wie in den Vereinigten Staaten und einigen ihrer großen Kommunen, vermag Demokratie ohne parlamentarisches *System* – nicht etwa: ohne Parlamentsmacht *überhaupt* – zu existieren (auf ihre politischen und verwaltungstechnischen Vorzüge und Schwächen soll hier nicht eingegangen werden). Die volle Parlamentsmacht ist aber überall da unentbehrlich, wo *erbliche* Staatsorgane: die Monarchen, die (formellen) Chefs des Beamtentums sind. Der moderne Monarch ist ganz unvermeidlich stets und immer ein *Dilettant,* wie nur irgendein Parlamentarier es ist, und daher völlig außerstande, eine Verwaltung zu kontrollieren. Mit dem Unterschied, daß 1. ein Parlamentarier im *Kampf* der Parteien zu lernen vermag, die *Tragweite des Wortes* zu wägen, während der Monarch dem Kampf *entzogen* bleiben soll; und daß 2. das Parlament, wenn man ihm das Recht der *Enquete* gibt, in der Lage ist, sich das Sachverständnis (durch eidliches Kreuzverhör von Fachmännern und Zeugen) zu verschaffen und das Tun der Beamten zu kontrollieren. Wie soll dies der Monarch und wie soll es die parlamentlose Demokratie bewerkstelligen?

Aber ganz allgemein: Eine Nation, welche wähnt, die Staatsleitung *erschöpfe* sich in »Verwaltung«, und »Politik« sei eine Gelegenheitstätigkeit für Amateure oder eine Nebenleistung von Beamten, möge auf Politik in der Welt *verzichten* und sich für künftig auf die Rolle eines Kleinstaats einrichten, wie ein Schweizer Kanton oder Dänemark oder Holland oder Baden oder Württemberg es sind: – alles recht gut verwaltete Staatswesen. Sonst werden ihr die Erfahrungen nicht erspart bleiben, die wir mit jener »wahren Freiheit« dieser Phraseologie, das heißt: der kontrollfreien Beamtenschaft, gemacht haben, soweit sie *hohe Politik* zu treiben unternommen hat. – Die Schwärmerei für die »Demokratie ohne Parlamentarismus« hat während des Krieges naturgemäß dadurch Nahrung erhalten, daß – wie in jedem schweren Kriege, so auch in diesem – in ausnahmslos allen Ländern, in England, Frankreich, Rußland wie in Deutschland, in weitestem Umfang eine politische Militär*diktatur* tatsächlich an die Stelle der sonst bestehenden Regierungsform, heiße sie nun »Monarchie« oder »parlamentarische Republik«, getreten ist (und zweifellos ihre Schatten noch weit in den Frieden hineinwerfen wird). Sie arbeitet überall mit einer spezifischen Art von Massendemagogie und schaltet alle normalen Ventile | und Kontrollen, daher auch die parlamentarische, aus. Diese wie andere durch den Krieg als solchen bedingten Erscheinungen blenden die Augen der auf beschleunigte und »zeitgemäße« Bücherproduktion hingewiesenen dilettantischen Literaten. Aber so wenig die Kriegswirtschaft das Muster sein kann für die normale Friedenswirtschaft, ebensowenig diese politische Kriegsverfassung für die politische Struktur des Friedens.

Was soll politisch, fragen wir, die Leistung eines Parlaments ersetzen? Etwa, für die Gesetzgebung, das Referendum? Zunächst: in keinem Lande der Welt ist das Referendum für die wichtigste Leistung der laufenden Parlamentsarbeit, das *Budget,* eingeführt. Es leuchtet auch ein, daß das gar nicht möglich wäre. Das Schicksal fast aller *Steuervorlagen* bei Entscheidung durch Volksabstimmung ist leicht vorauszusehen. Für alle einigermaßen verwickelten *Gesetze* und Ordnungen der inhaltlichen Kultur aber bedeutete das Referendum im Massenstaat eine starke mechanische Hemmung jedes Fortschrittes. Zum mindesten in einem geographisch großen Staat (anders: in einem Kanton). Aus dem einfachen rein technischen Grunde: *weil es das Parteikompromiß* ausschließt. Mit dem Referendum kann man politisch und technisch befriedigend nur Fragen lösen, auf die glatt mit »Ja« oder »Nein« zu antworten ist. Wenn nicht, so würden die *verschiedenen* und entgegengesetzten Gründe, die gegen einen konkreten Vorschlag geltend gemacht werden können – und deren sind in einem Massenstaat mit weitgehender sozialer und geographischer Differenzierung stets ungleich mehr als in einem amerikanischen Einzelstaat oder Schweizer Kanton – es hindern, daß *überhaupt* etwas zustande kommt. *Das* ist die spezifische Leistung des Parlaments: daß es ermöglicht, durch Verhandlung und Vergleich das »relativ« Beste zustande zu bringen, und diese Leistung wird mit dem gleichen Opfer erkauft, welches der Wähler bei der Parlamentswahl in der Form zu bringen hat, daß er nur für die ihm *relativ* genehmste Partei optieren kann. Diese rein technische Überlegenheit parlamentarischer Gesetzgebung ist durch nichts zu ersetzen, – womit nicht gesagt ist, daß es nicht Fälle gäbe, wo das Referendum ein geeignetes Revisionsmittel wäre. Über die Volkswahl der Beamten – soweit sie nicht nur die Wahl des *Führers* betrifft, also »Cäsarismus« ist – ist zu sagen: daß sie in jedem Massenstaat nicht nur die hierarchische Amtsdisziplin zerbricht, sondern (nach amerikanischen Erfahrungen) durch Ausschaltung der *Verantwortung* für die Ernennung die Korruption fördert. Jede Befehdung des Parlamentarismus im Namen der »Demokratie« bedeutet in einem monarchischen Staat: daß aus Ressentiment oder Blindheit die Geschäfte der reinen Bürokratenherrschaft und insbesondere ihres Interesses an Kontrollfreiheit besorgt werden.

Die »Demokratisierung« im Sinne der Nivellierung der ständischen Gliederung durch den *Beamtenstaat* ist eine Tatsache. Man hat nur die Wahl: in einem bürokratischen »Obrigkeitsstaat« mit Scheinparlamentarismus die Masse der Staatsbürger rechtlos und unfrei zu lassen und wie eine Viehherde zu »verwalten«, – oder sie als *Mitherren* des Staates in diesen einzugliedern. Ein *Herrenvolk* aber – und nur ein solches kann *und darf* überhaupt »Weltpolitik« treiben – hat in dieser Hinsicht *keine* Wahl. Man kann die Demokratisierung sehr wohl (für jetzt) vereiteln. Denn starke Interessen, Vorurteile und – Feigheiten sind gegen sie verbündet. Aber es würde sich bald zeigen, daß dies um den Preis der ganzen Zukunft Deutschlands geschähe. Alle Kräfte der Massen sind dann *gegen* einen Staat engagiert, in dem sie nur Objekt und an dem sie nicht Teilhaber sind. An den unvermeidlichen politischen Folgen mögen einzelne Kreise interessiert sein. Aber gewiß nicht: das Vaterland.

INNERE LAGE UND AUSSENPOLITIK[1]

I.

Es ist zunächst Pflicht, einige Bemerkungen nach »links« hin zu machen.

Daß die Sozialdemokratie, nachdem es auch bei uns zu einem politischen Teilstreik gekommen war, wie er in anderen Ländern an der Tagesordnung ist, sich an der Leitung dieser unorganisierten Bewegung beteiligte, war staatspolitisch wahrscheinlich nützlich. Aber vor allem in sachlicher Hinsicht muß – so wenig sozialistische Kreise Ratschläge Außenstehender anzunehmen geneigt sein werden – doch auf das nachdrücklichste darauf hingewiesen werden: daß jede Partei, welche direkt oder indirekt einen *schlechten oder leichtsinnigen Frieden verschuldet* oder, indem sie den deutschen Unterhändlern in den Rücken fällt, den *Friedensschluß erschwert*, ihre Rolle in Deutschland *ausgespielt* haben würde. Noch nach Jahrzehnten würde ihr das nachgehen. Und diese Gefahr besteht. Denn wie liegen die Dinge?

Wir werden im Osten mit demjenigen Frieden schließen, der eine Gewähr loyaler Erfüllung bietet, sei er, wer er wolle. Dem Bolschewismus geben nun die, soviel ich weiß, aus persönlichem Augenschein bestunterrichteten und unbefangensten (radikal sozialistischen) Kenner eine Herrschaftsdauer, die nur nach Monaten zählt. Trifft dies zu, dann bietet ein Frieden gerade mit ihm für das Verhalten der später kommenden Regierung die geringste Gewähr. Jedenfalls ist er die Regierung einer sehr kleinen Minderheit. Gestützt ist er vor allem auf große Teile des kriegsmüden Heeres. Er ist der Sache nach (und ganz unabhängig von der Aufrichtigkeit seiner Ideologie) notgedrungen eine reine *Militärdiktatur*, nur nicht eine solche der Generäle, sondern: *der Korporäle*. Es ist reiner Unsinn, wenn man die Vorstellung hegen wollte, hinter ihm ständen »klassenbewußte« Proletariermassen westeuropäischen Gepräges. *Soldaten*proletariat

[1] Frankfurter Zeitung vom 3. Februar 1918.

steht hinter ihm. Das hat seine Konsequenzen. Welche Ziele auch immer die Petersburger Literaten verfolgen mögen, ihr Machtapparat: die Soldaten, erwartet und verlangt | vor allem: *Löhnung* und *Beute.* Das entscheidet aber über alles (ich darf die Sozialdemokratie daran erinnern, daß die Vorhersagen über die Konsequenzen der Gebundenheit Kerenskijs an seine spezifischen Machtmittel sich im wesentlichen voll bewahrheitet haben). Die gutbesoldeten Roten Garden haben keinerlei Interesse am Frieden, der sie ja verdienstlos macht. Die Soldaten, die unter dem Vorwande der »Befreiung« der Ukraine, Finnlands und anderer Gebiete dort einbrechen und (ebenso wie in Rußland selbst) Kontributionen erheben, ebensowenig. Die einzige, wenigstens der Form nach durch demokratische Wahl beglaubigte Autorität Rußlands, die konstituierende Versammlung, wurde gewaltsam gesprengt. Nicht wegen prinzipieller Verschiedenheit der Ansichten, – ihre stärkste Partei erklärte, den Waffenstillstand halten und die Friedensverhandlungen fortführen zu wollen. Sondern: damit nicht neue Brotgeber anderen Leibgarden, Angestellten und Truppenkörpern zu Lohn und Beute verhelfen könnten. Es ist der reinste Militarismus, den es zur Zeit irgendwo gibt. Alles andere ist, objektiv, Schwindel, welche Ziele auch immer die Leitung zu haben vorgeben und subjektiv vielleicht wirklich ehrlich haben möge. Aber auch diese Ziele sind, wie bei ausnahmslos jedem russischen Intellektuellen, durchaus *»imperialistisch«*. Denn es ist nicht wahr, daß es nur bürgerlichen Imperialismus gebe, wenn anders man als Imperialisten jemanden bezeichnet, der *aus Machtgier* sich, unter idealen Vorwänden, in die Angelegenheiten fremder Völker einmischt, zumal ehe im eigenen Hause irgendwelche Ordnung geschaffen ist. Der bolschewistische Soldatenimperialismus bedroht, solange er besteht, die Sicherheit und Selbstbestimmung aller angrenzenden Völker, und es ist ganz unwahrscheinlich, daß eine von diesen militaristischen Masseninstinkten abhängige Regierung einen aufrichtigen Frieden überhaupt schließen *könnte,* selbst wenn sie wollte. Daraus folgt alles. Mit einer ehrlich pazifistischen russischen Föderativrepublik wäre natürlich die denkbar beste Nachbarschaft möglich, und *jedes* Interesse an auch nur zeitweiligen Sicherheiten fiele für uns fort. Was jenseits der Grenze geschähe, ginge uns dann nichts an. Vorerst ist diese pazifistische Wendung des russischen Radikalismus aber eben *nicht* da, und ob ein imperialistischer Ausdehnungstrieb zaristische, kadettische oder bolschewistische Etikette trägt, ist für den Effekt natürlich ganz gleichgültig. Die Friedensforderung der Streikenden zeugt also davon, daß sie von der Sachlage *keine Ahnung* haben, und sie diskreditiert durch die Forderung eines Friedens auf die Bedingungen | einer Regierung hin, die nicht Frieden, sondern Gewalt will, jeden auf das schwerste, der sich mit ihr einläßt. Das alles muß der Arbeiterschaft – mögen ihr diese Tatsachen noch so unbequem sein – von ihren Führern zunächst klargemacht werden, sonst ist mit ihr nicht ernstlich zu diskutieren.

Freilich werden keinerlei Argumentationen dauernden Eindruck machen, wenn die *wirklichen* Gründe des Ausstands nicht aus dem Wege geräumt werden. Er ist der unvermeidliche Rückschlag gegen schlimme innerpolitische Vorgänge der letzten Zeit und ihre Träger. Zunächst gegen die Art, wie der preußische Klassenlandtag es wagen darf, das im Angelpunkt der ganzen deutschen Politik stehende Problem des *preußischen Wahlrechts* zu behandeln. Nur der ist ein *nationaler* Politiker, der die innere Politik unter dem Gesichtspunkt der unvermeidlichen Anpassung an die außenpolitischen Aufgaben ansieht. Wem die daraus folgenden »demokratischen« Konsequenzen nicht passen, *der verzichte* auf eine Großmachtpolitik, die sie unvermeidlich macht. Ist es etwa ein Zufall, daß die aristokratischste Körperschaft der Erde, das englische Oberhaus, eben jetzt das demokratischste Wahlrecht irgendeines Großstaats glatt angenommen hat? Und glaubt jemand, es bestehe kein Zusammenhang zwischen der Selbstverständlichkeit dieses Vorgangs und der Haltung der englischen Arbeiterschaft? Und damit vergleiche man nun den Zustand, daß in einem Augenblick äußerster Angespanntheit, wo alles auf des Messers Schneide steht, die preußische Wahlrechtskommission sich mit den Quisquilien dieser Herrenhausvorlage befaßt und bei dem Wust willkürlicher Anträge – dem Produkt des Versuchs, eine Ständevertretung herauszuklügeln in einer Zeit, in der es nun einmal keine »Stände« gibt – noch wochenlang befassen will? Statt daß sofort und vor allem die von den Massen mit leidenschaftlicher Ungeduld erwartete Entscheidung darüber herbeigeführt würde: ob das gegebene Versprechen wahrgemacht wird *oder nicht?*, und ob man, wie nach den bisherigen Verhandlungen zu erwarten, es auf die innerpolitischen und kriegspolitischen Konsequenzen einer *negativen* Antwort ankommen lassen will? Für den Fall einer solchen weiß jedermann im Lande, daß es *keine Macht gibt,* welche dann die Massen der Arbeiterschaft halten könnte, selbst wenn sie wollte. Der Eintritt des

Konflikts würde nun gewiß nicht, wie manche Angstmeier glauben, »russische Zustände« heraufführen. Schlechthin alle Vorbedingungen dafür fehlen, und das Standgericht funktioniert in Deutschland präzis. Auch nicht, wie das Ausland offenbar hofft, einen Zusammenbruch des deutschen Heeres. Aber einen *deutschen Sieg zu verhindern,* wäre er allerdings genügend. Und nebenher würde noch etwas anderes verscherzt: die *ganze politische Zukunft* Deutschlands. Die Zustände, welche nach dem Frieden einträten, würden unsere Politik für Jahrzehnte lahmlegen. Das mag den Wahlrechtsinteressenten des Landtags gleichgültig sein. Einem nationalen Politiker aber nicht. Da es ausgeschlossen erscheint, daß das Privilegienparlament aufrichtig auf die »Forderung des Tages« eingeht, muß erneut verlangt werden, daß das *Reich* sie in der Art des seinerzeit hier vorgeschlagenen Wahlrechtsnotgesetzes löst. Jede Verzögerung verschärft Umfang und Konsequenzen des Konflikts. Das wissen die Wahlrechtsinteressenten zweifellos auch ihrerseits. Und die trotzdem betriebene Verschleppung beruht, wie jedermann weiß, auf der Spekulation auf einen *Umschwung innerhalb der Regierungspolitik.* Auf der *Befürchtung,* daß ein solcher eintreten könnte, beruht aber auch das Ausbrechen des *Ausstandes.* Und zu dem Mißtrauen, welches im Laufe dieses Monats scheinbar unvermittelt gegen unsere innere und äußere Politik bei uns, und nicht nur bei uns, wieder ins Kraut geschossen ist, haben eine Anzahl Umstände beigetragen, denen man ruhig und sachlich ins Auge sehen muß. Von ihnen soll in weiteren Ausführungen die Rede sein.

II.[1]

Die *schwere Verantwortung,* welche auf der Berliner Streikleitung ruht, ist in der Presse mit Recht nachdrücklich betont worden. Wenn sie offenbar die Erwartung gehegt hat: daß, ihrer Aufforderung entsprechend, das Vorgehen in den Hauptstädten der Ententestaaten Nachahmung finden und dieser gleichzeitige Druck den Beginn von Friedensverhandlungen erzwingen werde, so ist das Experiment *negativ* ausgefallen. Unter diesen Verhältnissen wäre die Fortsetzung des Ausstandes auch von diesem Standpunkt aus durch nichts zu rechtfertigen.

[1] Frankfurter Zeitung vom 5. Februar 1918.

Dies vorausgeschickt, scheint es aber an der Zeit, auch nach der anderen Seite festzustellen, welche Verhältnisse unseres *Staatslebens* an den beklagenswerten Ereignissen die Schuld tragen.

1. Von einem im Krieg befindlichen Staatsorganismus, zumal einem monarchischen, erwartet man vor allem eins: *amtliche Disziplin.* | Sie hat gefehlt. Denn für jene unerhörten Ausschreitungen der Berliner Presse geht es nicht an, nur deren eigene »Disziplinlosigkeit« verantwortlich zu machen. Das Beispiel dazu wurde von ganz anderen Stellen gegeben.

Gegensätze der Ansichten und ein Ringen um die einzunehmende Haltung hat es auch zwischen Bismarck und Moltke gegeben. Sie liegen in solchen Fällen eben in der Sache. Das Unerhörte war, daß diese Auseinandersetzungen unter den Ressorts diesmal in der Form einer *Pressedemagogie* gegen die leitenden Staatsmänner *in die Öffentlichkeit* getragen wurden. Dies *Unerhörte* aber ist für Deutschland nachgerade typisch geworden. Die Verantwortung dafür geht leider auf den Großadmiral von Tirpitz zurück. Es ist bekannt, daß das Verhalten einer ihm unterstellten Instanz, welches er wohl nicht veranlaßt, aber eben *geduldet* hatte, seinerzeit rückhaltlos preisgegeben werden mußte. Viel zu spät hat damals die Zensur der demagogischen Ausbeutung einer der schwierigsten *rein militärischen* Fragen ein Ende gemacht. *Welche Instanz hat diesmal das gleiche Schauspiel verschuldet?* Ist gegen diese unerhörte, an Landesverrat grenzende Indiskretion und Disziplinlosigkeit militärischerseits das Erforderliche geschehen? Die internationale und innerpolitische Lage gestattet uns derartige Fehler nicht. Denn über die Rückwirkungen bei uns und anderswo kann niemand im Zweifel sein.

2. Von einem im Krieg befindlichen Staatsorganismus verlangt man: *einheitliche Haltung,* zum mindesten: vor dem *Feinde.* Sie hat gefehlt. Was General Hoffmann bei den Verhandlungen sagte, traf inhaltlich durchweg zu und widersprach inhaltlich auch nicht den Ausführungen, welche namens der politischen Leitung gemacht worden waren. Aber kein Unbefangener kann ernstlich leugnen, daß in dem entscheidenden Punkt für eine Erörterung: im Ton, das *genaue Gegenteil* von dem getan wurde, was der Vertreter der Außenpolitik getan hatte. Daß angesichts der unwahrhaftigen Phrasen der Gegner dem als Persönlichkeit sympathischen General die Geduld riß, ist ihm menschlich gewiß nicht zu verdenken. Politisch aber war die Lage die: daß der selbstverständliche Zweck des Feindes, uns zur

Schwächung unserer Position zunächst vor der Welt, vor allem aber: vor der Bevölkerung verbündeter Staaten formal *ins Unrecht zu setzen*, vollständig gelang und ihm also in die Karten gespielt worden war. Der höhnische Triumph in der Prawda (Nr. 229 von 17. 1.), die Ereignisse in Wien | und die dortigen Erörterungen müssen jeden darüber belehrt haben: daß hier ein Fehler gemacht worden ist. Fehler passieren überall. Aber für jeden, der sie kannte, war der Kommentar der rechtsstehenden Presse vorauszusehen: endlich sei »der richtige Ton *gegen Sozialdemokraten*« wiedergefunden worden. Dies erst hat den *vom Feinde beabsichtigten* Erfolg auch in den Köpfen der Berliner Arbeiter angerichtet. Das Resultat des uneinheitlichen Vorgehens aber war: eine Schwächung unserer Stellung.

3. Der Eindruck, den die schmachvolle, gegen unabhängige Politiker, Presse und Körperschaften ehrabschneiderische Agitation der (in ihrer Vergangenheit teilweise recht anfechtbaren) Journalisten der sogenannten »Vaterlandspartei« auf die Arbeiterschaft gemacht hat, läßt sich leicht ermessen. Jeder Arbeiter *weiß* ja, weit besser als die zahlreichen persönlich vortrefflichen, aber politisch absolut arglosen Mitläufer, in *wessen* Interesse hier gearbeitet wird. Die vernichtende Wirkung des Eindrucks davon, daß diese für einflußreich geltenden Kreise der *Geldmacht* ins Garn gingen, stellt sich der Außenstehende meist nicht groß genug vor. *Wo immer* diese Agitation auftrat, hat sie – wie schon die Hergänge in den Versammlungen bewiesen – dem wildesten Protest der Massen den Boden bereitet, und man darf es als erfreulich bezeichnen, daß trotzdem die überwiegende Mehrzahl auch der sozialdemokratischen Arbeiter nicht alle Besonnenheit verloren hat. Das Gefährliche aber war, daß der Eindruck entstand: politisch maßgebende Stellen ließen sich von diesem Treiben imponieren. Der Eindruck aber war erklärlich.

Als einziges greifbares »Resultat« der letzten »Krise« erschien der Rücktritt des Chefs des Zivilkabinetts. Ob und welche Art von Politik er eigentlich seinerseits begünstigt hat, weiß der Außenstehende nicht, und alle darüber umlaufenden Behauptungen scheinen zweifelhaft. Das Entscheidende waren die Hoffnungen, welche sich an seinen Rücktritt knüpften. Über diese aber belehrte der Kommentar der rechtsstehenden Berliner Presse: es sei nun wieder der »Zutritt zum Monarchen« frei, dem er immer im Wege gestanden oder – wie privatim gesagt wurde – den er durch seine Assistenz immer »gestört« habe. *Freier Zutritt für welche Kreise?* Nicht die Arbeiterschaft und auch nicht nationale unabhängige Politiker haben das Ohr der deutschen Fürsten. Die »Kreuzzeitung« war kürzlich frivol genug, die Erinnerung an die glücklicherweise vergessene *Zuchthausvorlage* wieder heraufzubeschwören. Jedermann, vor allem jeder Arbeiter mit Ehrgefühl, | weiß sehr gut, welche Kreise es gewesen sind, welche damals eine in einem Augenblick des Unmuts getane private Äußerung des Monarchen in die *Öffentlichkeit* zerrten und dadurch eine Kluft schufen, deren Überwindung erst der 4. August 1914 gebracht hatte. Es ist klar, welche Rückwirkungen solche Reminiszenzen und Erwartungen dieser Kreise auf die Stimmung der Arbeiterschaft haben müssen.

Wer vor drei Wochen die Gelähmtheit der Regierungsstellen, das irrsinnige Treiben jener Presse und das *Verhalten der Zensur* dazu beobachtete, fühlte den *Argwohn der Massen* aufsteigen, dessen Kind der Streik gewesen ist. Es sind alles in allem auf seiten des Regierungsapparats auch schwere Mängel vorhanden und dadurch Fehler passiert, nicht nur auf seiten der Sozialdemokratie. Über diese Fehler sollte man beiderseits zur Tagesordnung übergehen. Es kann heute jedermann sehen, wo im Kriege die Stärke demokratischer Staaten liegt. Ein englischer Minister verkehrt in solchen Fällen mit der Arbeiterschaft wie einer ihresgleichen, und es zeigt sich immer wieder, daß dieses unserer Bürokratie so fremde System dazu führt, das Vertrauen und den Siegeswillen der Arbeiterschaft dem Staate und den Interessen der Nation zu erhalten. An formalistischen Bedenken darf eine Einigung keinesfall scheitern. *Man verbreitere den Kreis der zu den Erörterungen Zuzuziehenden soweit wie irgend möglich* und ziehe vor allem auch die *nicht* am Streik beteiligte Arbeiterschaft heran. Mit dem formalistischen Festhalten des Grundsatzes: mit streikenden Arbeitern nicht reden zu wollen, kommt man nicht weiter und arbeitet dem Feinde in die Hände. Es haben nun einmal Gründe vorgelegen, welche den Argwohn der Arbeiterschaft erregen konnten. *Dieser Argwohn* aber ist das Entscheidende. Er muß um des Vaterlandes willen auch dann beseitigt werden, wenn das Verhalten der Arbeiterschaft zu Tadel Anlaß gibt. Die Zeiten sind nicht dazu geeignet, über Formfragen der überlieferten »Ordnung« die Interessen der Nation, in deren Dienst auch die »Ordnung« zu stehen hat, zu Schaden kommen zu lassen.

III.[1]

Der jetzige Streik war zweifellos ein unangenehmer Zwischenfall für die Interessen des Krieges wie des Friedens. Dennoch ist es – | mir wenigstens – *vollständig unmöglich, sich darüber zu entrüsten,* wie es vielfach geschieht. Denn er war ganz und gar die Frucht dessen, was andere gesät hatten. Und es ist leider Tatsache: daß die sozialdemokratische Partei keine andere Wahl hatte, als (in der Hauptsache) ähnlich zu handeln, wie sie tat. Daß dabei ihre »Regie« nicht wesentlich besser war als die unserer ganzen Politik seit Jahren auch, ist eine Sache für sich. Aber dem, was die Partei wollte, wird man trotz mancher Fehler künftig gerechter werden als jetzt in der Hitze des Augenblicks. Nicht einmal, nein hundertmal war von Sozialdemokraten gesagt worden: »Geht diese Hetze so weiter, so sind die Leute nicht zu halten.« Öffentlich es zu tun, war unmöglich: das wäre als »Drohung« denunziert worden. Aber der Streik war ganz selbstverständlich angesichts dessen, was man in Berlin Mitte Januar erlebte und was tatsächlich jeden, der einen rein sachlichen Betrieb der Politik verlangt, zum Rasen bringen konnte: wildeste Demagogie ohne Demokratie, vielmehr *wegen* fehlender Demokratie. Man muß dort gewesen sein, um das zu verstehen: man glaubte, im Irrenhaus zu sein – oder: in Athen nach der Arginusenschlacht.

Alles Gerede, daß die »Ausländer« beim Ausbruch beteiligt gewesen seien (in Einzelfällen denkbar, aber sicher absolut nebensächlich), daß die »disziplinlose Jugend« Träger sei (in gewissem Umfang in Berlin richtig), geht völlig in die Luft. Denn niemals hätten solche Einflüsse Macht gewinnen können ohne eine ganz bestimmte Atmosphäre. Das Spezifische dieser aber war keineswegs geschaffen durch die Schwierigkeiten der Lebensmittelversorgung. Es ist gewiß wahr, daß das Verhalten eines Teils der Landbevölkerung und die dadurch bedingten, jedem auffallenden Ungleichheiten der Lebensbedingungen im Land verbittern mußten, und die Art, wie General Groener, der trotz seiner Derbheit das Vertrauen in seine Sachlichkeit genoß, »abgesägt« worden war, hatte Mißtrauen hinterlassen. Aber draußen im Lande ist ja im ganzen die Versorgung eher besser als im früheren Winter. Nein, die Atmosphäre für den Streik war geschaffen worden: 1. durch die demagogische Art der Behandlung der

[1] Frankfurter Zeitung vom 7. Februar 1918.

deutschen *auswärtigen Politik*, durch eine von allen guten Geistern verlassene und *rein persönlich* motivierte Agitation, 2. durch die Art, wie mit dem Kapital von Vertrauen, welches die führende Persönlichkeit des Landes, in erster Linie die Heeresleitung, genoß, von einer skrupellosen Parteihetze gewirtschaftet worden war. |

Sachliche Kriegsziele durch *sachliche* Aussprache den Arbeitern verständlich zu machen, ist keineswegs schwer. So arbeitet der Feind, und mit Erfolg. Jeder englische Minister sucht Gelegenheit zu Aussprachen, und zwar – da liegt der Unterschied! – am meisten dann, wenn die Arbeiterschaft, sei es aus objektiv noch so unzutreffenden Gründen, mißtrauisch wird oder mit Streik droht. Daß es der englischen Regierung gelungen ist, trotz schwerer materieller Notlage ihre Arbeiterschaft bisher sogar für *fremde*, und zwar annexionistische Kriegsziele (Elsaß) kriegswillig zu erhalten, spricht denn doch Fraktur für diese »demokratische« Methode. Es ist die Frucht des *Vertrauens*, kraft dessen der in diesem Sinn »demokratische« Staat – mag man es nun bei uns noch so ungern hören! – in den außenpolitisch entscheidenden Punkten sich als der »stärkere« erweist. Vor allem: auch als der stärkere an Nerven. Gewaltsamkeiten werden natürlich auch dort rücksichtslos standrechtlich unterdrückt, gleichzeitig aber werden unbekümmert darum die sachlichen Verhandlungen weitergeführt und vor allem: es wird nicht um Haaresbreite von einer staatsnotwendigen Reformpolitik abgewichen.

Natürlich kann man nun mit der Art, in welcher man bei uns im Sinne des *Amts*prestiges zu verfahren gewohnt ist, einmal, auch einige Male, so wie voraussichtlich jetzt, äußerlich durchkommen und äußerlichen Erfolg erzielen. Gesetzt aber, der Krieg dauert noch lange Zeit – und das ist bei der Haltung der Feinde möglich, und vor allem: es *muß*, *wenn* es nötig ist, unbedingt *möglich sein* –, dann kommt der Moment, wo dies Verfahren aus Gründen, die jedem klar sind, selbst solchen reinen Reflex-Ausständen wie dem jetzigen gegenüber *versagen* wird. Vollends dann versagen wird, wenn man durch die Art der inneren Politik die legitimen Vertreter der Arbeiterschaft dazu treiben sollte, ihrerseits den Kampf in die Hand zu nehmen.

Und nun weiter: Solche Aufrufe, wie die der Kommandierenden Generäle, z. B. von Karlsruhe, auch von Münster und anderwärts, an die Arbeiterschaft, kann jedermann nur unterschreiben. Denn die soldatische Gradheit des Tons wirkt sofort menschlich echt, ganz im Gegensatz zu der Unechtheit der üblichen sogenannten »Schneidigkeit«, die nur als eitle Prestigesucht wirkt. Aber man täusche sich doch nicht: die Wirkung auch solcher ausgezeichneten Worte ist seit dem Auftreten der sogenannten »Vaterlandspartei« auf das schwerste geschädigt. Man stelle sich doch einfach vor: welche *ungeheure Wucht* würde in solchen | Tagen jedes Wort *des* Mannes, der das größte Kapital von Vertrauen in der Nation besitzt, Hindenburg, hinter sich gehabt haben, wenn die elende Telegramm-Mache dieser Leute nicht ihr Parteisüppchen an seinem strahlenden Ruhm zu kochen versucht und dadurch ihn zu einer *Parteigröße* zu stempeln gewußt hätte. Dazu kommen nun gewisse typische psychologische Irrtümer der Militärs. Die Psychologie des militärischen Befehls ist nun einmal eine andere als die Psychologie der politischen Beeinflussung. Der Versuch jener politischen »Aufklärungsarbeit« im Heer ist alsbald, durchaus gegen den Willen der Offiziere, aber ganz unvermeidlich, *partei*politisch mißdeutet worden und hat daher schwer geschadet, wie heute nicht mehr zu verkennen ist. Es waren nicht die schlechtesten Freunde des Heeres, die in schwerer Sorge vor jeder Form seiner Politisierung gewarnt haben. Die Gradheit des Offiziers läuft allzu leicht den *Interessenten* ins Garn, wenn sie sich »national« aufspielen. Aber es darf nicht vergessen werden: so beschränkt ist die Arbeiterschaft nun einmal nicht, daß sie bei politischen Äußerungen eines Offiziers sich nicht sagte: »Es sind nicht Leute aus unserer Mitte.« Das billige patriotische Moralisieren vollends über den Streik nutzt schlechterdings gar nichts. Denn es ist nicht der Weg, der Arbeiterschaft das Vertrauen zu erhalten: daß es auch ihr Staat ist, auch ihre Zukunft, für die sie ertragen muß, was die Notwendigkeit ihr auferlegt.

Schlechterdings unmöglich aber war das, nachdem die Vorgänge im Januar mit Händen greifen ließen: daß leider ein Teil der einflußreichsten Kreise der Nation die *äußere Politik* und die Frage nach Krieg und Frieden ausschließlich und allein teils nach rein personalen, teils nach partei- und interessenpolitischen Gesichtspunkten der *inneren Politik* behandelte. Das aber war ohne weiteres erkennbar. Es trat schon in den schreienden Widersprüchen der »Begründung« jener beispiellosen, gegen den Reichskanzler und andere Staatsmänner gerichteten Hetze innerhalb der gleichen politischen Richtungen und Blätter zutage. Man stelle sich vor: einerseits war, nach der »nationalen« Presse, unseren künftigen Freunden, den Russen, zu viel abverlangt worden (»Kreuzzeitung«). Andererseits war die

Errichtung neutraler Zwischenstaaten auf den Okkupationsgebieten nicht genügend (»Kreuzzeitung«). Einerseits war die Gelegenheit sofortigen Friedens »verpaßt«, andererseits war nicht genug Schneid entwickelt worden. Teils sollten die Balten zu Deutschland kommen, teils sollten rein militärische Rücksichten | maßgebend sein: das bedeutete, daß jetzt, fünf Vierteljahre nach dem November-Manifest, das seit zwei Jahren versunkene sogenannte »Schwartenprojekt« (neue Teilung Polens) neu ausgegraben wurde. Oder es spukte (in der »Vossischen Zeitung«) wieder die unsterbliche Seifenblase eines künftigen »Kontinentalbundes« (offenbar: der Vierbundmächte mit Rußland, und ich weiß nicht wem noch) gegen die Angelsachsen: eine Idee, über welche, ohne Unterschied der Partei, jeder Russe nicht nur, sondern ebenso jeder Österreicher, Ungar, Bulgare, Türke doch einfach hell auflacht! (Was in aller Welt sollte diese kreditbedürftigen Nationen eigentlich an einem solchen Bunde reizen?) Usw.

Wer über Außenpolitik redet, hat die Pflicht der *sittlichen Selbstzucht* und des *Augenmaßes.* Welches ist unser Interesse gegen Osten? Da der innerdeutsche Osten um ein Viertel dünner besiedelt ist als Polen, da wir bei uns selbst noch Rekrutierungsmaterial für zehn Armeekorps in Bauernstellen unterbringen könnten, da wir vor dem Krieg jährlich eine Million Fremder als Arbeitskräfte im Lande brauchten, – so ist der Plan: deutschen Nachwuchs als einen Bevölkerungsklecks am Rigaischen Meerbusen zu vergeuden, nun hoffentlich erledigt. Und was die Balten anlangt, so sind sie zwar eine prachtvolle Spielart des Deutschtums, haben aber (bis ihnen das Wasser an den Mund ging) früher nie die geringste Neigung bekundet, reichsdeutsche Bürger zu werden, und werden vor allem nicht erwarten, daß wir für die Zukunft die Pflicht von Blutopfern auf uns nehmen, welche ihre Zahl um das Zwanzigfache übertreffen, um ihnen jetzt dazu zu verhelfen. Denn eine unweigerlich früher oder später wiederkehrende *nationale,* und das heißt: bürgerliche russische Politik wird stets, mit *allen* Mitteln, als Mindestforderung geltend machen *müssen:* daß Riga jedenfalls in ein ähnliches Verhältnis zu Rußland tritt, wie das ist, in welchem Luxemburg sich zu Deutschland befindet (dessen innere Verhältnisse ja vollkommen autonom geregelt sind). Auch rein gefühlspolitisch ist aber den Deutschbalten das ihrige gegeben, wenn sie die »Selbstbestimmung« im Sinn der ausschließlich eigenen Verfügung 1. über ihren Besitz, auch zu Ansiedlungszwecken, 2. ihre Steuerkraft (zu Schul- und Kulturzwecken aller Art) und 3. ihre Rekrutierungskräfte (für Milizzwecke) in eigener Hand, also nach dem *Personalitätsprinzip, innerhalb* des künftigen, wie immer gearteten politischen Verbandes, dem Kurland angehört, besitzen. Realpolitisch aber ist Deutschland im Nordosten nur daran interessiert: daß die Grenzvölker in Zukunft keinesfalls *gegen* | *uns die Waffen führen* und daß die litauische Njemenlinie nicht zur Deckung einer Offensive gegen Ostpreußen verwendet wird. Das ist also der Sache nach: eine *Neutralisierungspolitik* gleichviel welcher Form, welche ersichtlich sowohl dem pazifistischen wie dem Selbstbestimmungsinteresse gerecht wird. Zeigt sich, daß demgegenüber innerhalb des Bolschewismus der Löhnungs- und Kontributionsmilitarismus über die *auch* vorhandenen friedlichen Elemente die Oberhand hat, dann wäre vielleicht der Waffenstillstand vom Übel. Und daß wir, solange die Räumung der besetzten Gebiete entweder englischen Operationen oder einer wiedererstehenden Regierung Miljukows zugute kommen könnte – also: bis zum Ende des Krieges –, aus zwingenden Sicherheitsgründen nicht einfach ganz dort fortgehen können, muß in Deutschland und Rußland jeder einsehen. (Im übrigen sollte *alsbald* mit Stammrollen für örtliche Milizen und mit der Verbreiterung der Grundlagen der Vertretungskörper vorgegangen werden!)

Und im Westen? Der hier stets vertretene Standpunkt möge *ohne alle Rücksicht auf das Geschwätz der Sykophanten* wiederholt werden. Die zuverlässig bundestreuen Politiker bei unseren Bundesgenossen (z. B. Graf Andrassy) haben völlig recht: die Lösung liegt nur in einer *sachlichen* aufrichtigen Verständigung zwischen Deutschland und England. Gelänge sie in einer Art, welche uns keinen Zweifel an Aufrichtigkeit ließe, dann wäre die sogenannte belgische »Frage« ebenso gelöst, wie sie es vor Eintritt der Spannung war. Es scheint fast, daß es wünschenswert wäre, daß die Verständigung mit der *konservativen* Partei in England sich vollzöge. Aber freilich: zur Verständigung *gehören zwei*. Und vom Standpunkt sachlicher Politik ist vorerst mit Bedauern festzustellen: daß anscheinend auch Lord Lansdowne geglaubt hat, der Straßenpolitik gewisse Konzessionen machen zu müssen. Wenn englische Politiker vom Elsaß und »reparations« reden, so sorgen sie nur dafür, sich die deutsche Demokratie für alle Zeit zum Todfeind zu machen. Mögen sie das mit sich ausmachen. Mißverstehe man aber in England nicht den sachlichen Grund, aus welchem wir die Verständigung für nützlich halten. Es sei deutlich gesagt: Wir wünschen die Verständigung, weil, wenn jetzt noch ungeheure Blutopfer gebracht werden und wenn weitergekämpft wird, bis Frankreich erschöpft ist und Englands Handelsflotte zum größeren Teil auf dem Meeresboden ruht, 1. wir *alle beide* als aktionsfähige Großmächte zugunsten anderer lahmgelegt werden und weil – 2. dann, selbst wenn wir wollten, wir nicht hindern | könnten, daß die Stimmung in Deutschland Bedingungen forderte, welche Europa für Generationen auf die Spitze der Bajonette setzen und eine rein sachliche Politik unmöglich machen würden.

Unsere *sachliche* politische Lage wäre sachlich auch der deutschen Arbeiterschaft nicht schwer ins Bewußtsein zu hämmern. Nur müßte eben künftig die Behandlung solcher Bewegungen dem angepaßt werden. Gerechterweise muß andererseits von vornherein, auch von der Sozialdemokratie, anerkannt werden: Die Regierung hatte für ihr formell »bürokratisches« und »obrigkeitsstaatliches« Verhalten gewiß nicht zu unterschätzende Gründe. Es konnte etwas für sich haben, nicht nur dem Inland, sondern vor allem dem Ausland den Beweis zu erbringen, daß *diese* Art von Streiks, die nicht von den legitimen Organen der Arbeiter ausgehen, bei uns das Staatsgefüge *nicht* zu erschüttern vermag. Gut: das wird gelingen. Aber darüber dürfen die schweren Fehler, welche diese Streiks überhaupt und gerade jetzt herbeiführen, nicht übersehen werden. Und es kommt nun alles darauf an: ob es gelingt, den schweren *Argwohn,* welchen gewisse Vorgänge der letzten Wochen, und zwar sehr begreiflicherweise, erregt haben, und zu dessen Beschwichtigung natürlich die bloße Erklärung des Staatssekretärs des Innern: die Versprechungen würden erfüllt werden, *nicht* genügt, wieder zu beseitigen. Und dazu muß auch von den starken Seiten des Feindes gelernt werden. Dieser Argwohn aber gründet sich auf den Eindruck: daß maßgebende Kreise und Stellen bei uns dies elende Boulevardtreiben, wenn nicht begünstigen, dann – was schlimmer ist – *fürchten,* jedenfalls aber *beachten.* Es war denn doch ein Unfug, wenn politische Phantasten als Vertreter »unabhängiger Ausschüsse«, nur weil sie Professoren sind, sogar von deutschen Bundesfürsten empfangen wurden, obwohl sie die Reichsregierung in der skandalösesten Weise mit Schmutz beworfen hatten, und wenn andererseits Vertreter einer streikenden Arbeiterschaft von einem Minister nicht einmal *angehört* wurden. Der Zustand, daß *Ressort*erörterungen durch *Presse*demagogie ausgefochten und dadurch die Massen in Siedehitze versetzt werden, muß aber ganz unbedingt *an der Wurzel* abgeschnitten und es muß endlich das richtige Wort für diese das Vaterland verderbenden Treibereien gefunden werden. Das ist bisher öffentlich *nicht* geschehen. Bisher besteht vielmehr bei der Arbeiterschaft, wie im Reichstag gesagt wurde, noch immer der Eindruck, daß die Zensur bei einem Kampf dieser einflußreichen Kreise, hinter denen die *Geldmacht* steht, mit der sie selbst | ihre Kämpfe auszufechten haben, *gegen* die Reichsregierung arbeiten dürfe. Dieser Eindruck, der angesichts der unbehinderten Hetze in Berlin entstehen mußte, war es, der vor allen Dingen dazu geholfen hat, in Berlin die Vorbedingungen des Streiks zu schaffen. Wer eine mit den spezifischen Mitteln der Arbeiterschaft geübte Straßendemagogie verhüten will, muß auch die mit den spezifischen Mitteln der Geldmacht geübte Boulevard-Demagogie unterdrücken. Vor allem aber muß er darum besorgt sein, daß die einzigen Elemente der Massendisziplin: die *Gewerkschaften*, in der Lage sind, mit innerlicher Ehrlichkeit dafür sorgen zu können, daß das Vertrauen der Arbeiterschaft in die Aufrichtigkeit unserer inneren und äußeren Politik nicht durch eine gewissenlose Preßhetze derart untergraben wird, wie es Mitte Januar geschah.

PARLAMENT UND REGIERUNG IM NEUGEORDNETEN DEUTSCHLAND[1]

Zur politischen Kritik des Beamtentums und Parteiwesens

Vorbemerkung

Diese politische Abhandlung ist eine Umgestaltung und Erweiterung von Artikeln, welche im Sommer 1917 in der »Frankfurter Zeitung« veröffentlicht wurden[2]. Sie sagt keinem staatsrechtlichen Fachmann etwas Neues, deckt sich aber auch nicht mit der Autorität einer Wissenschaft. Denn die letzten Stellungnahmen des Wollens können mit den Mitteln der Wissenschaft nicht entschieden werden. Wem die geschichtlichen Aufgaben der deutschen Nation nicht grundsätzlich *über* allen Fragen ihrer Staats*form* stehen, oder wer jene Aufgaben grundsätzlich anders ansieht, auf den wirken die vorgebrachten Argumente nicht. Denn in dieser Hinsicht gehen sie von bestimmten Voraussetzungen aus. Von ihnen aus wenden sie sich gegen diejenigen, welche die Zeitlage auch jetzt noch für geeignet halten, zugunsten anderer politischer Gewalten gerade die Volksvertretung zu diskreditieren. Dies ist leider namentlich in ziemlich breiten akademischen und akademisch gebildeten *Literaten*kreisen seit nun 40 Jahren und noch während des Krieges geschehen. Sehr oft in der überheblichsten und maßlosesten Form, mit wegwerfender Gehässigkeit und ohne jede Spur von gutem Willen, die Existenzbedingungen leistungsfähiger Parlamente überhaupt auch nur verstehen zu wollen. In ihren politischen Leistungen sind die deutschen Volksvertretungen ganz gewiß nicht über die Kritik erhaben. Aber:

[1] Erschienen im Sommer 1918 in der Schriftenreihe »Die innere Politik«, herausgegeben von Siegmund Hellmann. (D. H.)

[2] Die endgültige Überarbeitung muß zu Beginn des Jahres 1918, also nach dem Abschluß und Erscheinen der Broschüre »Wahlrecht und Demokratie in Deutschland« erfolgt sein. Im übrigen siehe vorn das Vorwort zur zweiten Auflage, S. XXXV, XXXVI. (D. H.)

was dem Reichstag recht ist, ist anderen Staatsorganen billig, welche von jenen Literaten stets sorgsam geschont und oft geradezu umschmeichelt worden sind. Wenn es aber von Dilettanten zum wohlfeilen Sport gemacht wird, eine Lanze gegen den Parlamentarismus zu brechen, so ist es füglich an der Zeit, auch einmal ohne besondere Schonung die politische Einsicht dieser Kritiker zu prüfen. Mit sachlichen und vornehmen Gegnern – und auch solche gibt es zweifellos – wäre es gewiß eine Freude, sachlich zu streiten. Aber es widerspräche deutscher Ehrlichkeit, Respekt zu bekunden vor Kreisen, aus deren Mitte ebenso wie viele | andere auch der Verfasser wieder und wieder bald als »Demagoge«, bald als »undeutsch« oder als »Agent des Auslandes« verlästert wurde. Die zweifellose Gutgläubigkeit der meisten daran beteiligten Literaten war vielleicht das Beschämendste an solchen Exzessen.

Man hat gesagt: es sei jetzt nicht die Zeit, innerpolitische Probleme anzurühren, wir hätten jetzt anderes zu tun. »Wir?« – Wer? Doch wohl: die Daheimgebliebenen. Und was hätten diese zu tun? Auf die Feinde zu schelten? Damit gewinnt man keinen Krieg. Die Krieger draußen tun es nicht, und dies mit zunehmender Entfernung von den Schützengräben sich steigernde Schelten ist einer stolzen Nation schwerlich würdig. Oder: Reden und Resolutionen über das, was »wir« zuerst alles annektieren müssen, ehe »wir« Frieden schließen können? Dazu sei grundsätzlich bemerkt: Würde das Heer, welches die deutschen Schlachten schlägt, sich auf den Standpunkt stellen: »Was *wir* mit unserem Blut gewonnen haben, soll deutsch bleiben«, – nun, so würden »wir«, die Daheimgebliebenen, wohl noch das Recht haben, zu sagen: »Bedenkt, das wäre vielleicht politisch nicht klug.« Aber blieben sie trotzdem dabei, dann hätten »wir« zu schweigen. Daß jedoch »wir«, die Daheimgebliebenen, uns nicht scheuen, unseren Kriegern die Freude an ihren Leistungen zu vergiften, indem wir – wie es wieder und wieder geschehen ist – ihnen zurufen: »Wenn das und das von uns ausgedachte Kriegsziel nicht erreicht wird, dann *habt ihr umsonst geblutet«*, – das scheint mir schon rein menschlich schlechthin unerträglich, für den Willen zum Durchhalten aber ausschließlich schädlich. Dafür wäre es besser, stets erneut nichts anderes zu sagen als: daß Deutschland nach wie vor für seine Existenz ficht gegen ein Heer, in welchem Neger, Ghurkas und allerhand andere Barbaren aus allen Schlupfwinkeln der Erde an der Grenze bereitstehen, unser Land zur Wüste zu machen. Das ist die Wahrheit, das versteht jeder und das hätte die Einigkeit erhalten. Statt dessen haben es sich die Literaten zum Geschäft gemacht, allerhand »Ideen« zu fabrizieren, für welche, ihrer Ansicht nach, die Männer da draußen bluten und sterben. Ich glaube nicht, daß dies eitle Treiben irgendeinem unserer Kämpfer seine schwere Pflicht erleichtert hat. Der Sachlichkeit der politischen Erörterung hat es schwer geschadet.

Mir scheint, *unsere* Aufgabe daheim ist vor allem die: dafür zu sorgen, daß die heimkehrenden Krieger die *Möglichkeit vorfinden*, ihrerseits mit dem Stimmzettel in der Hand durch ihre gewählten Vertreter jenes Deutschland neu aufzubauen, dessen Bestand sie gerettet | haben, und also: die Hindernisse, welche die jetzigen Zustände ihnen dabei in den Weg stellen, fortzuräumen, damit sie nicht nach der Heimkehr, statt an den Aufbau zu gehen, zunächst gegen jene Hemmnisse sterile Kämpfe zu führen haben. Wahlrecht und Parlamentsmacht sind dafür aber nun einmal – das kann keine Sophistik fortdisputieren – die einzigen Mittel, und es ist wenig offen und ein starkes Stück, wenn man allen Ernstes geklagt hat: eine Reform, welche den Kriegern überhaupt erst die *Möglichkeit* entscheidender Mitbestimmung gibt, werde »ohne ihre Befragung« gemacht.

Man sagt ferner: jede Kritik an unserer Staatsform liefere den Feinden Waffen. Damit hat man uns 20 Jahre lang den Mund verbunden, bis es zu spät war. Was haben wir jetzt noch durch solche Kritik im Ausland zu verlieren? Die Feinde könnten sich beglückwünschen, wenn die alten schweren Schäden auch weiter bestehen blieben! Und gerade jetzt, wo der große Krieg in das Stadium getreten ist, in welchem wieder die Diplomatie das Wort ergreift, ist es hohe Zeit, alles dafür zu tun, daß nicht abermals die alten Fehler begangen werden. Dafür spricht vorerst leider wenig. Daß die deutsche Demokratie, wenn sie nicht ihre Zukunft verscherzen will, keinen schlechten Frieden schließt, wissen die Feinde, oder sie werden es erfahren.

Wer aus letzten Gründen des Glaubens *jede* Form autoritativer Herrschaft um ihrer selbst willen über *alle* politischen Interessen der Nation stellt, der mag sich dazu bekennen. Er ist unwiderlegbar. Aber man komme uns statt dessen nicht mit dem eitlen Gerede von dem Gegensatz der »westeuropäischen« und der »deutschen Staatsidee«. In den einfachen Fragen der Technik der Bildung des Staatswillens, von denen hier gehandelt wird, gibt es nicht beliebig viele, sondern, für einen Massenstaat, nur eine begrenzte Zahl von Formen. Für einen *sachlichen* Politiker ist es eine sachliche, je nach den politischen Aufgaben der Nation zu beantwortende Frage: welche davon für seinen Staat jeweils zweckmäßig ist. Nur ein beklagenswerter Kleinglaube an die Eigenkraft des Deutschtums kann vermeinen, das deutsche Wesen werde in Frage gestellt, wenn wir zweckmäßige staatstechnische Institutionen mit anderen Völkern teilen. Ganz abgesehen davon, daß weder der Parlamentarismus der deutschen Geschichte fremd, noch irgendeines der ihm entgegengesetzten Systeme nur Deutschland eigen gewesen ist. Daß auch ein parlamentarisierter deutscher Staat *anders* aussehen wird als jeder andere, dafür sorgen völlig zwingende sachliche Umstände. Daraus | aber einen Gegenstand der *Eitelkeit* für die Nation zu machen, wäre nicht sachliche, sondern eben: Literatenpolitik. Ob eine wirklich brauchbare parlamentarische Neuordnung in Deutschland kommt, wissen wir heute nicht. Sie kann sowohl von rechts her hintertrieben wie von links her verscherzt werden. Auch das letztere. Denn auch über Demokratie und Parlamentarismus stehen selbstverständlich die Lebensinteressen der Nation. Würde aber das Parlament versagen und käme infolgedessen das alte System wieder, so hätte das allerdings weittragende Folgen. Auch dann würde man das Schicksal dafür segnen dürfen, ein Deutscher zu sein. Aber auf große Hoffnungen für Deutschlands Zukunft würde man dann endgültig verzichten müssen, *ganz einerlei,* wie der Frieden aussieht.

Der Verfasser, der vor bald drei Jahrzehnten konservativ wählte und später demokratisch, dem damals die »Kreuzzeitung« und jetzt liberale Blätter Gastrecht gewährten, ist weder aktiver Politiker, noch wird er es sein. Er verfügt – auch das sei vorsichtshalber bemerkt – über keinerlei Beziehungen gleichviel welcher Art zu irgendwelchen deutschen Staatsmännern. Er hat allen Anlaß zu dem Glauben, daß keine Partei, auch nicht auf der Linken, sich mit dem, was er sagt, identifizieren werde, vor allem mit dem ihm persönlich Wichtigsten (Kap. IV), welches zugleich das ist, worüber parteipolitische Meinungsverschiedenheiten überhaupt *nicht* bestehen. Er hat seinen politischen Standpunkt so wie jetzt gewählt deshalb, weil die Erfahrungen der letzten Jahrzehnte ihn seit langem zu der festen Überzeugung gebracht hatten: daß die bisherige Art der staatlichen Willensbildung und des politischen Betriebes bei uns *jede* deutsche Politik, gleichviel welches ihre Ziele seien, zum Scheitern verurteilen müsse, daß dies bei gleichbleibenden Verhältnissen künftig immer wieder genau so sein werde, und daß keinerlei Wahrscheinlichkeit dafür bestehe, daß auch dann immer wieder Heerführer erstehen werden, die unter unerhörten Blutopfern der Nation uns aus der politischen Katastrophe militärisch heraushauen können.

Staatstechnische Änderungen machen an sich eine Nation weder tüchtig, noch glücklich, noch wertvoll. Sie können nur mechanische Hemmnisse dafür forträumen und sind also lediglich Mittel zum Zweck. Und man mag es vielleicht beklagen, daß so bürgerlich nüchterne Dinge, wie sie hier, unter absichtlicher Selbstbescheidung und Ausschaltung aller der großen *inhaltlichen* Kulturprobleme, die uns bevorstehen, erörtert werden, überhaupt wichtig sein *können*. Aber es ist nun einmal so. | Im großen lehrt es die Politik der letzten Jahrzehnte. Im kleinen war in allerjüngster Zeit das völlige Scheitern der politischen Leitung des Reichs durch einen selten tüchtigen und sympathischen Beamten eine Art von Probe auf die in den kurz vorher publizierten Artikeln aufgemachte Rechnung. Wem alle diese Erfahrungen nicht genügen, dem genügt überhaupt kein Beweis. Der Politiker rechnet bei staatstechnischen Fragen mit den nächsten Generationen. Und diese kleine Gelegenheitsschrift will durchaus nur »der Zeit dienen«.

Die lange Verzögerung der von ähnlich gesinnten Freunden angeregten Veröffentlichung in dieser Form hatte zunächst in anderweitiger Inanspruchnahme, dann, seit November, in den üblichen technischen Schwierigkeiten des Drucks ihren Grund.

DER VERFASSER

1. Die Erbschaft Bismarcks

Die heutige Lage unseres parlamentarischen Lebens ist eine Hinterlassenschaft der langjährigen *Herrschaft des Fürsten* Bismarck in Deutschland und jener inneren Stellung, welche die Nation seit dem letzten Jahrzehnt seiner Reichskanzlerschaft zu ihm einnahm. Diese Stellungnahme findet kein Beispiel in der Haltung irgendeines anderen großen Volkes zu einem Staatsmann von dieser Größe. Nirgends sonst in der Welt hat selbst die schrankenloseste Bewunderung der Persönlichkeit eines Politikers eine stolze Nation veranlaßt, ihre eigenen sachlichen Überzeugungen ihm so restlos zu opfern. Und andererseits hat sachliche Gegnerschaft gegen einen Staatsmann von so ungeheuren Dimensionen sehr selten sonst ein solches Maß von Haß ausgelöst, wie er seinerzeit gegen Bismarck auf der äußersten Linken und in der Zentrumspartei Deutschlands entstanden war. Woher kam das?

Die Nachwirkung der gewaltigen Ereignisse von 1866 und 1870 vollzog sich, wie oft, erst an der Generation, welche zwar die siegreichen Kriege als unauslöschlichen Jugendeindruck miterlebt, von den tiefen innerpolitischen Spannungen und Problemen aber, welche sie begleiteten, keine eigene klare Anschauung hatte. In ihren Köpfen erst wurde Bismarck zur Legende. Jenes Geschlecht politischer Literaten, welches seit etwa 1878 in das öffentliche Leben eintrat, spaltete sich in seiner Haltung zu ihm in zwei ungleich große Hälften, von denen die eine, größere, nicht etwa die Großartigkeit seines feinen und | beherrschenden Geistes, sondern ausschließlich den Einschlag von Gewaltsamkeit und List in seiner staatsmännischen Methode, das scheinbar oder wirklich Brutale daran, anschwärmte, die andere aber mit kraftlosem Ressentiment dagegen reagierte. Wenn die zweite Spielart nach seinem Tode schnell verschwand, so wurde die erste seitdem literarisch erst recht gepflegt. Sie prägt seit langem die historische Legende der konservativen Politiker nicht nur, sondern auch ehrlich begeisterter Literaten und endlich aller jener Plebejer des Geistes, welche durch äußerliche Nachahmung seiner Gesten sich als Geist von seinem Geist zu legitimieren meinen. Bismarck selbst hatte für diese letzte, bei uns nicht einflußlose Schicht beglaubigtermaßen ausschließlich die tiefste Verachtung, so bereit er natürlich war, diese seine Höflinge gegebenenfalls politisch ebenso zu benutzen wie andere Leute vom Schlage des Herrn Busch. »Phrasenhaft im Inhalt und schülerhaft in der Form« schrieb er auf den Rand eines (im heutigen Sinn) »alldeutschen« Gutachtens, welches er sich einmal probeweise von einem Mann erbeten hatte, der von den heutigen Vertretern dieser Spielart sich immerhin dadurch wesentlich unterschied, daß er auf eigene nationale Leistungen nicht mit dem Munde, sondern mit kühner Tat hinweisen konnte. Wie BISMARCK aber über seine konservativen Standesgenossen dachte, ist in seinen Denkwürdigkeiten niedergelegt.

Er hatte zu deren Geringschätzung einigen Grund. Denn was hatte er erlebt, als er 1890 aus dem Amt scheiden mußte? Daß das Zentrum, dem er den Attentäter KULLMANN »an die Rockschöße gehängt«, die Sozialdemokraten, gegen welche er die Hetzjagd des Ausweisungsparagraphen im Sozialistengesetz losgelassen, die damaligen Freisinnigen, die er als »Reichsfeinde« stigmatisiert hatte, Sympathie äußern sollten, war billigermaßen zu viel verlangt. Aber die anderen, unter deren lautem Beifall dies alles geschehen war? Auf den preußischen Ministersesseln und in den Reichsämtern saßen *konservative* Kreaturen, die er allein aus dem Nichts gehoben hatte. Was taten sie? Sie blieben sitzen. »Ein neuer Vorgesetzter«: damit war für sie der Fall erledigt. Auf den Präsidentenstühlen der Parlamente im Reich und in Preußen saßen *konservative* Politiker. Was riefen sie dem scheidenden Schöpfer des Reichs zum Abschied nach? Sie gedachten des Zwischenfalls mit keinem Wort. Welche von den großen Parteien seiner Gefolgschaft verlangte auch nur Rechenschaft über die Gründe seiner Entlassung? Sie alle rührten sich nicht, sondern wandten sich der neuen Sonne zu. | Der Vorgang findet in den Annalen keines stolzen Volkes seinesgleichen. Aber die Geringschätzung, welche er verdient, kann durch jene BISMARCK-Begeisterung, welche die gleichen Parteien später in Erbpacht nahmen, nur noch erhöht werden. Seit nun fünfzig Jahren haben die preußischen Konservativen politischen *Charakter* im Dienst großer staatspolitischer oder idealer Ziele – so wie die STAHL und GERLACH und die alten Christlich-Sozialen in ihrer Art sie hatten – *niemals* gezeigt. Man prüfe die Geschehnisse nach: *ausschließlich* dann, wenn es entweder an ihre Geldinteressen oder an ihr Amtspfründenmonopol und ihre Ämterpatronage oder (was damit identisch ist) an ihre Wahlrechtsprivilegien gehen sollte: – *dann* freilich arbeitete ihre landrätliche Wahlmaschine rücksichtslos auch *gegen* den König. Der ganze traurige Apparat »christlicher«, »monarchischer« und »nationaler« Phrasen trat und tritt dann in Aktion: – genau das gleiche, was jene Herren jetzt den angelsächsischen Politikern bei deren Phrasenschatz als »cant« vorwerfen. Als es sich einige Jahre nach Bismarcks Entlassung um eigene *materielle* Interessen, zollpolitische vor allem, handelte, da erst besannen sie sich auf Bismarck als Vorspann und spielen sich seitdem allen Ernstes als Hüter seiner Traditionen auf. Es besteht triftiger Grund, anzunehmen, daß Bismarck selbst diesem Treiben auch damals nie anders als mit Mißachtung gegenüberstand. Private Äußerungen beweisen es. Wer will es ihm verdenken? Aber die Beschämung über jene Karikatur eines politisch reifen Volkes, welche die Nation im Jahre 1890 bot, darf doch den Blick dafür nicht trüben: daß Bismarck in dieser würdelosen Nichtigkeit seiner Parteigängerschaft in tragischer Art erntete, was *er selbst gesät* hatte. Denn eben diese politische Nichtigkeit des Parlaments und der Parteipolitiker hatte er gewollt und absichtsvoll herbeigeführt.

Niemals hatte ein Staatsmann, der nicht aus dem Vertrauen des Parlaments heraus an das Ruder gekommen war, eine so leicht zu behandelnde und dabei so zahlreiche politische Talente umfassende Partei als Partnerin wie Bismarck von 1867 bis 1878. Man mag die politischen Ansichten der damaligen nationalliberalen Führer ablehnen. Auf dem Gebiet der hohen Politik und an beherrschender Energie des Geistes überhaupt darf man sie natürlich nicht an Bismarck selbst messen, neben dem selbst ihre besten als Mittelmaß wirken, wie schließlich ja alle anderen Politiker des Inlands erst recht und die meisten des Auslands ebenso. Ein Genie erscheint nun einmal günstigenfalls alle Jahr|hunderte. Aber wir können dem Schicksal danken, wenn es die Leitung unserer Politik im Durchschnitt in die Hände von Politikern des Niveaus gelegt hätte und künftig legen würde, wie sie damals in jener Partei existierten. Es ist wahrlich eine der dreistesten Entstellungen der Wahrheit, wenn trotzdem politische Literaten bei uns der Nation einreden: »Das deutsche Parlament habe bisher große politische Talente nicht hervorzubringen vermocht.« Und es ist jämmerlich, wenn solchen Vertretern des Parlamentarismus, wie Bennigsen, Stauffenberg, Völk, oder auch der Demokratie, wie der preußische Patriot Waldeck, durch die gegenwärtige subalterne Literaten-Mode die Qualität von Repräsentanten *»deutschen Geistes«* abgesprochen wird, der in der Paulskirche mindestens ebenso stark lebte wie in der Bürokratie und besser als in den Tintenfässern dieser Herren. – Der große Vorzug jener Politiker aus der Blütezeit des Reichstages war zunächst: Sie hatten ihre eigenen Schranken und die Irrtümer ihrer Vergangenheit kennengelernt und anerkannten die ungeheure geistige Überlegenheit BISMARCKS. Nirgends hat er leidenschaftlichere ganz persönliche Bewunderer gehabt als in ihren Reihen, gerade auch in denen der späteren Sezessionisten. Und für ihr persönliches Niveau sprach vor allem eines: das völlige Fehlen allen Ressentiments gegenüber seiner überlegenen Größe. Davon wird jeder, der sie gekannt hat, alle irgend erheblichen Persönlichkeiten unter ihnen völlig freisprechen. Für den, der über die Vorgänge unterrichtet ist, grenzt es schlechterdings an Verfolgungswahn, wenn BISMARCK ernstlich die Vorstellung nährte, gerade *diese* Politiker hätten irgendwann daran gedacht, ihn zu »stürzen«. Stets erneut habe ich aus dem Munde ihrer Führer gehört: Bestände irgendwelche Chance, daß für die höchste Stelle stets ein neuer BISMARCK erstünde, dann wäre der Cäsarismus: die Regierungsform des Genies, die gegebene Verfassung für Deutschland. Das war völlig aufrichtige Überzeugung. Freilich hatten sie mit ihm dereinst die Klingen scharf gekreuzt. Ebendaher kannten sie *auch seine Schranken* und waren keineswegs geneigt, unmännlich das Opfer ihres Intellekts zu bringen, obwohl sie, bis zur Selbstverleugnung, immer wieder geneigt waren, ihm im Interesse der Vermeidung eines Bruchs entgegenzukommen, – ungleich weiter, als die Rücksicht auf die Stimmung der Wähler es zuließ, welche ihnen darin die Gefolgschaft zu versagen drohten. Einen Kampf um formale Parlamentsrechte mit dem Schöpfer des Reichs scheuten die nationalliberalen Politiker nicht nur deshalb, weil sie | voraussahen, daß ein solcher rein parteipolitisch nur dem *Zentrum* zur Macht verhelfen würde, sondern auch weil sie wußten, daß er BISMARCKS eigene Politik ebenso wie das Parlament auf lange hinaus in der sachlichen Arbeit lähmen würde: »Es gelingt nichts mehr«, hieß es bekanntlich in den achtziger Jahren. Ihre innerste, im internen Kreise oft ausgesprochene Absicht war: durch die Zeit der Herrschaft dieser grandiosen Persönlichkeit im Reich jene Institutionen hindurchzusteuern, auf deren Leistungsfähigkeit nun einmal später, wenn man sich auf Politiker gewöhnlicher Dimensionen würde einrichten müssen, die Stetigkeit der Reichspolitik allein beruhen könne. Zu diesen Institutionen zählten sie allerdings auch ein positiv mitbestimmendes und dadurch die großen politischen Begabungen anziehendes *Parlament* und: starke Parteien.

Sie wußten genau, daß die Erreichung dieses Zieles schlechterdings *nicht von ihnen allein* abhing. Sehr oft habe ich gelegentlich der großen Wendung von 1878 aus ihrer Mitte sagen hören: »Eine Partei in der völlig prekären Lage der unsrigen zu zerstören oder ihr die Fortexistenz unmöglich zu machen, dazu bedarf es keiner großen politischen Kunst. Aber wenn man es tut, so wird man eine andere große Partei, die rein sachlich mitarbeitet, nicht wieder schaffen können, sondern zum interessenpolitischen und zum Patronagetrinkgelder-System greifen müssen, dennoch aber die schwersten politischen Erschütterungen in den Kauf zu nehmen haben.« Man mag, wie gesagt, im einzelnen manche Stellungnahmen der Partei, deren Initiative schließlich doch die Amtsstellung des Reichskanzlers selbst in der Verfassung (Antrag BENNIGSEN), die Einheit des bürgerlichen Rechts (Antrag LASKER), die Reichsbank (Antrag BAMBERGER), überhaupt die Mehrheit aller noch heute sich bewährenden großen Reichsinstitutionen zu danken ist, beurteilen, wie immer man will. Es ist leicht, ihre fortwährend mit der schwierigen Lage BISMARCK gegenüber rechnende Taktik nachträglich zu kritisieren. Man kann die natürlichen Schwierigkeiten einer so rein politisch orientierten und dabei doch mit veralteter ökonomischer Dogmatik belasteten Partei den wirtschaftlichen und sozialpolitischen Problemen gegenüber für den Abstieg ihrer Stellung mit verantwortlich machen, – obwohl es schließlich in allen diesen Dingen bei den konservativen Parteien wahrlich nicht besser stand. Der Gegensatz ihrer Verfassungswünsche nach 1866 gegen BISMARCKS Ziele lag in ihren damaligen – nach TREITSCHKES Art – *unitarischen* Idealen (die wir inzwischen aus zum | Teil ganz außerpolitischen Gründen aufgegeben haben), nicht, wie man gern sagt, in »Kurzsichtigkeit«. In den fundamentalen politischen Voraussetzungen ihres Verhaltens hat ihnen jedenfalls die spätere Entwicklung *völlig recht gegeben.*

Sie konnten ihre selbstgewählte politische Aufgabe nicht durchführen und zerbrachen, letztlich nicht aus sachlichen Gründen, sondern weil BISMARCK *keine* wie immer geartete irgendwie selbständige, d. h. nach eigenen Verantwortlichkeiten handelnde Macht neben sich zu dulden vermochte. *Nicht* innerhalb der Ministerien. Einzelnen parlamentarischen Politikern wurde der Eintritt in die Ministerien angeboten; aber sie alle mußten die Erfahrung machen, daß BISMARCK schon im voraus klüglich Veranstaltungen traf, den neuen Mitarbeiter jederzeit durch rein persönliche Diskreditierung zu Fall bringen zu können (dies und nichts anderes war letztlich auch der Grund von Bennigsens Ablehnung). *Nicht* im Parlament; seine ganze Politik ging darauf aus, irgendeine starke und dabei irgendwie selbständige konstitutionelle Partei sich nicht konsolidieren zu lassen. – Dazu boten ihm, neben der höchst absichtsvollen und geschickten Ausnützung der zollpolitischen Interessenkonflikte, die Mittel vor allem: die *Militärvorlagen* und das *Sozialistengesetz.*

In *Militärfragen* war der innerliche Standpunkt der damaligen nationalliberalen Politiker nach meiner Kenntnis der: daß die Präsenzstärke des Heeres, welche sie so hoch wie irgend erforderlich zu halten geneigt waren, eben deshalb als rein *sachliche* Frage behandelt, der alte Zwiespalt der Konfliktszeit dadurch begraben und wenigstens diese Quelle demagogischer Erregung zum Heile des Reichs verstopft werden müsse. Die schlichte Feststellung durch das alljährliche *Budgetgesetz* war dafür das einzige Mittel. Keiner der Führer hat je bezweifelt, daß auf diesem Wege die erforderliche Vermehrung des Heeres ohne innerpolitische und internationale Erregung und Erschütterung vor sich gehen, und daß vor allem auch die Militärverwaltung bei dieser rein *sachlichen* Behandlung weit höhere Anforderungen in weit unauffälligerer Art durchsetzen werde, als wenn diese sachliche Frage mit innerpolitischen Machtinteressen der Amtsstellen gegenüber dem Parlament verquickt würde und dadurch die Militärfragen alle sieben Jahre sich auswüchsen zu einer katastrophenartig die Grundfesten des Reiches erschütternden politischen Sensation und einem wilden Wahlkampf unter der Parole: »Kaiser-Heer oder Parlaments-Heer!« Einer *tief unwahrhaftigen* | Parole: denn die Armee wurde ja durch jährliche Bewilligung nicht um Haaresbreite mehr Parlamentsheer als bei einer Bewilligung auf sieben Jahre. Zumal das Septennat ohnehin Fiktion blieb. Ausschließlich unter der Fragestellung: »Bewilligung der von *allen* bürgerlichen Parteien als erforderlich anerkannten Präsenzstärke auf drei oder sieben Jahre?« wurde der Reichstag 1887 aufgelöst und die Bewilligung auf nur drei Jahre als ein »Angriff auf Kronrechte« hingestellt. Genau drei Jahre später aber, 1890, wurde ein neues Gesetz über die Präsenzstärke eingebracht, was Windthorst nicht verfehlte, den Gegnern höhnisch, aber mit vollem Recht, vorzuhalten. Auf diese Art wurde der alte begrabene preußische Militärzwist in die Reichspolitik hinübergenommen und die Militärfrage mit parteipolitischen Interessen verknüpft. *Eben dies* aber wollte – das darf man nicht verkennen – Bismarck, der gerade in jener demagogischen Parole den Weg sah, den Reichstag und die liberalen Parteien einerseits bei dem Kaiser, der die Konfliktszeit durchlebt hatte, als »militärfeindlich« zu verdächtigen, andererseits aber die Nationalliberalen bei ihren Wählern wegen des Septennats als Verräter der Budgetrechte zu diskreditieren. Nicht anders das *Sozialistengesetz*. Die Partei war bereit, sehr weit entgegenzukommen, und selbst die Fortschrittler waren geneigt, Bestimmungen zu bewilligen, welche das, was sie »Klassenverhetzung« nannten, *allgemein* und dauernd unter gemeinrechtliche Strafe stellten. Aber Bismarck wollte gerade das *Ausnahmegesetz als solches*. Die Auflösung des Reichstags unter dem aufregenden Eindruck des zweiten Attentats ohne jeden Versuch, sich mit ihm zu verständigen, war ihm lediglich ein demagogisches Mittel, die einzige damals mächtige Partei zu sprengen.

Das gelang. *Und das Resultat?* Für die Notwendigkeit der Rücksichtnahme auf eine bei aller Kritik ihm innerlich eng verbundene, von Anfang an bei der Reichsgründung mitarbeitende *parlamentarische* Partei hatte Bismarck die dauernde Abhängigkeit vom *Zentrum*, einer auf *außer*parlamentarische, für ihn unangreifbare Machtmittel sich stützenden Partei, eingetauscht, deren tödlicher Haß gegen ihn trotzdem bis an seinen Tod währte. Als er später seine berühmte Rede vom Schwinden des »Völkerfrühlings« hielt, wurde ihm von Windthorst höhnisch, aber mit Recht entgegengehalten, daß er ja selbst die große Partei zerschlagen habe, die ihn in vergangenen Zeiten gestützt habe. Die von der nationalliberalen Partei verlangte Art der Sicherung des | Einnahmebewilligungsrechtes des Reichstages hatte er, weil sie die »Parlamentsherrschaft« begründe, abgelehnt, – und mußte nun dem Zentrum das genau Gleiche bewilligen, aber in der denkbar übelsten Form: in dem Trinkgelderparagraphen der sogenannten clausula Franckenstein, an die sich in Preußen die noch üblere, später mühsam wieder beseitigte lex Huene anschloß. Er mußte überdies die schwere Niederlage der Staatsautorität im Kulturkampf, für dessen ganz verfehlte Methoden er vergebens (und wenig redlich) die Verantwortung abzulehnen versucht hat, einstecken und bot andererseits der Sozialdemokratie in dem »Ausnahmegesetz« die denkbar glänzendste Wahlparole. Demagogie, und zwar eine sehr schlechte Demagogie, wurde in Bismarcks Händen auch die soziale Gesetzgebung des Reiches, so wertvoll man sie rein sachlich finden mag. Den Arbeiterschutz, der doch für die Erhaltung unserer physischen Volkskraft das Unentbehrlichste war, lehnte er als Eingriff in Herrenrechte (mit zum Teil unglaublich trivialen Argumenten) ab. Die Gewerkschaften, die einzig möglichen Träger einer sachlichen Interessenvertretung der Arbeiterschaft, ließ er aus dem gleichen Standpunkt heraus auf Grund des Sozialistengesetzes polizeilich zersprengen und trieb ihre Mitglieder dadurch in den äußersten rein parteipolitischen Radikalismus. Dagegen glaubte er, an gewissen amerikanischen Mustern orientiert, »Staatsgesinnung« und »Dankbarkeit« durch Gewährung staatlicher oder staatlich erzwungener *Renten* zu schaffen. Ein schwerer politischer Irrtum. Denn noch jede auf Dankbarkeit spekulierende Politik ist gescheitert: – auch für die politische Werkheiligkeit gilt das Wort: »Sie haben ihren Lohn dahin.« Wir erhielten Renten für die Kranken, die Beschädigten, die Invaliden, die Alten. Das war gewiß schätzenswert. Aber wir erhielten *nicht* die vor allem nötigen Garantien für die *Erhaltung* der physischen und psychischen Lebenskraft und für die Möglichkeit sachlicher und selbstbewußter *Interessenvertretung* der *Gesunden* und *Starken*, derjenigen also, auf die es, rein politisch betrachtet, doch gerade ankam. Wie im Kulturkampf, so war er auch hier über alle entscheidenden psychologischen Voraussetzungen hinweggeschritten. Und vor allem wurde in der Behandlung der Gewerkschaften das eine übersehen, was manche Politiker noch heute nicht begriffen haben: daß ein Staat, welcher den Geist seines Massenheeres auf *Ehre und Kameradschaft* gründen will, nicht vergessen darf, daß auch im Alltag, in den ökonomischen Kämpfen der Arbeiterschaft, das Gefühl für *Ehre und Kamerad|schaft* die allein entscheidenden sittlichen Kräfte zur Erziehung der Massen gebiert, und daß man sie deshalb sich frei auswirken lassen muß. *Dies* und *nichts anderes* bedeutet ja, *rein politisch* angesehen, »soziale Demokratie« in einem unvermeidlich noch auf lange hinaus kapitalistischen Zeitalter. Noch heute leiden wir unter den Folgen dieser Politik. Bismarck selbst aber hatte, alles in allem, um sich herum eine Atmosphäre und Lage geschaffen, welche 1890 im Falle seines Verbleibens im Amt nur die bedingungslose Unterwerfung unter Windthorsts Willen oder – den Staatsstreich zur Wahl stellte. Es war kein Zufall, wenn die Nation das Geschehnis seines Rücktritts mit vollkommener Gleichgültigkeit aufnahm.

Gegenüber den üblichen unterschiedslosen, kritiklosen und vor allem unmännlichen Verhimmelungen der Bismarckschen Politik schien es nachgerade am Platz, an diese Seite der Sache einmal zu erinnern. Denn ein großer und jedenfalls der einflußreichste Teil der populären Bismarckliteratur ist für den Weihnachtstisch des Spießbürgers zugeschnitten, der jene völlig unpolitische Art der Heldenverehrung bevorzugt, wie sie bei uns üblich geworden ist. Sie redet dieser Sentimentalität nach dem Munde und glaubt, ihrem Helden zu dienen, indem sie seine Schranken verhüllt und seine Gegner verlästert. Aber dadurch erzieht man eine Nation nicht zu eigenem politischem Denken. Bismarcks riesenhafte Größe kann sehr wohl vertragen, daß man auch die Andersdenkenden sachlich versteht und rücksichtslos feststellt: welche Folgen seine tiefe Menschenverachtung und der Umstand hatte, daß die Nation durch seine Herrschaft seit dem Jahre 1878 jener positiven Mitbestimmung ihres politischen Schicksals durch ihre gewählten Vertreter entwöhnt wurde, welche allein die Schulung des politischen Urteils ermöglicht.

Was war infolgedessen – für die uns hier interessierenden Seiten der Sache – Bismarcks *politisches Erbe?* Er hinterließ eine Nation *ohne alle und jede politische Erziehung,* tief unter dem Niveau, welches sie in dieser Hinsicht zwanzig Jahre vorher bereits erreicht hatte. Und vor allem eine Nation *ohne allen und jeden politischen Willen,* gewohnt, daß der große Staatsmann an ihrer Spitze für sie die Politik schon besorgen werde. Und ferner, als Folge der mißbräuchlichen Benutzung des monarchischen Gefühls als Deckschild eigener Machtinteressen im politischen Parteikampf, eine Nation, daran gewöhnt, unter der Firma der »monarchischen Regierung« fatalistisch *über sich ergehen zu lassen,* was man über sie beschloß, ohne Kritik an der politischen Qualifikation derjenigen, welche sich nunmehr auf Bismarcks leergelassenen Sessel niederließen und mit erstaunlicher Unbefangenheit die Zügel der Regierung in die Hand nahmen. An diesem Punkt lag der bei weitem schwerste Schaden. Eine politische Tradition dagegen hinterließ der große Staatsmann *überhaupt nicht.* Innerlich selbständige Köpfe und vollends Charaktere hatte er weder herangezogen, noch auch nur ertragen. Und der Unstern der Nation hatte überdies gewollt, daß er neben seinem rasenden Argwohn auf alle Persönlichkeiten, die ihm irgendwie als denkbare Nachfolger verdächtig waren, auch noch einen Sohn besaß, dessen wahrlich bescheidene staatsmännische Qualitäten er erstaunlich überschätzte. Demgegenüber nun als ein rein negatives Ergebnis seines gewaltigen

Prestiges: ein *völlig machtloses Parlament.* Er selbst hat sich bekanntlich dessen als eines Fehlers angeklagt, als er nicht mehr im Amte war und die Konsequenzen an seinem eigenen Schicksal erfahren hatte. Jene Machtlosigkeit bedeutete aber zugleich: ein Parlament mit tief herabgedrücktem geistigen Niveau. Zwar die naive moralisierende Legende unserer unpolitischen Literaten denkt sich die ursächliche Beziehung vielmehr gerade umgekehrt: weil das Niveau des Parlamentslebens niedrig gewesen und geblieben sei, deshalb sei es, und zwar verdientermaßen, machtlos geblieben. Höchst einfache Tatsachen und Erwägungen zeigen aber den wirklichen Sachverhalt, der sich übrigens für jeden nüchtern Denkenden von selbst versteht. Denn darauf: *ob große Probleme* in einem Parlament nicht nur *beredet,* sondern *maßgeblich entschieden* werden, – ob also etwas und *wie viel darauf ankommt, was im Parlament geschieht,* oder ob es nur der widerwillig geduldete Bewilligungsapparat einer herrschenden Bürokratie ist, stellt sich die Höhe oder Tiefe seines Niveaus ein.

II. Beamtenherrschaft und politisches Führertum

In einem modernen Staat liegt die wirkliche *Herrschaft,* welche sich ja weder in parlamentarischen Reden noch in Enunziationen von Monarchen, sondern in der *Handhabung der Verwaltung* im Alltagsleben auswirkt, notwendig und unvermeidlich in den Händen des *Beamtentums.* Des militärischen wie des zivilen. Denn vom | »Büro« aus leitet ja der moderne höhere Offizier sogar die Schlachten. Wie der sogenannte Fortschritt zum Kapitalismus seit dem Mittelalter der eindeutige Maßstab der Modernisierung der Wirtschaft, so ist der Fortschritt zum bürokratischen, auf Anstellung, Gehalt, Pension, Avancement, fachmäßiger Schulung und Arbeitsteilung, festen Kompetenzen, Aktenmäßigkeit, hierarchischer Unter- und Überordnung ruhenden Beamtentum der ebenso eindeutige Maßstab der Modernisierung des Staates. Des monarchischen ebenso wie des demokratischen. Dann jedenfalls, wenn der Staat nicht ein kleiner Kanton mit reihumgehender Verwaltung, sondern ein großer Massenstaat ist. Die Demokratie schaltet ja ganz ebenso wie der absolute Staat die Verwaltung durch feudale oder patrimoniale oder patrizische oder andere ehrenamtliche oder erblich fungierende Honoratioren zugunsten angestellter Beamten aus. Angestellte Beamte entscheiden über alle unsere Alltagsbedürfnisse und Alltagsbeschwerden. Von dem bürgerlichen Verwaltungsbeamten unterscheidet sich der militärische Herrschaftsträger, der Offizier, in dem hier entscheidenden Punkte nicht. Auch das moderne Massenheer ist ein *bürokratisches* Heer, der Offizier eine Sonderkategorie des Beamten im Gegensatz zum Ritter, Kondottiere, Häuptling oder homerischen Helden. Auf der Dienstdisziplin beruht die Schlagkraft des Heeres. Nur wenig modifiziert vollzieht sich der Vormarsch des Bürokratismus in der Gemeindeverwaltung. Je größer die Gemeinde ist oder je mehr sie durch technisch und ökonomisch bedingte Zweckverbandsbildungen aller Art unvermeidlich ihrer organischen lokalen Bodenständigkeit entkleidet wird, desto mehr. Und in der Kirche war nicht etwa das vielberedete Unfehlbarkeitsdogma, sondern der Universalepiskopat der prinzipiell wichtige Abschluß von 1870[1]. Er schuf die »Kaplanokratie« und machte im Gegensatz zum Mittelalter den Bischof und Pfarrer zu einem einfachen Beamten der kurialen Zentralgewalt. Nicht anders auch in den großen Privatbetrieben der Gegenwart, und zwar je größer sie sind, desto mehr. Die Privatangestellten wachsen statistisch rascher als die Arbeiter, und es ist eine höchst lächerliche Vorstellung unserer Literaten, daß sich die geistige Arbeit im Kontor auch nur im mindesten von derjenigen im staatlichen Büro unterscheide.

Beide sind vielmehr im Grundwesen ganz gleichartig. Ein »Betrieb« ist der moderne Staat, gesellschaftswissenschaftlich angesehen, ebenso wie eine Fabrik: das ist gerade das ihm historisch Spezifische. Und gleich|artig bedingt ist auch das Herrschaftsverhältnis innerhalb des Betriebes hier und dort. Wie die relative Selbständigkeit des Handwerkers oder Hausindustriellen, des grundherrlichen Bauern, des Kommendatars, des Ritters und Vasallen darauf beruhte, daß er selbst Eigentümer der Werkzeuge, der Vorräte, der Geldmittel, der Waffen war, mit deren Hilfe er seiner ökonomischen, politischen, militärischen Funktion nachging und von denen er während deren Ableistung lebte, so beruht die hierarchische Abhängigkeit des Arbeiters, Kommis, technischen Angestellten, akademischen Institutsassistenten *und* des staatlichen Beamten und Soldaten ganz gleichmäßig darauf, daß jene für den Betrieb und die ökonomische Existenz unentbehrlichen Werkzeuge, Vorräte und Geldmittel in der Verfügungsgewalt, im einen Fall: des Unternehmers, im anderen: des

[1] Vatikanisches Konzil in Rom 1869–1870. (D. H.)

politischen Herrn konzentriert sind. Die russischen Soldaten z. B. *wollten* (überwiegend) keinen Krieg mehr führen. Sie mußten aber: denn die sachlichen Kriegsbetriebsmittel und die Vorräte, von denen sie leben mußten, waren in der Verfügungsgewalt von Leuten, welche die Soldaten mit deren Hilfe ganz ebenso in den Schützengraben hineinzwangen, wie der kapitalistische Besitzer der wirtschaftlichen Betriebsmittel die Arbeiter in die Fabriksäle und Bergwerksschächte. Diese entscheidende ökonomische Grundlage: die »Trennung« des Arbeiters von den sachlichen Betriebsmitteln: den Produktionsmitteln in der Wirtschaft, den Kriegsmitteln im Heer, den sachlichen Verwaltungsmitteln in der öffentlichen Verwaltung, den Forschungsmitteln im Universitätsinstitut und Laboratorium, den Geldmitteln bei ihnen allen, ist dem modernen macht- und kulturpolitischen und militärischen Staatsbetrieb und der kapitalistischen Privatwirtschaft als entscheidende Grundlage *gemeinsam*. Beide Male liegt die Verfügung über diese Mittel in den Händen derjenigen Gewalt, welcher jener *Apparat der Bürokratie* (Richter, Beamte, Offiziere, Werkmeister, Kommis, Unteroffiziere) direkt *gehorcht* oder auf Anrufen zur Verfügung steht, der allen jenen Gebilden gleichmäßig charakteristisch und dessen Existenz und Funktion als Ursache wie als Wirkung mit jener »Konzentration der sachlichen Betriebsmittel« untrennbar verknüpft, vielmehr: deren Form [er] ist. Zunehmende »Sozialisierung« bedeutet heute unvermeidlich zugleich zunehmende Bürokratisierung.

Auch geschichtlich steht aber der »Fortschritt« zum bürokratischen, nach rational gesatztem Recht und rational erdachten Reglements judizierenden und verwaltenden Staat jetzt in engstem Zusammenhang mit | der modernen kapitalistischen Entwicklung. Der moderne kapitalistische Betrieb ruht innerlich vor allem auf der *Kalkulation*. Er braucht für seine Existenz eine Justiz und Verwaltung, deren Funktionieren wenigstens im Prinzip ebenso an festen generellen Normen *rational kalkuliert* werden kann, wie man die voraussichtliche Leistung einer *Maschine* kalkuliert. Er kann sich mit der im populären Sprachgebrauch sogenannten »Kadijustiz«: dem Judizieren nach dem Billigkeitsempfinden des Richters im *Einzel*fall oder nach anderen irrationalen Rechtsfindungsmitteln und Prinzipien, wie sie in der Vergangenheit überall bestanden, im Orient noch heute bestehen, ebensowenig befreunden wie mit der patriarchalen, nach freier Willkür und Gnade und im übrigen nach unverbrüchlich heiliger, aber irrationaler, Tradition verfahrenden Verwaltung der theokratischen oder patrimonialen Herrschaftsverbände Asiens und unserer eigenen Vergangenheit. Der Umstand, daß diese »Kadijustiz« und die ihr entsprechende Verwaltung, eben ihres irrationalen Charakters wegen, besonders häufig *käuflich* ist, gestattete zwar dem Kapitalismus des Händlers und Staatslieferanten und allen Arten des seit vier Jahrtausenden in der Welt bekannten *vor*rationalistischen Kapitalismus, namentlich des an der Politik, dem Krieg, der Verwaltung als solcher verankerten Abenteurer- und Raubkapitalismus, die Entstehung und Existenz (und oft gerade durch jene Qualitäten üppige Blüte). Das aber, was dem *modernen* Kapitalismus im Gegensatz zu jenen uralten Formen kapitalistischen Erwerbs spezifisch ist: die streng rationale *Organisation der Arbeit* auf dem Boden *rationaler Technik*, ist *nirgends* innerhalb derartig irrational konstruierter Staatswesen entstanden und konnte dort auch nie entstehen. Denn dazu sind diese modernen Betriebsformen mit ihrem stehenden Kapital und ihrer exakten Kalkulation gegen Irrationalitäten des Rechts und der Verwaltung viel zu empfindlich. Sie konnten nur da entstehen, wo *entweder*, wie in England, die praktische Gestaltung des Rechts tatsächlich in den Händen der Advokaten lag, welche im Dienste ihrer Kundschaft: der kapitalistischen Interessenten also, die geeigneten Geschäftsformen ersannen, und aus deren Mitte dann die streng an »Präzedenzfälle«, also an *berechenbare* Schemata gebundenen Richter hervorgingen. *Oder* wo der Richter, wie im bürokratischen Staat mit seinen rationalen Gesetzen, mehr oder minder ein Paragraphen-Automat ist, in welchen man oben die Akten nebst den Kosten und Gebühren hineinwirft, auf daß er unten das Urteil nebst den mehr oder minder stichhaltigen Gründen ausspeie: – | dessen Funktionieren also jedenfalls im großen und ganzen *kalkulierbar* ist[1]. –

[1] In die Kleinkinderschule gehört die charakteristische dilettantische Literatenvorstellung: das »römische Recht« habe den Kapitalismus befördert. Jeder Student ist verpflichtet, zu wissen, daß alle charakteristischen Rechtsinstitute des modernen Kapitalismus, von der Aktie, dem Rentenpapier, dem modernen Bodenpfandrecht, dem Wechsel und allen Arten der Verkehrsurkunden an bis zu den kapitalistischen Assoziationsformen in Industrie, Bergbau und Handel dem römischen Recht völlig unbekannt und mittelalterlichen, zum erheblichen Teil spezifisch germanischen Ursprungs sind, und daß in dem Mutterland des modernen Kapitalismus, England, das römische Recht niemals Fuß gefaßt hat. Das Fehlen der großen nationalen

Nicht anders als in Wirtschaft und staatlicher Verwaltung steht es schließlich mit dem Fortschritt zur Bürokratisierung nun auch: in den *Parteien.*

Die Existenz der Parteien kennt keine Verfassung und (bei uns wenigstens) auch kein Gesetz, obwohl doch gerade sie heute die weitaus wichtigsten Träger alles politischen Wollens der von der Bürokratie Beherrschten, der »Staatsbürger«, darstellen. Parteien sind eben – mögen sie noch so viele Mittel der dauernden Angliederung ihrer Klientel an sich verwenden – ihrem innersten Wesen nach freiwillig geschaffene und auf freie, notwendig stets erneute, *Werbung* ausgehende Organisationen, im Gegensatz zu allen gesetzlich oder kontraktlich fest umgrenzten Körperschaften. Heute ist stets Stimmenwerbung für Wahlen zu politischen Stellungen oder in eine Abstimmungskörperschaft ihr Ziel. Ein dauernder, unter einem Führer oder einer Honoratiorengruppe vereinigter Kern von Parteiinteressenten mit sehr verschieden fester Gliederung, heute oft mit entwickelter Bürokratie, sorgt für die Finanzierung mit Hilfe von Parteimäzenaten oder wirtschaftlichen Interessenten oder Amtspatronageinteressenten oder durch Mitgliedsbeiträge: meist aus mehreren dieser Quellen. Er bestimmt das jeweilige Programm, die Art des Vorgehens und die Kandidaten. Auch bei sehr demokratischer Form der Massenparteiorganisation, welche dann, wie stets, ein| entwickeltes besoldetes Beamtentum zur Folge hat, ist die Masse zum mindesten der Wähler, in ziemlichem Umfang aber auch der einfachen »Mitglieder«, *nicht* (oder nur formell) beteiligt an der Bestimmung der Programme und Kandidaten. Die Wähler kommen vielmehr mitwirkend nur dadurch in Betracht, daß [jene] beiden den Chancen, dadurch deren Stimmen zu gewinnen, angepaßt und danach ausgewählt werden.

Mag man nun die Existenz, die Art des Werbens und Kämpfens und die Tatsache, daß unvermeidlich Minderheiten die Formung

Advokatenzünfte, die in England sich dem römischen Recht widersetzten, und im übrigen: die *Bürokratisierung* der Rechtspflege und Staatsverwaltung ebneten bei uns in Deutschland dem römischen Recht den Weg. Der moderne Früh-Kapitalismus ist *nicht* in den Musterländern der Bürokratie (die ihrerseits dort aus reinem Staatsrationalismus erwuchs) *entstanden.* Und auch der moderne Hochkapitalismus war zunächst nicht auf sie beschränkt, zunächst nicht einmal in ihnen vorwiegend heimisch. Sondern da, wo die Richter aus Advokaten hervorgingen. Aber heute haben sich Kapitalismus und Bürokratie gefunden und gehören intim zusammen.

von Programmen und Kandidatenlisten in der Hand haben, moralisierend beklagen, – beseitigen wird man die Existenz der Parteien nicht und jene Art ihrer Struktur und ihres Vorgehens höchstens in begrenztem Maße. Reglementieren kann das Gesetz, wie z. B. mehrfach in Amerika, die Form der Bildung jenes aktiven Parteikerns (ähnlich wie etwa die Bedingungen der Bildung von Gewerkschaften) und die »Kampfregeln« auf dem Wahlschlachtfeld. Aber den Parteikampf selbst auszuschalten, ist nicht möglich, wenn nicht eine aktive Volksvertretung überhaupt fortfallen soll. Die verworrene Vorstellung, daß man es doch könne und solle, beschäftigt aber stets erneut die Literatenköpfe. Sie gehört, bewußt oder unbewußt, zu den Voraussetzungen der vielen Vorschläge, statt der oder neben den auf der Basis des allgemeinen (abgestuften oder gleichen) staatsbürgerlichen Wahlrechts gebildeten Parlamenten, Wahlkörperschaften auf »berufsständischer« Basis zu schaffen, bei welchen korporativ zusammengefaßte Berufsvertretungen zugleich Wahlkörper für das Parlament sein würden. Ein Ungedanke schon an sich in einer Zeit, wo die formelle Zugehörigkeit zu einem bestimmten Beruf (die ja wahlgesetzlich an äußere Merkmale geknüpft werden müßte) über die ökonomische und soziale Funktion bekanntlich so gut wie nichts aussagt, wo jede technische Neuerfindung und jede ökonomische Verschiebung und Neubildung diese Funktionen und damit auch den Sinn der formal gleichbleibenden Berufsstellungen und ihr Zahlenverhältnis zueinander verschiebt. Aber selbstverständlich auch kein Mittel für den erstrebten Zweck. Denn würde es gelingen, sämtliche Wähler in Berufskörperschaften von der Art etwa der heutigen Handelskammern oder Landwirtschaftskammern vertreten und aus diesen dann das Parlament hervorgehen zu lassen, so wäre selbstverständlich die Folge:

1. daß *neben* diesen gesetzlich zusammengeklammerten Berufsorganisationen einerseits die auf freier Werbung ruhenden *Interessen*vertretungen stehen würden. So, wie neben den Landwirtschafts-|kammern der Bund der Landwirte, neben den Handelskammern die verschiedenen Arten der freien Unternehmerorganisationen. Andererseits würden selbstverständlich die auf Werbung ruhenden *politischen* Parteien, weit entfernt davon zu verschwinden, Richtung und Art ihrer Werbung dem neugeschaffenen Zustand anpassen. Gewiß nicht zum Vorteil: die Beeinflussung der Wahlen in jenen Berufsvertretungen durch Wahlgeldgeber und die Ausnutzung der

kapitalistischen Abhängigkeiten würden ja mindestens ebenso unkontrollierbar fortbestehen. Im übrigen würden als selbstverständliche Folge eintreten: einerseits – 2. daß die Lösung der *sachlichen* Aufgaben der Berufsvertretungen nun, wo ihre Zusammensetzung die Parlamentswahlen und damit die Amtspatronage beeinflussen würde, in den Strudel der politischen Macht- und Parteikämpfe gerissen, statt der sachlich kompetenten Fachvertreter also Parteivertreter sie bevölkern würden. Andererseits – 3. daß das Parlament ein Markt für rein *materielle* Interessenkompromisse ohne *staats*politische Orientierung würde. Für die Bürokratie ergäbe das die gesteigerte Versuchung dazu und einen erweiterten Spielraum dafür: durch Ausspielen materieller Interessengegensätze und durch ein Patronage- und Lieferungs-Trinkgeldersystem verstärkter Art die eigene Macht zu erhalten und vor allem: jede Verwaltungskontrolle illusorisch zu machen. Denn die entscheidenden Vorgänge und Kompromisse der Interessenten würden sich ja nun, noch viel weniger kontrolliert, hinter den verschlossenen Türen ihrer unoffiziellen Konzerne abwickeln. Nicht der politische *Führer,* sondern der geriebene *Geschäftsmann* käme im Parlament ganz unmittelbar auf seine Rechnung, während für die Lösung politischer Fragen nach politischen Gesichtspunkten eine solche sogenannte »Volksvertretung« wahrlich die ungeeignetste Stätte wäre. Das alles liegt für den Kundigen auf der Hand. Ebenso, daß derartiges kein Mittel ist, die kapitalistische Beeinflussung der Parteien und des Parlaments zu schwächen oder gar das Parteigetriebe zu beseitigen oder doch zu reinigen. Das gerade Gegenteil wäre der Fall. Die Tatsache, daß die Parteien nun einmal auf *freier* Werbung beruhende Gebilde sind, steht ihrer Reglementierung im Weg und wird von solchen Literatenvorstellungen, welche nur die durch staatliches Reglement geschaffenen, nicht die »freiwillig« auf dem Kampfplatz der heutigen Gesellschaftsordnung gewachsenen Gebilde als Organisationen kennen möchten, verkannt. –

Politische Parteien können in modernen Staaten vor allem auf zwei verschiedenen letzten innerlichen Prinzipien aufgebaut sein. Entweder | sie sind – wie in Amerika seit dem Wegfall der großen Gegensätze über die Verfassungsinterpretation – wesentlich *Amtspatronage*-Organisationen. Ihr Ziel ist dann lediglich, durch Wahlen ihren Führer in die leitende Stellung zu bringen, damit er dann seiner Gefolgschaft: dem Beamten- und Werbeapparat der Partei, die staatlichen Ämter zuwende. Inhaltlich gesinnungslos, schreiben sie, miteinander konkurrierend, jeweils diejenigen Forderungen in ihr Programm, welchen sie die stärkste Werbekraft bei den Wählern zutrauen. Dieser Charakter der Parteien ist in den Vereinigten Staaten deshalb so nackt ausgeprägt, weil dort *kein* parlamentarisches System besteht, vielmehr der vom Volk gewählte Präsident der Union (unter Beteiligung der gewählten Senatoren der Staaten) die Amtspatronage der ungeheuren Zahl zu vergebender Bundesämter in Händen hat. Trotz der Korruption, die es zur Folge hatte, war dies System populär, weil es die Entstehung einer Bürokraten*kaste* vermied. Technisch möglich aber war es, weil und solange selbst die übelste Dilettantenwirtschaft angesichts des unbegrenzten Überflusses an ökonomischen Chancen ertragen werden konnte. Die steigende Notwendigkeit, den jeder Fachschulung entbehrenden Parteischützling und Gelegenheitsbeamten durch den das Amt als Lebensberuf versehenden *fachgeschulten* Beamten zu ersetzen, gräbt diesen amerikanischen Parteien zunehmend Pfründen ab und läßt auch dort unentrinnbar eine Bürokratie europäischer Art entstehen.

Oder die Parteien sind vornehmlich *Weltanschauungsparteien*, welche also der Durchsetzung *inhaltlicher* politischer Ideale dienen wollen. In ziemlich reiner Form waren dies das deutsche Zentrum der siebziger Jahre und die Sozialdemokratie bis zu ihrer Durchbürokratisierung. Die Regel ist aber, daß Parteien beides zugleich sind: sie haben sachlich politische, durch die Tradition überlieferte und mit Rücksicht auf sie nur langsam modifizierbare Ziele, erstreben aber außerdem: *Ämterpatronage*. Und zwar entweder die Besetzung in erster Linie der *leitenden* Ämter, derjenigen also, welche *politischen* Charakters sind, durch ihre Führer. Die Erreichung dieses Ziels durch sie im Wahlkampf ermöglicht dann den Führern und Betriebsinteressenten während der politischen Herrschaft der Partei, ihren Schützlingen Unterkunft in gesicherten Staatsstellungen zu verschaffen. Dies ist die Regel in parlamentarischen Staaten, und diesen Weg sind daher dort auch die Weltanschauungsparteien gegangen. In nichtparlamentarischen Staaten steht den Parteien die Patronage der *leitenden* Ämter nicht zu. Dagegen | pflegen dort die einflußreichsten von ihnen in der Lage zu sein, die herrschende Bürokratie wenigstens zu nötigen, ihren Schützlingen *neben* den durch Konnexion mit Beamten empfohlenen Anwärtern Unterkunft in *un*politischen Staatsstellungen zu gewähren, also: *Subaltern*patronage auszuüben. –

Ihrer inneren Struktur nach gehen alle Parteien im Lauf der letzten Jahrzehnte mit zunehmender Rationalisierung der Wahlkampftechnik zur bürokratischen Organisation über. Die Stufen der Entwicklung, welche die einzelnen Parteien auf dem Wege dahin erreicht haben, sind verschieden, die allgemeine Richtung des Wegs aber, in Massenstaaten wenigstens, [ist] eindeutig. Der »Caucus« J. CHAMBERLAINS in England, die Entwicklung der bezeichnenderweise sogenannten »Maschine« in Amerika und die überall, auch bei uns: – am schnellsten in der Sozialdemokratie, also, und ganz natürlicherweise, gerade in der demokratischsten Partei – zunehmende Bedeutung des Parteibeamtentums sind alle in gleicher Art Stadien dieses Vorgangs. In der Zentrumspartei versieht der kirchliche Apparat: die »Kaplanokratie«, und für die konservative Partei in Preußen seit dem Ministerium PUTTKAMER der Landrats- und Amtsvorsteherapparat des Staates, einerlei ob offen oder verhüllt, die Dienste der Parteibürokratie. Auf der Qualität der Organisation dieser Bürokratien in erster Linie beruht die Macht der Parteien. Auf der Feindseligkeit dieser Parteibeamtenapparate gegeneinander weit mehr als auf Unterschieden der Programme beruhen z. B. auch die Schwierigkeiten der Parteifusionen. Darin, daß von den Abgeordneten EUGEN RICHTER und HEINRICH RICKERT innerhalb der deutsch-freisinnigen Partei jeder seine eigene Vertrauensmännermaschinerie beibehielt, war der spätere Zerfall dieser Partei bereits vorgebildet. –

Natürlich sieht nun eine Staatsbürokratie teilweise sehr anders aus als die einer Partei, innerhalb der ersteren wieder die zivile anders als die militärische, und sie alle wieder anders als die einer Gemeinde, einer Kirche, einer Bank, eines Kartells, einer Berufsgenossenschaft, einer Fabrik, einer Interessenvertretung (Arbeitgeberverband, Bund der Landwirte). Das Maß ferner, in welchem ehrenamtliche oder Interessententätigkeit mitbeteiligt ist, ist in allen diesen Fällen sehr verschieden. In der Partei ist der »Boß«, in der Aktiengesellschaft der Aufsichtsrat kein »Beamter«. Mitbeschließend, kontrollierend, beratend und auch gelegentlich ausführend können in den mannigfachen Formen der sogenannten »Selbstverwaltung« allerhand Honoratioren oder gewählte | Vertreter der beherrschten oder zwangsweise belasteten Interessenten den Beamten in korporativer Form oder als Einzelorgane unterstellt oder beigegeben oder übergeordnet sein. Das letztere vor allem in der Gemeindeverwaltung. Aber deren praktisch gewiß wichtige Erscheinungen sollen uns hier nicht interessieren[1]. Denn – worauf es hier allein ankommt – in der Verwaltung von *Massen*verbänden bildet stets das festangestellte Beamtentum mit *spezialisierter Einschulung* den Kern des Apparates, und seine »Disziplin« ist absolute Vorbedingung des Erfolges. Und zwar mit zunehmender Größe des Verbandes, zunehmender Kompliziertheit seiner Aufgaben und – vor *allem* – zunehmender Machtbedingtheit seiner Existenz (sei es, daß es sich um Machtkämpfe auf dem Markt, auf dem Wahlkampfplatz oder auf dem Schlachtfeld handelt) in zunehmendem Maße. So auch bei den Parteien. Es ist im Parteiwesen ein zum Untergang verurteilter Zustand, wenn es, wie in Frankreich (dessen ganze Parlamentsmisere auf dem *Fehlen* bürokratisierter Parteien beruht) und teilweise auch bei uns, noch Parteien gibt, die an dem System der lokalen Honoratiorenverwaltung festhalten, welches ja dereinst im Mittelalter ganz universell alle Arten von Verbänden beherrschte und heute noch in kleinen und mittleren Gemeinden vorherrscht. Als Reklamemittel, und nur als solches, nicht aber als Träger der ausschlaggebenden Alltagsarbeit, kommen für die Parteien heute solche »angesehene Bürger«, »führende Männer der Wissenschaft« und wie sie sonst genannt werden mögen, in Betracht, ganz ebenso wie etwa in den Aufsichtsräten der Aktiengesellschaften allerhand dekorative Würdenträger, auf den Katholikentagen die Kirchenfürsten, auf den Versammlungen des Bundes der Landwirte echte und unechte Adelige oder in der Agitation der alldeutschen Kriegsgewinn- und Wahlprivilegsinteressenten allerhand verdiente Historiker, Biologen und ähnliche meist recht unpolitische Kapazitäten figurieren. Die reale Arbeit leisten in allen Organisationen zunehmend die bezahlten Angestellten und Agenten aller Art. Alles andere ist oder wird zunehmend Appretur und Schaufenster.

Wie die Italiener und nach | ihnen die Engländer die moderne kapitalistische Wirtschaftsorganisation, so haben die Byzantiner, nach ihnen die Italiener, dann die Territorialstaaten des absolutistischen Zeitalters, die französische revolutionäre Zentralisation und schließlich, alle anderen übertreffend, die *Deutschen* die rationale, arbeitsteilige, fachmäßige *bürokratische* Organisation aller menschlichen

[1] Damit scheiden aus dieser Betrachtung zahlreiche Institutionen aus, auf deren Existenz wir in Deutschland durchaus mit Recht stolz sein dürfen, ja die, in einzelnen Fällen wenigstens, als *vorbildlich* bezeichnet werden können. – Aber ein ungeheurer Literatenirrtum ist es, sich einzubilden, die *Politik* eines Großstaates sei im Grunde nichts anderes als die *Selbstverwaltung* einer beliebigen Mittelstadt. Politik ist: *Kampf*.

Herrschaftsverbände, von der Fabrik bis zum Heer und Staat, virtuosenhaft entwickelt und sich nur in der Technik der Parteiorganisation von anderen Nationen, insbesondere den Amerikanern, vorläufig und teilweise übertreffen lassen. Der jetzige Weltkrieg aber bedeutet vor allem den Siegeszug dieser Lebensform über die ganze Welt. Er war ohnehin im Gange. Universitäten, technische und Handelshochschulen, Gewerbeschulen, Militärakademien, Fachschulen aller sonst denkbaren Art (sogar Journalistenschulen!), – das Fachexamen als Voraussetzung aller lohnenden und dabei vor allem »gesicherten« privaten und öffentlichen Amtsstellungen, – das Examensdiplom als Grundlage aller Ansprüche auf soziale Geltung (Connubium und soziales Commercium mit den zur »Gesellschaft« sich rechnenden Kreisen), – das »standesgemäße«, sichere, pensionsfähige Gehalt, wenn möglich: die Aufbesserung und das Avancement nach der Anciennität: – dies war bekanntlich schon vorher die eigentliche, von dem Frequenzinteresse der Hochschulen gemeinsam mit der Pfründensucht ihrer Zöglinge getragene »Forderung des Tages«. Im Staat wie außerhalb des Staates. Hier geht uns die Konsequenz für das *politische* Leben an. Denn dieser nüchterne Tatbestand der *universellen Bürokratisierung* verbirgt sich in Wahrheit auch hinter den sogenannten »deutschen Ideen von 1914«, hinter dem, was die Literaten euphemistisch den »Sozialismus der Zukunft« nennen, hinter dem Schlagwort von der »Organisation«, der »Genossenschaftswirtschaft« und überhaupt hinter allen ähnlichen Redewendungen der Gegenwart. Stets bedeuten sie (auch wenn sie das gerade Gegenteil erstreben) im Resultat: die Schaffung von Bürokratie. Gewiß ist die Bürokratie bei weitem nicht die einzige moderne Organisationsform, so wie die Fabrik bei weitem nicht die einzige gewerbliche Betriebsform ist. Aber beide sind diejenigen, welche dem gegenwärtigen Zeitalter und der absehbaren Zukunft den Stempel aufdrücken. Der Bürokratisierung gehört die Zukunft, und es verstand (und versteht) sich von selbst, daß die Literaten ihren Beruf, die Beifallssalve der gerade aufsteigenden Mächte zu sein, in diesem Fall ganz ebenso wie im Zeitalter der Manchesterlehre erfüllten (und erfüllen). Beide Male mit der gleichen Arglosigkeit. |

Die Bürokratie ist aber gegenüber anderen geschichtlichen Trägern der modernen rationalen Lebensordnung ausgezeichnet durch ihre weit größere *Unentrinnbarkeit.* Es ist kein geschichtliches Beispiel dafür bekannt, daß sie da, wo sie einmal zur völligen Alleinherrschaft gelangt war – in China, Ägypten, in nicht so konsequenter Form im spätrömischen Reich und in Byzanz – wieder verschwunden wäre, außer mit dem völligen Untergang der ganzen Kultur, die sie trug. Und doch waren dies noch relativ höchst irrationale Formen der Bürokratie: »Patrimonialbürokratien.« Die moderne Bürokratie zeichnet sich vor allen diesen älteren Beispielen durch eine Eigenschaft aus, welche ihre Unentrinnbarkeit ganz wesentlich endgültiger verankert als die jener anderen: die *rationale fachliche Spezialisierung und Einschulung*. Der alte chinesische Mandarin war kein Fachbeamter, sondern im Gegenteil ein literarisch-humanistisch gebildeter Gentleman. Der ägyptische, spätrömische, byzantinische Beamte war wesentlich mehr Bürokrat in unserem Sinne. Aber die Staatsaufgaben, welche in seiner Hand lagen, waren gegenüber den modernen unendlich einfach und bescheiden, sein Verhalten teils traditionalistisch gebunden, teils patriarchal, also irrational, orientiert. Er war ein reiner Empiriker, wie der Gewerbetreibende der Vergangenheit. Der moderne Beamte ist entsprechend der rationalen Technik des modernen Lebens stetig und unvermeidlich zunehmend fachgeschult und spezialisiert. Alle Bürokratien der Erde gehen diesen Weg. Daß sie ihn vor dem Kriege noch nicht zu Ende gegangen waren, bedingte unsere Überlegenheit über die anderen. Der alte amerikanische Parteipatronagebeamte z. B. war zwar ein fachlicher »Kenner« des Wahlkampfplatzes und der ihm entsprechenden »Praxis«, aber in keiner Art ein spezialistisch gebildeter Fachmann. Darauf, nicht auf der Demokratie als solcher, wie unsere Literaten dem Publikum vorreden, beruhte die dortige Korruption, die dem universitätsgebildeten Fachbeamten des jetzt erst sich dort entwickelnden »civil service« ebenso fremd ist wie der modernen englischen Bürokratie, welche jetzt zunehmend an die Stelle des Selfgovernment durch Honoratioren (»Gentlemen«) tritt. Wo aber der moderne eingeschulte Fachbeamte einmal herrscht, ist seine Gewalt schlechthin unzerbrechlich, weil die ganze Organisation der elementarsten Lebensversorgung dann auf seine Leistung zugeschnitten ist. Theoretisch wohl denkbar wäre eine immer weitergehende Ausschaltung des Privatkapitalismus, – wennschon sie wahrlich keine solche Kleinigkeit ist, wie manche Literaten, die ihn nicht kennen, | träumen, und ganz gewiß nicht die Folge dieses Krieges sein wird. Aber gesetzt, sie gelänge einmal: – was würde sie praktisch bedeuten? Etwa ein Zerbrechen des stählernen Gehäuses der modernen gewerblichen

Arbeit? Nein! Vielmehr: daß nun auch die *Leitung* der verstaatlichten oder in irgendeine »Gemeinwirtschaft« übernommenen Betriebe bürokratisch würde. Sind etwa die Lebensformen der Angestellten und Arbeiter in der preußischen staatlichen Bergwerks- und Eisenbahnverwaltung irgendwie fühlbar *andere* als in den großen privatkapitalistischen Betrieben? *Unfreier* sind sie, weil jeder Machtkampf gegen eine staatliche Bürokratie *aussichtslos* ist und weil keine prinzipiell *gegen* sie und ihre Macht interessierte Instanz angerufen werden kann wie gegen jene. *Das* wäre der ganze Unterschied. Die staatliche Bürokratie herrschte, wenn der Privatkapitalismus ausgeschaltet wäre, *allein.* Die jetzt neben und, wenigstens der Möglichkeit nach, gegeneinander arbeitenden, sich also immerhin einigermaßen noch gegenseitig im Schach haltenden privaten und öffentlichen Bürokratien wären in eine einzige Hierarchie zusammengeschmolzen. Etwa wie in Ägypten im Altertum, nur in ganz unvergleichlich rationalerer und deshalb: unentrinnbarerer Form.

Eine leblose Maschine ist *geronnener Geist. Nur* daß sie dies ist, gibt ihr die Macht, die Menschen in ihren Dienst zu zwingen und den Alltag ihres Arbeitslebens so beherrschend zu bestimmen, wie es tatsächlich in der Fabrik der Fall ist. *Geronnener Geist* ist auch jene *lebende Maschine,* welche die bürokratische Organisation mit ihrer Spezialisierung der geschulten Facharbeit, ihrer Abgrenzung der Kompetenzen, ihren Reglements und hierarchisch abgestuften Gehorsamsverhältnissen darstellt. Im Verein mit der toten Maschine ist sie an der Arbeit, das Gehäuse jener Hörigkeit der Zukunft herzustellen, in welche vielleicht dereinst die Menschen sich, wie die Fellachen im altägyptischen Staat, ohnmächtig zu fügen gezwungen sein werden, *wenn ihnen eine rein technisch gute und das heißt: eine rationale Beamtenverwaltung und -versorgung der letzte und einzige Wert ist, der über die Art der Leitung ihrer Angelegenheiten entscheiden soll.* Denn das leistet die Bürokratie ganz unvergleichlich viel besser als jegliche andere Struktur der Herrschaft. Und dieses Gehäuse, welches unsere ahnungslosen Literaten preisen, ergänzt durch die Fesselung jedes einzelnen an den Betrieb (Anfänge dazu: in den sogenannten »Wohlfahrtseinrichtungen«), an die Klasse (durch zunehmende | Festigkeit der Besitzgliederung) und vielleicht einmal künftig an den Beruf (durch »leiturgische« staatliche Bedarfsdeckung, das heißt: Belastung berufsgegliederter Verbände mit Staatsaufgaben), würde nur um so unzerbrechlicher, wenn dann auf sozialem

Gebiet, wie in den Fronstaaten der Vergangenheit, eine »ständische« Organisation der Beherrschten der Bürokratie angegliedert (und das heißt in Wahrheit: ihr untergeordnet) würde. Eine »organische«, d.h. eine orientalisch-ägyptische Gesellschaftsgliederung, aber im Gegensatz zu dieser: so streng rational wie eine Maschine es ist, würde dann heraufdämmern. Wer wollte leugnen, daß derartiges als eine *Möglichkeit* im Schoße der Zukunft liegt? Es ist das schon oft gesagt worden, und die verworrene Vorstellung dieser Möglichkeiten zieht ihre Schatten in die Produktionen unserer Literaten. Nehmen wir nun einmal an: gerade diese Möglichkeit wäre ein unentrinnbares Schicksal, – wer möchte dann nicht lächeln über die Angst unserer Literaten davor, daß die politische und soziale Entwicklung uns künftig *zuviel* »Individualismus« oder »Demokratie« oder dergleichen bescheren könnte und daß die »wahre Freiheit« erst aufleuchten werde, wenn die jetzige »Anarchie« unserer wirtschaftlichen Produktion und das »Parteigetriebe« unserer Parlamente *beseitigt* sein werden zugunsten »sozialer Ordnung« und »organischer Gliederung« – das heißt: des Pazifismus der sozialen Ohnmacht unter den Fittichen der einzigen ganz sicher *unentfliehbaren* Macht: der Bürokratie in Staat und Wirtschaft!

Angesichts der Grundtatsache des unaufhaltsamen Vormarsches der Bürokratisierung kann die Frage nach den künftigen politischen Organisationsformen überhaupt nur so gestellt werden:

1. Wie ist es angesichts dieser Übermacht der Tendenz zur Bürokratisierung *überhaupt noch möglich, irgendwelche* Reste einer in *irgend*einem Sinn »individualistischen« Bewegungsfreiheit zu retten? Denn schließlich ist es eine gröbliche Selbsttäuschung, zu glauben, ohne diese Errungenschaften aus der Zeit der »Menschenrechte« vermöchten wir heute (auch der konservativste unter uns) überhaupt zu leben. Diese Frage soll uns aber diesmal nicht interessieren; denn daneben gibt es eine andere, die uns hier angeht:

2. Wie kann, angesichts der steigenden Unentbehrlichkeit und der dadurch bedingten steigenden Machtstellung des uns hier interessierenden *staatlichen* Beamtentums, *irgend*welche Gewähr dafür geboten werden, daß Mächte vorhanden sind, welche die ungeheure Übermacht dieser an | Bedeutung stets wachsenden Schicht in Schranken halten und sie wirksam kontrollieren? Wie wird Demokratie auch nur in diesem beschränkten Sinn *überhaupt möglich* sein? Aber auch das ist nicht die einzige Frage, die uns hier beschäftigt. Denn

3. eine dritte Frage, und zwar die wichtigste von allen, ergibt sich aus einer Betrachtung dessen, was die Bürokratie als solche *nicht* leistet. Leicht ist nämlich festzustellen, daß ihre Leistungsfähigkeit auf dem Gebiet des öffentlichen, staatlich-politischen Betriebes ganz ebenso wie innerhalb der Privatwirtschaft feste innere Grenzen hat. Der *leitende* Geist: der »Unternehmer« hier, der »Politiker« dort, ist etwas anderes als ein »Beamter«. Nicht notwendig der Form, wohl aber der Sache nach. Auch der Unternehmer sitzt auf dem »Büro«. Auch der Heerführer tut es. Der Heerführer ist ein Offizier und formell also nichts anderes als alle anderen Offiziere. Und ist der Generaldirektor eines großen Unternehmens ein angestellter Beamter einer Aktiengesellschaft, so ist auch er in seiner Rechtsstellung von anderen Beamten nicht prinzipiell unterschieden. Ebenso steht es auf dem Gebiete des staatlichen Lebens mit dem leitenden Politiker. Der leitende Minister ist *formell* ein Beamter mit pensionsfähigem Gehalt. Der Umstand, daß nach allen Verfassungen der Erde er jederzeit entlassen werden und Entlassung fordern kann, unterscheidet seine Dienststellung äußerlich von derjenigen der meisten, aber nicht aller anderen Beamten. Weit auffälliger ist dagegen die Tatsache: daß für ihn und für ihn *allein keinerlei Fachbildungs*qualifikation vorgeschrieben ist wie für andere Beamte. Das deutet an, daß er eben doch dem Sinn seiner Stellung nach etwas ähnlich Verschiedenes von den anderen Beamten ist wie der Unternehmer und Generaldirektor innerhalb der Privatwirtschaft. Oder vielmehr richtiger: daß er etwas anderes sein *soll*. Und so ist es in der Tat. Wenn ein *leitender* Mann dem *Geist* seiner Leistung nach ein »Beamter« ist, sei es auch ein noch so tüchtiger: ein Mann also, der nach Reglement und Befehl pflichtgemäß und ehrenhaft seine Arbeit abzuleisten gewohnt ist, dann ist er weder an der Spitze eines Privatwirtschaftsbetriebes noch an der Spitze eines Staates zu brauchen. Wir haben leider innerhalb unseres eigenen Staatslebens das Exempel darauf zu machen gehabt.

Der Unterschied liegt nur zum Teil in der Art der erwarteten Leistung. Selbständigkeit des Entschlusses, organisatorische Fähigkeit kraft eigener Ideen wird im einzelnen massenhaft, sehr oft aber auch im großen von »Beamten« ebenso erwartet wie von »Leitern«. Und gar *die* | Vorstellung: daß der Beamte im subalternen Alltagswirken aufgehe, nur der Leiter die »interessanten«, geistige Anforderungen stellenden Sonderleistungen zu vollbringen habe, ist literatenhaft und nur in einem Lande möglich, welches keinen Einblick in die Art der Führung seiner Geschäfte und die Leistungen seiner Beamtenschaft hat. Nein – der Unterschied liegt in der Art der *Verantwortung* des einen und des anderen, und von da aus bestimmt sich allerdings weitgehend auch die Art der Anforderungen, die an die Eigenart beider gestellt werden. Ein Beamter, der einen nach seiner Ansicht verkehrten Befehl erhält, kann – und soll – Vorstellungen erheben. Beharrt die vorgesetzte Stelle bei ihrer Anweisung, so ist es nicht nur seine Pflicht, sondern seine *Ehre*, sie so auszuführen, als ob sie seiner eigensten Überzeugung entspräche, und dadurch zu zeigen: daß sein Amtspflichtgefühl über seiner Eigenwilligkeit steht. Ob die vorgesetzte Stelle eine »Behörde« oder eine »Körperschaft« oder »Versammlung« ist, von der er ein imperatives Mandat hat, ist gleichgültig. So will es der Geist des *Amtes*. Ein politischer *Leiter*, der so handeln würde, verdiente *Verachtung*. Er wird oft genötigt sein, Kompromisse zu schließen, das heißt: Unwichtigeres dem Wichtigeren zu opfern. Bringt er es aber nicht fertig, seinem Herrn (er sei der Monarch oder der Demos) zu sagen: entweder ich erhalte jetzt diese Instruktion *oder ich gehe*, so ist er ein elender »Kleber«, wie BISMARCK diesen Typus getauft hat, und kein Führer. »Über den Parteien«, das heißt aber in Wahrheit: außerhalb des *Kampfes* um eigene Macht, soll der Beamte stehen. Kampf um eigene Macht und die aus dieser Macht folgende Eigen*verantwortung für seine Sache* ist das Lebenselement des Politikers wie des Unternehmers.

Deutschland wurde seit dem Rücktritt des Fürsten BISMARCK von »Beamten« (im geistigen Sinne des Wortes) regiert, weil BISMARCK alle politischen Köpfe neben sich ausgeschaltet hatte. Deutschland behielt nach wie vor die an Integrität, Bildung, Gewissenhaftigkeit und Intelligenz höchststehende militärische und zivile Bürokratie der Welt. Die deutsche Leistung im Kriege draußen und im großen und ganzen auch in der Heimat hat gezeigt, was mit diesen Mitteln auszurichten ist. Aber – die Leitung der deutschen *Politik* in den letzten Jahrzehnten? Noch das Freundlichste, was man über sie gesagt hat, war: daß »die Siege der deutschen Heere ihre Niederlagen wieder wettgemacht« haben. Mit welchen Opfern – davon soll geschwiegen und vielmehr nach den Gründen dieser Mißerfolge gefragt werden. |

Das *Ausland* bildet sich ein: die deutsche »Autokratie« sei der

Fehler. Im *Inland* glaubt man, dank den kindlichen Geschichtsspekulationen unserer Literaten, vielfach umgekehrt: eine Verschwörung der internationalen »Demokratie« gegen Deutschland habe die unnatürliche Weltkoalition gegen uns zustande gebracht. Das Ausland arbeitet mit der heuchlerischen Phrase von der »Befreiung der Deutschen« von jener Autokratie. Im Inland arbeiten die Interessenten des bisherigen Systems – wir werden sie noch kennenlernen – mit der ebenso heuchlerischen Phrase von der Notwendigkeit, den »deutschen Geist« vor der Befleckung durch die »Demokratie« zu schützen, oder sucht nach anderen Sündenböcken.

Es ist z. B. üblich geworden, auf die deutsche Diplomatie zu schelten. Vermutlich mit Unrecht. Im Durchschnitt war sie wahrscheinlich genau so gut wie die anderer Länder. Es liegt da eine Verwechslung vor. Was fehlte, war: die *Leitung* des Staatswesens durch einen *Politiker* – nicht etwa: durch ein politisches Genie, was man nur alle Jahrhunderte einmal erwarten kann, nicht einmal durch eine bedeutende politische Begabung, sondern: durch einen Politiker *überhaupt*.

Damit sind wir schon bei der Besprechung jener beiden Mächte, die allein neben dem alles umspinnenden Beamtentum im Leben des modernen konstitutionellen Staates eine Rolle als kontrollierende und richtungweisende Instanzen zu spielen in der Lage sind: dem *Monarchen* und dem *Parlament*. Zunächst: von dem ersteren.

Die Stellung der deutschen Dynastien wird aus dem Kriege unerschüttert hervorgehen, es sei denn, daß sehr große Unklugheiten begangen und aus den Mängeln der Vergangenheit gar nichts gelernt würde. Schon lange vor dem 4. August 1914 konnte, wer Gelegenheit hatte, mit deutschen Sozialdemokraten – ich spreche hier nicht von »Revisionisten«, auch nicht von Abgeordneten der Partei oder Gewerkschaftlern, sondern gerade von teilweise sehr radikal gesinnten Partei*beamten* – längere Zeit zusammenzusitzen, nach eingehenden Erörterungen fast stets zugestanden erhalten, daß »an sich« für die besondere internationale Lage Deutschlands die konstitutionelle Monarchie die gegebene Staatsform sei. Man braucht in der Tat nur einen Augenblick jetzt nach Rußland zu blicken, um zu sehen: daß der von den liberalen Politikern gewünschte Übergang zur *parlamentarischen* Monarchie einerseits die Dynastie erhalten, andererseits die nackte Bürokratenherrschaft beseitigt und im Resultat ebensoviel zur Stärkung Rußlands beigetragen | hätte, wie jetzt diese Form der *Literaten*-»Republik«, allem subjektiven Idealismus der Führer zum Trotz, zu seiner Schwächung[1]. Alle Stärke des britischen Parlamentarismus hängt, wie man in England sehr gut weiß, mit der Tatsache zusammen, daß die formell höchste Stelle im Staat ein- für allemal besetzt ist. Worauf diese Funktion der bloßen Existenz eines Monarchen beruht, ist hier nicht zu erörtern. Ebenso nicht, ob dies unvermeidlich überall gerade nur ein Monarch zu leisten vermöchte. Für Deutschland ist jedenfalls die Lage in dieser Hinsicht gegeben. Es kann uns nicht nach einem Zeitalter der Prätendentenkriege und Gegenrevolutionen gelüsten; dazu ist unsere Existenz international zu bedroht.

Allein: ein Gegengewicht und ein Kontrollmittel gegen die alles umfassende Macht des *Fachbeamtentums* ist der Monarch als solcher unter den Verhältnissen des modernen Staates niemals und nirgends und kann es auch gar nicht sein. Er kann die Verwaltung nicht kontrollieren. Denn diese Verwaltung ist fachgeschulte Verwaltung und ein moderner Monarch ist, außerhalb allenfalls des militärischen Gebiets, *nie* ein Fachmann. Vor allem aber – das geht uns hier an – ist er als solcher *niemals* ein im Getriebe des Parteikampfes oder der Diplomatie geschulter *Politiker*. Seine ganze Erziehung nicht nur, sondern vor allem seine staatliche Stellung wirkt dem schlechterdings entgegen. Nicht im Kampf der Parteien gewann er seine Krone, und nicht der Kampf um die Macht im Staat ist seine natürliche Lebensluft, wie sie | die des Politikers immer ist. Er lernt die Bedingungen des Kampfes nicht durch eigenes Hinabsteigen in die Arena am

[1] Da von russischer Seite mir gegenüber behauptet wurde, Herr Kerenskij habe diesen Satz aus der »Frankfurter Zeitung« in Versammlungen zitiert, um die Notwendigkeit seiner Offensive als Beweis der »Stärke« darzutun, so sei für diesen Totengräber der jungen russischen Freiheit ausdrücklich bemerkt: Eine Offensive kann veranstalten, wer über die sachlichen Kriegsmittel verfügt, z. B. über die Artillerie, um die vor ihr liegende Infanterie in den Schützengräben niederzuhalten, und über die Verkehrsmittel und Vorräte, um die in die Schützengräben gebannten Soldaten überdies die Abhängigkeit ihrer Ernährung von sich fühlen zu lassen. Die »Schwäche« der sogenannten sozialrevolutionären Regierung des Herrn Kerenskij aber lag in ihrer *Kreditunwürdigkeit*, wie anderwärts dargelegt wurde, und in der Notwendigkeit, um Kredit zur Erhaltung der eigenen Herrschaft im *Inland* zu erhalten, seinen Idealismus zu verleugnen, mit der bürgerlichen imperialistischen Entente zu paktieren und also Hunderttausende seiner eigenen Landsleute als Söldner *fremder Interessen* bluten zu lassen, wie es seither geschehen ist. Ich glaube, mit dieser wie mit anderen Voraussagen, die ich an anderer Stelle über Rußlands Haltung machte, leider Recht behalten zu haben. (Ich lasse die vor vielen Monaten geschriebene Stelle auch jetzt stehen. W.)

eigenen Leibe kennen, ist vielmehr durch sein Privileg den Rücksichtslosigkeiten des Kampfes entrückt. Es gibt: den *geborenen* Politiker, – aber er ist selten. Der Monarch aber, der das *nicht* ist, wird dann seinen eigenen und den Staatsinteressen sehr gefährlich, wenn er versucht, wie es der Zar tat, »selbst zu regieren«, oder mit den Mitteln des Politikers: »Demagogie« im weitesten Sinn des Wortes, durch Rede und Schrift zur Propaganda der eigenen Ideen oder der eigenen Persönlichkeit auf die Welt zu wirken. Dann spielt er nicht nur um seine Krone – das wäre seine Privatangelegenheit –, sondern um die Existenz seines Staates. Und in jene Versuchung, ja geradezu Notwendigkeit, gerät ein moderner Monarch unweigerlich immer wieder, wenn ihm *niemand anders* als nur die *Beamten* im Staate gegenüberstehen, wenn also das Parlament machtlos ist, wie es in Deutschland jahrzehntelang der Fall war. Schon rein technisch hat das schwere Nachteile. Der Monarch ist heute, wenn kein machtvolles Parlament neben ihm steht, zur Kontrolle der Amtsführung der Beamten auf die Berichte *anderer Beamter* angewiesen. Alles dreht sich dabei im Kreise herum. Der beständige Krieg der verschiedenen Ressorts gegeneinander, der z. B. für Rußland typisch war und auch bei uns bis in die Gegenwart hinein herrscht, ist die selbstverständliche Folge einer solchen angeblich »monarchischen« Regierung, bei welcher ein leitender *Politiker* fehlt. Denn es handelt sich ja bei diesem Satrapenkampf in erster Linie meist nicht nur um sachliche, sondern um persönliche Gegensätze: der Kampf der Ressorts dient deren Chefs als Konkurrenzmittel um die Ministerstellen, wenn diese lediglich als *Beamtenpfründen* behandelt werden. Nicht sachliche Gründe oder politische Führerqualitäten, sondern höfische Intrigen entscheiden dann darüber, wer sich in den leitenden Stellungen behauptet. Jedermann weiß, daß *persönliche* Machtkämpfe die parlamentarischen Staaten erfüllen. Der Irrtum ist nur: zu glauben, es sei in Monarchien irgendwie anders. Dort tritt ein anderes Übel hinzu. Der Monarch glaubt, selbst zu regieren, während in Wahrheit das Beamtentum sich des Privilegs erfreut, gedeckt durch ihn, *unkontrolliert* und *verantwortungslos* schalten zu können. Dem Monarchen wird geschmeichelt und ihm, weil er die *Person* des leitenden Ministers nach persönlichem Belieben wechseln kann, der *romantische Schein* der Macht gezeigt. In Wahrheit haben Monarchen wie EDUARD VII. und LEOPOLD II., obwohl gewiß keine idealen | Persönlichkeiten, *weit* mehr *reale* Macht in Händen gehabt, obschon *und weil* sie in streng parlamentarischer Form regierten und niemals oder doch nie anders als in diesen Formen öffentlich hervortraten. Es ist Ignoranz, wenn die moderne Literatenphrase solche Monarchen als »Schattenkönige« hinstellt, und eine Dummheit, wenn sie den moralischen Klatsch der Spießbürger zum Maßstab des politischen Urteils über sie macht. Die Weltgeschichte wird anders urteilen, auch wenn ihr Werk – wie so manches andere große politische Projekt – letztlich scheitert. Eine weltumspannende Koalition hat der eine, der selbst seine Hofbeamten je nach den Parteikonstellationen wechseln mußte, ein riesenhaftes Kolonialreich (verglichen mit unseren Koloniefragmenten!) der andere, der einen Kleinstaat regierte, zusammengefügt. Wer, als Monarch oder Minister, politisch *führen* will, muß auf den modernen Instrumenten der Macht zu spielen wissen. Nur den politisch *unbegabten* Monarchen schaltet das parlamentarische System aus – zum Heil der Macht des Landes! Und ist das ein »Nachtwächterstaat«, der es verstand, der eigenen, an Zahl eng begrenzten Nation die besten Teile aller Kontinente anzugliedern? Welch spießerhaftes Literatengeschwätz ist doch diese recht stark nach dem Ressentiment des »Untertanen« schmeckende, abgegriffene Redensart! –

Nun zum Parlament.

Die modernen Parlamente sind in erster Linie Vertretungen der durch die Mittel der Bürokratie *Beherrschten.* Ein gewisses Minimum von innerer Zustimmung mindestens der sozial gewichtigen Schichten der Beherrschten ist ja Vorbedingung der Dauer einer jeden, auch der bestorganisierten, Herrschaft. Die Parlamente sind heute das Mittel, dies Minimum von Zustimmung äußerlich zu manifestieren. Für gewisse Akte der öffentlichen Gewalten ist die Form der Vereinbarung durch Gesetz nach vorheriger Beratung mit dem Parlament obligatorisch, und zu diesen gehört vor allem: der Haushaltsplan. Heute wie seit der Zeit der Entstehung der Ständerechte ist die Verfügung über die Art der Geldbeschaffung des Staates: das Budgetrecht, das entscheidende parlamentarische Machtmittel. Solange freilich ein Parlament nur durch Verweigerung von Geldmitteln und Ablehnung der Zustimmung zu Gesetzesvorschlägen oder durch unmaßgebliche Anträge den Beschwerden der Bevölkerung gegenüber der Verwaltung Nachdruck verleihen kann, ist es von positiver Anteilnahme an der politischen Leitung ausgeschlossen. Es kann und wird dann nur »negative Politik« treiben, d.h.: den | Verwaltungsleitern wie eine feindliche Macht gegenüberstehen, von ihnen als solche mit dem unentbehrlichen Minimum von Auskunft abgespeist und nur als Hemmschuh, als eine Versammlung impotenter Nörgler und Besserwisser gewertet. Die Bürokratie andererseits gilt dann dem Parlament und seinen Wählern leicht als eine Kaste von Strebern und Bütteln, denen das Volk als Objekt ihrer lästigen und zum guten Teil überflüssigen Künste gegenüberstehe. Anders, wo das Parlament durchgesetzt hat, daß die Verwaltungsleiter entweder geradezu aus seiner Mitte entnommen werden müssen *(»parlamentarisches System«* im eigentlichen Sinn) oder doch, um im Amt zu bleiben, des ausdrücklich ausgesprochenen Vertrauens seiner Mehrheit bedürfen oder wenigstens der Bekundung des Mißtrauens weichen müssen (*parlamentarische Auslese* der Führer) und aus diesem Grunde, erschöpfend und unter Nachprüfung des Parlaments oder seiner Ausschüsse, Rede und Antwort stehen (*parlamentarische Verantwortlichkeit* der Führer) und die Verwaltung nach den vom Parlament gebilligten Richtlinien führen müssen *(parlamentarische Verwaltungskontrolle).* In diesem Fall sind die Führer der jeweils ausschlaggebenden Parteien des Parlaments notwendig positive Mitträger der Staatsgewalt. Das Parlament ist dann ein Faktor positiver Politik neben dem Monarchen, der dann nicht oder wenigstens nicht vorwiegend, jedenfalls nicht ausschließlich, kraft seiner formalen *Kronrechte,* sondern kraft seines unter allen Umständen sehr großen Einflusses die Politik mitbestimmt, verschieden stark also je nach seiner politischen Klugheit und Zielbewußtheit. In diesem Fall spricht man, einerlei ob mit Recht oder Unrecht, vom »Volksstaat«, während ein Parlament der Beherrschten mit negativer Politik gegenüber einer herrschenden Bürokratie eine Spielart des »Obrigkeitsstaats« darstellt. Uns interessiert hier die *praktische* Bedeutung der Stellung des Parlaments.

Man mag den parlamentarischen Betrieb hassen oder lieben, – beseitigen wird man ihn *nicht.* Man kann ihn nur politisch *machtlos* machen, wie BISMARCK es mit dem Reichstag getan hat. Die Machtlosigkeit des Parlaments aber äußert sich außer in den allgemeinen Konsequenzen der »negativen Politik« in folgenden Erscheinungen. Jeder parlamentarische Kampf ist selbstverständlich ein Kampf nicht nur um sachliche Gegensätze, sondern ebenso: um persönliche Macht. Wo die Machtstellung des Parlaments es mit sich bringt, daß der Monarch in aller Regel den Vertrauensmann der entschiedenen Mehrheit mit der | Leitung der Politik betraut, richtet sich dieser Machtkampf der Parteien auf die Erlangung dieser höchsten *politischen* Stellung. Es sind dann die Leute mit großem politischem Machtinstinkt und mit den ausgeprägtesten politischen Führerqualitäten, welche ihn durchfechten und welche also die Chance haben, in die leitenden Stellungen zu kommen. Denn die Existenz der Partei im Lande und alle die zahllosen ideellen und zum Teil sehr materiellen Interessen, welche damit verknüpft sind, erheischen dann gebieterisch, daß eine mit *Führer*eigenschaften ausgestattete Persönlichkeit an die Spitze kommt. Es besteht dann, und nur dann, der Anreiz für die politischen Temperamente und politischen Begabungen, sich der Auslese dieses Konkurrenzkampfes zu unterziehen.

Ganz anders, wenn unter der Firma: »monarchische Regierung« die Besetzung der höchsten Stellen im Staate Gegenstand des *Beamtenavancements* oder höfischer Zufallsbekanntschaften ist, und wenn ein machtloses Parlament diese Art der Zusammensetzung der Regierung über sich ergehen lassen muß. Auch dann wirkt sich natürlich innerhalb des parlamentarischen Kampfes neben den sachlichen Gegensätzen der persönliche Machtehrgeiz aus. Aber in ganz anderen: subalternen, Formen und Richtungen. In der Richtung, welche er seit 1890 in Deutschland eingeschlagen hat. Neben der Vertretung von lokalen wirtschaftlichen Privatinteressen einflußreicher Wähler ist dann die *kleine*, subalterne *Patronage* ausschließlich der Punkt, um den sich letztlich alles dreht. Der Konflikt zwischen dem Reichskanzler Fürsten Bülow und dem Zentrum z. B. entstand nicht über sachliche Meinungsgegensätze, sondern es war wesentlich der Versuch des damaligen Kanzlers, sich jener Ämterpatronage des Zentrums zu entziehen, welche noch heute der Personalzusammensetzung mancher Reichsbehörden in starkem Maße das Gepräge gibt. Und das Zentrum steht darin nicht allein. Die konservativen Parteien haben das Ämtermonopol in Preußen und suchen den Monarchen mit dem Gespenst der »Revolution« einzuschüchtern, sobald diese Pfründeninteressen bedroht werden. Die von den Staatsämtern durch sie dauernd ausgeschlossenen Parteien aber suchen für sich Entschädigung in Gemeinde- oder Krankenkassen-Verwaltungen und treiben, wie früher die Sozialdemokratie, im Parlament eine staatsfeindliche oder staatsfremde Politik. Dies ist selbstverständlich. Denn *jede* Partei erstrebt als solche: *Macht*, das heißt: Anteil an der *Verwaltung* und also: am Einfluß auf die Ämterbesetzung. Den haben die herrschenden Schichten bei uns in einem Maße wie nur irgendwo sonst. Nur daß | sie der *Verantwortung* dafür entzogen sind, weil die Stellenjagd und Patronage hinter den Kulissen vor sich geht und sich auf die unteren, für die Personalien nicht *verantwortlichen* Stellen erstreckt. Das Beamtentum aber findet bei uns seine Rechnung dabei, seinerseits persönlich *unkontrolliert* zu schalten, dafür aber den maßgebenden Parteien in Gestalt jener *kleinen* Pfründenpatronage die erforderlichen Trinkgelder zu zahlen. Dies ist die selbstverständliche Folge davon, daß die Partei (oder Parteikoalition), in deren Hand jeweils tatsächlich die Mehrheitsbildung für oder gegen die Regierung im Parlament liegt, *nicht* als solche offiziell zur Besetzung des verantwortlichen *höchsten* politischen Postens berufen wird.

Andererseits ermöglicht dieses System Leuten, welche die Qualitäten eines brauchbaren Beamten, aber *keinen Hauch staatsmännischer Begabung* besitzen, sich so lange in leitenden politischen Stellungen zu behaupten, bis irgendeine Intrige sie zugunsten einer anderen gleichartigen Persönlichkeit von der Bildfläche verschwinden läßt. Wir haben also die parteipolitische Ämterpatronage bei uns wie in irgendeinem anderen Land. Nur in unehrlich verhüllter Form und vor allem so, daß sie stets zugunsten bestimmter, als »hoffähig« geltender Parteimeinungen wirkt. Aber diese Einseitigkeit ist bei weitem noch nicht das Übelste an dem bestehenden Zustand. Sie wäre rein politisch zu ertragen, wenn sie nur wenigstens *die* Chance böte, daß aus der Mitte jener »hoffähigen« Parteien politisch zur Leitung der Nation qualifizierte *Führer* in die maßgebenden Stellen aufsteigen könnten. Das aber ist nicht der Fall. Das ist nur dann möglich, wenn parlamentarisches System oder wenigstens parlamentarische Ämterpatronage für die Führerstellungen besteht. Wir knüpfen zunächst an ein rein *formelles* Hindernis an, welches die jetzige Reichsverfassung ihr in den Weg stellt.

Der Art. 9 der Reichsverfassung[1], letzter Satz, lautet: »Niemand kann gleichzeitig Mitglied des *Bundesrats* und des *Reichstags* sein.« Während also in parlamentarisch regierten Ländern es als unbedingt erforderlich gilt, daß die leitenden Staatsmänner dem Parlament angehören, ist das in Deutschland rechtlich unmöglich. Der Reichskanzler oder ein zum Bundesrat bevollmächtigter einzelstaatlicher

[1] Vom 16. April 1871. (D. H.)

Minister oder ein Staatssekretär des Reichs kann zwar einem einzelstaatlichen Parlament, z. B. dem preußischen Landtag, angehören, also dort eine Partei beeinflussen oder sogar leiten, aber nicht: dem Reichstag. Die Bestim|mung war einfach eine mechanische Nachahmung des englischen Ausschlusses der Peers vom Unterhaus (wohl durch Vermittlung der preußischen Verfassung) und beruht also auf Gedankenlosigkeit. Sie hat *wegzufallen.* Dieser Wegfall bedeutet an sich noch nicht die Einführung des parlamentarischen Systems oder der parlamentarischen Amtspatronage, sondern nur die *Möglichkeit,* daß ein politisch fähiger Parlamentarier zugleich eine politisch leitende Reichsstellung übernimmt. Es ist nicht einzusehen, warum ein Abgeordneter, der sich zu einer leitenden Stellung im Reich geeignet zeigt, genötigt werden soll, sich zunächst politisch zu entwurzeln, um sie zu übernehmen.

Wenn Bennigsen seinerzeit in die Regierung eingetreten, und also aus dem Reichstag ausgetreten wäre, so hätte Bismarck einen bedeutenden politischen *Führer* zu einem parlamentarisch wurzellosen Verwaltungs*beamten* gemacht, die Leitung der Partei aber wäre in die Hände des linken Flügels gefallen, oder es wäre – und vielleicht war dies seine Absicht – die Partei zerfallen. Genau so hat jetzt der Übertritt des Abgeordneten Schiffer in die Regierung diesem den Einfluß auf die Partei genommen und dadurch diese dem schwerindustriellen Flügel ausgeliefert. Man »köpft« also auf diesem Wege die Parteien und gewinnt doch für die Regierung statt brauchbarer Politiker Fachbeamte ohne die Fachkenntnisse der Ämterlaufbahn und dabei ohne den Einfluß, welchen das Mitglied des Parlaments hat. Und: man pflegt so ziemlich die elendeste Form von Trinkgeldersystem, die man einem Parlament gegenüber anwenden kann. Das Parlament als Sprungbrett der Karriere für talentierte Staatssekretärskandidaten: diese charakteristische Bürokratenauffassung vertreten politische und fachjuristische Literaten, welche das Problem des deutschen Parlamentarismus dergestalt auf spezifisch »deutsche« Art gelöst finden! Das sind die gleichen Kreise, welche über die angeblich nur »westeuropäische« und spezifisch »demokratische« Stellenjägerei höhnen! Daß parlamentarische Führer nicht das Amt mit seinem Gehalt und Rang, sondern die *Macht* mit ihrer politischen *Verantwortung* suchen, und daß sie diese nur haben können, wenn sie im Parlament in ihrer Parteigefolgschaft wurzeln, daß es ferner zweierlei ist: das Parlament zur Auslesestätte von Führern oder von Amtsstrebern zu machen, –

dies werden sie nie begreifen. Jahrzehntelang haben die gleichen Kreise darüber gespottet, daß die deutschen Parlamente und ihre Parteien in der Regierung immer eine Art von natürlichem Feind sähen. Aber es stört sie nicht im mindesten, | daß durch die ausschließlich sich gegen den Reichstag wendende Schranke des Art. 9 Satz 2 kraft Gesetzes Bundesrat und Reichstag wie feindliche Mächte behandelt werden, die nur vom Bundesratstisch und der Rednertribüne aus miteinander Berührung pflegen können. Es ist der gewissenhaften Erwägung eines Staatsmannes, der ihn bevollmächtigenden Regierung und: seiner Wähler zu überlassen, ob er mit seinem Amt ein Mandat, die Leitung einer Partei oder doch die Tätigkeit in ihr zu vereinigen vermag, und ob die Instruktionen, nach denen er im Bundesrat stimmt, mit seinen eigenen Überzeugungen, die er im Reichstag vertritt, vereinbar sind[1]. Dem *leitenden* Politiker, vor allem demjenigen, der für die Instruktionen der »Präsidialstimme« im Reich die Verantwortung trägt, dem Reichskanzler und Auswärtigen Minister Preußens also, muß die *Möglichkeit* offenstehen, den Bundesrat als Vorsitzender unter Kontrolle der Vertreter der anderen Staaten zu leiten und zugleich den Reichstag als stimmführendes Mitglied einer Partei zu beeinflussen. Heute freilich gilt es für »vornehm«, wenn sich ein Staatsmann von den Parteien fernhält. Graf Posadowsky glaubte es sogar seinem *früheren* Amt schuldig zu sein, sich keiner Partei anzuschließen, d. h. den Reichstag dazu zu mißbrauchen, in ihm als einflußloser akademischer Vortragskünstler aufzutreten. Einflußlos: denn wie vollzieht sich der Gang der Geschäfte im Parlament?

Reden, die ein Abgeordneter hält, sind heute keine persönlichen Bekenntnisse mehr, noch viel weniger Versuche, die Gegner um-

[1] Es ist ergötzlich, wenn gerade in der »Kreuzzeitung« ein Anonymus die Unmöglichkeit dieser Vereinigung in juristischem Formalismus daraus ableitet: daß die Abgeordneten nach freier Überzeugung, die Bundesratsmitglieder aber nach Instruktionen zu stimmen haben. Daß zahlreiche *Landräte,* denen seit Puttkamer »die Vertretung der Politik der Regierung« obliegt, im preußischen Landtag sitzen, stört die »Kreuzzeitung« nicht! Vollends nicht: *Staatssekretäre* des Reiches, die als Abgeordnete im preußischen Landtag nach freier Überzeugung die Instruktionen, welche ihnen als Bundesratsmitgliedern die *diesem Landtag verantwortliche* [vgl. S. 223, 236, 407 ff., 411 (D. H.)] Regierung gibt, kritisieren sollen! – Kann sich der an der Spitze einer Partei stehende Staatsmann als Bundesratsmitglied diejenigen Instruktionen *nicht* erwirken, welche seiner Überzeugung entsprechen, *so hat er eben zu gehen.* Das sollte freilich schon heute *jeder* »Staatsmann« tun! Siehe weiter unten!

zustimmen. Sondern sie sind amtliche Erklärungen der Partei, welche dem Lande »zum Fenster hinaus« abgegeben werden. Haben Vertreter aller Parteien ein- oder zweimal reihum gesprochen, so wird die Debatte im Reichstag geschlossen. Die Reden werden vorher in der Fraktionssitzung | vorgelegt oder doch in allen wesentlichen Punkten dort vereinbart. Ebenso wird dort vorher bestimmt, wer für die Partei zu sprechen hat. Die Parteien haben ihre Spezialexperten für jede Frage, wie die Bürokratie ihre zuständigen Beamten [hat]. Sie haben allerdings auch ihre Drohnen, Paraderedner, die nur zu repräsentativen Zwecken mit Vorsicht verwertbar sind, neben ihren Arbeitsbienen. Wenn auch nicht ausnahmslos, so gilt aber doch im ganzen der Satz: wer die Arbeit tut, hat den Einfluß. Diese Arbeit aber vollzieht sich hinter den Kulissen, in den Kommissions- und Fraktionssitzungen, bei den wirklich scharf arbeitenden Mitgliedern aber vor allem: in ihren Privatbüros. EUGEN RICHTERS trotz ausgesprochener Unbeliebtheit innerhalb seiner eigenen Partei unerschütterliche Machtstellung z. B. beruhte auf seiner überaus großen Arbeitsamkeit und insbesondere auf seiner unerreichten Kenntnis des Etats. Er war wohl der letzte Abgeordnete, der dem Kriegsminister jeden Pfennig, bis in die letzte Kantine hinein, nachrechnen konnte; das ist wenigstens mir gegenüber, trotz allen Verdrusses, von Herren dieser Verwaltung öfter bewundernd anerkannt worden. In der jetzigen Zentrumspartei beruht die Stellung des Herrn MATTHIAS ERZBERGER wiederum auf seinem Bienen*fleiß*, der den sonst, nach dem immerhin begrenzten Maß seiner politischen Begabung, schwer verständlichen Einfluß dieses Politikers begründet.

Aber ein noch so großer Fleiß qualifiziert weder zum Führer und Leiter eines Staates, noch, was dem Wesen nach davon *keineswegs* so verschieden ist, wie unsere romantischen Literaten glauben, einer Partei. Es hat in Deutschland, nach meiner Kenntnis wenigstens, früher in ausnahmslos *allen* Parteien Persönlichkeiten mit den *vollen* Eigenschaften eines politischen Führers gegeben. Die Nationalliberalen v. BENNIGSEN, v. MIQUEL, v. STAUFFENBERG, VÖLK und andere, die Zentrumsleute v. MALLINCKRODT, WINDTHORST, die Konservativen v. BETHUSY-HUC, v. MINNIGERODE, v. MANTEUFFEL, der Fortschrittler v. SAUCKEN-TARPUTSCHEN, der Sozialdemokrat v. VOLLMAR waren politisch qualifizierte Führernaturen. Sie alle schwanden dahin oder traten, wie v. BENNIGSEN in den achtziger Jahren, aus dem Parlament aus, weil keinerlei Chance bestand, *als* Parteiführer zur Führung der Staatsgeschäfte zu gelangen. Soweit Parlamentarier, wie v. MIQUEL und MÖLLER, Minister wurden, mußten sie zuerst politisch gesinnungslos werden, um in die reinen Beamtenministerien eingefügt werden zu können[1]. Aber es gibt *geborene | Führernaturen auch heute in Deutschland,* und zwar in großer Zahl. Ja, wo stecken sie denn? Das ist nach dem früher Gesagten leicht zu beantworten. Um nur an ein Beispiel anzuknüpfen, bei welchem die politischen und sozialpolitischen Ansichten des Betreffenden den meinigen so radikal wie nur möglich entgegengesetzt sind: glaubt jemand, es sei dem jetzigen Leiter der Kruppwerke, einem früheren Ostmarkenpolitiker und Staatsbeamten, vom Schicksal an die Stirn geschrieben gewesen, daß er das größte industrielle Unternehmen Deutschlands leiten werde und *nicht* ein maßgebendes Ministerium oder eine machtvolle Parlamentspartei? Warum tut er also das eine, und warum würde er sich (wie ich annehme) zu dem anderen wohl unter den heutigen Bedingungen keinesfalls bereitfinden lassen? Etwa um bessere Geldeinnahmen zu erzielen? Ich vermute vielmehr: aus dem sehr einfachen Grunde, weil ein Mann von starken Machtinstinkten und sonst entsprechenden Qualitäten bei uns infolge der politischen Struktur des Staates – und das heißt ganz einfach: infolge der *Machtlosigkeit* des Parlaments und des damit zusammenhängenden reinen *Beamtencharakters* der Ministerstellungen – ja geradezu ein Narr sein müßte, um sich in dies jämmerliche Getriebe kollegialen Ressentiments und auf dies Glatteis höfischer Intrigen zu begeben, wenn seinem Können und Wollen ein Tätigkeitsfeld winkt, wie es die Riesenunternehmungen, Kartelle, Bank- und Großhandelsbetriebe zu eröffnen vermögen. Seinesgleichen ziehen es vor, alldeutsche Zeitungen zu finanzieren und darin die Literaten ihr Geschwätz machen zu lassen. Dorthin, in den Dienst privatkapitalistischer Interessen, werden im Wege jener *negativen Auslese,* welche unsere sogenannte »monarchische Regierung« praktisch, von allem Phrasenwerk entblößt, bedeutet, die sämtlichen Führertalente der Nation abgedrängt. Denn *nur* auf jenem Gebiet findet heute so etwas wie eine Auslese von Führerqualitäten überhaupt statt. Warum dort? Nun, weil die Gemütlichkeit, und das heißt in diesem Fall: die *Literatenphrase,* notwendig da aufhört, wo es sich um ökonomische Interessen von

[1] Der Minister MÖLLER erklärte seinerzeit: er sei in der *unangenehmen* Lage, daß man aus seinen früheren Reden seinen persönlichen Standpunkt so genau kenne!

Hunderten und Tausenden von Millionen Mark und Zehntausenden und Hunderttausenden von Arbeitskräften handelt. Und warum in der Leitung des Staates *nicht?* Weil eine der schlimmsten Erbschaften der BISMARCKschen Herrschaft es gewesen ist, daß er sein cäsaristisches Regime mit der *Legitimität des Monarchen zu decken* für zweckmäßig hielt. Das machten seine Nachfolger, die ihrerseits keine Cäsaren, sondern schlichte Beamte waren, ihm getreulich nach. Die politisch unerzogene | Nation nahm jene Redensarten BISMARCKS für bare Münze, während die Literaten den bei ihnen üblichen Beifall spendeten. Ganz natürlich. Sie examinieren künftige Beamte, fühlen sich selbst als Beamte und als Väter von Beamten. Und ihr Ressentiment richtet sich gegen jedermann, der auf anderen Wegen als dem der Legitimation durch Examensdiplome Macht erstrebt und erlangt. Unter BISMARCK der eigenen Sorge um die öffentlichen Angelegenheiten, speziell die auswärtige Politik, entwöhnt, ließ sich die Nation infolgedessen etwas als »monarchische Regierung« aufschwatzen, was in Wahrheit nur die Unkontrolliertheit einer reinen Beamtenherrschaft bedeutete, innerhalb deren, wenn sie *unter sich* gelassen wird, politische Führerqualitäten noch nie und nirgends in aller Welt geboren und in die Höhe gekommen sind. Nicht daß in unserem Beamtentum sich *nicht auch* Leute mit Führerqualitäten befänden: *es liegt hier sehr ferne, das zu behaupten!* Aber nicht nur stellen die Konventionen und inneren Eigentümlichkeiten der Amtshierarchie gerade ihrem Aufstieg ganz ungewöhnliche Hindernisse in den Weg und ist das Wesen der Stellung eines modernen Verwaltungsbeamten der Entwicklung *politischer* Selbständigkeit (die wohl zu unterscheiden ist von innerer Unabhängigkeit des rein *persönlichen* Charakters) im ganzen höchst ungünstig. Sondern das Wesen aller Politik ist, wie noch oft zu betonen sein wird: *Kampf, Werbung von Bundesgenossen und von freiwilliger Gefolgschaft,* – und dazu, sich in dieser schweren Kunst zu üben, bietet die Amtslaufbahn des Obrigkeitsstaats nun einmal keinerlei Gelegenheit. Für BISMARCK bot bekanntlich der Frankfurter Bundestag die Schule. Im Heer ist die Schulung eine solche für den Kampf und kann militärische Führer gebären. Für den modernen Politiker aber ist der Kampf im Parlament und für die Partei im Lande die gegebene Palästra, die durch nichts anderes – am wenigsten durch die Konkurrenz um Avancement – gleichwertig zu ersetzen ist. Natürlich nur in einem Parlament und für eine Partei, deren Führer die *Macht* im Staate erwirbt.

Was in aller Welt soll dagegen eine Partei, welche günstigenfalls die Chance hat, ein paar Budgetposten so zu ändern, wie es die Interessen ihrer Wähler wünschenswert machen, und einigen Protegés ihrer Parteigrößen ein paar kleine Pfründen zu verschaffen, für eine Anziehungskraft auf Männer mit *Führer*qualitäten ausüben? Welche Gelegenheit bietet sie ihnen denn, solche zu entfalten? Bis in die kleinsten Einzelheiten der Geschäftsordnung und der Konventionen des Reichs|tags und der Parteien spricht sich heute die Einstellung unseres Parlaments auf bloß negative Politik aus. Es sind mir nicht wenige Fälle bekannt, in welchen innerhalb der Parteien junge Talente mit Führereigenschaften von den alten verdienten Lokal- und Parteigrößen einfach niedergehalten wurden, wie es in jeder Zunft geschieht. Das ist in einem macht*losen* Parlament, welches auf negative Politik beschränkt ist, selbstverständlich. Denn dort herrschen die Zunftinstinkte allein. Das könnte sich dagegen eine Partei *niemals* gestatten, deren Existenz auf die Teilnahme an der *Macht und Verantwortung im Staate* zugeschnitten wäre, bei der infolgedessen jeder Parteigenosse im Lande draußen wissen würde: daß Sein und Nichtsein der Partei und aller der Interessen, die ihn an sie knüpfen, daran hängt, daß sie sich den Leuten mit Führereigenschaften, über die sie verfügt, *unterordnet.* Denn nicht die vielköpfige Versammlung des Parlaments als solche kann »regieren« und die Politik »machen«. Davon ist nirgends in der Welt die Rede, auch nicht in England. Die ganze breite Masse der Deputierten fungiert *nur* als Gefolgschaft für den oder die wenigen »leader«, welche das Kabinett bilden, und gehorcht ihnen blind, *solange* sie Erfolg haben. *Das soll so sein.* Stets beherrscht das »Prinzip der kleinen Zahl«, d. h. die überlegene politische Manövrierfähigkeit *kleiner* führender Gruppen, das politische Handeln. Dieser »cäsaristische« Einschlag ist (in *Massenstaaten*) unausrottbar.

Er allein gewährleistet es aber auch, daß auf bestimmten Persönlichkeiten der Öffentlichkeit gegenüber die *Verantwortlichkeit* ruht, die sich innerhalb einer vielköpfig regierenden Versammlung ja ganz verflüchtigen würde. Gerade in der eigentlichen Demokratie zeigt sich das. Durch Volkswahl ins Amt berufene Beamte bewähren sich nach den bisherigen Erfahrungen in zwei Fällen. Einerseits im lokalen Kantonalverband, wo man sich bei stabiler Bevölkerung gegenseitig persönlich kennt, also die Bewährung innerhalb der Nachbarschaftsgemeinschaft die Wahl bestimmen kann. Andererseits, mit erheblichen

Vorbehalten, bei der Wahl des *höchsten* politischen Vertrauensmanns einer Nation in einem *Massenstaat.* Selten der hervorragendste, aber im Durchschnitt doch: geeignete politische Führer gelangen so zur höchsten Macht. Für die ganze Masse der mittleren Beamten, vor allem derjenigen, welche Fachschulung benötigen, versagt dagegen in Massenstaaten das Volkswahlsystem in aller Regel völlig und aus begreiflichen Gründen. In Amerika waren die vom Präsidenten ernannten Richter den vom Volk | gewählten turmhoch an Tüchtigkeit und Integrität überlegen. Deshalb, weil in dem jene ernennenden Führer eine immerhin für die Qualität der Beamten *verantwortliche* Stelle vorhanden war und die herrschende Partei es daher später am eigenen Leibe spürte, wenn gröbliche Mißgriffe begangen wurden. Die Herrschaft des gleichen Wahlrechts in den großen Kommunen hat daher dort immer wieder dahin geführt: daß ein Vertrauensmann der Bürgerschaft durch Volksabstimmung zum Bürgermeister gewählt wurde mit weitgehender Freiheit, sich selbst seinen Verwaltungsapparat zu beschaffen. Nicht minder neigt die englische Parlamentsherrschaft zur Entwicklung solcher cäsaristischen Züge. Der leitende Staatsmann gewinnt dem Parlament gegenüber, aus dem er hervorgeht, eine immer überragendere Stellung.

Die Schwächen, welche der Auslese der führenden Politiker durch Parteiwerbung natürlich ebenso anhaften wie jeder menschlichen Organisation überhaupt, sind von den deutschen Literaten der letzten Jahrzehnte bis zum Überdruß breitgetreten worden. Daß auch die parlamentarische Parteiherrschaft dem einzelnen zumutet und zumuten muß, sich Führern zu fügen, die er oft nur als das »kleinere Übel« akzeptieren kann, ist einfach selbstverständlich. Aber der Obrigkeitsstaat läßt ihm 1. *gar keine* Wahl und gibt ihm 2. statt der *Führer* vorgesetzte *Beamte.* Das ist denn doch wohl ein kleiner Unterschied. Daß ferner die »Plutokratie« in Deutschland zwar in anderen Formen, der Sache nach aber ebenso blüht wie sonstwo, daß gerade die von den Literaten in den schwärzesten Farben und übrigens ohne jede Sachkunde gemalten großkapitalistischen Mächte, die ihre eigenen Interessen wahrhaftig selbst besser kennen als Stubengelehrte, und zwar gerade die rücksichtslosesten von ihnen: die Schwerindustriellen, bei uns *wie ein Mann* auf seiten des *bürokratischen* Obrigkeitsstaates und *gegen* Demokratie und Parlamentarismus stehen, hat doch seine guten Gründe. Nur bleiben sie dem Horizont der literarischen Spießbürger verborgen. Mit dem philiströsesten Moralismus wird statt dessen die selbstverständliche Tatsache unterstrichen: daß der Wille zur *Macht* zu den treibenden Motiven der parlamentarischen Führer, das egoistische Streben nach Ämtern zu denen ihrer Gefolgschaft gehören. Als ob nicht ganz ebensoviel Streberei und Gehaltshunger, sondern ausschließlich und allein die selbstlosesten Beweggründe die bürokratischen Amtsreflektanten beseelten! Und was die Teilnahme der »Demagogie« an der Erlangung der Macht | anlangt, so können die Vorgänge der soeben[1] schwebenden, *von gewissen amtlichen Stellen begünstigten* demagogischen Presseerörterungen über die Besetzung des Postens des deutschen Außenministers jedermann darüber belehren: daß gerade eine angeblich »monarchische« Regierung die Amtsstreberei und den Ressortkampf auf den Weg der allerverderblichsten Pressetreiberei verweist. In keinem parlamentarischen Staat mit starken Parteien wäre Schlimmeres möglich.

Die Motive des persönlichen Verhaltens sind innerhalb einer Partei gewiß ebensowenig nur idealistisch, wie die üblichen banausischen Avancements- und Pfründeninteressen der Konkurrenten in einer Beamtenhierarchie es sind. Um persönliche Interessen des einzelnen handelt es sich hier wie dort in der *Masse* der Fälle (und wird es sich auch in der vielgepriesenen »Solidaritätsgenossenschaft« des Zukunftsstaats der Literaten handeln). Es kommt nur alles darauf an: daß diese überall menschlichen, oft allzu menschlichen, Interessen so *wirken*, daß dadurch eine *Auslese* der mit Führerqualitäten begabten Männer wenigstens nicht geradezu *verhindert* wird. Das aber ist in einer Partei *ausschließlich* dann möglich, wenn ihren Führern im Falle des Erfolges die *Macht* und: die *Verantwortung* im Staate winkt. Es ist nur dann *möglich*. Aber es ist damit allein allerdings noch nicht gesichert.

Denn nicht ein redendes, sondern nur ein *arbeitendes* Parlament kann der Boden sein, auf dem nicht bloß demagogische, sondern echt *politische* Führerqualitäten wachsen und im Wege der Auslese aufsteigen. Ein arbeitendes Parlament aber ist ein solches, welches die *Verwaltung fortlaufend mitarbeitend kontrolliert*. Vor dem Krieg gab es das bei uns nicht. Nach dem Krieg *muß* aber das Parlament dazu umgebildet werden, oder wir haben die alte Misere. Davon ist jetzt zu reden.

[1] Januar 1918. (Orig.)

III. Verwaltungsöffentlichkeit und Auslese der politischen Führer

Die ganze Struktur des deutschen Parlaments ist heute zugeschnitten auf eine lediglich *negative Politik:* Kritik, Beschwerde, Beratung, Abänderung und Erledigung von Vorlagen der Regierung. Alle parlamentarischen Gepflogenheiten entsprechen dem. Leider fehlt, infolge des geringen Interesses der Öffentlichkeit daran, neben guten juristischen | Arbeiten über die Geschäftsordnung jegliche politische Analyse der wirklichen Lebensvorgänge des Reichstags, wie solche für außerdeutsche Parlamente vorliegen. Man mache aber den Versuch und bespreche irgendeine wünschenswerte Art von innerer Organisation des Reichstags und seines Geschäftsganges mit einem Parlamentarier, und man wird sofort auf allerhand konventionelle Gepflogenheiten und Rücksichten stoßen, welche lediglich auf die Bequemlichkeiten, Eitelkeiten, Bedürfnisse und Vorurteile verbrauchter Parlamentshonoratioren zugeschnitten sind und jeder politischen Aktionsfähigkeit des Parlaments Steine in den Weg rollen. Schon die einfache Aufgabe einer wirksamen fortlaufenden Verwaltungskontrolle der Beamten wird dadurch gehemmt. Ist diese Kontrolle etwa überflüssig?

Glänzend bewährt hat sich das Beamtentum überall da, wo es an amtlichen, festumschriebenen Aufgaben *fachlicher* Art sein Pflichtgefühl, seine Sachlichkeit und seine Kraft der Beherrschung organisatorischer Probleme zu beweisen hatte. Wer selbst aus einer Beamtenfamilie stammt, wird der allerletzte sein, Flecken auf seinen blanken Schild kommen zu lassen. Aber hier handelt es sich um *politische,* nicht »dienstliche«, Leistungen, und die Tatsachen selbst rufen die von keinem Wahrheitsliebenden zu verhehlende Erkenntnis in die Welt: *Gänzlich versagt* hat die Beamtenherrschaft da, wo sie mit *politischen* Fragen befaßt wurde. Das ist kein Zufall. Es wäre umgekehrt erstaunlich, wenn innerlich ganz fremdartige Fähigkeiten innerhalb desselben politischen Gebildes zusammentreffen würden. *Es ist, wie gesagt, nicht Sache des Beamten,* nach seinen eigenen Überzeugungen mitkämpfend in den politischen Streit einzutreten und, in diesem Sinn, »Politik zu treiben«, die immer: Kampf ist. Sein Stolz ist es im Gegenteil, die Unparteilichkeit zu hüten und also: seine eigenen Neigungen und Meinungen überwinden zu können, um gewissenhaft und sinnvoll durchzuführen, was allgemeine Vorschrift oder besondere Anweisung von ihm verlangen, auch und gerade dann, wenn sie seinen eigenen politischen Auffassungen *nicht* entsprechen. Die *Leitung* der Beamtenschaft, welche ihr die Aufgaben zuweist, hat dagegen selbstverständlich fortwährend politische: – machtpolitische und kulturpolitische – Probleme zu lösen. Sie *darin* zu kontrollieren, ist die erste grundlegende Aufgabe des Parlaments. Und nicht nur die den höchstgestellten Zentralinstanzen zugewiesenen Aufgaben, sondern jede einzelne noch so rein technische Frage in den Unterinstanzen *kann* politisch wichtig und die Art ihrer | Lösung durch politische Gesichtspunkte bestimmt werden. *Politiker* müssen der Beamtenherrschaft das Gegengewicht geben. Dagegen aber wehrt sich das Machtinteresse der *leitenden Instanzen* einer reinen Beamtenherrschaft, welche stets der Neigung zu möglichst unkontrollierter Freiheit und vor allem: zur Monopolisierung der Ministerstellen für das Beamtenavancement nachgehen werden.

Die Möglichkeit, das Beamtentum wirksam zu *kontrollieren,* ist an Vorbedingungen geknüpft.

Die Machtstellung aller Beamten ruht, außer auf der arbeitsteiligen Technik der Verwaltung als solcher, auf *Wissen.* Einem Wissen von zweierlei Art. Zuerst: dem durch Fachschulung erworbenen, im weitesten Sinne des Wortes »technischen« *Fachwissen.* Ob es auch im Parlament vertreten ist oder sich Abgeordnete im Einzelfall privatim bei Spezialisten Auskunft einholen können, ist Zufall und Privatsache. Niemals ersetzt dies für die Verwaltungskontrolle das systematische (eidliche) *Kreuzverhör von Sachverständigen* vor einer Parlamentskommission unter Zuziehung der betreffenden Ressortbeamten, welches allein Kontrolle und Allseitigkeit der Befragung garantiert. Dem Reichstag *fehlt* das Recht dazu: er ist verfassungsmäßig *zur dilettantischen Dummheit verurteilt.*

Aber das Fachwissen allein begründet nicht die Beamtenmacht. Dazu tritt die durch die Mittel des amtlichen Apparates nur dem Beamten zugängliche Kenntnis der für sein Verhalten maßgebenden konkreten Tatsachen: das *Dienstwissen.* Nur wer sich diese Tatsachenkenntnis unabhängig vom guten Willen des Beamten beschaffen kann, vermag im Einzelfall die Verwaltung wirksam zu kontrollieren. Je nach den Umständen kommen Akteneinsicht, Augenscheineinnahme, äußerstenfalls aber wiederum: das eidliche *Kreuzverhör* der Beteiligten als Zeugen vor einer Parlamentskommission in Betracht. Auch dieses Recht *fehlt* dem Reichstag. Er ist geflissentlich außerstande gesetzt, sich die zur Verwaltungskontrolle erforderlichen Kenntnisse zu beschaffen, also, außer zum Dilettantismus, auch *zur Unkenntnis verurteilt.*

Aus schlechthin *keinen sachlichen* Gründen. Sondern ausschließlich deshalb, weil das wichtigste *Machtmittel* des Beamtentums die Verwandlung des Dienstwissens in ein *Geheimwissen* durch den berüchtigten Begriff des »Dienstgeheimnisses« bildet: letztlich lediglich ein Mittel, die Verwaltung *gegen Kontrolle zu sichern.* Während die unteren Staffeln der Amtshierarchie durch die übergeordneten kontrolliert und | kritisiert werden, versagt bei uns gerade gegenüber den obersten, also den mit der »Politik« befaßten, Stellen alle Kontrolle, technische wie politische überhaupt. Die für ein selbstbewußtes Volk nach Form und Inhalt nicht selten schmähliche Art, wie der parlamentarischen Vertretung gegenüber von seiten der Verwaltungschefs Anfragen und Kritiken beantwortet werden, ist nur möglich, weil dem Parlament die Mittel versagt sind, sich durch Handhabung des sogenannten *»Enqueterechts«* jederzeit jene Kenntnis der Tatsachen und der technischen Fachgesichtspunkte zu verschaffen, welche allein ihm fortlaufende Mitarbeit und Einfluß auf die Richtung der Verwaltung ermöglichen würde. Zu allererst hier muß Wandel eintreten. Nicht etwa soll künftig der Reichstag in seinen Kommissionen sich in umfangreiche Studien vertiefen und darüber dicke Bände veröffentlichen: – dafür, daß dies nicht geschieht, sorgt übrigens seine Arbeitslast. Sondern das Enqueterecht ist als *gelegentliches* Hilfsmittel unentbehrlich und bietet im übrigen: eine Rute, deren Vorhandensein die Verwaltungschefs zwingt, in einer Art Rede zu stehen, die seine Anwendung unnötig macht. In dieser Art der Verwertung dieses Rechts liegen die allerbesten Leistungen des englischen Parlaments. Die Integrität des englischen Beamtentums und der hohe Stand der politischen Erziehung des englischen Volkes beruhen wesentlich mit darauf, und man hat oft betont, daß in der Art, wie die Komiteeverhandlungen von der englischen Presse und deren Leserkreis verfolgt werden, der beste Maßstab für den politischen Reifegrad gegeben ist. Denn dieser äußert sich ja nicht in Mißtrauensvoten, Ministeranklagen und solchen Spektakelstücken des französisch-italienischen *unorganisierten* Parlamentarismus, sondern darin: daß eine Nation über die *Art der Führung ihrer Geschäfte* durch das Beamtentum orientiert ist, sie fortlaufend kontrolliert und beeinflußt. Nur Ausschüsse eines mächtigen Parlaments sind die Stätten und können sie sein, von wo jener erzieherische Einfluß ausgeübt werden kann. Das Beamtentum als solches aber kann dadurch im Endeffekt nur gewinnnen. Selten und jedenfalls nicht bei parlamentarisch geschulten Völkern ist das Verhältnis des Publikums zum Beamtentum so verständnislos wie in Deutschland. Kein Wunder. Die *Probleme,* mit welchen die Beamten bei ihrer Arbeit zu ringen haben, treten ja bei uns nirgends sichtbar hervor. Ihre Leistung kann niemals verstanden und bewertet, das an Stelle positiver Kritik stehende sterile Schimpfen über den »heiligen Bürokratius« niemals überwunden werden, wenn der jetzige Zustand | *unkontrollierter* Beamtenherrschaft anhält. Und auch die Machtstellung des Beamtentums würde da, wo sie hingehört, nicht geschwächt. Der spezialistisch eingeschulte »Geheimrat« ist seinem Minister (auch, und oft, gerade dem aus dem Fachbeamtentum hervorgegangenen Minister) im Fachbetrieb überall überlegen, in England ebenso (aber im ganzen nicht mehr) wie bei uns. Das *soll* so sein. Denn Fachschulung ist unter den modernen Verhältnissen unentbehrliche Voraussetzung für die Kenntnis der technischen Mittel zur Erreichung politischer Ziele. Aber politische Ziele zu setzen, ist keine Fachangelegenheit, und die *Politik* soll der Fachbeamte nicht rein als solcher bestimmen.

Die äußerlich ziemlich unscheinbare Änderung, welche durch eine vermittels des Enqueterechts gesicherte, fortlaufende Kontrolle und Mitarbeit der Parlamentausschüsse mit und gegenüber der Verwaltung bei uns eingeführt würde, ist die grundlegende Vorbedingung aller weiteren Reformen im Sinn einer Steigerung der positiven Leistungen des *Parlaments als Staatsorgan.* Sie ist insbesondere auch die unentbehrliche Voraussetzung dafür: daß das Parlament zur Auslesestätte für politische Führer wird. Das modische Literatengerede bei uns diskreditiert die Parlamente gern als Orte, wo nur »geredet« wird. Ähnlich, freilich weit geistvoller, hat CARLYLE vor drei Generationen in England gegen das dortige Parlament gewettert, und doch wurde es immer mehr der ausschlaggebende Träger der englischen Weltmacht. Heute ist nun einmal nicht das eigene Dreinschlagen mit dem Schwert, sondern sind ganz prosaische Schallwellen und Tintentropfen: geschriebene und gesprochene *Worte,* die physischen Träger des leitenden (politischen und: militärischen!) Handelns. Es kommt nur darauf an, daß Geist und Kenntnisse, starker Wille und besonnene Erfahrung diese Worte: Befehle oder werbende Rede, diplomatische Noten oder amtliche Erklärungen im eigenen Parlament formen. In einem Parlament, welches nur Kritik üben kann, ohne sich die Kenntnis der Tatsachen verschaffen zu können, und dessen Parteiführer niemals in die Lage gesetzt werden, zeigen zu müssen, was sie selbst politisch leisten können, führen nur entweder kenntnislose Demagogie oder routinierte Impotenz (oder beide zusammen) das Wort. Es gehört zu jenem Kapital politischer Unreife, welches ein ganz unpolitisches Zeitalter bei uns aufgespeichert hat, daß der deutsche Spießbürger politische Gebilde wie das englische Parlament mit diesen, ihm von den jetzigen eigenen Verhältnissen her blindgewordenen Augen anzusehen gewohnt ist und darauf von der Höhe seiner | eigenen politischen Ohnmacht selbstgefällig herabblicken zu können glaubt, – ohne zu bedenken, daß doch schließlich diese Körperschaft die Stätte der Auslese jener Politiker gewesen ist, welche es verstanden haben, ein Viertel der Menschheit zur Unterordnung unter die Herrschaft einer winzigen staatsklugen Minderheit zu bringen. Und zwar – die Hauptsache! – zu einem immerhin erheblichen Teil zur *freiwilligen* Unterordnung. Wo hat der vielgepriesene deutsche Obrigkeitsstaat denn ähnliche Leistungen aufzuweisen? Die politische Schulung für sie wird natürlich nicht in den ostensiblen und dekorativen Reden im Plenum eines Parlaments erworben. Sondern *innerhalb* der Parlamentslaufbahn nur in stetiger scharfer *Arbeit.* Keiner der bedeutenden englischen Parlamentsführer ist in die Höhe gekommen, ohne sich in der Arbeit der Komitees geschult [zu haben] und von dort aus oft durch eine ganze Reihe von Ressorts der Verwaltung hindurchgegangen und in ihre Tätigkeit eingeführt worden zu sein. *Nur* jene Schule intensiver Arbeit an den Realitäten der Verwaltung, welche der Politiker in den Kommissionen eines mächtigen *Arbeits*parlamentes durchzumachen hat und in der er sich bewähren muß, machen eine solche Versammlung zu einer Auslesestätte nicht für bloße Demagogen, sondern für sachlich arbeitende Politiker, als welche das englische Parlament (was ehrlicherweise niemand verkennen darf) bis heute unerreicht dasteht. Nur diese Art des Zusammenwirkens von Fachbeamtentum und Berufspolitikern garantiert die fortwährende Kontrolle der Verwaltung und durch sie die politische Erziehung und Schulung von Führern und Geführten. Durch effektive *Parlamentskontrolle* erzwungene *Publizität der Verwaltung* ist das, was als Vorbedingung jeder fruchtbaren Parlamentsarbeit und politischen Erziehung der Nation zu fordern ist. – Der Weg dazu ist auch bei uns beschritten.

Die Not des Krieges, die mit so manchen konservativen Phrasen aufräumte, hat den »*Hauptausschuß des Reichstags*« entstehen lassen:

in der Art seines Arbeitens und seiner Publizität ein technisch und politisch noch höchst unvollkommenes, aber immerhin in der Richtung der Entwicklung eines Arbeitsparlaments liegendes Gebilde.

Die Unvollkommenheit für politische Zwecke lag schon in der ganz verkehrten und unorganisierten *Form* von Publizität, welche hier der Erörterung hochpolitischer Probleme gegeben wurde, schon durch den viel zu großen Umkreis, innerhalb dessen und vor welchem sie – in notwendig emotionaler Art – verhandelt wurden. Es war denn doch ein | gemeingefährlicher Unfug, wenn »vertrauliche« militärtechnische (U-Boot-Frage!) und diplomatische Probleme Hunderte von Mitwissern besaßen, infolgedessen teils unter der Hand weitererzählt wurden, teils verunstaltet oder in sensationellen Andeutungen ihren Weg in die Presse fanden. *Aktuelle* Erörterungen der Außenpolitik und des Krieges gehören zur Beratung zunächst vor einen kleinen Kreis von Vertrauensmännern der Parteien. Und da Politik überhaupt stets von wenigen gemacht wird, dürfen eben auch die Parteien für hochpolitische Zwecke nicht nach Art von »Zünften«, sondern nur nach Art von »Gefolgschaften« organisiert sein. Ihre *politischen* Vertrauensmänner müssen also »Führer« sein, das heißt: unbeschränkte Vollmacht für wichtige Entschließungen haben (oder innerhalb weniger Stunden von jederzeit zusammenzurufenden Ausschüssen einholen können). Man hat ja mit dem Siebenerausschuß des Reichstags für einen Einzelzweck einen Schritt getan, der scheinbar in dieser Richtung lag. Der Eitelkeit der Verwaltungschefs wurde Rechnung getragen, indem die Einrichtung nur als »provisorisch« bezeichnet und zunächst auch versucht wurde, die Parlamentarier *nicht* als »Parteivertreter« zu behandeln, – was der ganzen Einrichtung den politischen Sinn nahm und erfreulicherweise scheiterte. Allein so sachgemäß es an sich war, daß diese sieben Parteivertreter mit Regierungskommissaren an einem Tisch zusammensitzen und beraten sollten, so wären natürlich statt der sieben Bundesratsbevollmächtigten drei oder vier Vertreter der größten Mittelstaaten, und statt der übrigen die vier oder fünf ausschlaggebenden militärischen und innerpolitischen Verwaltungschefs oder ihre Vertreter die geeignete Ergänzung. Jedenfalls kann nur ein kleines Gremium mit Diskretionspflicht wirklich *politische* Entscheidungen in hochgespannter Lage beratend *vorbereiten*. Für die Kriegszeit war vielleicht die Schaffung dieses, mit den Regierungsvertretern die Vertreter *aller* großen Fraktionen vereinigenden gemischten Ausschusses angebracht. Ebenso könnte im Frieden für die Beratung bestimmter hochpolitischer Stellungnahmen, insbesondere in der Auslandspolitik, eine Zuziehung von Parteivertretern auf ähnlicher Grundlage vielleicht nützlich sein. Im übrigen ist aber dieses System von begrenzter Bedeutung, weder ein Ersatz für eine echte Parlamentarisierung des Regierungsbetriebes, noch ein Mittel für die Schaffung eines einheitlichen Regierungswillens. Denn dieser könnte, wo eine Mehrzahl von Parteien ihn stützen soll, nur durch *freie* zwischenparteiliche Konferenzen lediglich der für die *Mehrheits*bildung jeweilig | ausschlaggebenden Parteien mit den Regierungsleitern geschaffen werden. Ein Ausschuß, in dem ein Vertreter der Unabhängigen Sozialisten und ein solcher der Konservativen beieinander sitzen, kann den Sinn, jene Art der Willensbildung zu ersetzen, schon rein an sich nicht haben. Das wäre ein politischer Ungedanke. Für die einheitliche Orientierung der *Politik* leisten solche Gebilde nichts.

Dagegen könnte für die normale *Verwaltungskontrolle* der Friedenszeit die Entwicklung gemischter Spezialausschüsse im Anschluß an den *Hauptausschuß* recht wohl ein geeignetes Instrument werden, vorausgesetzt, daß für eine gute fortlaufende Berichterstattung gegenüber der Öffentlichkeit gesorgt und eine geeignete Geschäftsordnung mit Wahrung der Einheitlichkeit bei Spezialisierung der Verhandlungsgegenstände der Unterausschüsse, zu denen die Bundesrats- und Ressortvertreter zuzuziehen wären, geschaffen würde. Was die mögliche politische Wirkung einer solchen Ausgestaltung betrifft, so wird sie ganz davon abhängen, wie in Zukunft die Stellung des Parlaments im Reiche und damit die Struktur seiner Parteien geartet sein wird. Bleibt alles beim alten, bleibt also insbesondere die mechanische Hemmung des Art. 9 der Reichsverfassung bestehen und bleibt überhaupt das Parlament auf »negative Politik« beschränkt – und die Tendenz des Beamtentums geht offenbar dahin, dies zu erreichen –, dann werden die Parteien ihre Vertreter in den Ausschüssen vermutlich an kleinliche imperative Mandate binden, jedenfalls ihnen keine *Führer*vollmacht überlassen, [wird] auch im übrigen jede ihren eigenen Weg gehen, ausschließlich kleine Sondervorteile für ihre Schützlinge zu erhandeln trachten, und die ganze Einrichtung wird ein nutzloses und zeitraubendes Hemmnis der Verwaltung, nicht aber ein Mittel politischer Schulung und sachlich fruchtbarer Zusammenarbeit werden. Als positives Resultat könnte dann äußerstenfalls etwas Ähnliches herausspringen wie bei der Proportionalpatronage der Parteien in manchen Schweizer Kantonen: eine friedliche Verteilung von Bruchteilen des Einflusses auf die Verwaltung unter die einzelnen Parteien, und insoweit also: ein Abflauen des Parteikampfes. (Obwohl übrigens schon dies negative Resultat in einem Massenstaat mit hochpolitischen Aufgaben sehr weit davon entfernt ist, sicher erreichbar zu sein. Über die positiven praktischen Wirkungen sind die Schweizer meines Wissens geteilter Ansicht. Auch diese sind natürlich in einem Großstaat absolut anders einzuschätzen). Indessen, so unsicher jene idyllischen Perspektiven sind, – wem die Ausschaltung des politischen Parteikampfes | das unbedingt höchste Gut ist, der wird sich an ihnen sicherlich erfreuen, und das Beamtentum seinerseits wird daraus Gewinn für die Sicherung der eigenen Machtstellung durch Fortsetzung des Systems der kleinen Trinkgelder erhoffen. Träte dazu dann noch irgendeine Art proportionaler Verteilung der Amtspfründen unter die verschiedenen »hoffähigen« Parteirichtungen, – so wäre das Resultat: »lauter vergnügte Gesichter«, wohl noch in gesteigertem Grade zu erzielen. Allein die absolute Unwahrscheinlichkeit einer wirklichen Durchführung dieser friedlichen Pfründenverteilung auf dem Gebiet der *inneren Verwaltung:* Landräte, Regierungs- und Oberpräsidenten, in Preußen gegenüber dem Ämtermonopol der konservativen Partei ist klar. Und rein politisch würde jedenfalls auch *nicht* sehr viel *mehr* als dies dabei herauskommen: Partei*beamten* und nicht: Partei*führern* wären Chancen, *nicht* der politischen *Macht* und Verantwortung, sondern des *Pfründen*besitzes, eröffnet, – gewiß kein geeignetes Mittel für die Hebung des politischen Niveaus des Parlaments. Die Frage, ob etwa dadurch die Verwaltungskontrolle wirksamer gestaltet und ob die Reife der Bevölkerung für die Beurteilung der Verwaltungsleistung gesteigert würde, muß vollends ganz offen bleiben.

Unentbehrliche Garantie einer zweckentsprechenden Erörterung auch der einfachsten verwaltungstechnischen Fragen, selbst in einem solchen bürokratisierten Ausschuß, ist aber dessen Recht, nach Bedarf sich jederzeit das Fach- und Dienstwissen durch eigene Erhebung kurzerhand zu beschaffen. Ausschließlich und allein ganz unsachliche Prestige- oder deutlicher gesagt: *Eitelkeits*-Interessen und der Wunsch nach *Unkontrolliertheit* auf seiten des Beamtentums stehen dieser Forderung, die ja an sich noch keinerlei Entscheidung über die Frage der »parlamentarischen Regierung« bedeutet, sondern nur eine Vorbedingung ihrer zweckmäßigen Gestaltung enthält, im Wege.

Als einziges sachlich beachtliches Bedenken gegen das Enqueterecht pflegt von Staatsrechtslehrern geltend gemacht zu werden: daß der Reichstag in der Gestaltung der Geschäftsordnung gänzlich autonom sei, die jeweilige Mehrheit also eine Erhebung einseitig unterlassen oder so gestalten könne, daß das nicht festgestellt werde, was ihr unwillkommen sei. Zweifellos paßt die (indirekt) aus der englischen Theorie kritiklos übernommene Geschäftsordnungsautonomie (Artikel 27 R. V.) für *dies* Recht nicht. Vielmehr ist durch *gesetzliche* Normen die Garantie für die Verläßlichkeit zu schaffen. Insbesondere muß das Recht | *unbedingt als Minoritätsrecht* (sagen wir etwa: auf Verlangen von 100 Abgeordneten) und natürlich mit dem Recht der Minderheit auf Vertretung, Fragestellung, Nebenbericht geschaffen werden. Schon um gegen jede künftig einmal mögliche parlamentarische *»Mehrheitswirtschaft«* und ihre bekannten Gefahren jenes *Gegengewicht der Publizität* zu bieten, welches in anderen Staaten fehlt und in England bisher nur durch die gegenseitige Parteicourtoisie gegeben war. Garantien sind aber nötig auch in anderen Richtungen. Solange es nun einmal konkurrierende Industrien, zwischen verschiedenen Ländern zumal, gibt, wird es unumgänglich sein, ihre technischen Betriebsgeheimnisse wenigstens vor tendenziöser Publikation hinlänglich zu schützen. Erst recht: militärtechnische Geheimnisse. Und endlich auch: schwebende Erwägungen der *auswärtigen Politik.* Diese gehören in diesem Stadium unbedingt vor ein mit Garantie der Diskretion umgebenes kleines Gremium. Denn es ist natürlich ein gerade jetzt durch die Tatsachen verspotteter Irrtum einzelner, namentlich russischer, Literaten: daß der Betrieb der auswärtigen Politik, etwa ein sachlicher Friedensschluß kriegführender Länder, durch öffentlich meistbietende Proklamation allgemeiner »Prinzipien« herbeigeführt werden könne statt durch sachliche Verhandlung über den bestmöglichen Ausgleich der doch nun einmal kollidierenden Interessen der Staaten und Nationen, die sich hinter jenen angeblichen »Prinzipien« verbergen. Ganz andere Mittel sind es jedenfalls, mit denen auf diesem Gebiet die Axt an die Fehler *unserer* Vergangenheit gelegt werden muß, als diese dilettantischen Literatenideen. Die in demokratischen Kreisen vielfach verbreitete Ansicht: daß die *Publizität* gerade der Diplomatie ein Allheilmittel sei, vor allem: stets für den Frieden wirke, ist in dieser

Verallgemeinerung mißverständlich. Für endgültige, vorher überlegte *Stellungnahmen* hat sie ihr Recht. Für die Erwägungen *selbst* – solange es konkurrierende Staaten gibt – sowenig wie etwa für konkurrierende Industrien. Im geraden Gegensatz zu Fragen der inneren Verwaltung kann sie in diesem Stadium die *Sachlichkeit* und Unpräjudiziertheit der schwebenden Erwägungen schwer *stören* und den Frieden geradezu gefährden oder hindern. Die Erfahrungen dieses Krieges zeigen das auf das deutlichste. – Indessen, von der Außenpolitik ist noch gesondert zu reden.

Hier sei nur noch darauf hingewiesen, wie sich das Fehlen der parlamentarischen Führerschaft heute in Fällen innerer »*Krisen*« äußert. | Dafür war der Verlauf des ERZBERGERschen Vorstoßes im Juli dieses Jahres[1] und der beiden späteren Krisen lehrreich. Es zeigte sich da in allen drei Fällen: was für Folgen es hat, wenn 1. Regierung und Parlament als zwei getrennte Organe einander gegenüberstehen und dabei das Parlament *nur* eine Repräsentation der Beherrschten und deshalb auf »negative Politik« (im obigen Sinne) eingestellt ist, – 2. die Parteien zunftartige Gebilde sind, weil politische Führer innerhalb des Parlaments keinen Beruf und daher in den Parteien keinen Platz finden, und wenn endlich – 3. die offiziellen Führer des Staats: die leitenden Beamten, den Parlamentsparteien nicht als deren Führer angehören, auch nicht *kontinuierlich* mit deren Führern in Berührung bleiben und die schwebenden Fragen vorberaten, sondern außerhalb ihrer, der konventionellen Prestige-Phrase nach: »über ihnen«, stehen und sie deshalb nicht zu leiten vermögen. Als eine starke Reichstagsmehrheit auf einem positiven Entschluß der Reichsregierung bestand, versagte das System sofort an allen Enden. Die ratlosen Regierungsvertreter mußten die Zügel am Boden schleifen lassen, weil sie keinen Fuß in den Parteiorganisationen hatten. Der Reichstag selbst bot in seiner politischen Führerlosigkeit das Bild voller Anarchie, weil die (sogenannten) Parteiführer niemals ihren Platz am Regierungstisch gehabt hatten und auch damals als künftige Leiter der Regierung nicht in Betracht kamen. Die Parteien sahen sich vor eine Aufgabe gestellt, die bisher nie in ihren Gesichtskreis getreten war, und der sie daher weder nach ihrer Organisation, noch nach ihrem Personalbestand gewachsen waren: eine Regierung aus sich zu bilden. Dazu erwiesen sie sich selbstverständlich als völlig

[1] 1917. (D. H.)

unfähig, machten gar nicht den Versuch dazu und konnten ihn auch gar nicht machen. Denn von der äußersten Rechten bis zur äußersten Linken verfügte keine einzige Partei über einen Politiker, der als Führer anerkannt gewesen wäre, – ganz ebensowenig wie das Beamtentum selbst.

Alle Parteien waren seit vierzig Jahren darauf eingestellt, daß der Reichstag lediglich die Aufgabe habe, »negative Politik« zu treiben. Erschreckend deutlich zeigte sich als Wirkung der Erbschaft BISMARCKS jener »Wille zur Ohnmacht«, zu dem durch ihn die Parlamentsparteien verdammt waren. Aber nicht einmal mitwirkend bei der Bestimmung der neuen Führer der Nation spielten die Parteien eine Rolle. Das Prestigebedürfnis oder deutlicher: die *Eitelkeit* der Beamtenherrschaft ertrug selbst dies und selbst in diesem kritischen Augenblick nicht, obwohl es die | einfachste Klugheit geboten hätte. Anstatt von sich aus die Parteien vor die verfängliche Frage zu stellen: *wen* sie denn nun ihrerseits für die leitenden Stellen im Reich als Kandidaten zu präsentieren hätten?, oder wenigstens die weit praktischere: wie sie sich zu den Persönlichkeiten der einzelnen, als möglich in Betracht kommenden künftigen Leiter der Reichspolitik stellen würden?, verharrte die Bürokratie auf dem Prestige-Standpunkt: daß das eine Angelegenheit sei, welche die Volksvertretung nichts angehe. Außerparlamentarische Mächte griffen ein und bestellten die neue Regierung. Und diese trat nun nicht an die Parteien mit einem bestimmten sachlichen Vorschlag und der kategorischen Aufforderung heran: dazu mit »ja« oder »nein« Stellung zu nehmen. Der neue Reichskanzler mußte sich über den entscheidenden Punkt, wie erinnerlich, mehrere untereinander verschiedene Erklärungen abdringen und die Überwachung des Siebenerausschusses für eine außenpolitische Handlung gefallen lassen: – alles deshalb, weil er das *Vertrauen* des Parlaments nicht besaß. Und es verstand sich von selbst, daß die Geschwätzigkeit der Literaten durch das unerfreuliche und dem Ansehen Deutschlands nur abträgliche Schauspiel mit Genugtuung sich in ihrer beruhigenden Überzeugung bestätigt fand: daß der Parlamentarismus in Deutschland »unmöglich sei«. Das Parlament habe »versagt«. In Wahrheit versagte etwas ganz anderes: der Versuch der Führung des Parlaments durch ein außer Beziehung zu ihm stehendes Beamtentum, eben jenes System, welches unter dem Beifall der Literaten seit Jahrzehnten dahin gewirkt hat, das Parlament im Interesse der Unkontrolliertheit der Beamtenschaft zu positiven politischen Leistungen unfähig zu machen. Bei jeder Regierungspraxis, welche die Verantwortlichkeit ganz oder doch wesentlich mit auf die Schultern der Parteiführer legte und dadurch politischen Führernaturen die Möglichkeit böte, im Parlament die Geschicke des Landes mitbestimmend zu leiten, wäre die Lage völlig anders. Die Parteien hätten dann eine derart kleinbürgerliche und zünftlerische Organisation sich gar nicht gestatten können, wie sie jetzt im Reichstag besteht. Sie hätten unter dem absoluten Zwang gestanden, sich *Führern unterzuordnen,* und nicht, wie namentlich das Zentrum es tat, fleißigen Beamtennaturen, welchen im Augenblick, wo sie Führereigenschaften hätten entwickeln müssen, die Nerven versagten. Die Führer ihrerseits aber hätten im Fall einer solchen Krise unter dem Zwange gestanden, eine Koalition zu bilden, welche dem Monarchen ein positives Programm und bestimmte führende Persönlichkeiten vorgeschlagen hätte. Bei dem | bestehenden System konnte nichts anderes eintreten als die Konsequenz der rein negativen Politik.

Der außerparlamentarisch bestimmte neue Leiter des Reichs fand nur ein Durcheinander vor, welches alsbald die gleiche Lage wieder schuf. Denn die Übernahme einiger sehr tüchtiger Parlamentarier in Regierungsämter bedeutete, zufolge des Art. 9 der R. Verf., nur: daß sie den Einfluß in ihrer Partei verloren und diese also geköpft oder desorientiert wurde. Genau so war es auch bei den Krisen im August und Oktober [1917]. Das wiederum völlige Versagen der Regierung war die Folge davon, daß die leitenden Staatsmänner hartnäckig an dem Prinzip festhielten: die *ständige* Fühlung mit den Parteiführern und die Vorberatung der in der bevorstehenden Tagung zu erörternden Probleme mit den Vertretern mindestens derjenigen Parteien, die sie für sich zu gewinnen hoffen durften und wünschten, zu *vermeiden.* Schon der bloße Umstand: daß der im November neu ernannte Reichskanzler, auf Verlangen der Mehrheitsparteien des Reichstages, *vor* Übernahme des Amtes mit ihnen Fühlung nahm, und der fernere Umstand: daß nunmehr die rein politischen Ministerien mit geschulten Parlamentariern besetzt wurden, genügte, um endlich ein leidliches Funktionieren wenigstens der innerpolitischen Maschinerie zu ermöglichen, obwohl der Fortbestand des Art. 9 Satz 2 auch jetzt wieder seinen schädlichen Einfluß übte. Die Januarkrise[1] bewies auch dem blödesten Auge: daß *nicht das Parlament* Quelle der inner-

[1] 1918. (D. H.)

politischen Krisen bei uns ist. Sondern zwei Umstände. Einmal der, daß der stets streng festgehaltene Grundsatz der BISMARCKschen Politik verlassen wurde, wonach der Heerführer den Krieg führt nach *militärischen* Gesichtspunkten, der Politiker aber den Frieden schließt nach *politischen* Gesichtspunkten (unter denen rein technisch strategische Fragen *einen* – aber nur einen – Punkt bilden). Dann aber und vor allem der Umstand: daß irgendwelche subalternen Höflinge es nützlich und mit einer angeblich »monarchischen« Regierung vereinbar fanden, interne Erörterungen der hohen Politik *in die Presse* zu lancieren. Aus *parteipolitischem* Interesse.

Denn unsere Zustände können jeden lehren: daß eine reine Beamtenherrschaft um dieser Eigenschaft willen nicht etwa schon: *keine Partei*herrschaft bedeutet. Andere als *konservative* Landräte sind in Preußen unmöglich, und der deutsche Scheinparlamentarismus beruht in allen seinen Folgen auf dem seit 1878 (nach der Unterbrechung der elf fruchtbarsten Jahre der deutschen Parlamentsarbeit) bestehenden, von den Parteiinteressenten | gepflegten Axiom: daß jede Regierung und ihre Vertreter naturnotwendig »konservativ« sein müßten, einige Konzessionen an die Patronage der preußischen Bourgeoisie und des Zentrums in den Kauf nehmend. Dies und gar nichts anderes bedeutet bei uns die »Überparteilichkeit« der Beamtenherrschaft. Die Lehre des Krieges in allen Ländern: daß *alle* Parteien »national« werden, welche Anteil an der verantwortlichen *Macht* im Staat haben, hat daran bei uns nichts geändert. Die Parteiinteressen der im Machtbesitz befindlichen konservativen Beamtenschaft und der ihr angegliederten Interessentenkreise allein beherrschen die Leitung. Die unvermeidlichen Früchte dieses »cant« sehen wir vor uns, und sie werden sich auch nach dem Frieden einstellen. Nicht etwa das Parlament allein, sondern die Staatsgewalt als solche wird die Kosten zu tragen haben. –

Wer überhaupt die Zukunftsfrage der deutschen Staatsordnung anders stellt als dahin: *wie macht man das Parlament fähig zur Macht?*, der stellt sie von vornherein falsch. Denn alles andere ist Nebenwerk. –

Man muß sich nun klarmachen, daß dazu neben den erwähnten äußerlich unscheinbaren, aber praktisch wichtigen Ergänzungen seiner Machtbefugnisse und der Hinwegräumung des mechanischen Hindernisses des Art. 9 sowie starken Änderungen der Geschäftsordnung und der heutigen Konventionen des Parlaments vor allem eines gehört: die Entwicklung eines geeigneten *Berufsparlamentariertums.*

Der Berufsparlamentarier ist ein Mann, der das Reichstagsmandat ausübt nicht als gelegentliche Nebenpflicht, sondern – ausgerüstet mit eigenem Arbeitsbüro und -personal und mit allen Informationsmitteln – als Hauptinhalt seiner Lebensarbeit. Man mag diese Figur lieben oder hassen, sie ist rein technisch unentbehrlich, und sie ist daher *schon heute vorhanden.* Nur, der subalternen Stellung des Parlaments und den subalternen Chancen der Parlamentslaufbahn entsprechend, gerade in ihren einflußreichsten Exemplaren meist in ziemlich subalterner Form und: hinter den Kulissen. – Der Berufspolitiker kann ein Mann sein, der lediglich *von* der Politik und ihrem Getriebe, ihren Einflüssen und Chancen lebt. Oder ein solcher, der *für* die Politik lebt. Nur im letzteren Fall kann er ein Politiker großen Zuschnittes werden. Er kann das natürlich um so leichter, je mehr er durch Vermögen unabhängig und dadurch »abkömmlich«, also nicht betriebsgebunden (Unternehmer), sondern: Rentner ist. Von den betriebsgebundenen Schichten sind nur die Advokaten »abkömmlich« und zu Berufspolitikern geeignet. Sowenig nun|gewiß eine reine Advokatenherrschaft erwünscht wäre, so töricht ist doch die bei unsern Literaten meist übliche Minderschätzung der Qualifikation des Advokatentums für die politische Leitung. In einem Zeitalter der *Juristenherrschaft* ist der große *Advokat* der einzige Jurist, der – im Gegensatz zum Beamten – im *Kampf* und in der wirksamen *Vertretung einer Sache* durch Kampf geschult ist, und unseren öffentlichen Kundgebungen möchte man *wesentlich* mehr Geschultheit im (vornehm sachlichen) Advokatentum wünschen. Aber *nur* wenn das Parlament Führerstellungen mit Führerverantwortung in Aussicht stellt, werden nicht nur Advokaten großen Stils, sondern überhaupt unabhängige Persönlichkeiten für die Politik leben wollen. Sonst nur: besoldete Parteibeamte und Interessenvertreter.

Das Ressentiment der Partei-Beamtennaturen gegen echtes politisches Führertum spielt bei der Haltung mancher Parteien gegenüber der Frage der Parlamentarisierung, und das heißt: der parlamentarischen Führerauslese, stark mit. Es verträgt sich natürlich vortrefflich mit den gleichgesinnten Interessen der Bürokratie. Denn der Berufsparlamentarier an sich ist den Instinkten der bürokratischen Verwaltungschefs ein Dorn im Auge. Schon als unbequemer Kontrolleur und als Prätendent einer, immerhin, gewissen Anteilnahme an der Macht. Vollends aber, wenn er in einer Gestalt auftritt, um als möglicher Konkurrent um die *leitenden* Stellungen in Betracht zu kommen (was bei den Interessenvertretern eben *nicht* der Fall ist). Daher auch der Kampf für Erhaltung der Unwissenheit des Parlaments. Denn nur qualifizierte Berufsparlamentarier, welche durch die Schule intensiver Ausschußarbeit eines *Arbeits*parlaments gegangen sind, können verantwortliche Führer, nicht bloße Demagogen und Dilettanten aus sich hervorgehen lassen. Auf solche Führer und ihre Wirksamkeit muß die ganze innere Struktur des Parlaments zugeschnitten werden, wie es in ihrer Art diejenige des englischen Parlaments und seiner Parteien seit langem ist. Dessen Konventionen sind freilich für uns nicht übertragungsfähig. Wohl aber das Strukturprinzip. Alle Einzelheiten jener Änderungen der Geschäftsordnung und Konventionen, welche nötig wären, gehören nicht hierher: die ergeben sich sehr leicht, sobald der *Zwang* für die Parteien besteht, verantwortliche und nicht nur »negative« Politik zu treiben. Vielmehr ist hier kurz noch einer oft, aber meist in schiefer Art, besprochenen, in der Tat ernsten Hemmung zu gedenken, welche die Konstellation des deutschen *Parteiwesens* der Parlamentarisierung in den Weg legt. |

Es ist ja zweifellos, daß die bequemste Grundlage für diese ein solches Zweiparteiensystem ist, wie es bis vor kurzem, mit immerhin schon sehr fühlbaren Durchbrechungen, in England bestand. Aber es ist keineswegs dafür unentbehrlich, und in allen Ländern, auch in England, geht die Entwicklung dahin, zu Parteikoalitionen zu nötigen. Weit wichtiger ist eine andere Schwierigkeit: parlamentarische Regierung ist nur möglich, wenn die größten Parteien des Parlaments prinzipiell zur Übernahme der verantwortlichen Leitung der Staatsgeschäfte *überhaupt bereit* sind. Und das war freilich bisher bei uns keineswegs der Fall. – Vor allem die größte Partei: die Sozialdemokratie, war nicht nur durch die aus der Verfolgungszeit überkommenen pseudorevolutionären Konventionen (gegen die »Hofgängerei«), sondern auch durch gewisse evolutionistische Theorien daran gehindert, sich unter irgendwelchen Bedingungen zum Eintritt in eine Koalitionsregierung (oder, wo sie, wie in einem Kleinstaat, zeitweise allein die Mehrheit hatte, zur Übernahme der Regierung) bereitfinden zu lassen. Wesentlich mehr aber noch als jene theoretischen Beängstigungen wirkte und wirkt gerade jetzt bei ihr die Besorgnis: durch die unvermeidliche Gebundenheit jeder Regierung an die

Existenzbedingungen einer auf absehbare Zeit hinaus kapitalistischen Gesellschaft und Wirtschaft bei den eigenen Klassengenossen diskreditiert und entwurzelt zu werden. Diese Lage veranlaßte ihre Führer, die Partei jahrzehntelang in eine Art von politischer Ghettoexistenz einzuschachteln, um jede befleckende Berührung mit dem Treiben eines bürgerlichen Staatsmechanismus zu meiden. So, trotz allem, auch jetzt. Der Syndikalismus, die unpolitische und antipolitische heroische Brüderlichkeitsethik, steht in einer Periode des Wachstums, und die Führer scheuen den Bruch der Klassensolidarität, welche später die Stoßkraft der Arbeiterschaft im ökonomischen Kampf vermindern würde. Zumal sie keinerlei Gewähr dafür haben, daß nach dem Krieg nicht die altüberlieferte Haltung der Bürokratie wieder auflebt. Es ist eine Grundfrage unserer Zukunft, wie sich die Haltung der Partei in Zukunft gestalten wird: ob bei ihr der Wille zur Macht im Staate oder ob die unpolitische Brüderlichkeitsethik der Klassengenossen und der nach dem Krieg sicherlich überall verstärkt emporschießende Syndikalismus die Oberhand behält. – Aus etwas anderen Gründen stand auch die zweitgrößte deutsche Partei: das Zentrum, dem Parlamentarismus bisher skeptisch gegenüber. Eine gewisse innere Wahlverwandtschaft der eigenen autoritären Gesinnung mit dem Obrigkeitsstaat kommt bei ihm den Interessen der Bürokratie entgegen. Wichtiger | aber ist etwas anderes. Als geborene Minderheitspartei fürchtete es bei parlamentarischer Regierung auch in die parlamentarische Minderheit gedrängt und dadurch in seiner Machtstellung und in der Vertretung derjenigen Interessen, welchen es heute praktisch dient, gefährdet zu werden. Seine Machtstellung beruht in erster Linie auf außerparlamentarischen Mitteln: der Herrschaft des Klerus auch über die politische Haltung der Gläubigen. Innerhalb des Parlaments aber diente die Ausnützung der Chancen, welche der Betrieb der »negativen Politik« bot, den *materiellen* Interessen seiner Anhänger. Nach Erreichung aller wesentlichen, jedenfalls aller in Deutschland dauernd zu behauptenden kirchenpolitischen Ziele wurde das Zentrum aus einer ideologischen Weltanschauungspartei in der Praxis in zunehmendem Maße eine *Patronageversicherung für katholische Amtsanwärter* und andere katholische Interessenten, die sich – es ist hier gleichgültig, ob mit Recht – seit der Kulturkampfzeit benachteiligt fühlen. Darauf beruht heute ein erheblicher Teil seiner Macht. Gerade die Art seiner Stellung in den Parlamenten: als Zünglein an der Waagschale, ermöglichte es ihm, diese privaten Interessen seiner Schützlinge zu fördern. Denn das Beamtentum fügte sich dieser Patronage und »wahrte« dabei doch »sein Gesicht«: sie blieb unoffiziell. Die Patronageinteressenten in der Partei fürchten nun nicht nur, daß die Parlamentarisierung und [Demokratisierung] ihre Chancen für Perioden, in denen das Zentrum sich bei der *Minorität* befindet, gefährden werde, sondern noch etwas anderes. Unter dem jetzigen System blieb der Zentrumspartei jene *Verantwortlichkeit erspart*, welcher sie sich nicht hätte entziehen können, wenn ihre Führer formell der Regierung angehört hätten. Bequem wäre diese Verantwortung nicht immer gewesen. Denn während das Zentrum auch heute noch unter seinen Politikern eine Reihe sehr fähiger Köpfe zählt, finden sich unter den von ihm patronisierten Beamten neben brauchbaren Leuten auch so offenbare Talentlosigkeiten, wie sie eine verantwortlich in der Regierung sitzende Partei schwerlich mit Beamtenposten betraut hätte. Solche Persönlichkeiten können *nur* bei verantwortungs*loser* Patronage vorwärts kommen. Als offiziell regierende Partei hätte das Zentrum begabtere Kandidaten zu präsentieren.

Die *unoffizielle* Patronage ist, da sie unverantwortlich bleibt, eben die übelste, Mittelmäßigkeit begünstigende Form der parlamentarischen Patronage überhaupt, und sie ist Folge der konservativen *Beamtenherrschaft*, deren Fortbestand auf diesem Trinkgeldersystem ruht. Daß sich freilich die konservative und der spezifisch großkapitalistische Teil der | heutigen nationalliberalen Partei bei den bestehenden Zuständen recht wohl befinden, nimmt nicht wunder. Über die Ämterpatronage entscheiden dabei ja nicht Politiker und Parteien, welche vor der Öffentlichkeit *verantwortlich* gemacht werden könnten, sondern private Konnexionen aller Art, von den sehr wichtigen *studentischen Couleurbeziehungen* angefangen bis zu den gröberen und feineren Formen kapitalistischer Empfehlungen. Der Großkapitalismus, den die blöde Unkenntnis unserer Ideologen als Verbündeten des verketzerten Parlamentarismus vermutet, steht daher *wie ein Mann* auf seiten der Erhaltung der unkontrollierten Beamtenherrschaft. Er weiß gut: warum.

Dies ist derjenige Zustand, welchen die Literatenphrase bei uns mit verbissener Wut gegen die von ihr als »korrupt« und »undeutsch« perhorreszierte offene Parteiverantwortlichkeit für die Ämterpatronage zu verteidigen sich gewöhnt hat. In Wahrheit sind es einfach mächtige materielle Pfründnerinteressen in Verbindung mit kapitalistischer Ausnutzung von »Konnexionen«, aber wahrhaftig nicht »der deutsche Geist«, welche gegen die Parlamentarisierung der Patronage engagiert sind. Und es ist gar kein Zweifel, daß nur der Druck absolut zwingender politischer Umstände hier überhaupt Wandel schaffen könnte. »Von selbst« kommt die Parlamentarisierung gewiß nicht. Vielmehr ist nichts sicherer, als daß die denkbar stärksten Mächte ihr entgegenwirken. In allen genannten Parteien finden sich zwar neben jenen subalternen Patronageinteressenten und den einfachen Parlamentsroutiniers Ideologen und rein sachliche Politiker. Aber unter dem gegebenen System haben die ersteren schlechterdings die Oberhand. Und wenn diese Pfründentrinkgelder auf andere Parteien erstreckt würden, so würde sich das nur verallgemeinern. –

Die Nutznießer des bestehenden Zustandes und jene Literaten, welche arglos in den Dienst ihrer Phrasen treten, pflegen schließlich triumphierend die Eigenschaft Deutschlands als eines *Bundesstaats* als einen schon rein formell durchgreifenden Ausschließungsgrund des Parlamentarismus geltend zu machen. Hier soll zunächst der *rechtliche* Sinn der Frage auf dem Boden der geltenden geschriebenen Verfassung betrachtet werden. Da ist es denn doch geradezu unglaublich, daß diese Behauptung gewagt wird. Nach der Verfassung (Art. 18) steht dem Kaiser *ganz allein,* ohne jegliche Einmischung des Bundesrats, die Ernennung und Entlassung des Reichskanzlers und aller Reichsbeamten zu. Ihm allein schulden sie, innerhalb des Rahmens der Reichsgesetze, Gehorsam, und niemandem sonst. Solange dies gilt, ist jener föderalistische Einwand ver-|fassungswidrig. Denn wenn der Kaiser von seinem Recht in der Art Gebrauch macht, daß er den oder die Führer der jeweiligen Parlamentsmehrheit zur Leitung der Reichspolitik beruft und zu Bevollmächtigten beim Bundesrat ernennt und sie ebenso auf Grund des Votums einer ausgesprochenen festen Mehrheit des Reichstags entläßt, oder wenn er zunächst wenigstens die Parteien bei der Ernennung maßgeblich *zu Rate zieht,* so kann dies nach der Verfassung niemand hindern. *Keine* Bundesratsmehrheit hat das Recht, den Reichskanzler zu stürzen oder ihn auch nur zu nötigen, politisch in der Art Rede zu stehen, wie er dies dem Reichstag gegenüber nach unbestrittener Auslegung des Art. 17 Satz 2 verfassungsmäßig zu tun verpflichtet ist. Der neuerdings gemachte Vorschlag: den Reichskanzler für nicht nur dem Reichstag, sondern auch dem Bundesrat verantwortlich zu erklären, wäre, so gewiß er auf seine politische Zweckmäßigkeit hin geprüft zu werden verdient (und weiterhin zu besprechen ist), eine Neuerung, ganz ebenso wie die hier vorgeschlagene Aufhebung des Art. 9 Satz 2. Wir werden uns später vergegenwärtigen müssen: daß die wirklichen Probleme der Parlamentarisierung, aber nicht nur dieser, sondern der Reichsverfassung überhaupt, nicht sowohl in den verfassungsmäßigen Rechten der anderen Bundesstaaten als vielmehr in de[re]n Beziehungen zum Hegemoniestaat *Preußen* liegen. Vorher aber ist hier noch zu veranschaulichen: wie das bisherige Regierungssystem auf dem wichtigen Gebiet der *auswärtigen Politik* funktionierte. Denn gerade hier lassen sich die *innerlichen* Grenzen der Leistungsfähigkeit einer reinen Beamtenherrschaft und auch der furchtbare Preis deutlich aufzeigen, welchen wir dafür zu zahlen hatten, daß wir sie über uns ergehen ließen.

IV. Die Beamtenherrschaft in der auswärtigen Politik

In der *inneren* Verwaltung herrscht bei uns der spezifisch bürokratische Begriff des »Dienstgeheimnisses«. In erstaunlichem Gegensatz dazu vollzogen sich eine Reihe der verschiedensten Akte unserer *Außen*politik in einer höchst dramatischen Öffentlichkeit. Und zwar in einer Öffentlichkeit von sehr besonderer Art.

Während mehr als eines Jahrzehnts, vom KRÜGER-Telegramm bis zur Marokkokrise, erlebten wir es, daß die politische Leitung Deutschlands die Veröffentlichung *rein persönlicher Äußerungen des Mon-|archen* über außenpolitische Fragen durch irgendwelche beflissene Hofbeamten oder Telegraphenagenturen teils duldete, teils geradezu ihrerseits dabei mitwirkte. Es handelte sich da um Vorgänge, welche von der allergrößten Tragweite für die Art der Gestaltung unserer Weltpolitik und insbesondere auch für das Zustandekommen der Weltkoalition gegen uns gewesen sind. Dabei sei nun von vornherein bemerkt: daß die Richtigkeit der Stellungnahme und die inhaltliche Berechtigung der Äußerungen des Monarchen *hier nicht* zur Erörterung stehen. Sondern ganz und gar das Verhalten der *Beamten.* Unter einer Deckadresse gegen den Monarchen persönlich zu polemisieren, würde der vom Nutzen monarchischer Institutionen in Großstaaten überzeugte Schreiber dieser Zeilen ebenso verschmähen wie die pseudomonarchische Schmeichelei oder das sentimentale Untertanengerede von Interessenten und Spießbürgern. Ein Monarch, der öffentlich mit ganz persönlichen, zum Teil außerordentlich scharfen Äußerungen hervortritt, muß sich allerdings erforderlichenfalls eine ebenso scharfe öffentliche Kritik gefallen lassen. Denn vor der Tatsache stehen wir: daß jene Methode unseres politischen Auftretens, welche in der *Veröffentlichung* monarchischer Äußerungen lag, tatsächlich stets erneut *geduldet* wurde. Wenn nun diese Methode ein schwerer politischer Fehler war – und davon wird die Rede sein –, dann beweist die Duldung jener trotzdem erfolgten Wiederholung, soweit dafür der Monarch materiell verantwortlich ist, die Notwendigkeit seiner unbedingt maßgeblichen Beratung *ausschließlich* durch die führenden Politiker, unter Ausschluß aller anderen, seien es höfische, seien es militärische oder irgendwelche sonstige Instanzen von der Möglichkeit irgendwelcher solcher Eingriffe in politisch wichtige Fragen. Würden »reale Garantien« dafür, daß dies geschieht, nicht gegeben, *dann* würde allerdings die Wendung einer ganz rückhaltlosen Kritik gegen den Monarchen auch ganz persönlich schlechthin politische Pflicht. Politisch wünschenswert wäre aber eine solche öffentliche Erörterung gegenüber dem Monarchen ganz gewiß nicht. Es ist durchaus kein veralteter Zopf, sondern Produkt alter politischer Weisheit und Erfahrung, welche den Monarchen gerade davor, in der demagogischen Art in die Öffentlichkeit gezerrt zu werden, wie es bei uns mehrfach geschah, zu bewahren sucht, indem sie sein Auftreten an strenge Formen und Voraussetzungen bindet und dadurch die Möglichkeit schafft, seine Person der Diskussion des Parteikampfs in der Öffentlichkeit grundsätzlich zu entziehen. Eben dies gibt ihm die Möglichkeit, in Fällen nationaler Erschütterungen, wo es wirklich erforderlich ist, seine Person | mit um so unbezweifelbarerem Gewicht einzusetzen. Um eine Diskussion etwaiger Fehlgriffe des Monarchen handelt es sich also hier nicht. Sondern um die ganz andere Tatsache: daß die verantwortlichen *Leiter* des Reichs teils – und zwar in mindestens einem Fall sogar trotz der persönlichen Bedenken des Monarchen selbst dagegen – sich seines *öffentlichen* Auftretens oder der *Veröffentlichung* seiner Stellungnahme als diplomatischen Mittels geradezu bedienten, teils aber, ohne sofort ihr Amt zu quittieren, es duldeten, daß Äußerungen des Monarchen durch nichtverantwortliche Instanzen über ihren Kopf hinweg der Öffentlichkeit übergeben wurden. Es steht selbstverständlich und undiskutierbar dem Monarchen das Recht jeder politischen Stellungnahme zu. Ob aber diese und die Art ihrer Kundgebung nach Inhalt und Form der *Öffentlich-*

keit zu unterbreiten ist und wie dies wirkt, – darüber muß die Erwägung und Entschließung unbedingt und ausschließlich in die Hände geschulter und verantwortlicher leitender *Politiker* gelegt werden. Der führende Staatsmann muß also vor jeder *Veröffentlichung* (überhaupt: *vor jeder Weitergabe* einer hochpolitischen Äußerung des Monarchen, welche zu deren *Veröffentlichung* führen kann) *vorher um seinen Rat gefragt, und dieser muß befolgt werden, solange er im Amt ist. Er und seine Kollegen verletzen ihre Pflicht, falls sie auf ihren Posten verbleiben, wenn dies auch nur ein einziges Mal nicht geschieht.* Hinter allem Gerede: daß »die Nation keinen Schattenmonarchen wolle« und ähnlichem, verbirgt sich, wenn die leitenden Staatsmänner des Reiches jene Konsequenz *nicht* ziehen, Amts*kleberei* und sonst gar nichts. Mit »Parlamentarismus« hat diese Frage als solche zunächst nichts zu tun, sondern einfach mit Pflichten der *politischen Ehre.* Darin aber ist wieder und wieder, und zwar in der allerschlimmsten Weise, bei uns gefehlt worden. Und daß diese Fehler gemacht sind, beruhte durchaus auf der falschen politischen Struktur unseres Staatswesens, welche Leute mit Beamtengeist dahin setzt, wohin Männer mit eigener politischer Verantwortung gehören. Die ganze Frage der Parlamentarisierung gewinnt ihr hochpolitisches Gepräge erst dadurch: daß es unter den heutigen Umständen keinerlei anderes technisches Mittel gibt, hier Wandel und zugleich *Garantien* des Wandels zu schaffen. Ausdrücklich sei, damit die Fragestellung nicht verschoben wird, noch hinzugefügt: nicht nur subjektiv begreiflich war in fast allen Fällen die persönliche Stellungnahme des Monarchen, sondern – soweit sich das damals übersehen ließ – wenigstens in manchen von ihnen auch | politisch richtig. Und in einer Anzahl von ihnen war es überdies nicht unwahrscheinlich, daß die *diplomatische* Bekanntgabe seiner energischen persönlichen Stellungnahme (in geeigneter Form) an diejenigen Regierungen, welche sie anging, politisch nützlich wirken konnte. Die *öffentliche Bekanntgabe,* für deren Duldung oder Veranlassung die politischen Leiter Deutschlands die Verantwortung trugen, war das politisch Unverantwortliche. Denn es ist, was bei uns vergessen scheint, ein ganz gewaltiger Unterschied, ob ein leitender *Politiker* (Ministerpräsident oder selbst Präsident der Republik) öffentlich, etwa im Parlament, eine noch so geharnischte Erklärung abgibt, oder ob er eine persönliche Äußerung des *Monarchen* öffentlich bekanntgeben läßt und diese dann mit zugleich effektvoller und billiger Geste »deckt«. Die

Wahrheit ist: Ein öffentliches Wort des Monarchen ist der rücksichtslosen Kritik im *Inland* entzogen; es deckt dort also den *Staatsmann,* der es dazu mißbraucht, gegen rückhaltlose Kritik an seinem eigenen Verhalten. Aber das *Ausland* macht davor nicht Halt und – hält sich an den *Monarchen.* Ein Politiker kann und soll gehen, wenn die Lage sich ändert und also die erforderliche Stellungnahme sich verschiebt. Der Monarch dagegen soll bleiben. Mit ihm aber bleiben seine Worte. Vergebens sucht er, einmal persönlich *öffentlich* engagiert, sie, der veränderten Situation entsprechend, rückgängig zu machen. Leidenschaften und *Ehrgefühl* sind erregt; denn für die Nation wird es ein Ehrenpunkt, sich hinter den Monarchen zu stellen, dilettantische Literaten, wie die »Alldeutschen« und – ihre *Verleger,* machen gute Geschäfte. Inland und Ausland halten sich *dauernd* an die einmal gesprochenen Worte, und die Lage ist unelastisch festgefahren. Nach diesem Schema sind tatsächlich *alle* diese Fälle verlaufen. Gehen wir eine Anzahl von ihnen einmal rein sachlich durch, um zu erkennen, wo dabei der politische Fehler steckte.

Zunächst: das Krüger-*Telegramm*[1]. Die Entrüstung über den Jamesoneinfall war berechtigt und wurde auch in der ganzen Welt (wie erinnerlich: auch vielfach in England selbst) geteilt. Nachdrückliche diplomatische Vorstellungen in London (auch unter Bezugnahme auf die Erregung des Monarchen) hätten angesichts dieser Situation recht wohl Erklärungen des damaligen englischen Kabinetts zur Folge haben können, über welche später vielleicht nicht ganz leicht hinwegzukommen gewesen wäre. Nebenher aber wäre vielleicht die Möglichkeit einer allgemeinen Verständigung über die beiderseitigen afrikanischen Interessen | nähergerückt, wie sie z. B. Cecil Rhodes recht willkommen gewesen wäre und wie sie durchaus nötig war, wollten wir nach anderen Richtungen: im Orient, freie Hand haben und Italien beim Bündnis halten. Das *veröffentlichte* Telegramm aber wirkte selbstredend wie eine *Ohrfeige,* die jede sachliche Diskussion für beide Seiten ausschloß. Der Ehrenpunkt war nun im Spiel, realpolitische Interessen ausgeschaltet. Infolgedessen fanden spätere, vor und während des Burenkrieges und nachher unternommene Verständigungsaktionen über Afrika oder die allgemeine Politik die innerliche Zustimmung *keines* der beiden Völker, deren Ehrgefühl gegeneinander engagiert worden war, obwohl beide

[1] Vom 3. Januar 1896. (D. H.)

Teile dadurch sachlich auf ihre Rechnung hätten kommen können. Sie verliefen im Resultat so, daß Deutschland nach dem Kriege in der Rolle des Geprellten erschien. Über genügende Machtmittel zur wirksamen Unterstützung des Protests aber hätten wir 1895 schlechterdings *nicht* verfügt. Das Ende: der Nichtempfang des landflüchtigen Präsidenten, bleibt besser ohne Kritik. Denn die Hauptsache: die Preisgabe der Buren, trotz jenes Engagements des Monarchen, war unvermeidlich. General BOTHA aber erklärte bekanntlich im südafrikanischen Parlament 1914: das Verhalten Deutschlands war es, das uns unsere Unabhängigkeit gekostet hat.

Das Verhalten Japans 1914, Chinas 1917 hat in Deutschland Erstaunen hervorgerufen. Das erstere pflegt man ausschließlich mit der bekannten Aktion wegen Port Arthur von 1895, das letztere ausschließlich mit amerikanischem Druck, beide außerdem mit Opportunitätsgründen zu motivieren. So viel Richtiges daran sein mag, so trat doch ein anderes recht wichtiges Moment hinzu. Glaubt man bei uns denn wirklich, irgendein gebildeter Chinese oder Japaner hätte vergessen, daß gerade in Deutschland in Wort und Bild die Warnung vor der gelben Gefahr und die Mahnung zur »Wahrung der heiligsten Güter« durch den Monarchen *öffentlich* bekanntgegeben wurde? Die Rassenprobleme gehören in der internationalen Politik zu den allerschwierigsten, weil durch die Interessenkonflikte der weißen Völker komplizierten Fragen. Daß der Monarch dazu eine Stellung zu gewinnen suchte, war nur zu billigen. Aber welchem Ziel und vollends welchem *deutschen* politischen Ziel, gleichviel welcher Art, diente diese Art von *Veröffentlichung* seiner damaligen Stellungnahme? Ließ sie sich mit den deutschen Interessen in Ostasien auch nur irgendwie in Einklang bringen? Welche Machtmittel standen hinter ihr? Wessen Interessen mußte sie | im Effekt dienen? Ferner: welchen politischen Zielen diente die Veröffentlichung der Chinareden gelegentlich der Sendung des Grafen WALDERSEE? Welchen die Veröffentlichung der im Kreise der Offiziere vielleicht ganz angebrachten Flottenreden? Der Ertrag der deutschen Chinapolitik stand in peinlichem und, muß hinzugesetzt werden: in keinem zufälligen Mißverhältnis dazu, welches dann unserem Prestige schwer schädlich wurde. Über die wenig erfreuliche Episode der Behandlung der »Sühnegesandtschaft« und ihrer – wiederum: *öffentlichen* – Erörterung sei vollends hinweggegangen. Es ist einfach unerfindlich, welchem realpolitischen *deutschen* Zweck Fürst BÜLOW mit der Zulassung dieser das chinesische Ehrgefühl ganz nutzlos verletzenden Romantik zu dienen wähnen konnte. Und falls er klug genug war, die politische Wertlosigkeit und Schädlichkeit all dieser Vorgänge zu durchschauen, dennoch aber mit Zuständen rechnen mußte, welche ihre Duldung herbeiführten, so mußte er *gehen,* im Interesse der Nation sowohl wie insbesondere auch in dem des Monarchen.

Ob die *Veröffentlichung* der Rede in Damaskus nach der politischen Lage gegenüber Rußland zweckmäßig war, ist schon von anderer Seite stark bezweifelt worden. Unsere Sympathien für die Islâmkultur und unsere politische Interessiertheit an der Integrität der Türkei kannten die beteiligten Völker und Politiker auch ohne einen so lauten Akt. Den Schein aber, welchen diese *öffentliche* Kundgebung erweckte, hätten wir, auch abgesehen von der damaligen politischen Konstellation, in jedem Fall besser vermieden. Wessen Absichten dadurch gefördert werden mußten, war auch hier leicht zu sehen. –

Könnte man aber in diesem letzten Falle noch zweifeln, so liegt jedenfalls bei der, wiederum: *öffentlichen,* Rede in Tanger zu Beginn der Marokkokrise die Sachlage ganz klar. Die Stellungnahme Deutschlands an sich ist auch von neutraler Seite durchaus gebilligt worden. Schwer fehlerhaft aber war wiederum das *öffentliche* Einsetzen der Person des Monarchen. Wenn auch noch nicht bekannt ist, welche Anerbietungen Frankreich nach Delcassés Sturz gemacht hat, so war jedenfalls so viel klar: entweder man mußte entschlossen sein, für die Selbständigkeit Marokkos *Krieg zu führen,* oder aber man mußte die Angelegenheit sofort definitiv in einer Art, die den Interessen und dem *Ehrgefühl* beider Teile Rechnung trug, gegen Kompensationen Frankreichs zum Abschluß bringen. Das hätte vielleicht für die Beziehungen zu Frankreich weitgehende Konsequenzen haben können. Warum | geschah es nicht? Die *Ehre* der Nation, hieß es, sei durch das *Wort des Monarchen* für den marokkanischen Sultan engagiert, den wir nun nicht »im Stiche lassen dürften«. Krieg zu führen, war aber gleichwohl nicht die Absicht. Die Folge war: die Niederlage von Algeciras, dann die »Panther«-Episode und schließlich – die Preisgabe Marokkos, zugleich aber, unter dem Druck der endlosen nervösen Spannung, das Aufflammen der Kriegslust in Frankreich. Also: die Förderung der Einkreisungspolitik Englands. Und dazu wiederum der Eindruck: Deutschland *weicht zurück* – trotz kaiserlicher Worte. Dies alles *ohne jegliches* irgendwie hinlängliche politische Äquivalent für uns. –

Die Ziele der deutschen Politik, auch und gerade der Überseepolitik, waren, gemessen an den Erwerbungen anderer Völker, *überaus* bescheiden, ihre Resultate vollends geradezu dürftig. Dabei aber schuf sie Reibungsflächen und machte ein Geräusch wie die keines anderen Landes. Und immer wurden diese politisch ganz nutzlosen und schädlichen Sensationen wieder durch solche *Veröffentlichungen* von Äußerungen des Monarchen geschaffen. Und nicht nur bei den uns fremd oder als Neutrale gegenüberstehenden Mächten wirkte diese Methode schädlich.

Nach der Algeciraskonferenz war es das Bedürfnis des Monarchen, dem Grafen GOLUCHOWSKI seinen Dank auszudrücken. Statt der dafür sonst üblichen Mittel wurde das bekannte Telegramm *veröffentlicht.* Der prompte, für uns peinliche Sturz des Adressaten zeigte zu spät: daß keine Regierung ihre leitenden Staatsmänner von anderen, auch den nächsten Verbündeten, *öffentlich* mit einer guten Zensur versehen läßt.

Auch in der inneren Politik sind ganz die gleichen Fehler gemacht worden.

Oder gehörte etwa die im Unmut des Augenblicks gesprochene »Zuchthausrede« in die *Öffentlichkeit,* wo sie als ein politisches Programm erschien und wirkte? Was aber sollte man vollends davon denken, daß nun die Bürokratie, nur weil von »Zuchthausstrafe« für Streiks gesprochen und dies veröffentlicht worden war, einen entsprechenden Paragraphen für die Antistreikvorlage ausklügeln mußte? Es hat erst der gewaltigen Ereignisse von 1914 und der jetzigen Ankündigung des gleichen Wahlrechts bedurft, um die selbstverständliche Nachwirkung dieser ganz zwecklosen Publikation auf die Haltung ehrliebender Arbeiter auszutilgen. Lag das etwa im Interesse der Dynastie? Oder welchen | sonstigen irgendwie zu verantwortenden politischen Zweck verfolgte die Veröffentlichung?

Indessen, hier sollte nur von der Außenpolitik die Rede sein. Und da fragt man naturgemäß: Wo steckten bei allen jenen Veröffentlichungen diejenigen Reichstagsparteien, welche für die Haltung der Regierung ausschlaggebend sein konnten und welche dann dem Reichskanzler von BETHMANN HOLLWEG die »Mißerfolge« dieser Politik, welche uns »die ganze Welt zum Feinde gemacht habe«, vorwarfen, – oder [die] ihm vorhielten: er »decke sich hinter dem Monarchen«? Was taten sie in allen jenen Fällen? *Sie nutzten die Kritik der äußersten Linken dazu aus, um deren »antimonarchische« Gesinnung zu denun-*

zieren! Einwendungen sind von ihnen – das muß auf das nachdrücklichste festgestellt werden – *öffentlich* erst erhoben worden, als es zu spät war. Und auch dann *nur*, soweit ihre egoistischen Interessen nicht im Spiel waren. Auf die bekannten Vorfälle von 1908 soll im einzelnen nicht zurückgekommen werden. Aber daran sei erinnert: Die konservative Partei hat, im Gegensatz zu der unzweifelhaft eindrucksvollen Adresse ihrer Vertrauensmänner an den Monarchen, den Fürsten Bülow später in aller Form im Stich gelassen und, wie üblich, ihren Pseudomonarchismus wieder hervorgesucht, als es sich um eigene *materielle* Interessen handelte. (Übrigens mag der Monarch nicht wenig erstaunt gewesen sein, daß gerade dieser Kanzler, der doch in mindestens einem Fall seinerseits ihm ein sehr prononziertes öffentliches Hervortreten gegen seine Bedenken direkt angeraten hat, sich plötzlich unter dem Druck einer nationalen Erregung gegen ihn wendete!) Wo aber steckten vollends in all diesen Fällen unsere Literaten? Sie *klatschten öffentlich Beifall* oder schwatzten davon – wie es die Presse der Parteien der Rechten noch jetzt tut –: daß der Deutsche eben keine Monarchie nach englischer Art liebe. Die Mißerfolge aber schoben sie, den traurigsten Spießbürgerinstinkten schmeichelnd, auf die »Diplomatie«. Ohne auch nur einmal zu fragen: wie denn diese unter derartigen Bedingungen überhaupt arbeiten konnte! – *Privatim* freilich – das wäre ein langes und für die Agitatoren, welche so tapfer die *»Hungerfrieden«*-Mehrheit öffentlich schmähen, nicht ehrenvolles Kapitel!

Unverantwortlich und beispiellos in der Politik aller Großstaaten war aber vor allem das Verhalten unserer leitenden Staatsmänner in allen diesen Fällen. Ein *öffentlicher* Vorstoß von dieser Stelle war nur | zulässig, wenn man es, *und zwar sofort*, auf den Ernstfall absah. Aber weder für die Buren noch gegen die Mongolen noch für den Sultan von Marokko hatten wir in Wahrheit die Absicht, in den beiden ersten Fällen auch weder den Beruf noch die Machtmittel, mit den Waffen einzutreten. Gleichwohl ließen die leitenden Politiker zu, daß durch ein *öffentliches* Einsetzen der Person des Monarchen eine sachliche Verständigung mit England über die beiderseitigen südafrikanischen, mit Frankreich über die nordafrikanischen Interessen unmöglich gemacht wurde, weil eben nun unsere Stellungnahme nach Art eines *Ehren*punktes festgelegt schien und dann schließlich doch – preisgegeben werden mußte. Peinliche, noch heute jedem Deutschen auf der Seele brennende diplomatische Niederlagen und schwere dauernde Schädigung unserer Interessen waren die unabwendbare Folge. Vor allem der höchst gefährliche Eindruck, daß Deutschland nach Anwendung der stärksten äußeren Gesten dennoch *zurückzuweichen* pflege, – dieser für das Verhalten der englischen Politik Ende Juli 1914 sicher mitbestimmende Glaube geht darauf zurück. Die unnatürliche Weltkoalition gegen uns ist in starkem Maße auch durch diese ganz unglaublichen Fehler zusammengeführt worden. Und nicht nur das. Sie wirken noch jetzt nach. Jener Schwindel, der jetzt in der Welt mit dem Gerede von der deutschen »Autokratie« getrieben wird, ist: Schwindel, – aber seine Möglichkeit ist politisch alles andere als gleichgültig. Wer hat es nun den Gegnern, die daran so wenig glauben wie an andere Märchen über Deutschland, möglich gemacht, diesen Schwindel mit Erfolg zu treiben? Wer hat den ungeheuren, politisch keineswegs gleichgültigen, Haß einer ganzen Welt auf das Haupt gerade *dieses* Monarchen geladen, dessen Haltung notorisch für die Bewahrung des Friedens wiederholt, auch in Augenblicken, wo rein realpolitisch vielleicht der Krieg für uns zweckmäßiger gewesen wäre, ausschlaggebend war? Wer hat es möglich gemacht, daß die Massen im Ausland vielfach ernstlich glauben, Deutschland schmachte nach »Befreiung«, und wenn man nur lange genug durchhalte, werde diese unterdrückte Stimmung sich schließlich Luft machen? Wer hat diesen unerhörten Unsinn der gegenwärtigen Lage möglich gemacht? Solange die Möglichkeit der Wiederkehr besteht, darf die Nation nicht vergessen: das hat die *konservative Beamtenherrschaft* getan, welche in den entscheidenden Momenten Leute mit *Beamtengeist* an leitende Stellen setzte, auf welche *Politiker* gehörten, das heißt: Leute welche im politischen Kampf die Tragweite | des *öffentlichen Wortes* zu wägen gelernt und welche vor allem das Verantwortungsgefühl eines *leitenden Politikers* und nicht das an seinem Platz richtige, hier aber verderbliche Subordinationspflichtgefühl eines Beamten gehabt hätten.

Der Abgrund, der beide scheidet, wird gerade hier am deutlichsten sichtbar. Der *Beamte* hat seine eigenen Überzeugungen seiner *Gehorsamspflicht zu opfern.* Der leitende *Politiker* hat die Verantwortung für politische Handlungen öffentlich *abzulehnen,* wenn sie seiner Überzeugung widersprechen, und hat dieser seine Amtsstellung zu opfern. Niemals aber ist dies bei uns geschehen.

Denn es ist mit dem Gesagten immer noch nicht das Schlimmste ausgesprochen: Von fast allen jenen Männern, welche in dem erwähnten verhängnisvollen Jahrzehnt unserer Politik deren Leitung in der Hand hatten, ist zuverlässig bekannt: daß sie privatim, und zwar nicht nur gelegentlich, sondern wieder und wieder, die materielle Verantwortung für die entscheidende Veröffentlichung, die sie formell »deckten«, *abgelehnt* haben. Fragte man erstaunt: warum wohl der betreffende Staatsmann, augenscheinlich der Machtmittel beraubt, die nach seiner Überzeugung bedenkliche Veröffentlichung zu hindern, *auf seinem Platz geblieben* sei, so bekam man gewöhnlich zu hören: »Es hätte sich ja ein anderer gefunden.« Das wird wohl so sein, und *da* lag dann eben der alles weitere entscheidende Fehler des *Systems* als solchen, der uns hier allein angeht. Würde sich *auch dann ein anderer gefunden* haben, wenn der politische Leiter als *Vertrauensmann eines machtvollen Parlaments die Verantwortung hätte tragen müssen?*

An diesem entscheidenden Punkt kann man sehen: was ein Parlament, dem gegenüber *effektive* Verantwortlichkeit der Beamten besteht, bedeutet. Es ist schlechterdings *durch keine andere Macht zu ersetzen. Oder: durch welche?* Auf diese Frage schuldet jeder Antwort, der heute noch bei uns auf den »Parlamentarismus« zu schelten sich legitimiert fühlt. Und an dem gleichen Punkte kann man mit Händen greifen, daß das Verantwortungsgefühl des Beamten einerseits, des Politikers andererseits zwar jedes an seiner Stelle, aber auch *nur dort*, am Platze ist. Denn es handelte sich nicht etwa um untüchtige oder ungeschulte, sondern um zum Teil recht hervorragende Beamte und Diplomaten, denen aber das fehlte, was man im rein politischen Sinne des Wortes, der mit der privaten Moral gar nichts zu tun hat: | »Charakter« nennt. Er fehlte ihnen aber nicht zufällig, sondern infolge der *Struktur des Staates*, der für dergleichen eben *keine Verwendung* hatte. Was soll man zu diesem in aller Welt bei einer Großmacht nicht wieder zu findenden Zustand sagen: daß Zivilkabinette oder Hofchargen oder Telegraphenagenturen, oder wer immer sonst, sich herausnehmen, eine *Publizität* solcher für die internationale Politik wichtigsten Vorgänge herbeizuführen und dadurch unsere Politik auf Jahrzehnte festzufahren und zu verpfuschen, und daß der leitende *Politiker* das mit Achselzucken und einigen vermeintlich noblen Gesten über sich ergehen läßt? Und das in einem Staat, wo gleichzeitig in *inner*politischen Angelegenheiten im Machtinteresse der Verwaltungschefs das *»Dienstgeheimnis«* als Perle der Beamtenpflichten figuriert! Daß ausschließlich und allein die Interessen der Beamten an *verantwortungsfreiem* Ämterbesitz den scheinbaren Widerspruch erklären, liegt auf der flachen Hand. Was soll man zu einem System sagen, welches Politiker, die schwere Fehler ihrer Überzeugung zuwider dulden, auf ihren Posten beließ? Und was schließlich dazu, daß trotz dieser vor aller Augen liegenden Dinge sich noch immer Literaten finden, welche eine Staatsstruktur, die im politisch entscheidenden Punkt *so funktioniert* hat, als »glänzend bewährt« hinzustellen sich nicht scheuen? Mehr als glänzend bewährt hat sich, wie gesagt, die *dienstliche* Leistung der Offiziere und Beamten da, wo deren Qualität entscheidet. Aber da, wohin der *Politiker* gehört, hat die Beamtenherrschaft seit Jahrzehnten nicht etwa nur versagt, sondern sie hat das *Odium* ihres eigenen, politisch völlig desorientierten Verhaltens, um sich zu decken, *auf den Monarchen persönlich abgeladen* und hat dadurch die gegen uns gerichtete Weltkonstellation herbeiführen helfen, welche ohne die großartigen Leistungen unseres Heeres ihm seine Krone, Deutschland aber seine ganze politische Zukunft hätte kosten können. *Jede* Struktur des Staates, die dies verhindert, ist im Interesse der Nation und in demjenigen der Monarchie selbst besser als dieser Zustand. *Er muß, koste es, was es wolle, aufhören.* Es steht völlig fest (und ist übrigens leicht erweislich): daß über diese schweren Schäden in Deutschland *keinerlei parteipolitische Meinungsverschiedenheit* besteht. Nur waren die Politiker der Rechten teils zu wenig politisch charaktervoll, teils – zu interessiert, um ihre privatim stets mit der größten Schärfe geäußerte Meinung auch *öffentlich* zu vertreten. Und vor allem: um daraus die *sachlichen Konsequenzen* zu ziehen. | Denn ohne *»reale Garantien«* ist hier nicht weiterzukommen. Das hat uns die *völlige Unbelehrbarkeit* der für jene Veröffentlichungen verantwortlichen höfischen Kreise gezeigt. Die Schaffung solcher Garantien ist politisch ungleich wichtiger als alle politischen Probleme, welcher Art auch immer, einschließlich der Parlamentarisierung und Demokratisierung. Die erstere ist vielmehr für uns in erster Linie das unvermeidliche *Mittel*, solche realen Garantien zu schaffen. Denn daß *nur* die Parlamentsmacht und die effektive Verantwortlichkeit der führenden Politiker gegenüber dem Parlament gegen derartige Vorgänge eine Garantie geben kann, steht außer Zweifel.

Eine wirklich leistungsfähige Parlamentsleitung zu schaffen, ist aber nach dem Schlendrian von Jahrzehnten eine Sache zum mindesten von Jahren. Was kann denn nun *inzwischen*, solange diese

Reform noch nicht durchgeführt ist oder ihre Früchte noch nicht getragen hat, geschehen?

Eines ist natürlich selbstverständlich: überall, auch und gerade in der »Demokratie«, werden die verantwortlichsten Entschließungen der *Außen*politik von einer *kleinen* Zahl von Menschen gefaßt: Amerika und Rußland sind gerade jetzt die besten Beispiele. Keine Literatenideologie ändert das. Jeder Versuch, es zu ändern, schwächt die Last der Verantwortung, auf deren Schärfung ja gerade alles ankommt. Unverändert fortbestehen werden daher die unter *effektiver* Verantwortlichkeit des Reichskanzlers auszuübenden kaiserlichen Rechte des Art. 11 der R. V. Aber der gefährliche Mißbrauch, den verantwortungslose und unbekannte höfische oder journalistische Interessenten mit den die Außenbeziehungen des Reiches berührenden rein persönlichen Äußerungen des Monarchen in der *Öffentlichkeit* treiben konnten, muß *sofort, und zwar gesetzlich,* gehindert werden. Schwere, in Fällen bewußten Mißbrauchs entehrende, Strafe ist durch ein Spezialgesetz dem anzudrohen, der sich künftig herausnimmt, sie in die Öffentlichkeit zu bringen oder an das Ausland zu geben, ohne daß *vorher* alle Garantien gegeben sind. Selbstverständlich also muß die verfassungsmäßige Verantwortlichkeit gerade für die *Veröffentlichung* von dem leitenden Politiker *vorher* übernommen sein. *Darauf kommt alles an.* Es ist eine inhaltsleere Phrase, wenn der leitende Staatsmann nachträglich, Reklamationen im Parlament gegenüber, erklärt: »Er decke die Veröffentlichung mit seiner Verantwortlichkeit.« Denn einmal kann die Äußerung des Monarchen auch dann ohne politische Gefähr|dung seiner Stellung nicht *rücksichtslos* kritisiert werden. Vor allem aber ist eine solche Redensart nicht nur bedeutungslos, sondern politisch einfach *nicht wahr,* wenn er nicht *vorher* gefragt worden ist und sie gutgeheißen hat, wie es der Verfassung allein entspricht. Ist das nicht geschehen, so besagt jene Phrase lediglich: *daß er trotz jener Veröffentlichung keine Neigung verspüre, sich pensionieren zu lassen,* daß er also an seinem Amt »klebe«. Und daher muß – abgesehen von der Bestrafung der Schuldigen bei unbefugter Veröffentlichung – für die Gutheißung oder Duldung jeder solchen *Veröffentlichung* der Reichskanzler durch die sonst wenig praktikable »Anklage« mit dem Ziel der Amtsentsetzung und dauernder Ämterunfähigkeit, am besten vor einem Parlamentsausschuß, zur Verantwortung gezogen werden können, um den nötigen Druck auf ihn auszuüben, mit der größten Umsicht zu Werke zu gehen.

Die Gutheißung *jeder* solchen Veröffentlichung durch den Kanzler sollte lediglich nach eingehender Erwägung mit erfahrenen Politikern erfolgen. Und daher wäre es recht ratsam, wenn einer geeigneten *beratenden* Körperschaft vorher Gelegenheit gegeben werden müßte, sich über die Zweckmäßigkeit der *Veröffentlichung* (denn nur um diese handelt es sich ja) zu äußern. Soll sie kein reiner Parlamentsausschuß sein, so steht als Anknüpfungspunkt vielleicht ein anderes Gebilde zur Verfügung.

Der verfassungsmäßig aus Bevollmächtigten der Mittelstaaten gebildete *»Bundesratsausschuß für die auswärtigen Angelegenheiten«* war bisher eine Art schlechter Witz der Reichsverfassung, rein dekorativ, ohne formelle Befugnisse und ohne tatsächlichen Einfluß. Denn es ist nicht nur nicht die *Verpflichtung* des Reichskanzlers statuiert, wirklich Rede zu stehen, sondern Art. 11 schließt diese Pflicht aus. Formell kann er sich auf passive Entgegennahme von Bemerkungen beschränken. Höflich ist er, wenn er ein formales »Exposé« vorlegt, wie es der Öffentlichkeit im Parlament dargeboten zu werden pflegt. Dies war in der Regel offenbar der Hergang, obwohl doch hier im intimeren Kreise recht wohl eine meritorische Erörterung möglich war. Im Krieg scheint die praktische Bedeutung des Ausschusses wenigstens zeitweise eine leise Steigerung erfahren zu haben: auch das wäre kein Zufall. Ihm könnte recht wohl die beratende Stellungnahme vor einer Veröffentlichung *außen*politisch wichtiger Äußerungen des Monarchen zugewiesen werden. Noch besser wäre es freilich, wenn er zu einem | *Reichskronrat* entwickelt werden könnte, der unter Zuziehung der zuständigen Ressortchefs und älterer Staatsmänner *vor* besonders wichtigen Entschließungen der Reichspolitik, möglichst in Gegenwart des Monarchen, derart verhandelte, wie dies jetzt, in Ermanglung einer kollegialen Reichsinstanz, der preußische Kronrat nicht selten auch da tut, wo nicht innerpreußische, sondern politisch entscheidende Fragen des Reiches (und also auch der nichtpreußischen Bundesstaaten) berührt werden. Die Tätigkeit kann formell nur *beratend* sein, denn außer der verfassungsmäßigen Stellung des Monarchen bei der Vertretung des Reichs nach außen darf auch die verfassungsmäßige Verantwortung des Reichskanzlers keinesfalls abgeschwächt werden. Man diskreditiert natürlich jeden solchen Gedanken, wenn man ihn – wie das der Bürokratie leider naheliegt – zur Ausschaltung oder Schwächung des Einflusses des Parlaments auszunutzen sucht. Immerhin könnte eine »Verantwortlichkeit« des

Reichskanzlers gegenüber dem Bundesrat gerade hier: in der Pflicht, *Rede zu stehen,* ausdrücklich statuiert werden. Das Problem läge aber in dem Verhältnis dieser beratenden Instanz zu den Spezialausschüssen des Parlaments, insbesondere dann, wenn man daran dächte, auch Parlamentsmitglieder zuzuziehen. Davon später.

Gleichviel aber ob und wie jener Vorschlag verwirklicht wird, jedenfalls dürfen *niemals wieder* Verhältnisse und Vorkommnisse, wie die geschilderten, geduldet werden. Und es muß daher festgestellt werden: konservatives Parteifabrikat auf der Grundlage der BISMARCKschen Demagogie war die tief unwahrhaftige *pseudomonarchische* Legende, auf welche sie sich beriefen. Rein *inner*politische Parteiinteressen verbargen sich, wie jetzt im Krieg hinter der »Fronde«, so vorher hinter dieser Legende. Die Beamtenstellen, vom Landrat bis zum Minister, als konservative Parteipfründen, der staatliche Beamtenapparat als Wahlapparat der konservativen Partei, Wahlrechtsprivilegien in Preußen, um dies aufrechtzuerhalten, und zu diesem Zweck: die Diskreditierung und Schwächung des trotz allem immer noch besten deutschen Parlaments: des Reichstags, waren die Zwecke, denen diese Interessenten-Legende diente. Und wenn heute, wo die politischen Resultate zutage liegen, die Hebung der Leistungsmöglichkeit und Machtstellung des Parlaments als einer Stätte der Verwaltungskontrolle und künftig einmal der Auslese politischer Führer verlangt wird, so kennen wir ja im voraus jene Phrase, welche die Interessenten der *unkontrollierten* Beamtenherrschaft bereithalten: | »Die Monarchie sei in Gefahr.« Es stände schlimm um die Zukunft der Monarchie, wenn diese interessierten Schmeichler dauernd allein das Ohr der Fürsten behielten, wie es bisher der Fall war. Sich mit dem Versuch, die Dynastien durch die Angst vor der »Demokratie« einzuschüchtern, auseinanderzusetzen, ist Sache der Dynastien selbst, nicht die unsere.

V. *Parlamentarisierung und Demokratisierung*

Nicht das Problem der sozialen Demokratisierung, sondern nur dasjenige des demokratischen, also des gleichen *Wahlrechts* soll uns hier in seiner Beziehung zum Parlamentarismus angehen. Und auch nicht die Frage, ob es für das Deutsche Reich seinerzeit staatspolitisch ratsam *war,* dies Wahlrecht unter BISMARCKS scharfem Druck einzuführen, wird erörtert. Sondern dieser Tatbestand wird hier, als fest gegeben und ohne furchtbare Erschütterungen nicht rückgängig zu machen, vorbehaltlos angenommen und nur gefragt: wie sich die Parlamentarisierung zu diesem demokratischen Wahlrecht verhält.

Parlamentarisierung und Demokratisierung stehen durchaus nicht notwendig in Wechselbeziehung, sondern oft im Gegensatz zueinander[1]. Man hat neuerdings sogar nicht selten geglaubt: in notwendigem Gegensatz. Denn wirklicher Parlamentarismus sei nur bei einem Zweiparteiensystem und dies nur bei einer aristokratischen Honoratiorenherrschaft innerhalb der Parteien möglich. Der althistorische Parlamentarismus Englands war in der Tat, seinem ständischen Ursprung gemäß, auch nach der Reformbill und bis in den Krieg hinein, nicht wirklich in kontinentalem Sinn »demokratisch«. Schon im Wahlrecht. Der Wohnungszensus und die tatsächlichen Mehrstimmrechte hatten immerhin eine solche Tragweite, daß bei Übernahme auf unsere Verhältnisse wohl nur die Hälfte der jetzigen Sozialdemokraten und auch bedeutend weniger Zentrumsabgeordnete als jetzt im Reichstag sitzen würden. (Allerdings fällt dafür die Rolle der Iren im englischen Parlament bei uns fort.) Und bis zu CHAMBERLAINS Caucussystem waren beide Parteien durchaus von Honoratiorenklubs beherrscht. Falls jetzt wirklich die zuerst in CROMWELLS Heerlager von den Levellers erhobene Forderung des universellen Einstimmrechts und sogar des (vorerst begrenzten) Frauenstimmrechts durchgeführt wird, so muß der Charakter des englischen Parlaments | sich sicherlich stark ändern. Das Zweiparteiensystem, schon durch die Iren durchlöchert, wird mit Anwachsen der Sozialisten weiter zerfallen und die Bürokratisierung der Parteien noch weiter fortschreiten. – Das bekannte spanische Zweiparteiensystem, beruhend auf der festen Konvention der Parteihonoratioren, daß die Wahlen im Sinn eines periodischen Wechsels der beiderseitigen Amtsreflektanten in der Macht erledigt werden, scheint soeben dem ersten Anlauf zu ernstlichen Wahlen zu erliegen. – Aber werden solche Änderungen den Parlamentarismus beseitigen? Der Bestand und die formale Machtstellung der Parlamente ist durch Wahlrechtsdemokratie an sich nicht bedroht. Das zeigen Frankreich und andere Staaten mit gleichem Wahlrecht, wo die Ministerien durchweg aus den Parlamenten hervorgehen und sich auf deren Mehrheiten stützen. Aber freilich ist der Geist des französischen

[1] Siehe auch unten im Text S. 471. (D. H.)

Parlaments ein sehr anderer als der des englischen. Nur ist gerade Frankreich kein Land, an welchem man die *typischen* Folgen der Demokratie für den Parlamentarismus studieren könnte. Der stark kleinbürgerliche und vor allem: Kleinrentner-Charakter seiner stabilen Bevölkerung schafft Bedingungen für eine spezifische Art von Honoratiorenherrschaft in den Parteien und einen besondersartigen Einfluß der Haute Finance, wie sie unter den Verhältnissen eines vorwiegenden Industriestaats nicht bestehen. Die französische Parteistruktur ist in einem solchen ebenso undenkbar wie allerdings auch das historische Zweiparteiensystem Englands.

Ein Zweiparteiensystem ist in Industriestaaten schon infolge der Spaltung der modernen ökonomischen Schichten in Bürgertum und Proletariat und der Bedeutung des Sozialismus als Massenevangelium unmöglich. Das gibt eine sozusagen »konfessionelle« Schranke. So vor allem bei uns. Die Organisation des Katholizismus ferner als Minderheitsschutzpartei, folgend aus den Konfessionsverhältnissen in Deutschland, wird bei uns, wenn sie auch im Zentrum nur infolge der Wahlkreiseinteilung ihre jetzige Abgeordnetenzahl besitzt, schwerlich ausgeschaltet werden. Mindestens vier, wahrscheinlich aber fünf große Parteien werden also bei uns dauernd nebeneinanderstehen, Koalitionsregierungen eine Notwendigkeit bleiben und die Macht einer klug operierenden Krone stets bedeutend bleiben.

Die Honoratiorenherrschaft aber in den Parteien ist außerhalb verkehrsentlegener agrarischer Gebiete mit patriarchalem Großgrundbesitz überall deshalb unhaltbar, weil die moderne Massenpropaganda die | Rationalisierung des Parteibetriebs: den Parteibeamten, die Parteidisziplin, die Parteikasse, die Parteipresse und Parteireklame zur Grundlage der Wahlerfolge macht. Die Parteien organisieren sich zunehmend straffer. Sie bemühen sich, schon die Jugend auf ihre Gefolgschaft festzulegen. Automatisch besorgt das bei der Zentrumspartei der kirchliche Apparat, bei den Konservativen die gesellschaftliche Umwelt. Andere Parteien haben ihre besonderen Jugendorganisationen: so die »nationalliberale Jugend« und die Jugendveranstaltungen der Sozialdemokraten. Und ebenso stellen die Parteien alle ökonomischen Interessen in ihren Dienst. Sie organisieren Genossenschaften, Konsumvereine, Gewerkschaften und schieben ihre Vertrauensmänner als Beamte in die so geschaffenen Parteistellen ein. Sie schaffen sich Rednerschulen und andere Institute für die Einschulung von Agitatoren, Redakteuren und Angestellten, teilweise mit Millionenfonds. Eine ganze Parteiliteratur entsteht, gespeist aus den gleichen, von Interessenten gestifteten Kapitalien, welche Zeitungen aufkaufen, Annoncenbüros gründen und dergleichen mehr. Die Parteibudgets schwellen an, denn die Kosten der Wahlen und die Anzahl der notwendigen entgeltlichen Agitationskräfte steigen. Unter 20 000 Mark Kosten ist ein hart umstrittener größerer Wahlkreis keinesfalls zu erobern. (Zur Zeit werden die Kriegsgewinne der Interessenten in größtem Umfang in sogenannten »patriotischen« Parteizeitungen aller Art und Vorbereitungen für die ersten Wahlen nach dem Kriege angelegt.) Der Parteiapparat steigt an Bedeutung, und entsprechend sinkt die Bedeutung der Honoratioren.

Die Verhältnisse sind noch im Fluß. Bei bürgerlichen Parteien gibt ein Durchschnitt durch die, wie früher bemerkt, sehr verschieden straffe Organisation zur Zeit etwa folgendes Bild: Der aktive lokale Betrieb wird meist nebenamtlich von Honoratioren betrieben, nur in Großstädten von Beamten. Zeitungsredaktionen oder Anwälte stellen in den mittleren Orten die Büros. Erst größere Bezirke haben festbesoldete Sekretäre, die das Land bereisen. Die Kandidatenaufstellung und die Feststellung der Wahlparolen erfolgt durch ein im Einzelfall sehr verschiedenartig verlaufendes Zusammenwirken örtlicher und regionaler Verbände; die Mitwirkung der letzteren ist namentlich durch die Erfordernisse der Wahlbündnisse und Stichwahlabkommen bedingt. Die örtlichen Leiter sammeln um sich durch eine sehr verschieden intensive Werbung die ständigen Mitglieder der örtlichen Parteiorganisationen. Hauptwerbemittel sind öffentliche Versammlungen. Die Aktivität der | Mitglieder ist gering. Oft tun sie wenig mehr, als daß sie Beiträge zahlen, die Parteiblätter halten, allenfalls leidlich regelmäßig die Versammlungen, zu denen Parteiredner erscheinen, füllen und in mäßigem Umfang sich an der Gelegenheitsarbeit bei den Wahlen beteiligen. Dafür nehmen sie, wenigstens der Form nach, an der Beschlußfassung über die Wahlen des Ortsvorstands und der Vertrauensmänner und, je nach Größe des Orts, direkt oder indirekt der Delegierten zu den Parteitagen teil. Alle zu wählenden Persönlichkeiten werden aber in der Regel von jenem Kern von ständigen Leitern und Beamten designiert, meist ihm entnommen, ergänzt durch einige wegen bekannten Namens, persönlichen gesellschaftlichen Einflusses oder besonderer materieller Opferbereitschaft nützliche oder verdiente Honoratioren.

Die Aktivität jener zweiten Klasse der Mitglieder beschränkt sich also auf die Assistenz und Abstimmung bei diesen in größeren Zwischenräumen stattfindenden Wahlen und Aussprachen mit Resolutionen, deren Resultat stets weitgehend von den Leitern vorbereitet ist. Ein gänzlicher Wechsel des Personals, der örtlichen Leiter und der Bezirksbeamten ist selten und fast stets die Folge einer, meist persönlich bedingten, inneren Revolte. Jeder Aktivität entbehrt schließlich der einfache, nicht zur Organisation gehörige, von den Parteien umworbene Stimmgeber, von welchem persönlich nur bei den Wahlen, sonst nur durch öffentliche auf ihn gemünzte Reklame Notiz genommen wird. – Wesentlich straffer und auch einen relativ größeren Bruchteil der als Stimmgeber in Betracht kommenden Wähler umfassend, dabei unter demokratischen Formen diszipliniert und zentralisiert ist die oft geschilderte Organisation der sozialdemokratischen Partei. Lockerer, mehr an lokale Honoratiorenkreise anknüpfend, war diejenige der Parteien der Rechten, denen aber jetzt im Bund der Landwirte eine sehr straffe Massenorganisation zur Seite steht. In der Zentrumspartei ist formal der Zentralismus und die autoritative Leitung am stärksten entwickelt, obwohl die Macht des Klerus, wie sich mehrfach gezeigt hat, für alle nicht kirchenpolitischen Dinge ihre Grenze hat.

Schon durch den jetzt erreichten Entwicklungsgrad ist jedenfalls der alte Zustand: daß Wahlen auf Grund von Ideen und Parolen erfolgten, welche vorher von Ideologen aufgestellt, in der Presse und in freien Versammlungen propagiert und diskutiert waren, daß die Kandidaten von ad hoc gebildeten Komitees vorgeschlagen wurden, daß die Gewählten dann zu Parteien zusammentraten und daß diese im Personalbestand flüssigen parlamentarischen Gruppen nun die Führer der im | Lande verstreuten Gesinnungsgenossen blieben, insbesondere die Parole für die nächsten Wahlen formulierten, endgültig verschwunden. Überall, nur in verschieden schnellem Tempo, tritt der Partei*beamte* als treibendes Element der Parteitaktik in den Vordergrund. Und neben ihm: die Geldbeschaffung. Die Finanzsorgen rufen neben den regelmäßigen Steuern, welche naturgemäß in klassenbedingten Massenorganisationen, wie der sozialdemokratischen Partei, die relativ größte Rolle spielen, stets erneut das früher alleinherrschende Parteimäzenatentum auf den Plan. Es hat auch in der sozialdemokratischen Partei nie ganz gefehlt. In der Zentrumspartei nimmt jetzt ein Einzelmäzenat, wie Herr A. THYSSEN, mindestens die gesellschaftliche Rolle eines Erzbischofs in Anspruch – und mit Erfolg. Eine mittlere Bedeutung hat das Mäzenatentum als Finanzquelle in der bürgerlichen Linken, eine wesentlich stärkere auf der Rechten. Die größte aber, der Natur der Sache nach, bei bürgerlichen Mittelparteien von der Art der Nationalliberalen und der alten Freikonservativen. Die jetzige bescheidene Stärke dieser Mittelparteien ist daher am ehesten ein ungefährer Maßstab für die Bedeutung des Geldes an sich, das heißt des individuell von Interessenten gegebenen Geldes, bei Wahlen auf Grund des gleichen Wahlrechts. Und auch bei ihnen ist gar keine Rede davon, daß das für sie selbstverständlich besonders unentbehrliche Geld allein die Wahlziffern zustande brächte. Diese Parteien leben vielmehr von einer eigentümlichen Mischehe der Geldmächte mit jenem breiten Teil des Literatentums, vor allem der akademischen und außerakademischen Lehrerschaft, welche gefühlsmäßig an den Reminiszenzen der Bismarckschen Ära hängen. Auf sie reflektiert als Abonnenten ein im Verhältnis zu den Wählerzahlen unverhältnismäßig großer Teil der bürgerlichen Presse, deren Haltung, in verwässerter Form, auch von der gänzlich gesinnungslosen Inseratenpresse nachgeahmt wird, weil sie amtlichen und geschäftlichen Kreisen bequem ist.

So verschieden danach die innere soziale Struktur der deutschen Parteien ist, so sind doch hier wie überall Bürokratisierung und rationale Finanzwirtschaft Begleiterscheinungen der Demokratisierung. Dies bedingt aber ein weit kontinuierlicheres und angespannteres Arbeiten für die Stimmwerbung, als den alten Honoratiorenparteien je bekannt war. Die Zahl der Wahlreden, die ein Kandidat heute, tunlichst in jedem kleinen Ort seines Bezirks, halten muß, seiner Besuche und Rechenschaftsberichte dort, der Bedarf nach Parteikorrespondenzen und Klischees für die Parteipresse und nach Reklamen aller Art steigert sich ständig. | Ebenso die Schärfe und Rücksichtslosigkeit der Kampfmittel. Dies ist oft beklagt und als Besonderheit der Parteien ihnen zur Last gelegt worden. Allein nicht nur die Parteiapparate, sondern ganz ebenso der im Besitz der Macht befindliche Apparat der Regierung nimmt daran teil. Die aus dem sogenannten »Welfenfonds« gespeiste Bismarcksche Presse stand besonders seit 1878 an Unbedenklichkeit der Mittel und der Tonart durchaus an der Spitze. Die Versuche, eine völlig von dem herrschenden Amtsapparat abhängige Lokalpresse zu schaffen, haben nicht aufgehört. Mit dem Maß der *Parlamentarisierung* hat also die Existenz und Qualität dieser Kampfmittel nichts zu tun. Auch nicht mit der Art der Abstufung des Wahlrechts[1]. Sondern sie ist Folge der *Massen*wahlen rein als solcher, ganz einerlei, ob die Wahlkörperschaften die Auslesestätte der politisch verantwortlichen Führer sind oder ob sie nur eine negative Interessen- und Trinkgelderpolitik treiben können, wie es bei uns der Fall ist. Gerade im letzteren Fall pflegt der Parteikampf ganz besonders subalterne Formen anzunehmen, weil dann rein materielle und persönliche Interessen dahinterstehen. Man kann (und soll) durch scharfen strafrechtlichen Schutz die Wendung des politischen Kampfs gegen die persönliche Ehre und vor allem das Privatleben des Gegners und die leichtfertige Verbreitung unwahrer sensationeller Behauptungen bekämpfen. Aber Art und Charakter des Kampfes als solchen kann man, solange es überhaupt Wahlkörperschaften gibt, welche über materielle Interessen entscheiden, nicht ändern. Am allerwenigsten aber durch Herabschrauben der Bedeutung und des Niveaus des Parlaments. Damit hat man sich zunächst einmal rückhaltlos abzufinden. Alles ästhetische oder moralisierende Naserümpfen ist für die Frage der innerpolitischen Zukunftsgestaltung völlig steril. Die politische Frage ist vielmehr lediglich die: was für Konsequenzen hat diese fortschreitende Demokratisierung der politischen Kampfmittel und Kampforganisationen für die Gestaltung des politischen Betriebs, des außerparlamentarischen sowohl wie | des parlamentarischen? Denn die zuletzt geschilderten Entwicklungen gehen Hand in Hand mit der früher erörterten Gestaltung der parlamentarischen Arbeit.

Beide aber rufen nach einer charakteristischen Figur: nach dem *Berufspolitiker*, d. h. einem Mann, der mindestens ideell, in der Masse der Fälle aber materiell, den politischen Betrieb innerhalb einer Partei zum Inhalt seiner Existenz macht. Man mag diese Figur nun lieben oder hassen, – sie ist in ihrer heutigen Gestalt das unver-

[1] Im Spätjahr 1917 sind in der von der Schwerindustrie angekauften Presse sowohl die »Frankfurter Zeitung« wie ein Reichstagsabgeordneter bezichtigt worden, durch englisches Geld bestochen zu sein. Nicht minder wurde mein Name und der eines (nationalliberalen) Kollegen mit Bestechungsgeldern Lloyd Georges in Verbindung gebracht. Und derartige Behauptungen *fanden in Literatenkreisen Glauben!* Dies letztere genügt für die Beurteilung der politischen Reife dieser Schicht. Das Treiben jener Sykophanten aber zeigt: daß Existenz und Art der »Demagogie« *ohne* Parlamentarismus und *ohne* Demokratie bei uns durchaus auf französischem Niveau stehen.

meidliche Produkt der Rationalisierung und Spezialisierung der parteipolitischen Arbeit auf dem Boden der Massenwahlen. Auch hier wieder: *ganz einerlei*, welcher Grad von politischem Einfluß und Verantwortlichkeit durch Parlamentarisierung in die Hände der Parteien gelegt wird.

Berufspolitiker gibt es von zweierlei Art: solche, die materiell *»von«* der Partei und dem politischen Treiben leben: unter amerikanischen Verhältnissen die großen und kleinen politischen »Unternehmer«: die Bosse, unter unseren Verhältnissen aber: die politischen »Arbeiter«: die bezahlten Partei*beamten*. Oder solche, die *»für«* die Politik zu leben durch ihre Vermögenslage instandgesetzt und durch ihre Überzeugung getrieben sind, also ideell ihr Leben daraus bestreiten, wie etwa PAUL SINGER in der Sozialdemokratie es tat, der zugleich ein Parteimäzenat großen Stils war. Wohlgemerkt: es soll hier nicht etwa dem Parteibeamtentum der »Idealismus« bestritten werden. Mindestens auf der Linken haben umgekehrt gerade die Parteibeamten ganze Scharen von tadellosen politischen Charakteren gestellt, wie man sie in andern Schichten wenig zu finden vermöchte. *Weit* entfernt [davon] also, daß der Idealismus etwa Funktion der Vermögenslage wäre, ist eben doch das Leben »für« die Politik billiger für den besitzenden Parteifreund. Gerade dies nach oben und unten ökonomisch unabhängige Element ist innerhalb des Parteilebens höchst erwünscht und wird hoffentlich auch in Zukunft speziell den radikalen Parteien nicht ganz fehlen. Der eigentliche Parteibetrieb ist freilich heute damit allein nie zu bestreiten: die Masse der Arbeit außerhalb des Parlaments wird immer auf den Parteibeamten ruhen. Schon wegen ihrer Inanspruchnahme durch den Betrieb sind aber diese Beamten keineswegs immer die gegebenen Kandidaten für das Parlament selbst. Das trifft [vielmehr] in verhältnismäßig großem Umfang nur für die Sozialdemokratie zu. In den meisten bürgerlichen Parteien ist dagegen der durch sein Amt gebundene Parteisekretär keineswegs immer der geeignetste Kandidat. Innerhalb des | Parlaments würde das Parteibeamtentum, so dringend erwünscht und nützlich die Vertretung dieses Elementes ist, nicht günstig wirken, wenn es *allein* vorherrschte. Aber eine solche Vorherrschaft besteht selbst innerhalb der am stärksten bürokratisierten Partei: der Sozialdemokratie, nicht. Die Gefahr einer Herrschaft des »Beamtengeistes« zuungunsten wirklicher Führernaturen würde überdies das Parteibeamtentum noch relativ am wenigsten heraufbeschwören. Diese

Gefahr bedeutet weit eher die Nötigung, auf moderne Interessentenorganisationen bei der Stimmwerbung Rücksicht zu nehmen: das Eindringen der Angestellten dieser Organisationen in die Kandidatenlisten der Parteien also, welches sich sehr wesentlich steigern würde, wenn ein Proportionalwahlrecht in Form der allgemeinen Listenwahl durchgeführt würde. Ein aus lauter solchen Angestellten zusammengesetztes Parlament wäre politisch steril. Immerhin ist der Geist der Angestellten solcher Organisationen, wie es die Parteien selbst und etwa die Gewerkschaften sind, infolge der Schulung im *Kampf* mit der Öffentlichkeit ein wesentlich anderer als der Geist des friedlich in der Aktenstube arbeitenden Staatsangestellten. Gerade bei den radikalen Parteien, vor allem den Sozialdemokraten, wäre daher jene Gefahr relativ am geringsten, weil die Heftigkeit des Kampfes dem immerhin auch dort nicht seltenen Verknöchern zu einer Parteipfründnerschicht verhältnismäßig stark entgegenwirkt. Dennoch waren auch dort die eigentlichen Führer nur zum kleinen Teil Partei*beamte*.

Die Natur der heutigen Anforderungen an den politischen Betrieb bringt es vielmehr mit sich, daß in allen demokratisierten Parlamenten und Parteien *ein* Beruf eine besonders starke Rolle für die Rekrutierung der Parlamentarier spielt: die *Advokaten*. Neben der Rechtskenntnis als solcher und neben der weit wichtigeren Schulung für den *Kampf*, welche dieser Beruf im Gegensatz zu den Ämtern der angestellten Juristen bietet, ist dafür auch ein rein materielles Moment maßgebend: der Besitz eines eigenen *Büros*, wie es der heutige Berufspolitiker unbedingt benötigt. Und während jeder andere freie Unternehmer durch die Arbeit für seinen Betrieb spezifisch »unabkömmlich« ist für die steigenden Anforderungen regelmäßiger politischer Arbeit und auf seinen Beruf verzichten müßte, um Berufspolitiker zu werden, ist für den Advokaten das Hinüberwechseln von seinem Beruf in die berufspolitische Tätigkeit technisch und nach den inneren Vorbedingungen verhältnismäßig besonders leicht. Der viel und übrigens im ganzen mit Unrecht beklagten | »Advokatenherrschaft« der parlamentarischen Demokratien wird nur in die Hände gearbeitet, wenn die Parlamentarier in derart unzulänglicher Weise Arbeitsräume, sachliche Informationsmittel und Büropersonal vorfinden, wie dies in den deutschen Parlamenten noch heute der Fall ist. Indessen diese technischen Seiten des Parlamentsbetriebes sollen hier nicht besprochen werden. Wir fragen vielmehr: in welcher Richtung entwickelt sich die *Führerschaft* in den Parteien unter dem Druck der Demokratisierung und der zunehmenden Bedeutung der Berufspolitiker, Partei- und Interessenten-Beamten, und welche Rückwirkung hat das auf das parlamentarische Leben?

Die bei uns populäre Literatenauffassung ist mit der Frage der Wirkung der »Demokratisierung« schnell fertig: der *Demagoge* kommt oben auf, und der erfolgreiche Demagoge ist der Mann, der in den Mitteln der Umwerbung der Massen am unbedenklichsten ist. Eine Idealisierung der Realitäten des Lebens wäre zweckloser Selbstbetrug. Der Satz von der steigenden Bedeutung des Demagogen ist in diesem üblen Sinn nicht selten zutreffend gewesen und ist im *richtigen* Sinn tatsächlich zutreffend. Im üblen Sinn trifft er für die Demokratie zu in etwa demselben Umfang wie für die Wirkung der Monarchie jene Bemerkung, die vor einigen Jahrzehnten ein bekannter General einem selbstregierenden Monarchen machte: »Euer Majestät werden bald nur noch Kanaillen um sich sehen.« Eine nüchterne Betrachtung der demokratischen Auslese wird stets den *Vergleich* mit anderen menschlichen Organisationen und ihrem Auslesesystem heranziehen. Nun genügt jeder Blick in die Personalien bürokratischer Organisationen, mit Einschluß selbst der besten Offizierkorps, um zu erkennen, daß die innere Anerkennung der Untergebenen: der Vorgesetzte, vor allem der schnell avancierte Neuvorgesetzte, »verdiene« seine Stellung, nicht etwa die Regel, sondern die *Ausnahme* ist. Tiefste Skepsis in betreff der Weisheit der Stellenbesetzung, sowohl der Motive, welche die besetzenden Stellen leiteten, wie der Mittel, durch welche besonders glückliche Stellenbesitzer ihre Stellen erlangt haben, beherrschen (von allem kleinlichen Klatsch ganz abgesehen) die Meinung der großen Mehrzahl gerade der ernsthaften, im Innern dieses Getriebes stehenden Persönlichkeiten. Nur vollzieht sich diese meist stumme Kritik abseits vom Licht der Öffentlichkeit, die davon nichts ahnt. Ungezählte Erfahrungen, die jeder rundum machen kann, lehren aber, daß das Maß der *Fügsamkeit* gegenüber dem Apparat: der Grad der »Bequemlichkeit« des Untergebenen für | den Vorgesetzten, diejenigen Qualitäten sind, welche den Aufstieg am sichersten garantieren. Die Auslese ist, durchschnittlich gesprochen, ganz gewiß keine solche von geborenen Führern. Bei den akademischen Stellenbesetzungen ist die Skepsis der Eingeweihten in einem doch recht großen Bruchteil der Fälle die gleiche, obwohl doch hier die Kontrolle der Öffentlichkeit angesichts der vorliegenden Leistungen sich fühlbar machen könnte, was beim Beamten im allgemeinen überhaupt nicht der Fall ist. Der zur öffentlichen Macht gelangende *Politiker* und zumal Parteiführer ist dagegen der Beleuchtung durch die Kritik der Feinde und Konkurrenten in der Presse ausgesetzt und kann sich darauf verlassen, daß im Kampf gegen ihn die Motive und Mittel, welche seinen Aufstieg bedingten, rücksichtslos ans Licht gezogen werden. Nüchterne Beobachtung dürfte also ergeben, daß die Auslese innerhalb der Parteidemagogie, auf die Dauer und aufs Große gesehen, keineswegs nach unbrauchbareren Merkmalen erfolgt als hinter den verschlossenen Türen der Bürokratie. Man muß für den Beweis des Gegenteils schon zu politischen Neuländern wie den Vereinigten Staaten greifen. Für die germanischen Staaten in Europa träfe die Behauptung einfach nicht zu. Wenn aber sogar ein gänzlich ungeeigneter Generalstabschef zu Beginn des Weltkriegs nicht als Gegenargument gegen den Wert der Auslese durch die Monarchie gelten soll, dann auch nicht Fehlgriffe der Demokratien in ihrer Führerauslese gegen diese.

Indessen, diese politisch sterilen Vergleiche und Rekriminationen sollen hier nicht weiter verfolgt werden. Entscheidend wichtig ist: daß für die politische Führerschaft jedenfalls nur Persönlichkeiten geschult sind, welche im politischen *Kampf* ausgelesen sind, weil alle Politik dem Wesen nach Kampf ist. Das leistet nun einmal das vielgeschmähte »Demagogenhandwerk« im Durchschnitt besser als die Aktenstube, die freilich für sachliche *Verwaltung* die unendlich überlegene Schulung bietet. Gewiß nicht ohne auffällige Mißverhältnisse. Daß ein bloßer Redetechniker ohne Geist und politischen Charakter starke politische Macht gewinnt, kommt vor. Aber z. B. auf AUGUST BEBEL träfe die Charakterisierung schon nicht zu. Er war: ein Charakter, gewiß: kein Geist. Die Märtyrerzeit und der Zufall, einer der ersten gewesen zu sein, daneben aber jene persönliche Qualität gaben ihm das rückhaltlose Vertrauen der Massen, welches geistig weit bedeutendere Parteigenossen ihm nicht streitig zu machen vermochten. EUGEN RICHTER, LIEBER, ERZBERGER gehören alle einem qualitativ ähnlichen Typus an. Sie waren erfolgreiche | »Demagogen« – im Gegensatz zu weit stärkeren Geistern und Temperamenten, die trotz stärkster Massenerfolge als Redner doch keine *Partei*macht gewannen. Das ist *kein* Zufall, – aber es ist nicht die Folge der Demokratisierung, sondern erzwungener Beschränkung auf »negative Politik«.

Demokratisierung und Demagogie gehören zusammen. Aber: *ganz unabhängig* – das sei wiederholt – von der Art der Staatsverfassung, sofern nur die Massen nicht mehr rein als passives Verwaltungsobjekt behandelt werden können, sondern in ihrer Stellungnahme aktiv irgendwie ins Gewicht fallen. Den Weg der Demagogie haben ja in ihrer Art auch die modernen Monarchien beschritten. Reden, Telegramme, Stimmungsmittel aller Art setzen sie für ihr Prestige in Bewegung, und man kann nicht behaupten, daß diese Art politischer Propaganda sich etwa *staats*politisch als ungefährlicher erwiesen hätte als die denkbar leidenschaftlichste Wahldemagogie. Sondern umgekehrt. Und jetzt im Kriege erlebten wir sogar die für uns neue Erscheinung der Admiralsdemagogie. Die Satrapenkämpfe zwischen dem früheren Reichskanzler und dem Admiral v. Tirpitz wurden (wie im Reichstag mit Recht hervorgehoben worden ist: unter Duldung des letzteren) von seinen Anhängern in einer wilden Agitation in die Öffentlichkeit getragen, an welche sich innerpolitische Interessen anschlossen, um so eine nur von den intimsten Sachkennern zu entscheidende militärtechnische und diplomatische Frage zum Gegenstand einer Demagogie ohnegleichen unter den in *diesem* Falle tatsächlich »urteilslosen« Massen zu machen. Man wird also jedenfalls nicht behaupten dürfen: daß »Demagogie« eine Eigentümlichkeit einer im politischen Sinn demokratischen Staatsform sei. Die widerlichen Satrapenkämpfe und Intrigen der Ministerkandidaten im Januar 1918 spielten sich wiederum in der Presse und in Volksversammlungen ab. Ohne Einfluß blieb diese Demagogie *nicht*. Wir haben in Deutschland *Demagogie und Pöbeleinfluß ohne Demokratie*, vielmehr: *wegen des Fehlens einer geordneten Demokratie*.

Hier soll indes lediglich die Folge der tatsächlichen Bedeutung der Demagogie für die Struktur der politischen Führerstellen erörtert, also die Frage aufgeworfen werden: wie sich infolgedessen Demokratie und Parlamentarismus zueinander verhalten.

Die Bedeutung der aktiven Massendemokratisierung ist: daß der politische Führer nicht mehr auf Grund der Anerkennung seiner Bewährung im Kreise einer Honoratiorenschicht zum Kandidaten | proklamiert, dann kraft seines Hervortretens im Parlament zum Führer wird, sondern daß er das Vertrauen und den Glauben der Massen an sich und also seine Macht mit *massen*demagogischen Mitteln gewinnt. Dem Wesen der Sache nach bedeutet dies eine *cäsaristische* Wendung der Führerauslese. Und in der Tat neigt jede

Demokratie dazu. Das spezifisch cäsaristische Mittel ist ja: das Plebiszit. Es ist keine gewöhnliche »Abstimmung« oder »Wahl«, sondern die Bekennung eines »Glaubens« an den Führerberuf dessen, der für sich diese Akklamation in Anspruch nimmt. Entweder der Führer kommt auf militaristischem Weg in die Höhe: als Militärdiktator wie NAPOLEON I., der sich seine Stellung durch Plebiszit bestätigen läßt. Oder auf bürgerlichem Wege: durch plebiszitäre Bestätigung des Herrschaftsanspruches eines nichtmilitärischen Politikers wie NAPOLEON III., der sich das Heer fügt. Beide Wege der Führerauslese leben mit dem parlamentarischen Prinzip ganz ebenso in Spannung wie (selbstverständlich) mit dem erbmonarchischen Legitimismus. Jede Art von direkter *Volkswahl* des höchsten Gewaltträgers, darüber hinaus aber jede Art von politischer Machtstellung, welche auf der Tatsache des Vertrauens der Massen, nicht der Parlamente, beruht – auch die Machtstellung eines kriegerischen Volkshelden wie HINDENBURG –, liegt auf dem Wege zu jenen »reinen« Formen cäsaristischer Akklamation. Insbesondere natürlich die durch (formell) »demokratische« Nomination und Wahl legitimierte Machtstellung des Präsidenten der Vereinigten Staaten, dessen Überlegenheit gegenüber dem Parlament eben hierauf beruht. Die Hoffnungen, welche eine so cäsarische Gestalt wie BISMARCK an das gleiche Wahlrecht knüpfte, und die Art seiner antiparlamentarischen Demagogie lagen, nur in ihrer Formulierung und Phrase den nun einmal legitimistischen Bedingungen seiner Ministerstellung angepaßt, in der gleichen Richtung. Wie der Erblegitimismus der Monarchien gegen diese cäsaristischen Gewalten reagiert, zeigte die Art von BISMARCKS Scheiden aus dem Amt. Jede parlamentarische Demokratie sucht auch ihrerseits die der Parlamentsmacht gefährlichen plebiszitären Methoden der Führerwahl geflissentlich auszuschalten, wie dies namentlich die jetzt geltende französische Verfassung und das französische Wahlrecht (Wiederabschaffung der Listenwahl wegen der boulangistischen Gefahr[1]) getan haben. Sie bezahlte dies freilich mit jenem Mangel an Autorität der höchsten Gewalten bei der Masse, welcher für Frankreich typisch ist und so charakteristisch gegen die Machtstellung des amerikanischen Präsidenten absticht. In demokratisier-|ten Erbmonarchien andererseits ist das cäsaristisch-plebiszitäre Moment stets stark temperiert. Aber es fehlt nicht. Die Stellung des

[1] 1889. (D.H.)

jetzigen englischen Premierministers ruht der Sache nach durchaus *nicht* auf dem Vertrauen des Parlaments und seiner Parteien, sondern auf dem der Massen im Lande und des kämpfenden Heeres. Das Parlament aber fügt sich (innerlich widerwillig genug) der Lage. Der Gegensatz zwischen plebiszitärer und parlamentarischer Auslese der Führer besteht also. Aber die *Existenz* des Parlaments ist deshalb nicht etwa wertlos. Denn gegenüber dem (der Sache nach) cäsaristischen Vertrauensmann der Massen gewährleistet sie in England 1. die *Stetigkeit* und 2. die *Kontrolliertheit* seiner Machtstellung; 3. die Erhaltung der bürgerlichen *Rechtsgarantien* gegen ihn; 4. eine geordnete Form der politischen *Bewährung* der um das Vertrauen der Massen werbenden Politiker innerhalb der Parlamentsarbeit und 5. eine friedliche Form der *Ausschaltung* des cäsaristischen Diktators, wenn er das Massenvertrauen *verloren* hat. Aber daß gerade die großen Entscheidungen der Politik, auch und gerade in der Demokratie, von *Einzelnen* gemacht werden: *dieser* unvermeidliche Umstand bedingt es, daß die Massendemokratie ihre positiven Erfolge seit den Zeiten des PERIKLES stets erkauft durch starke Konzessionen an das cäsaristische Prinzip der Führerauslese. In den amerikanischen großen Kommunen z. B. ist die Korruption nur durch plebiszitäre Munizipaldiktatoren, welchen das Vertrauen der Massen das Recht einräumte, sich selbst ihre Verwaltungskomitees zusammenzusetzen, gebändigt worden. Und überall haben massendemokratische Parteien, wenn sie sich vor große Aufgaben gestellt sahen, sich Führern, welche das Vertrauen der Massen besaßen, mehr oder minder bedingungslos unterordnen müssen.

Welche Bedeutung angesichts dieses Umstandes in einer Massendemokratie dem *Parlament* zukommt, wurde an dem Beispiel Englands schon erläutert. Es gibt aber nicht nur gefühlsehrliche »Sozialisten«, sondern auch gefühlsehrliche »Demokraten«, welche das parlamentarische Getriebe derart hassen, daß sie »parlamentlosen Sozialismus« oder »parlamentlose Demokratie« auf ihre Fahne schreiben. »Widerlegen« lassen sich übermächtige Gefühlsantipathien natürlich nicht. Nur muß man sich klarmachen, was sie, in ihre praktischen Konsequenzen getrieben, heute bedeuten würden. Und zwar natürlich unter den Bedingungen unserer monarchischen Staatsordnung. Was würde innerhalb dieser Verfassung mit ihrer obrigkeitlichen Beamtenmacht eine Demokratie | ohne allen Parlamentarismus darstellen? Eine solche lediglich *passive Demokratisierung* wäre eine gänzlich reine Form der uns wohlbekannten *kontrollfreien Beamtenherrschaft,* die sich »monarchisches Regiment« nennen würde. Oder, wenn in Verbindung gesetzt mit der von diesen »Sozialisten« erhofften Organisation der Wirtschaft, ein modernes rationales Gegenbild des antiken »Leiturgiestaates«. Durch die Staatsbürokratie legitimierte und (angeblich!) kontrollierte Interessentenverbände wären aktiv die Träger der Syndikats-Selbstverwaltung und passiv Träger der staatlichen Lasten. Die Beamten würden dann durch diese syndizierten *Erwerbs-* und *Profit-*Interessenten, aber weder durch den dazu gar nicht fähigen Monarchen, noch durch die vertretungslosen Staatsbürger kontrolliert werden.

Sehen wir uns diese Zukunftsperspektive etwas näher an. Eine Ausschaltung des privatwirtschaftlichen Unternehmers würde ihre Durchführung für alle absehbare Zukunft, auch bei weitgehenden »Verstaatlichungen«, nicht bedeuten. Sondern eine Organisation von Groß- und Kleinkapitalisten, besitzlosen Kleinproduzenten und Lohnarbeitern, mit irgendwie reglementierter und – die Hauptsache! – monopolistisch *garantierter Erwerbs*chance für jede Kategorie. »Sozialismus« wäre das etwa im gleichen Sinn, wie es der Staat des altägyptischen »Neuen Reiches« war. »Demokratie« wäre es nur dann, wenn Sorge getragen würde, daß für die Art der Leitung dieser syndizierten Wirtschaft der Wille der *Masse* ausschlaggebend ist. Wie dies ohne eine deren Macht sichernde, die Syndikate ständig kontrollierende Vertretung: ein demokratisiertes Parlament also, welches in die sachlichen und personalen Verhältnisse dieser Verwaltung eingriffe, geschehen könnte, ist nicht abzusehen. *Ohne* eine Volksvertretung des jetzigen Typus wäre von der syndizierten Wirtschaft die Entwicklung zu einer zünftigen Politik der *gesicherten Nahrung,* also: zur stationären Wirtschaft und zur Ausschaltung des ökonomischen Rationalisierungsinteresses, zu erwarten. Denn überall ist dies Interesse an der zünftigen Nahrungs*garantie* für die kapitallosen und kapitalschwachen Erwerbsinteressenten ausschlaggebend gewesen, sobald sie einmal monopolistisch organisiert waren. Dies mag nun als »demokratisches« oder »sozialistisches« Zukunftsideal ansehen, wer da will. Aber es gehört der ganze leichtfertige Literatendilettantismus dazu, eine solche Kartellierung der Profit- und Lohninteressen mit dem jetzt sooft vertretenen Ideal zu verwechseln: daß in Zukunft die Richtung der Gütererzeugung dem *Bedarf* und nicht, | wie jetzt, dem *Profit*interesse angepaßt sein solle, wie es immer wieder geschieht. Denn für die Realisierung dieses letzten Ideals wäre ja ganz offenbar gerade *nicht* ein Ausgehen von der Syndizierung und Monopolisierung der *Erwerbs*interessen, sondern das genau Umgekehrte: ein Ausgehen von der Organisation der *Verbraucher*interessen der Weg. Die Zukunftsorganisation dürfte dann nicht nach Art staatlich organisierter Zwangskartelle, Zwangsinnungen, Zwangsgewerkschaften, sondern müßte nach Art einer riesenhaften, staatlich organisierten Zwangs*konsumgenossenschaft* erfolgen, welche dann ihrerseits die Richtung der Produktion der Nachfrage entsprechend zu bestimmen hätte, so wie es Konsumvereine vereinzelt schon jetzt (durch Eigenproduktion) versuchen. Wie dabei die »demokratischen« Interessen, also diejenigen der Masse der Verbraucher, anders garantiert werden sollten als durch ein Parlament, welches auch die Gütererzeugung fortlaufend maßgeblich kontrollierte, ist wiederum nicht abzusehen.

Doch genug dieser Zukunftsmusik. Im Ernst ist die wirklich völlige Beseitigung der Parlamente ja noch von keinem noch so sehr gegen ihre heutige Gestalt eingenommenen Demokraten verlangt worden. Als die Instanz zur Erzwingung der *Verwaltungsöffentlichkeit,* der *Budget*feststellung und endlich der Beratung und Verabschiedung von *Gesetz*entwürfen – Funktionen, in denen sie in der Tat in jeder Demokratie unersetzlich sind – will man sie wohl allseitig bestehen lassen. Die Opposition gegen sie, soweit sie ehrlich demokratisch und nicht, wie in aller Regel, eine unehrliche Verhüllung *bürokratischer* Machtinteressen ist, wünscht vielmehr im wesentlichen wohl zweierlei: 1. daß nicht die Parlamentsbeschlüsse, sondern die obligatorische *Volksabstimmung* für die Schaffung von Gesetzen maßgeblich sein sollen, – 2. daß nicht das parlamentarische *System* bestehen, die Parlamente also nicht Auslesestätte für die leitenden Politiker und ihr Vertrauen oder Mißtrauen nicht entscheidend sein solle für deren Verbleiben im Amt. Dies ist nun bekanntlich in der amerikanischen Demokratie geltendes Recht. Es folgt dort teils aus der Volkswahl des Staatsoberhaupts und anderer Beamter, teils aus dem sogenannten Prinzip der »Gewaltenteilung«. Die Erfahrungen der amerikanischen Demokratie lehren aber mit hinlänglicher Klarheit: daß diese Art der Beseitigung des Parlamentarismus ebenfalls, gegenüber dem parlamentarischen System, nicht die mindeste Gewähr für eine sachlichere und unbestechliche Verwaltung bietet: das gerade Gegenteil ist der Fall. Zwar hat man mit der Volkswahl des | Staatsoberhauptes im großen Durchschnitt keine schlechten Erfahrungen gemacht. Jedenfalls ist in den letzten Jahrzehnten die Zahl der wirklich ungeeigneten Präsidenten zum mindesten nicht größer gewesen als in den Erbmonarchien die Zahl der ungeeigneten Monarchen. Dagegen sind die Amerikaner selbst mit dem Prinzip der Volkswahl der Beamten im großen und ganzen nur in sehr begrenztem Umfang zufrieden. Nicht nur beseitigt es, wenn man es sich verallgemeinert denkt, das, was die bürokratische Maschinerie technisch auszeichnet: die Amtsdisziplin. Sondern es gewährt gerade bei massenhafter Anwendung in einem modernen Großstaat auch keine Garantie für die Qualität der Beamten. Es legt dann die Auslese der Amtskandidaten im Gegensatz zum parlamentarischen System in die Hände unsichtbarer und der Öffentlichkeit gegenüber, im Vergleich mit einer parlamentarischen Partei und ihrem Führer, in hohem Grade unverantwortlicher Kliquen, welche die Kandidaten den fachlich ungeschulten Wählern präsentieren: bei Verwaltungsbeamten mit dem Erfordernis technischer Fachqualifikation ein höchst ungeeigneter Weg der Besetzung. Gerade für die modernsten Verwaltungsbedürfnisse, aber auch im Richteramt, funktionieren in Amerika notorisch die vom gewählten Staatsoberhaupt *ernannten* fachgeschulten Beamten technisch und in bezug auf ihre Unbestechlichkeit unvergleichlich besser. Auslese von *Fach*beamten und Auslese *politischer Führer* sind eben *zweierlei*. – Dagegen hat das Mißtrauen gegen die machtlosen *und deshalb* so korrupten Parlamente in amerikanischen Einzelstaaten zur Erweiterung der direkten Volks*gesetzgebung* geführt.

Die *Volksabstimmung* hat als Mittel sowohl der Wahl wie der Gesetzgebung innere Schranken, die aus ihrer technischen Eigenart folgen. Sie antwortet nur mit »Ja« oder »Nein«. Nirgends ist ihr in Massenstaaten die wichtigste Funktion des Parlaments: die Feststellung des Budgets, zugewiesen. Aber auch das Zustandekommen aller solcher Gesetze, welche auf einem Ausgleich widerstreitender Interessen beruhen, würde sie in einem großen Massenstaat in der bedenklichsten Weise obstruieren. Denn die entgegengesetztesten Gründe können ein »Nein« bedingen, wenn kein Mittel besteht, vorhandene Interessengegensätze auf dem Boden der Verhandlung auszugleichen. Das Referendum kennt eben nicht: das Kompromiß, auf welchem in jedem Massenstaat mit starken regionalen, sozialen, konfessionellen und anderen Gegensätzen der inneren Struktur unvermeidlich die Mehrzahl aller Gesetze beruht. | Wie bei Volksabstimmungen Steuergesetze anderer Art als etwa progressive Einkommens- und Vermögenskonfiskationen und »Verstaatlichungen« in einem Massenstaat mit starken Klassengegensätzen überhaupt zur Annahme gelangen sollten, ist nicht abzusehen. Nun würde einem Sozialisten gerade diese Konsequenz vielleicht nicht schreckhaft erscheinen. Nur ist kein Beispiel bekannt – auch nicht in Amerika und sogar nicht unter den sehr günstigen Bedingungen der Schweizer Kantone mit ihrer, kraft alter Tradition, sachlich denkenden und politisch geschulten Bevölkerung –, daß ein unter dem Druck des Referendums stehender Staatsapparat solche oft nominell sehr hohen, teilweise konfiskatorischen, Vermögenssteuern auch *effektiv* durchgeführt hätte. Und die plebiszitären Prinzipien schwächen das Eigengewicht der Parteiführer und die Verantwortlichkeit der Beamten. Eine Desavouierung der leitenden Beamten durch eine ihre Vorschläge ablehnende Volksabstimmung hat *nicht*, wie in parlamentarischen Staaten ein Mißtrauensvotum, ihren Rücktritt zur Folge, – und kann diese Folge auch gar nicht haben. Denn das negative Votum läßt seine Gründe nicht erkennen und belastet die negativ abstimmende Masse nicht, wie eine gegen die Regierung stimmende parlamentarische Parteimehrheit, mit der Pflicht, nun ihrerseits die desavouierten Beamten durch eigene verantwortliche Führer zu ersetzen.

Je mehr vollends die eigene Wirtschaftsregie der staatlichen Bürokratie wüchse, desto fataler würde sich der Mangel eines selbständigen Kontrollorgans fühlbar machen, welches, wie die Parlamente es tun, von den allmächtigen Beamten öffentlich Rede und Antwort verlangt und sie zur Rechenschaft zu ziehen die Macht hat. Als Mittel sowohl der Auslese von *Fach*beamten wie der Kritik ihrer Leistung ist im Massenstaat das spezifische Mittel der rein plebiszitären Demokratie: die unmittelbaren Volkswahlen und -abstimmungen und vollends das Absetzungs-Referendum, durchaus ungeeignet. Und wenn schon für den Parteibetrieb der parlamentarischen Wahlen die Bedeutung des Geldes der Interessenten keine kleine ist, so würde seine Macht und die Stoßkraft der von ihm gestützten demagogischen Apparate unter den Verhältnissen eines Massenstaates bei ausschließlicher Herrschaft von Volkswahlen und Volksabstimmungen ins Kolossale anwachsen.

Die obligatorische Volkswahl und Volksabstimmung bildet freilich den radikalen Gegenpol zu dem oft beklagten Zustand: daß der

Staatsbürger im parlamentarischen Staat politisch nichts anderes leiste, als | daß er alle paar Jahre einen der ihm von den Parteiorganisationen vorgedruckt gelieferten Wahlzettel in eine Urne stecke. Man hat gefragt: ob dies ein Mittel politischer Erziehung sei. Das ist es zweifellos *nur* unter den früher erörterten Bedingungen einer Verwaltungsöffentlichkeit und Verwaltungskontrolle, welche die Staatsbürger an die ständige Verfolgung der Art gewöhnt, wie ihre Angelegenheiten verwaltet werden. Die obligatorische Volksabstimmung aber ruft den Staatsbürger unter Umständen in wenigen Monaten Dutzende von Malen an die Abstimmungsurne über Gesetze. Und die obligatorische Volkswahl erlegt ihm die Abstimmung über lange Listen ihm persönlich vollkommen unbekannter, von ihm in ihrer *fachlichen* Qualifikation nicht zu beurteilender Amtskandidaten auf. Nun ist das Fehlen der Fachqualifikation (die ja auch der Monarch nicht besitzt) an sich gewiß kein Argument gegen die demokratische Auslese der Beamten. Denn man braucht sicherlich selbst kein Schuster zu sein, um zu wissen, ob der Schuh drückt, den der Schuster hergestellt hat. Allein nicht nur die Gefahr der Abstumpfung, sondern auch die Gefahr der Irreleitung hinsichtlich der Person des wirklich an der Mißverwaltung Schuldigen ist bei der Volkswahl der Fachbeamten übergroß, im Gegensatz zum parlamentarischen System, bei welchem der Wähler sich an die Führer der für die Beamtenbestellung verantwortlichen *Partei* hält. Und für das Zustandekommen aller technisch komplizierten Gesetze kann gerade die Volksabstimmung das Ergebnis allzu leicht in die Hand kluger, aber verborgener Interessenten legen. In dieser Hinsicht liegen die Bedingungen in europäischen Ländern mit entwickeltem Fachbeamtentum wesentlich anders als in Amerika, wo man die Volksabstimmung als einzige Korrektur gegen die Korruption der dort unvermeidlich subalternen Legislaturen bewertet.

Gegen die Anwendung der Volksabstimmung als ultima ratio in geeigneten Fällen ist damit, trotz der von den Bedingungen der Schweiz abweichenden Verhältnisse der Massenstaaten, nichts gesagt. Aber machtvolle Parlamente macht sie für Großstaaten nicht überflüssig. Als Organ der Beamtenkontrolle und Verwaltungspublizität, als Mittel der Ausschaltung ungeeigneter leitender Beamter, als Stätte der Budgetfeststellung und als Mittel der Herbeiführung von Parteikompromissen ist das Parlament auch in den Wahldemokratien unentbehrlich. Vollends unentbehrlich in Erbmonarchien, da der Erbmonarch weder mit reinen Wahlbeamten arbeiten [kann], noch, wenn er die Beamten ernennt, selbst Partei ergreifen darf, wenn seine spezifische innerpolitische Funktion: bei | fehlender Eindeutigkeit der politischen Stimmung und Machtlage eine konfliktlose Lösung zu ermöglichen, nicht kompromittiert werden soll. Neben »cäsaristischen« Führern aber ist schon infolge des Umstandes: daß es lange Perioden geben kann, in welchen einigermaßen allgemein anerkannte Vertrauensmänner der Massen *fehlen,* die Parlamentsmacht in Erbmonarchien unentbehrlich. Das *Nachfolger*problem ist überall die Achillesferse aller rein cäsaristischen Herrschaft gewesen. Ohne innere Katastrophengefahr vollzieht sich Aufstieg, Ausschaltung und Fortfall eines cäsaristischen Führers am ehesten da, wo die effektive Mitherrschaft machtvoller Vertretungskörperschaften die politische Kontinuität und die staatsrechtlichen Garantien der bürgerlichen Ordnung in ungebrochenem Bestand aufrecht erhält.

Der Punkt, welcher den parlamentsfeindlichen Demokraten in Wirklichkeit letztlich Anstoß gibt, ist offenbar: der weitgehend *voluntaristische* Charakter des parteimäßigen Betriebs der Politik und dadurch auch der parlamentarischen Parteimacht selbst. In der Tat stehen sich, wie wir sahen, bei diesem System »aktive« und »passive« Teilnehmer am politischen Leben gegenüber. Der politische Betrieb ist *Interessenten*betrieb. (Unter »Interessenten« sind dabei *nicht* jene materiellen Interessenten gemeint, die, in verschieden starkem Maße, bei jeder Form der Staatsordnung die Politik beeinflussen, sondern jene politischen Interessenten, welche politische Macht und Verantwortung zum Zweck der Realisierung bestimmter politischer Gedanken erstreben.) Allein eben dieser Interessentenbetrieb ist das wesentliche der Sache. Denn nicht die politisch passive »Masse« gebiert aus sich den Führer, sondern der politische Führer wirbt sich die Gefolgschaft und gewinnt durch »Demagogie« die Masse. Das ist in jeder noch so demokratischen Staatsordnung so. Und daher ist die gerade umgekehrte Frage weit näherliegend: gestatten die Parteien in einer voll entwickelten Massendemokratie denn überhaupt Führernaturen den Aufstieg? Sind sie imstande, neue Ideen überhaupt zu rezipieren? Sie verfallen ja der Bürokratisierung ganz ähnlich wie der staatliche Apparat. Ganz neue Parteien mit dem zugehörigen Apparat an Organisation und Presseunternehmungen zu schaffen, erfordert heute einen solchen pekuniären und Arbeitsaufwand und ist gegenüber der festen Machtstellung der bestehenden Presse so schwer, daß es praktisch fast nicht in Betracht kommt[1]. | Die bestehenden Parteien aber sind stereotypiert. Ihre Beamtenposten bilden die »Nahrung« ihrer Inhaber. Ihr Ideenschatz ist weitgehend in Propagandaschriften und in der Parteipresse festgelegt. Materielle Interessen der beteiligten Verleger und Autoren stellen sich der Entwertung dieses Schriftwerks durch Umformung der Ideen in den Weg. Und vollends wünscht der Berufspolitiker, der von der Partei leben muß, den »ideellen« Besitz an Gedanken und Schlagworten: sein geistiges Handwerkszeug, nicht entwertet zu sehen. Daher vollzieht sich die Rezeption neuer Ideen durch die Parteien nur da verhältnismäßig schnell, wo gänzlich gesinnungslose reine Amtspatronageparteien, wie in Amerika, für jede Wahl diejenigen »Planken« neu in ihre »Plattformen« einfügen, von denen sie sich jeweils bei der Stimmenwerbung Zugkraft versprechen. Noch schwieriger scheint das Hochkommen neuer Führer. An der Spitze unserer Parteien erblickt man seit langen Zeiten dieselben, meist persönlich höchst achtungswerten, aber ebensooft weder geistig noch durch starkes politisches Temperament hervorragenden Leiter. Von dem zünftlerischen Ressentiment gegen neue Männer war schon die Rede: es liegt in der Natur der Dinge. Auch hier liegen die Verhältnisse gerade in solchen Parteien, wie es die amerikanischen sind, teilweise anders. In hohem Grade stabil sind dort die Machthaber *inner*halb der Parteien: die Bosse. Sie erstreben nur Macht, nicht Ehre oder Verantwortung. Und gerade im Interesse der Erhaltung ihrer Machtstellung setzen sie sich nicht den Peripetien einer eigenen Kandidatur aus, bei der ihre politischen Praktiken öffentlich erörtert würden und daher ihre Person die Chancen der Partei kompromittieren könnte. Als Kandidaten präsentieren sie daher nicht selten, wenn auch nicht immer gern, »neue Männer«. Gern dann, wenn sie in ihrem Sinne »verläßlich« sind. Ungern, aber notgedrungen, dann, wenn sie in irgendeiner Art durch ihre »Neuheit«, durch irgendeine spezifische notorische Leistung also, derart zugkräftig sind, daß im Interesse des Wahlsieges ihre Aufstellung erforderlich erscheint. Diese durch die Bedingungen der Volkswahl geschaffenen Verhältnisse sind für uns ganz unübertragbar und auch schwerlich wünschenswert. Ebenso unübertragbar sind die französischen und italienischen Zustände, welche sich dadurch

[1] Nur die Kriegsgewinnplutokratie hat es unter den sehr besonderen Bedingungen des Krieges zuwege gebracht.

auszeichnen, daß eine von Zeit zu Zeit durch Neulinge ergänzte, aber ziemlich begrenzte Zahl »ministrabler« politischer Persönlichkeiten in stets anderer Zusammenstellung in den leitenden Stellen wechselt: eine Folge der dortigen Parteienstruktur. Die englischen Verhältnisse dagegen weichen davon | stark ab. Es zeigt sich, daß innerhalb der Parlamentslaufbahn (die hier nicht näher geschildert werden kann) und auch innerhalb der durch das Caucussystem straff organisierten Parteien dort politische Temperamente und Führernaturen in genügender Zahl aufgetreten sind und hochkommen. Einerseits eröffnet die Parlamentslaufbahn dem politischen Ehrgeiz und dem Macht- und Verantwortungswillen die reichsten Chancen, und andererseits sind die Parteien infolge des »cäsaristischen« Zugs der Massendemokratie gezwungen, sich wirklichen politischen Temperamenten und Begabungen als Führern zu fügen, sobald diese sich imstande zeigen, das Vertrauen der Massen zu gewinnen. Die Chance, daß Führernaturen an die Spitze gelangen, ist eben, wie sich immer wieder zeigt, Funktion der *Machtchancen* der Parteien. Weder der cäsaristische Charakter und die Massendemagogie noch die Bürokratisierung und Stereotypierung der Parteien sind jedenfalls als solche ein starres Hindernis für den Aufstieg von Führern. Gerade straff organisierte Parteien, welche sich wirklich in der Staatsmacht behaupten wollen, müssen sich den Vertrauensmännern der Massen, *wenn* sie Führernaturen sind, *unterordnen*, während die lockere Gefolgschaft des französischen Parlaments bekanntlich die recht eigentliche Heimat der reinen Parlamentsintrigen ist. Die feste Organisation der Parteien und vor allem der Zwang für den Massenführer, in der konventionell fest geregelten Teilnahme an den Komiteearbeiten des Parlaments sich zu schulen und sich dort zu bewähren, bietet andererseits ein immerhin starkes Maß von Gewähr dafür: daß diese cäsaristischen Vertrauensleute der Massen sich den festen Rechtsformen des Staatslebens einfügen und daß sie nicht rein emotional, also lediglich nach den im üblen Sinne des Worts »demagogischen« Qualitäten, ausgelesen werden. Gerade unter den heutigen Bedingungen der Führerauslese sind ein starkes Parlament, verantwortliche Parlamentsparteien, und das heißt: deren Funktion als Stätte der Auslese und Bewährung der Massenführer als Staatsleiter, Grundbedingungen stetiger Politik.

Denn die staatspolitische *Gefahr* der Massendemokratie liegt ja in allererster Linie in der Möglichkeit starken Vorwiegens *emotionaler*

Elemente in der Politik. Die »Masse« als solche (einerlei, welche sozialen Schichten sie im Einzelfall zusammensetzen) »denkt nur bis übermorgen«. Denn sie ist, wie jede Erfahrung lehrt, stets der aktuellen rein emotionalen und irrationalen Beeinflussung ausgesetzt. (Sie teilt das übrigens wiederum mit der modernen »selbstregierenden« Monarchie, welche ganz | die gleichen Erscheinungen zeigt.) Der kühle und klare Kopf – und erfolgreiche Politik, gerade auch erfolgreiche demokratische Politik, wird nun einmal mit dem Kopf gemacht – herrscht bei verantwortlichen Entschlüssen um so mehr: 1. je kleiner die Zahl der an der Erwägung Beteiligten ist, – 2. je eindeutiger die Verantwortlichkeiten jedem einzelnen von ihnen selbst und den von ihnen Geleiteten vor Augen stehen. Die Überlegenheit des amerikanischen Senats über das Repräsentantenhaus z. B. ist ganz wesentlich Funktion der kleineren Zahl der Senatoren; die besten politischen Leistungen des englischen Parlaments sind Produkte eindeutiger Verantwortlichkeit. Wo diese versagt, versagt auch die Leistung der Parteiherrschaft wie jede andere. Und auf dem gleichen Grunde beruht die staatspolitische Zweckmäßigkeit des Parteibetriebs durch *fest*organisierte politische Interessentengruppen. Staatspolitisch völlig irrational ist andererseits die *un*organisierte »Masse«: die Demokratie der Straße. Sie ist am mächtigsten in Ländern mit einem entweder machtlosen oder mit einem politisch diskreditierten Parlament, und das heißt vor allem: beim Fehlen *rational organisierter Parteien.* Bei uns sind, abgesehen von dem Fehlen der romanischen Kaffeehauskultur und von der größeren Ruhe des Temperaments, Organisationen wie die Gewerkschaften, aber auch wie die sozialdemokratische Partei ein sehr wichtiges Gegengewicht gegen die für rein plebiszitäre Völker typische aktuelle und irrationale Straßenherrschaft. Von der Hamburger Choleraepidemie angefangen bis jetzt hat man immer wieder in Fällen der Unzulänglichkeit des staatlichen Apparates an sie appellieren müssen. Das darf nicht vergessen werden, wenn die Zeiten der Not einmal vorüber sind.

Die schweren ersten Jahre nach dem Kriege werden natürlich auch bei uns alle Elemente der Massendisziplin in Frage stellen. Vor allem die Gewerkschaften werden zweifellos vor Schwierigkeiten stehen wie nie zuvor. Denn dem Nachwuchs der Halberwachsenen, der jetzt Kriegslöhne bis zum zehnfachen Betrag der Friedenszeit verdient und eine vergängliche Ungebundenheit genießt wie niemals wieder, wird jedes Solidaritätsgefühl und jede Brauchbarkeit und Anpassungsfähigkeit an den geordneten wirtschaftlichen Kampf aberzogen. Ein »Syndikalismus der Unreife« wird aufflammen, wenn diese Jugend vor die Realitäten der normalen Friedensordnung gestellt wird. Von rein emotionalem »Radikalismus« dieser Art werden wir zweifellos reichlich erleben. Syndikalistische Putschversuche liegen in den Massenzentren | natürlich durchaus im Bereich des Möglichen. Ebenso ein zunächst mächtiges Anschwellen der politischen Stimmung von der Art der »Gruppe Liebknecht« infolge der ökonomisch schweren Lage. Die Frage ist: ob es in den Massen bei der zu erwartenden sterilen Staatsverneinung *bleibt. Das* aber ist eine Frage der *Nerven.* Es hängt zunächst davon ab, ob das stolze Wort: »Der Appell *an die Furcht* findet in deutschen Herzen keinen Widerhall«, *sich auch auf den Thronen bewährt.* Und weiterhin davon: ob solche Explosionen wieder die bekannte und übliche *Angst* der Besitzenden entfesseln, ob also die emotionale Wirkung der planlosen Massenwut die ebenso emotionale und ebenso planlose Feigheit des Bürgertums zur Folge hat, wie die Interessenten der kontrollfreien Beamtenherrschaft erhoffen.

Gegen Putsche, Sabotage und ähnliche politisch sterile Ausbrüche, wie sie in allen Ländern – bei uns seltener als anderwärts – vorkommen, würde jede, auch die demokratischste und sozialistischste Regierung, das Standrecht anwenden müssen, wenn sie nicht Konsequenzen wie jetzt in Rußland riskieren will. Darüber ist kein weiteres Wort zu verlieren. *Aber:* die stolzen Traditionen politisch reifer und der *Feigheit* unzugänglicher Völker haben sich dann immer und überall darin bewährt: daß sie ihre Nerven und ihren kühlen Kopf behielten, zwar die Gewalt durch Gewalt niederschlugen, dann jedoch rein sachlich die in dem Ausbruch sich äußernden Spannungen zu lösen suchten, vor allem aber sofort die *Garantien der freiheitlichen Ordnung* wiederherstellten und in der Art ihrer politischen Entschließungen sich überhaupt durch derartiges nicht beirren ließen. Bei uns ist mit voller Sicherheit zu gewärtigen, daß die Interessenten der alten Ordnung und der kontrollfreien Beamtenherrschaft jeden Ausbruch syndikalistischen Putschismus, sei er auch noch so unbedeutend, zu einem Druck auf die leider noch immer recht »schwachen Nerven« des Spießbürgertums ausbeuten werden. Zu den beschämendsten Erfahrungen der Ära Michaelis gehörte ja jene *Spekulation auf die Feigheit* des Bürgertums, welche in dem Versuch einer rein sensationellen Ausnutzung des Verhaltens von ein paar Dutzend pazifistischen Fanatikern zu rein parteipolitischen Zwecken zutage trat, ohne Rücksicht auf die Wirkung bei Feinden und auch – bei den Bundesgenossen. Nach dem Krieg werden sich ähnliche Spekulationen in größerem Umfang wiederholen. Ob die deutsche Nation zur politischen Reife gelangt ist, wird sich dann darin zeigen: wie darauf reagiert wird. Man müßte an unserer politischen Zukunft verzweifeln, | wenn sie gelängen, so zweifellos dies leider nach manchen Erfahrungen möglich ist.

Die Demokratisierung des Parteibetriebes auf der Linken wie auf der Rechten – denn die »alldeutsche« und die gegenwärtige »Vaterlands«-Demagogie sucht an Unbedenklichkeit ihresgleichen selbst unter französischen Verhältnissen – ist bei uns *Tatsache* und nicht wieder zu beseitigen. Die Demokratisierung des *Wahlrechts* aber ist ein zwingendes und politisch unaufschiebbares Gebot der Stunde, vor allem für den deutschen Hegemoniestaat. Von allem anderen abgesehen, ist staatspolitisch entscheidend dafür: 1. daß heute nur das gleiche Wahlrecht *am Ende* von Wahlrechtskämpfen stehen kann und daß deren furchtbar verbitternde Sterilität aus dem politischen Leben ausgeschaltet sein muß, *ehe* die Krieger aus dem Felde zum Neubau des Staates heimkehren, – 2. daß es eine politische Unmöglichkeit ist, die heimkehrenden Krieger im Wahlrecht zurückzusetzen gegenüber denjenigen Schichten, welche inzwischen daheim ihre soziale Stellung, ihren Besitz und ihre Kundschaft behaupten oder gar vermehren konnten, während jene draußen für deren Erhaltung sich verbluteten. Gewiß: rein tatsächlich »möglich« ist die Verhinderung auch dieser staatspolitischen Notwendigkeit. Aber sie würde sich furchtbar rächen. *Nie wieder* würde die Nation so wie im August 1914 gegen irgendeine Bedrohung von außen zusammenstehen. Wir wären dazu verurteilt, ein kleines, vielleicht rein technisch recht gut verwaltetes, konservatives Binnenvolk zu bleiben, ohne die Möglichkeit weltpolitischer Geltung – und übrigens auch ohne den *inneren Anspruch* darauf.

VI. Parlamentarisierung und Föderalismus

Es wurde seinerzeit vorgeschlagen[1], die Wahlrechtsfrage der Einzelstaaten von Reichs wegen insofern zu regeln, daß jedem, der *im*

[1] Vgl. oben im Text Seite 192ff., 268/69, 288, 295. (D. H.)

Felde gestanden hat, in jedem Bundesstaat mit Klassenwahlrecht das Wahlrecht *bester* Klasse oder Art zustehen sollte. Das schonte, weil es formal nur eine zeitweilige Änderung der Reichsverfassung bedeutete, das föderalistische Prinzip und ließ sich so formulieren, daß nötigenfalls jedes Anrufen des preußischen Landtags unnötig wurde. Widerstand gegen diese Lösung war zu gewärtigen.

Mit Erstaunen aber las man in einigen Berliner Blättern die Behauptung: die *preußische Wahlrechtsfrage* sei eine rein innerpolitische preußische Angelegenheit, mit der sich zu beschäftigen von seiten anderer Reichsangehöriger eine »Einmischung« oder gar der Versuch einer »Mediatisierung« Preußens sei. Es soll hier ganz davon abgesehen werden, daß der deutsche Reichstag, der dies Gesetz zu beschließen hätte, ja in seiner überwiegenden Mehrheit aus *preußischen* Abgeordneten besteht, – nur freilich nicht aus Abgeordneten der preußischen Plutokratie. Um den Wert solcher Redewendungen zu beleuchten, genügt es aber, sich die Stellung des *preußischen Landtages* im *Deutschen Reiche* klarzumachen. Sie versteckt sich freilich hinter einem dichten Schleier staatsrechtlicher Formeln. Bekanntlich übt der Kaiser und König von Preußen die ihm im Reich zustehenden Rechte teils als Kaiser unter Verantwortung des Reichskanzlers aus, teils als König von Preußen durch Instruktion der preußischen Bevollmächtigten zum Bundesrat unter Verantwortung des preußischen Ministeriums. Der Reichskanzler ist formell nur dem Reichstag, die preußischen Minister sind formell nur dem preußischen Landtag verantwortlich. Soweit scheint alles in Ordnung und stimmt mit der Rechtslage der anderen Bundesstaaten überein. Und da Preußen über kaum halb so viel Stimmen im Bundesrat verfügt, wie nach seiner Größe ihm zukämen, scheint sogar eine außerordentliche Selbstbescheidung vorzuliegen. Erst bei näherem Zusehen zeigt sich, daß der preußische Landtag und gewisse rein preußische Behörden gegenüber *allen* anderen einzelstaatlichen Parlamenten und Behörden eine prinzipiell völlig abweichende privilegierte Sonderstellung einnehmen.

Preußen genießt, abgesehen von dem ihm zustehenden »Präsidium des Bundes«, eine Sonderstellung zunächst kraft der Verfassungsvorschrift (R.V. Art. 5 Abs. 2, Art. 37), daß seine Stimmen im Bundesrat ganz allein genügen, um jede Änderung der Gesetzgebung nicht nur über Militärwesen und Marine, sondern über alle Zölle und die Verbrauchssteuern des Art. 35, also auch über die *Handelspolitik* und alle dahingehörigen Verwaltungsmaßnahmen des Reichs zu verhindern. Auch dann zu verhindern, wenn *alle* anderen Bundesregierungen *und* der gesamte Reichstag einmütig für Abänderung eintreten sollten. Bezüglich der Finanzen bestand dies Privileg Preußens im Norddeutschen Bunde *nicht,* sondern ist eine Neuerung zuerst des mit Baden geschlossenen Versailler Vertrags. Für die Instruktion der mit solchen privilegierten Machtbefugnissen ausgestatteten Bundesratsstimmen ist die preußische Regierung formell lediglich dem preußischen Landtag verantwortlich. Wie der bekannte | Steuerantrag der preußischen Konservativen zeigt, trägt der preußische Landtag auch keinerlei Bedenken, von seinen Machtbefugnissen Gebrauch zu machen.

Preußen hat ferner das Recht des Stichentscheids. Der Bundesrat zählt 61 Stimmen. Die Stimmen von Elsaß-Lothringen werden aber vom Statthalter instruiert, den der Kaiser und König von Preußen nach Ermessen ein- und absetzt. Einer der Zwergstaaten (Waldeck) wird aus finanziellen Gründen von Preußen jetzt schon verwaltet und vertreten. Alle drei Königreiche, alle sechs Großherzogtümer, alle drei Hansestädte und das größte Herzogtum (Braunschweig) zusammen sind also nicht imstande, die Mehrheit zu erlangen, wenn Preußen außer Elsaß-Lothringens Stimmen nur noch den Rest der Zwergstaaten auf seiner Seite hat. Ginge der konservative Antrag durch: das Defizit des Reichs künftig durch Umlagen auf die Bundesstaaten zu bestreiten, so wären *alle* kleineren und manche mittleren Staaten genötigt, es künftig praktisch ebenso zu machen wie Waldeck. Überdies verfügt bekanntlich der preußische Eisenbahnminister über Machtmittel, diese Regierungen gefügig zu machen. Wenn es sich nicht um rein dynastische Fragen oder streng partikularistische Interessen handelt, also in allen positiven Fragen der Reichspolitik, hatte und hat Preußen denn auch immer die feste Mehrheit, da die Zwergstaaten eine Art von Stimmenträger Preußens waren und dies in Zukunft aus Finanzgründen erst recht sein werden. *Nicht* die Verantwortlichkeit vor dem deutschen Reichstag, sondern die vor dem *preußischen Landtag* bestimmt also nach der Verfassung durchweg die Haltung der im Bundesrat ausschlaggebenden Präsidialmacht und damit die Politik des Reichs.

Aber damit noch nicht genug. Bekanntlich haben wir verfassungsmäßig kein einheitliches Heer, sondern ein Kontingentsheer unter kaiserlichem Oberbefehl. Der König von Preußen hat aber in Abänderung dieses Zustands mit den Kontingentsherren der kleineren Bundesstaaten seinerzeit Militärkonventionen abgeschlossen, welche deren Militärhoheit meist fast ganz auf ihn übertrugen. Die mit Baden verwandelte z. B. das *badische* Heer in das Königlich *Preußische* XIV. Armeekorps. Ein preußischer Bezirkskommandeur sitzt in jeder größeren badischen Stadt, in Karlsruhe ein preußisches Generalkommando; eine preußische Intendantur, preußische Proviantämter, preußische Garnison-, Lazarett- und andere wirtschaftliche Verwaltungen verfügen über alle ökonomischen Anschaffungen, und die badischen Gewerbetreibenden und Handelskreise | haben deren Macht im Kriege zu fühlen bekommen. Die badischen Landeskinder werden durch Offiziere in den Krieg geführt, die durch preußisches Patent auf Vorschlag des preußischen Militärkabinetts ernannt werden ohne jegliche Einmischung einer badischen Instanz und unter Ausschaltung auch des badischen Monarchen. Der preußische Kriegsminister ist Kriegsminister auch für Baden. Ähnlich in den anderen Bundesstaaten, außer einigen der größten.

Für die auf Grund dieser Konventionen getroffenen Verfügungen gibt es formell *keinerlei* parlamentarische Verantwortlichkeit, soweit nicht Etatsrechte berührt werden und also der Reichskanzler sie wenigstens *mit* kontrasigniert. Denn im übrigen zeichnet sie der Kriegsminister, und publiziert werden sie im preußischen Armeeverordnungsblatt. Der Kriegsminister ist aber weder dem Reichskanzler unterstellt noch (formell) dem Reichstag verantwortlich, da er *preußischer* Beamter ist. Aber in Preußen wiederum gibt es kein sachliches Objekt, für welches man ihn zur Verantwortung ziehen könnte, und auch kein Mittel, dies wirksam zu tun: denn nicht der preußische Landtag, sondern der Reichstag ist die Stätte der Beschlußfassung über das Militärbudget.

Auch mit diesem erstaunlichen Zustand sind aber die Privilegien Preußens nicht erschöpft. Der dem Reichstag verantwortliche Reichskanzler hat als solcher im Bundesrat nur die formale Leitung. Eine Stimme hat er dort nur in seiner Eigenschaft als (gemäß Art. 15 in Verbindung mit Art. 11) unvermeidlich *preußischer* Bevollmächtigter. Als solcher ist er aber formell streng an die Weisungen der preußischen Regierung gebunden und folglich dem Reichstag formell für diese seine Abstimmung *nicht* verantwortlich. Sondern das ist die *preußische* Regierung dem *preußischen* Landtag, der dadurch für jeden ernsthaft politischen Akt des Reichs ausschlaggebend wird, sobald er seine Macht gebrauchen will. Der Reichskanzler muß unvermeidlich zugleich preußischer Minister des Auswärtigen sein. Daß er auch preußischer Ministerpräsident sei, ist nicht unvermeidlich und nicht immer der Fall gewesen. Ist er es nicht, so ist er als bloßer preußischer Stimmenträger im Bundesrat politisch machtlos und dem preußischen Ministerium *untergeordnet.* Ist er es aber, so muß er auch als Reichskanzler auf die Haltung seiner preußischen Kollegen Rücksicht nehmen. Und vor allem: auf die Haltung des *preußischen Landtags.*

Dem Reichstag ist der Reichskanzler nur als »Reichsminister« verantwortlich für Entschließungen »des Kaisers« als solchen, mithin für dessen, kraft Verfassung oder besonderen Gesetzes getroffene, seiner Gegenzeichnung | bedürftige Willensäußerungen. Prinzipiell ist für die Reichsgesetzgebung der Kaiser nur das Publikationsorgan des Bundesrats ohne eigenes Vetorecht. Zahlreiche Gesetze bestimmen aber, daß bestimmte Verfügungen »vom Kaiser mit Zustimmung des Bundesrats« zu treffen seien. In anderen Fällen erklären sie den Kaiser allein für die, unter Verantwortung des Reichskanzlers, maßgebende Stelle. Von hochpolitischen Angelegenheiten gehört nach der Verfassung des Reichs dahin die äußere Politik. Internationale Verträge, Kriegserklärungen und Friedensschlüsse können nur unter Mitwirkung eines auch dem Bundesrat gegenüber selbständigen Willensentschlusses des Kaisers zustandekommen (Art. 11). Von hochpolitischen Akten der inneren Politik bedarf eines solchen verfassungsmäßig die Auflösung des Reichstags (Art. 24). Und gerade für hochpolitische Entschlüsse tritt hier – ganz abgesehen von der für Kriegserklärungen und die meisten Verträge und für Reichstagsauflösungen notwendigen Zustimmung des Bundesrats, also wieder: Preußens – in fast allen Fällen der Umstand in Wirkung, daß das Reich keine vorberatende Institution von der Art des preußischen Kronrats besitzt. Denn der Bundesrat ist eine Abstimmungsmaschinerie, und wie sollte der »Rat« der Staatsmänner von Schwarzburg-Rudolstadt ins Gewicht fallen? Da die Art der Zusammensetzung des Kronrats eine *preußische* Angelegenheit ist, kann die nachträgliche Verantwortlichkeit des Reichskanzlers gegenüber dem Reichstag, zumal bei dem Mangel jeglicher gesetzlicher Handhabe, sie zur Geltung zu bringen, an diesem den Gang der Politik oft bestimmenden Einfluß einer rein preußischen Instanz nichts ändern. Eine kollegiale Erörterung der Chefs der Reichsämter ist nicht vorgesehen. Die Reichsämter stehen als selbständige Ressorts nebeneinander, und zwischen ihnen herrscht chronisch der Kampf der »Ressort«-Satrapen. Künftige Historiker werden vermutlich in den Archiven über jede Frage, die jetzt im Kriege auftauchte (Belgien, Polen), zahlreiche vorzügliche Denkschriften aller Reichsämter finden, jeder der anderen widersprechend. Diese Widersprüche sind nur zum Teil sachlich bedingt. Denn hinter ihnen verbirgt sich der persönliche Kampf der Verwaltungschefs. Kommt es aber politisch zum Klappen, so wird regelmäßig das alles Makulatur: für die Art, wie im November 1916 die Polenpolitik inauguriert wurde, war, wie öffentlich erklärt worden ist, die Heeresleitung maßgebend, für die Art des weiteren Verlaufes aber war zweifellos auch der Einfluß von Preußens Landtag und seiner Minister mitverantwortlich. |

Es mag auf eine Verlängerung der Liste verzichtet werden. Von den weittragenden *rein* persönlichen Machtbefugnissen des Kaisers als solchen ist hier ganz abgesehen worden, obwohl natürlich die Art, wie mit Rücksicht auf den preußischen Landtag die preußische Regierung zusammengesetzt ist, auch auf diese Entschlüsse überall zurückwirkt. Wird nun der preußische Landtag nach einem anderen Wahlrecht zusammengesetzt als der Reichstag, so ist die Berliner Regierung genötigt, sich politisch ein *doppeltes Konto* einzurichten, im Reichstag z. B. »Freie Bahn jedem Tüchtigen« als Parole zu proklamieren, im Landtag aber für die Nobilitierung der Kriegsgewinne eine Erleichterung der Fideikommißbildung vorzuschlagen. Das Odium dieser erzwungenen Doppelzüngigkeit aber trägt ohne allen Zweifel: *die Krone.* Die verhängnisvolle Halbheit zahlreicher Schritte der Reichsregierung entstammt zum sehr großen Teil der gleichen Quelle. Auch davon ganz abgesehen aber steht nach dem Gesagten jedenfalls fest:

1. daß rein *preußische* Behörden fortgesetzt in die Lebensfragen des Reichs nicht nur, sondern anderer Staaten und ihrer Angehörigen eingreifen. Ferner:

2. daß die *preußische* Regierung, welche formell dem *preußischen* Landtag allein verantwortlich ist, von ihrer faktischen Übermacht abgesehen, auch derart rechtlich privilegiert ist, daß die Stellung des preußischen Landtags zum Reich in der Stellung irgendeines anderen Landtags *keinerlei* Analogie und auch *keinerlei* politische Kompensation findet, soweit nicht einzelne Bundesstaaten, wie namentlich Bayern, sich rein negativ durch besondere »Reservatrechte«

dagegen geschützt haben. Dem *politischen* Sachverhalt nach ist es also durchaus zutreffend, wenn man die in solcher Lage befindlichen Staaten, insbesondere Baden, als von Preußen und seinen Organen, vor allem auch seinem Landtag, *mediatisierte* Staaten bezeichnet. Wenn dieser Sachverhalt hier einmal unverhüllt festgestellt wird, so hat dies keinerlei »antipreußische« Spitze. Der Schreiber dieser Zeilen selbst hat die preußische Staatsangehörigkeit nicht aufgegeben. Den Versailler Vertrag und die Militärkonvention mit Preußen hat seinerzeit ein von mir hochverehrter badischer Staatsmann abgeschlossen. Die Unzuträglichkeiten, welche die letztere seinerzeit im Gefolge gehabt hat, mögen gern unerwähnt bleiben. Niemand wünscht sie rückgängig zu machen, denn sie ist *sachlich* zweckmäßig im Interesse der einheitlichen Wehrkraft des Reichs. Wir treiben *sachliche* und keine Eitelkeitspolitik. Aber: wenn jetzt von einer kleinen Klique von preußischen | Wahlrechtsprivilegierten uns die Behauptung entgegengehalten wird: die Art des preußischen Wahlrechts »gehe uns nichts an«, so ist das angesichts jener Verhältnisse eine so dreiste Herausforderung, daß darauf in Fraktur geantwortet werden müßte. Die Hegemoniestellung Preußens im Reich wünscht niemand anzutasten. Aber wir verlangen, daß die in allen Fragen der Reichspolitik ausschlaggebende preußische Bundesratsstimme einem Parlament des preußischen *Volkes* verantwortlich ist und nicht irgendeiner privilegierten Kaste, wie immer sie zusammengesetzt sein möge, wenn wir jene Zustände fernerhin ertragen sollen. Vasallen preußischer privilegierter Kasten zu sein, lehnen wir auf das bestimmteste ab.

Wie sich der preußische Landtag für *inner*preußische Angelegenheiten einrichtet, ist natürlich ganz und gar eine preußische Frage. Sie betrifft die Zusammensetzung des *Herrenhauses.* Die Frage aber nach der Art, wie diejenige Kammer, in deren Händen das *Budgetrecht* liegt und welche also die hochpolitischen Entschließungen Preußens bezüglich der *Leitung des Reichs* entscheidend beeinflußt, zusammengesetzt wird, ist – weil die materielle Macht Preußens weit über seine formelle Stellung hinausgeht und weil schon diese eine weitgehend privilegierte, für alle hohe Politik schlechthin ausschlaggebende ist – eine Lebensfrage des *Reichs,* die uns alle ebenso angeht, wie nur irgendeinen Wähler zum preußischen Landtag. Geht der jetzige Zustand: daß ein Pferd vor und eins hinter den Wagen gespannt wird und ein preußisches *Privilegien*parlament den Reichstag konterkariert und den Reichskanzler zu stürzen unternehmen kann, weiter, so hat in der öffentlichen Meinung unfehlbar *die Krone* die Kosten zu tragen. Das möge wohl bedacht werden.

Nun muß man sich natürlich klarmachen, daß das Problem der Beziehungen zwischen dem Reich und Preußen: die Notwendigkeit des Ausgleichs durch Kompromiß zwischen ihnen, dauernd und auch nach der erhofften Änderung des preußischen Wahlrechts, welche ja nur einen Gegensatz der inneren Struktur forträumt, weiterbesteht. Solange die heutige Gestaltung Deutschlands erhalten bleibt, kann der deutsche Bundesrat niemals so konstruiert werden wie etwa der Senat der Vereinigten Staaten, dessen Mitglieder gewählte Vertreter des Volks der Einzelstaaten sind und daher nach ihrer individuellen und Parteiüberzeugung abstimmen. Die Bevollmächtigten zum Bundesrat sind dagegen von den Regierungen der Einzelstaaten delegiert und erhalten von ihnen Instruktionen, an welche sie als an »imperative Mandate« gebunden sind. Dies würde so bleiben | auch dann, wenn die Regierungen, welche jene Instruktionen erteilen, noch so vollständig parlamentarisiert und durch demokratisierte Parlamente noch so wirksam kontrolliert würden. Es entstände also dann das Problem, wie sich die Parlamentarisierung der Einzelstaaten, vor allem aber: Preußens, zu der Parlamentarisierung der Reichsregierung verhalten würde. Zu seinem Verständnis ist zunächst das im vorstehenden gegebene Bild der Beziehung Preußens zum Reich noch etwas zu ergänzen. Denn das bisher dargestellte formale Recht erschöpft nicht den politischen Sachverhalt.

Wenn die Reichspolitik in sehr viel weitergehendem Umfang, als die Verfassung erkennen läßt, durch Preußen bestimmt wird, so umgekehrt auch die Haltung der preußischen Regierung durch die Verhältnisse im Reich. In Preußen war dank der Wahlrechtsplutokratie seit Jahrzehnten die konservative Partei allmächtig. Daß ein Verwaltungsbeamter andere politische Anschauungen habe als solche, welche der konservativen Partei zum mindesten unschädlich erschienen, war völlig ausgeschlossen. Die Masse aller Beamten aber mußte schlechterdings konservativ sein, weil diese sich sonst schon rein gesellschaftlich nicht behaupten konnten. Ebenso die Minister, einige farblose »Konzessionsliberale« abgerechnet, welche beim Eintritt in das Ministerium ihre Vergangenheit schleunigst zu verleugnen trachten mußten. In Preußen herrschte also – was die Literatenphrase gern verhüllt – eine so ausgeprägte *Parteiherrschaft* wie nur in irgendeinem parlamentarischen Lande der Erde. Wo immer die materiellen oder die sozialen Machtinteressen der hinter der herrschenden Partei stehenden Kreise im Spiel waren, blieb auch die Krone stets gänzlich machtlos und außerstande, ihre entgegenstehenden Wünsche durchzusetzen[1]. |

Die Angst der bürgerlichen Plutokratie vor der »Demokratie«, die sie im Reichswahlrecht und Reichstag verkörpert sahen, stützte diese Parteiinteressen in Preußen. Freilich besteht auch im Reichstag, wenn man den größeren Teil des Zentrums und den rechten Flügel der Nationalliberalen der Rechten zuzählt, eine Mehrheit gegen die Linke. Immerhin ist sie nicht parteikonservativ, und die Mehrheitsbildung nach links ist in zahlreichen wichtigen Fragen praktisch geworden. Hätte aber die preußische Landtagsmehrheit die Entschließungen der Präsidialstimme im Bundesrat und des Reichskanzlers, der ja stets zugleich preußischer Minister, meist Ministerpräsident ist, in der Leitung der Reichspolitik eindeutig bestimmt – und der Wortlaut der Reichsverfassung schlösse das nicht aus –, so wäre das Reich rein parteikonservativ regiert worden. Allein das kann die Landtagsmehrheit nicht unternehmen, *weil sie auf einem plutokratischen Wahlrecht* ruht. Dieser Umstand, der sie gegenüber dem demokratisch gewählten Reichstag schwächte, gab diesem ein Übergewicht in den Fragen der Reichspolitik und machte die »Verantwortlichkeit« gegenüber dem Reichstag zu einer wenigstens begrenzt effektiven.

Das Budgetrecht des Reichstags zwingt den Reichskanzler, sich nicht nur als Reichsminister, sondern auch als Träger der Präsidialstimme

[1] Lächerlicherweise wird als Beweis gegen den plutokratischen Charakter des preußischen Staates gern die MIQUELsche Einkommensteuer angeführt. Allein sie war in ihrer Entstehung nur ein klassischer Ausdruck der Übermacht der Großgrundbesitzer *innerhalb* dieser Plutokratie. Denn ihre Einführung wurde erkauft durch Preisgabe einer den Grundbesitz belastenden, dabei aber sicheren und wichtigen staatlichen Steuer: der Grundsteuer, in der Form der sogenannten »Überweisung«. Die Einführung der Einkommensteuer bedeutete eine gewaltige relative Steuerentlastung des hypothekenbelasteten Grundbesitzes und eine Mehrbelastung des beweglichen Vermögens. Und sie hatte für die ländlichen Interessenten vollends nichts Bedrohliches unter Verhältnissen, bei denen die Einschätzung der Großgrundbesitzer in den Händen von Instanzen lag, welche politisch und gesellschaftlich gänzlich von ihnen abhingen. Es war MIQUELS großes Geschick, diese agrarischen Interessen als Vorspann einer technisch ausgezeichneten Steuer benutzt zu haben. Alle Reformen, bei welchen solche Trinkgelder an die Interessenten der herrschenden Partei nicht heraussprangen, sind gescheitert.

und Vertreter des Hegemoniestaats für die von daher beeinflußte Leitung der Reichspolitik vor dem Reichstag zu verantworten, das heißt praktisch: ihm Rede zu stehen. Das gleiche gilt für die Kriegsminister, ebenfalls: weil das Militärbudget Reichsangelegenheit ist. Vor allem für den preußischen Kriegsminister, der tatsächlich wie ein Organ des Reichs im Reichstag auftritt. Andere Machtmittel als das Budgetrecht besitzt der Reichstag freilich nicht, um seiner Stellungnahme Nachdruck zu verleihen. Und die direkte Ausnutzung dieses Rechts zum Zweck der Beseitigung eines parteigegnerischen Kanzlers oder Kriegsministers ist seit der preußischen Konfliktszeit in Deutschland (außerhalb Bayerns) nicht üblich gewesen und würde, zumal bei den Literaten, »patriotische« Entrüstung erregen. Immerhin genügt die Möglichkeit, die politische Arbeit eines ausgesprochen parteigegnerischen politischen Leiters zu obstruieren, um es unmöglich zu machen, daß ein Reichskanzler oder Kriegsminister sich bei ausgesprochener Gegnerschaft einer in dieser Gesinnung verharrenden, durch Neuwahlen nicht zu beseitigenden Reichstagsmehrheit *dauernd* im Amt behaupten könnte. Ein Zusammenarbeiten des Reichstags mit dem Reichskanzler als Träger der Präsidialstimme wäre | aber überhaupt unmöglich, wenn tatsächlich die konservative Parteiherrschaft in Preußen mit der für innerpreußische Verhältnisse üblichen Rücksichtslosigkeit auch auf die Führung der Reichspolitik erstreckt würde. Und selbst eine allzu unbedingte und offene Identifikation eines als Reichskanzler fungierenden preußischen Ministerpräsidenten mit der konservativen Partei in seiner preußischen Politik wäre aus diesem Grunde nur schwer durchführbar. Rücksichtnahme auf die Zusammensetzung des Reichstags ist daher in der preußischen Führung der Reichspolitik und unter Umständen sogar in der Art der Führung der preußischen Politik immer unumgänglich gewesen.

Eine gewisse Selbständigkeit der Reichspolitik gegenüber Preußen ist ferner schon dadurch gegeben, daß das Reich über einen selbständigen Beamtenapparat verfügt. Die Reichsämter rekrutieren sich nicht einfach durch Übernahme preußischer Beamter. Die eigentümliche Schwäche der Reichsbürokratie beruht allerdings darauf, daß die Mehrzahl der Zentralinstanzen des Reichs, vor allem die bisher politisch wichtigste: das Reichsamt des Innern, nicht einem bis zum Boden hinabreichenden eigenen, mit Zwangsgewalt versehenen Beamtentum übergeordnet ist, wie jedes Ministerium des Innern in einem Einzelstaat. Gegen Preußen fand die Reichsbürokratie einen

Rückhalt ihrer Selbständigkeit im Reichstag. Parteimäßig machte sich infolgedessen die andere Zusammensetzung des Reichstags gegenüber dem preußischen Landtag bei ihr geltend: die Bedeutung der Zentrumspatronage für ihre Zusammensetzung war nicht unbeträchtlich. Auf das ganze Problem dieses Verwaltungsapparates des Reichs soll indessen hier nicht eingegangen werden, sondern lediglich: auf die Art von dessen Willensbildung bei Gesetzen und allgemeinen Verwaltungsanordnungen, für welche der Bundesrat zuständig ist.

Die Regel ist, daß die Vorlagen für den Bundesrat in den Reichsämtern ausgearbeitet werden. Dann werden die Stimmen Preußens durch Verhandlungen mit den preußischen Ministerien dafür geworben. Nach der nicht immer leichten Herstellung eines Einvernehmens durch Kompromiß oder Anpassung an die preußischen Wünsche pflegt über den fertiggestellten Entwurf noch eine Erörterung mit Bayern gepflogen zu werden. Alle übrigen Bundesstaaten werden in der Regel vor die vollendete Tatsache der Vorlage im Bundesrat gestellt. Um nun die Stimmen Preußens leichter gewinnen zu können, wurden bisher einige der wichtigsten Staatssekretäre des Reichs regelmäßig zugleich zu | preußischen Ministern ohne Portefeuille ernannt. Dies konnte bei hochpolitisch wichtigen und daher der Abstimmung des preußischen Staatsministeriums unterbreiteten Entschließungen auch die *innerpolitischen* Verhältnisse Preußens beeinflussen. So ist nach bisher meines Wissens nicht bestrittenen Pressenachrichten die Annahme jener königlichen Kabinettsorder, welche das gleiche Wahlrecht versprach, nur mit einer Stimme Mehrheit und nur dadurch zustande gekommen, daß außer dem Reichskanzler zwei Staatssekretäre des Reichs als nebenamtliche preußische Minister dafür stimmten. – Alle Staatssekretäre sind andererseits, nach bisher fester Regel, preußische Bevollmächtigte zum Bundesrat. Das gleiche gilt aber auch für die preußischen Staatsminister, mit Einschluß vor allem des politisch wie ein Reichsorgan, rechtlich aber als preußischer Beamter fungierenden Kriegsministers, der ohne diese Bevollmächtigung zum Bundesrat überhaupt nicht in der Lage wäre, sein Ressort im Reichstag aus eigenem Recht als Verwaltungschef zu vertreten. Bei seiner Verantwortung vor dem Reichstag geht natürlich der Kriegminister, ganz ebenso wie der Reichskanzler, stets nur so weit, als es die politische Lage ihm unumgänglich aufnötigt. Als ein Mittel, sich weitgehende Kontrollfreiheit zu sichern, steht ihm dabei der in seiner Tragweite unbestimmte Begriff der kaiserlichen »Kommandogewalt«, als einer vom Parlament unantastbaren Prärogative, zur Verfügung, hinter welchem alles gedeckt wird, was der Kontrolle durch das Parlament entzogen werden soll. –

Das Resultat von alledem ist: die innere Politik Preußens bleibt vom Reich her unbeeinflußt, soweit nicht hochpolitische Rücksichten in Ausnahmefällen einmal eine Einflußnahme erzwingen. In der Reichshegemoniepolitik Preußens findet eine gegenseitige Beeinflussung der vom Reichstag her beeinflußten bürokratischen Leitung des Reichs und der vom Landtag her beeinflußten Regierung Preußens sowohl in personaler wie in sachlicher Hinsicht statt. Je nachdem dabei mehr die unter dem Druck des Reichstags stehenden Instanzen der Reichsleitung oder mehr die unter dem Druck des preußischen Landtags stehende Leitung Preußens den Ausschlag gibt, ist der Hegemoniestaat in seiner reichspolitischen Haltung von den Reichsorganen her bestimmt oder ist umgekehrt das Reich »großpreußisch« geleitet. Die innere Struktur des Reichs und seiner Einzelstaaten aber sorgt dafür, daß im allgemeinen diese letztere Richtung: der großpreußische Charakter der Reichsleitung, überwiegt. Welche Interessen sind es, die dahin drängen? |

Die Einzelstaaten sind, außer den Hansestädten, Monarchien mit einer an Bedeutung und Schulung stetig wachsenden Bürokratie. Vor der Gründung des Reichs hatten viele von ihnen den Weg zu einer parlamentarischen Regierung und Verwaltung ziemlich weitgehend zurückgelegt. Mit durchaus befriedigendem Erfolg. Jedenfalls ist es angesichts der damaligen Verhältnisse höchst lächerlich, wenn die Literaten behaupten: dies Regierungssystem sei für Deutschland fremder Import und habe sich bei uns noch »nicht bewährt«. – Die Reichsgründung änderte das. Für die Höfe sowohl wie für die einzelstaatlichen Bürokratien lag der Gedanke nahe: im Reich vor allem eine *Versicherungsanstalt* für die eigene Stellung zu sehen, die Throne als durch das Reich garantierte Pfründen und das Verhältnis zu Preußen als den Rückhalt kontrollfreier Beamtenherrschaft auch in den übrigen Einzelstaaten zu behandeln. So sehr Bismarck gelegentlich den Reichstag als Druckmittel gegen widerspenstige Einzelregierungen in der Hinterhand hielt, so sehr nutzte er andererseits jene Tendenz der einzelstaatlichen Höfe und Beamtenkörper aus, um als deren Schutzherr zu erscheinen. Die Nachwirkungen dieser Tradition reichen bis heute. Denn eine dynastisch-bürokratische Pfründenversicherung, praktisch sich äußernd in einer Garantie weitgehender Kontrollfreiheit der Bürokratie, war und ist das, was hinter dem Schlagwort vom »Schutz des Föderalismus« in Deutschland stand und steht. Kontrollfreiheit auch und vor allem: innerhalb der *einzel*staatlichen Verwaltung. Sehr bald nach Gründung des Reichs ging die Bürokratie der Einzelstaaten zur möglichsten Eliminierung der Kontrolle der einzelstaatlichen Parlamente zugunsten eines kontrollfreien Regiments »kraft landesherrlicher Prärogative« über, wie man sich aus ihrer innerpolitschen Entwicklung seit den siebziger Jahren leicht überzeugen kann. Mit dem Erfolg: daß die Bedeutung und damit das geistige Niveau der einzelstaatlichen Parlamente meist ähnlich sank wie beim Reichstag. Aus jener Gegenseitigkeitsversicherung aber erklärt sich das Verhalten der einzelstaatlichen Bürokratie gegenüber den Verhältnissen in Preußen und umgekehrt Preußens zu denen in den Einzelstaaten. In den Einzelstaaten begann in den letzten zwanzig Jahren eine allmähliche Demokratisierung der Wahlrechte. Aber die kontrollfreie Stellung der Bürokratie blieb dabei unangetastet. Sie fand ihren inneren Rückhalt an den politischen Verhältnissen in Preußen und an Preußens Einfluß im Reich. Vor allem das preußische Dreiklassenwahlrecht konnte die einzelstaatliche Bürokratie nur mit der | größten Besorgnis verschwinden sehen. Denn es schien doch gut, daß dort in Berlin für vorkommende Fälle einer Bedrohung der eigenen Kontrollfreiheit durch die einzelstaatlichen Parlamente ein großer konservativer Knittel bereitstand und dafür sorgte, daß der Machtstellung der Bürokratie als solcher nichts Ernstliches widerfahren konnte. Die preußische parteikonservative Bürokratie und mit ihr die preußischen Wahlprivilegsinteressenten andererseits ließen die einzelstaatlichen Bürokratien getrost etwas »Demokratie spielen«, unter der Bedingung, daß nicht nur kein Versuch zugelassen würde, vom Reich her die unglaubliche innerpolitische Struktur Preußens anzutasten, sondern daß die einzelstaatliche Bürokratie, mit Ausnahme allenfalls der bayrischen Regierung, auch auf jegliche effektive Teilnahme an der Macht im Reich verzichtete, das Reich also im wesentlichen großpreußisch regieren ließ. Die ganze Art des Betriebs der Bundesratsgeschäfte wurde dadurch bestimmt, und dies stillschweigende Kompromiß muß man sich stets gegenwärtig halten, um zu verstehen, was »Föderalismus« bisher bedeutete und welche Interessen dahinter standen.

Der Bundesrat, die gemeinsame Vertretung der Höfe und Ministerien, führte infolgedessen im ganzen ein behagliches und einträchtiges Stilleben. Der Charakter seiner Beratungen entzieht sich bei der Geheimhaltung der Protokolle der Kritik. Da verfassungsmäßig die imperativen Instruktionen allein maßgeblich waren, mußte die persönliche Stellungnahme der Mitglieder stets unmaßgeblich und unter Vorbehalt der Ansicht der eigenen Regierung, also gewichtlos, bleiben. Eine Stätte für die Wirksamkeit von Staatsmännern oder für deren Schulung war daher der Bundesrat nie (sehr im Gegensatz zum Frankfurter Bundestag!). Gewiß kam es vor, daß Regierungen ihren Bevollmächtigten die Abstimmung bei einer Frage freigaben. So manche von ihnen gelegentlich des Lippeschen Erbfolgestreits, schon um das Odium der peinlichen Stellungnahme von sich abzuwälzen. In eigentlich politischen Fragen hielt Preußen seine durch die Stimmen der Zwergstaaten garantierte Suprematie unbeugsam fest. In anderen wichtigen Dingen war die Abstimmung, so sehr ihre Möglichkeit von Bismarck als ultima ratio gegen die Regierungen ausgenutzt wurde, doch wesentlich formal: Verhandlung und Kompromiß mit den Höfen und Ministerien, vor allem Bayerns, hatten die Lage vorher geklärt. Auf diese diplomatischen, kabinettspolitischen Mittel hatte Bismarck, wie im wesentlichen die äußere, so auch die innere Politik abgestellt. Im Prinzip blieb dies | nachher so, mochte auch die Methode, nicht immer sehr zum Vergnügen der Einzelstaaten, sich ändern. Machte der Bundesrat dennoch einmal unerwartete Seitensprünge, so wußte Bismarck ihn zur Unterwerfung zu bringen. Das Mittel des Demissionsgesuchs (bei einem formell unerheblichen Anlaß) wirkte bei ihm zuverlässig: der Bundesrat nahm seinen Beschluß zurück. Aber er ist gelegentlich auch über Beschlüsse des Bundesrats stillschweigend zur Tagesordnung übergegangen, ohne daß aus dessen Mitte gewagt worden wäre, an die Reichsverfassung zu appellieren. Nach ihm ist von ernsthaften Konflikten nichts bekannt geworden. Vorhandene Schwierigkeiten äußerten sich naturgemäß mehr in Stillstand und Stagnation der betreffenden Probleme als in offenen Gegensätzen.

Man muß sich nun klarmachen, daß dieses Stilleben in Zukunft zu Ende geht. Ganz ebenso, wie Monarchenzusammenkünfte und kabinettspolitische Mittel, wie sie Bismarck namentlich in Petersburg und Wien benutzen konnte, an Bedeutung zurückgetreten sind, so wird es auch innerpolitisch gehen. Schon bei den finanz- und wirtschaftspolitischen Fragen, die uns im Frieden bevorstehen, hört die Gemütlichkeit des alten Regimes auf. Alle Einzellandtage, an der

Spitze der preußische, werden künftig ihr formelles Recht der Beeinflussung der Bundesratsabstimmung und der Hinwirkung auf Ausübung des Rechts, im Bundesrat Anträge zu stellen, zunehmend geltend machen[1]. Der preußische Landtag könnte so, vermöge der ökonomisch bedingten und künftig sich verstärkenden Herrschaft Preußens über die norddeutschen Zwergstaaten, Initiative und Herrschaft in der Reichspolitik an sich reißen. Denn die bisherige Zurückhaltung war eben ein Produkt seiner Schwäche, die aus dem Klassenwahlrecht gegenüber dem demokratisch gewählten Reichstag folgte. Sie wird mit der Demokratisierung des preußischen Wahlrechts vermutlich fortfallen, und das Schwergewicht Preußens wird sich dann wesentlich verschärft geltend machen. Gewiß wird sich die Bürokratie aller [Einzel-] Staaten gegenüber dieser wie gegenüber jeder anderen Konsequenz der Parlamentarisierung solidarisch fühlen. Und gewiß ist die vereinigte Bürokratie des Reichs, Preußens und der Einzelstaaten eine Macht, welche, mit den Höfen hinter sich, die Entwicklung zur Parlamentarisierung obstruieren kann. Aber man sei sich klar: dann ist der Weg zu einer friedlichen innerpolitischen Entwicklung sowohl wie zu einer die äußere Machtstellung des Reichs stützenden politischen | Mitarbeit und Erziehung der Nation verrammelt. Wer das nicht will, muß die Frage von vornherein so stellen: *wie ist die Parlamentarisierung Deutschlands mit gesundem, das heißt: aktivem, Föderalismus zu vereinigen?*

Das Prinzip scheint klar: 1. Der Strom der Parlamentarisierung muß vor allem in die Kanäle des Reichs geleitet werden. – 2. Der legitime Einfluß der außerpreußischen Bundesstaaten auf die Reichspolitik muß gestärkt werden. Wie soll das geschehen? Wir stoßen da wieder auf die schon früher besprochene mechanische Schranke des Art. 9 letzter Satz der Reichsverfassung, welcher formell dem ersten, tatsächlich aber, wie sich zeigen wird, meist dem zweiten dieser Postulate im Wege steht. Praktisch bedeutet diese Bestimmung folgendes: die einzelstaatlichen Bundesratsbevollmächtigten, einschließlich des Reichskanzlers und der Staatssekretäre, können Mitglieder einzelstaatlicher Parlamente, insbesondere des preußischen Landtags sein. Der Reichskanzler ferner *muß*, die Staatssekretäre *sollen* nach fester Regel preußische Bundesratsbevollmächtigte sein, sind also in jedem Fall vom preußischen Landtag beeinflußt. Dagegen ist es den

[1] Dem badischen Landtag liegt ein entsprechender Antrag vor.

Regierungen verboten, ein Reichstagsmitglied, welches sein Mandat beibehält, zum Reichskanzler oder zum Bundesratsbevollmächtigten zu ernennen: also sind dadurch der Reichskanzler und die dem Bundesrat angehörigen Staatssekretäre vom Reichstag ausgeschlossen.

Vorbedingung, zwar nicht der Parlamentarisierung, wohl aber einer gesunden Parlamentarisierung im Reich ist der Fortfall dieser Bestimmung. Entweder könnte man sie – und das wäre an sich das Zweckmäßigste – nur für den Reichskanzler und die Staatssekretäre (oder wenigstens für die politisch wichtigsten Staatssekretäre, vor allem die des Inneren und des Reichsschatzamts) außer Kraft setzen. Dadurch würde ermöglicht, daß Parteiführer als solche die verantwortliche Leitung der Reichspolitik auf sich nehmen und zugleich – worauf es hier ankommt – ihre *Partei* im Reichstag mit der Verantwortlichkeit belasteten. Denn innerhalb der Parteien würden sie ja Stellung und Einfluß behalten. Nur auf diesem Wege kann offenbar der lediglich »negativen« Politik der Parteien im Reichstag ein Ende gemacht werden. Oder man hebt, um der »Parität« der Bundesstaaten willen, die Vorschrift ganz und gar auf, so daß nicht nur preußische Bevollmächtigte, sondern auch solche anderer Bundesstaaten dem Reichstag entnommen werden und in ihm verbleiben dürfen. Dies ist | der Vorschlag, welchen der Verfassungsausschuß des Reichstags angenommen hat. Er ist Gegenstand lebhafter Angriffe gewesen.

Überhaupt nicht ernst zu nehmen ist von diesen das von konservativer Seite erhobene formale Bedenken: Reichstagsmitglieder, die zugleich Bundesratsbevollmächtigte seien, kämen, da sie im Reichstag nach eigener Überzeugung, im Bundesrat aber nach Instruktionen abstimmen müßten, in »Gewissenskonflikte«. Für die Landräte im preußischen Abgeordnetenhaus, welche nach dem PUTTKAMERschen Erlaß[1] als Beamte »die Politik der Regierung zu vertreten« haben, könnte dies Argument allenfalls zutreffen. Man spürt jedoch bei ihnen wenig von solchen »Gewissenskonflikten«, und die konservative Partei jedenfalls hat sich durch deren Möglichkeit nicht stören lassen. Aber vor allem: preußische Minister und Staatssekretäre des Reichs, welche Bundesratsbevollmächtigte Preußens waren, haben wiederholt im *preußischen Abgeordnetenhause* gesessen und können dies auch heute tun. Als Abgeordnete aber haben sie das Recht nicht nur, sondern auch die Pflicht, »nach eigener Überzeugung« die *Instruk-*

[1] 1882. (D. H.)

tionen zu kritisieren, welche ihnen, als Bundesratsbevollmächtigten, *ihre eigene Regierung* gab. Auch diese »Gewissenskonflikte« hat die konservative Partei nicht tragisch genommen. Allein dieser naive moralistische Begriff dient überhaupt nur zur Irreführung der Spießbürger. Denn in Wahrheit steht die Sache so: daß ein Politiker, welcher als Bundesratsbevollmächtigter eine Instruktion erhält, die er zu vertreten sich nach seiner eigenen Überzeugung nicht in der Lage sieht, *sein Amt zu quittieren hat.* Das gebietet ihm die *Ehre* und *politische Verantwortlichkeit,* die nun einmal eine andere ist als die eines Beamten. Sonst ist er ein *»Kleber«.* Dies dem leitenden Beamten, vor allem dem Reichskanzler einzuschärfen, wäre gerade einer der politischen Zwecke der Aufhebung jener Bestimmung. Eben deshalb aber perhorresziert die Bürokratie diese Aufhebung.

Indessen, man hat weit schwereres Geschütz aufgefahren. In der »Bayerischen Staatszeitung« wurde die Parlamentarisierung als »Zentralismus« bekämpft, ein Teil der bayrischen Presse und ihr nach konservative Literaten malten allen Ernstes eine »Abwendung Bayerns vom Reich« an die Wand. Diese Drohung ist zunächst töricht: aus der Zollgemeinschaft führt für Bayern kein gangbarer Weg, und es ist unklug, die wirklichen Zentralisten an diese Tatsache zu erinnern, welche im Ernstfall ihnen sofort (in Bayern selbst) das Spiel in die Hand geben würde. |

Der Kampf für Art. 9 Satz 2 ist aber auch für die Zukunft sehr kurzsichtig. Denn der Fortbestand jener Bestimmung wird dem Zentralismus, und zwar in einer sehr viel bedenklicheren Form als in der der Parlamentarisierung vom Reich her, erst recht Vorschub leisten. Machen wir uns die Lage klar. Die Reservatrechte und ebenso die verfassungsmäßigen Singularrechte der Bundesstaaten sind nach dem Schlußartikel der Reichsverfassung ohne ihre eigene Zustimmung überhaupt nicht abänderbar. Alle ihre anderen verfassungsmäßigen Kompetenzen, einschließlich des jetzigen Umfanges ihrer inneren Autonomie nur dann, wenn nicht 14 Stimmen – das sind die Stimmen der drei Königreiche oder zweier Königreiche und zweier Großherzogtümer – dagegen sich zusammenfinden, was stets der Fall sein wird, wenn Vergewaltigung droht. Hinreichende Freiheit *vom* Reich ist ihnen also gesichert. Was fehlt, ist hinlänglicher Einfluß *im* Reich, auf die Leitung der Reichspolitik. Gerade dieser aber wird in Zukunft wichtig. Denn ohne solchen kann ihnen das Reich selbstverständlich trotz aller Erhaltung ihrer Rechte wirtschafts- und finanzpolitisch den Hals zuschnüren. Dieser Einfluß im Reich aber wird denn doch ganz gewiß nicht dadurch geschmälert, daß es durch Aufhebung der Verbotsbestimmung des Art. 9 Satz 2 den Bundesstaaten gestattet wird, einflußreiche Reichstagsabgeordnete zu Bundesratsbevollmächtigten zu ernennen! Der Einfluß Bayerns im Reich wäre ganz gewiß nicht gesunken, wenn seinerzeit etwa der Freiherr von FRANCKENSTEIN zugleich seine Stellung in der Reichstagspartei behalten und statt eines Beamten Bayrischer Bundesratsbevollmächtigter gewesen wäre. Gerade das Schreckgespenst einer Majorisierung Preußens im Bundesrat durch die Kleinstaaten: – indem nämlich nun etwa Lippe, Reuß und andere solche Mitglieder sich Führer großer Reichstagsparteien als Bundesratsbevollmächtigte kaufen würden, – malen ja (lächerlicherweise in einem Atem mit der Warnung vor »zentralistischer« Vergewaltigung der außerpreußischen Bundesstaaten!) die literarischen Gegner der Aufhebung an die Wand. Von diesem Unsinn nachher ein Wort. Hier ist vorweg festzustellen, *was* denn wirklich hinter diesen offenkundigen Phrasen an Besorgnissen steckt. Zunächst und vor allem: die Angst um das *Ämtermonopol* der Bürokratie. »Wenn man Parlamentarier zu Ministern mache, so würden künftig die strebsamen Beamten sich der Karriere in der Großindustrie zuwenden«, wurde sehr offenherzig im bayrischen Landtag erklärt. Allein: der Ernennung *einzelstaatlicher* Parlamentarier zu Bundesrats|bevollmächtigten trotz Beibehaltung ihres Mandats steht der Art. 9 ja schon jetzt nicht im mindesten entgegen. Und ebenso verbietet er nicht: daß auf dem Wege über eine Parlamentslaufbahn, als deren Endpunkt, Minister- und Staatssekretärposten (einschließlich der Zugehörigkeit zum Bundesrat) erlangt werden. In der Vergangenheit und jüngsten Gegenwart ist dies stets erneut geschehen. Nur mußte der betreffende Abgeordnete alsdann aus dem Reichstag ausscheiden. Und gerade dies: daß die Zugehörigkeit zum Reichstag eine »Karriere«, ein Weg zur Erlangung von Ämtern werde, daß »begabten« und »strebsamen« Parlamentariern die Ämter eröffnet werden, finden die literarischen Gegner der Aufhebung jener Bestimmung höchst erwünscht! Mit einem Reichstag, welcher dem »Ehrgeiz« seiner Mitglieder diese Chancen biete, werde sich, meinen sie, weit »besser« arbeiten lassen. In der Tat: wenn die Lösung des Problems des deutschen Parlamentarismus darin bestände: *das Parlament mit Strebern und Amtsjägern anzufüllen,* dann wäre dies alles in schönster Ordnung. Neben die jetzigen kleinen Patronage-

Trinkgelder träten dann die großen! Aber das ist allenfalls ein Bürokratenideal, – und dabei kein erfreuliches. Mit diesem schon praktizierten System sind wir, wie sowohl die früheren wie die jüngsten Erfahrungen zeigten, nicht weitergekommen. Politischer Zweck einer Parlamentarisierung ist doch: das Parlament zu einer Auslesestätte für *Führer* zu machen. Ein politischer Führer aber erstrebt nicht das Amt und dessen pensionsfähiges Gehalt und auch nicht die möglichst kontrollfreie Ausübung einer Amtskompetenz, sondern politische, und das heißt: politisch *verantwortliche Macht*, gestützt auf das Vertrauen und die Gefolgschaft einer *Partei*, an deren Spitze oder in deren Mitte er daher als Minister zu bleiben wünschen muß, schon um Einfluß auf sie zu behalten. Dies letztere ist mindestens so wichtig wie alles andere. Und die Beseitigung der mechanischen Schranke des Art. 9 Satz 2 bezweckt daher, neben der Ermöglichung legitimen Parteieinflusses auf die Regierungsgeschäfte (statt des jetzigen oft ebenso großen, aber verantwortungslosen und daher illegitimen Einflusses), auch umgekehrt und mindestens im gleichen Maße die Ermöglichung legitimen Einflusses der Regierung auf das Parlament (statt des jetzigen durch Trinkgelder-Patronage vermittelten illegitimen Einflusses). Der Kampf *gegen die Reform* aber ist ganz und gar bedingt durch das Streben nach Niederhaltung des politischen Ansehens des Reichstags im Prestigeinteresse der Bürokratie. Von diesem Standpunkt aus muß natürlich jene Schranke | zwischen Bundesrat und Reichstag erhalten werden, denn die stereotype hochmütige Wendung: »Die verbündeten Regierungen werden niemals« usw. gehört zu jenem Schatz von »Gesten«, aus denen leider die Beamtenherrschaft ihr traditionelles Selbstgefühl speist, und würde wegfallen, wenn Reichstag und Bundesrat nicht mehr durch eine Barriere getrennt sind.

Blicken wir nun dem Schreckgespenst der Parlamentarisierung des Bundesrats noch etwas näher ins Auge, um über deren verschiedene Möglichkeiten und in Verbindung damit über die *positive* Bedeutung der Aufhebung des Art. 9 Satz 2 noch klarer zu werden. Diese Aufhebung räumt an sich ja nur ein mechanisches Hemmnis aus dem Wege. Sie schafft Entwicklungs*möglichkeiten*, mehr nicht. Denn es bleibt ja auch weiterhin die Möglichkeit für die Einzelregierungen bestehen, von der neuen Erlaubnis, Reichstagsmitglieder, die ihr Mandat beibehalten, in den Bundesrat zu delegieren, keinen Gebrauch zu machen. Sie werden das nicht tun, sofern für sie kein politischer Vorteil dabei herausspringt. Und es ist auch durchaus nicht wünschenswert, daß hier ein- für allemal schematisch verfahren wird. Selbst bei vollster Durchführung des parlamentarischen Systems wäre es keinesfalls erwünscht und wird auch sicher nicht geschehen: daß die leitenden Stellen sämtlich und ausschließlich mit Parlamentsmitgliedern besetzt werden, und Beamte, welche Führerqualitäten besitzen, davon ausgeschlossen bleiben[1]. Aber, sagt man, die Aufhebung des Art. 9 Satz 2 entfesselt jedenfalls das Streben nach Parlamentarisierung des Bundesrats, und dies, meint man, gefährdet das föderalistische Gefüge des Reichs. Sehen wir zu, wie es damit steht. Nehmen wir also einmal an: die Tendenz zur Parlamentarisierung sei irgendwann ganz *restlos*, sowohl in den Einzelstaaten wie im Reich, Sieger geworden. Und nehmen wir ferner an (so absolut unwahrscheinlich dies ist): sie sei in dem Sinn bis in ihre theoretischen Konsequenzen durchgeführt worden, daß tatsächlich *nur* Parlamentarier in die leitenden Stellungen, einschließlich der Sitze im Bundesrat, berufen würden. Welche Möglichkeiten der Gestaltung der politischen Machtverteilung bieten sich alsdann dar, je nachdem Art. 9 Satz 2 der Reichsverfassung bestehen bleibt oder nicht? |

Bliebe die Bestimmung unter jenen Verhältnissen bestehen, so hätte dies zur Folge: daß der Reichskanzler niemals zugleich Mitglied oder Führer einer Reichstagspartei sein und also niemals einen gesicherten Einfluß innerhalb einer solchen haben könnte. Ferner: daß die Staatssekretäre, wenn sie sich diesen Einfluß sichern und also im Reichstag sitzen wollen, außerhalb des Bundesrats bleiben müßten. Auf der anderen Seite würde bei durchgeführter Parlamentarisierung der Einzelstaaten Preußen die Vertrauensmänner der dort herrschenden Parteien in den Bundesrat delegieren, die übrigen Einzelstaaten solche der bei ihnen herrschenden Parteien. Der Reichskanzler und die etwa im Bundesrat sitzenden Staatssekretäre wären dann preußische Parteipolitiker, die Vertreter der anderen Bundesstaaten Parteipolitiker der dortigen Einzelparlamente. Eine Parlamentarisierung des Bundesrats wäre mithin durch den Art. 9 nicht im mindesten

[1] Ebenso kann man dem Wunsch des Abg. STRESEMANN, daß die *Fach*ministerien in Preußen *nicht* prinzipiell parlamentarisiert werden möchten, nur zustimmen. *Gerade bisher* aber war da *nicht* Fachqualifikation, sondern *Partei*stellung entscheidend: oder was für eine Fachqualifikation hatten die Herren Graf ZEDLITZ, STUDT, v. TROTT ZU SOLZ dazu, Unterrichtsminister zu werden? Zuverlässige *Partei*männer waren sie!

gehindert. Sie wäre nur zwangsläufig in die Bahn einer *Partikularisierung* des Bundesrats gelenkt. Diese Partikularisierung würde jedoch keineswegs eine Stärkung des positiven Einflusses der Einzelstaaten im Bundesrat oder ihre Sicherung gegen Majorisierung bedeuten. – Denn die ökonomische und finanzpolitische Machtstellung Preußens würde die Zwergstaaten nach wie vor dazu verurteilen, preußisches »Stimmvieh« zu sein. Nur die Macht des *Reichstags* böte ein Gegengewicht gegen die von Preußen beherrschte Bundesratsmajorität. Der Reichskanzler nun könnte, wie gesagt, nicht Reichstagsmitglied sein. Bei den Staatssekretären aber, welche verfassungsmäßig nicht im Bundesrat sitzen müssen, bestände kein Hindernis gegen ihre Reichstagsmitgliedschaft, sofern sie nur außerhalb des Bundesrats bleiben, wie es jetzt der Abgeordnete v. Payer anfänglich erwogen zu haben scheint. Das würde bei Fortbestand des Art. 9 vermutlich geschehen. Denn die zu Staatssekretären berufenen Reichstagspolitiker würden auf ihre Stellung innerhalb ihrer Reichstagsparteien schon deshalb nicht verzichten können, um gegenüber dem parlamentarischen Rückhalt des Reichskanzlers und der Bundesratsbevollmächtigten in den einzelstaatlichen Parlamenten, vor allem im preußischen Landtag, auch ihrerseits das nötige Gegengewicht hinter sich zu haben. Denn andernfalls würde es ihnen ergehen wie den Abgeordneten Schiffer und Spahn. Der Reichstag würde also die außerhalb des Bundesrats bleibenden Staatssekretärstellen mit seinen Vertrauensleuten besetzen, die dem Bundesrat gegenüber solidarisch wären. Der Druck der Reichstagsparteien auf die Reichsregierung würde dabei nicht | geschwächt, sondern nur, infolge des Ausschlusses der Staatssekretäre vom Bundesrat, in die Bahnen eines *Mißtrauensverhältnisses* gelenkt und jede legitime Beeinflussung der Reichstagsparteien durch die im Bundesrat sitzenden Regierungsmitglieder ausgeschaltet. Die Staatssekretäre, welche als Reichstagsmitglieder *nicht* in den Bundesrat eintreten würden, wären zwar rechtlich dem Reichskanzler unterstellt und nur seine »Stellvertreter«. Politisch aber wären sie die Vertrauensmänner des Reichstags. Und daher müßte der Reichskanzler, als Vertrauensmann des preußischen Landtags, wohl oder übel mit ihnen als mit selbständigen politischen Mächten rechnen, beraten und paktieren, weil ja sonst seine Regierung die Unterstützung der betreffenden Reichstagsparteien verlöre. Ein kollegiales »Reichsministerium« kennt die Reichsverfassung nicht, so wenig wie die offizielle englische Rechtssprache das »Kabinett« kennt. Aber die Reichsverfassung verbietet keineswegs den tatsächlichen Zusammentritt des Reichskanzlers mit den Staatssekretären zu kollegialen Beratungen. Und ein solches Kollegium würde sich faktisch aus diesen Verhältnissen heraus unfehlbar entwickeln und die Regierungsgewalt an sich ziehen. Die Staatssekretäre würden den Reichstag, der Reichskanzler den preußischen Landtag darin vertreten und beide auf Kompromisse angewiesen sein. Der Bundesrat aber stände diesem Kollegium als einer *außerhalb* seiner selbst stehenden politischen Gewalt gegenüber und wäre einerseits durch die preußische Majorität beherrscht, andererseits zur Bedeutungslosigkeit verurteilt. Der föderalistische Einfluß der *nicht*preußischen Staaten wäre *ausgeschaltet*. –

Im Fall der Aufhebung des Verbots des Art. 9 Satz 2 würde dagegen eine Parlamentarisierung des Bundesrats vermutlich anders verlaufen. Der Reichskanzler in aller Regel und stets ein Teil der Staatssekretäre würden dem Reichstag entnommen und ihre Mandate beibehalten. Dem Bundesrat würden sie formell als preußische Bevollmächtigte, politisch als Vertrauensmänner des Reichstags angehören. Ein anderer Teil der Staatssekretäre und gelegentlich vielleicht auch der Reichskanzler würden preußische Parlamentarier sein. Die übrigen Einzelstaaten würden Vertreter ihrer Parlamente, bei Verfügung über eine Mehrzahl von Stimmen aber vielleicht auch Reichstagsabgeordnete, am liebsten wohl solche eigenen Parlamentarier, welche zugleich dem Reichstag angehören, in den Bundesrat schicken. Darüber, daß die Vertretung im Bundesrat mindestens dem Schwerpunkt nach in den Händen | eigener Mitglieder läge, würden die außerpreußischen Parlamente sicherlich mit steigender Eifersucht wachen[1].

Wir hätten also bei Fortbestand des Art. 9 Satz 2 den Zustand: daß im Bundesrat einander feindliche Parteivertreter aus den *Einzel*parlamenten, die zugleich deren *partikularistische* Interessen zu ver-

[1] Schon deshalb wäre gerade bei voller Parlamentarisierung und Aufhebung des Art. 9 Satz 2 ganz und gar keine Gefahr, daß jenes Schreckgespenst einer »Majorisierung« Preußens durch Delegation von Parteiführern seitens irgendwelcher Zwergstaaten sich realisierte. Wie gedankenlos dieser Einwand aber überhaupt ist, zeigt sich, wenn man erwägt, daß das befürchtete Resultat: die Etablierung der politischen Parteien im Bundesrat, ja heute schon *ebenso möglich* ist. Wie von konservativer Seite zu CAPRIVIS Zeit gedroht wurde, Fürst BISMARCK werde sich durch Mecklenburg-Strelitz in den Bundesrat delegieren lassen, so kann auch

treten hätten, aufeinanderstießen. Die Beseitigung der Schranke des Art. 9 ermöglichte dagegen gerade die Temperierung jener Partikularisierung durch das Hineinwirken der Reichseinheit in den Bundesrat. Denn wenn im Bundesrat, statt ausschließlich einzelstaatliche Parlamentarier, mindestens *auch* Vertreter der *Reichstags*parteien sitzen, so ermöglicht es der Zusammenhalt dieser Parteien über das Reich hin, diese regionalen Differenzen *innerhalb* ihres Schoßes weitgehend auszugleichen.

Im Interesse sowohl der Einzelstaaten als des Reichs liegt es jedenfalls, daß die parlamentarisierten Repräsentanten der drei Mächtegruppen: Kaiserliche Regierung und Reichstag – Königlich Preußische Regierung und preußischer Landtag – Bundesfürsten und Landtage der kleineren Staaten – ihren Kräfteausgleich tunlichst *innerhalb* des Bundesrats suchen, wie dies nur der Eintritt der parlamentarisierten höchsten Beamten des Reichs in diesen ermöglicht. Der Strom der Parlamentarisierung ist dann in das Bett der Reichseinheit geleitet und zugleich der lebendige Einfluß der Einzelstaaten auf den Gang der Reichsgeschäfte gesichert. *Denn es ist nicht wahr*, daß, was dem Reich gegeben wird, eben dadurch den Einzelstaaten genommen werde. Vielmehr kommt es darauf an, mit welchem Gewicht die Einzelstaaten innerhalb des Reichs zur Geltung gelangen. Eben dies Gewicht aber | kann durch eine richtig gelenkte Parlamentarisierung nur gesteigert werden. BISMARCK hat in einer berühmten Rede vor Unterschätzung des Bundesrats gewarnt und nachdrücklich betont, daß z. B. der sächsische Gesandte dort nicht als Individuum, sondern als Resultante und Repräsentant »aller politischen Kräfte« Sachsens in die Waagschale falle. Unter einem System der Beamtenherrschaft konnten nun freilich unter diesen »Kräften« nur allenfalls der Hof und die Bürokratie verstanden sein. Eben darin aber würde die Parlamentarisierung Wandel schaffen. Über die Stellungnahme eines Repräsentanten einer festen und voraussichtlich dauernden Mehrheit des bayerischen Parlaments z. B. würde man in einem parla-

heute jede einzelstaatliche Regierung jeden beliebigen einzelstaatlichen Parteiführer: – Bayern z. B. gegen einen liberalen Reichskanzler ein Mitglied des bayrischen Zentrums, Reuß j. L. einen Sozialdemokraten – in den Bundesrat schicken, ohne daß die Verfassung dagegen etwas einzuwenden hätte. Im Fall der Durchführung einer »partikularisierenden« Parlamentarisierung des Bundesrats bei Bestehenbleiben des Art. 9 Satz 2 würde unfehlbar etwas Ähnliches in irgendwelchem Umfang geschehen.

mentarisierten Bundesrat nicht leicht zur Tagesordnung übergehen, sondern vor dem Appell an die ultima ratio der Abstimmung einen Ausgleich suchen, weil das Odium auf die Partei zurückfiele, die rücksichtslos verführe. Dieser Ausgleich würde dann aber naturgemäß im Schoß der universell verbreiteten großen Parteien vorbereitet werden. Schon in den verflossenen Jahrzehnten hat die Zentrumspartei wiederholt in ihren internen Erörterungen Kompromisse zwischen Reichsinteressen und einzelstaatlichen Interessen gezeitigt, und auch bei anderen Parteien ist ähnliches vorgekommen. Eben dies wird erschwert, wenn man die Parlamentarisierung durch Aufrechterhaltung der Schranke des Art. 9 Satz 2 in die Bahn einer »großpreußischen« Entwicklung lenkt und dadurch die Vertreter der anderen parlamentarisierten Regierungen in die partikularistische Bahn der Parole: »möglichste Freiheit *vom* Reich«, d. h. von Großpreußen, drängt. Das möge wohl bedacht werden.

Nun arbeitet ja diese ganze Darstellung der künftighin einmal *möglichen* Wirkung des Fortbestandes oder der Aufhebung jener Schranke des Art. 9 Satz 2 absichtlich mit der vorerst gar nicht gegebenen Voraussetzung: daß eine vollständige Parlamentarisierung sowohl im Reich wie in den Einzelstaaten tatsächlich erfolgen werde, – einer Voraussetzung, deren Eintritt durchaus unsicher ist. Sie beabsichtigt zunächst nur: zu zeigen, daß auch bei voller Durchführung des parlamentarischen Systems im Sinn der verantwortlichen *Partei*regierung der Föderalismus der Reichsverfassung nicht nur zu seinem Recht kommen kann, sondern daß er sogar gerade dann erst zu seinem vollen Recht gelangen würde. Sicher ist nun wohl, daß dieser hier vorausgesetzte Zustand voller Durchparlamentarisierung aller Einzelstaaten und des Reichs selbst keinesfalls mit einem Schritt erreicht werden wird. Und auch insofern ist die ganze | Konstruktion unaktuell, als sie eine Umbildung der inneren Struktur der Parteien voraussetzt, die in ihrem Gegenwartszustand ja gar nicht ohne weiteres »regierungsfähig« sein würden. Aber man sei sich darüber klar: jeder Schritt auf dem Wege der Parlamentarisierung kann *entweder* in der Richtung zur großpreußischen *oder* zur echt föderalistischen Lösung führen. Und bei dieser Frage spielt, wie sich nun wohl gezeigt hat, der unscheinbare letzte Satz des Art. 9 eine recht erhebliche Rolle. Deshalb sollte man schon bei den ersten Schritten sich darüber klar sein, welche der beiden Lösungen durch sie gefördert wird. –

Enthielte nun, um auch das zu erörtern, eine Parlamentarisierung des Bundesrats jene *»Mediatisierung Preußens«*, welche von den Gegnern der freiheitlichen Entwicklung Deutschlands, abwechselnd mit der Gefährdung der föderativen Grundlagen des Reichs, ins Treffen geführt wird? Die Zeiten, wo man von einem »Aufgehen Preußens in Deutschland« sprach, sind vorüber. Richtig ist allerdings, daß jetzt der Übergang zum gleichen Wahlrecht, wenn überhaupt, nur unter einem scharfen Druck von seiten des Reichs erfolgt. Und richtig ist ferner, daß, nach der hier vorgetragenen Überzeugung, wenn dieser Druck nicht genügen sollte, ein unmittelbares Eingreifen des Reichs durch ein Notgesetz in Form einer zeitweiligen Verfassungsänderung eine unumgängliche politische Notwendigkeit wäre. Aber was dabei in Frage steht, ist etwas ganz anderes als eine »Mediatisierung Preußens«. Um im Reich *führen* zu können, muß sich die Regierung Preußens die entsprechende *Breite ihrer inneren Basis* schaffen. Ganz ebenso wie jeder Staat sich den Aufgaben seiner Außenpolitik in seiner inneren Struktur anpassen muß. Diese Notwendigkeit der *Anpassung an die Führerrolle* ist der Sinn, in welchem allerdings die preußische Wahlreform eine eminent deutsche und nicht nur eine preußische Frage ist. In allen Bundesstaaten der Erde gilt der Grundsatz, daß gewisse ganz fundamentale Strukturgrundlagen der zugehörigen Staaten von Bundes wegen als wesentlich und daher als Bundessache angesehen werden[1], unbeschadet der weitestgehenden Autonomie und Kompetenzteilung zwischen Bund und Einzelstaat. Dieser und *nur* dieser Grundsatz bundesstaatlicher Politik wird hier auf den Hegemoniestaat Preußen angewendet. Im übrigen gehen die inneren Fragen Preußens natürlich diesen Staat allein an, und von einer »Mediatisierung« im Sinn der Einmischung anderer Bundesstaaten in innerpreußische Dinge kann keine Rede sein | und ist nie die Rede gewesen. Probleme entstehen erst bei der Beziehung Preußens zur *Reichs*politik. Und zwar entstehen diese Probleme ganz und gar dadurch: daß eben Preußen innerhalb des Reichs, wie im Eingang dieses Kapitels dargelegt wurde, eine hochgradig *privilegierte* Stellung einnimmt, wie man sich an der Hand der dort aufgeführten Prärogativen nochmals verdeutlichen möge. Aus dieser privilegierten Stellung kann unter Umständen die Pflicht für Preußen folgen, gewisse Privilegia odiosa in den Kauf zu nehmen. So bisher: die Einstellung von Staatssekretären des Reichs in sein Ministerium. Da-

[1] So in Amerika: republikanische Staatsform und gewisse Wahlrechtsgrundsätze.

gegen wird sich vielleicht der parlamentarisierte preußische Staat der Zukunft sträuben. Aber die Notwendigkeit eines Ausgleichs zwischen Hegemoniemacht und Macht des Reichstags wird auch dann fortbestehen. Der Reichskanzler wird auch in Zukunft preußischer Minister sein müssen, und die Instruktion der Präsidialstimme wird auch dann nicht rein nach innerpreußischen Parteikonstellationen erfolgen können, wenn nicht schwere Konflikte mit dem Reichstag eintreten sollten.

Die tatsächliche politische Lage ist heute die: daß die Art der Instruktion der Präsidialstimme unter dem doppelten Druck von Preußen einerseits und andererseits vom Reichstag her steht, und daß der Reichskanzler über diese formal nur vor das Forum des preußischen Landtags gehörigen Instruktionen tatsächlich nach *beiden* Seiten hin Rede zu stehen sich aufgefordert sieht und auch tatsächlich Rede steht. Bindende Verfassungsübung hat jedenfalls seine »Verantwortlichkeit« gegenüber dem Reichstag dahin interpretiert: daß dies dort zu geschehen hat. Und politisch wäre das Gegenteil auch ganz unmöglich. Es kann künftig nicht anders sein. Wenn jemals ein preußischer Landtag versucht hätte, die Kontrolle über die Instruktion der Präsidialstimmen systematisch und *gegen* den Reichstag an sich zu reißen, *dann* wären Verhältnisse entstanden, durch welche Krone und Reichskanzler genötigt worden wären, über den Kopf der preußischen Instanzen hinweg die Reichsverfassung, tatsächlich oder auch ausdrücklich, im Sinne des Grundsatzes zu interpretieren: »die Instruktion der Präsidialstimme erfolgt unter *alleiniger* Verantwortung des Reichskanzlers gegenüber dem Reichstag«. Das wäre zwar keine Mediatisierung, wohl aber eine Deklassierung Preußens gewesen, von der es erfreulich ist, daß sie niemals provoziert worden ist. Aber unzweifelhaft war dies zum Teil Folge jener stillschweigenden Gegenseitigkeitsversicherung, und also: des Dreiklassenwahlrechts und des *Fehlens* der Parlamentarisierung. Wie wird es künftig sein, wenn | wir eine Steigerung der Parlamentsmacht im Reich *und* in Preußen bei Herrschaft des gleichen Wahlrechts, hier wie dort, annehmen?

Auf Kompromissen zwischen der parlamentarisch gestützten Macht der preußischen Bundesratsstimmen und der Macht der durch den Reichstag gestützten Reichsregierung wird auch künftig und gerade bei voller Parlamentarisierung der Gang der Reichspolitik ruhen. Es fragt sich, wie leicht oder schwer sich dies Kompromiß bei voller Parlamentarisierung gestalten würde. Von vornherein klar ist, daß es leichter zu erzielen sein wird, als wenn etwa der jetzige Klassenlandtag Preußens die Kontrolle über die preußischen Stimmen an sich gerissen hätte: das würde geradezu unabsehbare Konsequenzen gehabt haben und vollends künftig haben müssen. Die Zusammensetzung des Reichstags und des preußischen Landtags werden im Fall der Durchführung des gleichen Wahlrechts – wenn sie wirklich und nicht nur scheinbar geschieht – unter allen Umständen in Zukunft einander ähnlicher werden. Wie sie freilich im einzelnen sich gestalten wird, läßt sich nicht sagen. So viel scheint allerdings sicher: die Parteigegensätze innerhalb des preußischen Landtags würden dann vorerst stärker sein als im Reichstag. »Konservative« im preußischen Sinne des Wortes gibt es außerhalb Preußens und Mecklenburgs ja kaum: es fehlt eben außerhalb Preußens der schroffe Gegensatz des Großgrundbesitzes gegen Arbeiterschaft und Bürgertum. Ebenso fehlt, nicht ganz aber fast ganz, die preußische Schwerindustrie und der stark durch sie geprägte Charakter der preußischen Mittelparteien. Ebenso die schwerindustrielle Tonart im Zentrum. Ebenso der nationale Gegensatz gegen die Polen. Und ebenso ist die radikalste Tonart der Sozialdemokratie außerhalb Preußens fast nur noch in Sachsen stark vertreten. Gerade sie ist aber, gerade jetzt im Klassenlandtag, in Preußen vertreten. Antimonarchische Strömungen sind in den süddeutschen Staaten ungleich schwächer vorhanden. Aller Voraussicht nach würde also, bei gleichem Wahlrecht, mit dem Reichstag leichter zu regieren sein als mit dem preußischen Landtag, so sehr zu hoffen und (bei etwas *Geduld!*) auch sicher zu erwarten ist, daß die endliche Beseitigung der verhaßten Wahlprivilegien auch dort die Schärfe der Gegensätze mildern wird. Solange dies aber nicht der Fall ist, wird der Reichstag wahrscheinlich rein staatspolitisch überlegen sein. Dies nur um so mehr, wenn den Interessenten zuliebe etwa der politische Fehler gemacht würde, das preußische Herrenhaus als eine Art Überbau der Wahlprivilegsinteressenten über einer Kammer des gleichen | Wahlrechts zu konstruieren und ihr gleichzuordnen. Das würde die Schärfe der Gegensätze in Form der Spannung zwischen erster und zweiter Kammer wieder aufleben lassen und dem Radikalismus Nahrung geben. Erst recht freilich würde die Position des Landtags geschwächt, falls das Wahlrecht zwar formal gleich, tatsächlich aber unter Entrechtung von Teilen der Unterschicht (durch einen langen Aufenthaltszensus) konstruiert würde. Bei gleichem Wahlrecht würden dagegen solche Gegensätze im Charakter einer und derselben Partei, wie sie jetzt die nationalliberale Reichstagsfraktion und die preußische nationalliberale Fraktion gegeneinander zeigen, nicht dauernd fortbestehen.

Das jeweils nötige Kompromiß aber zwischen dem Reich und Preußen würde natürlich bei voller Parlamentarisierung innerhalb der großen dem Reich und Preußen gemeinsamen *Parteien* vorbereitet und, bei Aufhebung der Schranke des Art. 9 Satz 2, formell innerhalb des *Bundesrats* zum Abschluß gelangen. Immer aber, auch bei durchgeführter Parlamentarisierung, werden zwei Figuren dabei eine ausschlaggebende Rolle spielen, welche Preußen mit dem Reich gemeinsam angehören: der *Kaiser,* der zugleich König von Preußen ist, und der *Reichskanzler,* der zugleich Chef der preußischen Stimmenträger und Mitglied des preußischen Ministeriums sein muß und in aller Regel dessen Präsident sein wird.

Solange die innere Struktur Deutschlands nicht völlig umgestürzt und unitarisch neu aufgebaut würde – und dazu besteht vorerst nicht die mindeste Aussicht –, ist für das Reich die Dynastie, eben wegen des Dualismus zwischen dem Reich und Preußen, ganz ebenso unentbehrlich wie, aus ganz anderen Gründen, in dem dualistischen Österreich-Ungarn. Auch ein rein parlamentarischer Kaiser und König wird als Kriegsherr des Heeres, d. h. des Offizierkorps, als letztlich entscheidend für die auswärtige Politik und endlich als diejenige innerpolitische Instanz, welche in Ermanglung einer Einigung der Reichsinstanzen mit den preußischen die Entscheidung gibt, eine gewaltige tatsächliche Macht in Händen haben. Gerade dann, wenn er es sich zur Pflicht macht, nach Art des letztverstorbenen Habsburger Monarchen, welcher der mächtigste Mann seines Reiches war, nur in streng parlamentarischen Formen aufzutreten und es dabei ebenso wie dieser und wie, noch besser, König EDUARD VII. verstehen wird, auf dem Instrument des modernen Staatsmechanismus zu spielen, ohne daß man den Spieler bei jeder Gelegenheit als solchen in Aktion treten sieht. Es | bedarf das keiner weiteren Ausführung. – Was dagegen zu wünschen und von der Parlamentarisierung zu hoffen ist, ist ein Zurücktreten der rein *militärischen* Einflüsse in der Politik, der auswärtigen sowohl wie der inneren. Viele der schwersten politischen Mißerfolge Deutschlands sind dadurch verschuldet worden, daß die militärischen Instanzen auch rein politische Entscheidungen maßgebend beeinflußten, obwohl die politische Taktik und Strategie nun einmal mit gänzlich anderen Mitteln zu arbeiten hat als die militärische. Außenpolitisch ist dadurch namentlich ein für uns lebenswichtiges Problem: die polnische Frage, in höchst bedenklicher Weise präjudiziert worden[1]. Und innerpolitisch waren die traurigen Vorgänge im Reichstag unter der Kanzlerschaft des Herrn Dr. Michaelis ein Beweis dafür, wie übel beraten militärische Instanzen sind, wenn sie sich vor die Wagen der Parteipolitik spannen lassen und dabei der alten Vorstellung nachgehen: »national« und parteikonservativ seien ein und dasselbe, wie sie dem Offizier nach seiner Herkunft nun einmal naheliegt. Auf militärischem Gebiet kann keine Instanz der Erde sich eines so grenzenlosen Vertrauens einer Nation rühmen wie unsere Heerführer; und das mit Recht. Mögen sie aber dafür sorgen, daß ihnen nicht künftig gesagt werden muß: *»Was ihr mit dem Schwerte gut gemacht habt, das habt ihr durch Extratouren auf dem Glatteis der Politik wieder verdorben.«* Es ist durchaus notwendig, daß in allen politischen Angelegenheiten die militärischen Autoritäten der politischen Leitung *untergeordnet* sind, für deren politische Entschließungen selbstverständlich ihr Gutachten über die militärische Lage stets entscheidend mit ins Gewicht fällt, niemals aber allein ausschlaggebend sein darf. *Das* hat Bismarck mit Recht stets scharf und in schweren Kämpfen festgehalten.

Politischer Leiter des Reiches wird der *Reichskanzler* auch künftig bleiben und seine zentrale Stellung im ganzen Zusammenspiel der politischen Kräfte beibehalten. Und zwar zweifellos, irgendwie ähnlich wie jetzt, als ein den Staatssekretären gegenüber präeminenter *Einzel*minister *ohne* formell gleichgeordnete Kollegen. Zwar der Kriegs|minister, der ihm ja schon heute nicht formell untergeordnet ist, und, sooft der Reichskanzler nicht diplomatischer Herkunft ist, der Staatssekretär des Auswärtigen werden unvermeidlich eine weitgehende Selbständigkeit behalten. Aber für ein eigentlich *kollegiales Reichsministerium* ist gerade, wenn die Parlamentarisierung voll durchgeführt wird, kein Platz. Zum mindesten dann nicht, wenn die

[1] Denn der Fehler lag ganz und gar in dem Verlangen der Militärs nach Schaffung eines polnischen *Heeres* (also: Offizierkorps), *ehe* durch feste Abmachungen mit einer zur Vertretung legitimierten polnischen Instanz die Stellung Polens zu Deutschland völlig geklärt war. Daß die Akzeptierung eines »Ehrenwechsels« durch die Monarchenproklamation der Weg dazu sein könnte, entsprach gleichfalls lediglich militärischen Vorstellungen. Die Art der Reaktion der Polen auf solche schweren Fehler war nur selbstverständlich.

Schranke des Art. 9 Satz 2 fällt. Das muß man sich, entgegen früheren liberalen Lieblingsideen, klarmachen. Es ist doch kein Zufall, daß in parlamentarischen Staaten überall die Entwicklung auf eine *Steigerung* der Stellung des Kabinettchefs hinausläuft. So offenkundig in England und Frankreich. In Rußland hat die Beseitigung der Selbstherrschaft seinerzeit augenblicklich den leitenden Ministerpräsidenten entstehen lassen. Auch in Preußen kontrolliert bekanntlich der Ministerpräsident die Vorträge seiner Kollegen an den König, und diese zeitweilig unter Caprivi, auf Verlangen des Königs, aufgehobene Bestimmung mußte später wieder hergestellt werden. Im Reich ergibt sich aber die Sonderstellung und Präeminenz des Reichskanzlers schon aus seiner verfassungsmäßigen Leitung des Bundesrats und aus seiner unvermeidlichen, für die Staatssekretäre dagegen nur zufälligen und zweckmäßigen, nicht aber unentbehrlichen Stellung im preußischen Ministerium. Eine Entwicklung der Staatssekretäre zu politisch selbständig dem Reichskanzler gegenübertretenden Mächten würde zwar im Fall der »partikularisierenden« Parlamentarisierung (bei Fortbestand des Art. 9 Satz 2) unvermeidlich sein, weil dann sie die Vertrauensmänner der Reichstagsparteien würden, im Gegensatz zum Reichskanzler und Bundesrat als Trägern der Einzelparlamentsmacht. Aber auch dann entstände zwar die Nötigung zum Paktieren, nicht aber notwendiger- oder auch nur zweckmäßigerweise ein »Kollegium« mit Abstimmung. Jedenfalls aber beruht der Wunsch danach wesentlich auf der jetzigen mechanischen Scheidung zwischen Bundesrat und Parlament und würde mit Fortfall dieser Schranke gegenstandslos werden. Es ist nicht zu leugnen, daß die Entstehung eines abstimmenden Ministerkollegiums außerhalb des Bundesrats diesen an Bedeutung zurückzudrängen geeignet wäre, und daß es daher vom föderalistischen Standpunkt aus vorzuziehen ist: durch Parlamentarisierung des Bundesrats den Ausgleich der verschiedenen das Reich tragenden Mächte in dessen Mitte hinein zu verlegen.

Erwünscht wäre sicherlich, daß der jetzige Hergang vor politisch wichtigen Entschließungen, welcher zu einem Satrapenkampf der Ämter | miteinander führt[1], dem System regelmäßiger gemeinsamer

[1] Noch dazu zu einem solchen mit einer gegenseitigen Pressedemagogie, wie wir sie seit Anfang 1916 und dann wieder 1917 und Anfang 1918 erlebten. Die damaligen Vorgänge konnten jedermann zeigen, daß »Demagogie« schlimmster Art: eine Pöbelherrschaft des Sykophantentums, auch ohne alle Demokratie, ja gerade *infolge* des Fehlens einer *geordneten* Demokratie, sich findet.

kollegialer Besprechung wichtiger Fragen des Reichskanzlers mit allen Staatssekretären Platz macht. Aber eine formelle Abschwächung der allgemeinen Verantwortlichkeit des Reichskanzlers und seiner Sonderstellung überhaupt ist jener föderalistischen Bedenken wegen unwahrscheinlich und wäre auch schwerlich nützlich. Dagegen ist gerade vom föderalistischen Standpunkt aus allerdings zu fragen: ob nicht im Reich eine kollegiale Instanz geschaffen werden sollte, welche wichtige Entscheidungen der Reichspolitik, unter Zuziehung der Vertreter der wichtigsten innerpolitischen Machtfaktoren und der sachlich informierten Chefs der Verwaltung *vorberaten* könnte. Die öffentlichen Reden der Parteiführer im Reichstag sind offizielle Parteierklärungen vor dem Lande, welche erst nach Stellungnahme der Partei erfolgen. Die maßgeblichen Parteiberatungen und eventuellen Verhandlungen zwischen den Parteien erfolgen ohne Zuziehung der Vertreter der Einzelstaaten. Die Beratungen im Plenum des Bundesrats endlich, einer Abstimmungskörperschaft, sind unmaßgeblich und im Grunde Zeittotschlag. Es ist erwünscht, daß eine den endgültigen formellen Entschließungen der einzelnen Instanzen nicht vorgreifende, von Rücksichten auf die öffentlichen Wirkungen im Lande freie Aussprache *persönlicher* Ansichten erfahrener Staatsmänner vor der Herbeiführung wichtiger Entscheidungen ermöglicht wird. Wir sind diesem Problem schon wiederholt begegnet und fragen jetzt nur noch: an welche bestehenden oder neu entstehenden Organisationen könnte ein solches Gebilde anknüpfen?, und kämen überhaupt eine oder kämen vielleicht mehrere solcher nebeneinander in Betracht?

Der Krieg hat an neuen beratenden Gremien geschaffen: 1. den Hauptausschuß (die ausgestaltete Budgetkommission des Reichstags); – 2. den Siebenerausschuß (seinerzeit bestellt durch die Regierung, aber beschickt von den großen Parteien); – 3. die »interfraktionellen Beratungen« (beschickt anläßlich der letzten Krisen von denjenigen Parteien, welche der jetzigen Regierung die Wege ebneten: Nationalliberalen, Zentrum, Freisinnigen, Sozialdemokraten). Die beiden ersten | Gebilde sind schon besprochen. Der offizielle Hauptausschuß des Reichstags mit seinen künftigen Unterausschüssen käme in Friedenszeiten als Träger der laufenden *Verwaltungskontrolle* in Betracht. Interfraktionelle Beratungen der jeweils die Regierung stützenden Parteien würden bei fortschreitender Parlamentarisierung sich zweifellos als das Mittel entwickeln, die Regierung in Konnex mit den betreffenden Parteien zu halten. Sie sind nötig, solange infolge des Art. 9 Satz 2 die Parteiführer als solche *nicht* innerhalb der Regierung sitzen, und würden insoweit entbehrlich, sobald dies der Fall wäre. Ihre künftige Wichtigkeit oder Unwichtigkeit hängt im übrigen von Umständen ab, die sich jetzt nicht übersehen lassen. Sie waren u. a. auch ein Ausdruck dafür, daß zur Zeit überragende Führer in den Parteien *nicht* vorhanden sind. Es ist zu verlangen, daß in Zukunft bei einem Wechsel im Kanzleramt oder einem Staatssekretariat alle Parteiführer, *durch den Monarchen, nicht nur durch den Thronfolger, persönlich angehört* werden, und daß die damalige Rolle des Chefs des Zivilkabinetts sich *nicht* wiederholt[1]: Aber inwieweit die Fraktionen untereinander zu Beratungen zusammentreten, läßt sich nicht bestimmen, und einen »offiziellen« Charakter können diese natürlich nicht gewinnen. Es bleibt: der Siebenerausschuß, der zur Zeit tatsächlich eingeschlafen ist und in Wahrheit ja auch nur dem Umstand sein Leben verdankte, daß der Reichskanzler Dr. Michaelis *ohne* vorheriges Einvernehmen mit den Parteien sein Amt übernahm und sich zweideutig äußerte, die Parteien daher eine Art von Überwachungsinstanz über sein Verhalten in der Friedensfrage verlangten. Über die Unzweckmäßigkeit seiner damaligen Gestaltung ist schon geredet. Er würde völlig überflüssig, wenn die Parteiführer im Bundesrat sitzen würden. Immer wieder also läuft das Problem darauf hinaus: den *Bundesrat* in dem Sinne zu »parlamentarisieren«, daß die Führer der jeweils die Regierung stützenden Parteien des Reichstags und der großen Einzelparlamente als Bevollmächtigte darin sitzen könnten. Der Bundesrat selbst aber muß dann die Möglichkeit dafür schaffen, daß in Anlehnung an einen oder einige seiner Ausschüsse Körperschaften entstehen, welche in wichtigen politischen Fragen | wie ein Staatsrat des Reichs vorberatend mit den militärischen und Verwaltungschefs verhandeln. Es wäre nur erwünscht, daß dies gegebenenfalls auch in der Form eines *Kronrats,* also in persönlicher Anwesenheit des Kaisers und mindestens derjenigen Bundesfürsten geschehen könnte, welche die

[1] Wenn freilich diesem Beamten der Vorwurf gemacht wird: er habe den Kaiser systematisch vom freien Zutritt abgesperrt, so konnte die »Ära Stumm« und die »Zuchthausrede« lehren: *welchen Kreisen* dieser »freie Zutritt« und die *verantwortungslose* Beeinflussung des Monarchen zugute kam. Nur verantwortliche *Staatsmänner* und verantwortliche *Parteiführer (alle!)* sollen das Ohr des Monarchen haben.

Kontingentsherrlichkeit über ihr Heer: Offiziersernennung und eigenes Kriegsministerium, behalten haben. Schon gesprochen wurde über die Mindestkompetenz: Vorberatung der Opportunität von *Veröffentlichungen* monarchischer Kundgebungen, insbesondere aller solchen, welche die auswärtige Politik berühren. Im »Bundesratsausschuß für die auswärtigen Angelegenheiten« ist die Vertretung der Mittelstaaten schon jetzt verfassungsmäßig vorgesehen; das neue Gebilde könnte, wie vorgeschlagen, an dessen Umbildung anknüpfen. In jedem Fall aber könnte, falls Art. 9 Satz 2 beseitigt wird, diese Neuschöpfung ohne alle Verfassungsänderungen erfolgen. An gesetzlichen Neuordnungen würde dann nur die Bestimmung erforderlich: daß fortan Veröffentlichungen jener Art bei Strafe nur *nach* erfolgter und bescheinigter Gegenzeichnung zulässig sind, und ferner: daß die Gegenzeichnung in solchen Fällen erst nach Anhörung eines beim Bundesrat zu bildenden Staatrats erfolgen soll.

Die Parlamentarisierung in Verbindung mit solchen aus [dem Bundesrat] heraus zu entwickelnden Beratungskörperschaften gibt also bei richtiger Gestaltung dem Föderalismus alles, was ihm nottut: statt bloßer Freiheit *vom* Reich einen gesicherten Einfluß *im* Reich. Ein Wiederaufleben der alten unitarischen Tendenzen wäre durchaus unerwünscht. Die Ideale Treitschkes liegen weit hinter uns. Im Gegensatz zu ihm halten wir heute den Fortbestand der Einzeldynastien nicht nur für rein staatspolitisch nützlich, sondern wünschen sie auch aus allgemein kulturpolitischen Gründen. Die Förderung vor allem der künstlerischen Kultur[1] in den zahlreichen historischen Zentren des deutschen Kulturlebens, durch deren Existenz es sich von Frankreich unterscheidet, *kann* in weit besserer Obhut stehen, wenn, wie jetzt, in zahlreichen kleinen Residenzen die mit ihnen verwachsenen Dynastien Hof halten, als wenn etwa statt dessen überall ein Präfekt der Zentrale säße. Freilich ist nicht zu leugnen, daß bei der Mehrzahl der deutschen Fürstenhöfe die rein militärische | Erziehung, ein Produkt des staatspolitisch ganz wertlosen Wunsches der Fürsten: als General die Stellung eines Militärinspekteurs einzunehmen, dieser naturgemäßen kulturpolitischen Leistung entgegenwirkt. Und nur eine Minderzahl von ihnen hat geschulten Geschmack. So er-

[1] Für die Wissenschaft ist dagegen von einem Eingreifen der Monarchen ebensowenig zu erwarten wie von einem Hineinziehen des Parlaments. Wo immer ein persönliches Eingreifen der Monarchen in akademischen Stellenbesetzungen sich geltend machte, ist es fast nur bequemen Mittelmäßigkeiten zugute gekommen.

wünscht nun eine militärische Information und Erziehung des dynastischen Nachwuchses ist, so schafft das ausschließliche Gewicht, welches jetzt auf sie gelegt wird, im Ernstfall doch nur Verlegenheiten. Die mit seltenen Ausnahmen (Prinz Friedrich Carl) doch unbegabten fürstlichen nominellen Oberbefehlshaber an der Spitze von Armeen belasten nutzlos die Bewegungsfreiheit und Zeit des wirklichen Feldherrn und werden gefährlich, wenn sie ihre formalen Rechte ernst nehmen. Ein wirklich militärisch begabter und interessierter Prinz aber gehört in die Stellung, welche seinem Alter und seinen wirklichen Fähigkeiten entspricht. Es ist zu hoffen, daß hier künftig ein Wandel eintritt, wie ihn der verstorbene Thronfolger in Österreich herbeigeführt hatte. Jedenfalls aber besteht doch wenigstens die Möglichkeit jener kulturpolitischen Leistungen und ist in manchen Fällen zur Tatsache geworden. Mit steigender Parlamentarisierung aber würden zweifellos die Interessen der Dynastien zunehmend in diese ihnen angemessene Bahn geleitet werden. Im übrigen gilt auch in den Einzelstaaten bei der Zersplitterung des deutschen Parteiwesens zugunsten des Vorhandenseins einer dynastischen Spitze jenseits des Parteikampfs ähnliches – wenn auch nicht so zwingend – wie in der Beziehung Preußens zum Reich.

Auch jemand, dem die deutsche Nation und ihre Zukunft in der Welt turmhoch über allen Fragen der Staatsform steht, wird also den Bestand der Dynastien nicht antasten wollen, selbst wenn das in Frage stünde. Aber allerdings wird er beanspruchen müssen: daß die Bahn für eine Neuordnung Deutschlands nicht durch sterile und sentimentale Reminiszenzen an die Regierungsgepflogenheiten des alten Regimes obstruiert werde. Auch nicht durch theoretisches Suchen nach einer spezifisch »deutschen« Staatsform. Der deutsche Parlamentarismus wird zweifellos anders aussehen als der jedes anderen Landes. Aber die literatenhafte Eitelkeit: vor allem darum besorgt [zu] sein, daß der deutsche Staat den anderen parlamentarischen Staaten der Erde, zu denen fast alle germanischen Völker gehören[1], *nicht* gleiche, entspricht nicht dem Ernst | unserer Zukunftsaufgaben. Diese, und diese allein, haben über die Staatsform zu entscheiden.

[1] Denn wenn hier wiederholt auf England (statt auf einen dieser anderen Staaten) Bezug genommen wurde, so geschah dies nur: um dem stupiden Haß der »Straße« nicht einmal diese Konzession zu machen.

Das Vaterland liegt nicht als Mumie in den Gräbern der Ahnen, sondern es soll leben als das Land *unserer Nachfahren.*

In welcher Art die parlamentarische Machtverteilung sich in der Realität künftig gestalten wird, das wird davon abhängen: an welcher Stelle und in welcher Rolle politische *Persönlichkeiten mit Führerqualitäten* auftreten. Es ist unzweifelhaft nötig, vor allem Geduld zu haben und warten zu können, bis die unvermeidlichen Kinderkrankheiten überwunden sind. Für Führernaturen war bisher in den Parlamenten einfach kein Platz. Es ist das sterile und billige Vergnügen des Ressentiments akademischer Literaten gegen alles nicht von ihnen *examinierte* Menschentum, über alle Fehlschritte, die der, nach dreißigjähriger Unterbrechung, langsam wieder neu in Gang kommende parlamentarische Betrieb in seiner »Regie« tut und noch tun wird, zu jubeln: »Man sieht, die Nation ist nicht reif dafür.« Das werden wir noch oft erleben, und darauf ist zu erwidern: 1. wer den deutschen Parlamenten das Machtmittel, sich die Kenntnis der Tatsachen zu verschaffen und das erforderliche Fachwissen zugänglich zu machen: das *Enqueterecht* also, verweigert, und dann doch über »Dilettantismus« und schlechte Arbeit eben dieser Parlamente schilt, – oder wer 2. die nur »negative« Politik der Parlamente benörgelt, ihnen aber den Weg versperrt, überhaupt Führernaturen zu verantwortlicher, auf Parlamentsgefolgschaft gestützter Macht und positiver Arbeit gelangen zu lassen: – der ist *politisch unehrlich.* Über die politische »Reife« aber sind wahrlich die heutigen deutschen Literaten die allerletzten, denen ein Urteil zustände. *Fast alle Fehler* der deutschen Politik vor dem Kriege und allen Mangel an Augenmaß, den während des Kriegs eine verantwortungslose Demagogie nährte, haben sie beifallspendend mitgemacht. *Wo waren sie denn, als die schweren Fehler des alten Regimes gemacht wurden?*, – so offenkundig schwere Fehler, daß, wie erinnerlich, die *konservativen* Vertrauensmänner Preußens an den Monarchen gemeinsam öffentlich die Bitte richteten: er möge die Politik in Übereinstimmung mit den Ratschlägen seiner berufenen Ratgeber führen? *Damals* war es an der Zeit: Jeder sah, was geschah und wo die Fehler lagen. Ohne allen Unterschied der Parteimeinung waren darüber alle einig. *Wo also blieben sie?* Eine öffentliche Erklärung von einigen tausend akademischen Lehrern wäre damals wohl am Platz und sie wäre zweifellos eindrucksvoll und auch | den alten Traditionen entsprechend gewesen. Gewiß: für Staatspfründner ist es weit billiger, auf die Parteien des Reichstags zu schelten, wie jetzt. Alle die Herren haben damals geschwiegen. Also mögen sie gefälligst auch fortan schweigen: »Du hast ausgeläutet, herunter vom Glockenturm.« Andere Schichten werden die politische Zukunft Deutschlands in ihre Obhut nehmen müssen. Das Examensdiplom oder die Würde des Professors der Physik oder Biologie oder welches wissenschaftlichen Fachs auch immer verleiht keinerlei politische Qualifikation, und noch weniger garantiert sie politischen Charakter. Und wo die Angst um das Prestige der eigenen Schicht: des Diplom-Menschentums, hineinspielt – und *sie* steckt hinter allem Gezeter gegen »Demokratie« und »Parlamentsdilettantismus« –, da war und ist diese Schicht ewig blind, von ihren Instinkten statt von sachlichen Erwägungen geleitet und wird es bei uns, ihrer Masse nach, immer bleiben. –

Kehrt das alte Regime nach dem Krieg zurück – und von selbst kommt die Parlamentarisierung nicht, es gehört allseitiger *guter Wille* dazu –, dann möge man auch die Erwartung begraben, daß die oft beklagte Haltung der Deutschen draußen in der Welt sich ändern werde. Nationaler Stolz ist nun einmal Funktion des Maßes, in welchem die Angehörigen einer Nation, wenigstens der Möglichkeit nach, *aktiv* an der Gestaltung der Politik ihres Landes mitbeteiligt sind.

Daß der Deutsche draußen, wenn er das gewohnte Gehäuse bürokratischer Bevormundung um sich herum vermißt, meist jede Steuerung und jedes Sicherheitsgefühl verliert – eine Folge davon, daß er zu Hause sich lediglich als Objekt, nicht aber als Träger der eigenen Lebensordnungen zu fühlen gewohnt ist –, dies eben bedingt ja jene unsichere Befangenheit seines Auftretens, welche die entscheidende Quelle seiner so viel beklagten »Fremdbrüderlichkeit« ist. Und seine politische »Unreife« ist, soweit sie besteht, Folge der Unkontrolliertheit der Beamtenherrschaft und der Gewöhnung der Beherrschten daran, sich ohne eigene Anteilnahme an der Verantwortlichkeit und folglich ohne Interesse an den Bedingungen und Hergängen der Beamtenarbeit ihr zu fügen. *Nur ein politisch reifes Volk* ist ein »Herrenvolk«: ein Volk heißt das, welches die Kontrolle der Verwaltung seiner Angelegenheiten in eigener Hand hält und durch seine gewählten Vertreter die Auslese seiner politischen Führer entscheidend mitbestimmt. Das hatte sich die Nation durch die Art, wie sie auf die politische Herrschergröße Bismarcks reagierte, verscherzt. Ein einmal herabgewirtschaftetes Parlament ist nicht | von einem zum anderen Tage wieder emporzubringen, auch nicht durch einige Verfassungsparagraphen. Es ist natürlich gar nicht daran zu denken, daß irgendein solcher Paragraph, welcher etwa die Berufung und Entlassung des Reichskanzlers an ein Parlamentsvotum knüpfen würde, plötzlich »Führer« aus der Erde stampfen würde, deren jahrzehntelange Ausschaltung aus dem Parlament durch dessen Machtlosigkeit bedingt war. Wohl aber lassen sich die unerläßlichen *Vorbedingungen* dafür organisatorisch schaffen, und davon, daß dies geschieht, hängt jetzt in der Tat alles ab.

Nur Herrenvölker haben den Beruf, in die Speichen der Weltentwicklung einzugreifen. Versuchen das Völker, die diese Qualität nicht besitzen, dann lehnt sich nicht nur der sichere Instinkt der anderen Nationen dagegen auf, sondern sie scheitern an dem Versuch auch innerlich. Unter einem »Herrenvolk« verstehen wir dabei nicht jenes häßliche Parvenügesicht, welches Leute daraus machen, deren nationales Würdegefühl ihnen gestattet, von einem englischen Überläufer, wie Herrn H. St. CHAMBERLAIN, sich und die Nation darüber unterrichten zu lassen: was »Deutschtum« ist. Aber freilich: eine Nation, die *nur* gute Beamte, schätzbare Bürokräfte, ehrliche Kaufleute, tüchtige Gelehrte und Techniker und – treue Diener hervorbrächte und im übrigen eine *kontrollfreie Beamtenherrschaft* unter pseudomonarchischen Phrasen über sich ergehen ließe, – die wäre *kein* Herrenvolk und täte besser, ihren Alltagsgeschäften nachzugehen, anstatt die Eitelkeit zu haben, sich um Weltschicksale zu kümmern. Von *»Weltpolitik«* möge man uns, wenn die alten Zustände wiederkehren, *nicht mehr reden.* Und vergebens werden Literaten, welche *konservativen Phrasen* verfallen sind, darauf warten, daß Deutsche im Ausland echtes Würdegefühl entwickeln, wenn sie im Inland ausschließlich das Betätigungsfeld einer, sei es auch rein technisch noch so tüchtigen, reinen *Beamten*herrschaft bleiben und sich sogar gefallen lassen, daß satte gelehrte Pfründner darüber diskutieren, ob die Nation für diese oder jene Regierungsform »reif« genug sei.

Der *»Wille zur Ohnmacht«* im Innern, den die Literaten predigen, ist mit dem »Willen zur Macht« in der Welt, den man in so lärmender Weise hinausgeschrien hat, nicht zu vereinigen. Die Frage, ob die Nation sich reif fühlt, die Verantwortung eines Siebzigmillionenvolkes vor den Nachfahren zu tragen, beantwortet sich in gleichem Sinn und Schritt mit der Frage der inneren Neuordnung Deutschlands. Wagt sie das | eine nicht, so mag sie auch das andere von sich ablehnen. Denn es führt dann politisch zu nichts. *Dann* in der Tat wäre dieser Krieg: ein Kampf um die Teilnahme auch *unserer* Nation an der Verantwortung für die Zukunft der Erde, »sinnlos« und ein bloßes Gemetzel gewesen, und jeder künftige deutsche Krieg wäre es erst recht. Wir müßten unsere Aufgaben anderwärts suchen und uns in *diesem* Sinne »umorientieren«.

Der typische Snobismus vieler Literaten freilich (auch ganz intelligenter Literaten) findet diese nüchternen Probleme der Parlaments- und Parteireform unendlich subaltern: »technische Eintagsfragen« seien das im Verhältnis zu allerhand Spekulationen über die »Ideen von 1914« oder über den »wahren Sozialismus« und ähnliche Literateninteressen. Nun: eine »Eintagsfrage«, die in kurzem erledigt sein wird, ist auch die nach dem Ausgang dieses Krieges. Die Umgestaltung der Wirtschaftsordnung wird ja, wer auch immer der Sieger sei, ihren Gang gehen. Dafür bedarf es weder des deutschen Sieges, noch der freiheitlichen politischen Neuordnung des Reiches. Ein nationaler Politiker wird den Blick gewiß auch auf jene universellen Entwicklungstendenzen gerichtet halten, die über die äußere Ordnung des Lebensschicksals der Massen in Zukunft Gewalt haben werden. Aber wie ihn als Politiker das politische Schicksal *seines* Volkes bewegt (demgegenüber jene universellen Entwicklungstendenzen sich ja völlig gleichgültig verhalten), so rechnet er auch für politische Neugestaltungen mit den nächsten zwei bis drei Generationen: denen, die über das entscheiden, was aus *seinem* Volk wird. Verfährt er anders, so ist er ein Literat und kein Politiker. Er möge sich dann für die ewigen Wahrheiten interessieren und bei seinen Büchern bleiben, nicht aber auf den Kampfplatz der Gegenwartsprobleme treten. Auf diesem wird darum gerungen: ob *unsere* Nation innerhalb jenes ganz universellen Prozesses entscheidend mitspricht. Der Aufgabe, dies zu können, hat sich die innere Struktur, auch die politische, anzupassen. Die bisherige war dafür nicht geeignet, sondern nur: für eine technisch gute *Verwaltung* und für vorzügliche *militärische* Leistungen. Daß diese für eine rein *defensive* Politik ausreichen, nicht aber für politische Weltaufgaben, – *das* hat uns das ungeheure Geschick lehren können, welches über uns hereinbrach.

DIE NÄCHSTE INNERPOLITISCHE AUFGABE[1]

Der Bundesrat hat sich auch jetzt nicht entschlossen, durch Aufhebung des letzten Satzes des Artikels 9 der Reichsverfassung die Möglichkeit zu schaffen, daß der Reichskanzler dem Reichstag und daß die zu Staatssekretären ernannten Führer der großen Parteien dem Bundesrat angehören. Vermeintlich »föderalistische« Bedenken scheinen dabei mitzuspielen. Es muß auf das tiefste bedauert werden, daß das Irrtümliche dieser ganzen Vorstellungsweise wiederum nicht erkannt wurde. Die seinerzeit vorausgesagten Folgen des Verhaltens der Bundesstaaten zeigen sich sofort und werden weiterhin ihre Kreise ziehen. Da nämlich die *parlamentarischen Staatssekretäre* nicht im *Bundesrat* sitzen, haben sie sich außerhalb des Bundesrats mit dem Reichskanzler zu einem nicht rechtlich, wohl aber tatsächlich kollegial verhandelnden *»Kabinett«* zusammengeschlossen, dessen politisches Schwergewicht zunehmend bei ihnen, weit mehr als bei dem nicht dem Reichstag angehörigen Reichskanzler, liegen wird und auch liegen muß. Der Bundesrat wird dadurch äußerlich zu einer Art von »Staatenhaus«, der Sache nach aber zu einer Abstimmungsmaschinerie, während die wirkliche Reichsregierung sich oberhalb seiner konstituiert hat. Sie kann nunmehr gar nicht anders prompt funktionieren, als indem sie ihn ausschaltet, und würde der Bundesrat diesem Zustand Schwierigkeiten bereiten, so würde Preußen, das den Reichskanzler stellt, kraft der sicheren Mehrheit, welche ihm die von ihm völlig abhängigen Zwergstaaten geben, ihn zum Schweigen bringen müssen. Unser Verlangen, durch eine maßvolle Parlamentarisierung des Bundesrats, diesen zum Mitträger der aktiven Reichspolitik zu machen, war demgegenüber von dem Wunsch bestimmt, den großen Bundesstaaten einen gesicherten positiven Einfluß auf die Leitung des Reichs zu geben. Liebgewordene Gewöhnungen und mißverstandene Prestigesucht der einzelstaatlichen Bürokratie und wohl auch höfischer Kreise haben vorläufig einmal wieder über das

[1] Frankfurter Zeitung vom 17. Oktober 1918.

wirkliche politische Interesse die Oberhand behalten. | Bleibt es dabei, so gilt es nun, entschlossen die Folgerungen zu ziehen und die improvisierten Neuschöpfungen in geregelte Bahnen zu leiten.

Eine *starke, geschlossene Regierung* ist jetzt dem Reiche unentbehrlicher als irgend etwas anderes. Noch während der ganzen Zeit des Krieges aber und für jedermann sichtbar seit Anfang 1916 hat es in Deutschland mehrere Regierungen nebeneinander gegeben, und niemand, weder das Inland, noch das feindliche, noch das neutrale, noch – und das war besonders gefährlich! – das verbündete Ausland wußte, welche von ihnen für die Führung der Politik den Ausschlag gab. In aller Öffentlichkeit spielten sich in der Presse die Kämpfe dieser Regierungen miteinander ab und, was ebenso schlimm war, vor den Augen unserer Bundesgenossen bot sich z. B. noch in Brest-Litowsk das Schauspiel, daß die deutschen Unterhändler bei jeder Einzelheit am Telegraphendraht nicht etwa zum verantwortlichen Staatsmann, sondern zum »Hauptquartier« hingen und dann von dort aus, im Drang der Geschäfte, Weisungen empfingen, welche oft genug der Sachlage nicht entsprachen und gelegentlich geradezu eine Bloßstellung bedeuteten. *Alle* unsere offiziellen amtlichen Schritte und Erklärungen aber, vom Friedensangebot von 1916 angefangen, wurden konterkariert, bei Freund und Feind diskreditiert und in das Licht der Zweideutigkeit gerückt durch die stets erneute Veröffentlichung von *Reden oder Telegrammen dynastischer oder militärischer Stellen,* welche dem verantwortlichen Leiter der Politik *nicht zur Billigung vorgelegen* hatten. Ein so geleitetes Reich konnte – und das hat seine Konsequenzen gehabt – auch bei seinen Verbündeten nicht das Vertrauen in Anspruch nehmen: daß seine Politik zum Erfolg und zum Frieden zu führen imstande sei. Gleichviel also, welches politische System bei uns künftig herrschen wird, – *hier* an *diesem* Punkt lag und liegt der Krebsschaden der deutschen politischen Willensbildung, und alles andere bleibt Stückwerk, solange diesem Zustand nicht, und zwar für immer, ein Ende gemacht wird.

Schon nach der bisherigen Verfassung hatten militärische Stellen *überhaupt* nicht politische Erklärungen abzugeben. Und schon nach dem bisherigen System stand dem Monarchen, wenn er mit der Haltung des Reichskanzlers nicht einverstanden war, nur die Befugnis zu, ihn zu entlassen und einen anderen zu berufen. Unter gar keinen Umständen jedoch durfte, auch schon nach dem Geist der bisherigen Verfassung, durch öffentliche oder durch private, aber der Veröffentlichung | ausgesetzte monarchische Äußerungen die Politik eines *im Amt* befindlichen Ministers durchkreuzt oder sie präjudiziert werden, wie es seit einem Menschenalter wieder und wieder und auch in den letzten Kriegsjahren stets erneut geschehen ist und jetzt zu der für unser nationales Selbstgefühl furchtbaren Lage geführt hat, daß wir dem Ausland Erklärungen darüber haben abgeben müssen, wen denn eigentlich unsere Regierung vertritt. Kein Politiker irgendeiner Partei konnte über diesen Zustand abweichender Meinung sein, und dies ist auch nicht der Fall gewesen. Dennoch geschah nichts dagegen, und die höfische Umgebung des Monarchen verharrte in verstockter Unbelehrbarkeit. (Ja, es schien in letzter Zeit gelegentlich, als ob sie auf jene ihr wohlbekannte Forderung mit einem: »Nun grade!« reagiere.) Ein Monarch kann heute die politische Tragweite seiner Kundgebungen nicht übersehen. Das ist nicht seines Amts. Jene Stellen aber, insbesondere jener Zivilkabinettschef, welcher derartige politische Äußerungen entwarf oder veröffentlichen ließ, wie wir sie noch im Sommer erlebten, war ein schlechter und ungetreuer Diener seines Herrn nicht nur, sondern: der Monarchie. Ein solches Treiben muß ein- für allemal unmöglich gemacht werden, und dafür gibt es nur den Weg: die Publikation monarchischer oder militärischer Kundgebungen, wenn sie die Politik berühren, an einen *festen Geschäftsgang* und vor allem an die *vorherige Kontrolle des Reichskanzlers* zu binden, wie es der Verfassung entspricht, jeden anderen Weg aber unter schwere Strafe zu stellen. Es ist dies die weitaus dringlichste Reform, deren unser politisches Leben bedarf. Sie schafft ja nur einen Zustand, der *überall* anderwärts völlig selbstverständlich ist, ganz einerlei, ob parlamentarisches System oder welches andere sonst besteht, und ganz einerlei, ob dafür (wie es vereinzelt der Fall ist) ausdrückliche Verfassungsbestimmungen geschaffen sind, was bei uns nach den gemachten Erfahrungen zweifellos unumgänglich ist. Wir erwarten also von den Mehrheitsparteien, daß sie *unverzüglich* mit einem entsprechenden Antrag im Reichstag vorgehen und ihre verantwortliche Beteiligung an der Regierung von der *unverzüglichen* Zustimmung des Bundesrats abhängig machen. Sonst schwebt der Kredit auch dieser Regierung nach außen und innen in der Luft und [sie] ist Überraschungen aller Art von seiten unverantwortlicher Stellen ausgeliefert. Es wäre unfaßlich, wenn die Anhänger monarchischer Institutionen auch jetzt noch nicht verstehen sollten, was die Stunde fordert!

WAFFENSTILLSTAND UND FRIEDEN[1]

Die größte, und dabei von dem guten Willen der deutschen Regierung ganz unabhängige Schwierigkeit der Situation dürfte jetzt in folgendem liegen: An Präsident Wilsons Aufrichtigkeit war und ist bei Verständigen in Deutschland kein Zweifel. Es scheint aber, er übersieht folgendes nicht genügend: wird seinem Begehren, daß die deutsche Regierung solche Waffenstillstandsbedingungen annehmen soll, die einen weiteren militärischen Widerstand unmöglich machen, Folge geleistet, so würde damit nicht etwa nur Deutschland, sondern in weitestem Maße *auch er selbst* aus der Reihe der für die Friedensbedingungen maßgebenden Faktoren ausgeschaltet. Seine eigene Stellung als Schiedsrichter der Welt beruhte und beruht darauf und nur darauf, daß die deutsche Militärmacht mindestens so viel bedeutet, daß sie ohne die Mithilfe der amerikanischen Truppen keinesfalls zur Unterwerfung gezwungen werden kann. Würde dies anders, so gewinnen die unzweifelhaft vorhandenen absolut intransigenten Elemente in den Ländern der übrigen feindlichen Staaten die Oberhand und sind in der Lage, den Präsidenten mit höflichem Dank für seine bisherige Hilfe glatt beiseite zu schieben. *Seine Rolle wäre ausgespielt,* es sei denn, daß er sich zum Kriege gegen seine derzeitigen Bundesgenossen entschlösse. Diesen Sachverhalt hätte sich auch die deutsche Regierung gegenwärtig halten sollen. So wünschenswert eine Waffenruhe im Interesse der Vermeidung unnützen Blutvergießens war und ist, so wäre es sicherlich richtiger gewesen, das Waffenstillstandsangebot nicht derart in den Vordergrund der Erörterungen zu rücken, wie es tatsächlich geschehen ist. Friedensverhandlungen konnten und können auch ohne Waffenstillstand stattfinden, falls die Gegner auf Fortsetzung der Schlächterei bestehen.

[1] Frankfurter Zeitung vom 27. Oktober 1918.

DEUTSCHLANDS KÜNFTIGE STAATSFORM[1]

Vorbemerkung

Nachstehende Skizzen, in der »Frankfurter Zeitung« [im November 1918] erschienen und hier fast nur stilistisch geglättet (Ergänzungen sind meist als Anmerkungen kenntlich), sind rein politische Gelegenheitsarbeiten ohne allen und jeden Anspruch auf »wissenschaftliche« Geltung. Sie sollen nur zeigen, daß eine republikanische, großdeutsche und nicht großpreußische Staatsform föderativen und dabei demokratischen Charakters nicht, wie vielfach geglaubt wird, überhaupt unmöglich ist, und die Diskussion in Fluß bringen. Die Ereignisse werden sie zweifellos sehr bald, so oder so, überholen, ebenso wie meine Schrift über »Parlament und Regierung im neugeordneten Deutschland« (1918), die noch von der Tatsache der preußischen Hegemonie und der Dynastien ausging und daher den Zukunftszustand nur in der Parlamentarisierung erblicken konnte, inzwischen überholt ist. Die eigentlich ausschlaggebenden materiellen (sozialen und finanziellen) Probleme des Neuaufbaus liegen ja noch so ungeklärt im Schoße der Zukunft, daß vorerst nur unverbindliche Rahmen-Konstruktionen staatstechnischer Art möglich sind.

15. Dezember 1918

MAX WEBER

[1] Anfang 1919 als Sonderabdruck erschienen in der von der Frankfurter Zeitung veröffentlichten Schriftenreihe »Zur deutschen Revolution« (Heft 2).

Hierzu vgl.: Entwurf der künftigen Reichsverfassung (allgemeiner Teil) nebst Denkschrift zum Verfassungsentwurf [des Staatssekretärs des Innern, Dr. PREUSS, vom 3. Jan. 1919], hrg. im Auftrage des Reichsamts des Innern, Berlin 1919. (D. H.)

I.

Mit unzulänglichen dilettantischen Kräften steht die politisch ungeschulte Nation vor der Aufgabe, an die Stelle von Bismarcks Werk etwas anderes zu setzen. Denn dieses Werk ist dahin. Schon aus Gründen der Außenpolitik, die ja bei seinem Aufbau sehr stark mitspielten. Einmal weil das dynastische Österreich zerfällt, – von Bismarcks Standpunkt aus gesehen eine Veranstaltung, welche die Zugehörigkeit von 10 Millionen Deutschen zum Reich opferte, um 30 Millionen Nichtdeutsche politisch zu neutralisieren. Weil ferner der dynastische Bund mit Rußland dahin ist, der auf der Interessengemeinschaft gegen die Polen ruhte und diese neutralisierte. Weil die militaristische Epoche der deutschen Geschichte zu Ende ist. Weil schließlich jedenfalls die bisherige dynastische Lösung des kleindeutschen Problems für die Zukunft ebensowenig wie dieses selbst in Betracht kommt. Was nun? Obwohl diese Vorfrage zur Zeit praktisch entschieden scheint, fragen wir doch noch einmal: *parlamentarische Monarchie oder Republik?*

Welche Rolle lebendige dynastische Gefühle in Zukunft spielen werden, bleibe dahingestellt. Wir waren [den Dynastien] treu, aus geschichtlichen Erinnerungen, in Baden auch infolge der Volkstümlichkeit und Korrektheit der dortigen Dynastie. Heute aber können nur politische Erwägungen zu Worte kommen. Die Interessen und Aufgaben der Nation stehen uns turmhoch über allen Gefühlen. Ebenso über allen Fragen der politischen Form überhaupt. Auch deren Gestaltung ist uns aber zunächst ein nüchternes staatstechnisches Problem und nicht eine Gefühlsangelegenheit. Für viele von uns, auch den Schreiber dieser Zeilen, war und ist die streng parlamentarische Monarchie die technisch anpassungsfähigste und in *diesem* Sinn stärkste Staatsform, ganz unbeschadet der ganz radikalen sozialen Demokratisierung, die wir erstreben und die dadurch nicht notwendig gehindert wird. Offen, aber maßvoll haben wir die – wie spätestens seit der russischen Revolution jeder, der Augenmaß hatte, sehen mußte – unabwendbaren Umgestaltungen vertreten, welche, rechtzeitig vorgenommen, die Dynastien in dem von Grund auf neuen System hätten erhalten können. Schlechte Berater der Monarchien vereitelten alles, und diese selbst reagierten feindselig. Sie hielten am alten System fest.

Dies *System* aber hat zum mindesten die preußisch-deutsche Dynastie derart belastet, daß es heute unmöglich ist, für sie einzutreten. Dynastische Rivalitäten haben schon die elsässische Frage seit 1871 verpfuscht. Sie | haben uns jetzt im Osten bloßgestellt. Die Monarchie hat ihre eigentliche Funktion in einem Militärstaat: die reine Militärherrschaft zu hindern, nicht erfüllt. Sie hat vielmehr die Admiralsdemagogie und die Generalsdiktatur mitsamt der *Politisierung des Heeres* geduldet. Vor allem durch die sogenannte »Aufklärung«, eine rein parteipolitische Machenschaft, welche den Keil zwischen Offiziere und Mannschaft trieb, die innere Politik vergiftete, in unsere politische Leitung aber Zwiespalt und eine Zweideutigkeit trug, welche uns das Vertrauen der ganzen Welt einschließlich unserer Bundesgenossen kostete. Gegen den bisherigen Monarchen jetzt, nach seinem Sturz, harte Worte zu brauchen, wäre unritterlich. Aber das den Geist schon der bisherigen Verfassung gröblich verletzende persönliche Regiment mit seiner lauten Reklame und absolut dilettantischen Politik hat die Weltkoalition gegen uns zusammenbringen helfen. Das öffentliche Versprechen konstitutioneller Regierung vom November 1908 wurde gebrochen. Noch im Krieg wurde unsere Friedensaktion durch Reden des Monarchen durchkreuzt und schließlich (Erlaß vom 15. Juni) der Krieg zu einem persönlichen Duell des Monarchen gegen den Mammonismus – der Angelsachsen! – gestempelt. Der schon aus diesem Grund bei der Friedensbitte durch die Würde gebotene Thronverzicht des Monarchen wurde verzögert. Er wird nun, *gleichviel* mit welchem Recht, für immer mit dem Odium belastet bleiben, dadurch die feindlichen Bedingungen für uns erschwert zu haben. Und schließlich hat er durch Desertion aus der Hauptstadt und Spielen mit dem Staatsstreich die Revolution geradezu provoziert. Die Abwälzung der Verantwortung auf die Minister, traurig vom Standpunkt der Würde, überdies unhaltbar gegenüber dem Inhalt der Akten, deren Publikation bevorsteht, gab dem monarchischen Gedanken den Rest. Die preußische Dynastie ist dadurch derart hoffnungslos diskreditiert, daß nunmehr ihre Erhaltung, damit aber auch die der anderen Dynastien, auf Grund noch so triftiger staatstechnischer Erwägungen nicht mehr vertreten werden könnte.

Nicht nur die Dynastien und ihr Organ aber: der bisherige Bundesrat, sind durch das alte System diskreditiert, sondern leider auch: das Parlament. Geflissentlich in seiner Macht niedergehalten und in seinem Niveau gedrückt, von den Schmeichlern des alten Systems jahrzehntelang heruntergerissen, von der »Aufklärung« während des

Krieges bei der Armee in Verruf gebracht, konnte der Reichstag unmöglich die Autorität in Anspruch nehmen, um im Augenblick des Zusammenbruchs | die Macht in der Hand zu behalten. Es gereichte ihm nur weiter zum Schaden, daß nunmehr plötzlich seine bisherigen Verlästerer für ihn eintraten, denen jetzt die Existenz des früher so verabscheuten »Parlamentsheeres« gewiß nicht unwillkommen gewesen wäre. Nun rächte sich das Verhalten der literarischen Lobredner der Beamtenherrschaft. Denn es zeigte sich, daß die bürokratische Maschinerie nach der Natur ihrer ideellen und materiellen Triebkräfte und angesichts der Natur des heutigen Wirtschaftslebens, welches durch sein Versagen ja zur Katastrophe geführt würde, gegebenenfalls bereit ist, unbesehen *jedem* zu dienen, der sich im physischen Besitz der nötigen Gewaltmittel befindet und den Beamten den Fortbesitz ihrer Ämter gewährt. Das Fehlen einer im Glauben der Nation verwurzelten Autorität der Volksvertretung aber machte die Bahn frei für die revolutionäre Diktatur. Da Revolutionen stets von Minderheiten in die Wege geleitet werden, wäre nun gegen eine zeitweilige Diktatur an sich nichts einzuwenden. Politisch kommt aber in Betracht: daß bei dem *bundesstaatlichen* Charakter Deutschlands das völlige Abreißen der bisher legitimen Gewalten die sachliche Neuordnung gewaltig *erschwert.* Die »historische« Legitimität ist dahin. Auch den spezifischen »Mittelparteien« bleibt jetzt als Rückweg aus der Gewaltherrschaft der Soldatenräte zur bürgerlichen Ordnung nur die *revolutionäre,* naturrechtliche Legitimität der auf der Volkssouveränität ruhenden *Konstituante.* Das bedingt aber einen Neubau vom gewachsenen Boden aus. Uns Radikalen könnte nun eine solche Lage an sich nur willkommen sein. Allein es liegt auf der Hand, welche Schwierigkeiten dabei für jede rationelle Neuordnung einfach dadurch gegeben sind, daß nun in Deutschland eine *Mehrheit* von Konstituanten: des gesamtdeutschen, des preußischen, bayerischen, badischen usw. Volks, über diese höchst komplizierten Fragen entscheiden soll. Gesetzt z. B. – so unwahrscheinlich gerade dieser Fall sein mag – die Mehrheit des preußischen Volks stimmte für den Fortbestand der Dynastie, die Mehrheit des Reichsvolks als Ganzes aber für die Republik. Dann wäre zwar klar, daß die Entscheidung der Reichskonstituante für das Reich und damit indirekt auch für Preußen maßgebend wäre. Aber leicht wäre diese Lage nicht. In jedem Fall ist aber schon deshalb, weil die Reichsordnung den Rahmen für die Einzelstaaten abgibt, vor allem die

Gesamtkonstituante unaufschiebbar. Denn an der Ordnung *vor allem des Reichs* hängt das wirtschaftliche Lebensinteresse ebenso der Arbeiterschaft wie des Bürgertums, ganz gleichgültig, wie stark sozialistisch die Neuordnung ausfällt. |

Ebenso aber hängt an der Beschleunigung der Bestand der Neuordnung überhaupt. Es ist ein sehr schwerer Rechenfehler eines Teils der Unabhängigen Sozialdemokraten zu glauben, oder vielmehr unter dem Druck von links sich einzureden: eine Verzögerung verbessere die Chancen des Sozialismus. Sie verbessert ausschließlich die Chancen des Bürgerkriegs und der inneren Auflösung unserer Wirtschaftsordnung. Mit voller Sicherheit aber würde dadurch erreicht, daß in nicht zu ferner Zeit entweder die Entente von sich aus einmarschiert, oder daß sich eine mittelparteiliche Gegenregierung auf dem Boden des *Reichstags* neu bildet, mit welcher dann einmarschierende fremde, etwa amerikanische, Gewalten sich in Verbindung setzen und mit Hilfe des Standrechts eine nichtsozialistische Regierung einsetzen, um den Frieden abschließen zu können. Wir vermögen diese äußerste Schmach: daß wir unsere inneren Verhältnisse überhaupt nicht selbständig ordnen können, *nur* dann abzuwenden, wenn der Bürgerkrieg vermieden wird und *bald* eine »legitime« Regierung entsteht. Nun ist gewiß nicht bestimmt zu behaupten, daß die Konstituante ein *sicheres* Mittel sei, ihn definitiv zu verhindern. Das hängt nicht von uns, auch nicht von den Mehrheitssozialisten oder Unabhängigen Sozialisten ab, sondern vor allem von jenen bei jedem Umsturz sich als Schmarotzer einfindenden Elementen, die *nicht für [die], sondern von der Revolution leben wollen,* d. h. als »Rote Garde« oder als Mitglieder von »Revolutionskomitees« oder als deren Beauftragte sich gegen Leistung von Geschwätz- und Spitzeldiensten *arbeitslos füttern lassen möchten.* Denn *dies und gar nichts anderes* ist das Wesen sowohl des Bolschewismus in Rußland wie der verwandten Bewegungen bei uns, so unbedingt sicher die ideologische Gutgläubigkeit der an der Spitze stehenden Literaten und Glaubenskämpfer sein mag. Die an der Revolutionskrippe gefütterten Schmarotzer haben gar kein Interesse an einem Ende des jetzigen Zustandes, solange er ihnen Nahrung gibt. Bei dieser Eigenart der Bewegung werden Putschversuche von ihrer Seite unter *keinen* Umständen ausbleiben, und wir müssen abwarten, ob die sozialistische Regierung einschließlich der Unabhängigen die feste Hand haben wird, die Glaubenskämpfer in zugleich rücksichtslos durchgreifender und doch menschlicher Form unschädlich zu machen und so die feindliche Okkupation zu vermeiden, welche das Schicksal nicht nur des deutschen Sozialismus, sondern auch jeder echten Demokratie auf Generationen hinaus besiegeln würde. Freilich: besser als eine *unfreie,* durch *verfälschte* oder | vergewaltigte *Wahl* zustande gebrachte Konstituante wäre gar keine. Denn eine Nichtanerkennung oder Sprengung der Konstituante, wie sie bei Unfreiheit der Wahlen erfolgen würde, müßte eben dazu führen, daß die einmarschierende Entente als einzige legitime Gewalt den alten Reichstag wieder einberiefe, und *das* könnte man auch ohne diesen Umweg haben. *Es gibt bei freien Wahlen keine sozialdemokratische Mehrheit. Ohne freiwilliges Mittun des Bürgertums bekommt die Regierung keinen Frieden und steht die Okkupation, früher oder später, bevor.* Darüber sei man sich doch ja ganz klar und ziehe, so oder so, die Konsequenzen.

Andererseits aber würde ein Versuch dynastischer Lösung die ohnehin große Gefahr des Bürgerkriegs und damit der Unfreiheit in der Gestaltung unserer Verfassung gewaltig steigern. Denn der Versuch einer Retablierung der Dynastien würde im Ausland und vor allem im Inland wie ein Anfang der Rückwärtsrevision der demokratischen Neuordnung überhaupt wirken. Die baldige Einberufung einer freien Konstituante und damit das *Bekenntnis zur Republik* ist uns also *diktiert* durch die sonst unmittelbar drohende Fremdherrschaft. Aber, so offen wir uns, ehrlicherweise, diese Situation klarmachen mußten – doch nicht *nur* dadurch.

Die Republik als Staatsform scheint zur Zeit der sicherste Weg, das *großdeutsche* Problem, welches jetzt vor uns steht, einer Lösung entgegenzuführen. Wir müssen für *die* Staatsform eintreten, welche gestattet, die möglichste Höchstzahl von Deutschen in einem Verband zu einigen. Ob dies für Österreich und Bayern in normalen Zeiten auf die Dauer die Republik sein würde, mag jetzt dahingestellt bleiben. Für die Gegenwart scheint es so zu sein, und, *wenn* es so ist, so sind daraus die Konsequenzen zu ziehen.

Neben diesen unmittelbar politischen, rein aus der Gegenwartslage folgenden Gründen spricht nun aber für uns Radikale noch etwas anderes *dauernd* Bedeutsames für die Republik. Staatstechnische Fragen sind leider nicht unwichtig, aber natürlich sind sie für die Politik nicht das Wichtigste. Weit entscheidender für die Zukunft Deutschlands ist vielmehr die Frage: ob das Bürgertum in seinen Massen einen neuen verantwortungsbereiteren und selbstbewußteren *politischen Geist* erziehen wird. Bisher herrschte seit Jahrzehnten der Geist der *»Sekurität«:* der Geborgenheit im obrigkeitlichen Schutz, der ängstlichen Sorge vor jeder Kühnheit der Neuerung, kurz: der feige *Wille zur Ohnmacht.* | Gerade die technische Güte der Verwaltung: der Umstand, daß es dabei im großen und ganzen materiell gut ging, hatte breite Schichten der Bevölkerung überhaupt (nicht nur Bürger) sich in dies Gehäuse einleben lassen und jenen Staatsbürgerstolz, ohne welchen auch die freiesten Institutionen nur Schatten sind, erstickt. *Die Republik macht dieser »Sekurität« ein Ende.* Die Geborgenheit der sozialen und materiellen Privilegien und Interessen in der historischen Legitimität des Gottesgnadentums hört auf. Das Bürgertum wird dadurch ebenso ausschließlich auf seine eigene Kraft und Leistung gestellt, wie die Arbeiterschaft es längst war. Unter den für die absehbare Zukunft geltenden Existenzbedingungen der Gesellschaft hat es die Probe auf seine Unentbehrlichkeit und Eigenbedeutung nicht zu scheuen. Eben deshalb wird diese Probe seinem Selbstgefühl, hoffen wir, gut tun. Dem Selbstgefühl jeder Nation ist es ja zugute gekommen, wenn sie einmal ihren legitimen Gewalten abgesagt hatte, selbst wenn sie, wie in England, sie später wieder von Volkes Gnaden zurückrief. Gewiß: es ist für die Entwicklung dieses nationalen Selbstgefühls schlimm, daß die Demokratie zu uns nicht, wie in Holland, England, Amerika, Frankreich, in Verbindung mit erfolgreichen Kämpfen oder, wie wir es erstrebt hatten, in Verbindung mit einem ehrenvollen Frieden gekommen ist, sondern im Gefolge einer Niederlage. Die schmachvolle Konkursliquidation des alten Regimes, mit der sie belastet ist, tritt hinzu, um ihre Zukunft politisch zu verdüstern. Es sind zunächst nicht frohe Tage, die sie der Nation versprechen kann. Die Republik ist eine Saat auf Hoffnungen, von denen wir heute nicht wissen, ob sie alle erfüllt werden. Sie darf nicht bleiben, was sie offenbar heute für nur allzu viele ist: ein Narkotikum, um durch einen *Rausch über den furchtbaren Druck des Zusammenbruchs* hinauszukommen. Sonst ist alles bald zu Ende. Weil aber das Vaterland für uns nicht das Land der Väter, sondern der Nachfahren ist, und weil wir zu den Nachfahren mehr *Zutrauen* haben und haben müssen als zu der älteren Generation, weil wir endlich die entschlossene Absage an die dynastische Legitimität als ein Mittel schätzen, auch das Bürgertum endlich politisch *auf eigene Füße zu stellen, deshalb* fügen wir uns zwar loyal jeder Mehrheitsentscheidung durch Konstituante und Plebiszit, stehen aber unsererseits ohne Vorbehalt und Zweideutigkeit auf dem Boden der *Republik*. – Wie aber soll diese aussehen? Das hängt von den *Aufgaben* ab, die wir ihr stellen. |

II.

Dabei, daß politisches Leben von *Parteien* getragen wird, wird es bleiben. Aber den neuen Aufgaben entsprechen *neue* Parteien. »Neu« vor allem hinsichtlich der *Personen*. Schlimm genug, daß die technisch unentbehrlichen Parteiapparate (Sekretäre, Korrespondenzen und Vertrauensmänner) die Parteien auch nach Entleerung von jeder Spur ihres alten Sinnes unsterblich zu machen pflegen. Wenigstens für die Personen der Führer darf das aber nicht gelten. Wenn beispielsweise die nationalliberale Partei fortbestehen sollte, wie ein Teil es will, so kann sie doch unmöglich für eine demokratische Neuordnung mit Führern vor die Wähler treten, welche die Hetze gegen die »westliche« Demokratie mitmachten, oder für den Völkerbund mit solchen, welche Flandern oder Briey angliedern wollten, die wahnsinnige Baltenpolitik stützten, die unglaubliche Note an Mexiko belobten, vor allem: den Tauchbootkrieg demagogisch erzwingen halfen. Sonst wird der Wahlkampf kein Ringen um die Zukunft, sondern eine zornige Abrechnung über die Vergangenheit. Wenn jetzt 22 Monarchen abdankten, weil man sie getäuscht hatte, so müssen auch die verdientesten – zum Teil persönlich durchaus sympathischen – Parteihonoratioren aus ihren Irrtümern, welche schließlich Deutschlands Existenz gekostet haben, die Konsequenzen ziehen, anstatt als Lohn für möglichst schnelles Umlernen alsbald wieder Parteieinfluß oder gar Mandate zu verlangen. Ähnliches gilt in anderer Art für die Linke. Vorgänge wie kürzlich im ersten Berliner Wahlkreis – die Ausschaltung fast des einzigen »ministrablen« Politikers der Linken – sind tödlich: die Nation, zumal die feldgraue, hat das *völlig satt*. Verjüngung, und zwar tunlichst *feldgraue* Verjüngung, fordert die Stunde für die neuen Aufgaben. Welches sind diese selbst?

1. Klarer Verzicht auf imperialistische Träume und also rein *autonomistisches Nationalitätsideal:* Selbstbestimmung aller deutschen Gebiete zur Einigung in einem unabhängigen Staat zu *rückhaltlos friedlicher* Pflege unserer Eigenart im Kreise des Völkerbunds. Nicht von uns allein hängt es ja ab, ob *nationaler Pazifismus* unsere

dauernde Gesinnung bleiben kann. Werden, wie vor 1870, unserer Einigung (wenn und soweit die Deutschen, insbesondere die Österreicher, sie selbst wollen) Hindernisse bereitet, werden uns *außer* dem Elsaß, über dessen staatliches Schicksal wir, nachdem es dem alten Regime in 50 Jahren *nicht* gelang, dieses kerndeutsche Land uns innerlich zu | gewinnen, diesen Frieden, der hoffentlich wenigstens seine Eigenart wahrt, als Schlußurteil eines langen Prozesses ehrlich akzeptieren wollen, deutsche Gebiete im Westen oder gar Osten abgenommen, werden uns über die Entschädigung Belgiens hinaus unter dem Vorwand von Schäden, welche aus der Tatsache des Kriegs als solcher und aus beiderseitigen Handlungen herrühren, Fron- und Schuldpflichten auferlegt, – dann wird, nach einer Epoche von bloßem Ermüdungspazifismus, jeder letzte Arbeiter, der das spürt, Chauvinist werden! Der Völkerhaß ist in Permanenz und die *deutsche Irredenta* mit all den dabei üblichen *revolutionären Mitteln der Selbstbestimmung* flammt auf. Gegen die Fremdherrschaft sind auch die Mittel der Spartakusleute recht, und die deutsche studierende Jugend hätte eine Aufgabe. Der Völkerbund wäre innerlich tot, daran könnten keine »Garantien« etwas ändern. Die englische Politik hätte sich einen Todfeind geschaffen, und Präsident Wilson wäre nicht der Friedensstifter der Welt, sondern der Stifter unendlicher Kämpfe.

2. Kommt – wie wir wollen und hoffen – ein Friede zustande, den wir innerlich aufrichtig annehmen können, dann ist *gründliche Entmilitarisierung* die Parole. Also zunächst natürlich die bisher fehlende Unterordnung der Militärgewalt unter die bürgerliche. Der international zu vereinbarende *Übergang zum rein defensiven Milizsystem* wird sie ohne weiteres zur Folge haben. Wehrlosigkeit bedeutet sie nicht und darf sie schon deshalb nicht bedeuten, [weil und] solange das Wiederaufflammen der in *allererster* Linie am Kriege schuldigen imperialistischen Gefahr von *Rußland* – außer Amerika dem einzigen Lande, welches den Boykott auch eines Völkerbundes leicht ertrüge – nicht endgültig gebannt scheint.

3. Die *Beseitigung der hegemonialen großpreußischen Struktur* des Reiches, welche in Wahrheit die Herrschaft einer Kaste bedeutete, ist auch für die preußische Demokratie Programmpunkt. Unentbehrlich wäre sie zumal für die Einigung mit Österreich, welche übrigens dem Reiche – seien wir uns klar! – *nicht* Macht und Geschlossenheit, sondern schwierige Probleme und Lasten zuführen wird und muß, jedenfalls aber seine äußere Kraft nicht steigert, also keine real-

politische, sondern eine rein gefühlspolitische Notwendigkeit ist. Wien ist noch weniger als München von Berlin aus zu regieren. Behördenverteilung auf die großen Zentren, abwechselnde Tagung des Parlaments in Berlin und Wien oder ständig an einem ganz neuen Ort und ähnliches wären ja | Äußerlichkeiten, – aber doch nicht bedeutungslos. Gerade im *gegenwärtigen* Moment müßte jedenfalls die Konstituante, um unter einem weithin sichtbaren Zeichen der Neuerung zu tagen, *in einer anderen Stadt als Berlin,* einerlei ob Frankfurt, Nürnberg, München, zusammentreten. Ihre Aufgabe ist es, eine Verfassung zu schaffen, welche im Interesse des Gleichgewichts der Stämme nicht nur die jetzigen formellen Vorrechte Preußens beseitigt, sondern zur Kompensation seines bleibenden materiellen Schwergewichts staatspolitische Gegengewichte darbietet. Welche?

4. *Unitarische oder föderalistische Lösung?* Einheitsstaat oder Bundesstaat? Man muß sich klarmachen, und wir kommen öfters darauf zurück: daß dafür vor allem die *wirtschaftliche* Zukunftsorganisation wichtig ist. Eine wirklich streng sozialistische Organisation würde für die einheitliche Wirtschaft auch ein *einheitliches* politisches Gehäuse fordern. (Nur eine Scheinausnahme wäre die »Munizipalisierung« lokaler Bedarfsbetriebe: Gas, Wasser, elektrische Beleuchtung, Trambahnen usw. durch die Gemeindeverwaltungen, da sie ja hinsichtlich der Produktionsmittel: Kohle, Maschinen usw. einschließlich der Arbeitskräfte schließlich doch in den staatssozialistischen Gesamtplan, der ihnen diese zuweisen müßte, eingefügt blieben.) Jede wirklich »autokephale«, d. h. mit gänzlich selbständigen Beamtenstäben arbeitende, und »autonome«, d. h. nach eigenen Satzungen wirtschaftende, Selbstverwaltung von Provinzen, Staaten, Gemeinden auf der *Produktionsseite* und in den Finanzen würde Hemmnis, Verschwendung, Mangel einheitlicher nationalwirschaftlicher Planmäßigkeit bedeuten. Dagegen jede *privatwirtschaftlich* selbständige Organisation durch freie Unternehmer, auch durch selbstgeschaffene Unternehmerverbände, kann sich mit dem Föderalismus vertragen und auch über die einzelstaatlichen Grenzen hinweg Teilwirtschaftsgebiete syndizieren, wenn nur Recht, Währung, Handelspolitik und Produktionssteuern einheitlich geordnet sind. Vorfrage der politischen ist also diese wirtschaftsorganisatorische Grundfrage. Gehen wir ihr, da sie ja an sich höchst aktuell ist, entschlossen zu Leibe.

Kann, fragen wir, der Unternehmer *wirtschaftlich so ausgeschaltet* werden, wie die vielbeklagte politische Ohnmacht des Bürgertums den Laien vermuten läßt? Man mag es bedauern oder nicht: das ist *nicht der Fall.* Zeitlage sowohl wie Dauerlage unserer Wirtschaft verhindern es. |

Erstens: die *Zeitlage.* Sie ist einfach die: nicht nur die Neuordnung, sondern die einfache Wiederinstandsetzung, ja schon die bloße Ernährung der Nation bedarf auf lange Jahre *Kredit.* Und zwar *Auslandskredit,* ganz deutlich: *amerikanischen* Kredit. Über diese unvermeidliche ökonomische Fremdherrschaft täusche sich niemand. Eine rein *proletarische Regierung* aber, auch die beste, *ist für das Ausland kreditunfähig.* Die ihr zugänglichen Ersatzmittel für den Kredit: Notenpresse und Konfiskation, wälzen die Last auf die Schultern kommender Jahrzehnte, ohne zu helfen, und erzwingen schließlich erst recht und dann auch formell die Pfandherrschaft des Auslands. Denn mit entwerteten Noten kann das Ausland nichts anfangen, Konfiskationen aber erregen ihm den Verdacht, daß seine eigenen Kredite nicht sicher sind. Es wird dann *reale* Garantien fordern und diese *militärisch* schützen. Nur eine Regierung und nur eine Wirtschaft *bürgerlicher* Struktur erhält Kredit. Deshalb: weil nur das Bürgertum an dem privatwirtschaftlichen Unterbau der Wirtschaft, der allein das, was das Ausland als Sicherheit seiner Forderungen braucht: die *Geld*steuerkraft verbürgt, ein hinlänglich starkes, als Garantie dienendes *Eigen*interesse hat, welches durch keinerlei noch so hübsch ausgeklügelte »Naturalrechnung« einer sozialistischen Gesellschaft ersetzbar ist. Ja noch mehr. Vor die Wahl gestellt, dem bürokratisierten Apparat einer sozialistischen Wirtschaft *oder* einem Konsortium freier Banken oder etwa schwerindustrieller Wirtschaftsorganisatoren den *gleichen* Betrag zu kreditieren, würde das Ausland keinen Augenblick mit der Antwort zögern: *nur diesem letzteren.* Die *Beweise* dafür könnten durch Tatsachen der Gegenwart erbracht werden. Daran ist gar nichts zu ändern. Was also unter der Verlegenheitsphrase von der »Verstaatlichung der Banken« verstanden sein soll (außer etwa die Beseitigung der privaten Aufsichtsratsrechte bei der schon jetzt staatlich geleiteten Notenbank, also etwas für die Wirtschaftsstruktur ganz Gleichgültiges), ist völlig unerfindlich. Die »Verstaatlichung der Aktiengesellschaften« vollends ist eine leere Redensart, wenn man doch nun einmal gewaltige Auslandskapitalien braucht, also den Privatbesitz zwar beliebig hoch besteuern oder gegen Entschädigung enteignen, *nicht* aber *konfiszieren* darf, – weil man sonst wiederum *keinen Kredit* vom Ausland bekommt. Die allgemeine Bemerkung EISNERS, daß eine zerstörte und ausgepowerte Wirtschaft kein Boden für den Sozialismus sei, bewährt sich *hierin* in charakteristischer Art. Ein paar Milliarden für Nahrungs|mittel erhält auch eine sozialistische Regierung kreditiert, da ja der Feind Pfänder in der Hand hat, *Retablierungs*kredit, wie wir ihn brauchen, erhält nur eine *bürgerliche* Regierung.

Aber von dieser Zeitlage abgesehen? Das sozialistische Programm verkündet jetzt in Verleugnung älterer politischer Prinzipien: den Staatssozialismus. Sogar mit der Formel: »Erhaltung der Kriegswirtschaft«. Für die Übernahme in die Staatsverwaltung, also in eine Verwaltung durch *Beamte* statt durch Unternehmer, – für diese staatssozialistische Bürokratisierung verwaltungstechnisch »reif« wären heute z. B. die Versicherung[en] und die Bergwerke. Sicher aber *nicht* die für Deutschlands handelspolitische Eigenart besonders wichtigen Fertigindustrien, welche zum Teil jeglicher Organisation spotten. Zwischen beiden stehen Industrien, die für eine Zwangs-Syndizierung mit Staatsaufsicht oder allerhand Stufen zeitweiliger Markt- und Rohstoffbezugsregulierung »reif« wären. Aus Rohstoffmangel sind sie ja solchen Maßregeln jetzt teilweise unterworfen und könnten es rein technisch zum Teil vielleicht bleiben. Zum Teil aber müßten sie später notwendig zu weitgehend autonomer Privatwirtschaft zurückkehren, um mit dem Ausland konkurrieren zu können. Bei der Landwirtschaft versteht sich, nach Vornahme der nötigen Enteignungen von Großgrundbesitz, die Privatwirtschaft (mit freier Vergenossenschaftung) überhaupt von selbst. Trotz aller Kontrolle und Eingriffe und obwohl die Wiederkehr der alten *vor*kriegsmäßigen Verhältnisse nur von naiven Gemütern erhofft wird, steht also dem Schwergewicht nach gerade die *Erhaltung* des privatwirtschaftlichen *Prinzips:* – der Unternehmerwirtschaft – *unvermeidlich* bevor und wäre die Parole: »Aufrechterhaltung der Kriegswirtschaft«, als Dauerzustand gedacht, dilettantisch. Wie funktionierte denn eigentlich diese Kriegswirtschaft? Aufgebaut auf der Zulässigkeit jener ungeheuerlichen Einseitigkeit des Ziels und jener Unwirtschaftlichkeit, welche den Krieg nun einmal als Feind der Wirtschaftlichkeit – als ein *»Leben vom Kapital«* – kennzeichnen, würde sie bei Fortsetzung im Frieden Bankerott bedeuten. Hingegen eine Ausschaltung des *Unternehmers* bedeutete sie bekanntlich ganz und gar *nicht.* Im Gegenteil. Nur in anderer Form, öffnete sie dem Unternehmer Tür und Tor. Nicht nur in Form der Kriegsgewinne von Lieferanten.

Nein, gerade das Staatssozialistische ihrer Organisationen konnte ohne ihn gar nicht bestehen. Ihre wirklich großen wirtschaftsorganisatorischen Gedanken und Leistungen stammen fast durchweg von *Geschäfts|leuten, nicht* von Bürokraten. Massenverschleiß und teilweise Korruption herrschten gerade da, wo die reine Beamtenwirtschaft solche ihr nun einmal nicht gemäße und ungewohnte Leistungen vollbringen wollte. Und für normale Zeiten wird der Satz erst recht wieder gelten: daß der autonome Unternehmer ein *Prämienlohnarbeiter für Organisationszwecke* ist, der Beamte aber ein Zeitlohnarbeiter (und zwar, im Gegensatz zum Arbeiter, ein solcher *ohne* wirksame Auslese nach seiner Leistung), daß der erste eigenverantwortlich, der andere dagegen auf Risiko des Staatssäckels wirtschaftet, und daß demgemäß die Arbeiterschaft – mag sie *für sich selbst* zum Akkord- und Prämienlohnsystem stehen, wie sie will – doch *daran* ganz gewiß nicht interessiert ist, daß die *Schaffung von Erwerbsgelegenheit* für sie *nur* »im Zeitlohn« durch Bürokraten erarbeitet werde. Wir haben wahrlich keinen Grund, die Herren der Schwerindustrie zu lieben. Ihren verderblichen *politischen* Einfluß auf das alte Regime zu brechen, ist ja eine Hauptaufgabe der Demokratie. *Wirtschaftlich* aber ist ihre Leistung nicht nur unentbehrlich, sondern *wird es gerade* mehr als je *jetzt*, wo unsere ganze Wirtschaft und alle ihre Erwerbsgelegenheiten neu organisiert werden müssen. Mit Recht hat das kommunistische Manifest den *ökonomisch* – nicht: politisch – *revolutionären* Charakter der Arbeit der bürgerlich-kapitalistischen Unternehmer hervorgehoben. Keine Gewerkschaft, noch weniger ein staatssozialistischer Beamter kann uns diese Funktionen ersetzen. Man muß sie nur an der rechten Stelle verwenden, ihnen zwar die unvermeidlichen Prämien – des Profits – hinhalten, sie aber sich nicht über den Kopf wachsen lassen. *Nur* so ist – heute! – Fortschritt zur Sozialisierung möglich. Jeder geschulte Sozialist weiß das; bestreitet er es, so ist er nur ein Schwindler. Das Ressentiment und die ständischen Instinkte der akademischen Literaten aber gegen Menschen, die von ihnen nicht examiniert sind, dennoch aber – Geld verdienen und Macht ausüben, wäre für die wirtschaftlich fortschrittlichen Arbeiter der schlechteste aller Berater.

Die Demokratie wird *alle* Literatenschlagworte, heißen sie »Organisation« oder »freie Wirtschaft«, »Gemeinwirtschaft« oder »Durchstaatlichung«, oder *wie immer*, ablehnen. Die Bezeichnung einer Maßregel als »sozialistisch« oder umgekehrt als »liberal« bedeutet ihr weder Empfehlung noch das Gegenteil. Für jedes Teilwirtschaftsgebiet fragt sie vielmehr ganz ausschließlich nach dem *sachlichen* Resultat, danach also: wie man dazu gelangt, einerseits die *Erwerbschancen der | breiten Arbeitermassen* zu verbessern, andererseits die *Ausgiebigkeit der Bedarfsversorgung* der Gesamtbevölkerung zu erhöhen.

Staatstechnisch bedeutet dies alles: daß die unitarische Lösung uns nicht unbedingt aufgezwungen, daß vielmehr Raum für den Föderalismus ist, wenn man ihn aus anderen Gründen wählen muß. Die rein unitarische Lösung wäre nun aber nach der Zeitlage nicht möglich. Wirtschaftlich nicht: Österreich hat eigene Währung und Notenbank, heterogene Finanzwirtschaft und handelspolitische Bedürfnisse. Politisch nicht: daß *die Feinde, unter deren Fremdherrschaft wir stehen, sie niemals dulden würden,* liegt auf der Hand. Aber davon ganz abgesehen: die berechtigte Eigenart nicht nur Österreichs, sondern auch Bayerns würde ihr scharf widerstreben. Drängt so alles zum republikanischen Föderativstaat, so fragt sich, wie dieser auszusehen hat? Man wird bei allen Grundinstitutionen die *Wahl* zwischen mehreren, weiterhin kurz zu skizzierenden Prinzipien haben. Wir stellen diese zunächst einander gegenüber.

III.

Es wird dabei, um es zusammenzufassen, von folgenden Voraussetzungen ausgegangen:

1. daß die Föderativ*republik* erstrebt werden soll. Ob sie tatsächlich kommt, hängt u. a. auch davon ab, ob die Berliner Gewaltherrschaft nicht entweder den Separatismus bis aufs äußerste stärkt oder (vielleicht gleichzeitig) dynastische Gegenströmungen anwachsen läßt. In Österreich scheinen diese stark zu sein, und dadurch könnte eine ganz neue Situation für uns entstehen. Denn wir gehen davon aus, daß
2. die groß*deutsche* Lösung beabsichtigt ist, was weiter bedeutet, daß
3. die groß*preußischen* Bestandteile der Verfassung am unbedingtesten beseitigt werden müssen. Dies hat vor allen Dingen eine jetzt erst, auf republikanischem Boden, mögliche Folge: daß die *Verbindung der höchsten Spitze des Reichs mit der preußischen Staatsspitze künftig fortfällt,* und daß auch die preußischen »hegemonialen« Vorrechte im Bundesrat (Art. 5 Abs. 2, 7 Abs. 3, 11 Satz 1, 15 Abs. 1, 37) und die Rechte Preußens aus den Militärkonventionen künftig fort-

fallen. Hier liegt nun, bei dem durch keine Paragraphen zu beseitigenden Gewicht des preußischen Gebietsumfanges, seiner | Bevölkerung und seiner Wirtschaftsstellung, sowohl als Absatzmarkt wie als Produktionsgebiet, und bei der riesigen Machtstellung des preußischen Verwaltungsapparats und seiner Leitung, die Quelle fast *aller* Schwierigkeiten des deutschen Föderalismus. Denn wir nehmen an, daß

4. eine dauernde *Zerschlagung Preußens* in Teilstaaten, wie man sie aus föderalistischen Gründen in der Vergangenheit erörtert hat, finanziellen und verwaltungstechnischen Schwierigkeiten so großer Art begegnen und die Gefahr des ostelbischen Partikularismus so steigern würde, daß sie schwerlich in solchem Umfang in Betracht kommt, daß nicht doch dem von Berlin aus verwalteten Gebiet ein gewaltiges Übergewicht verbliebe. Würde sie dennoch sich als möglich erweisen und durchsetzen[1] – und »Berlin« wirkt ganz in diesem Sinn –, dann | würden wir sie akzeptieren. Aber vorerst scheint sie uns trotz allem noch unpraktisch. Ist dem so, dann würde es sich also um die Schaffung *staatsrechtlicher* Gegengewichte gegen das *tatsächliche* Schwergewicht Preußens handeln. – Dieses alles vorausgesetzt, fragt sich zunächst zweierlei: *Parlamentarische oder plebiszitäre Struktur?*, und damit zusammenhängend: *Delegierten- oder Repräsentantenverfassung* für die Organe, welche *neben* dem selbstverständlich für das Reich fortbestehenden Volkshaus (Reichstag) zu schaffen sind: für diejenigen also, welche an Stelle des bisherigen Bundesrats und der bisherigen Reichsregierung (Kaiser, Reichskanz-

[1] Eine Zusammenlegung oder Zerteilung von Einzelstaaten auf dem Boden des Reichsgebietes könnte die Reichsverfassung ausdrücklich vorsehen, indem sie – einem von anderer Seite gemachten Vorschlag folgend – Normativbestimmungen für den Fall aufstellte, daß eine Konstituierung neuer Staatswesen auf dem Boden bisher schon bestehender oder eine Verschmelzung anderer mit Nachbarstaaten stattfände oder versucht würde. Für die Verschmelzung kämen Hohenzollern, Oldenburg, Mecklenburg-Strelitz, die Zwergstaaten der norddeutschen Ebene (außer Hamburg und Bremen), sowie alle Enklaven durch Anschluß an den umgebenden Staat, für Thüringen durch Zusammenschluß zu einem Einheitsstaat in Betracht. Für die Zerteilung oder Abgliederung vor allem: Preußen. Die formelle Voraussetzung für die Einleitung der Zerteilung – was ja allein ernste Schwierigkeiten macht – wäre wohl der Antrag eines hinlänglich großen Bruchteils (etwa: $^1/_5$) der Wohnbevölkerungen innerhalb eines geographisch zusammenhängenden Gebietes, in Preußen wohl mindestens: einer Provinz. Bei Vorliegen eines solchen Antrages hätte das Reich innerhalb der Provinz die Wahl von Kommissären zu veranlassen, welche zunächst mit den Zentralinstanzen des bisherigen Zugehörigkeitsstaates über die

ler und Staatssekretäre) treten sollen. Sie sind es, die, im Gegensatz zum Volkshaus, die größten Schwierigkeiten machen.

Die bisherige Hegemonialverfassung nötigte die übrigen Bundesstaaten dazu, sich durch verfassungsmäßige Reservat- und Sonderrechte zu sichern gegen Preußens Herrschaft, welche sich auf seine Finanzübermacht, auf die Kommandogewalt und Exekutive des Kaisers, im Bundesrat aber auf die absolute Abhängigkeit der stimmberechtigten Zwergstaaten stützte. Die Zwergstaaten werden, nehmen wir an, entweder durch Zusammenschluß (Thüringen?) oder Einverleibung ihr sinnloses Dasein beschließen[1]. Die verbleibenden Mittelstaaten aber können das, was ihnen bisher fehlte: Einfluß *im* Reich (statt nur: Freiheit *vom* Reich) sich nur dann sichern, wenn auch künftig eine Körperschaft besteht, in der sie mit einem gegenüber ihrer Volkszahl stark privilegierten Stimmverhältnis vertreten sind. Am radikalsten und deshalb in diesem *Maße* für uns unnachahmbar führen dies die amerikanische und die Schweizer Verfassung durch: unterschiedslos *gleiche* Stimmenzahl der Staatenvertreter im Senat bzw. Ständerat ohne alle Rücksicht auf die ungleiche Größe der Staaten (Delaware kaum 1/30 von Neuyork!). Sowohl die Verfassung von 1849 (z. B. Preußen 40, Bayern 20 Stimmen im – kleindeutschen – Staatenhaus von 168 Stimmen) als die Reichsverfassung von 1867/71 (Preußen 17, Bayern 6 Stimmen von 61 im Bundesrat) tun es in maßvoller Art. *Beide* aber in untereinander *radikal entgegengesetzter* Weise. Denn die für einen so gearteten Föderalismus grundlegende Frage wäre nun:

Vermögens- und Verwaltungsteilung einen Vergleich zu verhandeln und über die innerhalb bestimmter Frist nicht zur Einigung gebrachten Punkte, eventuell also die ganzen Fragen, den Schiedsspruch der Reichsregierung herbeizuführen hätten. Der so zustandegebrachte Rezeß wäre alsdann den Bevölkerungen der abzugliedernden Teile zur Volksabstimmung zu unterbreiten, ehe die Zulassung als Staat erfolgte. – Der Weg, von Reichs wegen planmäßig die Neuaufteilung der deutschen Landkarte zu unternehmen, wäre weitaus rationaler, aber sicher aussichtslos, da die Staaten sich dem nicht fügen würden. – Nach einem sinnreichen Vorschlag könnte man die Zerteilung Preußens *prämiieren*, indem man – neben dem Mindestumfang für die Zulassung als Staat (1 Million Einwohner) – auch eine sehr niedrige Höchststimmenzahl [für jenes] in der zu schaffenden föderativen Zentralkörperschaft (ein Fünftel aller) festsetzen würde. – Nicht unerwähnt bleibe aber, daß *alle* Abgliederungsgelüste in Preußen von sehr steuerkräftigen Teilen ausgehen, daher die Entwicklung der verbleibenden ärmeren Teile schwer hemmen würden. Politisch und ökonomisch Erwünschtes steht da im Konflikt miteinander.

[1] Siehe vorstehende Anmerkung.

1. *Bundesrat oder Staatenhaus? Delegierten- oder Repräsentantensystem?* Das erste bedeutet: in der *neben* dem Volkshaus stehenden Körperschaft sitzen von den einzelnen *Regierungen* | ernannte, jederzeit abberufbare, ausschließlich nach *Instruktionen* stimmende Delegierte, wie bisher im Bundesrat. Das zweite dagegen: dort sitzen von den einzelstaatlichen *Bevölkerungen* oder Parlamenten für *feste* Legislaturperioden *gewählte*, ausschließlich nach *eigener* Überzeugung stimmende Repräsentanten, wie in Amerika (Senat) und der Schweiz (Ständerat). Die Verfassung von 1849 ließ die Regierungen der Einzelstaaten und deren Volksvertretungen je die Hälfte der Repräsentanten für das Staatenhaus ernennen; sie bestimmte aber ferner, um das Einheitsgewicht der größeren Staaten möglichst zu brechen: daß die letztere Hälfte bei Staaten mit Provinzialständen durch diese, also landschaftsweise, nicht durch die Parlamente, zu wählen sei.

Jede *Parlaments*wahl der Staatenhausrepräsentanten bedeutet nun heute eine schon weitgehende Annäherung an das Delegationsprinzip, da sie ja praktisch dazu führt, daß die einzelstaatlichen *Parteien* ihre Vertrauensmänner entsenden. Direkte (natürlich: strikt demokratische) *Volks*wahl dagegen, vor allem aber landschaftsweise Wahl, steigern die Konsequenzen des Repräsentantenprinzips aufs äußerste. Denn jede Volkswahl des Staatenhauses, und am augenfälligsten in dieser Form, bedeutet grundsätzlich Ausschaltung der einzelstaatlichen *Regierungen* und *Parlamente*. Eben jener Mächte also, welche, im radikalen Gegensatz dazu, beim *bundesrätlichen* Delegationsprinzip durch ihre instruierten Vertrauensleute gerade die alleinigen Träger der unter sie sozusagen anteilsweise *repartierten* föderalistischen Anrechte am Reich wären. Eine landschaftsweise direkte Volkswahl eines *Staatenhauses* wäre demgegenüber nicht eine Vertretung der *politischen* Einzelindividualitäten, das heißt: der jeweiligen Inhaber der politischen *Macht* in den Einzelstaaten, sondern eine Vertretung der *landschaftlichen Eigenarten* des Volkes, das heißt: der in jeder größeren Landschaft jeweils vorwiegenden *Parteien*. Wir kommen darauf immer wieder zurück.

Die unterscheidende Eigenart eines auf Volkswahl beruhenden Staatenhauses gegenüber dem danebenstehenden Reichstag (Volkshaus) würde zunächst in der notwendig weit kleineren *Zahl* zum Ausdruck kommen. Kleinheit von Repräsentativkörperschaften bedeutet nach feststehenden Erfahrungen gesteigerte Aktionsfähigkeit, präzisere, kühl rational und weniger emotional-demagogisch bedingte Entschlüsse, mit anderen Worten: größere Fähigkeit zur *Macht.* Die dabei geopferte Allseitigkeit der Widerspiegelung des politischen Wollens hätte | demgegenüber eben das danebenstehende Volkshaus (Reichstag) zu bieten. Wie man dabei dem Volkshause gewisse Vorrechte beim Budget geben könnte, so würde man dem Staatenhaus wichtige qualitative Sonderleistungen zuweisen können: Verwaltungskontrolle einschließlich der Enquete und Beamtenanklage, Kontrolle der Verträge und der Diplomatie, Ratifikation wichtiger Ausführungsverordnungen, vielleicht auch, statt der fast unvermeidlichen latenten, einen offiziell anerkannten Anteil an der Ämterpatronage. Die zweite Besonderheit des Staatenhauses läge in der *Verteilung* der Mandate auf die Staaten. Bei landschaftsweiser direkter Volkswahl fiele freilich die Notwendigkeit einer von der Volkszahl wesentlich abweichenden Verteilung auf die Einzelgebiete fort. Sie wäre dort sogar sinnlos. Das erscheint zunächst als Vorzug. Aber dafür haftet eben diesem Landschaftsprinzip in besonders starkem Maße jene dem Staatenhaus, wie wir sahen, eigene Ignorierung des *Schwergewichts der politischen Gewalten* in den Einzelstaaten an. Gerade wir, denen die unitarische Republik an sich genehm wäre, dürfen das nicht übersehen. Unmittelbar zwingend war diese Forderung bei der bisherigen Identität des Reichsoberhaupts mit dem preußischen Staatsoberhaupt. Bei der künftigen Trennung beider fiele für die Gewährung fester Anteilsrechte der Einzel*regierungen* an der Reichsregierung *dieser* besondere Grund fort. Aber die schwere Diskreditierung »Berlins« und jetzt das tatsächliche Nebeneinanderbestehen einzelstaatlicher Konstituanten neben der Reichskonstituante würden den Einzelregierungen sicher eine starke Position geben, wenn sie verlangen sollten, bei der Zentrale in einer Körperschaft durch instruierte Vertrauensmänner, und zwar derart vertreten zu sein: daß das Gewicht ihrer Stimme keinesfalls durch Preußen erdrückt werden könnte. Und man darf nicht vergessen: in einem Staatswesen mit solchen ökonomischen und finanziellen Problemen, wie wir sie vor uns liegen sehen, wird noch weit stärker, als dies ohnehin der modernen Entwicklung entspricht, die Anteilnahme von *Regierungs*vertretern an der laufenden *Verwaltung* und ihrer Kontrolle und Instruktion das Entscheidende, mindestens so wichtig wie die Teilnahme der *Bevölkerung* an großen *Stimm*körperschaften. Diese *aktive* Teilnahme an der Verwaltung aber kann vom einzelstaatlichen Standpunkt in der Tat am besten durch instruierte Beamte ausgeübt werden. Ein Staatenhaus, vollends ein auf Volkswahlen und womöglich auf Grundlage landschaftlicher Wahlen ruhendes, böte dafür keinen vollen Ersatz. |

Aus dem allen würde folgen: zunächst Verteilung der (etwa 50) Mandate nach verbessertem Bundesratsprinzip (also etwa: 15 preußische[1], 12 österreichische, 7 bayerische usw. Mandate). Ferner: *nicht* landschaftliche Volkswahl. Bliebe man nun aber bei der staatenweisen Wahl durch die *Parlamente* der Einzelstaaten (natürlich in diesem Fall: unter Erlöschen des Mandats bei jeder allgemeinen Parlamentsneuwahl im betreffenden Einzelstaat, da ja die Repräsentanten dann Parteivertrauensmänner wären, also die jeweilige Parteikonstellation in ihrem Staat nicht überdauern dürften), dann würde dies doch dem bundesrätlichen *Delegationsprinzip* schon *so nahe* stehen, daß vielleicht die einfache Übernahme des jetzigen Bundesrats die reinlichste Lösung wäre. Natürlich unter Neuverteilung der Stimmen, Streichung der Zwergstaaten, Wegfall aller Vorrechte der Präsidialstimme, Wechsel des Vorsitzes, Erhaltung und vielleicht Erweiterung der unentziehbaren Sonderrechte. Zumal die Staatenhauslösung indirekt vielleicht doch zu ähnlichem Resultat führt. Würde man nämlich das Staatenhaus auf Grundlage des Repräsentationsprinzips (also: mit Volkswahl) durchführen, so entstünde, *wenn* dennoch die Einzel*regierungen* mit Erfolg Anspruch auf gesicherten Anteil an der Zentral*verwaltung* erheben sollten – und das würden sie wohl tun –, alsbald die Notwendigkeit, nun noch *neben* dem Staatenhaus und Volkshaus nicht nur überhaupt eine Spitze, sondern eine föderalistische, anteilsweise unter den Bundesregierungen repartierte Spitze zu schaffen oder anderweit für eine stetige Verbindung der Reichsregierung mit den Einzelstaatenregierungen (durch Agenten oder ständige Kommissionen) zu sorgen[2]. Man hätte dann nur, neben dieser föderalistischen Spitze, *zwei* Wahlkammern und das Bundesratsproblem verschöbe sich also sozusagen nur auf eine andere Stufe.

Müssen oder *sollen* denn nun aber die Einzelregierungen jenen Anspruch auf repartierten Regierungsanteil, die Quelle aller dieser

[1] Siehe dazu oben Seite 462 Anmerkung!

[2] Wird das Staatenhaus auf reine Legislative beschränkt, so ist dies Problem besonders wichtig.

Schwierigkeiten, erheben? Vom rein *demokratischen* Standpunkt aus gesehen, unzweifelhaft: *nein!*, da ja ihre *Bevölkerungen* im Volkshause sowohl wie im Staatenhause, in diesem in einem gegenüber Preußen privilegierten Maß, vertreten sein würden. Allein, jede autokephale politische Organisation strebt nach Macht – wir werden noch | öfter erörtern: *weshalb?* – und würde dies Streben sicher rein partikularistisch, im Gegensatz *gegen* die Zentrale, betätigen, wenn man ihr den Quotenanteil an dieser vorenthielte. Und gewisse sachliche Gründe lassen sich ja, sahen wir, für ihren Anspruch auf diese Repartierung anführen. Man könnte versuchen, auf *einem* von zwei Wegen dem zu entgehen. Entweder: durch *Beseitigung* der einzelstaatlichen Autokephalie, also: statt der Eigenwahl der Staatsoberhäupter durch die *Einzel*staatsvölker oder durch deren Parlamente die *Ernennung* durch die Zentralgewalt, wie z. B. in Kanada. Diese, formell angesehen, »zentralistische« Lösung würde unter deutschen Verhältnissen schwerlich Chancen haben, wenn daneben nicht wiederum die Zentralinstanz ihrerseits irgendwie föderalistisch, also repartitionsmäßig (und natürlich: unter Begünstigung der kleineren Staaten) zusammengesetzt würde: – man sieht, immer wieder die gleiche Verschiebung des »Bundesratsproblems«. Oder, der zweite Weg: die Autokephalie bleibt bestehen, das Verlangen aber nach föderalistischer Repartition der Zentrale wird ausgeschaltet durch *ganz radikale Gewaltenteilung* zwischen Einzelregierung und Zentralregierung. Also durch Trennung sowohl der sachlichen Zuständigkeiten, wie der positiven Aufgaben, wie der dafür zur Verfügung stehenden Beamtenstäbe, wie, endlich und vor allem, der verfügbaren *Einnahmequellen.* Im Erfolg also derart, daß die beiderseitigen Verwaltungsapparate von der Spitze bis zum Boden wie selbständige, sich nie vermischende Röhrensysteme nebeneinander herliefen. Der diesem Prinzip nahekommende amerikanische Staatenpartikularismus wäre nun aber für uns schon aus Gründen unserer Sozialpolitik nicht annehmbar. Die Art der Beziehung zwischen Bund und Kanton in der Schweiz stände unseren Möglichkeiten trotz der ziemlich stark abweichenden Kompetenzverteilung künftig, wenn einmal die großpreußische Struktur fortfällt, innerlich näher. Der Versuch aber, einfach diese Lösung zu übernehmen, würde auf starken Widerstand stoßen. Die *Eigenverwaltung* des Bundes ist in der Schweiz, mit unseren Zukunftsbedürfnissen verglichen, gering. Wir werden später sehen, daß auch die *Finanz*verhältnisse ein ernstes Wort *dagegen* sprechen. Im ganzen: vom Standpunkt der *Sozialisierung* ist möglichster Zentralismus dringend erwünscht. Bei uns besteht nun aber der Widerspruch, daß sachliche Gründe der *Zukunft* für eine stark *zentralistische,* Reminiszenzen aus der *Vergangenheit* aber sowie Stimmungen und politische Macht- und Interessenkonstellationen der | *Gegenwart,* von denen noch mehrfach die Rede sein wird, für die *föderalistische* Lösung, innerhalb dieser aber für das Delegations- und Repartitionsprinzip, wie es im bisherigen Bundesrat verkörpert war, ins Gewicht fallen werden. Und ganz allgemein gesagt *fehlt* bei uns die für jedermann anschauliche alltägliche Probe auf das in der Schweiz vortrefflich geglückte Exempel: der augenfällige Erfahrungs*beweis* dafür, daß Eigenart und Interesse aller Stämme bei uns in der Obhut einer Verfassung vom (ungefähren) Charakter entweder der kanadischen oder aber der schweizerischen – also: mit einem Staatenhaus – ebenso gut gewahrt werden können wie bei weiterer Beibehaltung der überlieferten Bundesratsverfassung. Und gerade wenn Preußen Einheitsstaat bleibt, wird der Versuch, *ohne* diesen Beweis Glauben zu finden, wohl erfolglos bleiben, besonders *dann,* falls der Sitz der zentralen Reichskörperschaften *Berlin* bleiben sollte. Ich wäre meinerseits prinzipiell für die *Staatenhausverfassung* aus politischen und verfassungstechnischen Gründen, muß aber mit der Unvermeidlichkeit der Bundesratslösung rechnen. Schon die jetzigen Beziehungen der revolutionären Regierungen zueinander weisen ja darauf hin.

Wie nun der neue Bundesrat, falls er aus diesen letztlich nur geschichtlich erklärlichen Gründen trotz allem in veränderter Form wieder erstehen sollte, fungieren, welches seine Befugnisse und also seine positive Bedeutung innerhalb des künftigen deutschen Verwaltungssystems sein könnte, das hängt zunächst natürlich von der *Aufgabenverteilung* zwischen Reich und Einzelstaaten ab. Außerdem aber – und das soll uns zunächst interessieren – von der Art der Struktur der künftigen *Reichsregierung:* jener Gebilde also, welche an die Stelle von Kaiser, Kanzler und Bundesrat treten.

IV.

2. *Plebiszitäre, parlamentarische oder föderalistische Reichsspitze?* An die Stelle des Kaisers könnte äußerlich am leichtesten eine *Einzelperson* treten. Gewählt entweder 1. direkt durch das Volk, wie der

Präsident der Vereinigten Staaten, oder 2., wie der Schweizer Bundesrat einschließlich des Bundespräsidenten, durch das Reichsparlament. Im letzteren Fall: durch das Volkshaus allein, falls daneben ein Bundesrat von instruierten Delegierten steht. Oder, wenn ein Staatenhaus geschaffen würde, durch beide Häuser gemeinsam wie | in Frankreich. (Oder endlich, da das Staatenhaus hoffentlich höchstens ein Achtel der Mandate des Volkshauses haben wird, durch das Staatenhaus und einen durch Proporz zu delegierenden Bruchteil des Volkshauses.) – Der Unterschied zwischen 1 und 2 ist politisch bedeutend. Ein auf die revolutionäre Legitimität der Volkswahl gestützter Reichspräsident, der also zu *eigenem* Recht den Reichskörperschaften gegenüberstände, hätte eine unvergleichlich andere Autorität als ein parlamentarisch gewählter. Dies auch dann, wenn man ihn noch so streng auf suspensives Veto und das Recht der Volksbefragung, im übrigen aber auf die reine Exekutive beschränkte, auch bei der Ämterpatronage weitergehend als z. B. den amerikanischen Präsidenten binden würde – wovon später. (Das Auflösungsrecht – oder ein Äquivalent dafür, etwa Anrufung des Referendums – würde man ihm bei unserer Parteienlage nicht gut nehmen können.) Diese Macht wäre ein großer Vorzug des Volkswahlpräsidenten vom Standpunkt möglichst straff sozialistischer Organisation. Denn für die Sozialisierung wäre die starke Hand in der *Verwaltung*, also ein als Vertrauensmann des Volkes legitimiertes Haupt der Exekutive, entscheidend. Parlamente könnten hier nur Kontrollorgane sein. Die von amerikanischer Seite anerkannten schweren Schäden der Präsidentschaftswahlkampagne und ihre Riesenkosten hängen dort, wenigstens zum Teil, am Beutesystem – dem Grundsatz, daß mit dem neuen Präsidenten auch die von ihm ernannten Beamten wechseln –, das die Interessen mehrerer hunderttausend Stellenjäger mit dem Ausgang der Wahl verknüpft. Während daher wir immerhin doch noch »Weltanschauungsparteien« haben, und zwar mindestens vier, führen dort normalerweise zwei große Parteien *reine* Amtsbesitzkämpfe, sind an sich fast »gesinnungslos«, wechseln vielmehr ihre Programme je nach den Chancen der Werbung. Unsere Art der Ämterbesetzung würde die Amtsbesitzinteressen beim Wahlkampf zwar keineswegs auf Null bringen, aber doch ganz andere Voraussetzungen schaffen. Ein straffe bürokratische Parteiorganisation würde freilich auch bei uns notwendig die Folge plebiszitärer Präsidentenwahlen sein, und der eigentliche Wahlkampf würde auch hier in starkem Maße in die Parteien selbst (bei der Frage der Aufstellung des Präsidentschaftskandidaten) hineinverlegt werden.

Politische Bedenken kann diese Form bei denjenigen, für welche die republikanische Spitze rein als solche Glaubenssache ist, deshalb erregen, weil formell eine Volkswahl leicht künftig der Weg zur Retablierung | einer Dynastie (der gewesenen oder einer anderen) werden könnte, eine Chance, die durch dilettantische Experimente unerwartet schnell Bedeutung gewinnen könnte. Diese Gefahr schlage ich bei der Diskreditierung der Dynastien nicht hoch an. – Für die Volkswahl des Präsidenten fehlen infolge unserer langen inneren Ohnmacht ferner die überragenden, auf die Masse wirkenden, politischen *Führer*. Schon die reichsdeutsche Sozialdemokratie mit ihrem mühselig geleimten Zwist käme in arge Verlegenheit, und ein Import aus Österreich wäre für sie vielleicht nicht einfach. Noch schlimmer stände es bei den Bürgerlichen. Indessen das ist Zeitlage. *Dauernde* Gegner der plebiszitären Wahl würden alle gegen eine starke persönliche Reichsexekutive stehenden Schichten sein, also die partikularistischen Interessenten der politischen Macht der Einzelregierungen (des früher erörterten »Repartitions-Föderalismus«) ebenso wie streng liberale Gegner einer straffen Sozialisierung. Ebensowohl die meisten eingearbeiteten parlamentarischen Politiker. Nicht: die Parteipolitiker überhaupt. Denn die Volkswahl schafft ja lediglich eine Änderung der Ausleseform bei der Ämterpatronage. Weit entfernt, diese ganz zu beseitigen, *kann* sie sie allerdings weitgehend den Parlamentariern als solchen entziehen oder doch deren Einfluß einschränken. Ebenso nimmt sie diesen mindestens einen Teil des sachlichen Einflusses auf die Verwaltung mit allen jenen durch eine starke Sozialisierung nur noch gesteigerten ökonomischen Interessen, die daran haften. Wenn man auch den Volkswahlpräsidenten in der Wahl seiner Minister an das Vertrauen des Parlaments bände, so würde er als Vertrauensmann der Volksmillionen doch oft dem Vertrauensmann der jeweiligen Parteimehrheit im Parlament überlegen sein, um so überlegener, je länger man seine Amtsperiode machen muß. Und auf längere Zeit (sieben Jahre etwa) muß man sie bei jeder weitgehenden Sozialisierung im Interesse der Stetigkeit unbedingt bemessen. Durch die Zulassung eines Abberufungsreferendums auf Antrag einer qualifizierten Mehrheit des Reichstags könnte man ein Ventil schaffen. Immer läge, wenn man die Minister des Reichspräsidenten – anders als die der Vereinigten Staaten – an das

Vertrauen des Reichstags bände, die Frage: ob der parlamentarische Ministerpräsident oder der Reichspräsident der Stärkere wäre, von Fall zu Fall verschieden.

Geradezu *unmöglich* würde – das muß man sich klarmachen – ein effektiv parlamentarischer Minister dann: wenn *neben* dem Volkswahlpräsidenten ein nach *Instruktionen* stimmender Bundesrat mit | tatsächlicher Macht stände. Denn dessen Mitglieder wären ja nur den Einzelparlamenten, nicht aber dem Volkshaus, verantwortlich. Dieses könnte also zwar nach Belieben Minister stürzen, würde dadurch aber keinerlei sachliche Änderung der Politik und der von jenem plebiszitären Präsidenten instruierten Verwaltungspraxis erzwingen. Der letztere würde ihm seine Legitimation durch das Plebiszit, die Minister [würden ihm] den Willen der im Bundesrat vertretenen Einzelstaaten entgegenhalten. Der plebiszitäre Präsident würde dann wesentlich mit dem Bundesrat zu rechnen haben, dieser wesentlich mit ihm. Eine wirksame Verwaltungskontrolle könnte ein mit dem Enquete-Recht ausgerüstetes Volkshaus trotzdem recht wohl ausüben. Ebenso, mit Hilfe des Budgetrechts, die Geschäfte obstruieren und Entgegenkommen erzwingen. Das Odium solcher Schritte würde aber ihre häufige Verwendung hindern, also das parlamentarische Ministerium notwendig auf einen bescheidenen Einfluß beschränkt sein, das Volkshaus selbst aber in ähnlicher Art auf »negative Politik« – Beschwerde und Interpellation – wie der bisherige Reichstag. *Gegner* des Parlamentarismus kämen also bei *dieser* Verfassung (Volkswahlpräsident und Bundesrat) gut auf ihre Rechnung. Parlamentarismus und Demokratie sind eben *weit* davon entfernt, identisch zu sein.

Anders wenn kein Bundesrat, sondern ein gewähltes Staatenhaus neben Präsident und Volkshaus stände. Im Fall seiner Wahl durch die Einzelparlamente zwar lägen die Verhältnisse vielleicht ähnlich, da dann die Repräsentanten sich als Vertrauensmänner der einzelstaatlichen Parteien fühlen würden. Dagegen bei direkter, besonders aber bei landschaftsweiser, Volkswahl des Staatenhauses wäre ein nicht ganz ohnmächtiger, weil als Leiter der führenden Parlamentsmehrheit gestützter Ministerpräsident selbst neben dem Reichspräsidenten wenigstens *dann* möglich, wenn die Mehrheit beider Häuser die gleiche wäre. Wenn nicht, so wäre die Stellung des Reichspräsidenten wenigstens in der Verwaltung überragend. Ein reiner Parlamentarismus wie in Frankreich bestände auch dann nicht, da ja das Staatenhaus keine bloße Erste Kammer, sondern ein unmittelbar demokratisches, aber durch Landschaftsinteressen beherrschtes Gebilde wäre und, vor allem, der Reichspräsident eine selbständige Macht bliebe. –

Ganz anders, wenn ein Reichspräsident nicht durch Volkswahl, sondern, wie in Frankreich, durch *Parlamentswahl* gekürt würde. Beim Staatenhaussystem wäre dann Parlamentarismus, also ein als Vertrauensmann der herrschenden Partei »starker« Ministerpräsident, möglich. Und nur die Doppelverantwortlichkeit gegenüber den möglicherweise verschiedenartig parteigegliederten Häusern ergäbe Komplikationen. Stände aber in diesem Falle an Stelle des Staatenhauses ein Bundesrat von instruierten Regierungsdelegierten, dann wäre immer noch eine ähnliche Art von Parlamentarisierung durchführbar, wie sie schon im alten Regime bei Parlamentarisierung des Bundesrats hätte eintreten können. Da aber der Ministerpräsident (Reichskanzler) nun nicht mehr zugleich preußischer Minister sein und dem Bundesrat vorsitzen müßte, würde sein Ministerium, das die Vertrauensmänner des Volkshauses enthalten würde, sich *außerhalb* des Bundesrats konstituieren. Die natürliche Funktion dieses letzteren wäre dann: Beratung und Beschlußfassung über Gesetzesvorlagen und ferner: rein ausführende »Verwaltungsverordnungen«. Würde man ihm aber darüber hinaus irgendeine die Gesetze ergänzende Verordnungsgewalt (»Rechtsverordnungen«: – der Gegensatz ist vorhanden, aber flüssig) zugestehen, *dann* würde das Volkshaus wohl beanspruchen und jeweils gesetzlich festlegen, daß seine Vertrauensleute, die Minister, diese durch Veto sistieren könnten. Andererseits würde dem Bundesrat das Recht nicht vorenthalten werden können, bei den einzelnen Ministerien Kommissionen zur Kontrolle und Berichterstattung zu bilden. Die Regierung würde sich also durch Verhandlung zwischen Bundesrat und Ministerium vollziehen, der vom Parlament gewählte Reichspräsident aber auf formale Kontrolle und Legitimierung beschränkt bleiben wie der französische Präsident der Republik. –

Man könnte nun dem Gedanken nähertreten, statt des Reichspräsidenten ein *Regierungskollegium* mit reihumgehendem Präsidium zu schaffen, neben welchem also eigentliche Minister gar nicht, sondern nur technische Fachleiter stehen würden. Zur Arbeitsteilung würde es Fachreferate verteilen, aber keine Ressortscheidung kennen (wie in der Schweiz nach Art. 103 der Verfassung). Bestellt könnte es werden: – 1. durch Volkswahl mit Proporz im ganzen Reich. Ein bei unseren Parteiverhältnissen vielleicht naheliegender Gedanke. Bei der notwendigen Kleinheit dieses Regierungskollegiums aber (in der Schweiz 7 Mitglieder) würde ein Proporz die Minderheitsparteien wohl überproportional begünstigen müssen und damit Schwanken und Kompromisse, kurz jenen Zustand herbeiführen, den wir an der vorrevolutionären sogenannten »Volksregierung« und leider oft auch an der jetzigen Berliner Regierung beobachteten: widerstreitende *Partei*interessen würden die | Haltung der Mitglieder bestimmen, eine einheitliche konsequente Instruktion der Verwaltung wäre schwer. Das wäre ein Hemmnis der Sozialisierung. Vor allem aber fehlte die eindeutig verantwortliche *Persönlichkeit,* wie sie entweder ein Volkswahlpräsident oder ein starker Ministerpräsident darböte. Würde – 2. die Bestellung des Regierungskollegiums dem Reichsparlament (nach Schweizer Muster) übertragen, dann würde im Falle des Proporzes ähnliches eintreten. Bei einfacher Mehrheitsbestellung aber würde eine Koalitionsregierung entstehen, die gegenüber dem System eines parlamentarischen Ministerpräsidenten den Nachteil geringerer *persönlicher* Verantwortlichkeit hätte. Denn auch dann wären die Minister nur Fachbeamte, nicht Politiker. Dies: die *Scheidung von politischer Leitung und Beamtenarbeit,* wäre ja gerade der erhoffte Vorzug aller solcher Wahlkollegiensysteme. Außerdem aber wären bei diesen beiden Arten der Bestellung des Regierungskollegiums die Einzel*regierungen* wiederum gar *nicht* vertreten. Wenigstens dann nicht, wenn kein Bundesrat, sondern ein Staatenhaus bestände. Während umgekehrt ein Bundesrat *und* ein gleichviel wie gewähltes Regierungskollegium eine Vielköpfigkeit der Regierungsmaschinerie bedeuten würde, der gegenüber der Einzelpräsident technisch vorzuziehen wäre.

Schließlich bliebe noch die Möglichkeit eines Delegierten-Bundesrats, der seinerseits etwa durch einen unter den drei größten Staaten reihumgehenden Präsidenten (Reminiszenz der alten »Trias«!) oder etwa durch einen Dreierausschuß die Regierung führte, und neben welchem parlamentarische Minister nicht, sondern nur Fachleiter existieren würden. Diese das Volkshaus auf *rein* »negative Politik« beschränkende Lösung wäre aber schwerlich glücklich. Denn die für jede straffe Sozialisierung nötige Einheitlichkeit wäre vollends preisgegeben. Würde etwa gar das Regierungskollegium direkt durch Delegierte der Einzelregierungen nach bestimmtem Repartitionsschlüssel zusammengesetzt und neben ein Staatenhaus gestellt, so wäre das gleiche erst recht der Fall[1]. – Bei all diesen, wie man sieht, schwierigen Problemen käme nun aber weiter in | Betracht, welche Wirkung zwei heute als spezifisch demokratisch vertretene Forderungen ausüben würden, nämlich:

3. *Proporz* und *Referendum.* Gleichviel welches Proporzsystem angewandt wird, so ist seine Wirkung stets die: daß eine *Repartierung* der Ämter und politischen Machtstellungen unter die *Parteien* nach der jeweiligen Stärke stattfindet. Dann könnten die Verhältnisse vieler Schweizer Kantone eintreten, wo die Parteivertreter friedlich nebeneinandersitzen und, unter Repartierung der Ämter, durch Kompromiß die Geschäfte erledigen. Ein höchst friedsamer Zustand in *normalen* Zeiten. Das Koalitionssystem wäre in Permanenz, die straffe Parteiherrschaft mit ihren bekannten Nachteilen, aber auch mit ihrem wenigstens möglichen Vorteil *einheitlicher* politischer *Führung* stark geschwächt. Dies hätte natürlich für alle Sozialisierungsbestrebungen ungünstige Konsequenzen. Auf die *Regierungs*bildung angewandt, wäre also der Proporz das *radikale Gegenteil jeder Diktatur.* Je nach den wirtschafts- und sozialpolitischen Absichten wird man das verschieden beurteilen.

Ähnliches gilt aber *auch* für die *Volksabstimmung* über Gesetze. Trotz formeller Ähnlichkeit wirkt sie nämlich *politisch* gerade *entgegengesetzt* wie eine plebiszitäre Präsidentenwahl. Denn sie ist nach allen Erfahrungen ein durchaus *konservatives* politisches Mittel: ein starkes Hemmnis schnellen Fortschreitens der Gesetzgebung. Zumal bei verwickelten Gesetzen kann man ja aus den entgegengesetztesten Gründen und vor allem wegen der heterogensten Einzelheiten gegen einen Entwurf stimmen. Gründe der negativen Abstimmung sind nicht erkennbar, Kompromisse nicht möglich. Sorgfältigere Vorbereitung, die als Folge des Referendums gerühmt wird, und Parteikompromisse *vor* der Unterbreitung können das abschwächen, Kombinationen allseitig gewünschter Neuerungen mit anderen, unerwünschten vermögen diese letzteren den Abstimmenden aufzuzwingen. Im übrigen ist die Wirkung nicht eindeutig. Ein zu häufiges

[1] Will man sich – einem Vorschlag von anderer Seite entsprechend - auf einer »mittleren Linie«, der einen Parlamentarismus, wennschon von besonderer Art, ermöglicht, einigen, dann wäre neben dem volksgewählten Reichstag etwa ein Staatenhaus von den Einzel*parlamenten* zu wählen und daneben ein plebiszitärer Präsident mit Bindung an die Gegenzeichnung von Reichsministern zu stellen, die ihrerseits dem Reichstag (Volkshaus), und nur ihm, verantwortlich wären.

Referendum schwächt das allgemeine Interesse stark ab. Ein relativ seltenes Referendum dagegen steigert unzweifelhaft die allgemeine innere Beteiligung am Gang der Gesetzgebung. Nicht ebenso sicher freilich, wenigstens in Massenstaaten (*anders* als in der Schweiz), die innere Beteiligung und die Orientiertheit über die *Verwaltung*, die zunehmend wichtiger wird. In Amerika dürfte mit zunehmender Entwicklung des Referendums das ohnehin sehr starke und oft einseitige Interesse an der Gesetzgebung, damit aber auch das | Vertrauen auf *Paragraphen* gestärkt [werden], in England mit seiner Verwaltungskontrolle durch Parlamentskomitees und deren Diskussion in der Presse dagegen die politische Schulung in Verwaltungsangelegenheiten entwickelter sein. Politisch ist wichtig: daß eine Desavouierung der Regierung durch ein Referendum kein persönliches Mißtrauensvotum enthält und daher diese nicht zum Rücktritt zwingt. Auch das Referendum ist Gegner des strikten Parlamentarismus und der straffen Parteiherrschaft, und dies *kann* die Sozialisierung hemmen, bei der eine Volksabstimmung, wenn es sich um große Neuerungen handelt, besonders leicht alles obstruieren *kann*, da stets zahlreiche Interessen verschiedenster Art engagiert sind.

Für Deutschland würde man das Referendum wohl jedenfalls auf Verfassungsänderungen, Fälle akuten Konflikts der höchsten Reichsgewalten – worüber später – und Anträge *sehr* großer Bürgerziffern (etwa ein Fünftel aller) beschränken. Geschieht dies unter gleichzeitiger Durchführung des Proporzprinzips für die Zusammensetzung der Regierung und setzt man dann eine starke plebiszitäre Spitze ein, *dann* ist die *Bedeutung der Berufsparlamentarier fortan sehr gering* und die fortschrittliche Macht der starken Verwaltung mit der konservativen Gewalt des Referendums verkoppelt. Bei schwacher (föderalistisch oder parlamentarisch gewählter) Spitze wäre aber bei Andauer der Parteivielheit die an sich starke Hemmung des Fortschritts durch das Referendum ganz übermäßig verstärkt. Außerdem wäre das Parlament dann *nicht die Stätte der Führerauslese* – ein wohl zu beachtender Nachteil aller solcher Systeme. Das Streben nach Sozialisierung in Verbindung mit der (gleichviel ob mit Recht) weitverbreiteten Abneigung gegen den Parlamentarismus – wenn man ihr trotz der oben geäußerten Bedenken nachgeben will – und die Vorliebe für formale demokratische Formen der Gesetzgebung und Zusammensetzung der Stimmkörperschaften würden also im ganzen für die *Kombination* 1) eines *plebiszitären Einzelpräsidenten* mit 2) *Staatenhaus* und 3) *Referendum* verfassungsmäßig bei Verfassungsänderungen, auf Veranlassung des Präsidenten bei Konflikten der höchsten Reichsinstanzen und bei Gesetzesanträgen von einem Fünftel der stimmberechtigten Bürger ins Gewicht fallen. Indessen, wie gesagt, das Staatenhausideal ist vielleicht nicht durchführbar. Wir werden jetzt noch weitere Schwierigkeiten kennenlernen, die ihm voraussichtlich im Wege stehen werden. |

Natürlich nämlich hängen alle diese Fragen damit zusammen: welche *Aufgaben*verteilung und welche Verteilung der *Finanz*mittel zwischen Reich und Einzelstaaten in Aussicht stehen.

V.

4. *Reich und Einzelstaaten.* In erster Linie stehen wir für eine möglichst *unitarische* Lösung ein. Also dafür, daß die Einzelstaaten künftig etwa in das Verhältnis der kanadischen oder der australischen Einzelländer zur Zentrale treten; denn jede dezentralistische Lösung ist nicht nur, in baren Ausgaben gerechnet, weit teurer, sondern auch in der Regel unwirtschaftlich, vor allem der Planmäßigkeit der Sozialisierung hinderlich. Daß eine weitgehend unitarische Lösung nur im Fall der Verlegung der Vertretungskörperschaften und der politischen Verwaltungsbehörden von Berlin fort Chancen hätte, scheint sicher. Eine einfache Verwandlung Deutschlands in eine Einheitsrepublik aber würde voraussichtlich selbst dann schwer Annahme finden. Die nun einmal bestehenden Einzelregierungen werden im Gegenteil die Autokephalie, das heißt die Selbständigkeit der Bestellung jeder einzelstaatlichen *Spitze* (durch Volks- oder Parlamentswahl) festzuhalten trachten. Und mit der Frage der Herrschaft über die *Vergebung der Amtspfründen* verknüpfen sich, wie eine Geschichte von tausend Jahren lehrt, sehr starke Interessen.

Rein sachlich wird nun alles bestimmt durch die beiden Tatsachen der bevorstehenden *finanziellen Lasten* und der beabsichtigten *Sozialisierung.* Beide hängen zusammen mit der Abbürdung der Kriegsschuld und der Retablierung der Wirtschaft, welche beide ja schon an sich weitgehende Sozialisierung bedingen. Die zu schaffenden Monopolverwaltungen oder Zentralen für staatlich kontrollierte Syndikate können nur Reichsverwaltungen sein, die zu schaffenden Vermögensabgaben, Monopoleinnahmen und Syndikatsauflagen nur Reichseinnahmen. Das Netto-Budget des Reichs wird daher das aller

Einzelstaaten gewaltig überragen, das Brutto-Budget beider überhaupt kaum vergleichbar sein. Letztlich jede, auch eine nicht nur finanziell, sondern zu ökonomischen Zwecken vorgenommene Sozialisierung führt in die gleiche Bahn. Eine radikal unitarische Lösung mit Übernahme aller einzelstaatlichen Schulden auf das Reich wäre bei dessen Schuldenlast ganz unbedenklich, und materiell würden die außerpreußischen Länder bei jeder zentralistischen Sozialisierung mit ihren Finanzfolgen nur | gewinnen. Vor allem, wenn preußische Eisenbahnen und Bergwerke in die Hände des Reichs kämen. Ebenso wird das Reich die Enteignung von Fideikommissen und Großgrundbesitz mindestens soweit in eigene Hände nehmen müssen, als es sich um die Landausstattung von Kriegsbeschädigten handelt, die sonst in den Einzelstaaten höchst ungleich ausfiele. In allen diesen Fällen wäre also Regulierung vom *Reich* her unvermeidlich. Von den *bisherigen* Zuständigkeiten des Reichs für die Gesetzgebung (Art. 4) lassen sich kaum irgendwelche streichen. Gewerbepolitik, Handelspolitik, Maß- und Münzwesen nebst Papiergeld und Bankpolitik, Patente, Seehandel, Eisenbahnen, Binnenschiffahrtsrecht, Post, Telegraph, Rechtshilfe, Urkundenbeglaubigung, Bürgerliches Recht, Prozeßrecht, Gerichtsverfassung, Medizinal- und Veterinärpolizei, Preß-, Vereins- und Versammlungsrecht, Militär und Kriegsmarine zu regeln, wird zweifellos Reichssache bleiben. Inwieweit auf Sonderrechte Bayerns (Niederlassungsrecht) Gewicht gelegt wird, ist diesem überlassen. Ob, wie in der Schweiz, über die konfessionellen, staatskirchenrechtlichen und Schulverhältnisse, die bisher ganz den Einzelstaaten verblieben, durch die Verfassung allgemeine Vorschriften aufgestellt werden, ist eine wichtige, von uns natürlich bejahte Frage. Welche Grundrechte das Reich überhaupt zu garantieren hat, soll diesmal im einzelnen nicht erörtert werden. Nur eins sei hervorgehoben: In den Grundrechten der bürgerlichen Epoche spielte die »Heiligkeit des Eigentums« bekanntlich eine große Rolle. Das wird jetzt anders werden. Das Erbrecht wird für die gesetzliche Erbfolge auf die gerade Linie und die Geschwister, für Testamente auf Abkommen der Geschwister des Erblassers zu beschränken sein, vorbehaltlich gesetzlich zugelassener Einzelvermächtnisse und Stiftungen. Fideikommisse müssen verboten werden. Dennoch wird eine Garantie wohlerworbener Rechte auch heute nicht entbehrt werden können und etwa dahin zu gehen haben: daß solche nur angetastet werden dürfen 1. in der Form *allgemeiner* Abgaben in natura oder

Geld, 2. in Form von besonderen Enteignungen auf Grund von *Gesetzen* und gegen Entschädigung.

Damit nun, daß das Reich eine umfassende, vielleicht erweiterte Zuständigkeit für die Aufstellung gemeinsamer *Normen* behält, ist noch nichts darüber entschieden, inwieweit auch die *Verwaltung* in seiner Hand liegen soll. Die Verwaltung wird auch in aller Zukunft *Berufsbeamten*verwaltung sein. Und zwar wesentlich durch *ernannte, nicht* durch volksgewählte Berufsbeamte. Volkswahl ist für die | *Führung* am Platze: da also, wo es sich um den oder die politischen *Vertrauensmänner* der Massen handelt. Nicht aber für die *Beamten:* die »Techniker des Apparates«. Die Volkswahl von Beamten hat in den Vereinigten Staaten anerkanntermaßen technisch und vor allem moralisch weit schlechtere Resultate ergeben als die Ernennung durch den gewählten Vertrauensmann des Volkes (Präsidenten), der für die Qualität der von ihm ernannten Beamten haftbar ist. Sie zerstört alle Amtsdisziplin, und diese ist gerade bei straffer Sozialisierung schlechthin entscheidend. Volkswahlbeamte sind im örtlichen Kreis, wo alles einander kennt, am Platze, also in den kleinen Gemeinden. Auch in den großen Kommunen kann, nach amerikanischen Erfahrungen, die Wahl des Stadtoberhauptes, *aber* mit *diktatorischer* Vollmacht, sich seinerseits seine Beamtenstäbe zu ernennen, ein Mittel kraftvoller Reform sein. Fachbeamte dagegen kann eine Wählermasse nicht auf ihre Qualifikation prüfen. Und weiter: Es hat eine Zeit gegeben, wo die Demokratien eine Hauptaufgabe in der Verhinderung der Entstehung eines Beamten*standes* mit hohem *Ehrbegriff* sahen. Sie ist für immer dahin. Möge die Demokratie nicht glauben, ein Beamtentum *ohne Amtsehre* werde fähig sein, die hohe Integrität und Fachqualifikation des bisherigen deutschen Beamtentums (einschließlich der auch für eine Miliz unentbehrlichen Stäbe) erhalten zu können! Wo diese Integrität im Krieg Schaden gelitten hat, wie anscheinend hie und da im Offizierkorps einzelner Okkupationsgebiete, übrigens wesentlich im Reserveoffizierkorps, da ist sie wiederherzustellen, wie ja überhaupt die Herstellung des *früheren* deutschen Fonds von schlichter »Anständigkeit« die erste aller Aufgaben ist. Insbesondere von dem Ehrbegriff und den moralischen Qualitäten des Beamtentums hängt aber bei einer Sozialisierung die ganze Zukunft der deutschen Wirtschaft ab. Durch materielle Sicherung und gründliche Reform des ganz veralteten Beamten*rechts* wird man den durchaus berechtigten Ansprüchen der Beamten und Offiziere Rechnung tragen. Wenn also der *ernannte* Beamte die Zukunft hat, wer ernennt ihn? Wem gehorcht er?

Zwischen den beiden möglichen Extremen: entweder Verwaltung durch einen bis zum Boden reichenden, vom Reichspräsidenten bestellten und ihm gehorchenden Reichsbeamtenstab (wie jetzt in der Kriegsmarine), *oder:* vollständige, von keiner Zentralinstanz kontrollierte Autokephalie der einzelstaatlichen Beamtenstäbe (wie bis 1879 in der gesamten, nicht handelsgerichtlichen Justiz), standen bisher bei uns mannigfache Zwischen|stufen. Teils Autokephalie, aber in sehr verschiedenem Ausmaß unter der Revisions- oder Rechtsbeschwerde- oder allgemeinen Verwaltungsjustiz, also: der *Rechts*kontrolle höchster Reichsinstanzen (untereinander wieder sehr verschieden, z. B. für Justiz, Eisenbahnen, Unterstützungswohnsitz, Arbeiterversicherung). *Oder:* zwar Autokephalie, aber mit Kontrolle auch der *Verwaltungs*maßregeln (Zollwesen). *Oder:* zentrale Bestellung der Spitze durch die Reichsgewalt bei partikularen Beamtenstäben (so die offizielle, tatsächlich durch die Militärkonventionen durchbrochene Kontingentsverfassung des Heeres nach Art. 64). *Oder* umgekehrt: Bestellung nur von lokalen Beamten durch die Einzelstaatsgewalt (Post und Telegraphie nach Art. 50). Dem Schwerpunkt nach lag jedenfalls die Verwaltung und Beamtenernennung auch der vom Reich gesetzlich geregelten Gebiete in den Händen der Einzelstaaten.

Wie verschiebt sich das in Zukunft? Für die anstelle des Heeres tretende Miliz werden mindestens für die Fußtruppen dezentralistische Konsequenzen: im wesentlichen Durchführung des Kontingentsprinzips des Artikels 64, gezogen werden können. Nur für die technischen Truppen wird das Rahmenprinzip erhalten und eine straffere Einheit ebenso selbstverständlich bleiben wie für die Marine. Für die Verkehrsbetriebe könnten trotz der unentbehrlichen Einheit der Leitung doch bei der Beamtenernennung den Einzelstaaten Präsentations- und direkte Anstellungsrechte auch über den jetzigen Artikel 50 hinaus zugewiesen werden; denn die Nachteile der bisherigen völligen Autokephalie Bayerns und Württembergs waren nicht unerträglich. Für staatliche Monopol- und Syndikatsverwaltungen wäre allerdings sehr straffe Einheit dringend erwünscht, aber, da es sich um hauptsächlich preußische Objekte handelt, auch von den Mittelstaaten schwerlich angefochten. Der Separatismus auf dem Gebiet der Sozialisierung hat ja jetzt seine Wurzeln wesentlich auf dem *Ernährungsgebiet,* also in einer Sphäre von schnell abnehmender Bedeutung. Für das zweite *temporär* wichtige Gebiet der Sozialisierung dagegen: die *Rohstoff*versorgung, sind die Einzelgebiete auf die Mitwirkung der Zentrale, vor allem der zentralen Kreditinstitute, geradezu angewiesen. Alles in allem: die bisherige, wesentlich normsetzende und kontrollierende Stellung des Reichs und die entsprechenden richterlichen, verwaltungsgerichtlichen und Aufsichtsbehörden der jetzigen Organisation könnten in der Hauptsache fortbestehen, und auch für die Verkehrsbetriebe könnte die Beamtenpatronage der Zentrale | auf die führenden Stellen beschränkt werden, *wenn* nur straffes Funktionieren der *Reglements* garantiert bleibt. Nur für die ökonomische Sozialisierung ist ein Höchstmaß von Einheit der Auslese, so etwa wie der letzte Absatz des Artikel 64 sie für Offiziere vorsah, zu wünschen. Bei der Ernennung der höchsten technischen Verwaltungschefs wird, im Gegensatz zu den *politischen* Reichsbeamten, die vermutlich zu schaffende föderalistische Zentralinstanz (Bundesrat oder Regierungskollegium oder Beirat) wohl das Vorschlagsrecht ähnlich in Anspruch nehmen, wie es bisher der Bundesrat für das Reichsgericht, die Reichsanwaltschaft, den Patentamtspräsidenten, das Reichsbankdirektorium, das Reichseisenbahnamt, das Reichsversicherungsamt inne hatte. Bei Bestehen nur eines *Staatenhauses* wäre eine Anteilnahme an der Amtspatronage nach Art des amerikanischen Senats als föderalistische Maßregel schon schwieriger, – weil die Zahl der Repräsentanten größer ist –, aber namentlich bei landschaftsweiser Wahl wäre sie wohl dennoch durchführbar.

Mit dem Aufgabenkreis und dem Maß der Eigenverwaltung des Reichs hängt zusammen die weitaus schwerste Frage: die der *finanziellen* Beziehungen. Die Finanzverhältnisse sind in einem Bundesstaat das, was die wirkliche Struktur am entscheidendsten bestimmt. Da nun heute auch die ausgiebigste Phantasie von diesen entscheidenden Verhältnissen sich kein wirkliches Bild machen kann, schweben alle vorstehend gegebenen Erörterungen unleugbar stark in der Luft: eben deshalb die nur hypothetische, alle Möglichkeiten offenlassende Form. Bestimmend für die Zukunft wird zunächst die Abbürdung der Reichsschuld, dann aber die Art der Sozialisierung der Wirtschaft und deren Finanzierung sein. Wir müssen uns bescheiden, davon heute noch nichts zu wissen. In allen nicht durch diese Grundprobleme beherrschten Hinsichten wären dagegen eigentlich umstürzende Neuerungen keineswegs dringlich.

Die Besteuerung kann natürlich in allen für die Konkurrenzfähigkeit der Gewerbe wichtigen Punkten nur gleichmäßig sein. Für die Schuldabbürdung wird das Reich sicher vor allem auf die Vermögen und Erbschaften greifen. Eine andere als eine einheitlich vom Reich vorgeschriebene und kontrollierte Veranlagung ist dabei nicht denkbar. Von den alten Einnahmequellen des Reichs, auch soweit sie nicht durch Reichsmonopole ersetzt werden, wird kaum irgendeine den Einzelstaaten überwiesen werden können. (An seinem Biersteuerprivileg wird Bayern | wohl festhalten.) Wie sich das Verhältnis von Matrikularumlagen des Reichs auf die Einzelstaaten einerseits, Überweisungen von Überschüssen an die Einzelstaaten andererseits zwischen Reich und Bundesstaaten gestalten wird, läßt sich noch nicht auch nur im Umriß abschätzen. Als einzige gewaltige Bresche in die unvermeidliche Uniformierung (bei welcher die Mittelstaaten übrigens, vor allem Bayern, die Gewinnenden sind) wird sich für eine lange Übergangszeit Deutsch-*Österreich* darstellen. Handels- und steuerpolitisch bedarf es teils in seinem, teils im Interesse Reichsdeutschlands, der Sonderbehandlung, eventuell mit gewissen Zwischenzöllen. Das wäre nichts ganz Neues, und nur die Erfassung wäre bei der Art der in Betracht kommenden Objekte notwendig schwieriger. In Frage steht natürlich, ob die Besteuerung von Einkommen und Ertrag und welchen anderen Steuerquellen ausschließlich durch die Einzelstaaten zu *garantieren* wären. Selbst das würde kaum etwas daran ändern, daß auch künftig Reich und Einzelstaaten ähnlich finanziell miteinander verknüpft bleiben wie jetzt und durch die finanzpolitischen Folgen der Sozialisierung nur noch enger verknüpft werden, so daß eine radikale *Scheidung* der beiderseitigen Finanzen unmöglich bleibt. Ist dies aber der Fall, *dann* sind die Möglichkeiten der Verfassungsentwicklung begrenzt. Auf der Schaffung einer einflußreichen bundesrätlichen, nach dem Repartitionsprinzip zusammengesetzten Instanz werden dann die Einzelregierungen zweifellos bestehen. Auch sachlich ist die Behandlung der Finanzprobleme und also des Reichsbudgets in einer solchen Körperschaft von Delegierten und durch Fachministerien instruierten Beamten durchaus das Gegebene. Die Staatenhauslösung müßte also zugunsten der Bundesratslösung fallen. Geschieht dies aber und fällt damit die Möglichkeit eines wirklichen Reichsparlamentarismus fort – da ja die von den Einzelparlamenten kontrollierten Abstimmungen des Bundesrats durch das Reichsministerium *nicht* vor dem Volkshaus des Reichs (Reichstag) parlamentarisch zu »verantworten« sind –, dann spricht eben sehr vieles für die Schaffung eines *plebiszitären* Reichspräsidenten als Haupt der Exekutive und Inhaber eines suspensiven Vetos. Vor allem aber muß ihm dann das Recht zustehen, wenn zwischen dem Bundesrat einerseits und dem Parlament und seinen Vertrauensleuten: den Ministern, andererseits eine Einigung *nicht* zu erzielen ist, *an die Volksabstimmung zu appellieren.* Das Referendum würde so das Mittel, Verfassungskonflikte zwischen den föderalistischen und unitarischen Instanzen zu schlichten. – |

Diese Skizze hat ihre Aufgabe erfüllt, wenn sie gezeigt hat, daß eine *nicht* auf dynastischem Boden stehende föderalistische Verfassung überhaupt sinnvoll *möglich* ist. Ob solche Betrachtungen praktische Bedeutung gewinnen oder Makulatur werden, kann heute niemand sagen. Denn nicht oft genug kann den radikalen Illusionisten, die heute geradeso wie das alte Regime jeden unabhängigen Mann, der ihnen unbequeme Wahrheiten sagt, niederknütteln möchten, zugerufen werden: Wir wollen die demokratischen Errungenschaften dauernd sichern helfen. Aber *nur in den Formen einer paritätischen bürgerlich-sozialistischen Regierung.* Von der schon jetzt offen und für den Sozialismus kompromittierend zutage tretenden *völligen Unfähigkeit* der radikalen Literaten zur Leitung der Wirtschaft ganz abgesehen, besteht der zwingende Tatbestand: *Wir stehen unter Fremdherrschaft.* Nicht nur militärisch, sondern auch ökonomisch: schon für die allerersten Schritte der Instandsetzung der Wirtschaft sind wir auf Auslandsrohstoffe und also auf Auslands*kredit* angewiesen. Die Fremdherrschaft hindert zwar zur Zeit die Rückkehr der alten dynastischen und junkerlichen oder ähnlicher Gewalten, mit denen sie weder Frieden noch Kreditgeschäfte schließen oder zulassen würde. *Diese* Angst ist unbegründet. Aber ebenso setzt sie den jetzigen Möglichkeiten der Revolution Schranken. Nicht zu vergessen: die »constituted authority« des Präsidenten WILSON ist zur Zeit der *Reichstag* und niemand sonst. Geht die stupide, dilettantenhafte und zum Teil leider durch sehr materielle Interessen gestützte Mißwirtschaft der alleräußersten Linken noch einige Zeit so weiter, so ist der Zeitpunkt abzusehen, in welchem der Gegner behufs Friedensschlusses sich mit dem Reichstag in Verbindung setzt. Vollends dann, wenn die Nationalversammlung durch unfreie Wahlen kompromittiert oder gesprengt wird, wie es für den Fall, daß sie *nicht* die Mehrheit erlangt, ein Teil der extremsten Linken beabsichtigt, um nicht die Futterkrippe zu verlieren und auch *aus Angst vor Nachprüfung ihrer skandalösen Finanzgebarung.* Handelt es sich aber dann um Frieden und Herstellung der ökonomischen Ordnung und damit der Arbeitsgelegenheit für die Massen, *dann* werden die Feinde dabei die Massen auf ihrer Seite haben, und *sowohl die sozialistische wie die bürgerliche Demokratie der Ideologen hat ausgespielt.* Denn eine wie immer geartete Reichstagsmehrheit wird dann auch im Inland die Machtmittel für die Herstellung der Ordnung zu schaffen wissen (oder vom Feinde geliefert bekommen). Wie dann | die bisher wesentlich negativen Errungenschaften der Revolution fahren, mag man sich leicht vorstellen. Wenn eine Ordnung unter dem Druck äußerer Feinde zusammenbricht, dann ist es gewiß nicht schwer, sie auch von innen her umzuwerfen. *Weit* schwerer aber und ohne *freie* Mitwirkung des Bürgertums heute ganz unmöglich ist es, eine tragfähige Ordnung neu an die Stelle zu setzen. Das möge wohl bedacht werden.

DAS NEUE DEUTSCHLAND[1]

Der Redner erklärte, in seinen Überzeugungen zahlreichen, ökonomisch geschulten Mitgliedern der *Sozialdemokratie* bis zur Ununterscheidbarkeit nahezustehen. Wenn er gleichwohl dieser Partei *nicht* beitrete, so deshalb, weil er auf die *Unabhängigkeit seiner Meinungsäußerung* dem Demos gegenüber noch weniger verzichten könne als gegenüber autoritären Gewalten. Im gegenwärtigen Augenblick zumal deshalb, weil er die *Totengräberarbeit* am Sozialismus, welche von gewissen ideologischen Kreisen in Berlin und in München betrieben werde, nicht mitmachen könne. Die bisher ja wesentlich negativen Errungenschaften der Revolution wollen wir ohne jeglichen Vorbehalt und Zweideutigkeit befestigen und in der Richtung planmäßiger Sozialisierung ausbauen helfen. Daß sie freilich erst durch eine Revolution gewonnen werden mußten, war ein *schweres* Unglück. Es hat uns wehrlos gemacht, damit der Fremdherrschaft überliefert und außerstande gesetzt, die Grundsätze rückhaltlos friedlicher und freier Selbstbestimmung der Völker bei der Neugestaltung der Welt zur Geltung gegen die in allen Ländern mächtigen Imperialismen zu bringen. Die feindlichen Regierungen sind rein *bürgerlich.* Die Wirkung der deutschen Revolution aber hängt von diesen Feinden ab, die im Lande stehen. Revolutionen nehmen aber einen aus der Geschichte bekannten verhängnisvollen Kreislauf, der oft leicht zu den alten Gewalten zurückführt. Und die bisherige Entwicklung liegt leider in dieser Linie. Der Redner bezeugte der Wirksamkeit der örtlichen Arbeiter- und Soldatenräte und dem Idealismus der Führer, ohne Unterschied ob Unabhängige oder Mehrheitssozialisten, alle Anerkennung, betonte aber um so mehr das bisherige *völlige Versagen der Berliner und Münchener Leitung* allen großen Aufgaben gegenüber, trotz zweifellos hingebendster Arbeit. Dies wurde

[1] Bericht über eine am 1. Dezember 1918 in Frankfurt am Main gehaltene politische Rede MAX WEBERS. Sonderausgabe der Frankfurter Zeitung vom 1. Dezember 1918. (D. H.)

erläutert an der Art der Zusammensetzung der Regierungsorgane mit ihrem Taubenschlagcharakter, dem stets drohenden Putsch weltfremder Illusionisten oder grob materieller Interessenten der Futterkrippe, an | den ungeheuerlichen Kosten der jetzigen Verwaltung mit ihren zahllosen schwatzenden Drohnen, der Vergeudung und planlosen Verwirtschaftung und Vernutzung des Restes inländischer Produktionsmittel und Rohstoffe, dem noch nicht dagewesenen Rückgang der Produktion durch ganz ordnungslose sogenannte Arbeiterbewegungen, dem unmittelbar drohenden Versagen der Ernährung. Der stupide Haß gegen das *inländische* Unternehmertum müsse angesichts der tatsächlich bestehenden Fremdherrschaft in einer ganz neu auszustattenden Volkswirtschaft unvermeidlich das Resultat haben: daß die Herrschaft *ausländischen* Kapitals unter *ausländischem* Militärschutz sich bei uns etablieren werde. Die lächerliche, wenn auch noch so gutgläubige Berichterstattung über die Absichten der Gegner gegenüber einem mit Vorliebe in angeblichen besonderen »Sünden« Deutschlands wühlenden, oft ekelhaft würdelosen pseudopazifistischen Regime führe im Ergebnis zu einer elenden Stimmungsmache, die ebenso furchtbar zusammenbrechen werde wie die militaristische Stimmungsmache des alten Regimes. Mit ihr aber würde der sozialistische Glaube der Massen zerbrechen und dann die Nation für lange Perioden zur Fügsamkeit in *neue autoritäre Gewalten,* einerlei welche, reif werden. Denn wenn der Alltag komme, werde die Frage der Arbeitsgelegenheit und Versorgung beherrschend werden und die Ideologien wieder in das Schaufenster oder – die Rumpelkammer verbannen.

Mit Maschinengewehren und noch so todesmutigen Glaubenskämpfern, mit dilettantischen Literaten und mit der Hysterie zufälliger Massenversammlungen sei eben keine Neuordnung, am wenigsten eine Sozialisierung, durchzuführen. Dafür bedürfe es wirtschaftsorganisatorisch, und das heißt heute nun einmal: *geschäftlich,* geschulter Gehirne. Die Bedeutung des »Portemonnaies« solle man gewiß nicht unterschätzen. Aber auf ihm allein beruhe die heutige Stellung des bürgerlichen Unternehmers in der Wirtschaft nun einmal ganz und gar nicht. In unserer jetzigen Lage spiele vielmehr das Portemonnaie wesentlich die Rolle: daß wir fremde Rohstoffe haben müssen und dazu Auslands*kredit,* vor allem von Amerika. Den erhalte aber nun einmal weder eine Literatenregierung wie die Münchener, noch eine rein proletarische wie die Berliner, sondern nur eine solche, hinter der als Garant das *Bürgertum* stehe. Es erhalte ihn ein jeder geschulte bürgerliche große Organisator, selbst mit ganz entleertem Portemonnaie – vielleicht dann als gut bezahlter Agent *amerikanischer* Kapitalisten –, unvermeidlich leichter | als ein von Dilettanten geleiteter oder ein sozialistischer, das heißt: bürokratischer Apparat. An diesen nüchternen, aber *ehernen Tatsachen* allein schon, die nicht durch Resolutionen und leidenschaftliche Proklamationen von Literaten fortgeschwatzt oder fortbeschworen werden können, scheitere jeder Versuch einer Neuaufrichtung oder gar Sozialisierung der Wirtschaft durch »proletarische Diktatur«. Das Bürgertum sei, auch wenn es wollte, bei der Beschaffung so ungeheurer Mittel mitzuwirken gar nicht in der Lage, wenn man ihm nicht *paritätischen Anteil an der politischen Gewalt und wirtschaftliche Eigenverantwortlichkeit* sichere, möge man es im übrigen noch so sehr unter die Steuerschraube setzen: wozu wir gerne mitwirken würden. Die einzige wertvolle sozialpolitische Leistung der Revolutionszeit sei bisher das Abkommen der Gewerkschaften und Unternehmerverbände[1] mit seiner Ausschaltung der gelben Klassenverräter. Nur wenn in der politischen Macht durch freies Kompromiß eine ähnliche Parität hergestellt werde, könne eine demokratische Regierung nicht nur Frieden, sondern auch Neuaufbau aus eigenen Kräften bringen. *Sonst nicht!* Gehe man den bisherigen Weg weiter, werde überdies die Konstituante verzögert oder durch unfreie Wahl oder einseitige amtliche Wahldemagogie diskreditiert und der Boykottierung ausgesetzt, dann wäre die Folge: daß schließlich der Feind, um zum Schluß zu kommen, mit der einzig legitimen Macht: einer gleichviel wie zusammengesetzten Mehrheit des *Reichstags* sich in Verbindung setze und abschließe. Dann würde über die sozialistische ebenso wie über die ehrliche bürgerliche Demokratie zur Tagesordnung übergegangen werden. Wer etwas anderes behaupte, *treibe groben Volksbetrug,* nicht anders als die Kriegshetzer des alten Regimes es taten. Sich aufzudrängen, habe das Bürgertum bei seiner Unentbehrlichkeit nicht den geringsten Anlaß. Die Folge seiner Ausschaltung aber sei, daß man es zu spät rufen werde und daß das arbeitende Proletariat jahrzehntelang die Kosten jenes *Revolutionskarnevals* zu zahlen habe, den eine Anzahl von Revolutionsinteressenten so lange aufführen werde und könne, bis die Reserven der

[1] Die Zentralarbeitsgemeinschaft vom 15. November 1918. (D. H.)

deutschen Wirtschaft aufgezehrt seien. Der Redner schilderte schließlich die künftige Staatsform Deutschlands in ähnlicher Art wie in seiner Artikelserie in der »Frankfurter Zeitung«. Er erklärte erneut: daß die Wege der ehrlichen, rückhaltlos friedlichen und rückhaltlos radikalen bürgerlichen und der sozialistischen Demokratie jahrzehntelang gemeinsam und »Schulter an Schulter« verlaufen könnten, ehe sie sich vielleicht | einmal trennten, daß aber Minderheitsregierungen und der Versuch, das nun einmal nicht zu entbehrende Bürgertum in eine politisch entrechtete Parialage zu drängen, in der Meinung, es so als »technisches Personal« benutzen zu können, sehr schnell an der Wucht der Tatsachen zerschellen würden. Schon jetzt seien durch diese dilettantischen Versuche Milliarden vergeudet, bei längerer Dauer würden es Dutzende von Miliarden werden und die offene, rücksichtslose kapitalistische *Fremdherrschaft, gegen die dann das Proletariat machtlos sei,* stehe vor der Tür. Er wendete sich in den schärfsten Formen sowohl gegen jene »politischen Masochisten«, die jetzt mit allerhand »Schuldenthüllungen« schmähliche Liebedienerei beim Feinde betreiben – *Sklavenseelen,* die für eine *aufrechte Demokratie so wenig echten männlichen Stolz aufbringen* werden wie jetzt gegenüber dem Feinde –, wie gegen die »satten Bürger«, die sich jetzt ebenso nach oben ducken wie unter dem alten Regime, hoffend, daß dieser Gottesgnadenschutz ihres legitimen Besitzes wiederkehre, und verspottete die mittelparteilichen annexionistischen Kreise, welche als Lohn für schleuniges Umlernen schon wieder Mandate erbetteln. Er forderte zu *rückhaltlosem Anschluß des Bürgertums an die große demokratisch-republikanische Partei auf.*

ZUM THEMA DER »KRIEGSSCHULD«[1]

Wir haben in Deutschland zwei Monate hinter uns, deren vollendete Erbärmlichkeit im Verhalten nach außen alles überbietet, was die deutsche Geschichte aufzuweisen hat. Das Ohr der Welt gewannen allerhand Literaten, die das Bedürfnis ihrer, durch die Furchtbarkeit des Krieges zerbrochenen oder der Anlage nach ekstatischen Seele im Durchwühlen des Gefühls einer »Kriegsschuld« befriedigten. Eine solche Niederlage mußte ja die Folge einer »Schuld« sein, – dann nur entsprach sie jener »Weltordnung«, welche alle solche schwachen, dem Antlitz der Wirklichkeit nicht gewachsenen Naturen allein ertragen. Die Welt ist nun aber anders eingerichtet, als sie sich glauben machen möchten. »Der Gott der Schlachten ist mit den größeren Bataillonen«, – dies Wort FRIEDRICHS des Großen hat im wörtlichen Sinne sehr oft und auch in diesem Kriege vier Jahre lang *nicht* gegolten. Wohl aber im schließlichen Endresultat. Und sofern es den würdelosen Gedanken, als sei ein Kriegsausgang ein Gottesgericht, ablehnt und besagt: daß der kriegerische *Erfolg* schlechterdings nichts für oder gegen das *Recht* beweist, gilt es ein- für allemal, wie ungezählte Leichenfelder der Geschichte auch dem Blödesten beweisen können.

Würde es sich hier nur darum handeln, unsere Krieger davor zu schützen, daß ihnen außer dem furchtbaren Schicksal, schließlich doch unterlegen zu sein – was jede männliche und herbe Lebensauffassung erträgt –, auch noch zugemutet wird, eine Haltlosigkeit mitzumachen, dann könnte man es getrost ihnen selbst überlassen, derartiges von sich abzuschütteln. Allein das politisch für die ganze Zukunft der Beziehungen unserer Nation zu allen anderen Völkern Gefährliche liegt in dem grundfalschen Anschein, der in der Welt über die Meinungen desjenigen *schweigenden Deutschland* erregt wird, welches, einerlei wie bald, jedenfalls irgendwann wieder zu seinem Recht

[1] Frankfurter Zeitung vom 17. Januar 1919.

gelangt, wenn das Treiben des jetzigen dilettantischen Regimes ein Ende gefunden haben wird. Im Namen der Ehrlichkeit muß der Welt schon jetzt zugerufen werden, weithin über die Länder und Meere: *Es ist nicht wahr,* dies Literatenvolk | *ist nicht Deutschland* und sein Gebaren entspricht nicht der wirklichen inneren Stellung der Deutschen zu ihrem Kriegsschicksal.

Der Verfasser dieses Aufsatzes ist, aus rein politischen sowohl wie aus allgemeinen Kulturgründen, vor dem Kriege stets für eine anständige Verständigung mit England, *die einen Krieg unmöglich gemacht hätte,* eingetreten und hat seine Haltung im Kriege nicht geändert. Er hat keinen Augenblick die törichten Vorstellungen über die amerikanischen Kriegsmotive und die Absichten des Präsidenten Wilson mitgemacht. Es ist ihm niemals eingefallen, den deutschen Einmarsch in Belgien als eine selbstverständliche Harmlosigkeit und vollends die »Angliederungspläne« gegenüber diesem Lande als etwas anderes als: Irrsinn anzusehen. Er denkt auch jetzt nicht daran, die schweren Fehler, vor allem die oft gewissenlose Leichtfertigkeit und die verstockte parvenümäßige Großsprecherei im Zeitalter Wilhelms II. anders als früher zu beurteilen. Er darf natürlich nicht beanspruchen, irgendwie mehr als irgendein anderer dafür berufen angesehen zu werden: im Namen jener Deutschen zu sprechen, die ebenso denken wie er. Aber wenn er sich der Kollektiverklärung seiner Heidelberger Kollegen über die Kriegsschulderörterungen nicht anschloß, weil *alle* akademischen Kollektiverklärungen im Kriege in Mißkredit gekommen sind, so nimmt er sich das Recht, ausführlich zu begründen, daß und warum er der gleichen Ansicht ist wie jene Erklärung.

Zuvor aber einige andere Bemerkungen.

Das Urteil der Geschichte über die Art, wie Präsident Wilson seiner noch nicht dagewesenen Verantwortung gerecht geworden ist, wird endgültig von seinem demnächstigen Verhalten bestimmt werden. Wenn er angesichts dessen tatsächlich kein Bedenken tragen sollte, sich mit unseren Gegnern *allein* an einen Tisch zu setzen, nachdem er allein ihren Anstrengungen, sein Urteil zu beeinflussen, sich ausgesetzt hat, ohne dagegen *deutsche* repräsentative Persönlichkeiten, deren Hände rein sind, ebenso eingehend oder auch nur überhaupt *angehört zu haben,* so kann dies schwerwiegende Folgen herbeiführen. Vor allem für das innere und äußere Verhalten der deutschen Bevölkerung gegenüber dem künftigen Frieden. Nur soviel sei bemerkt: Saarbrücken, Bozen, Reichenberg, Danzig und andere Orte in die Hände von Fremdvölkern gespielt, deutsche Flüsse oder Kanäle durch eine sogenannte Neutralisierung unserer Verfügung entzogen, Fronknechtschaft und Pfandbesitz für Ansprüche aus Schäden, welche die Folgen des Krieges *rein als solchen* sind, – das | alles würde selbstverständlich dazu führen, daß auch der politisch radikalste Arbeiter Deutschlands – nicht jetzt, wohl aber nach Jahr und Tag, wenn der jetzige Taumel und die folgende Ermattung vorüber sind – zum Chauvinisten würde und daß er gemeinsam mit den Intellektuellenschichten der Nation sich auf jene revolutionären Mittel der Selbstbestimmung besinnen müßte, wie sie jede *Irredenta* gebraucht hat und wie sie ein 70-Millionen-Volk natürlich ausgiebiger und nachdrücklicher gebrauchen kann, als Serbien oder auch Italien es je getan haben. Nur Kinder und Narren können hoffen, durch die Mittel und in der Art, wie es jetzt eine Handvoll Fanatiker mit ihrem Anhang von Beutejägern will, eine neue Wirtschaftsordnung zu begründen oder die gegenwärtige auch nur um Haaresbreite »reifer« für eine »Sozialisierung« zu machen. Gegenüber einem politischen und militärischen Gewaltbesitz Fremder aber stehen die Dinge denn doch nach alter Erfahrung völlig anders. Natürlich weiß jeder urteilsfähige Deutsche, daß es für die Feinde *zur Zeit* eine Kleinigkeit wäre, einige Hauptorte Deutschlands zu besetzen und dem jetzigen sogenannten revolutionären Treiben kleiner, aber gut bewaffneter Fanatiker- und Räuberbanden ein schleuniges Ende zu bereiten, falls sie dies aus irgendeinem Grunde in ihrem Interesse für nützlich hielten. Und natürlich ist es also denkbar, daß dies uns angedrohte Verfahren irgendwann eintritt, und sicher, daß die Gegner dann von den anfangs allein ins Auge gefaßten Teilgebieten aus immer weiter zu gehen gezwungen sein würden. Einer solchen Expedition hätte heute keine deutsche Regierung oder Partei wirksame physische oder moralische Machtmittel entgegenzustellen. Aber die Chancen der Organisation eines *längere Jahre* dauernden Pfandbesitzes wären freilich völlig andere. – Indessen nicht von diesen für uns und die Gesittung der Welt immerhin äußerst ernsten Perspektiven eines Gewaltfriedens – der »Schuld an der Zukunft« – soll im weiteren die Rede sein. Sondern von der »Schuld« an der Vergangenheit, insbesondere am Kriege.

In einem Zeitpunkt, wo versucht wird, ein solches Problem mit dem Mittel einer (noch dazu: *einseitigen!*) Publikation von Akten über den unmittelbaren Anlaß des Ausbruchs zu lösen, scheint es immerhin nötig, die Kindlichkeit eines solchen Beginnens ausdrücklich zu betonen. Für wen die Neujahrsrede Napoleons III. und die folgenden Aktionen der Diplomatie von 1859 oder die diplomatische Aktion Österreichs beim Bundestag von 1866 oder die Emser Depesche von 1870 oder das Ultimatum an Serbien von 1914 den *Grund* für den betreffenden Krieg | darstellt, der ist einfach: ein Schwachkopf. Das Streben Piemonts nach Einigung Italiens und [der] Widerstand Österreichs dagegen, das Streben Preußens nach Einigung Kleindeutschlands und der dagegen sich wendende Widerstand zunächst Österreichs und dann Frankreichs (der ganzen Nation, von Napoleon bis zu Thiers und Gambetta) waren 1859, 1866, 1870 die Kriegs*gründe*. Jene diplomatischen Aktionen aber waren die für das politische Resultat zwar nicht unwichtigen, aber für die Entstehung des Krieges selbst gleichgültigen *Formen*, in denen er sich entspann.

Für den diesmaligen Krieg nun gab es eine, und nur eine Macht, die unbedingt und unter allen Umständen den Krieg um seiner selbst willen wollte und nach ihren politischen Zielen wollen mußte: *Rußland*, d. h.: der Zarismus als System und die ihm anhängenden oder vielmehr die den persönlich indifferenten Zaren zum Krieg drängenden hinlänglich bekannten Schichten. »Wie ein Naturereignis« komme der Krieg, sagte mir ein »Kadett«[1], nicht lange vor dem Ausbruch. Und dieser Glaube – oder vielmehr: dieser Entschluß – reichte noch wesentlich weiter nach links. Die historisch begründete Eigenart russischer Literaten aller Parteien, sich nicht mit der Ordnung ihrer häuslichen russischen Angelegenheiten zu begnügen, sondern eine Weltrolle spielen zu wollen, trat schon in der Revolution von 1905 zutage und ist sich seitdem bis heute gleichgeblieben. In dem Rußland von 1914 gab es keine Schicht von irgendwelchem positiven Einfluß, die den Krieg *nicht* gewollt hätte. Zu vermeiden war der russische Krieg für Deutschland nach dem Zerwürfnis mit England daher *nur* zeitweise und auch nur unter der Bedingung der völligen Preisgabe des gesamten Westslawentums und unserer eigenen Unabhängigkeit an die absolute Beherrschung durch Petersburg und Moskau. Wer sich mit dem Verwaltungssystem des Zarismus je befaßt hat, weiß, daß es auf der weiten Erde nichts gab, was seinen raffinierten Mitteln der Volksentmannung glich, und daß die Revo-

[1] Siehe oben die Anmerkung auf Seite 90. (D. H.)

lution von 1905 darin nur zugunsten von Leuten unpolitischer Art oder mit sehr viel Geld eine Änderung herbeigeführt hatte. Er weiß also auch – wie es die deutsche Sozialdemokratie am 4. August 1914 wußte –, daß ein Krieg gegen *dieses* System ein guter Krieg war und daß die Leistung der deutschen Heerführer, die seinen Zusammenbruch herbeiführte, für immer zu den Ruhmesblättern der deutschen Geschichte zählen wird. Unter gar keinen Umständen kann, soweit *Rußland* in Frage kommt – und dessen Verhalten entschied für den Krieg als solchen überhaupt –, von einer deutschen »Kriegsschuld« auch nur | geredet werden, deren Diskussion vielmehr nur den westlichen Gegnern gegenüber überhaupt möglich ist.

Was übrigens schließlich den äußeren Hergang des Ausbruchs gegen Rußland anlangt, so hätte Art. 1 eines künftigen Kriegsvölkerrechtsstatuts des zu schaffenden Völkerbunds zu lauten: »Ein Staat, der mobil macht, während noch verhandelt wird, verfällt dem internationalen Verruf.« Es war ja nicht nur jedem Staatsmann der Welt, sondern jedem politisch interessierten Laien genau bekannt, daß und warum eine russische Mobilmachung den Krieg nicht etwa nur »unvermeidlich« machte, sondern ihrerseits der Kriegsausbruch war.

Art. 2 des kriegsvölkerrechtlichen Völkerbundsstatuts hätte zu lauten: »Ein Staat, der bei Kriegsausbruch auf die Anfrage, ob er neutral bleiben werde, keine deutliche Erklärung abgibt, verfällt dem internationalen Verruf.« So verhielt sich *Frankreich.* Da ihm damals seine Ehre die Innehaltung des nun einmal bestehenden Bündnisses mit Rußland gebot, verbietet ihm jetzt doch wohl die Würde, in der Rolle des unvermutet Überfallenen zu erscheinen. – Etwas anders liegt es natürlich, wenn man nach den letzten Kriegs*gründen* fragt. Über die Annexion Elsaß-Lothringens hat die Welt im Jahre 1870 und noch kurz vor dem [jetzigen] Kriege bekanntlich nicht so geurteilt wie während des Krieges. Indessen dies bleibe ganz aus dem Spiel. Denn es ändert nichts daran, daß unsere dynastische Politik eben eine politische Behandlung des Elsaß verschuldete, welche diese Wunde offen hielt. (Vor dem Krieg war die Erhebung zum gleichberechtigten deutschen Bundesstaat die Forderung der französischen Sozialdemokratie.) Aber selbstverständlich ist auch das nicht entscheidend gewesen. Sondern: der historisch überkommene Wunsch der französischen Politik, statt des starken einen schwachen Nachbarn zu haben. Dieser Wunsch wurde sehr wesentlich und – muß man sagen – ganz begreiflicherweise verstärkt durch die, nicht in ihrem ursprünglichen Ziel, um so mehr aber in ihrem weiteren Verlauf und in ihren Mitteln, törichte und nervöse Marokkopolitik der deutschen Regierung. Die sehr aufrichtig gemeinte Haltung des Reichskanzlers v. BETHMANN in den letzten Jahren vor dem Kriege kam zu spät. Es läßt sich aber ganz unmöglich leugnen, daß, im Gegensatz zu Deutschland, eine sehr starke, auf den französisch-deutschen Krieg als solchen hinarbeitende populäre Strömung in Frankreich stets bestanden hat und allen noch so ehrlichen Versuchen einer Verständigung entgegenwirkte. Die kleinen im Lande verbreiteten Blätter und | illustrierten Zeitschriften allein schon dienten dieser Stimmung in einer Art, wie sie in Deutschland völlig undurchführbar gewesen wäre. In Deutschland war der Wunsch einer Verständigung stets volkstümlich. Die erst während des Kriegs unter der Oberfläche ziemlich lebhaft von schwerindustrieller deutscher Seite erhobene Annexionsforderung (Briey) hat die ganz überwiegende Mehrheit der Parlamentarier sowohl wie der Nation beharrlich und auch in Zeiten deutscher Erfolge zurückgewiesen.

Als etwa ein Jahr vor Ausbruch des Krieges ein Mitarbeiter einer großen französischen Zeitung bei uns saß und, nachdem er sich Empfehlungen an deutsche Politiker hatte geben lassen, die Besorgnis äußerte: daß die drohende Kriegsgefahr für ihn vielleicht eine unfreundliche Aufnahme nach sich ziehen könne, sagten wir ihm: In jedem deutschen Hause werden die Männer, die ins Feld ziehen müssen, wenn es unvermeidlich werden sollte, Ihnen beim Abschied die Hand schütteln: »Auf Wiedersehen auf dem Felde der Ehre.« Nach seinem Verhalten muß ich annehmen, daß er, und nicht nur er, für diese Gesinnung Verständnis hatte. – Mit *diesem* Frankreich aber haben wir heute nicht zu rechnen. Erörterungen von »Schuldfragen« mit den Trägern der gegenwärtig dort, wie es scheint, vorherrschenden Gesinnung sind sinnlos.

Artikel 3 des Kriegsvölkerrechtsvertrags der Zukunft müßte nach meiner Ansicht lauten: »Ein dauernd neutralisierter Staat kann sich auf seine Neutralität nur berufen, wenn er sich in den Stand gesetzt hat, sie nach allen Seiten hin gleichmäßig und möglichst wirksam zu schützen.« Im Gegensatz zur Schweiz und zu Holland war es der politische Fehler *Belgiens,* dies *nicht* getan zu haben. Der Schutz war der Sache nach nur gegen Deutschland gerichtet, die Seeküste sowohl wie die Grenze gegen Frankreich ganz ungeschützt. Die deutsche Auffassung darüber war der Öffentlichkeit nicht verborgen: der ausdrückliche Hinweis des Kaisers bei den Schweizer Manövern auf die »ungedeckte andere Flanke« war so deutlich wie möglich. Das ändert natürlich nichts daran, daß der Zorn der überraschten Masse des belgischen Volkes uns verständlich ist, und noch weniger soll damit die Äußerung des Reichskanzlers v. Bethmann in seiner bekannten Rede bei Kriegsbeginn entwertet werden. Wohl aber dürfen wir feststellen: daß auch diese »Schuldfrage« nicht so einfach lag, wie vielfach angenommen wurde.

Artikel 4 des Kriegsvölkerrechtsvertrags hätte nach deutscher Auffassung lauten müssen: »Ein Neutraler, der von einer kriegführenden Seite einen Rechtsbruch ohne gewaltsame Abwehr duldet, darf zur Gewaltsamkeit | auch gegen die andere Seite nicht greifen wegen solcher rechtswidriger Gegenmaßregeln, welche das einzige Mittel sind, die Folgen des gegnerischen Rechtsbruchs wettzumachen.« Für *diese* Rechtsauffassung stand Deutschland in der Tauchbootfrage ein, während Präsident Wilson sein bekanntes Prinzip, daß die Verantwortlichkeit »nicht verbunden, sondern gesondert« sei, vertrat. Die englische Blockade, der dreiviertel Millionen Menschenleben zum Opfer fielen, war offenkundig rechtswidrig, schon weil sie für die Ostsee nie effektiv war, wie der Präsident wiederholt festgestellt hat. Aus *seinem* Rechtsstandpunkt aber zog er ganz naturgemäß die Folgerung: daß er eine nur materielle Schädigung von der einen Seite und eine Bedrohung von Menschenleben von der anderen Seite formell gesondert und materiell verschieden behandeln dürfe und müsse. Die Konsequenz der deutschen Niederlage ist der Sieg der Rechtsauffassung des Präsidenten. *Unrichtig* aber ist es, daß Deutschland rein willkürlich und ohne eine ehrliche, wenn auch wenigstens m. E. in ihren Konsequenzen nicht durchführbare, also objektiv *falsche*, Rechtsüberzeugung es auf den Krieg habe ankommen lassen. Die sehr schweren Einzelfehler der deutschen Politik gegenüber Amerika und vor allem das Verhalten des Herrn Zimmermann vom Januar 1917 lassen sich in keiner Weise rechtfertigen, und es muß offen zugegeben werden, daß zu einer derartigen Vertretung Deutschlands ein vertrauenvolles Verhältnis für neutrale Mächte, in heikler Lage zumal, äußerst schwer war. Die Haltung Deutschlands ist dabei hauptsächlich durch die Vorstellung bedingt gewesen, Amerika beabsichtige in jedem Falle in den Krieg einzugreifen. Die Vorstellung war offenkundig absolut falsch. Daß sie überhaupt entstehen konnte, hatte aber immerhin seinen Grund darin, daß in Deutschland auf die Tatsache verwiesen werden konnte, daß es auch in Amerika eine »Kriegsideologie« gab. Nur hatte sie m. E. nichts mit »dem Dollar« zu tun. Im Gegenteil: es waren ganz andere und zweifellos ein Teil der besten Schichten des »jungen« Amerika, die am meisten zu ihr hinneigten. Vor allem innerhalb der an Bedeutung unvermeidlich stetig steigenden Universitätsschichten fand sie, hier wie auch sonst oft, ihre Träger. Wenn man schon 1904 in einem so guten und für das »junge« Amerika so charakteristischen Buch wie VEBLENS »Theory of Business Enterprise« die unverhohlen freudige Konklusion las, daß die Zeit herannahe, in der es wieder ein rationelles Geschäft (»a sound business view«) sein werde, den Welthandel einander *durch Krieg* abzunehmen, daß also der Kriegsgeist wieder erwachen und damit | *Würdegefühl* an die Stelle des öden Dollarverdienens treten werde, – wenn man im kleinen die langsame Wandlung des Geistes dieser Schichten verfolgte (z. B. in den Studentenwohnungen amerikanischer Quäkeruniversitäten deutsche Mensurschläger an der Wand fand, von Studenten auffallend oft nach dem Betrieb dieses ritterlichen Sports gefragt wurde), gelegentlich von Universitätskollegen das Dreiklassenwahlrecht als recht vernünftig (very reasonable) bezeichnen hörte und die sonstigen oft erörterten Aristokratisierungserscheinungen vor sich sah, so konnte man das wissen. Einen aus anständigen Gründen entstehenden Krieg mit einer wirklich großen Militärmacht hätte ein Teil dieser stark europäisierten Jugend schwerlich je grundsätzlich als unsympathisch empfunden. Indessen bei den *Massen* war es allerdings letztlich doch die subjektiv durchaus ehrliche Überzeugung von der absoluten Schlechtigkeit der deutschen Sache (Belgien!), der hinterhältigen Verstocktheit der deutschen Diplomatie und der Rücksichtslosigkeit der deutschen Kriegsmethode, welche die Kriegsstimmung schufen. Es läßt sich, wie gesagt, auf keine Art leugnen, daß allerhand Einzelvorfälle und das Verhalten verschiedener deutscher Funktionäre dazu beigetragen haben, diesen Glauben zu nähren. Andererseits blieb freilich die Information der Amerikaner eine derart beispiellos einseitige, *und zwar bis heute*, daß von der Möglichkeit eines einigermaßen billigen Standpunkts bei ihnen schlechterdings keine Rede sein konnte. Begründet war aber leider ihr grundlegendes Urteil über die Unverläßlichkeit unserer Leitung. Nur hatte dies nichts mit moralischen Defekten zu tun, sondern beruhte auf einem Regierungssystem, welches unter monarchischen Formen die Bestimmung politischer Entschlüsse unverantwortlichen Instanzen und einer Demagogie von deren Kreaturen auslieferte, die schließlich stärker wurden als ihre Herren. Die Bekämpfung dieses Systems aber hatte u. a. die früher in einem Teil der englischen Presse und Literatur übliche Verhimmelung der Person des Deutschen Kaisers uns außerordentlich erschwert.

Und damit zu *England.* Das Reden über die »Einkreisungspolitik« und den »Handelsneid« auf unserer Seite und die höchst widerwärtige pharisäische und pfäffische Pathetik eines Teils der dortigen Politiker übertönen den einfachen Tatbestand. Gewiß hat einerseits die sehr verkehrte Inszenierung der deutschen Burenpolitik (und ähnliches), andererseits das *nicht* großzügige Verhalten der englischen Politik gegen uns in Kolonialfragen stark mitgewirkt. Aber wirksamer *Kriegsgrund* war für die englische Politik durchaus die Unsicherheit über die Ziele und | den beabsichtigten Umfang des deutschen *Flottenbaues,* welche angesichts mancher Äußerungen des Kaisers stieg und zur Konzentration der englischen Flotte in der Heimat und damit zur Lähmung der englischen Weltpolitik führen zu müssen schien. Unsere Erfahrung in einem Krieg gegen alle Flotten der Erde zusammen hat gelehrt: daß zu Verteidigungszwecken eine Schlachtflotte vom Umfang der französischen für uns ausgereicht hätte. Angesichts der geographischen Lage von Liverpool einerseits, Hamburg andererseits hätte für eine wirkliche Blockade Englands auch eine Flotte von der vollen Stärke der englischen nicht ausgereicht. Hier lagen in der Tat schwere, von uns bekämpfte Irrtümer der Tirpitzschen Gernegroßpolitik, welche dazu geführt hat, daß wir jetzt von der vielberedeten angelsächsischen Weltherrschaft sagen müssen, was 1871 Thiers von der deutschen Einheit sagte: »Ah, c'est nous qui l'avons faite!«

Für das, was uns *jetzt* droht, werden breite Kreise in Deutschland vor allem die Haltung *Englands* – einiger führender Politiker und eines Teils der Presse – verantwortlich machen, einerlei mit wieviel Recht. Im Fall einer uns vergewaltigenden Polen- und Tschechenpolitik der Entente oder von Fronknechtschaft wird daher die öffentliche Meinung Deutschlands ihre Orientierung wohl im weiteren Osten suchen, wo im Laufe einiger Jahrzehnte mit dem Wiedererstehen Rußlands die Lage die alte sein wird. Es ist nicht unsere Aufgabe, englische Politiker darüber zu belehren, daß es nach einem Siege über ein schließlich doch nicht auszuschaltendes Volk im Verhalten eines Siegers Dinge gibt, die ihm außerordentlich schwer, noch andere aber, die ihm schlechterdings niemals vergessen werden. – Hier sollte vielmehr nur, um nicht die deutsche Aufrichtigkeit in begründeten Mißkredit zu bringen, ganz offen gesagt werden, wie die einer aufrichtigen Verständigung treu gewesenen und gebliebenen Kreise Deutschlands zu diesen »Schuld«-Erörterungen sachlich stehen. Es ist ohne Rücksicht darauf gesagt worden, ob dies irgendeinen »Erfolg« verspricht, lediglich um für die künftig möglicherweise unvermeidliche Haltung dieser Kreise eine *sittliche Vorbedingung* zu erfüllen. Was die Gegner anlangt, so wird der Frieden entweder von sachlichen Politikern gemacht werden, oder von Plebejern, die zu klein sind für den Sieg über ein großes Volk und [die] eine ekelhafte priesterliche Salbung in den Dienst politischen und ökonomischen Profitstrebens stellen. Im letztgenannten Fall interessiert uns das Resultat nur wenig, und es gilt für uns: *schweigen und warten.*

DER REICHSPRÄSIDENT[1]

Der erste Reichspräsident ist von der Nationalversammlung gewählt worden. Der künftige Reichspräsident muß unbedingt vom Volke unmittelbar gewählt werden. Die entscheidenden Gründe dafür sind die folgenden:

1. Da der Bundesrat, wie immer man ihn benennen und wie immer man seine Befugnisse umgestalten möge, jedenfalls in irgendeiner Gestalt in die neue Reichsverfassung übernommen werden wird – denn es ist vollkommen utopisch zu glauben, daß die Träger der Regierungsgewalt und Staatsmacht: die von den Völkern der Einzelfreistaaten bestellten Regierungen, sich bei der Willensbildung des Reichs, vor allem: der Reichsverwaltung, ausschalten lassen –, so ist die Schaffung einer unzweifelbar auf dem Willen des Gesamtvolkes, ohne Dazwischenkunft von Mittelsmännern, ruhenden Staatsspitze ganz unumgänglich. Überall ist die indirekte Wahl beseitigt worden, und hier, an der formell höchsten Stelle, soll sie erhalten bleiben? Das würde mit Recht als eine Verhöhnung des Prinzips der Demokratie im Interesse des Kuhhandels der Parlamentarier wirken und das Reich in seiner Einheit diskreditieren.

2. Nur ein Reichspräsident, der die Millionenstimmen hinter sich hat, kann die Autorität besitzen, die Sozialisierung in die Wege zu leiten, für die ja durch Paragraphen von Gesetzen schlechthin gar nichts, durch eine straff einheitliche Verwaltung dagegen alles zu leisten ist; Sozialisierung ist: Verwaltung. Dabei ist völlig einerlei, ob man die Sozialisierung nur als unumgängliche Finanzmaßregel oder ob man sie, im Sinne der Sozialdemokratie, als Umformung der Wirtschaft betreiben will. Es ist nicht die Aufgabe der Reichsverfassung, die künftige Wirtschaftsordnung festzulegen. Sie hat nur für alle denkbarerweise an die Verwaltung herantretenden Aufgaben freie Bahn und Möglichkeit zu schaffen, also auch für diese. Es ist sehr

[1] Berliner Börsenzeitung vom 25. Februar 1919.

zu hoffen, daß die Sozialdemokratie sich nicht aus einem mißverstandenen, kleinbürgerlichen, pseudodemokratischen Vorstellungskreis heraus diesen Notwendigkeiten | verschließen werde. Möchte sie doch bedenken, daß die vielberedete »Diktatur« der Massen eben: den »Diktator« fordert, einen selbstgewählten Vertrauensmann der Massen, dem diese so lange sich unterordnen, als er ihr Vertrauen besitzt. Eine kollegiale Spitze, in der dann natürlich alle größeren Bundesstaaten und ebenso alle größeren Parteien jede ihren Vertreter verlangen würden, oder eine parlamentsgewählte Spitze, die mit der elenden Ohnmacht des französischen Präsidenten belastet wäre, könnte in die Verwaltung niemals jene Einheit bringen, ohne welche ein Wiederaufbau unserer Wirtschaft, gleichviel auf welcher Grundlage, unmöglich ist. Man sorge dafür, daß der Reichspräsident für jeden Versuch, die Gesetze anzutasten oder selbstherrlich zu regieren, »Galgen und Strick« stets vor Augen sieht. Man schließe eventuell, um jede Restauration auf dem Wege des Plebiszits zu hindern, Mitglieder der Dynastien aus. Aber man stelle das Reichspräsidium fest auf eigene, demokratische Füße.

3. Nur die Wahl eines Reichspräsidenten durch das Volk gibt Gelegenheit und Anlaß zu einer Führerauslese und damit zu einer Neuorganisation der Parteien, welche das bisherige ganz veraltete System der Honoratiorenwirtschaft überwindet. Bliebe dies bestehen, so hätte die politisch und wirtschaftlich fortschrittliche Demokratie in absehbarer Zeit ausgespielt. Die Wahlen haben gezeigt, daß es den alten Berufspolitikern überall gelingt, entgegen der Stimmung der Wählermassen, die Männer, die deren Vertrauen genießen, zugunsten politischer Ladenhüter auszuschalten. Eine radikale Abwendung gerade der besten Köpfe von aller Politik ist die Folge gewesen. Nur die Volkswahl des höchsten Reichsfunktionärs kann hier ein Ventil schaffen.

4. Die Wirkung des Verhältniswahlrechts verstärkt dies Bedürfnis. Bei den nächsten Wahlen wird eintreten, was bei diesen sich erst im Keim zeigte: die Berufsverbände (Hausbesitzer, Diplominhaber, Festbesoldete, »Bünde« aller Art) werden die Parteien zwingen, lediglich zum Zwecke des Stimmenfangs deren (der Berufsverbände) besoldete Sekretäre an die Spitze der Listen zu stellen. Das Parlament wird so eine Körperschaft werden, innerhalb derer solche Persönlichkeiten, denen die nationale Politik »Hekuba« ist, die vielmehr, der Sache nach, unter einem »imperativen« Mandat von öko-

nomischen Interessenten handeln, den Ton angeben: ein Banausenparlament – unfähig, in irgendeinem Sinne eine Auslesestätte politischer Führer darzustellen. Dies muß hier offen und nackt gesagt werden. Zusammen aber mit dem Umstand, daß der | Bundesrat durch seine Beschlüsse den Ministerpräsidenten (Reichskanzler) weitgehend bindet, bedeutet dies eine unvermeidliche Schranke der rein politischen Bedeutung des Parlaments als solchen, die unbedingt ein auf dem demokratischen Volkswillen ruhendes Gegengewicht fordert.

5. Der Partikularismus ruft nach einem Träger des Reichseinheitsgedankens. Wir wissen nicht, ob die Entwicklung rein regionaler Parteien nicht weiter fortschreitet. Stimmung dafür ist da. Das wird auf die Mehrheitsbildung und die Zusammensetzung der Reichsministerien unweigerlich auf die Dauer zurückwirken. Die Wahlbewegung bei der Bestellung eines volksgewählten Reichspräsidenten bildet einen Damm gegen das einseitige Überwuchern solcher Tendenzen, denn es zwingt die Parteien, sich durch das Reich hin einheitlich zu organisieren und zu verständigen, ebenso wie der volksgewählte Reichspräsident selbst dem – leider unvermeidbaren – Bundesrat ein Gegengewicht im Sinne der Reichseinheit gegenüberstellt, ohne doch die Einzelstaaten mit Vergewaltigung zu bedrohen.

6. Früher, im Obrigkeitsstaat, mußte man für die Steigerung der Macht der Parlamentsmehrheit eintreten, damit endlich die Bedeutung und damit das Niveau des Parlaments gehoben würde. Heute ist die Lage die, daß alle Verfassungsentwürfe einem geradezu blinden Köhlerglauben an die Unfehlbarkeit und Allmacht der Mehrheit – nicht etwa des Volkes, sondern der Parlamentarier – verfallen sind: das entgegengesetzte, ganz ebenso undemokratische Extrem. Man schränke die Macht des volksgewählten Präsidenten ein wie immer und sorge dafür, daß er nur in zeitweilig unlösbaren Krisenfällen (durch suspensives Veto und Berufung von Beamtenministerien), im übrigen nur durch Anrufung des Referendums in die Reichsmaschine eingreifen kann. Aber man gebe ihm durch die Volkswahl einen eigenen Boden unter die Füße. Sonst wankt in jedem Fall einer Parlamentskrise – und bei mindestens vier bis fünf Parteien wird eine solche nicht zu den Seltenheiten gehören – der ganze Reichsbau.

7. Nur ein volksgewählter Reichspräsident kann in Berlin neben der preußischen Staatsspitze eine andere als eine rein geduldete Rolle spielen. Bei den Einzelstaatenregierungen, also auch bei der

preußischen Staatsspitze wird fast die gesamte Amtspatronage liegen, vor allem die Besetzung sämtlicher mit dem Volk im Alltag in Berührung kommenden inneren Verwaltungsbeamten, vermutlich auch mindestens der unteren Offiziersgrade. Ein nicht durch Wahl des Gesamtvolks gewählter Reichs|präsident würde daher der preußischen Staatsspitze gegenüber eine geradezu erbärmliche Rolle spielen und die Übermacht Preußens in Berlin und dadurch im Reich erneut und in sehr gefährlicher, weil partikularistischer Form erstehen.

Es ist an sich verständlich, wenn die Parlamentarier ungern das Opfer der Selbstverleugnung bringen, die Wahl des höchsten Reichsorgans aus den eigenen Händen zu geben. Aber es muß geschehen, und die Bewegung dafür wird nicht rasten und ruhen. Möge die Demokratie nicht ihren Feinden diese Agitationswaffe gegen das Parlament in die Hand drücken. Wie diejenigen Monarchen nicht nur am vornehmsten, sondern auch am klügsten handelten, welche rechtzeitig ihre eigene Macht zugunsten parlamentarischer Vertretungen begrenzten, so möge das Parlament die Magna Charta der Demokratie: das Recht der unmittelbaren Führerwahl, freiwillig anerkennen. Es wird das, wenn die Minister streng an sein Vertrauen gebunden bleiben, nicht zu bereuen haben. Denn der große Zug demokratischen Parteilebens, der sich an der Hand dieser Volkswahlen entwickelt, wird auch ihm zugute kommen. Ein unter bestimmten Parteikonstellationen und -koalitionen vom Parlament gewählter Reichspräsident ist mit Verschiebung dieser Konstellation ein politisch toter Mann. Ein volksgewählter Präsident als Chef der Exekutive, der Amtspatronage und (eventuell) Inhaber eines aufschiebenden Vetos und des Befugnisses der Parlamentsauflösung und Volksbefragung ist das Palladium der echten Demokratie, die nicht ohnmächtige Preisgabe an Klüngel, sondern Unterordnung unter selbstgewählte Führer bedeutet.

ZUR UNTERSUCHUNG DER SCHULDFRAGE

An die Redaktion der Frankfurter Zeitung[1]

Das anliegende Anschreiben möchte ich Sie bitten, mit tunlichster Beschleunigung so zu veröffentlichen, daß es etwas in die Augen fällt . .

Die amtliche Antwort der Entente auf die Anregung, deutscherseits eine neutrale Kommission über die Schuldfrage einzusetzen, ist in radikal ablehnendem Sinn ausgefallen. Der Verlauf der jetzigen Berner Verhandlungen läßt nach Meinung gut unterrichteter Herren, welche über Beziehungen zur Gegenseite verfügen, einen solchen Schritt gerade von anderer als unabhängig-sozialdemokratischer Seite ratsam erscheinen. Daß der Brief nur von einem einzelnen und gerade von mir geschrieben wird, beruht auf einer Reihe von verwickelten Überlegungen . .

Die Fassung beruht darauf, daß dem Auswärtigen Amt jede Art der Behandlung dieser Anregung offen gehalten werden muß, je nach Änderung der Situation. Insbesondere muß die Anregung auch als ein Vorschlag aufgefaßt werden können, eine Kommission unter Beteiligung neutraler Persönlichkeiten einzusetzen. Andererseits ist es nicht ratsam, dies auszusprechen, da sich der Versuch vielleicht schon wegen der Haltung der Neutralen als undenkbar erweist und dann das, was vielleicht zustande kommt: eine unabhängige deutsche Kommission, nicht als gegenüber der Anregung minderwertig erscheinen darf. Eine *parlamentarische* Untersuchungskommission einzusetzen, wäre in diesem besonderen Fall sicherlich kein zweckmäßiger Weg. Alle Erörterungen würden dann sofort unter rein *parteipolitische* Gesichtspunkte geraten. Mir persönlich erscheint eine Kommission aus möglichst unabhängigen und politisch ungebundenen,

[1] Begleitschreiben vom 20. März 1919 zum nachstehenden Artikel [vgl. Gesammelte Politische Schriften, 1. Aufl. 1921, S. 487]. (D. H.)

dabei aber in politischen Dingen, insbesondere der letzten Jahre, möglichst erfahrenen Persönlichkeiten des In- und Auslandes, natürlich unter Beteiligung pazifistischer Kreise, das allein Richtige.

Die Untersuchung der Schuldfrage[1]

An die Redaktion der Frankfurter Zeitung

Heidelberg, den 20. 3. 1919

Die Erörterung der sogenannten Schuldfrage steht auf einem toten Punkt. Der Standpunkt deutscher Kreise, welche annexionistische Tendenzen stets, auch auf der Höhe unserer Erfolge, abgelehnt haben, wurde in der seinerzeit auch von Ihnen gebrachten Erklärung der »Heidelberger Vereinigung für eine Politik des Rechts« zum Ausdruck gebracht[2]. Diese Kreise wissen sich frei von irgendwelcher Absicht, die wirkliche Verantwortung der deutschen, von ihnen wiederholt scharf kritisierten Politik verkleinern zu wollen, sind aber selbstverständlich überzeugt davon, daß nur eine wirklich unparteiische Prüfung der internationalen Lage und aller Vorgänge vor und bei Ausbruch des Krieges eine geeignete Grundlage für die Beurteilung des deutschen Verhaltens bieten könnte. Auf die öffentliche Anregung, eine *internationale neutrale Kommission* mit einer systematischen Erhebung unter Heranziehung sämtlicher Archive zu betrauen, ist von den Gegnern nicht reagiert worden. Dabei darf es sein Bewenden nicht haben. Eine Publikation des gesamten *deutschen* Aktenmaterials wurde seinerzeit in Aussicht gestellt, ist bisher aber noch nicht erfolgt. Wiederholt sind die schweren Bedenken gegen eine einseitige deutsche Publikation betont worden, und sie bestehen unvermindert fort.

Allein die Zusage ist gegeben. Offizielle Weißbücher haben nun in der Öffentlichkeit nicht die nötige überzeugende Kraft: Es besteht die begründete Auffassung, daß Aktenmaterialien allein Aufklärung über die Hergänge nicht schaffen können, daß vielmehr unbedingt eine mit allen Garantien der Sachlichkeit und Vollständigkeit um-

[1] Frankfurter Zeitung vom 22. März 1919.

[2] Frankfurter Zeitung vom 13. Februar 1919.
Zu vgl. Marianne Weber, Max Weber – ein Lebensbild (1926), S. 659. (D. H.)

gebene *Vernehmung der beteiligten Persönlichkeiten* hinzuzutreten hätte. Diese Persönlichkeiten leben in der Mehrzahl jetzt noch, und es wäre dringend zu wünschen, daß die Aufklärung über die Motive ihres Handelns nicht der Memoiren-Publikation künftiger Jahrzehnte überlassen bleibt, sondern daß sie alle unter Gegenüberstellung untereinander und | mit dem Aktenbefund jetzt veranlaßt werden, sich erschöpfend, wenn möglich im Kreuzverhör, vor einer in jeder Hinsicht unbefangenen Instanz zu äußern. Eine solche Instanz müßte besonders geschaffen werden. Ein gegen wen immer gerichtetes Verfahren vor einem künftigen Staatsgerichtshof würde gerade den entscheidenden Dienst nicht leisten. Denn um die Feststellung von Schuld im juristischen Sinne handelt es sich nicht, die Erforschung politischer Vorgänge aber durch eine deutsche juristische Körperschaft würde vor dem Forum der Welt schwerlich die genügende Autorität genießen. Er fragt sich also, ob eine Form gefunden werden kann, die Prüfung der deutschen Akten in Verbindung mit der Einvernahme aller an den Vorgängen handelnd Beteiligten und, je nach Ermessen und Möglichkeit, auch anderer Zeugen einer Instanz zu unterbreiten, welche durch ihre *Zusammensetzung* jedem unbefangenen Urteil, insbesondere aber künftigen, den Leidenschaften der Gegenwart entrückten Geschlechtern jede denkbare Garantie dafür böte, daß wirklich alle für die Beurteilung der deutschen Politik erheblichen Tatsachen so weit aufgeklärt werden, als dies überhaupt möglich ist. Das Ziel wäre:

1. umstrittene Tatsachen und Zusammenhänge aufzuklären,
2. jenes *Bild* der Weltlage, welches den deutschen Staatsmännern nach ihren Informationen bei ihrer Politik vor Augen stand, erschöpfend festzustellen,
3. ihr Verhalten gegenüber diesem *ihnen* vorschwebenden Sachverhalt in seinen Motiven aufzuklären.

Das Auswärtige Amt wird sich der Pflicht kaum entziehen dürfen, die Öffentlichkeit wissen zu lassen, ob und welche Schritte es zu unternehmen gedenkt, um diesem Verlangen nach einer objektiven Klarstellung des *deutschen* Verhaltens zu entsprechen, und so eine Aufklärung herbeizuführen, welche ganz unabhängig davon erfolgen muß, wie sich die *Gegner* verhalten.

gez. Prof. Max Weber

POLITIK ALS BERUF[1]

Vortrag

Der Vortrag, den ich auf Ihren Wunsch zu halten habe, wird Sie nach verschiedenen Richtungen notwendig enttäuschen. In einer Rede über Politik als Beruf werden Sie unwillkürlich eine Stellungnahme zu aktuellen Tagesfragen erwarten. Das wird aber nur in einer rein formalen Art am Schlusse geschehen anläßlich bestimmter Fragen der Bedeutung des politischen Tuns innerhalb der gesamten Lebensführung. Ganz ausgeschaltet werden müssen dagegen in dem heutigen Vortrag alle Fragen, die sich darauf beziehen: *welche* Politik man treiben, welche *Inhalte,* heißt das, man seinem politischen Tun geben *soll.* Denn das hat mit der allgemeinen Frage: was Politik als Beruf ist und bedeuten kann, nichts zu tun. – Damit zur Sache!

Was verstehen wir unter Politik? Der Begriff ist außerordentlich weit und umfaßt jede Art selbständig *leitender* Tätigkeit. Man spricht von der Devisenpolitik der Banken, von der Diskontpolitik der Reichsbank, von der Politik einer Gewerkschaft in einem Streik, man kann sprechen von der Schulpolitik einer Stadt- oder Dorfgemeinde, von der Politik eines Vereinsvorstandes bei dessen Leitung, ja schließlich von der Politik einer klugen Frau, die ihren Mann zu lenken trachtet. Ein derartig weiter Begriff liegt unseren Betrachtungen vom heutigen Abend natürlich nicht zugrunde. Wir wollen heute darunter nur verstehen: die Leitung oder die Beeinflussung der Leitung eines *politischen* Verbandes, heute also: eines *Staates.*

Was ist nun aber vom Standpunkt der soziologischen Betrachtung aus ein »politischer« Verband? Was ist: ein »Staat«? Auch er läßt

[1] Zweiter Vortrag im Rahmen einer Vortragsreihe »Geistige Arbeit als Beruf«, gehalten im Revolutionswinter 1918/19 vor dem Freistudententischen Bund in München. Ausarbeitung des Verfassers auf Grund einer stenographischen Nachschrift, im Druck erschienen im Oktober 1919. (D. H.)

sich soziologisch nicht definieren aus dem Inhalt dessen, was er tut. Es gibt fast keine Aufgabe, die nicht ein politischer Verband hier und da in die Hand genommen hätte, andererseits auch keine, von der man sagen könnte, daß sie jederzeit, vollends: daß sie immer *ausschließlich* denjenigen Verbänden, die man als politische, heute: als Staaten, bezeichnet, oder welche geschichtlich die Vorfahren des modernen Staates waren, eigen gewesen wäre. Man kann vielmehr den modernen Staat soziologisch | letztlich nur definieren aus einem spezifischen *Mittel*, das ihm, wie jedem politischen Verband, eignet: der physischen Gewaltsamkeit. »Jeder Staat wird auf Gewalt gegründet«, sagte seinerzeit TROTZKIJ in Brest-Litowsk. Das ist in der Tat richtig. Wenn nur soziale Gebilde beständen, denen die Gewaltsamkeit als Mittel unbekannt wäre, *dann* würde der Begriff »Staat« fortgefallen sein, *dann* wäre eingetreten, was man in diesem besonderen Sinne des Wortes als »Anarchie« bezeichnen würde. Gewaltsamkeit ist natürlich nicht etwa das normale oder einzige Mittel des Staates: – davon ist keine Rede –, wohl aber: das ihm spezifische. Gerade heute ist die Beziehung des Staates zur Gewaltsamkeit besonders intim. In der Vergangenheit haben die verschiedensten Verbände – von der Sippe angefangen – physische Gewaltsamkeit als ganz normales Mittel gekannt. Heute dagegen werden wir sagen müssen: Staat ist diejenige menschliche Gemeinschaft, welche innerhalb eines bestimmten Gebietes – dies: das »Gebiet« gehört zum Merkmal – das *Monopol legitimer physischer Gewaltsamkeit* für sich (mit Erfolg) beansprucht. Denn das der Gegenwart Spezifische ist: daß man allen anderen Verbänden oder Einzelpersonen das Recht zur physischen Gewaltsamkeit nur so weit zuschreibt, als der *Staat* sie von ihrer Seite zuläßt: er gilt als alleinige Quelle des »Rechts« auf Gewaltsamkeit.

»Politik« würde für uns also heißen: Streben nach Machtanteil oder nach Beeinflussung der Machtverteilung, sei es zwischen Staaten, sei es innerhalb eines Staates zwischen den Menschengruppen, die er umschließt.

Das entspricht im wesentlichen ja auch dem Sprachgebrauch. Wenn man von einer Frage sagt: sie sei eine »politische« Frage, von einem Minister oder Beamten: er sei ein »politischer« Beamter, von einem Entschluß: er sei »politisch« bedingt, so ist damit immer gemeint: Machtverteilungs-, Machterhaltungs- oder Machtverschiebungsinteressen sind maßgebend für die Antwort auf jene Frage oder bedingen diesen Entschluß oder bestimmen die Tätigkeitssphäre des betreffenden Beamten. – Wer Politik treibt, erstrebt Macht: Macht entweder als Mittel im Dienst anderer Ziele (idealer oder egoistischer), – oder Macht »um ihrer selbst willen«: um das Prestigegefühl, das sie gibt, zu genießen.

Der Staat ist, ebenso wie die ihm geschichtlich vorausgehenden politischen Verbände, ein auf das Mittel der legitimen (das heißt: als legitim angesehenen) Gewaltsamkeit gestütztes *Herrschafts*verhältnis von Menschen über Menschen. Damit er bestehe, müssen sich also die | beherrschten Menschen der beanspruchten Autorität der jeweils herrschenden *fügen.* Wann und warum tun sie das? Auf welche inneren Rechtfertigungsgründe und auf welche äußeren Mittel stützt sich diese Herrschaft?

Es gibt der inneren Rechtfertigungen, also: der *Legitimitäts*gründe einer Herrschaft – um mit ihnen zu beginnen – im Prinzip drei[1]. Einmal die Autorität des »ewig Gestrigen«: der durch unvordenkliche Geltung und gewohnheitsmäßige Einstellung auf ihre Innehaltung geheiligten *Sitte:* »traditionale« Herrschaft, wie sie der Patriarch und der Patrimonialfürst alten Schlages übten. Dann: die Autorität der außeralltäglichen persönlichen *Gnadengabe* (Charisma), die ganz persönliche Hingabe und das persönliche Vertrauen zu Offenbarungen, Heldentum oder anderen Führereigenschaften eines einzelnen: »charismatische« Herrschaft, wie sie der Prophet oder – auf dem Gebiet des Politischen – der gekorene Kriegsfürst oder der plebiszitäre Herrscher, der große Demagoge und politische Parteiführer ausüben. Endlich: Herrschaft kraft »Legalität«, kraft des Glaubens an die Geltung legaler *Satzung* und der durch rational geschaffene Regeln begründeten sachlichen »Kompetenz«, also: der Einstellung auf Gehorsam in der Erfüllung satzungsmäßiger Pflichten: eine Herrschaft, wie sie der moderne »Staatsdiener« und alle jene Träger von Macht ausüben, die ihm in dieser Hinsicht ähneln. – Es versteht sich, daß in der Realität höchst massive Motive der Furcht und der Hoffnung – Furcht vor der Rache magischer Mächte oder des Machthabers, Hoffnung auf jenseitigen oder diesseitigen Lohn – und daneben Interessen verschiedenster Art die Fügsamkeit bedingen. Davon sogleich. Aber wenn man nach den »Legitimitäts«gründen dieser

[1] Das Nähere ergibt die posthum veröffentlichte Abhandlung des Verfassers »Die drei reinen Typen der legitimen Herrschaft« [Preußische Jahrbücher, 187. Band (1922), S. 1–12]. (D. H.)

Fügsamkeit fragt, dann allerdings stößt man auf diese drei »reinen« Typen. Und diese Legitimitätsvorstellungen und ihre innere Begründung sind für die Struktur der Herrschaft von sehr erheblicher Bedeutung. Die reinen Typen finden sich freilich in der Wirklichkeit selten. Aber es kann heute auf die höchst verwickelten Abwandlungen, Übergänge und Kombinationen dieser reinen Typen nicht eingegangen werden: das gehört zu den Problemen der »allgemeinen Staatslehre«.

Uns interessiert hier vor allem der zweite von jenen Typen: die Herrschaft kraft Hingabe der Gehorchenden an das rein persönliche »Charisma« des »Führers«. Denn hier wurzelt der Gedanke des *Berufs* in seiner höchsten Ausprägung. Die Hingabe an das Charisma des Propheten oder des Führers im Kriege oder des ganz großen Demagogen in der | Ekklesia oder im Parlament bedeutet ja, daß er persönlich als der innerlich »berufene« Leiter der Menschen gilt, daß diese sich ihm nicht kraft Sitte oder Satzung fügen, sondern weil sie an ihn glauben. Er selbst zwar lebt seiner Sache, »trachtet nach seinem Werk«, wenn er mehr ist als ein enger und eitler Emporkömmling des Augenblicks. Seiner Person und ihren Qualitäten aber gilt die Hingabe seines Anhanges: der Jüngerschaft, der Gefolgschaft, der ganz persönlichen Parteigängerschaft. In den beiden in der Vergangenheit wichtigsten Figuren: des Magiers und Propheten einerseits, des gekorenen Kriegsfürsten, Bandenführers, Kondottiere andererseits, ist das Führertum in allen Gebieten und historischen Epochen aufgetreten. Dem Okzident eigentümlich ist aber, was uns näher angeht: das *politische* Führertum in der Gestalt zuerst des freien »Demagogen«, der auf dem Boden des nur dem Abendland, vor allem der mittelländischen Kultur, eigenen Stadtstaates, und dann des parlamentarischen »Parteiführers«, der auf dem Boden des ebenfalls nur im Abendland bodenständigen Verfassungsstaates gewachsen ist.

Diese Politiker kraft »Berufes« in des Wortes eigentlichster Bedeutung sind nun aber natürlich nirgends die allein maßgebenden Figuren im Getriebe des politischen Machtkampfes. Höchst entscheidend ist vielmehr die Art der Hilfsmittel, die ihnen zur Verfügung stehen. Wie fangen die politisch herrschenden Gewalten es an, sich in ihrer Herrschaft zu behaupten? Die Frage gilt für jede Art von Herrschaft, also auch für die politische Herrschaft in allen ihren Formen: für die traditionale ebenso wie für die legale und die charismatische.

Jeder Herrschaftsbetrieb, welcher kontinuierliche Verwaltung erheischt, braucht einerseits die Einstellung menschlichen Handelns auf den Gehorsam gegenüber jenen Herren, welche Träger der legitimen Gewalt zu sein beanspruchen, und andererseits, vermittels dieses Gehorsams, die Verfügung über diejenigen Sachgüter, welche gegebenenfalls zur Durchführung der physischen Gewaltanwendung erforderlich sind: den personalen Verwaltungsstab und die sachlichen Verwaltungsmittel.

Der Verwaltungsstab, der den politischen Herrschaftsbetrieb wie jeden anderen Betrieb in seiner äußeren Erscheinung darstellt, ist nun natürlich nicht nur durch jene Legitimitätsvorstellung, von der eben die Rede war, an den Gehorsam gegenüber dem Gewalthaber gekettet. Sondern durch zwei Mittel, welche an das persönliche Interesse appellieren: materielles Entgelt und soziale Ehre. Lehen der Vasallen, Pfründen der Patrimonialbeamten, Gehalt der modernen Staatsdiener, – Ritter|ehre, ständische Privilegien, Beamtenehre bilden den Lohn, und die Angst, sie zu verlieren, die letzte entscheidende Grundlage für die Solidarität des Verwaltungsstabes mit dem Gewalthaber. Auch für die charismatische Führerherrschaft gilt das: Kriegsehre und Beute für die kriegerische, die »spoils«: Ausbeutung der Beherrschten durch Ämtermonopol, politisch bedingte Profite und Eitelkeitsprämien für die demagogische Gefolgschaft.

Zur Aufrechterhaltung jeder gewaltsamen Herrschaft bedarf es gewisser materieller äußerer Sachgüter, ganz wie bei einem wirtschaftlichen Betrieb. Alle Staatsordnungen lassen sich nun danach gliedern, ob sie auf dem Prinzip beruhen, daß jener Stab von Menschen: – Beamte oder wer sie sonst sein mögen –, auf deren Gehorsam der Gewalthaber muß rechnen können, im *eigenen* Besitze der Verwaltungsmittel, mögen sie bestehen in Geld, Gebäuden, Kriegsmaterial, Wagenparks, Pferden oder was sonst immer, sich befinden, oder ob der Verwaltungsstab von den Verwaltungsmitteln »getrennt« ist, im gleichen Sinn, wie heute der Angestellte und Proletarier innerhalb des kapitalistischen Betriebes »getrennt« ist von den sachlichen Produktionsmitteln. Ob also der Gewalthaber die Verwaltung in *eigener* von ihm organisierter *Regie* hat und durch persönliche Diener oder angestellte Beamte oder persönliche Günstlinge und Vertraute verwalten läßt, welche nicht Eigentümer: Besitzer zu eigenem Recht, der sachlichen Betriebsmittel sind, sondern vom Herrn darin dirigiert werden, oder ob das Gegenteil der Fall ist. Der Unterschied geht durch alle Verwaltungsorganisationen der Vergangenheit hindurch.

Einen politischen Verband, bei dem die sachlichen Verwaltungsmittel ganz oder teilweise in der Eigenmacht des abhängigen Verwaltungsstabes sich befinden, wollen wir einen *»ständisch«* gegliederten Verband nennen. Der Vasall z. B. im Lehnsverband bestritt die Verwaltung und Rechtspflege des ihm verlehnten Bezirks aus eigener Tasche, equipierte und verproviantierte sich selbst für den Krieg; seine Untervasallen taten das gleiche. Das hatte natürlich Konsequenzen für die Machtstellung des Herrn, die nur auf dem persönlichen Treubund und darauf ruhte, daß der Lehnsbesitz und die soziale Ehre des Vasallen ihre »Legitimität« vom Herrn ableiteten.

Überall aber, bis in die frühesten politischen Bildungen zurück, finden wir auch die eigene Regie des Herrn: durch persönlich von ihm Abhängige: Sklaven, Hausbeamte, Dienstleute, persönliche »Günstlinge« | und aus seinen Vorratskammern mit Natural- und Gelddeputaten entlohnte Pfründner sucht er die Verwaltung in eigene Hand zu bekommen, die Mittel aus eigener Tasche, aus Erträgnissen seines Patrimoniums zu bestreiten, ein rein persönlich von ihm abhängiges, weil aus seinen Speichern, Magazinen, Rüstkammern equipiertes und verproviantiertes Heer zu schaffen. Während im »ständischen« Verband der Herr mit Hilfe einer eigenständigen »Aristokratie« herrscht, also mit ihr die Herrschaft *teilt*, stützt er sich hier entweder auf Haushörige oder auf Plebejer: besitzlose, der eigenen sozialen Ehre entbehrende Schichten, die materiell gänzlich an ihn gekettet sind und keinerlei konkurrierende eigene Macht unter den Füßen haben. Alle Formen patriarchaler und patrimonialer Herrschaft, sultanistischer Despotie und bürokratischer Staatsordnung gehören zu diesem Typus. Insbesondere: die bürokratische Staatsordnung, also die, in ihrer rationalsten Ausbildung, auch und gerade dem modernen Staat charakteristische.

Überall kommt die Entwicklung des modernen Staates dadurch in Fluß, daß von seiten des Fürsten die Enteignung der neben ihm stehenden selbständigen »privaten« Träger von Verwaltungsmacht: jener Eigenbesitzer von Verwaltungs- und Kriegsbetriebsmitteln, Finanzbetriebsmitteln und politisch verwendbaren Gütern aller Art, in die Wege geleitet wird. Der ganze Prozeß ist eine vollständige Parallele zu der Entwicklung des kapitalistischen Betriebs durch allmähliche Enteignung der selbständigen Produzenten. Am Ende sehen wir, daß in dem modernen Staat tatsächlich in einer einzigen Spitze die Verfügung über die gesamten politischen Betriebsmittel zusammenläuft, kein einziger Beamter mehr persönlicher Eigentümer des Geldes ist, das er verausgabt, oder der Gebäude, Vorräte, Werkzeuge, Kriegsmaschinen, über die er verfügt. Vollständig durchgeführt ist also im heutigen »Staat« – das ist ihm begriffswesentlich – die »Trennung« des Verwaltungsstabes: der Verwaltungsbeamten und Verwaltungsarbeiter, von den sachlichen Betriebsmitteln. Hier setzt nun die allermodernste Entwicklung ein und versucht vor unseren Augen, die Expropriation dieses Expropriateurs der politischen Mittel und damit der politischen Macht in die Wege zu leiten. Das hat die Revolution wenigstens insofern geleistet, als an die Stelle der gesatzten Obrigkeiten Führer getreten sind, welche durch Usurpation oder Wahl sich in die Verfügungsgewalt über den politischen Menschenstab und Sachgüterapparat gesetzt haben und ihre Legitimität – einerlei mit wieviel Recht – vom Willen der Beherrschten ableiten. | Eine andere Frage ist, ob sie auf Grund dieses – wenigstens scheinbaren – Erfolges mit Recht die Hoffnung hegen kann: auch die Expropriation innerhalb der kapitalistischen Wirtschaftsbetriebe durchzuführen, deren Leitung sich trotz weitgehender Analogien im Innersten nach ganz anderen Gesetzen richtet als die politische Verwaltung. Dazu nehmen wir heute nicht Stellung. Ich stelle für unsere Betrachtung nur das rein *Begriffliche* fest: daß der moderne Staat ein anstaltsmäßiger Herrschaftsverband ist, der innerhalb eines Gebietes die legitime physische Gewaltsamkeit als Mittel der Herrschaft zu monopolisieren mit Erfolg getrachtet hat und zu diesem Zweck die sachlichen Betriebsmittel in der Hand seiner Leiter vereinigt, die sämtlichen eigenberechtigten ständischen Funktionäre aber, die früher zu Eigenrecht darüber verfügten, enteignet und sich selbst in seiner höchsten Spitze an deren Stelle gesetzt hat.

Im Verlaufe dieses politischen Enteignungsprozesses nun, der in allen Ländern der Erde mit wechselndem Erfolge spielte, sind, und zwar zuerst im Dienste der Fürsten, die ersten Kategorien von »Berufspolitikern« in einem *zweiten* Sinn aufgetreten, von Leuten, die nicht selbst Herren sein wollten, wie die charismatischen Führer, sondern *in den Dienst* von politischen Herren traten. Sie stellten sich in diesem Kampfe den Fürsten zur Verfügung und machten aus der Besorgung von deren Politik einen materiellen Lebenserwerb einerseits, einen ideellen Lebensinhalt andererseits. Wieder *nur* im Okzident finden wir *diese* Art von Berufspolitikern auch im Dienst anderer Mächte als nur der Fürsten. In der Vergangenheit waren sie deren wichtigstes Macht- und politisches Expropriationsinstrument.

Machen wir uns, ehe wir näher auf sie eingehen, den Sachverhalt, den die Existenz solcher »Berufspolitiker« darstellt, nach allen Seiten unzweideutig klar. Man kann »Politik« treiben – also: die Machtverteilung zwischen und innerhalb politischer Gebilde zu beeinflussen trachten – sowohl als »Gelegenheits«politiker wie als nebenberuflicher oder hauptberuflicher Politiker, genau wie beim ökonomischen Erwerb. »Gelegenheits«politiker sind wir alle, wenn wir unseren Wahlzettel abgeben oder eine ähnliche Willensäußerung: etwa Beifall oder Protest in einer »politischen« Versammlung, vollziehen, eine »politische« Rede halten usw., – und bei vielen Menschen beschränkt sich ihre ganze Beziehung zur Politik darauf. »Nebenberufliche« Politiker sind heute z. B. alle jene Vertrauensmänner und Vorstände von parteipolitischen | Vereinen, welche diese Tätigkeit – wie es durchaus die Regel ist – nur im Bedarfsfalle ausüben und weder materiell noch ideell in *erster* Linie daraus »ihr Leben machen«. Ebenso jene Mitglieder von Staatsräten und ähnlichen Beratungskörperschaften, die nur auf Anfordern in Funktion treten. Ebenso aber auch ziemlich breite Schichten unserer Parlamentarier, die nur in Zeiten der Session Politik treiben. In der Vergangenheit finden wir solche Schichten namentlich unter den Ständen. »Stände« sollen uns heißen die eigenberechtigten Besitzer militärischer oder für die Verwaltung wichtiger sachlicher Betriebsmittel oder persönlicher Herrengewalten. Ein großer Teil von ihnen war weit davon entfernt, sein Leben ganz oder auch nur vorzugsweise oder mehr als gelegentlich in den Dienst der Politik zu stellen. Sie nützten vielmehr ihre Herrenmacht im Interesse der Erzielung von Renten oder auch geradezu von Profit und wurden politisch, im Dienst des politischen Verbandes, nur tätig, wenn der Herr oder wenn ihre Standesgenossen dies besonders verlangten. Nicht anders auch ein Teil jener Hilfskräfte, die der Fürst im Kampf um die Schaffung eines politischen Eigenbetriebes, der nur ihm zur Verfügung stehen sollte, heranzog. Die »Räte von Haus aus« und, noch weiter zurück, ein erheblicher Teil der in der »Curia« und den anderen beratenden Körperschaften des Fürsten zusammentretenden Ratgeber hatten diesen Charakter. Aber mit diesen nur gelegentlichen oder nebenberuflichen Hilfskräften kam der Fürst natürlich nicht aus. Er mußte sich einen Stab von ganz und ausschließlich seinem Dienst gewidmeten, also *haupt*beruflichen,

Hilfskräften zu schaffen suchen. Davon, woher er diese nahm, hing zum sehr wesentlichen Teil die Struktur des entstehenden dynastischen politischen Gebildes und nicht nur sie, sondern das ganze Gepräge der betreffenden Kultur ab. Erst recht in die gleiche Notwendigkeit versetzt waren diejenigen politischen Verbände, welche unter völliger Beseitigung oder weitgehender Beschränkung der Fürstenmacht sich als (sogenannte) »freie« Gemeinwesen politisch konstituierten, – »frei« nicht im Sinne der Freiheit von gewaltsamer Herrschaft, sondern im Sinne von: Fehlen der kraft Tradition legitimen (meist religiös geweihten) Fürstengewalt als ausschließlicher Quelle aller Autorität. Sie haben geschichtlich ihre Heimstätte durchaus im Okzident, und ihr Keim war: die Stadt als politischer Verband, als welcher sie zuerst im mittelländischen Kulturkreis aufgetreten ist. Wie sahen in all diesen Fällen die »*haupt*beruflichen« Politiker aus? |

Es gibt zwei Arten, aus der Politik seinen Beruf zu machen. Entweder: man lebt »für« die Politik, – oder aber: »von« der Politik. Der Gegensatz ist keineswegs ein exklusiver. In aller Regel vielmehr tut man, mindestens ideell, meist aber auch materiell, beides: wer »für« die Politik lebt, macht im *inner*lichen Sinne »sein Leben daraus«: er genießt entweder den nackten Besitz der Macht, die er ausübt, oder er speist sein inneres Gleichgewicht und Selbstgefühl aus dem Bewußtsein, durch Dienst an einer »Sache« seinem Leben einen *Sinn* zu verleihen. In diesem innerlichen Sinn lebt wohl jeder ernste Mensch, der für eine Sache lebt, auch von dieser Sache. Die Unterscheidung bezieht sich also auf eine viel massivere Seite des Sachverhaltes: auf die ökonomische. »Von« der Politik als Beruf lebt, wer danach strebt, daraus eine dauernde *Einnahme*quelle zu machen, – »für« die Politik der, bei dem dies nicht der Fall ist. Damit jemand in diesem ökonomischen Sinn »für« die Politik leben könne, müssen unter der Herrschaft der Privateigentumsordnung einige, wenn Sie wollen, sehr triviale Voraussetzungen vorliegen: er muß – unter normalen Verhältnissen – ökonomisch von den Einnahmen, welche die Politik ihm bringen kann, unabhängig sein. Das heißt ganz einfach: er muß vermögend oder in einer privaten Lebensstellung sein, welche ihm auskömmliche Einkünfte abwirft. So steht es wenigstens unter normalen Verhältnissen. Zwar die Gefolgschaft des Kriegsfürsten fragt ebensowenig nach den Bedingungen normaler Wirtschaft wie die Gefolgschaft des revolutionären Helden der Straße. Beide leben von Beute,

Raub, Konfiskationen, Kontributionen, Aufdrängung von wertlosen Zwangszahlungsmitteln: – was dem Wesen nach alles das gleiche ist. Aber das sind notwendig außeralltägliche Erscheinungen: in der Alltagswirtschaft leistet nur eigenes Vermögen diesen Dienst. Aber damit allein nicht genug: er muß überdies wirtschaftlich »abkömmlich« sein, d. h. seine Einkünfte dürfen nicht davon abhängen, daß er ständig persönlich seine Arbeitskraft und sein Denken voll oder doch weit überwiegend in den Dienst ihres Erwerbes stellt. Abkömmlich in diesem Sinn ist nun am unbedingtesten: der Rentner, derjenige also, der vollkommen arbeitsloses Einkommen, sei es, wie die Grundherren der Vergangenheit, die Großgrundbesitzer und die Standesherren der Gegenwart, aus Grundrenten – in der Antike und im Mittelalter auch Sklaven- oder Hörigenrenten –, sei es aus Wertpapier- oder ähnlichen modernen Rentenquellen bezieht. Weder der Arbeiter, *noch* – was sehr zu beachten ist – der Unternehmer, auch *und gerade* der moderne Groß|unternehmer, ist in diesem Sinn abkömmlich. Denn auch und *gerade* der Unternehmer – der gewerbliche sehr viel mehr als, bei dem Saisoncharakter der Landwirtschaft, der landwirtschaftliche Unternehmer – ist an seinen Betrieb gebunden und *nicht* abkömmlich. Es ist für ihn meist sehr schwer, sich auch nur zeitweilig vertreten zu lassen. Ebensowenig ist dies z. B. der Arzt, je hervorragender und beschäftigter er ist, desto weniger. Leichter schon, aus rein betriebstechnischen Gründen, der Advokat, – der deshalb auch als Berufspolitiker eine ungleich größere, oft eine geradezu beherrschende Rolle gespielt hat. – Wir wollen diese Kasuistik nicht weiter verfolgen, sondern wir machen uns einige Konsequenzen klar.

Die Leitung eines Staates oder einer Partei durch Leute, welche (im ökonomischen Sinn des Wortes) ausschließlich für die Politik und nicht von der Politik leben, bedeutet notwendig eine »plutokratische« Rekrutierung der politisch führenden Schichten. Damit ist freilich nicht auch das Umgekehrte gesagt: daß eine solche plutokratische Leitung auch zugleich bedeutete, daß die politisch herrschende Schicht *nicht* auch »von« der Politik zu leben trachtete, also ihre politische Herrschaft nicht auch für ihre privaten ökonomischen Interessen auszunutzen pflegte. Davon ist natürlich gar keine Rede. Es hat keine Schicht gegeben, die das nicht irgendwie getan hätte. Nur dies bedeutet es: daß die Berufspolitiker nicht unmittelbar *für* ihre politische Leistung Entgelt zu suchen genötigt sind, wie das jeder Mittellose schlechthin in Anspruch nehmen muß. Und andererseits bedeutet es nicht etwa, daß vermögenslose Politiker lediglich oder auch nur vornehmlich ihre privatwirtschaftliche Versorgung durch die Politik im Auge hätten, nicht oder doch nicht vornehmlich »an die Sache« dächten. Nichts wäre unrichtiger. Dem vermögenden Mann ist die Sorge um die ökonomische »Sekurität« seiner Existenz erfahrungsgemäß – bewußt oder unbewußt – ein Kardinalpunkt seiner ganzen Lebensorientierung. Der ganz rücksichts- und voraussetzungslose politische Idealismus findet sich, wenn nicht ausschließlich, so doch wenigstens gerade bei den infolge ihrer Vermögenslosigkeit ganz außerhalb der an der Erhaltung der ökonomischen Ordnung einer bestimmten Gesellschaft [interessierten Kreise] stehenden Schichten: das gilt zumal in außeralltäglichen, also revolutionären, Epochen. Sondern nur dies bedeutet es: daß eine *nicht* plutokratische Rekrutierung der politischen Interessenten, der Führerschaft und ihrer Gefolgschaft, an die selbstverständliche Voraussetzung gebunden ist, daß diesen Interessenten aus dem Betrieb der Politik | regelmäßige und verläßliche Einnahmen zufließen. Die Politik kann entweder »ehrenamtlich« und dann von, wie man zu sagen pflegt, »unabhängigen«, d. h. vermögenden Leuten, Rentnern vor allem, geführt werden. Oder aber ihre Führung wird Vermögenslosen zugänglich gemacht, und dann muß sie entgolten werden. Der *von* der Politik lebende Berufspolitiker kann sein: reiner »Pfründner« oder besoldeter »Beamter«. Entweder bezieht er dann Einnahmen aus Gebühren und Sporteln für bestimmte Leistungen – Trinkgelder und Bestechungssummen sind nur eine regellose und formell illegale Abart dieser Kategorie von Einkünften –, oder er bezieht ein festes Naturaliendeputat oder Geldgehalt, oder beides nebeneinander. Er kann den Charakter eines »Unternehmers« annehmen, wie der Kondottiere oder der Amtspächter oder Amtskäufer der Vergangenheit oder wie der amerikanische Boss, der seine Unkosten wie eine Kapitalanlage ansieht, die er durch Ausnutzung seines Einflusses Ertrag bringen läßt. Oder er kann einen festen Lohn beziehen, wie ein Redakteur oder Parteisekretär oder ein moderner Minister oder politischer Beamter. In der Vergangenheit waren Lehen, Bodenschenkungen, Pfründen aller Art, mit Entwicklung der Geldwirtschaft aber besonders Sportelpfründen das typische Entgelt von Fürsten, siegreichen Eroberern oder erfolgreichen Parteihäuptern für ihre Gefolgschaft; heute sind es Ämter aller Art in Parteien, Zeitungen, Genossenschaften, Krankenkassen, Gemeinden und Staaten, welche von den Parteiführern für treue

Dienste vergeben werden. *Alle* Parteikämpfe sind nicht nur Kämpfe um sachliche Ziele, sondern vor allem auch: um Ämterpatronage. Alle Kämpfe zwischen partikularistischen und zentralistischen Bestrebungen in Deutschland drehen sich vor allem auch darum, welche Gewalten, ob die Berliner oder die Münchener, Karlsruher, Dresdener, die Ämterpatronage in der Hand haben. Zurücksetzungen in der Anteilnahme an den Ämtern werden von Parteien schwerer empfunden als Zuwiderhandlungen gegen ihre sachlichen Ziele. Ein parteipolitischer Präfektenschub in Frankreich galt immer als eine größere Umwälzung und erregte mehr Lärm als eine Modifikation des Regierungsprogramms, welches fast rein phraseologische Bedeutung hatte. Manche Parteien, so namentlich die in Amerika, sind seit dem Schwinden der alten Gegensätze über die Auslegung der Verfassung reine Stellenjägerparteien, welche ihr sachliches Programm je nach den Chancen des Stimmenfangs abändern. In Spanien wechselten bis in die letzten Jahre in Gestalt der von obenher fabrizierten »Wahlen« die | beiden großen Parteien in konventionell feststehendem Turnus ab, um ihre Gefolgschaft in Ämtern zu versorgen. In den spanischen Kolonialgebieten handelt es sich sowohl bei den sogenannten »Wahlen« wie den sogenannten »Revolutionen« stets um die Staatskrippe, an der die Sieger gefüttert zu werden wünschen. In der Schweiz repartieren die Parteien im Wege des Proporzes die Ämter friedlich untereinander, und manche unserer »revolutionären« Verfassungsentwürfe, so z. B. der erste für Baden aufgestellte, wollte dies System auf die Ministerstellen ausdehnen und behandelte so den Staat und seine Ämter als reine Pfründnerversorgungsanstalt. Vor allem die Zentrumspartei begeisterte sich dafür und machte in Baden die proportionale Verteilung der Ämter nach Konfessionen, also ohne Rücksicht auf die Leistung, sogar zu einem Programmpunkt. Mit steigender Zahl der Ämter infolge der allgemeinen Bürokratisierung und steigendem Begehr nach ihnen als einer Form spezifisch *gesicherter* Versorgung steigt für alle Parteien diese Tendenz und werden sie für ihre Gefolgschaft immer mehr Mittel zum Zweck, derart versorgt zu werden.

Dem steht nun aber gegenüber die Entwicklung des modernen Beamtentums zu einer spezialistisch durch langjährige Vorbildung fachgeschulten hochqualifizierten geistigen Arbeiterschaft mit einer im Interesse der Integrität hochentwickelten ständischen *Ehre,* ohne welche die Gefahr furchtbarer Korruption und gemeinen Banausentums als Schicksal über uns schweben und auch die rein technische Leistung des Staatsapparates bedrohen würde, dessen Bedeutung für die Wirtschaft, zumal mit zunehmender Sozialisierung, stetig gestiegen ist und weiter steigen wird. Die Dilettantenverwaltung durch Beutepolitiker, welche in den Vereinigten Staaten Hunderttausende von Beamten, bis zum Postboten hinunter, je nach dem Ausfall der Präsidentenwahl, wechseln ließ und den lebenslänglichen Berufsbeamten nicht kannte, ist längst durch die Civil Service Reform durchlöchert. Rein technische, unabweisliche Bedürfnisse der Verwaltung bedingen diese Entwicklung. In Europa ist das arbeitsteilige Fachbeamtentum in einer Entwicklung von einem halben Jahrtausend allmählich entstanden. Die italienischen Städte und Signorien machten den Anfang; von den Monarchien die normannischen Erobererstaaten. Bei den *Finanzen* der Fürsten geschah der entscheidende Schritt. Bei den Verwaltungsreformen des Kaisers Max[1] kann man sehen, wie schwer selbst unter dem Druck der äußersten Not und Türkenherrschaft es den Beamten gelang, auf diesem | Gebiet, welches ja den Dilettantismus eines Herrschers, der damals noch vor allem: ein Ritter war, am wenigsten vertrug, den Fürsten zu depossedieren. Die Entwicklung der Kriegstechnik bedingte den Fachoffizier, die Verfeinerung des Rechtsganges den geschulten Juristen. Auf diesen drei Gebieten siegte das Fachbeamtentum in den entwickelteren Staaten endgültig im 16. Jahrhundert. Damit war gleichzeitig mit dem Aufstieg des Absolutismus des Fürsten gegenüber den Ständen die allmähliche Abdankung seiner Selbstherrschaft an die Fachbeamten, durch die ihm jener Sieg über die Stände erst ermöglicht wurde, eingeleitet.

Gleichzeitig mit dem Aufstieg des fachgeschulten *Beamtentums* vollzog sich auch – wennschon in weit unmerklicheren Übergängen – die Entwicklung der »leitenden *Politiker*«. Von jeher und in aller Welt hatte es, selbstverständlich, solche tatsächlich maßgeblichen Berater der Fürsten gegeben. Im Orient hat das Bedürfnis, den Sultan von der persönlichen Verantwortung für den Erfolg der Regierung möglichst zu entlasten, die typische Figur des »Großwesirs« geschaffen. Im Abendland wurde die Diplomatie, vor allem unter dem Einfluß der in diplomatischen Fachkreisen mit leidenschaftlichem Eifer gelesenen venezianischen Gesandtschaftsberichte, im Zeitalter Karls V.

[1] Maximilian I. (D. H.)

– der Zeit Macchiavellis – zuerst eine *bewußt* gepflegte Kunst, deren meist humanistisch gebildete Adepten sich untereinander als eine geschulte Schicht von Eingeweihten behandelten, ähnlich den humanistischen chinesischen Staatsmännern der letzten Teilstaatenzeit. Die Notwendigkeit einer formell einheitlichen Leitung der *gesamten* Politik, einschließlich der inneren, durch einen führenden Staatsmann entstand endgültig und zwingend erst durch die konstitutionelle Entwicklung. Bis dahin hatte es zwar selbstverständlich solche Einzelpersönlichkeiten als Berater oder vielmehr – der Sache nach – Leiter der Fürsten immer wieder gegeben. Aber die Organisation der Behörden war zunächst, auch in den am weitesten vorgeschrittenen Staaten, andere Wege gegangen. *Kollegiale* höchste Verwaltungsbehörden waren entstanden. Der Theorie und, in allmählich abnehmendem Maße, der Tatsache nach tagten sie unter dem Vorsitz des Fürsten persönlich, der die Entscheidung gab. Durch dieses kollegialische System, welches zu Gutachten, Gegengutachten und motivierten Voten der Mehrheit und Minderheit führte, und ferner dadurch, daß er neben den offiziellen höchsten Behörden sich mit rein persönlichen Vertrauten – dem »Kabinett« – umgab und durch diese seine Entschei|dungen auf die Beschlüsse des Staatsrats – oder wie die höchste Staatsbehörde sonst hieß – abgab, suchte der Fürst, der zunehmend in die Lage eines Dilettanten geriet, dem unvermeidlich wachsenden Gewicht der Fachschulung der Beamten sich zu entziehen und die oberste Leitung in der Hand zu behalten: dieser latente Kampf zwischen dem Fachbeamtentum und der Selbstherrschaft bestand überall. Erst gegenüber den Parlamenten und den Machtaspirationen ihrer Parteiführer änderte sich die Lage. Sehr verschieden gelagerte Bedingungen führten doch zu dem äußerlich gleichen Ergebnis. Freilich mit gewissen Unterschieden. Wo immer die Dynastien reale Macht in der Hand behielten – wie namentlich in Deutschland –, waren nun die Interessen des Fürsten mit denen des Beamtentums solidarisch verknüpft *gegen* das Parlament und seine Machtansprüche. Die Beamten hatten das Interesse daran, daß auch die leitenden Stellen, also die Ministerposten, aus ihren Reihen besetzt, also Gegenstände des Beamtenavancements wurden. Der Monarch seinerseits hatte das Interesse daran, die Minister nach seinem Ermessen auch aus den Reihen der ihm ergebenen Beamten ernennen zu können. Beide Teile aber waren daran interessiert, daß die politische Leitung dem Parlament einheitlich und geschlossen gegenübertrat, also: das Kollegialsystem durch einen einheitlichen Kabinettchef ersetzt wurde. Der Monarch bedurfte überdies, schon um dem Parteikampf und den Parteiangriffen rein formell enthoben zu bleiben, einer ihn deckenden verantwortlichen, das heißt: dem Parlament Rede stehenden und ihm entgegentretenden, mit den Parteien verhandelnden Einzelpersönlichkeit. Alle diese Interessen wirkten hier zusammen in der gleichen Richtung: ein einheitlich führender Beamtenminister entstand. Noch stärker wirkte in der Richtung der Vereinheitlichung die Entwicklung der Parlamentsmacht da, wo sie – wie in England – die Oberhand gegenüber dem Monarchen gewann. Hier entwickelte sich das »Kabinett« mit dem einheitlichen Parlamentsführer, dem »Leader«, an der Spitze, als ein Ausschuß der von den offiziellen Gesetzen ignorierten, tatsächlich aber allein politisch entscheidenden Macht: der jeweils im Besitz der Mehrheit befindlichen *Partei*. Die offiziellen kollegialen Körperschaften waren eben als solche keine Organe der wirklich herrschenden Macht: der Partei, und konnten also nicht Träger der wirklichen Regierung sein. Eine herrschende Partei bedurfte vielmehr, um im Innern die Gewalt zu behaupten und nach außen große Politik treiben zu können, eines schlagkräftigen, nur aus ihren wirklich führenden Männern zusammengesetzten, | vertraulich verhandelnden Organes: eben des Kabinetts, der Öffentlichkeit, vor allem der parlamentarischen Öffentlichkeit gegenüber aber eines für alle Entschließungen verantwortlichen Führers: des Kabinettchefs. Dies englische System ist dann in Gestalt der parlamentarischen Ministerien auf den Kontinent übernommen worden, und nur in Amerika und den von da aus beeinflußten Demokratien wurde ihm ein ganz heterogenes System gegenübergestellt, welches den erkorenen Führer der siegenden Partei durch direkte Volkswahl an die Spitze des von ihm ernannten Beamtenapparates stellte und ihn nur in Budget und Gesetzgebung an die Zustimmung des Parlaments band.

Die Entwicklung der Politik zu einem »Betrieb«, der eine Schulung im Kampf um die Macht und in dessen Methoden erforderte, so wie sie das moderne Parteiwesen entwickelte, bedingte nun die Scheidung der öffentlichen Funktionäre in zwei, allerdings keineswegs schroff, aber doch deutlich geschiedene Kategorien: Fachbeamte einerseits, »politische Beamte« andererseits. Die im eigentlichen Wortsinn »politischen« Beamten sind äußerlich in der Regel daran kenntlich, daß sie jederzeit beliebig versetzt und entlassen oder doch »zur Disposition gestellt« werden können, wie die französischen Präfekten und die ihnen gleichartigen Beamten anderer Länder, im schroffsten Gegensatz gegen die »Unabhängigkeit« der Beamten mit richterlicher Funktion. In England gehören jene Beamten dazu, die nach fester Konvention bei einem Wechsel der Parlamentsmehrheit und also des Kabinetts aus den Ämtern scheiden. Besonders diejenigen pflegen dahin zu rechnen, deren Kompetenz die Besorgung der allgemeinen »inneren Verwaltung« umfaßt; und der »politische« Bestandteil daran ist vor allem die Aufgabe der Erhaltung der »Ordnung« im Lande, also: der bestehenden Herrschaftsverhältnisse. In Preußen hatten diese Beamten nach dem PUTTKAMERschen Erlaß[1], bei Vermeidung der Maßregelung, die Pflicht, »die Politik der Regierung zu vertreten«, und wurden, ebenso wie in Frankreich die Präfekten, als amtlicher Apparat zur Beeinflussung der Wahlen benutzt. Die meisten »politischen« Beamten teilten zwar nach deutschem System – im Gegensatz zu anderen Ländern – die Qualität aller anderen insofern, als die Erlangung auch dieser Ämter an akademisches Studium, Fachprüfungen und einen bestimmten Vorbereitungsdienst gebunden war. Dieses spezifische Merkmal des modernen Fachbeamtentums fehlt bei uns nur den Chefs des politischen Apparates: den Ministern. Preußischer Kultusminister konnte man schon unter dem alten Regime sein, ohne | selbst jemals eine höhere Unterrichtsanstalt besucht zu haben, während man Vortragender Rat grundsätzlich nur auf Grund der vorgeschriebenen Prüfungen werden konnte. Der fachgeschulte Dezernent und Vortragende Rat war selbstverständlich – z. B. unter ALTHOFF im preußischen Unterrichtsministerium – unendlich viel informierter über die eigentlichen technischen Probleme des Faches als sein Chef. In England stand es damit nicht anders. Er war infolgedessen auch für alle Alltagsbedürfnisse der Mächtigere. Das war auch nichts an sich Widersinniges. Der Minister war eben der Repräsentant der *politischen* Machtkonstellation, hatte deren politische Maßstäbe zu vertreten und an die Vorschläge seiner [ihm] unterstellten Fachbeamten anzulegen oder ihnen die entsprechenden Direktiven politischer Art zu geben.

Ganz ähnlich steht es ja in einem privaten Wirtschaftsbetrieb: der eigentliche »Souverän«, die Aktionärversammlung, ist in der Betriebsführung ebenso einflußlos wie ein von Fachbeamten regiertes

[1] 1882. (D. H.)

»Volk«, und die für die Politik des Betriebes ausschlaggebenden Persönlichkeiten, der von Banken beherrschte »Aufsichtsrat«, geben nur die wirtschaftlichen Direktiven und lesen die Persönlichkeiten für die Verwaltung aus, ohne aber selbst imstande zu sein, den Betrieb technisch zu leiten. Insofern bedeutet auch die jetzige Struktur des Revolutionsstaates, welcher absoluten Dilettanten, kraft ihrer Verfügung über die Maschinengewehre, die Macht über die Verwaltung in die Hand gibt und die fachgeschulten Beamten nur als ausführende Köpfe und Hände benutzen möchte, keine grundsätzliche Neuerung. Die Schwierigkeiten dieses jetzigen Systems liegen anderswo als darin, sollen uns aber heute nichts angehen. –

Wir fragen vielmehr nun nach der typischen Eigenart der Berufspolitiker, sowohl der »Führer« wie ihrer Gefolgschaft. Sie hat gewechselt und ist auch heute sehr verschieden.

»Berufspolitiker« haben sich in der Vergangenheit, wie wir sahen, im Kampf der Fürsten mit den Ständen entwickelt im Dienst der ersteren. Sehen wir uns ihre Haupttypen kurz an.

Gegen die Stände stützte sich der Fürst auf politisch verwertbare Schichten nichtständischen Charakters. Dahin gehörten in Vorder- und Hinterindien, im buddhistischen China und Japan und in der lamaistischen Mongolei ganz ebenso wie in den christlichen Gebieten des Mittelalters zunächst: die Kleriker. Technisch deshalb, weil sie schriftkundig waren. Überall ist der Import von Brahmanen, buddhistischen | Priestern, Lamas und die Verwendung von Bischöfen und Priestern als politische Berater unter dem Gesichtspunkt erfolgt, schreibkundige Verwaltungskräfte zu bekommen, die im Kampf des Kaisers oder Fürsten oder Khans gegen die Aristokratie verwertet werden konnten. Der Kleriker, zumal der zölibatäre Kleriker, stand außerhalb des Getriebes der normalen politischen und ökonomischen Interessen und kam nicht in Versuchung, für seine Nachfahren eigene politische Macht gegenüber seinem Herrn zu erstreben, wie es der Lehnsmann tat. Er war von den Betriebsmitteln der fürstlichen Verwaltung durch seine eigenen ständischen Qualitäten »getrennt«.

Ein zweite derartige Schicht waren die humanistisch gebildeten Literaten. Es gab eine Zeit, wo man lateinische Reden und griechische Verse machen lernte zu dem Zweck, politischer Berater und vor allen Dingen politischer Denkschriftenverfasser eines Fürsten zu werden. Das war die Zeit der ersten Blüte der Humanistenschulen und der fürstlichen Stiftungen von Professuren der »Poetik«: bei uns eine schnell vorübergehende Epoche, die immerhin auf unser Schulwesen nachhaltig eingewirkt hat, politisch freilich keine tieferen Folgen hatte. Anders in Ostasien. Der chinesische Mandarin ist oder vielmehr: war ursprünglich annähernd das, was der Humanist unserer Renaissancezeit war: ein humanistisch an den Sprachdenkmälern der fernen Vergangenheit geschulter und geprüfter Literat. Wenn Sie die Tagebücher des Li Hung Tshang lesen, finden Sie, daß noch er am meisten stolz darauf ist, daß er Gedichte machte und ein guter Kalligraph war. Diese Schicht mit ihren an der chinesischen Antike entwickelten Konventionen hat das ganze Schicksal Chinas bestimmt, und ähnlich wäre vielleicht unser Schicksal gewesen, wenn die Humanisten seinerzeit die geringste Chance gehabt hätten, mit gleichem Erfolge sich durchzusetzen.

Die dritte Schicht war: der Hofadel. Nachdem es den Fürsten gelungen war, den Adel in seiner ständischen politischen Macht zu enteignen, zogen sie ihn an den Hof und verwendeten ihn im politischen und diplomatischen Dienst. Der Umschwung unseres Erziehungswesens im 17. Jahrhundert war mit dadurch bedingt, daß an Stelle der humanistischen Literaten hofadelige Berufspolitiker in den Dienst der Fürsten traten.

Die vierte Kategorie war ein spezifisch englisches Gebilde; ein den Kleinadel und das städtische Rentnertum umfassendes Patriziat, technisch »gentry« genannt: – eine Schicht, die ursprünglich der Fürst gegen die | Barone heranzog und in den Besitz der Ämter des »selfgovernment« setzte, um später zunehmend von ihr abhängig zu werden. Sie hielt sich im Besitz der sämtlichen Ämter der lokalen Verwaltung, indem sie dieselben gratis übernahm im Interesse ihrer eigenen sozialen Macht. Sie hat England vor der Bürokratisierung bewahrt, die das Schicksal sämtlicher Kontinentalstaaten war.

Eine fünfte Schicht war dem Okzident, vor allem auf dem europäischen Kontinent, eigentümlich und war für dessen ganze politische Struktur von ausschlaggebender Bedeutung: die universitätsgeschulten Juristen. Die gewaltige Nachwirkung des römischen Rechts, wie es der bürokratische spätrömische Staat umgebildet hatte, tritt in nichts deutlicher hervor als darin: daß überall die Revolutionierung des politischen Betriebs im Sinne der Entwicklung zum rationalen Staat von geschulten Juristen getragen wurde. Auch in England, obwohl dort die großen nationalen Juristenzünfte die Rezeption des römischen Rechts hinderten. Man findet in keinem Gebiet der Erde dazu irgendeine Analogie. Alle Ansätze rationalen juristischen Denkens in der indischen Mîmâmsâ-Schule und alle Weiterpflege des antiken juristischen Denkens im Islâm haben die Überwucherung des rationalen Rechtsdenkens durch theologische Denkformen nicht hindern können. Vor allem wurde das Prozeßverfahren nicht voll rationalisiert. Das hat nur die Übernahme der antik römischen Jurisprudenz, des Produkts eines aus dem Stadtstaat zur Weltherrschaft aufsteigenden politischen Gebildes ganz einzigartigen Charakters, durch die italienischen Juristen zuwege gebracht: der »Usus modernus« der spätmittelalterlichen Pandektisten und Kanonisten, und die aus juristischem und christlichem Denken geborenen und später säkularisierten Naturrechtstheorien. Im italienischen Podestat, in den französischen Königsjuristen, welche die formellen Mittel zur Untergrabung der Herrschaft der Seigneurs durch die Königsmacht schufen, in den Kanonisten und naturrechtlich denkenden Theologen des Konziliarismus, in den Hofjuristen und gelehrten Richtern der kontinentalen Fürsten, in den niederländischen Naturrechtslehrern und den Monarchomachen, in den englischen Kron- und den Parlamentsjuristen, in der Noblesse de Robe der französischen Parlamente, endlich in den Advokaten der Revolutionszeit hat dieser juristische Rationalismus seine großen Repräsentanten gehabt. Ohne ihn ist das Entstehen des absoluten Staates so wenig denkbar wie die Revolution. Wenn Sie die Remonstrationen der französischen Parlamente oder die Cahiers[1] der französischen General|stände seit dem 16. Jahrhundert bis in das Jahr 1789 durchsehen, finden Sie überall: Juristengeist. Und wenn Sie die Berufszugehörigkeit der Mitglieder des französischen Konvents durchmustern, so finden Sie da – obwohl er nach gleichem Wahlrecht gewählt war – einen einzigen Proletarier, sehr wenige bürgerliche Unternehmer, dagegen massenhaft Juristen aller Art, ohne die der spezifische Geist, der diese radikalen Intellektuellen und ihre Entwürfe beseelte, ganz undenkbar wäre. Der moderne Advokat und die moderne Demokratie gehören seitdem schlechthin zusammen, – und Advokaten in unserem Sinn, als ein selbständiger Stand, existieren wiederum nur im Okzident, seit dem Mittelalter, wo sie aus dem »Fürsprech« des formalistischen germanischen Prozeßverfahrens unter dem Einfluß der Rationalisierung des Prozesses sich entwickelten.

[1] Cahiers de doléances. (D. H.)

Die Bedeutung der Advokaten in der okzidentalen Politik seit dem Aufkommen der Parteien ist nichts Zufälliges. Der politische Betrieb durch Parteien bedeutet eben: Interessentenbetrieb, – wir werden bald sehen, was das besagen will. Und eine Sache für Interessenten wirkungsvoll zu führen, ist das Handwerk des geschulten Advokaten. Er ist darin – das hat uns die Überlegenheit der feindlichen Propaganda lehren können – jedem »Beamten« überlegen. Gewiß kann er eine durch logisch schwache Argumente gestützte, in diesem Sinn: »schlechte« Sache dennoch siegreich, also technisch »gut«, führen. Aber auch nur er führt eine durch logisch »starke« Argumente zu stützende, in diesem Sinn »gute« Sache siegreich, also in diesem Sinn »gut«. Der Beamte als Politiker macht nur allzu oft durch technisch »schlechte« Führung eine in jenem Sinn »gute« Sache zur »schlechten«: das haben wir erleben müssen. Denn die heutige Politik wird nun einmal in hervorragendem Maße in der Öffentlichkeit mit den Mitteln des gesprochenen oder geschriebenen Wortes geführt. Dessen Wirkung abzuwägen, liegt im eigentlichsten Aufgabenkreis des Advokaten, gar nicht aber des Fachbeamten, der kein Demagoge ist und, seinem Zweck nach, sein soll, und wenn er es doch zu werden unternimmt, ein sehr schlechter Demagoge zu werden pflegt.

Der echte Beamte – das ist für die Beurteilung unseres früheren Regimes entscheidend – soll seinem eigentlichen Beruf nach nicht Politik treiben, sondern: »verwalten«, *unparteiisch* vor allem, – auch für die sogenannten »politischen« Verwaltungbeamten gilt das, offiziell wenigstens, soweit nicht die »Staatsräson«, d. h. die Lebensinteressen | der herrschenden Ordnung, in Frage stehen. Sine ira et studio, »ohne Zorn und Eingenommenheit« soll er seines Amtes walten. Er soll also gerade das nicht tun, was der Politiker, der Führer sowohl wie seine Gefolgschaft, immer und notwendig tun muß: *kämpfen.* Denn Parteinahme, Kampf, Leidenschaft – ira et studium – sind das Element des Politikers. Und vor allem: des politischen *Führers. Dessen* Handeln steht unter einem ganz anderen, gerade entgegengesetzten Prinzip der *Verantwortung,* als die des Beamten ist. Ehre des Beamten ist die Fähigkeit, wenn – trotz seiner Vorstellungen – die ihm vorgesetzte Behörde auf einem ihm falsch erscheinenden Befehl beharrt, ihn auf Verantwortung des Befehlenden gewissenhaft und genau so auszuführen, als ob er seiner eigenen Überzeugung entspräche: ohne diese im höchsten Sinn sittliche Disziplin und Selbstverleugnung zerfiele der ganze Apparat. Ehre des politischen

Führers, also: des leitenden Staatsmannes, ist dagegen gerade die ausschließliche *Eigen*verantwortung für das, was er tut, die er nicht ablehnen oder abwälzen kann und darf. Gerade sittlich hochstehende Beamtennaturen sind schlechte, vor allem im politischen Begriff des Wortes verantwortungslose und in diesem Sinn: sittlich tiefstehende Politiker: – solche, wie wir sie leider in leitenden Stellungen immer wieder gehabt haben: das ist es, was wir »Beamtenherrschaft« nennen; und es fällt wahrlich kein Flecken auf die Ehre unseres Beamtentums, wenn wir das politisch, vom Standpunkt des Erfolges aus gewertet, Falsche dieses Systems bloßlegen. Aber kehren wir noch einmal zu den Typen der politischen Figuren zurück.

Der »Demagoge« ist seit dem Verfassungsstaat und vollends seit der Demokratie der Typus des führenden Politikers im Okzident. Der unangenehme Beigeschmack des Wortes darf nicht vergessen lassen, daß nicht KLEON, sondern PERIKLES der erste war, der diesen Namen trug. Amtlos oder mit dem – im Gegensatz zu den durchs Los besetzten Ämtern der antiken Demokratie – einzigen Wahlamt: dem des Oberstrategen, betraut, leitete er die souveräne Ekklesia des Demos von Athen. Die moderne Demagogie bedient sich zwar auch der Rede: in quantitativ ungeheuerlichem Umfang sogar, wenn man die Wahlreden bedenkt, die ein moderner Kandidat zu halten hat. Aber noch nachhaltiger doch: des gedruckten Worts. Der politische Publizist und vor allem der *Journalist* ist der wichtigste heutige Repräsentant der Gattung.

Die Soziologie der modernen politischen Journalistik auch nur zu skizzieren, wäre im Rahmen dieses Vortrags ganz unmöglich und ist in | jeder Hinsicht ein Kapitel für sich. Nur weniges gehört unbedingt hierher. Der Journalist teilt mit allen Demagogen und übrigens – wenigstens auf dem Kontinent und im Gegensatz zu den englischen und übrigens auch zu den früheren preußischen Zuständen – auch mit dem Advokaten (und dem Künstler) das Schicksal: der festen sozialen Klassifikation zu entbehren. Er gehört zu einer Art von Pariakaste, die in der »Gesellschaft« stets nach ihren ethisch tiefststehenden Repräsentanten sozial eingeschätzt wird. Die seltsamsten Vorstellungen über die Journalisten und ihre Arbeit sind daher landläufig. Daß eine wirklich *gute* journalistische Leistung mindestens so viel »Geist« beansprucht wie irgendeine Gelehrtenleistung – vor allem infolge der Notwendigkeit, sofort, auf Kommando, hervorgebracht zu werden und: sofort *wirken* zu sollen, bei freilich ganz anderen Bedingungen der Schöpfung –, ist nicht jedermann gegenwärtig. Daß die Verantwortung eine weit größere ist, und daß auch das Verantwortungs*gefühl* jedes ehrenhaften Journalisten im Durchschnitt nicht im mindesten tiefer steht als das des Gelehrten – sondern höher, wie der Krieg gelehrt hat –, wird fast nie gewürdigt, weil naturgemäß gerade die verantwortungs*losen* journalistischen Leistungen, ihrer oft furchtbaren Wirkung wegen, im Gedächtnis haften. Daß vollends die Diskretion der irgendwie tüchtigen Journalisten durchschnittlich höher steht als die anderer Leute, glaubt niemand. Und doch ist es so. Die ganz unvergleichlich viel schwereren Versuchungen, die dieser Beruf mit sich bringt, und die sonstigen Bedingungen journalistischen Wirkens in der Gegenwart erzeugen jene Folgen, welche das Publikum gewöhnt haben, die Presse mit einer Mischung von Verachtung und – jämmerlicher Feigheit zu betrachten. Über das, was da zu tun ist, kann heute nicht gesprochen werden. Uns interessiert hier die Frage nach dem *politischen* Berufsschicksal der Journalisten, ihrer Chance, in politische Führerstellungen zu gelangen. Sie war bisher nur in der sozialdemokratischen Partei günstig. Aber innerhalb ihrer hatten Redakteurstellen weit überwiegend den Charakter einer Beamtenstellung, nicht aber waren sie die Grundlage einer *Führer*position.

In den bürgerlichen Parteien hatte sich, im ganzen genommen, gegenüber der vorigen Generation die Chance des Aufstiegs zur politischen Macht auf diesem Wege eher verschlechtert. Presseeinfluß und also Pressebeziehungen benötigte natürlich jeder Politiker von Bedeutung. Aber daß Partei*führer* aus den Reihen der Presse hervorgingen, war – man sollte es nicht erwarten – durchaus die Ausnahme. Der Grund | liegt in der stark gestiegenen »Unabkömmlichkeit« des Journalisten, vor allem des vermögenslosen und also berufsgebundenen Journalisten, welche durch die ungeheure Steigerung der Intensität und Aktualität des journalistischen Betriebes bedingt ist. Die Notwendigkeit des Erwerbs durch tägliches oder doch wöchentliches Schreiben von Artikeln hängt Politikern wie ein Klotz am Bein, und ich kenne Beispiele, wo Führernaturen dadurch geradezu dauernd im Machtaufstieg äußerlich und vor allem: innerlich gelähmt worden sind. Daß die Beziehungen der Presse zu den herrschenden Gewalten im Staat und in den Parteien unter dem alten Regime dem Niveau des Journalismus so abträglich wie möglich waren, ist ein Kapitel für sich. Diese Verhältnisse lagen in den gegnerischen Ländern anders. Aber auch dort und für alle modernen Staaten galt, scheint es, der Satz: daß der journalistische Arbeiter immer weniger, der kapitalistische Pressemagnat – nach Art etwa des »Lord« NORTHCLIFFE – immer mehr politischen Einfluß gewinnt.

Bei uns waren allerdings bisher die großen kapitalistischen Zeitungskonzerne, welche sich vor allem der Blätter mit »kleinen Anzeigen«, der »Generalanzeiger«, bemächtigt hatten, in aller Regel die typischen Züchter politischer Indifferenz. Denn an selbständiger Politik war nichts zu verdienen, vor allem nicht das geschäftlich nützliche Wohlwollen der politisch herrschenden Gewalten. Das Inseratengeschäft ist auch der Weg, auf dem man während des Krieges den Versuch einer politischen Beeinflussung der Presse im großen Stil gemacht hat und jetzt, wie es scheint, fortsetzen will. Wenn auch zu erwarten ist, daß die große Presse sich dem entziehen wird, so ist die Lage für die kleinen Blätter doch weit schwieriger. Jedenfalls aber ist bei uns zur Zeit die journalistische Laufbahn, so viel Reiz sie im übrigen haben und welches Maß von Einfluß und Wirkungsmöglichkeit, vor allem: von politischer Verantwortung, sie einbringen mag, nicht – man muß vielleicht abwarten, ob: nicht mehr oder: noch nicht – ein normaler Weg des Aufstiegs politischer Führer. Ob die von manchen – nicht allen – Journalisten für richtig gehaltene Aufgabe des Anonymitätsprinzips daran etwas ändern würde, läßt sich schwer sagen. Was wir in der deutschen Presse während des Krieges an »Leitung« von Zeitungen durch besonders angeworbene schriftstellerisch begabte Persönlichkeiten, die dabei stets ausdrücklich unter ihrem Namen auftraten, erlebten, hat in einigen bekannteren Fällen leider gezeigt: daß ein erhöhtes Verantwortungsgefühl auf diesem Wege *nicht* so sicher gezüchtet wird, wie man glauben | könnte. Es waren – ohne Parteiunterschied – zum Teil gerade die notorisch übelsten Boulevard-Blätter, die damit einen erhöhten Absatz erstrebten und auch erreichten. Vermögen haben die betreffenden Herren, die Verleger wie auch die Sensationsjournalisten, gewonnen, – Ehre gewiß nicht. Damit soll nun gegen das Prinzip nichts gesagt sein; die Frage liegt sehr verwickelt, und jene Erscheinung gilt auch nicht allgemein. Aber es ist *bisher* nicht der Weg zu echtem Führertum oder *verantwortlichem* Betrieb der Politik gewesen. Wie sich die Verhältnisse weiter gestalten werden, bleibt abzuwarten. Unter allen Umständen bleibt aber die journalistische Laufbahn einer der wichtigsten

Wege der berufsmäßigen politischen Tätigkeit. Ein Weg nicht für jedermann. Am wenigsten für schwache Charaktere, insbesondere für Menschen, die nur in einer gesicherten ständischen Lage ihr inneres Gleichgewicht behaupten können. Wenn schon das Leben des jungen Gelehrten auf Hasard gestellt ist, so sind doch feste ständische Konventionen um ihn gebaut und hüten ihn vor Entgleisung. Das Leben des Journalisten aber ist in jeder Hinsicht Hasard schlechthin, und zwar unter Bedingungen, welche die innere Sicherheit in einer Art auf die Probe stellen wie wohl kaum eine andere Situation. Die oft bitteren Erfahrungen im Berufsleben sind vielleicht nicht einmal das Schlimmste. Gerade an den erfolgreichen Journalisten werden besonders schwierige innere Anforderungen gestellt. Es ist durchaus keine Kleinigkeit, in den Salons der Mächtigen der Erde auf scheinbar gleichem Fuß, und oft allgemein umschmeichelt, weil gefürchtet, zu verkehren und dabei zu wissen, daß, wenn man kaum aus der Tür ist, der Hausherr sich vielleicht wegen seines Verkehrs mit den »Pressebengeln« bei seinen Gästen besonders rechtfertigen muß, – wie es erst recht keine Kleinigkeit ist, über alles und jedes, was der »Markt« gerade verlangt, über alle denkbaren Probleme des Lebens, sich prompt und dabei überzeugend äußern zu sollen, ohne nicht nur der absoluten Verflachung, sondern vor allem der Würdelosigkeit der Selbstentblößung und ihren unerbittlichen Folgen zu verfallen. Nicht das ist erstaunlich, daß es viele menschlich entgleiste oder entwertete Journalisten gibt, sondern daß trotz allem gerade diese Schicht eine so große Zahl wertvoller und ganz echter Menschen in sich schließt, wie Außenstehende es nicht leicht vermuten.

Wenn der Journalist als Typus des Berufspolitikers auf eine immerhin schon erhebliche Vergangenheit zurückblickt, so ist die Figur des *Parteibeamten* eine solche, die erst der Entwicklung der letzten | Jahrzehnte und, teilweise, Jahre angehört. Wir müssen uns einer Betrachtung des Parteiwesens und der Parteiorganisation zuwenden, um diese Figur in ihrer entwicklungsgeschichtlichen Stellung zu begreifen.

In allen irgendwie umfangreichen, das heißt über den Bereich und Aufgabenkreis kleiner ländlicher Kantone hinausgehenden politischen Verbänden mit periodischen Wahlen der Gewalthaber ist der politische Betrieb notwendig: *Interessentenbetrieb*. Das heißt, eine relativ kleine Zahl primär am politischen Leben, also an der Teilnahme an der politischen Macht, Interessierter schaffen sich Gefolgschaft durch freie Werbung, präsentieren sich oder ihre Schutzbefohlenen als Wahlkandidaten, sammeln die Geldmittel und gehen auf den Stimmenfang. Es ist unerfindlich, wie in großen Verbänden Wahlen ohne diesen Betrieb überhaupt sachgemäß zustande kommen sollten. Praktisch bedeutet er die Spaltung der wahlberechtigten Staatsbürger in politisch aktive und politisch passive Elemente, und da dieser Unterschied auf Freiwilligkeit beruht, so kann er durch keinerlei Maßregeln, wie Wahlpflicht oder »berufsständische« Vertretung oder dergleichen ausdrücklich oder tatsächlich gegen diesen Tatbestand und damit gegen die Herrschaft der Berufspolitiker gerichtete Vorschläge, beseitigt werden. Führerschaft und Gefolgschaft, als aktive Elemente freier Werbung: der Gefolgschaft sowohl wie, durch diese, der passiven Wählerschaft für die Wahl des Führers, sind notwendige Lebenselemente jeder Partei. Verschieden aber ist ihre Struktur. Die »Parteien« etwa der mittelalterlichen Städte, wie die Guelfen und Ghibellinen, waren rein persönliche Gefolgschaften. Wenn man das Statuto della parte Guelfa ansieht, die Konfiskation der Güter der Nobili – das hieß ursprünglich aller derjenigen Familien, die ritterlich lebten, also lehnsfähig waren –, ihren Ausschluß von Ämtern und Stimmrecht, die interlokalen Parteiausschüsse und die streng militärischen Organisationen und ihre Denunziantenprämien, so fühlt man sich an den Bolschewismus mit seinen Sowjets, seinen streng gesiebten Militär- und – in Rußland vor allem – Spitzelorganisationen, [mit] der Entwaffnung und politischen Entrechtung der «Bürger«, das heißt der Unternehmer, Händler, Rentner, Geistlichen, Abkömmlinge der Dynastie, Polizeiagenten, und [mit] seinen Konfiskationen erinnert. Und wenn man auf der einen Seite sieht, daß die Militärorganisation jener Partei ein nach Matrikeln zu gestaltendes reines Ritterheer war und Adlige fast alle führenden Stellen einnahmen, die Sowjets aber ihrerseits den hochentgoltenen Unternehmer, den Akkordlohn, das Taylorsystem, die | Militär- und Werkstattdisziplin beibehalten oder vielmehr wieder einführen und nach ausländischem Kapital Umschau halten, mit einem Wort also: schlechthin *alle* von ihnen als bürgerliche Klasseneinrichtungen bekämpften Dinge wieder annehmen mußten, um überhaupt Staat und Wirtschaft in Betrieb zu erhalten, und daß sie überdies als Hauptinstrument ihrer Staatsgewalt die Agenten der alten Ochrana wieder in Betrieb genommen haben, so wirkt diese Analogie noch frappanter. Wir haben es aber hier nicht mit solchen Gewaltsamkeitsorganisationen zu tun, sondern mit Berufspolitikern, welche durch nüchterne »friedliche« Werbung der Partei auf dem Wahlstimmenmarkt zur Macht zu gelangen streben.

Auch diese Parteien in unserem üblichen Sinn waren zunächst, z. B. in England, reine Gefolgschaften der Aristokratie. Mit jedem aus irgendeinem Grunde erfolgenden Wechsel der Partei seitens eines Peer trat alles, was von ihm abhängig war, gleichfalls zur Gegenpartei über. Die großen Familien des Adels, nicht zuletzt der König, hatten bis zur Reformbill[1] die Patronage einer Unmasse von Wahlkreisen. Diesen Adelsparteien nahe stehen die Honoratiorenparteien, wie sie mit Aufkommen der Macht des Bürgertums sich überall entwickelten. Die Kreise von »Bildung und Besitz« unter der geistigen Führung der typischen Intellektuellenschichten des Okzidents schieden sich, teils nach Klasseninteressen, teils nach Familientradition, teils rein ideologisch bedingt, in Parteien, die sie leiteten. Geistliche, Lehrer, Professoren, Advokaten, Ärzte, Apotheker, vermögliche Landwirte, Fabrikanten – in England jene ganze Schicht, die sich zu den gentlemen rechnet – bildeten zunächst Gelegenheitsverbände, allenfalls lokale politische Klubs; in erregten Zeiten meldete sich das Kleinbürgertum, gelegentlich einmal das Proletariat, wenn ihm Führer erstanden, die aber in aller Regel nicht aus seiner Mitte stammten. In diesem Stadium bestehen interlokal organisierte Parteien als Dauerverbände draußen im Lande überhaupt noch nicht. Den Zusammenhalt schaffen lediglich die Parlamentarier; maßgebend für die Kandidatenaufstellung sind die örtlichen Honoratioren. Die Programme entstehen teils durch die Werbeaufrufe der Kandidaten, teils in Anlehnung an Honoratiorenkongresse oder Parlamentsparteibeschlüsse. Nebenamtlich und ehrenamtlich läuft, als Gelegenheitsarbeit, die Leitung der Klubs oder, wo diese fehlen (wie meist), der gänzlich formlose Betrieb der Politik seitens der wenigen dauernd daran Interessierten in normalen Zeiten; nur der Journalist | ist bezahlter Berufspolitiker, nur der Zeitungsbetrieb kontinuierlicher politischer Betrieb überhaupt. Daneben nur die Parlamentssession. Die Parlamentarier und parlamentarischen Parteileiter wissen zwar, an welche örtlichen Honoratioren man sich wendet, wenn eine politische Aktion erwünscht erscheint. Aber nur in großen Städten bestehen dauernd Vereine der Parteien mit mäßigen Mitglieder-

[1] 1831; Reformakte 1832. (D. H.)

beiträgen und periodischen Zusammenkünften und öffentlichen Versammlungen zum Rechenschaftsbericht des Abgeordneten. Leben besteht nur in der Wahlzeit.

Das Interesse der Parlamentarier an der Möglichkeit interlokaler Wahlkompromisse und an der Schlagkraft einheitlicher, von breiten Kreisen des ganzen Landes anerkannter Programme und einheitlicher Agitation im Lande überhaupt bildet die Triebkraft des immer strafferen Parteizusammenschlusses. Aber wenn nun ein Netz von örtlichen Parteivereinen auch in den mittleren Städten und daneben von »Vertrauensmännern« über das Land gespannt wird, mit denen ein Mitglied der Parlamentspartei als Leiter des zentralen Parteibüros in dauernder Korrespondenz steht, bleibt im Prinzip der Charakter des Parteiapparates als eines Honoratiorenverbandes unverändert. Bezahlte Beamte fehlen außerhalb des Zentralbüros noch; es sind durchweg »angesehene« Leute, welche um der Schätzung willen, die sie sonst genießen, die örtlichen Vereine leiten: die außerparlamentarischen »Honoratioren«, die neben der politischen Honoratiorenschicht der einmal im Parlament sitzenden Abgeordneten Einfluß üben. Die geistige Nahrung für Presse und örtliche Versammlungen beschafft allerdings zunehmend die von der Partei herausgegebene Parteikorrespondenz. Regelmäßige Mitgliederbeiträge werden unentbehrlich; ein Bruchteil muß den Geldkosten der Zentrale dienen. In diesem Stadium befanden sich noch vor nicht allzu langer Zeit die meisten deutschen Parteiorganisationen. In Frankreich vollends herrschte teilweise noch das erste Stadium: der ganz labile Zusammenschluß der Parlamentarier und im Lande draußen die kleine Zahl der örtlichen Honoratioren, Programme durch die Kandidaten oder für sie von ihren Schutzpatronen im Einzelfall bei der Bewerbung aufgestellt, wenn auch unter mehr oder minder örtlicher Anlehnung an Beschlüsse und Programme der Parlamentarier. Erst teilweise war dies System durchbrochen. Die Zahl der hauptberuflichen Politiker war dabei gering und setzte sich im wesentlichen aus den gewählten Abgeordneten, den wenigen Angestellten der Zentrale, den Journalisten und – in Frankreich – im übrigen aus jenen Stellenjägern zusammen, die | sich in einem »politischen Amt« befanden oder augenblicklich ein solches erstrebten. Die Politik war formell weit überwiegend Nebenberuf. Auch die Zahl der »ministrablen« Abgeordneten war eng begrenzt, aber wegen des Honoratiorencharakters auch die der Wahlkandidaten. Die Zahl der indirekt an dem politischen Betrieb, vor allem materiell, Interessierten war aber sehr groß. Denn alle Maßregeln eines Ministeriums und vor allem alle Erledigungen von Personalfragen ergingen unter der Mitwirkung der Frage nach ihrem Einfluß auf die Wahlchancen, und alle und jede Art von Wünschen suchte man durch Vermittlung des örtlichen Abgeordneten durchzusetzen, dem der Minister, wenn er zu seiner Mehrheit gehörte – und das erstrebte daher jedermann –, wohl oder übel Gehör schenken mußte. Der einzelne Deputierte hatte die Amtspatronage und überhaupt jede Art von Patronage in allen Angelegenheiten seines Wahlkreises und hielt seinerseits, um wiedergewählt zu werden, Verbindung mit den örtlichen Honoratioren.

Diesem idyllischen Zustand der Herrschaft von Honoratiorenkreisen und vor allem: der Parlamentarier, stehen nun die modernsten Formen der Parteiorganisation scharf abweichend gegenüber. Sie sind Kinder der Demokratie, des Massenwahlrechts, der Notwendigkeit der Massenwerbung und Massenorganisation, der Entwicklung höchster Einheit der Leitung und strengster Disziplin. Die Honoratiorenherrschaft und die Lenkung durch die Parlamentarier hört auf. »Hauptberufliche« Politiker *außerhalb* der Parlamente nehmen den Betrieb in die Hand. Entweder als »Unternehmer« – wie der amerikanische Boss und auch der englische »Election agent« es der Sache nach waren –, oder als festbesoldeter Beamter. Formell findet eine weitgehende Demokratisierung statt. Nicht mehr die Parlamentsfraktion schafft die maßgeblichen Programme, und nicht mehr die örtlichen Honoratioren haben die Aufstellung der Kandidaten in der Hand, sondern Versammlungen der organisierten Parteimitglieder wählen die Kandidaten aus und delegieren Mitglieder in die Versammlungen höherer Ordnung, deren es bis zum allgemeinen »Parteitag« hinauf möglicherweise mehrere gibt. Der Tatsache nach liegt aber natürlich die Macht in den Händen derjenigen, welche *kontinuierlich* innerhalb des Betriebes die Arbeit leisten, oder aber derjenigen, von welchen – z. B. als Mäzenaten oder Leitern mächtiger politischer Interessentenklubs (Tammany Hall) – der Betrieb in seinem Gang pekuniär oder personal abhängig ist. Das Entscheidende ist, daß dieser ganze Menschenapparat – die »Maschine«, | wie man ihn in den angelsächsischen Ländern bezeichnenderweise nennt – oder vielmehr diejenigen, die ihn leiten, den Parlamentariern Schach bieten und ihnen ihren Willen ziemlich weitgehend aufzuzwingen in der Lage sind. Und das hat besonders Bedeutung für die Auslese der

Führung der Partei. Führer wird nun derjenige, dem die Maschine folgt, auch über den Kopf des Parlaments. Die Schaffung solcher Maschinen bedeutet, mit anderen Worten, den Einzug der *plebiszitären* Demokratie.

Die Parteigefolgschaft, vor allem der Parteibeamte und -unternehmer, erwarten vom Siege ihres Führers selbstverständlich persönliches Entgelt: Ämter oder andere Vorteile. Von ihm – nicht oder doch nicht nur von den einzelnen Parlamentariern: das ist das Entscheidende. Sie erwarten vor allem: daß die demagogische Wirkung der Führer*persönlichkeit* im Wahlkampf der Partei Stimmen und Mandate, damit Macht zuführen und dadurch jene Chancen ihrer Anhänger, für sich das erhoffte Entgelt zu finden, möglichst ausweiten werde. Und ideell ist die Genugtuung, für einen Menschen in gläubiger persönlicher Hingabe und nicht nur für ein abstraktes Programm einer aus Mittelmäßigkeiten bestehenden Partei zu arbeiten: – dies »charismatische« Element allen Führertums –, eine der Triebfedern.

In sehr verschiedenem Maß und in stetem latenten Kampf mit den um ihren Einfluß ringenden örtlichen Honoratioren und den Parlamentariern rang sich diese Form durch. In den bürgerlichen Parteien zuerst in den Vereinigten Staaten, dann in der sozialdemokratischen Partei vor allem Deutschlands. Stete Rückschläge treten ein, sobald einmal kein allgemein anerkannter Führer da ist, und Konzessionen aller Art müssen, auch wenn er da ist, der Eitelkeit und Interessiertheit der Parteihonoratioren gemacht werden. Vor allem aber kann auch die Maschine unter die Herrschaft der Partei*beamten* geraten, in deren Händen die regelmäßige Arbeit liegt. Nach Ansicht mancher sozialdemokratischer Kreise sei ihre Partei dieser »Bürokratisierung« verfallen gewesen. Indessen »Beamte« fügen sich einer demagogisch stark wirkenden Führerpersönlichkeit relativ leicht: ihre materiellen und ideellen Interessen sind ja intim mit der durch ihn erhofften Auswirkung der Parteimacht verknüpft, und die Arbeit für einen Führer ist an sich innerlich befriedigender. Weit schwerer ist der Aufstieg von Führern da, wo – wie in den bürgerlichen Parteien meist – neben den Beamten die »Honoratioren« den Einfluß auf die Partei in Händen haben. Denn | diese »machen« *ideell* »ihr Leben« us dem Vorstands- oder Ausschußmitgliedspöstchen, das sie inneaben. Ressentiment gegen den Demagogen als homo novus, die Jberzeugung von der Überlegenheit parteipolitischer »Erfahrung« – lie nun einmal auch tatsächlich von erheblicher Bedeutung ist – und die ideologische Besorgnis vor dem Zerbrechen der alten Parteitraditionen bestimmen ihr Handeln. Und in der Partei haben sie alle traditionalistischen Elemente für sich. Vor allem der ländliche, aber auch der kleinbürgerliche Wähler sieht auf den ihm von alters her vertrauten Honoratiorennamen und mißtraut dem ihm unbekannten Mann, um freilich, *wenn* dieser einmal den Erfolg für sich gehabt hat, nun ihm um so unerschütterlicher anzuhängen. Sehen wir uns an einigen Hauptbeispielen dieses Ringen der beiden Strukturformen und das namentlich von OSTROGORSKI geschilderte Hochkommen der plebiszitären Form einmal an.

Zunächst England: dort war die Parteiorganisation bis 1868 eine fast reine Honoratioren-Organisation. Die Tories stützten sich auf dem Lande etwa auf den anglikanischen Pfarrer, daneben – meist – den Schulmeister und vor allem die Groß[grund]besitzer der betreffenden county, die Whigs meist auf solche Leute wie den nonconformistischen Prediger (wo es ihn gab), den Posthalter, Schmied, Schneider, Seiler, solche Handwerker also, von denen – weil man mit ihnen am meisten plaudern kann – politischer Einfluß ausgehen konnte. In der Stadt schieden sich die Parteien teils nach ökonomischen, teils nach religiösen, teils einfach nach in den Familien überkommenen Parteimeinungen. Immer aber waren Honoratioren die Träger des politischen Betriebes. Darüber schwebten das Parlament und die Parteien mit dem Kabinett und mit dem »leader«, der der Vorsitzende des Ministerrates oder der Opposition war. Dieser leader hatte neben sich die wichtigste berufspolitische Persönlichkeit der Parteiorganisation: den »Einpeitscher« (whip). In seinen Händen lag die Ämterpatronage; an ihn hatten sich also die Stellenjäger zu wenden, er benahm sich darüber mit den Deputierten der einzelnen Wahlkreise. In diesen begann sich langsam eine Berufspolitikerschicht zu entwickeln, indem lokale Agenten geworben wurden, die zunächst unbezahlt waren und ungefähr die Stellung unserer »Vertrauensmänner« einnahmen. Daneben aber entwickelte sich für die Wahlkreise eine kapitalistische Unternehmergestalt: der »Election agent«, dessen Existenz in der modernen, die Wahlreinheit sichernden Gesetzgebung Englands unvermeidlich war. Diese Gesetzgebung versuchte, die Wahl|kosten zu kontrollieren und der Macht des Geldes entgegenzutreten, indem sie den Kandidaten verpflichtete anzugeben, was ihn die Wahl gekostet hatte: denn der Kandidat hatte – weit mehr, als dies früher auch bei uns vorkam – außer den Strapazen seiner Stimme auch das Vergnügen, den Geldbeutel zu ziehen. Der Election agent ließ sich von ihm eine Pauschalsumme zahlen, wobei er ein gutes Geschäft zu machen pflegte. – In der Machtverteilung zwischen »leader« und Parteihonoratioren, im Parlament und im Lande, hatte der erstere in England von jeher, aus zwingenden Gründen der Ermöglichung einer großen und dabei stetigen Politik, eine sehr bedeutende Stellung. Immerhin war aber der Einfluß auch der Parlamentarier und Parteihonoratioren noch erheblich.

So etwa sah die alte Parteiorganisation aus, halb Honoratiorenwirtschaft, halb bereits Angestellten- und Unternehmerbetrieb. Seit 1868 aber entwickelte sich zuerst für lokale Wahlen in Birmingham, dann im ganzen Lande, das »Caucus«-System. Ein nonconformistischer Pfarrer und neben ihm JOSEPH CHAMBERLAIN riefen dieses System ins Leben. Anlaß war die Demokratisierung des Wahlrechts. Zur Massengewinnung wurde es notwendig, einen ungeheuren Apparat von demokratisch aussehenden Verbänden ins Leben zu rufen, in jedem Stadtquartier einen Wahlverband zu bilden, unausgesetzt den Betrieb in Bewegung zu halten, alles straff zu bürokratisieren: zunehmend angestellte bezahlte Beamte, von den lokalen Wahlkomitees, in denen bald im ganzen vielleicht 10 % der Wähler organisiert waren, gewählte Hauptvermittler mit Kooptationsrecht als formelle Träger der Parteipolitik. Die treibende Kraft waren die lokalen, vor allem die an der Kommunalpolitik – überall die Quelle der fettesten materiellen Chancen – interessierten Kreise, die auch die Finanzmittel in erster Linie aufbrachten. Diese neuentstehende, nicht mehr parlamentarisch geleitete Maschine hatte sehr bald Kämpfe mit den bisherigen Machthabern zu führen, vor allem mit dem whip, bestand aber, gestützt auf die lokalen Interessenten, den Kampf derart siegreich, daß der whip sich fügen und mit ihr paktieren mußte. Das Resultat war eine Zentralisation der ganzen Gewalt in der Hand der wenigen und letztlich der einen Person, die an der Spitze der Partei stand. Denn in der liberalen Partei war das ganze System aufgekommen in Verbindung mit dem Emporsteigen GLADSTONES zur Macht. Das Faszinierende der GLADSTONESchen »großen« Demagogie, der feste Glaube der Massen an den ethischen Gehalt seiner Politik und | vor allem an den ethischen Charakter seiner Persönlichkeit war es, der diese Maschine so schnell zum Siege über die Honoratioren führte. Ein cäsaristisch-plebiszitäres Element in der Politik: der Diktator des Wahlschlachtfeldes, trat auf den Plan. Das äußerte sich sehr bald.

1877 wurde der Caucus zum erstenmal bei den staatlichen Wahlen tätig. Mit glänzendem Erfolg: DISRAELIS Sturz mitten in seinen großen Erfolgen war das Resultat. 1886 war die Maschine bereits derart vollständig charismatisch an der Person orientiert, daß, als die Homerule-Frage aufgerollt wurde, der ganze Apparat von oben bis unten nicht fragte: Stehen wir sachlich auf dem Boden GLADSTONES?, sondern einfach auf das Wort GLADSTONES mit ihm abschwenkte und sagte: Was er tut, wir folgen ihm, – und seinen eigenen Schöpfer, CHAMBERLAIN, im Stich ließ.

Diese Maschinerie bedarf eines erheblichen Personenapparates. Es sind immerhin wohl 2000 Personen in England, die direkt von der Politik der Parteien leben. Sehr viel zahlreicher sind freilich diejenigen, die rein als Stellenjäger oder als Interessenten in der Politik mitwirken, namentlich innerhalb der Gemeindepolitik. Neben den ökonomischen Chancen stehen für den brauchbaren Caucus-Politiker Eitelkeitschancen. »J. P.« oder gar »M. P.« zu werden, ist naturgemäß Streben des höchsten (normalen) Ehrgeizes, und solchen Leuten, die eine gute Kinderstube aufzuweisen hatten, »gentlemen« waren, wird das zuteil. Als Höchstes winkte, insbesondere für große Geldmäzenaten – die Finanzen der Parteien beruhten zu vielleicht 50 % auf Spenden ungenannt bleibender Geber – die Peers-Würde.

Was war nun der Effekt des ganzen Systems? Daß heute die englischen Parlamentarier mit Ausnahme der paar Mitglieder des Kabinetts (und einiger Eigenbrötler) normalerweise nichts anderes als gut diszipliniertes Stimmvieh sind. Bei uns im Reichstag pflegte man zum mindesten durch Erledigung von Privatkorrespondenz auf dem Schreibtisch vor seinem Platz zu markieren, daß man für das Wohl des Landes tätig sei. Derartige Gesten werden in England nicht verlangt; das Parlamentsmitglied hat nur zu stimmen und nicht Parteiverrat zu begehen; es hat zu erscheinen, wenn die Einpeitscher rufen, zu tun, was je nachdem das Kabinett oder was der leader der Opposition verfügt. Die Caucus-Maschine draußen im Lande vollends ist, wenn ein starker Führer da ist, fast gesinnungslos und ganz in den Händen des leader. Über dem Parlament steht also damit der faktisch plebiszitäre Diktator, | der die Massen vermittels der »Maschine« hinter sich bringt, und für den die Parlamentarier nur politische Pfründner sind, die in seiner Gefolgschaft stehen.

Wie findet nun die Auslese dieser Führerschaft statt? Zunächst: nach welcher Fähigkeit? Dafür ist – nächst den überall in der Welt entscheidenden Qualitäten des Willens – natürlich die Macht der demagogischen Rede vor allem maßgebend. Ihre Art hat sich geändert von den Zeiten her, wo sie sich, wie bei COBDEN, an den Verstand wandte, zu GLADSTONE, der ein Techniker des scheinbar nüchternen »Die-Tatsachen-sprechen-Lassens« war, bis zur Gegenwart, wo vielfach rein emotional mit Mitteln, wie sie auch die Heilsarmee verwendet, gearbeitet wird, um die Massen in Bewegung zu setzen. Den bestehenden Zustand darf man wohl eine »Diktatur, beruhend auf der Ausnutzung der Emotionalität der Massen«, nennen. – Aber das sehr entwickelte System der Komiteearbeit im englischen Parlament ermöglicht es und zwingt auch jeden Politiker, der auf Teilnahme an der Führung reflektiert, dort mitzu*arbeiten*. Alle erheblichen Minister der letzten Jahrzehnte haben diese sehr reale und wirksame Arbeitsschulung hinter sich, und die Praxis der Berichterstattung und öffentlichen Kritik an diesen Beratungen bedingt es, daß diese Schule eine wirkliche Auslese bedeutet und den bloßen Demagogen ausschaltet.

So in England. Das dortige Caucus-System war aber nur eine abgeschwächte Form, verglichen mit der amerikanischen Parteiorganisation, die das plebiszitäre Prinzip besonders früh und besonders rein zur Ausprägung brachte. Das Amerika WASHINGTONS sollte nach seiner Idee ein von »gentlemen« verwaltetes Gemeinwesen sein. Ein gentleman war damals auch drüben ein Grundherr oder ein Mann, der Collegeerziehung hatte. So war es auch zunächst. Als sich Parteien bildeten, nahmen anfangs die Mitglieder des Repräsentantenhauses in Anspruch, Leiter zu sein wie in England zur Zeit der Honoratiorenherrschaft. Die Parteiorganisation war ganz locker. Das dauerte bis 1824. Schon vor den zwanziger Jahren war in manchen Gemeinden – die auch hier die erste Stätte der modernen Entwicklung waren – die Parteimaschine im Werden. Aber erst die Wahl von ANDREW JACKSON zum Präsidenten[1], des Kandidaten der Bauern des Westens, warf die alten Traditionen über den Haufen. Das formelle Ende der Leitung der Parteien durch führende Parlamentarier ist bald nach 1840 eingetreten, als die großen Parlamentarier – CALHOUN, WEBSTER – aus dem politischen Leben | ausschieden, weil das Parlament gegenüber der Parteimaschine draußen im Lande fast jede Macht verloren hatte. Daß die plebiszitäre »Maschine« in Amerika sich so früh entwickelte, hatte seinen Grund darin, daß dort, und nur dort, das Haupt der

[1] 1829–1837. (D. H.)

Exekutive und – darauf kam es an – der Chef der Amtspatronage ein plebiszitär gewählter Präsident und daß er infolge der »Gewaltenteilung« in seiner Amtsführung vom Parlament fast unabhängig war. Ein richtiges Beuteobjekt von Amtspfründen winkte also als Lohn des Sieges gerade bei der Präsidentenwahl. Durch das von ANDREW JACKSON nun ganz systematisch zum Prinzip erhobene »spoils system« wurde die Konsequenz daraus gezogen.

Was bedeutet dies spoils system – die Zuwendung aller Bundesämter an die Gefolgschaft des siegreichen Kandidaten – für die Parteibildung heute? Daß ganz gesinnungslose Parteien einander gegenüberstehen, reine Stellenjägerorganisationen, die für den einzelnen Wahlkampf ihre wechselnden Programme je nach der Chance des Stimmenfanges machen – in einem Maße wechselnd, wie dies trotz aller Analogien doch anderwärts sich nicht findet. Die Parteien sind eben ganz und gar zugeschnitten auf den für die Amtspatronage wichtigsten Wahlkampf: den um die Präsidentschaft der Union und um die Governorstellen der Einzelstaaten. Programme und Kandidaten werden in den »national conventions« der Parteien ohne Intervention der Parlamentarier festgestellt: – von Parteitagen also, die formell sehr demokratisch von Delegiertenversammlungen beschickt wurden, welche ihrerseits ihr Mandat den »primaries«, den Urwählerversammlungen der Partei, verdanken. Schon in den primaries werden die Delegierten auf den Namen der Staatsoberhauptskandidaten gewählt; *innerhalb* der einzelnen Parteien tobt der erbittertste Kampf um die Frage der »nomination«. In den Händen des Präsidenten liegen immerhin 300 000 bis 400 000 Beamtenernennungen, die von ihm, nur unter Zuziehung von Senatoren der Einzelstaaten, vollzogen werden. Die Senatoren sind also mächtige Politiker. Das Repräsentantenhaus dagegen ist politisch relativ sehr machtlos, weil ihm die Beamtenpatronage entzogen ist und die Minister, reine Gehilfen des vom Volk gegen jedermann – auch das Parlament – legitimierten Präsidenten, unabhängig vom Vertrauen oder Mißtrauen [des Repräsentantenhauses] ihres Amtes walten können: eine Folge der »Gewaltenteilung«.

Das dadurch gestützte spoils system war in Amerika technisch *möglich*, weil bei der Jugend der amerikanischen Kultur eine reine | Dilettantenwirtschaft ertragen werden konnte. Denn 300 000 bis 400 000 solcher Parteileute, die nichts für ihre Qualifikation anzuführen hatten als die Tatsache, daß sie ihrer Partei gute Dienste geleistet hatten, – dieser Zustand konnte selbstverständlich nicht bestehen ohne ungeheure Übelstände: Korruption und Vergeudung ohnegleichen, die nur ein Land mit noch unbegrenzten ökonomischen Chancen ertrug.

Diejenige Figur nun, die mit diesem System der plebiszitären Parteimaschine auf der Bildfläche erscheint, ist: der »Boss«. Was ist der Boss? Ein politischer kapitalistischer Unternehmer, der für seine Rechnung und Gefahr Wahlstimmen herbeischafft. Er kann als Rechtsanwalt oder Kneipwirt oder Inhaber ähnlicher Betriebe oder etwa als Kreditgeber seine ersten Beziehungen gewonnen haben. Von da aus spinnt er seine Fäden weiter, bis er eine bestimmte Anzahl von Stimmen zu »kontrollieren« vermag. Hat er es so weit gebracht, so tritt er mit den Nachbarbosses in Verbindung, erregt durch Eifer, Geschicklichkeit und vor allen Dingen: Diskretion die Aufmerksamkeit derjenigen, die es in der Karriere schon weiter gebracht haben, und steigt nun auf. Der Boss ist unentbehrlich für die Organisation der Partei. Die liegt zentralisiert in seiner Hand. Er beschafft sehr wesentlich die Mittel. Wie kommt er zu ihnen? Nun, teilweise durch Mitgliederbeiträge; vor allem durch Besteuerung der Gehälter jener Beamten, die durch ihn und seine Partei ins Amt kamen. Dann durch Bestechungs- und Trinkgelder. Wer eines der zahlreichen Gesetze ungestraft verletzen will, bedarf der Konnivenz der Bosses und muß sie bezahlen. Sonst erwachsen ihm unweigerlich Unannehmlichkeiten. Aber damit allein ist das erforderliche Betriebskapital noch nicht beschafft. Der Boss ist unentbehrlich als direkter Empfänger des Geldes der großen Finanzmagnaten. Die würden keinem bezahlten Parteibeamten oder irgendeinem öffentlich rechnunglegenden Menschen überhaupt Geld für Wahlzwecke anvertrauen. Der Boss mit seiner klüglichen Diskretion in Geldsachen ist selbstverständlich der Mann derjenigen kapitalistischen Kreise, welche die Wahl finanzieren. Der typische Boss ist ein absolut nüchterner Mann. Er strebt nicht nach sozialer Ehre; der »professional« ist verachtet innerhalb der »guten Gesellschaft«. Er sucht ausschließlich Macht, Macht als Geldquelle, aber auch: um ihrer selbst willen. Er arbeitet im Dunklen, das ist sein Gegensatz zum englischen leader. Man wird ihn selbst nicht öffentlich reden hören; er suggeriert den Rednern, was sie in zweckmäßiger Weise zu sagen haben, er selbst aber schweigt. Er nimmt in aller Regel kein Amt an, außer | dem des Senators im Bundessenat. Denn da die Senatoren an der Amtspatronage kraft Verfassung beteiligt sind, sitzen die leitenden Bosses oft in Person in dieser Körperschaft. Die Vergebung der Ämter erfolgt in erster Linie nach der Leistung für die Partei. Aber auch der Zuschlag gegen Geldgebote kam vielfach vor, und es existierten für einzelne Ämter bestimmte Taxen: ein Ämterverkaufssystem, wie es die Monarchien des 17. und 18. Jahrhunderts mit Einschluß des Kirchenstaates ja auch vielfach kannten.

Der Boss hat keine festen politischen »Prinzipien«, er ist vollkommen gesinnungslos und fragt nur: Was fängt Stimmen? Er ist nicht selten ein ziemlich schlecht erzogener Mann. Er pflegt aber in seinem Privatleben einwandfrei und korrekt zu leben. Nur in seiner politischen Ethik paßt er sich naturgemäß der einmal gegebenen Durchschnittsethik des politischen Handelns an, wie sehr viele von uns in der Zeit des Hamsterns auch auf dem Gebiete der ökonomischen Ethik getan haben dürften. Daß man ihn als »professional«, als Berufspolitiker, gesellschaftlich verachtet, ficht ihn nicht an. Daß er selbst nicht in die großen Ämter der Union gelangt und gelangen will, hat dabei den Vorzug: daß nicht selten parteifremde Intelligenzen: Notabilitäten also, und nicht immer wieder die alten Parteihonoratioren wie bei uns, in die Kandidatur hineinkommen, wenn die Bosses sich davon Zugkraft bei den Wahlen versprechen. Gerade die Struktur dieser gesinnungslosen Parteien mit ihren gesellschaftlich verachteten Machthabern hat daher tüchtigen Männern zur Präsidentschaft verholfen, die bei uns niemals hochgekommen wären. Freilich, gegen einen Outsider, der ihren Geld- und Machtquellen gefährlich werden könnte, sträuben sich die Bosses. Aber im Konkurrenzkampf um die Gunst der Wähler haben sie nicht selten sich zur Akzeptierung gerade von solchen Kandidaten herbeilassen müssen, die als Korruptionsgegner galten.

Hier ist also ein stark kapitalistischer, von oben bis unten straff durchorganisierter Parteibetrieb vorhanden, gestützt auch durch die überaus festen, ordensartig organisierten Klubs von der Art von Tammany Hall, die ausschließlich die Profiterzielung durch politische Beherrschung vor allem von Kommunalverwaltungen – auch hier des wichtigsten Ausbeutungsobjektes – erstreben. Möglich war diese Struktur des Parteilebens infolge der hochgradigen Demokratie der Vereinigten Staaten als eines »Neulandes«. Dieser Zusammenhang nun bedingt, daß dies System im langsamen Absterben begriffen ist. Amerika kann nicht mehr | nur durch Dilettanten regiert werden. Von amerikanischen Arbeitern bekam man noch vor 15 Jahren[1] auf die Frage, warum sie sich so von Politikern regieren ließen, die sie selbst zu verachten erklärten, die Antwort: »Wir haben lieber Leute als Beamte, auf die wir spucken, als wie bei euch eine Beamtenkaste, die auf uns spuckt.« Das war der alte Standpunkt amerikanischer »Demokratie«: die Sozialisten dachten schon damals völlig anders. Der Zustand wird nicht mehr ertragen. Die Dilettantenverwaltung reicht nicht mehr aus, und die Civil Service Reform schafft lebenslängliche pensionsfähige Stellen in stets wachsender Zahl und bewirkt so, daß auf der Universität geschulte Beamte, genau so unbestechlich und tüchtig wie die unsrigen, in die Ämter kommen. Rund 100 000 Ämter sind schon jetzt nicht mehr im Wahlturnus Beuteobjekt, sondern pensionsfähig und an Qualifikationsnachweis geknüpft. Das wird das spoils system langsam mehr zurücktreten lassen, und die Art der Parteileitung wird sich dann wohl ebenfalls umbilden; wir wissen nur noch nicht: wie.

In *Deutschland* waren die entscheidenden Bedingungen des politischen Betriebes bisher im wesentlichen folgende. Erstens: Machtlosigkeit der Parlamente. Die Folge war: daß kein Mensch, der Führerqualität hatte, dauernd hineinging. Gesetzt den Fall, man wollte hineingehen, – was konnte man dort tun? Wenn eine Kanzleistelle frei wurde, konnte man dem betreffenden Verwaltungschef sagen: ich habe in meinem Wahlkreis einen sehr tüchtigen Mann, der wäre geeignet, nehmen sie den doch. Und das geschah gern. Das war aber so ziemlich alles, was ein deutscher Parlamentarier für die Befriedigung seiner Machtinstinkte erreichen konnte, – wenn er solche hatte. Dazu trat – und dies zweite Moment bedingte das erste –: die ungeheure Bedeutung des geschulten Fachbeamtentums in Deutschland. Wir waren darin die ersten der Welt. Diese Bedeutung brachte es mit sich, daß dies Fachbeamtentum nicht nur die Fachbeamtenstellen, sondern auch die Ministerposten für sich beanspruchte. Im bayerischen Landtag ist es gewesen, wo im vorigen Jahre, als die Parlamentarisierung zur Diskussion stand, gesagt wurde: die begabten Leute werden dann nicht mehr Beamte werden, wenn man die Parlamentarier in die Ministerien setzt. Die Beamtenverwaltung entzog sich überdies systematisch einer solchen Art von Kontrolle, wie sie die englischen Komitee-Erörterungen bedeuten, und setzte so die

[1] 1904. (D. H.)

Parlamente außerstand – von wenigen Ausnahmen abgesehen –, wirklich brauchbare Verwaltungschefs in ihrer Mitte heranzubilden. |

Das dritte war, daß wir in Deutschland, im Gegensatz zu Amerika, gesinnungspolitische Parteien hatten, die zum mindesten mit subjektiver bona fides behaupteten, daß ihre Mitglieder »Weltanschauungen« vertraten. Die beiden wichtigsten dieser Parteien: das Zentrum einerseits, die Sozialdemokratie andererseits, waren nun aber geborene Minoritätsparteien und zwar nach ihrer eigenen Absicht. Die führenden Zentrumskreise im Reich haben nie ein Hehl daraus gemacht, daß sie deshalb gegen den Parlamentarismus seien, weil sie fürchteten, in die Minderheit zu kommen und ihnen dann die Unterbringung von Stellenjägern wie bisher, durch Druck auf die Regierung, erschwert würde. Die Sozialdemokratie war prinzipielle Minderheitspartei und ein Hemmnis der Parlamentarisierung, weil sie sich mit der gegebenen politisch-bürgerlichen Ordnung nicht beflecken wollte. Die Tatsache, daß beide Parteien sich ausschlossen vom parlamentarischen System, machte dieses unmöglich.

Was wurde dabei aus den deutschen Berufspolitikern? Sie hatten keine Macht, keine Verantwortung, konnten nur eine ziemlich subalterne Honoratiorenrolle spielen und waren infolgedessen neuerlich beseelt von den überall typischen Zunftinstinkten. Es war unmöglich, im Kreise dieser Honoratioren, die ihr Leben aus ihrem kleinen Pöstchen machten, hochzusteigen für einen ihnen nicht gleichgearteten Mann. Ich könnte aus jeder Partei, selbstverständlich die Sozialdemokratie nicht ausgenommen, zahlreiche Namen nennen, die Tragödien der politischen Laufbahn bedeuteten, weil der Betreffende Führerqualitäten hatte und um eben deswillen von den Honoratioren nicht geduldet wurde. Diesen Weg der Entwicklung zur Honoratiorenzunft sind alle unsere Parteien gegangen. Bebel z. B. war noch ein Führer, dem Temperament und der Lauterkeit des Charakters nach, so bescheiden sein Intellekt war. Die Tatsache, daß er Märtyrer war, daß er das Vertrauen der Massen (in deren Augen) niemals täuschte, hatte zur Folge, daß er sie schlechthin hinter sich hatte und es keine Macht innerhalb der [sozialdemokratischen] Partei gab, die ernsthaft gegen ihn hätte auftreten können. Nach seinem Tode hatte das ein Ende, und die Beamtenherrschaft begann. Gewerkschaftsbeamte, Parteisekretäre, Journalisten kamen in die Höhe, Beamteninstinkte beherrschten die Partei, ein höchst ehrenhaftes Beamtentum – selten ehrenhaft darf man, mit Rücksicht auf die Verhältnisse anderer Länder, besonders im Hinblick auf die oft bestechlichen Gewerkschaftsbeamten in Amerika, sagen –, aber die früher erörterten Konsequenzen der Beamtenherrschaft traten auch in der Partei ein. |

Die bürgerlichen Parteien wurden seit den achtziger Jahren vollends Honoratiorenzünfte. Gelegentlich zwar mußten die Parteien zu Reklamezwecken außerparteiliche Intelligenzen heranziehen, um sagen zu können: »diese und diese Namen haben wir«. Möglichst vermieden sie es, dieselben in die Wahl hineinkommen zu lassen, und nur wo es unvermeidlich war, der Betreffende es sich nicht anders gefallen ließ, geschah es.

Im Parlament [herrschte] der gleiche Geist. Unsere Parlamentsparteien waren und sind Zünfte. Jede Rede, die gehalten wird im Plenum des Reichstages, ist vorher durchrezensiert in der Partei. Das merkt man ihrer unerhörten Langeweile an. Nur wer als Redner bestellt ist, kann zu Wort kommen. Ein stärkerer Gegensatz gegen die englische, aber auch – aus ganz entgegengesetzten Gründen – die französische Gepflogenheit ist kaum denkbar.

Jetzt ist infolge des gewaltigen Zusammenbruchs, den man Revolution zu nennen pflegt, vielleicht eine Umwandlung im Gange. Vielleicht – nicht sicher. Zunächst traten Ansätze zu neuen Arten von Parteiapparaten auf. Erstens Amateurapparate. Besonders oft vertreten durch Studenten der verschiedenen Hochschulen, die einem Mann, dem sie Führerqualitäten zuschreiben, sagen: wir wollen für Sie die nötige Arbeit versehen, führen Sie sie aus. Zweitens geschäftsmännische Apparate. Es kam vor, daß Leute zu Männern kamen, denen sie Führerqualitäten zuschrieben, und sich erboten, gegen feste Beträge für jede Wahlstimme die Werbung zu übernehmen. – Wenn Sie mich ehrlich fragen würden, welchen von diesen beiden Apparaten ich unter rein technisch-politischen Gesichtspunkten für verläßlicher halten wollte, so würde ich, glaube ich, den letzteren vorziehen. Aber beides waren schnell aufsteigende Blasen, die rasch wieder verschwanden. Die vorhandenen Apparate schichteten sich um, arbeiteten aber weiter. Jene Erscheinungen waren nur ein Symptom dafür, daß die neuen Apparate sich vielleicht schon einstellen würden, wenn nur – die Führer da wären. Aber schon die technische Eigentümlichkeit des Verhältniswahlrechts schloß deren Hochkommen aus. Nur ein paar Diktatoren der Straße entstanden und gingen wieder unter. Und nur die Gefolgschaft der Straßendiktatur ist in fester Disziplin organisiert: daher die Macht dieser verschwindenden Minderheiten.

Nehmen wir an, das änderte sich, so muß man sich nach dem früher Gesagten klarmachen: die Leitung der Parteien durch plebiszitäre Führer bedingt die »Entseelung« der Gefolgschaft, ihre geistige Proletarisierung, | könnte man sagen. Um für den Führer als Apparat brauchbar zu sein, muß sie blind gehorchen, Maschine im amerikanischen Sinne sein, nicht gestört durch Honoratioreneitelkeit und Prätensionen eigener Ansichten. LINCOLNS Wahl war nur durch diesen Charakter der Parteiorganisation möglich, und bei GLADSTONE trat, wie erwähnt, das gleiche im Caucus ein. Es ist das eben der Preis, womit man die Leitung durch Führer zahlt. Aber es gibt nur die Wahl: Führerdemokratie mit »Maschine« oder führerlose Demokratie, das heißt: die Herrschaft der »Berufspolitiker« ohne Beruf, ohne die inneren, charismatischen Qualitäten, die eben zum Führer machen. Und das bedeutet dann das, was die jeweilige Parteifronde gewöhnlich als Herrschaft des »Klüngels« bezeichnet. Vorläufig haben wir nur dies letztere in Deutschland. Und für die Zukunft wird der Fortbestand, im Reich wenigstens, begünstigt einmal dadurch, daß doch wohl der Bundesrat wiedererstehen und notwendig die Macht des Reichstages und damit seine Bedeutung als Auslesestelle von Führern beschränken wird. Ferner durch das Verhältniswahlrecht, so wie es jetzt gestaltet ist: eine typische Erscheinung der führerlosen Demokratie, nicht nur weil es den Kuhhandel der Honoratioren um die Placierung begünstigt, sondern auch weil es künftig den Interessentenverbänden die Möglichkeit gibt, die Aufnahme ihrer Beamten in die Listen zu erzwingen und so ein unpolitisches Parlament zu schaffen, in dem echtes Führertum keine Stätte findet. Das einzige Ventil für das Bedürfnis nach Führertum könnte der Reichspräsident werden, wenn er plebiszitär, nicht parlamentarisch, gewählt wird. Führertum auf dem Boden der Arbeitsbewährung könnte entstehen und ausgelesen werden vor allem dann, wenn in den großen Kommunen, wie in den Vereinigten Staaten überall da, wo man der Korruption ernstlich zuleibe [rücken] wollte, der plebiszitäre Stadtdiktator mit dem Recht, sich seine Büros selbständig zusammenzustellen, auf der Bildfläche erscheinen würde. Das würde eine auf solche Wahlen zugeschnittene Parteiorganisation bedingen. Aber die durchaus kleinbürgerliche Führerfeindschaft aller Parteien, mit Einschluß vor allem der Sozialdemokratie, läßt die künftige Art der Gestaltung der Parteien und damit all dieser Chancen noch ganz im Dunkel liegen.

Es ist daher heute noch in keiner Weise zu übersehen, wie sich äußerlich der Betrieb der Politik als »Beruf« gestalten wird, noch weniger infolgedessen: auf welchem Wege sich Chancen für politisch Begabte eröffnen, vor eine befriedigende politische Aufgabe gestellt zu werden. | Für den, der »von« der Politik zu leben durch seine Vermögenslage genötigt ist, wird wohl immer die Alternative: Journalistik oder Parteibeamtenstellung als die typischen direkten Wege, oder eine der Interessenvertretungen: bei einer Gewerkschaft, Handelskammer, Landwirtschaftskammer, Handwerkskammer, Arbeitskammer, Arbeitgeberverbänden usw., oder [werden] geeignete kommunale Stellungen in Betracht kommen. Weiteres läßt sich über die äußere Seite nicht sagen als nur dies: daß der Parteibeamte mit dem Journalisten das Odium der »Deklassiertheit« trägt. »Lohnschreiber« dort – »Lohnredner« hier, wird es leider immer, sei es noch so unausgesprochen, in die Ohren klingen; wer dagegen innerlich wehrlos ist und sich selbst nicht die richtige Antwort zu geben vermag, bleibe dieser Laufbahn fern, die in jedem Falle neben schweren Versuchungen ein Weg ist, der fortwährende Enttäuschungen bringen kann.

Was vermag sie nun an inneren Freuden zu bieten, und welche persönlichen Vorbedingungen setzt sie bei dem voraus, der sich ihr zuwendet?

Nun, sie gewährt zunächst: Machtgefühl. Selbst in den formell bescheidenen Stellungen vermag den Berufspolitiker das Bewußtsein von Einfluß auf Menschen, von Teilnahme an der Macht über sie, vor allem aber: das Gefühl, einen Nervenstrang historisch wichtigen Geschehens mit in Händen zu halten, über den Alltag hinauszuheben. Aber die Frage ist nun für ihn: durch welche Qualitäten kann er hoffen, dieser (sei es auch im Einzelfall noch so eng umschriebenen) Macht und also der Verantwortung, die sie auf ihn legt, gerecht zu werden? Damit betreten wir das Gebiet ethischer Fragen; denn dahin gehört die Frage: was für ein Mensch man sein muß, um seine Hand in die Speichen des Rades der Geschichte legen zu dürfen.

Man kann sagen, daß drei Qualitäten vornehmlich entscheidend sind für den Politiker: Leidenschaft – Verantwortungsgefühl – Augenmaß. Leidenschaft im Sinn von *Sachlichkeit:* leidenschaftliche Hingabe an eine »Sache«, an den Gott oder Dämon, der ihr Gebieter ist. Nicht im Sinne jenes inneren Gebarens, welches mein verstorbener Freund Georg Simmel als »sterile Aufgeregtheit« zu bezeichnen pflegte, wie sie einem bestimmten Typus vor allem russischer Intellektueller (nicht etwa: allen von ihnen!) eignete, und welches jetzt in diesem Karneval, den man mit dem stolzen Namen einer »Revolution« schmückt, eine so große Rolle auch bei unseren Intellektuellen spielt: eine ins Leere verlaufende »Romantik des intellektuell Interessanten« ohne alles sachliche | Verantwortungsgefühl. Denn mit der bloßen, als noch so echt empfundenen Leidenschaft ist es freilich nicht getan. Sie macht nicht zum Politiker, wenn sie nicht, als Dienst an einer »Sache«, auch die *Verantwortlichkeit* gegenüber ebendieser Sache zum entscheidenden Leitstern des Handelns macht. Und dazu bedarf es – und das ist die entscheidende psychologische Qualität des Politikers – des *Augenmaßes,* der Fähigkeit, die Realitäten mit innerer Sammlung und Ruhe auf sich wirken zu lassen, also: der *Distanz* zu den Dingen und Menschen. »Distanzlosigkeit«, rein als solche, ist eine der Todsünden jedes Politikers und eine jener Qualitäten, deren Züchtung bei dem Nachwuchs unserer Intellektuellen sie zu politischer Unfähigkeit verurteilen wird. Denn das Problem ist eben: wie heiße Leidenschaft und kühles Augenmaß miteinander in derselben Seele zusammengezwungen werden können? Politik wird mit dem Kopfe gemacht, nicht mit anderen Teilen des Körpers oder der Seele. Und doch kann die Hingabe an sie, wenn sie nicht ein frivoles intellektuelles Spiel, sondern menschlich echtes Handeln sein soll, nur aus Leidenschaft geboren und gespeist werden. Jene starke Bändigung der Seele aber, die den leidenschaftlichen Politiker auszeichnet und ihn von den bloßen »steril aufgeregten« politischen Dilettanten unterscheidet, ist nur durch die Gewöhnung an Distanz – in jedem Sinn des Wortes – möglich. Die »Stärke« einer politischen »Persönlichkeit« bedeutet in allererster Linie den Besitz dieser Qualitäten.

Einen ganz trivialen, allzu menschlichen Feind hat daher der Politiker täglich und stündlich in sich zu überwinden: die ganz gemeine *Eitelkeit,* die Todfeindin aller sachlichen Hingabe und aller Distanz, in diesem Fall: der Distanz sich selbst gegenüber.

Eitelkeit ist eine sehr verbreitete Eigenschaft, und vielleicht ist niemand ganz frei davon. Und in akademischen und Gelehrtenkreisen ist sie eine Art von Berufskrankheit. Aber gerade beim Gelehrten ist sie, so antipathisch sie sich äußern mag, relativ harmlos in dem Sinn: daß sie in aller Regel den wissenschaftlichen Betrieb nicht stört. Ganz anders beim Politiker. Er arbeitet mit dem Streben nach *Macht* als unvermeidlichem Mittel. »Machtinstinkt« – wie man sich auszudrücken pflegt – gehört daher in der Tat zu seinen normalen Qualitäten. –

Die Sünde gegen den heiligen Geist seines Berufs aber beginnt da, wo dieses Machtstreben *unsachlich* und ein Gegenstand rein persönlicher Selbstberauschung wird, anstatt ausschließlich in den Dienst der »Sache« zu treten. Denn es gibt letztlich nur zwei Arten von Todsünden auf dem Gebiet | der Politik: Unsachlichkeit und – oft, aber nicht immer, damit identisch – Verantwortungslosigkeit. Die Eitelkeit: das Bedürfnis, selbst möglichst sichtbar in den Vordergrund zu treten, führt den Politiker am stärksten in Versuchung, eine von beiden, oder beide, zu begehen. Um so mehr, als der Demagoge auf »Wirkung« zu rechnen gezwungen ist, – er ist eben deshalb stets in Gefahr, sowohl zum Schauspieler zu werden, wie die Verantwortung für die Folgen seines Tuns leicht zu nehmen und nur nach dem »Eindruck« zu fragen, den er macht. Seine Unsachlichkeit legt ihm nahe, den glänzenden Schein der Macht statt der wirklichen Macht zu erstreben, seine Verantwortungslosigkeit aber: die Macht lediglich um ihrer selbst willen, ohne inhaltlichen Zweck, zu genießen. Denn obwohl, oder vielmehr: gerade *weil* Macht das unvermeidliche Mittel und Machtstreben daher eine der treibenden Kräfte aller Politik ist, gibt es keine verderblichere Verzerrung der politischen Kraft, als das parvenümäßige Bramarbasieren mit Macht und die eitle Selbstbespiegelung in dem Gefühl der Macht, überhaupt jede Anbetung der Macht rein als solcher. Der bloße »Machtpolitiker«, wie ihn ein auch bei uns eifrig betriebener Kult zu verklären sucht, mag stark wirken, aber er wirkt in der Tat ins Leere und Sinnlose. Darin haben die Kritiker der »Machtpolitik« vollkommen recht. An dem plötzlichen inneren Zusammenbruch typischer Träger dieser Gesinnung haben wir erleben können, welche innere Schwäche und Ohnmacht sich hinter dieser protzigen, aber gänzlich leeren Geste verbirgt. Sie ist Produkt einer höchst dürftigen und oberflächlichen Blasiertheit gegenüber dem *Sinn* menschlichen Handelns, welche keinerlei Verwandtschaft hat mit dem Wissen um die Tragik, in die alles Tun, zumal aber das politische Tun, in Wahrheit verflochten ist.

Es ist durchaus wahr und eine – jetzt hier nicht näher zu begründende – Grundtatsache aller Geschichte, daß das schließliche Resultat politischen Handelns oft, nein: geradezu regelmäßig, in völlig unadäquatem, oft in geradezu paradoxem Verhältnis zu seinem ursprünglichen Sinn steht. Aber deshalb darf dieser Sinn: der Dienst an einer *Sache*, doch nicht etwa fehlen, wenn anders das Handeln inneren Halt haben soll. *Wie* die Sache auszusehen hat, in deren

Dienst der Politiker Macht erstrebt und Macht verwendet, ist Glaubenssache. Er kann nationalen oder menschheitlichen, sozialen und ethischen oder kulturlichen, innerweltlichen oder religiösen Zielen dienen, er kann getragen sein von starkem Glauben an den »Fortschritt« – gleichviel in welchem Sinn – | oder aber diese Art von Glauben kühl ablehnen, kann im Dienst einer »Idee« zu stehen beanspruchen oder unter prinzipieller Ablehnung dieses Anspruches äußeren Zielen des Alltagslebens dienen wollen, – immer muß irgendein Glaube *da* sein. Sonst lastet in der Tat – das ist völlig richtig – der Fluch kreatürlicher Nichtigkeit auch auf den äußerlich stärksten politischen Erfolgen.

Mit dem Gesagten sind wir schon in der Erörterung des letzten uns heute abend angehenden Problems begriffen: des *Ethos* der Politik als »Sache«. Welchen Beruf kann sie selbst, ganz unabhängig von ihren Zielen, innerhalb der sittlichen Gesamtökonomie der Lebensführung ausfüllen? Welches ist, sozusagen, der ethische Ort, an dem sie beheimatet ist? Da stoßen nun freilich letzte Weltanschauungen aufeinander, zwischen denen schließlich *gewählt* werden muß. Gehen wir resolut an das neuerdings wieder – nach meiner Ansicht in recht verkehrter Art – aufgerollte Problem heran.

Befreien wir es aber zunächst von einer ganz trivialen Verfälschung. Es kann nämlich zunächst die Ethik auftreten in einer sittlich höchst fatalen Rolle. Nehmen wir Beispiele. Sie werden selten finden, daß ein Mann, dessen Liebe sich von einer Frau ab- und einer anderen zuwendet, nicht das Bedürfnis empfindet, dies dadurch vor sich selbst zu legitimieren, daß er sagt: sie war meiner Liebe nicht wert, oder sie hat mich enttäuscht, oder was dergleichen »Gründe« mehr sind. Eine Unritterlichkeit, die zu dem schlichten Schicksal: daß er sie nicht mehr liebt und daß die Frau das tragen muß, in tiefer Unritterlichkeit sich eine »Legitimität« hinzudichtet, kraft deren er für sich ein Recht in Anspruch nimmt und zu dem Unglück noch das Unrecht auf sie zu wälzen trachtet. Ganz ebenso verfährt der erfolgreiche erotische Konkurrent: der Gegner muß der wertlosere sein, sonst wäre er nicht unterlegen. Nichts anderes ist es aber selbstverständlich, wenn nach irgendeinem siegreichen Krieg der Sieger in würdeloser Rechthaberei beansprucht: ich siegte, denn ich hatte recht. Oder, wenn jemand unter den Fürchterlichkeiten des Krieges seelisch zusammenbricht und nun, anstatt schlicht zu sagen, es war eben zu viel, jetzt das Bedürfnis empfindet, seine Kriegsmüdigkeit vor sich selbst zu legitimieren, indem er die Empfindung substituiert: ich konnte das deshalb nicht ertragen, weil ich für eine sittlich schlechte Sache fechten mußte. Und ebenso bei dem im Kriege Besiegten. Statt nach alter Weiber Art nach einem Kriege nach dem »Schuldigen« zu suchen – wo doch die Struktur der Gesellschaft den Krieg erzeugte –, wird jede | männliche und herbe Haltung dem Feinde sagen: »Wir verloren den Krieg, – ihr habt ihn gewonnen. Das ist nun erledigt: nun laßt uns darüber reden, welche Konsequenzen zu ziehen sind entsprechend den *sachlichen* Interessen, die im Spiel waren, und – die Hauptsache – angesichts der Verantwortung vor der *Zukunft,* die vor allem den Sieger belastet.« Alles andere ist würdelos und rächt sich. Verletzung ihrer Interessen verzeiht eine Nation, nicht aber Verletzung ihrer Ehre, am wenigsten eine solche durch pfäffische Rechthaberei. Jedes neue Dokument, das nach Jahrzehnten ans Licht kommt, läßt das würdelose Gezeter, den Haß und Zorn wieder aufleben, statt daß der Krieg mit seinem Ende wenigstens *sittlich* begraben würde. Das ist nur durch Sachlichkeit und Ritterlichkeit, vor allem nur: durch *Würde* möglich. Nie aber durch eine »Ethik«, die in Wahrheit eine Würdelosigkeit beider Seiten bedeutet. Anstatt sich um das zu kümmern, was den Politiker angeht: die Zukunft und die Verantwortung vor ihr, befaßt sie sich mit politisch sterilen, weil unaustragbaren Fragen der Schuld in der Vergangenheit. *Dies* zu tun, ist politische Schuld, wenn es irgendeine gibt. Und dabei wird überdies die unvermeidliche Verfälschung des ganzen Problems durch sehr materielle Interessen übersehen: Interessen des Siegers am höchstmöglichen Gewinn – moralischen und materiellen –, Hoffnungen des Besiegten darauf, durch Schuldbekenntnisse Vorteile einzuhandeln: wenn es irgend etwas gibt, was *»gemein«* ist, dann dies, und das ist die Folge dieser Art von Benutzung der »Ethik« als Mittel des »Rechthabens«.

Wie steht es denn aber mit der wirklichen Beziehung zwischen *Ethik und Politik?* Haben sie, wie man gelegentlich gesagt hat, gar nichts miteinander zu tun? Oder ist es umgekehrt richtig, daß »dieselbe« Ethik für das politische Handeln wie für jedes andere gelte? Man hat zuweilen geglaubt, zwischen diesen beiden Behauptungen bestehe eine ausschließliche Alternative: entweder die eine oder die andere sei richtig. Aber ist es denn wahr: daß für erotische und geschäftliche, familiäre und amtliche Beziehungen, für die Beziehungen zu Ehefrau, Gemüsefrau, Sohn, Konkurrenten, Freund, Angeklagten die inhaltlich *gleichen* Gebote von irgendeiner Ethik der Welt aufgestellt werden könnten? Sollte es wirklich für die ethischen Anforderungen an die Politik so gleichgültig sein, daß diese mit einem sehr spezifischen Mittel: Macht, hinter der *Gewaltsamkeit* steht, arbeitet? Sehen wir nicht, daß die bolschewistischen und spartakistischen Ideologen, eben weil sie dieses Mittel der Politik | anwenden. genau die *gleichen* Resultate herbeiführen wie irgendein militaristischer Diktator? Wodurch als eben durch die Person der Gewalthaber und ihren Dilettantismus unterscheidet sich die Herrschaft der Arbeiter- und Soldatenräte von der eines beliebigen Machthabers des alten Regimes? Wodurch die Polemik der meisten Vertreter der vermeintlich neuen Ethik selbst gegen die von ihnen kritisierten Gegner von der irgendwelcher anderer Demagogen? Durch die edle Absicht!, wird gesagt werden. Gut. Aber das Mittel ist es, wovon hier die Rede ist, und den Adel ihrer letzten Absichten nehmen die befehdeten Gegner mit voller subjektiver Ehrlichkeit ganz ebenso für sich in Anspruch. »Wer zum Schwert greift, wird durch das Schwert umkommen«, und Kampf ist überall Kampf. Also: – die Ethik der *Bergpredigt?* Mit der Bergpredigt – gemeint ist: die absolute Ethik des Evangeliums – ist es eine ernstere Sache, als die glauben, die diese Gebote heute gern zitieren. Mit ihr ist nicht zu spaßen. Von ihr gilt, was man von der Kausalität in der Wissenschaft gesagt hat: sie ist kein Fiaker, den man beliebig halten lassen kann, um nach Befinden ein- und auszusteigen. Sondern: ganz *oder* gar nicht, *das* gerade ist ihr Sinn, wenn etwas anderes als Trivialitäten herauskommen soll. Also z. B. der reiche Jüngling: »Er aber ging traurig davon, denn er hatte viele Güter.« Das evangelische Gebot ist unbedingt und eindeutig: gib her, was du hast – *alles,* schlechthin. Der Politiker wird sagen: eine sozial sinnlose Zumutung, solange es nicht für *alle* durchgesetzt wird. Also: Besteuerung, Wegsteuerung, Konfiskation, – mit einem Wort: Zwang und Ordnung gegen *alle.* Das ethische Gebot aber fragt danach *gar nicht,* das ist sein Wesen. Oder: »Halte den anderen Backen hin!« Unbedingt, ohne zu fragen, wieso es dem anderen zukommt, zu schlagen. Eine Ethik der Würdelosigkeit – außer: für einen Heiligen. Das ist es: man muß ein Heiliger sein in *allem,* zum mindesten dem Wollen nach, muß leben wie JESUS, die Apostel, der heilige FRANZ und seinesgleichen, *dann* ist diese Ethik sinnvoll und Ausdruck einer Würde. *Sonst nicht.* Denn wenn es in Konsequenz der akosmistischen Liebesethik heißt: »dem Übel nicht widerstehen mit Gewalt«, – so gilt für den Politiker umgekehrt der Satz: du *sollst* dem Übel gewaltsam widerstehen, sonst – bist du für seine Überhandnahme *verantwortlich.* Wer nach der Ethik des Evangeliums handeln will, der enthalte sich der Streiks – denn sie sind: Zwang – und gehe in die gelben Gewerkschaften. Er rede aber vor allen Dingen nicht von »Revolution«. Denn jene Ethik will doch | wohl nicht lehren: daß gerade der Bürgerkrieg der einzig legitime Krieg sei. Der nach dem Evangelium handelnde Pazifist wird die Waffen ablehnen oder fortwerfen, wie es in Deutschland empfohlen wurde, als ethische Pflicht, um dem Krieg und damit: jedem Krieg, ein Ende zu machen. Der Politiker wird sagen: das einzig sichere Mittel, den Krieg für alle *absehbare* Zeit zu diskreditieren, wäre ein Statusquo-Friede gewesen. Dann hätten sich die Völker gefragt: wozu war der Krieg? Er wäre ad absurdum geführt gewesen, – was jetzt nicht möglich ist. Denn für die Sieger – mindestens für einen Teil von ihnen – wird er sich politisch rentiert haben. Und dafür ist jenes Verhalten verantwortlich, das uns jeden Widerstand unmöglich machte. Nun wird – wenn die Ermattungsepoche vorbei sein wird – *der Frieden diskreditiert sein, nicht der Krieg:* eine Folge der absoluten Ethik.

Endlich: die Wahrheitspflicht. Sie ist für die absolute Ethik unbedingt. Also, hat man gefolgert: Publikation aller, vor allem der das eigene Land belastenden Dokumente und auf Grund dieser einseitigen Publikation: Schuldbekenntnis, einseitig, bedingungslos, ohne Rücksicht auf die Folgen. Der Politiker wird finden, daß im Erfolg dadurch die Wahrheit nicht gefördert, sondern durch Mißbrauch und Entfesselung von Leidenschaft sicher verdunkelt wird; daß nur eine allseitige planmäßige Feststellung durch Unparteiische Frucht bringen könnte, jedes andere Vorgehen für die Nation, die derartig verfährt, Folgen haben kann, die in Jahrzehnten nicht wieder gutzumachen sind. Aber nach »Folgen« *fragt* eben die absolute Ethik nicht.

Da liegt der entscheidende Punkt. Wir müssen uns klarmachen, daß alles ethisch orientierte Handeln unter *zwei* voneinander grundverschiedenen, unaustragbar gegensätzlichen Maximen stehen kann: es kann »gesinnungsethisch« oder »veranwortungsethisch« orientiert sein. Nicht daß Gesinnungsethik mit Verantwortungslosigkeit und Verantwortungsethik mit Gesinnungslosigkeit identisch wäre. Davon ist natürlich keine Rede. Aber es ist ein abgrundtiefer Gegensatz, ob man unter der gesinnungsethischen Maxime handelt – religiös geredet: »Der Christ tut recht und stellt den Erfolg Gott anheim« –, *oder* unter der verantwortungsethischen: daß man für die (voraussehbaren) *Folgen* seines Handelns aufzukommen hat. Sie mögen einem überzeugten gesinnungsethischen Syndikalisten noch so überzeugend darlegen: daß die Folgen seines Tuns die Steigerung der Chancen der Reaktion, gesteigerte Bedrückung seiner Klasse, Hemmung ihres Aufstiegs sein | werden, – und es wird auf ihn gar keinen Eindruck machen. Wenn die Folgen einer aus reiner Gesinnung fließenden Handlung üble sind, so gilt ihm nicht der Handelnde, sondern die Welt dafür verantwortlich, die Dummheit der anderen Menschen oder – der Wille des Gottes, der sie so schuf. Der Verantwortungsethiker dagegen rechnet mit eben jenen durchschnittlichen Defekten der Menschen, – er hat, wie FICHTE richtig gesagt hat, gar kein Recht, ihre Güte und Vollkommenheit vorauszusetzen, er fühlt sich nicht in der Lage, die Folgen eigenen Tuns, soweit er sie voraussehen konnte, auf andere abzuwälzen. Er wird sagen: diese Folgen werden meinem Tun zugerechnet. »Verantwortlich« fühlt sich der Gesinnungsethiker nur dafür, daß die Flamme der reinen Gesinnung, die Flamme z. B. des Protestes gegen die Ungerechtigkeit der sozialen Ordnung, nicht erlischt. Sie stets neu anzufachen, ist der Zweck seiner, vom möglichen Erfolg her beurteilt, ganz irrationalen Taten, die nur exemplarischen Wert haben können und sollen.

Aber auch damit ist das Problem noch nicht zu Ende. Keine Ethik der Welt kommt um die Tatsache herum, daß die Erreichung »guter« Zwecke in zahlreichen Fällen daran gebunden ist, daß man sittlich bedenkliche oder mindestens gefährliche Mittel und die Möglichkeit oder auch die Wahrscheinlichkeit übler Nebenerfolge mit in den Kauf nimmt, und keine Ethik der Welt kann ergeben: wann und in welchem Umfang der ethisch gute Zweck die ethisch gefährlichen Mittel und Nebenerfolge »heiligt«.

Für die Politik ist das entscheidende Mittel: die Gewaltsamkeit, und wie groß die Tragweite der Spannung zwischen Mittel und Zweck, ethisch angesehen, ist, mögen Sie daraus entnehmen, daß, wie jedermann weiß, sich die revolutionären Sozialisten (Zimmerwalder Richtung) schon während des Krieges[1] zu dem Prinzip bekannten, welches man dahin prägnant formulieren könnte: »Wenn wir vor der Wahl stehen, entweder noch einige Jahre Krieg und dann Revolution oder jetzt Friede und keine Revolution, so wählen wir: noch

[1] 1914–1918. (D. H.)

einige Jahre Krieg!« Auf die weitere Frage: »Was kann diese Revolution mit sich bringen?«, würde jeder wissenschaftlich geschulte Sozialist geantwortet haben: daß von einem Übergang zu einer Wirtschaft, die man sozialistisch nennen könne in *seinem* Sinne, keine Rede sei, sondern daß eben wieder eine Bourgeoisiewirtschaft entstehen würde, die nur die feudalen Elemente und dynastischen Reste abgestreift haben könnte. – Für dies bescheidene Resultat also: »noch einige Jahre Krieg«! Man | wird doch wohl sagen dürfen, daß man hier auch bei sehr handfest sozialistischer Überzeugung den Zweck ablehnen könne, der derartige Mittel erfordert. Beim Bolschewismus und Spartakismus, überhaupt bei jeder Art von revolutionärem Sozialismus, liegt aber die Sache genau ebenso, und es ist natürlich höchst lächerlich, wenn von dieser Seite die »Gewaltpolitiker« des alten Regimes wegen der Anwendung des gleichen Mittels *sittlich* verworfen werden, – so durchaus berechtigt die Ablehnung ihrer *Ziele* sein mag.

Hier, an diesem Problem der Heiligung der Mittel durch den Zweck, scheint nun auch die Gesinnungsethik überhaupt scheitern zu müssen. Und in der Tat hat sie logischerweise nur die Möglichkeit: *jedes* Handeln, welches sittlich gefährliche Mittel anwendet, zu *verwerfen*. Logischerweise. In der Welt der Realitäten machen wir freilich stets erneut die Erfahrung, daß der Gesinnungsethiker plötzlich umschlägt in den chiliastischen Propheten, daß z. B. diejenigen, die soeben »Liebe gegen Gewalt« gepredigt haben, im nächsten Augenblick zur Gewalt aufrufen, – zur *letzten* Gewalt, die dann den Zustand der Vernichtung *aller* Gewaltsamkeit bringen würde, – [ebenso] wie unsere Militärs den Soldaten bei jeder Offensive sagten: es sei die letzte, sie werde den Sieg und dann den Frieden bringen. Der Gesinnungsethiker erträgt die ethische Irrationalität der Welt nicht. Er ist kosmisch-ethischer »Rationalist«. Sie erinnern sich, jeder von Ihnen, der Dostojewskij kennt, der Szene mit dem Großinquisitor, wo das Problem treffend auseinandergelegt ist. Es ist nicht möglich, Gesinnungsethik und Verantwortungsethik unter einen Hut zu bringen oder ethisch zu dekretieren: welcher Zweck *welches* Mittel heiligen solle, wenn man diesem Prinzip überhaupt irgendwelche Konzessionen macht.

Der von mir der zweifellosen Lauterkeit seiner Gesinnung nach persönlich hochgeschätzte, als Politiker freilich unbedingt abgelehnte Kollege F. W. Foerster glaubt, in seinem Buch um die Schwierigkeit herumzukommen durch die einfache These: aus Gutem kann nur Gutes, aus Bösem nur Böses folgen. Dann existierte freilich diese ganze Problematik nicht. Aber es ist doch erstaunlich, daß 2500 Jahre nach den Upanishaden eine solche These noch das Licht der Welt erblicken konnte. Nicht nur der ganze Verlauf der Weltgeschichte, sondern jede rückhaltlose Prüfung der Alltagserfahrung sagt ja das Gegenteil. Die Entwicklung aller Religionen der Erde beruht ja darauf, daß das Gegenteil wahr ist. Das uralte Problem der Theodizee ist ja die Frage: Wie kommt es, daß | eine Macht, die als zugleich allmächtig und gütig hingestellt wird, eine derartig irrationale Welt des unverdienten Leidens, des ungestraften Unrechts und der unverbesserlichen Dummheit hat erschaffen können? Entweder ist sie das eine nicht oder das andere nicht, oder es regieren gänzlich andere Ausgleichs- und Vergeltungsprinzipien das Leben, solche, die wir metaphysisch deuten können, oder auch solche, die unserer Deutung für immer entzogen sind. Dies Problem: die Erfahrung von der Irrationalität der Welt war ja die treibende Kraft aller Religionsentwicklung. Die indische Karmanlehre und der persische Dualismus, die Erbsünde, die Prädestination und der Deus absconditus sind alle aus dieser Erfahrung herausgewachsen. Auch die alten Christen wußten sehr genau, daß die Welt von Dämonen regiert sei, und daß, wer mit der Politik, das heißt: mit Macht und Gewaltsamkeit als Mitteln, sich einläßt, mit diabolischen Mächten einen Pakt schließt, und daß für sein Handeln es *nicht* wahr ist: daß aus Gutem nur Gutes, aus Bösem nur Böses kommen könne, sondern oft das Gegenteil. Wer das nicht sieht, ist in der Tat politisch ein Kind.

Die religiöse Ethik hat sich mit der Tatsache, daß wir in verschiedene, untereinander verschiedenen Gesetzen unterstehende Lebensordnungen hineingestellt sind, verschieden abgefunden. Der hellenische Polytheismus opferte der Aphrodite ebenso wie der Hera, dem Dionysos wie dem Apollon und wußte: sie lagen untereinander nicht selten im Streit. – Die hinduistische Lebensordnung machte jeden der verschiedenen Berufe zum Gegenstand eines besonderen ethischen Gesetzes, eines Dharma, und schied sie kastenmäßig für immer voneinander, stellte sie dabei in eine feste Ranghierarchie, aus der es für den hierin Geborenen kein Entrinnen gab, außer in der Wiedergeburt im nächsten Leben, und stellte sie dadurch in verschieden große Distanz zu den höchsten religiösen Heilsgütern. So war es ihr möglich, das Dharma jeder einzelnen Kaste, von den Asketen und Brahmanen bis zu den Spitzbuben und Dirnen, den immanenten Eigengesetzlichkeiten des Berufs entsprechend auszubauen. Darunter auch Krieg und Politik. Die Einordnung des Krieges in die Gesamtheit der Lebensordnungen finden Sie vollzogen im Bhagavadgîtâ, in der Unterredung zwischen Krishna und Arjuna. »Tue das notwendige« – das heißt das nach dem Dharma der Kriegerkaste und ihren Regeln pflichtmäßige, dem Kriegszweck entsprechend sachlich notwendige – »Werk«: das schädigt das religiöse Heil nach diesem Glauben nicht, sondern dient ihm. Indras Himmel war dem indischen Krieger | beim Heldentod von jeher ebenso sicher wie Walhall dem Germanen. Nirvâna aber hätte jener ebenso verschmäht, wie dieser das christliche Paradies mit seinen Engelchören. Diese Spezialisierung der Ethik ermöglichte der indischen Ethik eine gänzlich ungebrochene, nur den Eigengesetzen der Politik folgende, ja diese radikal steigernde Behandlung dieser königlichen Kunst. Der wirklich radikale »Macchiavellismus« im populären Sinn dieses Wortes ist in der indischen Literatur im Arthashâstra des Kautilya (lange vorchristlich, angeblich aus Chandraguptas Zeit) klassisch vertreten; dagegen ist Macchiavellis »Principe« harmlos. – In der katholischen Ethik, der Professor Foerster sonst nahesteht, sind bekanntlich die »consilia evangelica« eine Sonderethik für die mit dem Charisma des heiligen Lebens Begabten. Da steht neben dem Mönch, der kein Blut vergießen und keinen Erwerb suchen darf, der fromme Ritter und Bürger, die, der eine dies, der andere jenes, dürfen. Die Abstufung der Ethik und ihre Einfügung in einen Organismus der Heilslehre ist minder konsequent als in Indien, mußte und durfte dies auch nach den christlichen Glaubensvoraussetzungen sein. Die erbsündliche Verderbtheit der Welt gestattete eine Einfügung der Gewaltsamkeit in die Ethik als Zuchtmittel gegen die Sünde und die seelengefährdenden Ketzer relativ leicht. – Die rein gesinnungsethischen, akosmistischen Forderungen der Bergpredigt aber und das darauf ruhende religiöse Naturrecht als absolute Forderung behielten ihre revolutionierende Gewalt und traten in fast allen Zeiten sozialer Erschütterung mit elementarer Wucht auf den Plan. Sie schufen insbesondere die radikal-pazifistischen Sekten, deren eine in Pennsylvanien das Experiment eines nach außen gewaltlosen Staatswesens machte, – tragisch in seinem Verlauf insofern, als die Quäker, als der Unabhängigkeitskrieg ausbrach, für ihre Ideale, die er vertrat, nicht mit der Waffe eintreten konnten. – Der normale Protestantismus dagegen legitimierte den Staat, also: das Mittel der Gewaltsamkeit, als göttliche Einrichtung absolut und den legitimen Obrigkeitsstaat insbesondere. Die ethische Verantwortung für den Krieg nahm LUTHER dem Einzelnen ab und wälzte sie auf die Obrigkeit, der zu gehorchen in anderen Dingen als Glaubenssachen niemals schuldhaft sein konnte. – Der Kalvinismus wieder kannte prinzipiell die Gewalt als Mittel der Glaubensverteidigung, also den Glaubenskrieg, der im Islâm von Anfang an Lebenselement war. – Man sieht: es ist durchaus *nicht* moderner, aus dem Heroenkult der Renaissance geborener Unglaube, der das Problem der politischen Ethik aufwirft. Alle | Religionen haben damit gerungen, mit höchst verschiedenem Erfolg, – und nach dem Gesagten konnte es auch nicht anders sein. Das spezifische Mittel der *legitimen Gewaltsamkeit* rein als solches in der Hand menschlicher Verbände ist es, was die Besonderheit aller ethischen Probleme der Politik bedingt.

Wer immer mit diesem Mittel paktiert, zu welchen Zwecken immer – und jeder Politiker tut das –, der ist seinen spezifischen Konsequenzen ausgeliefert. In besonders hohem Maß ist es der Glaubenskämpfer, der religiöse wie der revolutionäre. Nehmen wir getrost die Gegenwart als Beispiel an. Wer die absolute Gerechtigkeit auf Erden mit *Gewalt* herstellen will, der bedarf dazu der Gefolgschaft: des menschlichen »Apparates«. Diesem muß er die nötigen inneren und äußeren Prämien – himmlischen oder irdischen Lohn – in Aussicht stellen, sonst funktioniert er nicht. Also innere: unter der Bedingung des modernen Klassenkampfes, Befriedigung des Hasses und der Rachsucht, vor allem: des Ressentiments und des Bedürfnisses nach pseudoethischer Rechthaberei, also des Verlästerungs- und Verketzerungsbedürfnisses gegen die Gegner. Äußere: Abenteuer, Sieg, Beute, Macht und Pfründen. Von dem Funktionieren dieses seines Apparates ist der Führer in seinem Erfolg völlig abhängig. Daher auch von *dessen* – nicht: von seinen eigenen – Motiven. Davon also, daß der Gefolgschaft: der roten Garde, den Spitzeln, den Agitatoren, deren er bedarf, jene Prämien *dauernd* gewährt werden können. Was er unter solchen Bedingungen seines Wirkens tatsächlich erreicht, steht daher nicht in seiner Hand, sondern ist ihm vorgeschrieben durch jene ethisch überwiegend gemeinen Motive des Handelns seiner Gefolgschaft, die nur im Zaum gehalten werden, solange ehrlicher Glaube an seine Person und seine Sache wenigstens einen Teil der Genossenschaft: wohl nie auf Erden auch nur die Mehrzahl, beseelt. Aber nicht nur ist dieser Glaube, auch wo er subjektiv ehrlich ist, in einem sehr großen Teil der Fälle in Wahrheit nur die ethische »Legitimierung« der Rache-, Macht-, Beute- und Pfründensucht: – darüber lassen wir uns nichts vorreden, denn die materialistische Geschichtsdeutung ist auch kein beliebig zu besteigender Fiaker und macht vor den Trägern von Revolutionen nicht halt! –, sondern vor allem: der traditionalistische *Alltag* kommt nach der emotionalen Revolution, der Glaubensheld und vor allem der Glaube selbst schwindet oder wird – was noch wirksamer ist – Bestandteil der konventionellen Phrase der politischen Banausen und Techniker. Diese Entwicklung | vollzieht sich gerade beim Glaubenskampf besonders schnell, weil er von echten *Führern:* Propheten der Revolution, geleitet oder inspiriert zu werden pflegt. Denn wie bei jedem Führerapparat, so auch hier, ist die Entleerung und Versachlichung, die seelische Proletarisierung im Interesse der »Disziplin«, eine der Bedingungen des Erfolges. Die herrschend gewordene Gefolgschaft eines Glaubenskämpfers pflegt daher besonders leicht in eine ganz gewöhnliche Pfründnerschicht zu entarten.

Wer Politik überhaupt und wer vollends Politik als Beruf betreiben will, hat sich jener ethischen Paradoxien und seiner Verantwortung für das, was aus *ihm selbst* unter ihrem Druck werden kann, bewußt zu sein. Er läßt sich, ich wiederhole es, mit den diabolischen Mächten ein, die in jeder Gewaltsamkeit lauern. Die großen Virtuosen der akosmistischen Menschenliebe und Güte, mochten sie aus Nazareth oder aus Assisi oder aus indischen Königsschlössern stammen, haben nicht mit dem politischen Mittel: der Gewalt, gearbeitet, ihr Reich war »nicht von dieser Welt«, und doch wirkten und wirken sie in dieser Welt, und die Figuren des Platon Karatajew und der Dostojewskijschen Heiligen sind immer noch ihre adäquatesten Nachkonstruktionen. Wer das Heil seiner Seele und die Rettung anderer Seelen sucht, der sucht das nicht auf dem Wege der Politik, die ganz andere Aufgaben hat: solche, die nur mit Gewalt zu lösen sind. Der Genius, oder Dämon, der Politik lebt mit dem Gott der Liebe, auch mit dem Christengott in seiner kirchlichen Ausprägung, in einer inneren Spannung, die jederzeit in unaustragbarem Konflikt ausbrechen kann. Das wußten die Menschen auch in den Zeiten der Kirchenherrschaft. Wieder und wieder lag das Interdikt – und das bedeutete damals eine für die Menschen und ihr Seelenheil weit massivere Macht als die (mit Fichte zu reden) »kalte Billigung« des kantianischen ethischen Urteils – auf Florenz, die Bürger aber fochten gegen den Kirchenstaat. Und mit Bezug auf solche Situationen läßt MACCHIAVELLI an einer schönen Stelle, irre ich nicht: der Florentiner Geschichten, einen seiner Helden jene Bürger preisen, denen die Größe der Vaterstadt höher stand als das Heil ihrer Seele.

Wenn Sie statt Vaterstadt oder »Vaterland«, was ja zur Zeit nicht jedem ein eindeutiger Wert sein mag, sagen: »die Zukunft des Sozialismus« oder auch der »internationalen Befriedung«, – dann haben Sie das Problem in der Art, wie es jetzt liegt. Denn das alles, erstrebt durch *politisches* Handeln, welches mit gewaltsamen Mitteln und auf dem Wege der Verantwortungsethik arbeitet, gefährdet das »Heil der | Seele«. Wenn ihm aber mit reiner Gesinnungsethik im Glaubenskampf nachgejagt wird, dann kann es Schaden leiden und diskreditiert werden auf Generationen hinaus, weil die Verantwortung für die *Folgen* fehlt. Denn dann bleiben dem Handelnden jene diabolischen Mächte, die im Spiel sind, unbewußt. Sie sind unerbittlich und schaffen Konsequenzen für sein Handeln, auch für ihn selbst innerlich, denen er hilflos preisgegeben ist, wenn er sie nicht sieht. »Der Teufel, der ist alt.« Und nicht die Jahre, nicht das Lebensalter ist bei dem Satz gemeint: »so werdet alt, ihn zu verstehen«. Mit dem Datum des Geburtsscheines bei Diskussionen überstochen zu werden, habe auch ich mir nie gefallen lassen; aber die bloße Tatsache, daß einer 20 Jahre zählt und ich über 50 bin, kann mich schließlich auch nicht veranlassen zu meinen, das allein wäre eine Leistung, vor der ich in Ehrfurcht ersterbe. Nicht das Alter macht es. Aber allerdings: die geschulte Rücksichtslosigkeit des Blickes in die Realitäten des Lebens, und die Fähigkeit, sie zu ertragen und ihnen innerlich gewachsen zu sein.

Wahrlich: Politik wird zwar mit dem Kopf, aber ganz gewiß nicht *nur* mit dem Kopf gemacht. Darin haben die Gesinnungsethiker durchaus recht. Ob man aber als Gesinnungsethiker oder als Verantwortungsethiker handeln *soll*, und wann das eine und das andere, darüber kann man niemandem Vorschriften machen. Nur eins kann man sagen: wenn jetzt in diesen Zeiten einer, wie Sie glauben, *nicht* »sterilen« Aufgeregtheit – aber Aufgeregtheit ist eben doch und durchaus nicht immer echte Leidenschaft –, wenn da *plötzlich* die Gesinnungspolitiker massenhaft in das Kraut schießen mit der Parole: »Die Welt ist dumm und gemein, nicht ich; die Verantwortung für die Folgen trifft nicht mich, sondern die anderen, in deren Dienst ich arbeite, und deren Dummheit oder Gemeinheit ich ausrotten werde«, so sage ich offen: daß ich zunächst einmal nach dem Maße des *inneren Schwergewichts* frage, das hinter dieser Gesinnungsethik steht, und den Eindruck habe: daß ich es in neun von zehn Fällen mit Windbeuteln zu tun habe, die nicht real fühlen, was sie auf sich nehmen, sondern sich an romantischen Sensationen berauschen. Das interessiert mich menschlich nicht sehr und erschüttert mich ganz und gar nicht. Während es unermeßlich erschütternd ist, wenn ein *reifer* Mensch – einerlei ob alt oder jung an Jahren –, der diese Verantwortung für die Folgen real und mit voller Seele empfindet und verantwortungsethisch handelt, an irgendeinem Punkte sagt: »Ich kann nicht anders, hier stehe ich.« Das ist etwas, was menschlich echt ist und | ergreift. Denn diese Lage muß freilich für *jeden* von uns, der nicht innerlich tot ist, irgendwann eintreten *können*. Insofern sind Gesinnungsethik und Verantwortungsethik nicht absolute Gegensätze, sondern Ergänzungen, die zusammen erst den echten Menschen ausmachen, den, der den »Beruf zur Politik« haben *kann*.

Und nun, verehrte Anwesende, wollen wir uns nach *zehn Jahren* über diesen Punkt einmal wieder sprechen. Wenn dann, wie ich leider befürchten muß, aus einer ganzen Reihe von Gründen, die Zeit der Reaktion längst hereingebrochen und von dem, was gewiß viele von Ihnen und, wie ich offen gestehe, auch ich gewünscht und gehofft haben, wenig, vielleicht nicht gerade nichts, aber wenigstens dem Scheine nach wenig in Erfüllung gegangen ist – das ist sehr wahrscheinlich, es wird mich nicht zerbrechen, aber es ist freilich eine innerliche Belastung, das zu wissen –, dann wünschte ich wohl zu sehen, was aus denjenigen von Ihnen, die jetzt sich als echte »Gesinnungspolitiker« fühlen und an dem Rausch teilnehmen, den diese Revolution bedeutet, – was aus denen im inneren Sinne des Wortes »geworden« ist. Es wäre ja schön, wenn die Sache so wäre, daß dann Shakespeares 102. Sonett gelten würde:

Damals war Lenz und unsere Liebe grün,
Da grüßt' ich täglich sie mit meinem Sang,
So schlägt die Nachtigall in Sommers Blühn –
Und schweigt den Ton in reifrer Tage Gang.

Aber so ist die Sache nicht. Nicht das Blühen des Sommers liegt vor uns, sondern zunächst eine Polarnacht von eisiger Finsternis und Härte, mag äußerlich jetzt siegen welche Gruppe auch immer. Denn: wo nichts ist, da hat nicht nur der Kaiser, sondern auch der Proletarier sein Recht verloren. Wenn diese Nacht langsam weichen wird, wer wird dann von denen noch leben, deren Lenz jetzt scheinbar so üppig geblüht hat? Und was wird aus Ihnen allen dann innerlich geworden sein? Verbitterung oder Banausentum, einfaches stumpfes Hinnehmen der Welt und des Berufes oder, das dritte und nicht Seltenste: mystische Weltflucht bei denen, welche die Gabe dafür haben, oder – oft und übel – sie als Mode sich anquälen? In jedem solchen Fall werde ich die Konsequenz ziehen: die sind ihrem eigenen Tun *nicht* gewachsen gewesen, *nicht* gewachsen auch der Welt, so wie sie wirklich ist, und ihrem Alltag: sie haben den Beruf zur Politik, den sie für sich in sich glaubten, objektiv und tatsächlich im innerlichsten Sinn nicht gehabt. Sie hätten besser getan, die Brüderlichkeit schlicht und einfach von Mensch zu | Mensch zu pflegen und im übrigen rein sachlich an ihres Tages Arbeit zu wirken.

Die Politik bedeutet ein starkes langsames Bohren von harten Brettern mit Leidenschaft und Augenmaß zugleich. Es ist ja durchaus richtig, und alle geschichtliche Erfahrung bestätigt es, daß man das Mögliche nicht erreichte, wenn nicht immer wieder in der Welt nach dem Unmöglichen gegriffen worden wäre. Aber der, der das tun kann, muß ein Führer und nicht nur das, sondern auch – in einem sehr schlichten Wortsinn – ein Held sein. Und auch die, welche beides nicht sind, müssen sich wappnen mit jener Festigkeit des Herzens, die auch dem Scheitern aller Hoffnungen gewachsen ist, jetzt schon, sonst werden sie nicht imstande sein, auch nur durchzusetzen, was heute möglich ist. Nur wer sicher ist, daß er daran nicht zerbricht, wenn die Welt, von seinem Standpunkt aus gesehen, zu dumm oder zu gemein ist für das, was er ihr bieten will, daß er all dem gegenüber: »dennoch!« zu sagen vermag, nur der hat den »Beruf« zur Politik.

ANHANG

1.

DEUTSCHLANDS WELTPOLITISCHE LAGE[1]

Auszug

Viele Jahre hat man von dem Segen der monarchischen Regierung, von ihrer Kraft und Geschlossenheit gesprochen. In keinem parlamentarisch regierten Lande der Welt erleben wir aber das Unerhörte, daß eine Agitation zugelassen wird über Fragen der militärischen Führung in einem Augenblick, wo der erste deutsche Soldat an der Spitze unserer Streitkräfte zu Wasser und zu Lande steht. Ist es nicht ein Frevel, in einer lärmenden Agitation den Feind darauf aufmerksam zu machen, daß er sich gegen eine verschärfte U-Bootgefahr verproviantieren soll?

In der Reichstagskommission ist die Agitation zusammengebrochen, nachdem die Admiralität die einschlägigen Zahlen in Gegenwart von 200 Abgeordneten bekanntgegeben hat. Bald darauf wußten es Tausende, und wenige Wochen hernach konnte es der Feind wissen. Ein solcher Vorgang ist unerhört. Den Parteiführern war bereits vorher in vertraulicher Sitzung dasselbe gesagt worden. Trotzdem wurde darauf bestanden, daß dieser Vorgang stattfindet. *Wie soll es auf unsere Leute an der Front wirken, wenn in Denkschriften, in der Presse, durch Briefe und auf alle mögliche sonstige Art ihnen vorgeredet wird, daß es ein Mittel gäbe, dem Krieg in wenigen Monaten ein Ende zu machen?* Wie denkt man, daß unsere Leute auf die Dauer diese psychischen Strapazen aushalten? Es erscheint unbegreiflich,

[1] Münchener Neueste Nachrichten vom 28. Oktober 1916.

Die in dem Aufsatz über »Deutschland unter den europäischen Weltmächten« (siehe oben im Text Seite 157) hinter dem ersten Absatz aus Zensurgründen fehlenden Ausführungen gegen die Demagogie in Fragen der militärischen Führung und in der U-Boot-Agitation können auszugsweise ergänzt werden an Hand des nachstehenden Berichts über den Münchener Vortrag, der auch dem genannten Aufsatz zugrunde liegt. Das Vortragskonzept in Form einer Disposition ist erhalten; ein Abdruck findet sich bei WOLFGANG MOMMSEN, Max Weber und die deutsche Politik (1959), Seite 422 f. (D. H.)

wie die Berliner Zensur diese Agitation gegen den Reichskanzler zulassen kann. Das wäre in einem parlamentarisch regierten Lande nicht möglich.

Es waren nicht Leute mit starker Seele und kräftigen Nerven, die hinter den Demagogen des U-Bootkrieges herliefen, sondern hysterische schwache Seelen, die die Kriegsbürde nicht mehr tragen wollten. Wenn das weiter geduldet wird, kann die Folge nur eine hysterische Demoralisation sein. Der Krieg muß aber noch durchgehalten werden, vielleicht noch jahrelang. Die wirklichen Gründe der U-Boot-Agitation liegen ja zum Teil auf dem Gebiet der inneren Politik.

2.

DIE WIRTSCHAFTLICHE ZUGEHÖRIGKEIT DES SAARGEBIETS ZU DEUTSCHLAND[1]

Auszug

Der Bitte, über *die wirtschaftliche Seite des Problems, insbesondere mit Bezug auf das Saarbecken* zu reden, kann ich in ziemlicher Kürze genügen, da mein persönlicher Standpunkt der ist: daß in dieser Frage die Ehre der Nation im Spiel ist und daher Wirtschaftsfragen keine entscheidende Rolle spielen dürfen. Richtig ist aber, daß staatliche Grenzen unmöglich nur nach nationalen Gesichtspunkten gezogen werden können, solange es Staaten mit Wirtschaftspolitik überhaupt gibt. Die gemischtsprachigen Gebiete Oberschlesiens z. B. gehören aus zwingenden wirtschaftlichen Gründen zu Deutschland, weil das ganze Gebiet wirtschaftlich dorthin »blickt« und eine Verstümmelung des ganzen ostelbischen Wirtschaftslebens eintreten würde, nicht zuletzt auch des oberschlesischen, wollte man versuchen, es abzutrennen.

Richtig ist ferner für unser spezielles Problem: daß Deutschland und Frankreich als Wirtschaftskörper an Kohlen einerseits, Erzen andererseits ziemlich entgegengesetzt ausgestattet sind. Als Ganzes

[1] Von Max Weber selbst für den Wiederabdruck gekürzte Fassung seiner Ansprache bei der »Protestkundgebung von Lehrkörper und Studentenschaft der Ruprecht-Karls-Universität Heidelberg« am 1. März 1919. Die Ansprache selbst war von solchen »Explosionen des Zorns« begleitet, daß der Verf. es angebracht fand, diese Partien für die Einzelveröffentlichung ohne Schaden für die Sachausführungen zu streichen.

Die Protestkundgebung wurde unter dem Titel »Gegen Frankreichs Anspruch auf Pfalz und Saarbecken« im Verlag Carl Winter, Heidelberg 1919, vollständig veröffentlicht. Der *Auszug* aus den zwei Reden von Hermann Oncken und Max Weber erschien unter dem Titel »Gegen Frankreichs Anspruch auf das Saarbecken« als politische Flugschrift bei Hermann Bergmann, Berlin 1919 (Verlagsnummer 217). Darin nehmen die Ausführungen Hermann Onckens die Seiten 3 bis 7, diejenigen Max Webers die Seiten 8–12 ein. In der Originalausgabe der Kundgebung umfaßt die Ansprache Hermann Onckens die Seiten 4–14, diejenige Max Webers die Seiten 30–38. (D. H.)

betrachtet hat Deutschland viel Kohle, Frankreich zu wenig. Deutschland hat für seine Kohle zu wenig Erz, Frankreich ist jetzt eines der erzreichsten Länder der Erde geworden. Unter Bezugnahme auf diesen Tatbestand argumentieren *die Franzosen* nun so:

1. *Wir haben Kriegsschäden an Kohlenbergwerken in* (angeblicher) *Höhe einer Jahresförderung von 10 Millionen Tonnen.* 2. *Wir haben an sich einen Bedarf von 55 Millionen und eine Eigenförderung von 40 Millionen Tonnen.* 3. *Das Saarbecken* – welches nach den mir vorliegenden Zahlen 1913 12²/₃ Millionen Tonnen förderte – *muß da in die Lücke springen.*

Dazu ist zu sagen: 1. *braucht Frankreich andere Kohlen als das Saargebiet hervorbringt.* Für die entscheidende Qualität: Fettkohlen, ist dessen Förderung für seinen eigenen Bedarf ungenügend und wird durch Zuschuß von außen ergänzt. 2. *bezog Frankreich bisher die Kohlen zur Deckung seines Fehlbedarfs von anderswoher und auf anderem Wege.* England, Belgien, Deutschland deckten den Bedarf, und die Franzosen fühlten sich so wohl dabei, daß sie sich noch einen, je nach den Kohlenpreisen auf 15 bis 20% vom Wert zu bemessenden, Kohleneinfuhrzoll erlaubten und trotzdem gut versorgt waren. Diese Versorgung stammte zu einem ganz geringen Bruchteil aus dem Saargebiet. Dagegen kann 3. *das Saargebiet überhaupt nicht mehr abgeben als bisher auch.* Nach den mir vorliegenden Zahlen wurden von der Saarkohle rund 30% verhüttet, 11% für Gasanstalten, 10% für Bahnbetriebe der verschiedenen Arten verwendet und 25% dem Hausbrand und Handel zugeführt. Von der Förderung wurden über ¹/₃ innerhalb des Saarbeckens selbst, etwa ¹/₃ in Süddeutschland verbraucht, welches in starkem Maße davon abhängig ist: Sie erinnern sich, daß die Heidelberger Gasbeleuchtung und Gasheizung während des Krieges gelegentlich nur durch sehr energisches Eingreifen des Direktors bei den Saarbergwerken Versorgung finden konnte. Nur ein Siebentel der Saarförderung geht nach Lothringen und ein ferneres Siebentel nach Frankreich. Das wird auch künftig so sein. Jede weitergehende zwangsweise Reservierung der Saarkohle aber, vor allem der an Ort und Stelle verbrauchten Fettkohlen, für französische Zwecke, einerlei in welcher Form, wäre der Tod der Saarindustrie.

Französischerseits wird nun weiter darauf hingewiesen: daß das jetzt an Frankreich fallende lothringische Gebiet zur Verhüttung seiner vielbesprochenen Minetteerze ganz auf die Saarkohlen an-

gewiesen sei. Da wir die genau gleichartige entsprechend umgekehrte Argumentation deutscher Annexionisten bezüglich des Minettegebietes (Briey) stets, auch auf dem Gipfel der deutschen Erfolge, bekämpft haben, haben wir das Recht, uns ein- für allemal derartige Argumentationen auch von seiten der Gegner zu verbitten. Natürlich braucht die Minette die Kohle. Aber Lothringen hat Kohle. Rund 3,8 Millionen Tonnen, mehr als doppelt soviel als aus dem Saargebiet nach Lothringen abgesetzt wurde, fördert Lothringen schon jetzt, wovon nur 1,5 Millionen nach dem Elsaß und Lothringen (im ganzen) gingen, rund 500 000 t aber nach Frankreich abgegeben wurden. Dagegen bedarf das Saargebiet der Minette unbedingt. Fast 6/7 der lothringischen Produktion ging nach Deutschland. *Das Saargebiet ist daher ungleich mehr abhängig von Lothringen als umgekehrt.* Allerdings ist auch die Minette ihrerseits stark darauf hingewiesen, mindestens teilweise das Saargebiet zur Verhüttung aufzusuchen, da sie in die Ferne nicht so zweckmäßig absetzbar ist. Saarkohle und französisch-lothringische Minette sind in der Tat aufeinander angewiesen. Wer aber an Völkerversöhnung und Völkerbund glaubt, wird daraus den willkommenen Schluß ziehen: daß künftig trotz aller jetzigen Gegensätze diese Gebiete sich über die Grenze hinweg wirtschaftlich wieder die Hand reichen werden. Wer aber nach rein materiellen Gesichtspunkten für die Zugehörigkeit eines Gebietes sucht, der muß sich erinnern: daß die Mosel und ihre Nebenflüsse, die natürlichen Wasserstraßen des Gebietes, nach Norden zum Rhein führen und nach Durchführung der von einigen engherzigen Interessenten früher hintertriebenen Kanalisation dies erst recht tun werden. *Das Kohlen- und Minettegebiet als Ganzes blickt also hinsichtlich seiner sämtlichen natürlichen Bedingungen nach Deutschland,* nicht nach Frankreich, und der Versuch, ihm sozusagen den Kopf umzudrehen, wäre gegen alle Natur der Dinge.

Erst recht so steht es mit den im Saargebiet auf der Grundlage seiner Bodenschätze beruhenden Produktionszweigen. Zunächst mit den Hütten. Ihr Roheisen wird an Ort und Stelle und in der Pfalz zu Stahl verarbeitet. Für diesen Stahl aber ist Frankreich kein Markt, sondern nur Deutschland. Ebenso ein spezifisches Fertigfabrikat: die Röhren. Damit ist Frankreich aus eigener Produktion nach Bedarf versehen, also kein Markt dafür. Nicht anders die wichtige *Glasproduktion.* Frankreich ist auch darin über Bedarf aus eigenem gedeckt. Die wichtigsten auf die Kohlen des Saargebietes angewiesenen örtlichen Industrien müßten also, selbst wenn man ihnen die Kohlen ließe, verkümmern, wenn sie gewaltsam in den französischen Wirtschaftskörper hineingezwängt werden sollten. Sie wären freilich vollends und ausdrücklich dem Untergang geweiht, wenn man – wie es jetzt in der französischen Presse angedeutet wurde – das Saargebiet zwar bei Deutschland belassen, ihm dabei aber die Lieferung von Kohlen für angebliche französische Wirtschaftsbedürfnisse auferlegen wollte. Für die Schäden im Sommegebiet wäre eine Deckung gerade aus dem Saargebiet wirtschaftsgeographisch nicht zu rechtfertigen, für das Saargebiet aber wäre sie ruinös und bedeutete eine wirtschaftlich unsinnige Zerstörung blühender alter Industrien. Man darf auf diesen Plan: die Saarbevölkerung als arbeitslose Bettler Deutschland zu überlassen, nachdem man ihr die Bodenschätze unter den Füßen wegkonfisziert hätte, wohl den Ausdruck »niederträchtig« anwenden. Vorsichtig veranschlagt, würde es sich um das Schicksal von rund 250 000 von der halben Million Menschen handeln, welche das Saargebiet heute umfaßt.

Bedarf nun etwa Frankreich neues Land oder mehr Bodenschätze zur Versorgung seines Menschenüberschusses? Für die Tatkraft seiner Unternehmer? Für die Erwerbsgelegenheit seiner Arbeiter?

Frankreich und Deutschland unterscheiden sich in ihrer inneren Stellungnahme zur Wirtschaft tiefgehend. Frankreich ist das Land des Zweikindersystems, des Sparens und der Rentner. Es hat im Verhältnis zu seinen natürlichen Möglichkeiten zu wenig Menschen. Deutschland war schon bisher das Land der Unternehmer und Arbeiter und wird nach dem Kriege ein Land sein, welches im Verhältnis zu seinen natürlichen Möglichkeiten zuviel Menschen hat. Nicht französische Unternehmer oder Arbeiter, sondern ganz und gar nur: die französische Finanzwelt, die Banken, die dort in ganz anderem Umfange als bei uns die Industriepapiere in der Hand halten, hätten ein Interesse daran, mit einem Objekt wie den Saargruben ihr Spiel treiben zu können. *Für Deutschland dagegen ist nach dem Kriege die Frage der Schaffung von Erwerbsgelegenheit für seine Arbeitermassen schlechthin die Frage, hinter der alle anderen zurücktreten.* Wenn man von der Notwendigkeit einer Millionenauswanderung aus Deutschland wie von einer Selbstverständlichkeit spricht, so ist das leider richtig. Nur unterläßt man gewöhnlich zu fragen, nicht nur: wohin?, sondern vor allem: was für Dinge müssen bei uns zunächst eintreten, ehe sich die Millionen zur Auswanderung in Bewegung setzen werden? Diese Millionenauswanderung eines Pariavolkes könnte freilich die wirkliche »deutsche Gefahr« für die Erde werden. Ein Frevel sondergleichen ist es, sie zu befördern. Die schmachvolle Ausweisung der in Elsaß-Lothringen beheimateten deutschdenkenden Bevölkerung, der Weltboykott gegen das Deutschtum und die Abschneidung überseeischer Erwerbsmöglichkeiten werden Deutschland noch mit Massen von Erwerbslosen überschwemmen. Alle diese Perspektiven sind derart unerhört furchtbar, daß der Gedanke als ein Zynismus sondergleichen bezeichnet werden muß, von einer Wegnahme von Produktionsmitteln, sei es in Gestalt einer offenen oder verhüllten Annexion, sei es in Gestalt der Beschlagnahme von Kohlenlieferungen zu reden, welche die Stillegung einer Industrie und die Brotlosigkeit von Hunderttausenden zur Folge haben müßten, nur zu dem Zweck, politischen Annexionismus oder reine Bankinteressen zugleich zu befriedigen und zu bemänteln.

Für die Zukunftspolitik, vor allem für die Völkerbundpolitik, wird freilich selbst diese Seite der Sache noch überragt durch die unerhörte Verletzung des Selbstbestimmungsrechts, welche uns hier angesonnen wird. Nach langjährigem Genuß der französischen Verwaltung hat das Saargebiet [1815] nicht nur seinen Wiederanschluß an Deutschland, sondern seinen Neuanschluß an Preußen begehrt[1]. An einen Staat also, dem sonst in Deutschland zwar mit allseitigem Respekt, aber wenigstens von Leuten, die vorher noch nicht zu ihm gehört hatten, selten mit dem Wunsch begegnet wurde: zu ihm zu kommen.

[1] Dies war in seiner Ansprache schon von Wolfgang Windelband hervorgehoben worden (Kundgebung, Seite 23 f.).

Im zweiten Pariser Frieden vom 20. November 1815 kamen Bouillon an das Großherzogtum Luxemburg, Saarlouis und Saarbrücken an Preußen, Landau an Bayern.

Hermann Oncken hatte dazu in seiner Rede ausgeführt: Im ersten Pariser Frieden »hatten die europäischen Mächte 1814 eingewilligt, außer Landau auch Saarbrücken, also ein Plus gegenüber der französischen Staatsgrenze von 1792, bei Frankreich zu belassen. Erst der erneute Friedensbruch Napoleons im Jahre 1815 bewog die Mächte dazu, diese Konzession wieder zurückzunehmen und Saarbrücken, dem Wunsche seiner deutschen Bewohner entsprechend, an Deutschland zurückzugeben. ... ›Die überwiegende Meinung in England ist‹, so schrieb der englische Ministerpräsident Lord Liverpool an Lord Castlereagh am 15. Juli 1815, ›daß wir vollkommen berechtigt sind, uns den gegenwärtigen Moment zunutze zu machen, um von Frankreich die hauptsächlichsten Eroberungen Ludwigs XIV. zurückzunehmen (to take back from France the prinzipal conquests of Louis XIV).‹«
(Auszug, Seite 6 = Kundgebung, Seite 8/9). (D. H.)

Es ist meines Wissens das einzige Gebiet, das gerade diesen Willen geäußert hat. Diese im eigentlichsten Sinn durch Selbstbestimmung getroffene Entscheidung nicht zugunsten von Pariser Finanzinteressen mit Füßen treten zu lassen, ist eine Sache der Ehre.

3.

BEMERKUNGEN ZUM BERICHT DER KOMMISSION DER ALLIIERTEN UND ASSOZIIERTEN REGIERUNGEN ÜBER DIE VERANTWORTLICHKEIT DER URHEBER DES KRIEGES[1]

I. Notwendigkeit unparteiischer Untersuchung

Die Unterzeichneten sind der Ansicht, daß die Frage der Verantwortlichkeit am Kriegsausbruch nicht von einer Seite, die selbst Partei ist, entschieden werden kann, sondern daß nur eine von beiden Seiten als unparteiisch anerkannte Untersuchungskommission, der alle Archive zugänglich sind und vor der beide Parteien gleichmäßig zu Worte kommen, den Versuch wagen kann, ein Urteil darüber zu fällen, welches Maß von Verantwortung jeder einzelnen Regierung daran zufällt, daß die von allen Völkern gefürchtete Katastrophe über die Menschheit hereingebrochen ist.

Von den vielen völlig unhaltbaren Ansichten, die in dem Bericht

[1] Sog. Professorendenkschrift (Das Deutsche Weißbuch über die Schuld am Kriege, 1. Ausgabe 1919, S. 56–68; 2. Ausgabe 1927, S. 63–77).

Nach der in Marianne Webers »Lebensbild« Max Webers (1. Auflage 1926, S. 668) enthaltenen Angabe hat Max Weber in Versailles die »Einleitung« zu dem Ganzen verfaßt. Da die Denkschrift selbst in den zugleich die Dokumentation enthaltenden Darlegungen der Anlagen I–XI und deren Unteranlagen ihr Schwergewicht hat, werden unter der »Einleitung« die hier abgedruckten »Bemerkungen« zu verstehen sein. Die Verfasserschaft ergibt sich zudem inhaltlich daraus, daß darin Gedanken und Beispiele Max Webers aus seinen voranstehenden gesammelten politischen Aufsätzen in nuce wiederkehren, formell aus der Tatsache, daß Max Weber dem offiziellen Brauch entsprechend unmittelbar unter dem Text der Rechtsunterzeichnete ist. Auch die Vorbemerkung zu den Anlagen (Seite 69 bzw. 78 des Weißbuches) offenbart nach ihrem Vorhandensein und ihrer Diktion unverkennbar die Hand ihres Urhebers.

Max Graf Montgelas hat zwei Jahre später eine eigene Darstellung veröffentlicht unter dem Titel: Zur Schuldfrage. Eine Untersuchung über den Ausbruch des Weltkrieges, Berlin 1921. (D. H.)

der Kommission der Alliierten und Assoziierten Regierungen ausgesprochen sind, werden die auf rein militärische Fragen sich beziehenden Punkte in den Anlagen II–III behandelt. Auf die politischen Fragen soll im nachstehenden in tunlichster Kürze eingegangen werden.

II. Die diplomatischen Verhandlungen

Einleitend muß bemerkt werden, daß von einer erdrückenden Überlegenheit des deutschen Heeres in keiner Weise gesprochen werden kann. Unanfechtbare Zahlen beweisen, daß, von Landsturm und gleichwertigen Formationen abgesehen, Deutschland und Österreich-Ungarn bei 116 000 000 Einwohnern nicht ganz 6 000 000 Streiter, Rußland und Frankreich aber bei einer Volkszahl von 210 000 000 reichlich 9 000 000 ins Feld stellen konnten. Eine erdrückende Überlegenheit war vorhanden, aber nicht auf deutscher Seite.

Wegen der dem General von Moltke irrigerweise zugeschobenen Äußerung wird auf dessen Schreiben in Anlage IV verwiesen. Die jedem Krieg abholde Gesinnung des Generals kann der mitunterzeichnete Graf Montgelas, der zwei Jahre lang dessen unmittelbarer Untergebener war, durch ganz bestimmte Tatsachen erhärten. Seine skeptische Auffassung über den Ausgang eines Weltkrieges steht aktenmäßig fest.

Die tieferen Ursachen des serbisch-österreichischen Konflikts, die den Bestand des österreichisch-ungarischen Staates gefährdenden großserbischen Bestrebungen einerseits, die handelspolitische Bedrückung des serbischen Volkes andererseits können hier nicht erschöpfend erörtert werden. Auf das bestimmteste aber muß der Auffassung entgegengetreten werden, daß zwischen Berlin und Wien ein geheimes Komplott zur Vernichtung Serbiens geschmiedet worden sei. Offen hat die deutsche Regierung in der am 3. August 1914 dem Reichstage vorgelegten Denkschrift ausgesprochen, daß sie der nach dem Attentat von Sarajewo in Wien gehegten Auffassung zugestimmt und eine dort für nötig erachtete Aktion gebilligt habe. Die Ziele dieser Aktion waren in Berlin im einzelnen nicht mitgeteilt, waren aber genau umgrenzt und enthielten keinerlei Annexionsgedanken; von Graf Tisza ist bekannt, daß er seine Zustimmung zum Ultimatum ausdrücklich von einem solchen Verzicht abhängig gemacht hat.

Diesem Tatbestand haben die späteren in dem Kommissionsbericht angeführten angeblichen Enthüllungen Eisners und anderer, soweit sie nicht Unrichtiges enthalten, Neues nicht hinzugefügt. Auch der Anfang Juli 1914 stattgehabte Briefwechsel zwischen den beiden Kaisern und deren Regierungen ist inzwischen in vollem Wortlaut veröffentlicht. Ein Kronrat hat am 5. Juli nicht stattgefunden. Der Kommissionsbericht spricht nur noch unbestimmt von entscheidenden Beratungen. Worauf diese sich in Wahrheit bezogen haben, ergibt Anlage V. Die Nordlandreise des Kaisers wurde zu dem alljährlich üblichen Zeitpunkt angetreten, der preußische Kriegsminister hat seinen Urlaub schon am 2. Juli erbeten; beiläufig sei bemerkt, daß der von der Kommission erwähnte bayerische Bericht vom 18. Juli, der mehrere schon öffentlich berichtigte Irrtümer aufweist, nicht vom Gesandten Grafen Lerchenfeld, sondern vom Legationsrat von Schoen herrührt. Völlig unbegründet ist ferner nach Ausweis der deutschen Akten die Behauptung, daß damals Bulgarien zum Kriege gegen Serbien veranlaßt werden sollte.

Es ist richtig, daß Österreich die Auffassung hatte, angesichts früherer nicht gehaltener Versprechungen Serbiens sich mit bloß diplomatischen Ergebnissen nicht begnügen zu können, sondern auf dem Eindruck einer militärischen Expedition bestehen zu müssen. Deutschland hat dieser Auffassung zugestimmt und Österreich dabei ermutigt.

Heute sehnt sich die Welt nach einem Völkerbunde, in dem militärische Maßregeln nicht mehr zulässig sind und in dem alle Nationen, ob groß oder klein, ob stark oder schwach, die gleichen politischen und wirtschaftlichen Rechte genießen. Mit dem *damals* auch von anderen Staaten angewendeten Verfahren stand zwar das Vorgehen gegen Serbien nicht im Widerspruch und war im guten Glauben als eine Maßregel gedacht, um einen seit langem die Gefahr eines Weltkrieges in sich bergenden Konfliktsstoff zu beseitigen. Immerhin empfand 1914 die deutsche Regierung selbst das Ultimatum als zu weitgehend (Blaubuch Nr. 18). Eine besondere Härte lag nach Ansicht der Unterzeichneten in der kurzen, auch auf spätere Vorstellungen hin nicht verlängerten 48stündigen Frist.

Auch den entgegenkommenden Charakter der serbischen Antwort hat die deutsche Regierung in ihrer unten besprochenen Note vom 28. Juli (Wolffs Telegramm vom 12. Oktober 1917) selbst anerkannt. Eine schiedsgerichtliche Regelung der nach dieser Antwort noch bestehenden Meinungsverschiedenheiten hätte besser jenem Geiste des Vertrauens entsprochen, auf den Sir EDWARD GREY am 30. Juli hinwies (Blaubuch Nr. 101), einem Geiste, welcher hoffentlich künftig die Beziehungen der Völker und ihrer Regierungen leiten wird. Voraussetzung für jenes für alles andere entscheidende Vertrauen wäre natürlich der Glaube gewesen, daß der englische Außenminister nicht nur den von Augenblickserwägungen unabhängigen Willen, sondern auch die Macht hatte, die unzweifelhaften russischen Kriegsabsichten im Zaum zu halten. Daran zweifelt, soweit der gute Wille Sir EDWARD GREYS in Betracht kommt, von den Unterzeichneten niemand mehr. Zu fragen ist nur, ob dieser gute Wille auch in einer Art zum Ausdruck gelangte und, angesichts des die gesamte Lage umstürzenden Verhaltens Rußlands, rechtzeitig gelangen konnte, um der deutschen Regierung jenes Vertrauen zu geben. Denn wie sehr das zaristische Rußland jeden modernen Anschauungen fernstand, beweisen die anliegenden bisher noch nicht vollständig veröffentlichten russisch-serbischen Aktenstücke (Anlage VI).

Die Berliner Regierung hat in dem Bestreben, den Streit zwischen Serbien und Österreich auch diplomatisch zu lokalisieren, anfänglich zu den insbesondere von englischer Seite gemachten Vermittlungsvorschlägen sich ablehnend verhalten; sie glaubte, daß auf diesem Wege eine Beseitigung der ständigen Bedrohung des Weltfriedens nicht zu erreichen sei. In dem Kommissionsbericht ist jedoch erstaunlicherweise nicht erwähnt, daß der direkte Gedankenaustausch zwischen Wien und Petersburg von deutscher Seite angeregt wurde, und daß Sir EDWARD GREY selbst dieses Verfahren als das zweckmäßigste (the most preferable method of all) anerkannt hat (Blaubuch Nr. 67). Ein schwer begreiflicher Irrtum ist es ferner, wenn aus Blaubuch Nr. 43 eine Ablehnung der Vermittlung zu Vieren durch Deutschland gefolgert wird, da dieses Telegramm sich nicht auf jenen Vorschlag, sondern auf den einer Konferenz bezieht. Zu einer Vermittlung zwischen Österreich-Ungarn und Rußland ist Deutschland immer bereit gewesen (Blaubuch Nr. 18 und 46). Besonders auffallend ist es endlich, daß in dem Kommissionsbericht die längst bekannten drei deutschen Noten nicht erwähnt werden, aus denen hervorgeht, wie stark der Druck war, den die Berliner Regierung vom 28. Juli ab auf das Wiener Kabinett ausgeübt hat. Die Unterzeichneten gestatten sich daher, aus diesen wichtigen Dokumenten einiges hier anzuführen:

Am 28. Juli wird Wien auf den versöhnlichen Charakter der serbischen Antwort hingewiesen und aufgefordert, gegenüber den deutschen und anderen Vermittlungsvorschlägen nicht mehr die bisherige Zurückhaltung zu beobachten (veröffentlicht durch Telegramm des Wolffbüros vom 12. Oktober 1917).

Am 29. (abgesandt Nacht 29./30.) wird die Verweigerung jedes Meinungsaustausches mit Petersburg als ein schwerer Fehler bezeichnet und beigefügt: »Wir sind zwar bereit, unsere Bundespflicht zu erfüllen, müssen es aber ablehnen, uns von Wien leichtfertig und ohne Beachtung unserer Ratschläge in einen Weltbrand hineinziehen zu lassen.« (Schon veröffentlicht in der »Westminster Gazette« vom 1. August 1914, ferner mitgeteilt im Deutschen Reichstag am 19. August 1915.)

In derselben Nacht wird zur Unterstützung des Greyschen Vorschlages von Blaubuch Nr. 88 nach Wien gedrahtet: »Wir stehen, falls Österreich jede Vermittlung ablehnt, vor einer Konflagration, bei der England gegen uns, Italien und Rumänien nach allen Anzeichen nicht mit uns gehen würden, so daß wir zwei gegen vier Großmächte ständen. Deutschland fiele durch Gegnerschaft Englands das Hauptgewicht des Kampfes zu. Österreichs politisches Prestige, die Waffenehre seiner Armee sowie seine berechtigten Ansprüche Serbien gegenüber könnten durch Besetzung Belgrads oder anderer Plätze hinreichend gewahrt werden. Es würde durch Demütigung Serbiens seine Stellung im Balkan wie Rußland gegenüber wieder stark machen. Unter diesen Umständen müssen wir der Erwägung des Wiener Kabinetts dringend und nachdrücklich anheimstellen, die Vermittlung zu den angegebenen ehrenvollen Bedingungen anzunehmen. Die Verantwortung für die sonst eintretenden Folgen wäre für Österreich und uns eine ungemein schwere.« (Mitgeteilt im Hauptausschuß des Deutschen Reichstags am 9. November 1916.)

Mit dem erwähnten Vermittlungsvorschlag vom 29. Juli nachmittags (Blaubuch Nr. 88) war der *Weg zur Erhaltung des Friedens gefunden*. Berlin war bereitwillig darauf eingegangen und drängte in Wien auf die Annahme in so scharfer Weise, wie wohl noch nie in ernster Stunde ein Bundesgenosse zum anderen gesprochen hat. Es ist wahrlich nicht die Schuld der deutschen Regierung, wenn die der glücklichen Lösung so nahen diplomatischen Verhandlungen durch militärische Maßnahmen der Gegenseite jäh unterbrochen wurden.

Was die durch den serbischen Gesandten in Paris veröffentlichten Dokumente betrifft, so ist der Bericht von WIESNER vom 13. Juli 1914 in Berlin niemals zur Kenntnis gebracht worden. Das Telegramm des österreichisch-ungarischen Botschafters, des Grafen SZÖGYÉNY, vom 25. Juli 1914, das für den Fall einer Kriegserklärung auf raschen Beginn der militärischen Operationen dringt, hält sich in dem Rahmen der schon erörterten Auffassung, daß eine örtliche Begrenzung des Streites, somit auch eine *rasche Erledigung dieses Streites* das beste Mittel zur Vermeidung einer Ausdehnung des Brandes sei. Was dann die Depesche des Grafen SZÖGYÉNY vom 27. Juli über die Zurückweisung möglicher englischer Vermittlungsvorschläge betrifft, so hat die Kommission sich sowohl an den ehemaligen Reichskanzler von BETHMANN HOLLWEG wie an den Staatssekretär von JAGOW gewendet und von beiden übereinstimmend die Auskunft erhalten, daß dieser Bericht unmöglich zutreffend sein könne. Wir halten die Mitteilungen dieser beiden Männer für glaubwürdig, zumal in Anbetracht des Umstandes, daß der österreichisch-ungarische Botschafter über seine Jahre gealtert war. Tatsächlich – und darauf kommt es an – ist die deutsche Regierung nicht in dieser Weise verfahren, sondern hat vom 28. Juli an alles Denkbare getan, um Österreich zur Annahme von Vermittlungsvorschlägen zu bewegen. Hinsichtlich der Wiederaufnahme der direkten Besprechungen ist der Erfolg auch nicht ausgeblieben (Rotbuch Nr. 50). Die Angabe des Botschafters gehört gleichwohl zu den zahlreichen Einzelpunkten, die die Notwendigkeit der Untersuchung durch eine neutrale Kommission als besonders dringlich erscheinen lassen.

Schließlich muß darauf eingegangen werden, daß der Vorschlag des Zaren vom 29. Juli, das österreichisch-serbische Problem dem Schiedsgericht im Haag zu überweisen, keine Zustimmung gefunden hat. Die Akten geben über den Grund keinen Aufschluß, er ist sicherlich darin zu sehen, daß die an diesem Tage angeordnete Mobilmachung von 13 russischen Armeekorps die Befürchtung nahelegte, Rußland werde die Zeit der Verhandlungen im Haag zur Weiterführung seiner Rüstungen ausnutzen. Wie immer man vom Standpunkte der heutigen Anschauungen aus dieser Begründung gegenüberstehen mag, so glauben die Unterzeichneten, daß der Vorschlag des Zaren nur dann Aussicht auf Erfolg gehabt hätte, wenn er von einer Einstellung der russischen Mobilmachungsmaßnahmen begleitet gewesen wäre. Tatsächlich aber haben an demselben Tag, wo der

Zar das Schiedsgericht vorschlug, seine militärischen und diplomatischen Ratgeber den Beschluß gefaßt, die russische Teilmobilmachung zu einer allgemeinen zu erweitern (Anlage I).

III. Die Katastrophe

Diese allgemeine russische Mobilmachung war es, wodurch die im Sinne von Blaubuch Nr. 88 angebahnte, von Deutschland nachdrücklichst geförderte glückliche Lösung der Krise vereitelt wurde.

Die russischen Mobilmachungsvorbereitungen waren, wie in Anlage I näher ausgeführt, in den letzten Jahren wesentlich verbessert und gesteigert worden; die Kriegsvorbereitungsperiode für das ganze europäische Rußland, also auch gegenüber Deutschland, hatte schon am 26. Juli begonnen. Die am 25. im Prinzip beschlossene, am 29. angeordnete *russische Teilmobilmachung* hatte gegen Österreich-Ungarn schon eine Überlegenheit russischer und serbischer Streitkräfte bereitgestellt. Die am 29. beschlossene, am 30. angeordnete *allgemeine russische Mobilmachung* war durch keinerlei deutsche oder österreichisch-ungarische militärische Maßnahme gerechtfertigt.

Alle diese Punkte sind in dem Kommissionsbericht nicht einmal flüchtig gestreift. Das Verschweigen der russischen allgemeinen Mobilmachung ist um so auffallender, als über die Bedeutung dieser Maßnahme im Jahre 1914 eine Meinungsverschiedenheit nicht bestand. Es ist bekannt, wie dringend der britische Botschafter in Petersburg vor dem verhängnisvollen Schritt warnte (Blaubuch Nr. 17). Der allgemeinen Auffassung gab Oberst Repington am 30. Juli in den »Times« mit den Worten Ausdruck: »Es wäre ein Wunder, wenn nicht sehr bald nach Bekanntmachung der russischen Mobilmachung ganz Europa in Flammen stände« (and in a very short time, after a Russian mobilization is announced, it will be a miracle if all Europe is not aflame).

Noch weniger Unklarheit konnte in Frankreich über die Tragweite der russischen Mobilmachung bestehen; hatte doch General Boisdeffre am 18. August 1892, am Tage nach Abschluß der französisch-russischen Militärkonvention, dem Zaren auseinandergesetzt, daß *»die Mobilmachung so viel sei wie die Kriegserklärung«* (je lui ai fait remarquer que la mobilisation c'était la déclaration de guerre; 3. franz. Gelbbuch Nr. 71). Das Bewußtsein der Bedenklichkeit dieser Maßnahme war es denn wohl auch, wodurch die französische Regierung veranlaßt wurde, die russische Mobilmachung tunlichst lange geheimzuhalten. Noch am 31. Juli um 7 Uhr abends (gleich 9 Uhr Petersburger Zeit) erklärte der französische Außenminister dem deutschen Botschafter, »über eine angebliche Totalmobilisierung der russischen Armee und Flotte in keiner Weise unterrichtet zu sein« (Gelbbuch Nr. 117), obwohl der am frühen Morgen in Petersburg öffentlich angeschlagene Befehl doch keinem der dortigen Diplomaten hatte verborgen bleiben können und obwohl, wie die »Prawda« vom 9. März 1919 nach einem Geheimtelegramm Iswolskijs mitteilt, ein die »volle Mobilisation der russischen Armee ohne jede Ausnahme« bestätigendes Telegramm des französischen Petersburger Botschafters schon am Morgen des 31. in Paris eingegangen war.

Bei keiner sachkundigen Persönlichkeit konnte der mindeste Zweifel bestehen, was die russische Mobilmachung für Deutschland bedeutete. Der Krieg nach zwei Fronten stand bevor, er war gegen erdrükkende Übermacht zu führen, im Westen stand ein Heer von größter Operationsbereitschaft. Defensive nach beiden Seiten war sicheres Verderben. Die Offensive aber mußte nach der damals nicht nur in Berlin, sondern bei den Militärs wohl aller Länder bestehenden Auffassung mit tunlichster Schnelligkeit gegen Westen, gegen den zuerst operationsbereiten, zuerst zu fassenden Gegner, geführt werden, so daß nicht nur Wochen, sondern Tage wichtigen Zeitgewinn bedeuteten. Daß in der Kriegserklärung an Frankreich einige Meldungen über französische Fliegerangriffe leichtfertig ohne genaue Nachprüfung verwertet wurden, ist bedauerlich, ändert aber nichts an der Tatsache, daß nach Bekanntwerden der russischen Mobilmachung sofort auch mit der französischen, also dem *Kriege nach zwei Fronten*, gerechnet werden mußte. Diese Auffassung wird nachträglich durch die nunmehr bekannten Bestimmungen der russisch-französischen Militärkonvention vom 17. August 1892 bestätigt, wo im Falle der Mobilmachung auch nur einer Macht des Dreibundes die unverzügliche und gleichzeitige Mobilmachung der gesamten französischen und russischen Streitkräfte und deren schleuniger Einsatz zu entscheidendem Kampfe (ces forces s'engageront à fond, en toute diligence) vereinbart ist.

Im Falle einer Gesamtmobilmachung Rußlands stand jede deutsche Staatsleitung, welche deren Durchführung um deswillen abgewartet hätte, weil Verhandlungen angeboten wurden, dem eigenen Volke gegenüber vor einer furchtbaren und von niemandem zu tragenden Verantwortung. Die den gegnerischen Regierungen überreichten Dokumente zeigen, daß bei den Plänen des Zarismus, solange dieser aufrecht stand, diese Verantwortung nicht übernommen werden durfte. Sie wäre unter allen Umständen nur dann zu tragen gewesen, wenn eine übernationale hinreichend starke Zwangsgewalt die unbedingte Garantie übernommen hätte, daß die Verhandlungen keinesfalls dazu benutzt werden würden, jene riesenhafte russische Überlegenheit zuerst voll zur Entfaltung zu bringen und dann die Verhandlungen abzubrechen und Deutschland mit Krieg zu überziehen, dessen Ausgang von vornherein feststand. Eine solche übernationale Garantiemacht aber bestand damals nicht.

IV. Schlußfolgerungen

Deutschland hat der österreichischen Absicht, die großserbische Agitation durch eine nötigenfalls mit Waffengewalt unterstützte Aktion aus der Welt zu schaffen, zugestimmt. Es wäre von entscheidender Wichtigkeit gewesen, wenn sofort nach Eintreffen der serbischen Antwortnote am 27. das Wiener Kabinett von unwiderruflichen Maßnahmen abgehalten worden wäre, da die Berliner Regierung schon an diesem Tage den Eindruck gewonnen hatte, daß Serbien weit entgegengekommen war. Nach eingehender Prüfung der Note ist dann am 28. das Äußerste geschehen, um das Wiener Kabinett zum Einlenken zu bewegen. Berlin hat insbesondere den Vorschlag Sir Edward Greys am 29. nachmittags, der Österreich-Ungarn die ihm nach Ansicht aller Großmächte gebührende Genugtuung gewährte, mit den denkbar schärfsten Mitteln unterstützt. Warum die Antwort des Wiener Kabinetts auf diesen Vorschlag nicht sofort erfolgt ist, entzieht sich der Kenntnis der Unterzeichneten. Dieses ist einer der *wesentlichsten Punkte, der noch der Aufklärung bedarf.* Was Berlin betrifft, so ist ein Meinungswechsel vom 26. zum 28. nach den Akten unverkennbar, und es ist nach der Überzeugung der Unterzeichneten mangelnder Entschlußkraft zuzuschreiben, daß nicht schon am 27. die letzten Konsequenzen daraus gezogen wurden.

Den Weltkrieg hat Deutschland, wenn auch dieses Risiko mit in den Kreis der Betrachtungen gezogen worden war, nicht gewollt. Die deutsche Regierung galt während mehr als 40 Jahre, um die eigenen Worte des Kommissionsberichtes zu gebrauchen, als »Vorkämpferin des Friedens« (Gelbbuch Nr. 6). Eroberungspläne lagen den Gedanken der leitenden deutschen Staatsmänner weltenfern.

Anders war das in Rußland. Die Verwirklichung der Absichten der führenden panslawistischen Kreise war ohne Krieg nicht erreichbar. Diese friedensfeindlichen Elemente setzten in den entscheidenden Tagen ihren Willen durch. Denn gerade in dem Augenblick, da der Friede gesichert erschien, traf Rußland die Maßnahmen, die ihn unmöglich machten. Die Unterzeichneten können nicht umhin, der Ansicht Ausdruck zu geben, daß, wenn von London und Paris ein ebenso starker Druck auf Petersburg ausgeübt worden wäre, wie von Berlin auf Wien, der verhängnisvolle Schritt, den kriegslustige Militärs gegen den Willen des Zaren durchzusetzen wußten, wohl unterblieben wäre.

V. Verletzung der belgischen und luxemburgischen Neutralität

Hinsichtlich der Verletzung der belgischen und luxemburgischen Neutralität teilen die Unterzeichneten vollkommen den Standpunkt, den der deutsche Reichskanzler am 4. August 1914 unter dem Beifall des Reichstages eingenommen hatte, daß es sich um ein »wiedergutzumachendes Unrecht« handle. Sie bedauern, daß diese Auffassung während des Krieges vorübergehend aufgegeben und eine nachträgliche Rechtfertigung des deutschen Einmarsches versucht wurde.

VI. Rückblickende Betrachtungen

Die Unterzeichneten sehen sich schließlich zu folgenden allgemeinen Bemerkungen veranlaßt:

Man kann nach unserer Ansicht grundsätzlich nicht in der Art, wie es der gegnerische Kommissionsbericht tut, die Frage einer Kriegsursache durch Aufzählung von formellen Anlässen lösen, welche einen bestehenden Zustand politischer Hochspannung in einen Krieg hinübergleiten ließen. Neben der völligen und erstaunlichen Irrtümlichkeit der Darstellung der Einzeltatsachen liegt darin der grundsätzliche Fehler des ganzen Verfahrens. Man wird vielmehr die Fragen aufwerfen müssen:

1. Welche Regierungen hatten in der Vergangenheit am meisten jenen Zustand dauernder Kriegsbedrohtheit gefördert, unter welchem Europa vor dem Krieg jahrelang gelitten hat?

   Ferner und im Zusammenhang damit:

2. Welche Regierungen haben politische und wirtschaftliche Interessen verfolgt, welche nur durch einen Krieg verwirklicht werden konnten?

Was zunächst die zweite Frage anlangt, so können wir die Bemerkung nicht unterdrücken, daß künftig für die Antwort darauf wohl auch die Friedensbedingungen, vor allem diejenigen wirtschaftspolitischer und territorialer Art, welche jetzt zur Diskussion stehen, als Beweismittel dienen werden, wenn auf ihnen beharrt werden sollte.

Zu *beiden* für die Beurteilung des Problems entscheidenden Punkten aber ist das Folgende zu sagen:

Die frühere deutsche Regierung hat nach unserer Ansicht schwere Fehler begangen, welche allerdings in durchaus anderer Richtung liegen, als in derjenigen, in welcher ein Teil der öffentlichen Meinung unserer Gegner sie sucht. Sie liegen insbesondere ganz und gar nicht in der Richtung einer »Prämeditierung« eines Krieges mit einer der gegnerischen Mächte seitens irgendeines politisch verantwortlichen deutschen Staatsmannes. Eine solche Politik hätte auch innerhalb des deutschen Volkes keinen Rückhalt gefunden. Es ist einer der beklagenswertesten Fehler eines Teiles der öffentlichen Meinung des Auslandes, die verwerflichen und verantwortungslosen Äußerungen einer kleinen Gruppe chauvinistischer Literaten als Ausdruck der Gesinnung des deutschen Volkes zu behandeln, während leider weit größere Kreise anderer Länder in ihren Äußerungen mindestens in gleichem Maße dem Chauvinismus huldigten.

Die wirklichen Fehler der deutschen Politik lagen weit zurück. Der 1914 im Amt befindliche deutsche Reichskanzler hatte eine politische Erbschaft übernommen, welche seinen rückhaltlos aufrichtigen Versuch, die internationale Lage zu entspannen, von vornherein fast zur Aussichtslosigkeit verurteilte, oder dafür doch ein solches Maß staatsmännischer Kunst und vor allem Entschlußkraft verlangte, wie er sie teils nicht besaß, teils unter den Verhältnissen der damaligen deutschen Staatsordnung nicht zur Geltung bringen konnte. Es ist ein überaus schwerer Irrtum, moralische Schuld da zu suchen, wo in Wahrheit Nervosität, Schwäche gegenüber dem lärmenden Auftreten der oben bezeichneten kleinen, aber rücksichtslosen Gruppe, endlich mangelnde Fähigkeit zu schnellen und eindeutigen Entschlüssen in schweren Lagen Unheil entstehen ließen. Über die letzten, dem Kriegsausbruch vorausgehenden Zeiträume der deutschen Diplomatie wird eine mehrbändige, in mehrmonatlicher Arbeit hergestellte Publikation der Akten erschöpfende Auskunft geben. Jeder aber, der die Instruktionen des Reichskanzlers aus der letzten Zeit vor dem Kriegsausbruch liest, wird dem vorstehenden Urteil beipflichten müssen. Die deutsche Regierung hielt zunächst auf Grund der Darlegungen des Wiener Kabinetts eine österreichische militärische Expedition nach Serbien für im Interesse der Sicherung des Friedens unvermeidlich. Sie glaubte, das damit verbundene Risiko eines Eingreifens Rußlands mit seinen Folgen für ihre eigene Bundespflicht auf sich nehmen zu müssen. Sie hat bezüglich der Art der von Österreich an Serbien zu stellenden Forderungen dem Bundesgenossen zunächst ganz freie Hand gelassen. Sie hat dann, als auf das Ultimatum eine Antwort erfolgte, welche ihr selbst als genügend erschien, um jene Expedition dennoch zu unterlassen, diese ihre Ansicht zwar nach Wien mitgeteilt, aber sie hat, offenbar in allzu großem Vertrauen auf die damalige Leitung der dortigen Außenpolitik, nicht sofort, sondern erst am Tage darauf, dann allerdings mit der denkbar äußersten Energie, die letzten Konsequenzen: die Androhung der Versagung der Bundeshilfe, gezogen. Ob freilich bei einem noch schnelleren Verfahren ein Weltkrieg vermieden worden wäre, ist nicht sicher.

Denn bezüglich der Verantwortlichkeit in dem jetzt hier zur Diskussion stehenden Sinne müssen wir feststellen: Es gab in Europa unter den Großmächten jedenfalls eine, deren planmäßig viele Jahre vor dem Kriege verfolgte Ziele sich ausschließlich durch einen Angriffskrieg erreichen ließen und welche daher auf diesen bewußt hingearbeitet hat: den russischen Zarismus in Verbindung mit jenen sehr einflußreichen Kreisen Rußlands, welche in dessen Politik hineingezogen waren. Die schon einmal zitierten, zum Teil noch unbekannten Dokumente, insbesondere der Brief Sasonows an den Gesandten Hartwig in Belgrad, beweisen, daß die russische Regierung durch Instruktionen an ihre Vertreter in Belgrad und andere Mittel Serbien planmäßig auf den Weg der Eroberung auf Kosten des Territorialbestandes Österreich-Ungarns, auf dessen Gebiet Serbiens »verheißenes Land« liege, hingeleitet und ein gemeinsames kriegerisches Vorgehen zu diesem aggressiven Zwecke in Aussicht genommen hatte. Wie nach Überzeugung der Unterzeichneten vollkommen evident ist, hat sie dies nicht aus uneigennütziger Freundschaft zu Serbien getan, sondern deshalb, weil sie im eigenen Interesse die Zertrümmerung Österreich-Ungarns als politisches Ziel konsequent verfolgte. Sie war dabei ferner und vor allem von dem Bestreben geleitet, jedes Hemmnis für ihre eigene Ausdehnung auf dem Balkan und insbesondere für die Eroberung der Meerengen zu beseitigen. Daß sie die gewaltsame Aneignung nicht nur des Bosporus, sondern auch der Dardanellen planmäßig verfolgt und vorbereitet hat, ergeben die Dokumente der Anlage 6. Dabei war ihr genau bekannt, daß es in Deutschland weder in der Regierung noch innerhalb der Nation irgend jemand gab, der einen Krieg mit Rußland für wünschenswert gehalten hätte, dessen Aussichten ganz allgemein, auch, wie feststeht, von seiten der militärischen Autoritäten äußerst skeptisch beurteilt wurden, und von welchem im Falle des Erfolges niemand irgendeinen greifbaren Vorteil erhoffte. Sie wußte andererseits aber auch, daß Deutschland der Donaumonarchie durch geschichtliche Bande, Bündnis und Verwandtschaft großer Teile der österreichischen Bevölkerung verbunden war, und daß sie also bei einem Angriff auf den Bestand jener Monarchie auch dem militärischen Widerstand Deutschlands begegnen werde. Sie hat für ihre Zwecke daher das 1892 geschlossene und 1912 durch eine Marinekonvention erweiterte Kriegsbündnis mit Frankreich und die weiter geschaffenen Verbindungen dazu benutzt, in einem ihr günstig scheinenden Moment den »Mechanismus der Entente« in Bewegung zu setzen und ihre Freunde in den längst beabsichtigten Krieg mit hineinzuziehen. An diesem Punkte liegt die wirkliche Ursache der Entstehung des Weltkrieges.

Wir betrachten es als ein teils durch Schicksal, teils aber durch Fehler unserer politischen Leitung herbeigeführtes schweres Mißgeschick Deutschlands, daß es durch den unvermeidlichen Gegensatz gegen den Zarismus auch mit Ländern in Gegensätze und schließlich in kriegerische Verwicklungen geriet, denen es durch starke Gemeinschaft geistiger Interessen verbunden, und mit welchen nach unserer Überzeugung eine Verständigung möglich war.

Es muß freilich nachdrücklich betont werden, daß die französische Regierung vor dem Kriege die Absicht einer Wiedererlangung von Elsaß-Lothringen niemals rückhaltlos aufgegeben hatte, daß diese Absicht nur durch Krieg zu verwirklichen war und kein sicheres Mittel anzugeben ist, durch welches mit der letzten französischen Regierung vor dem Kriege eine Verständigung über diese Frage zu erzielen gewesen wäre. Dagegen standen sich die Ansichten der unter der

Führung des Herrn JAURÈS stehenden französischen Kreise einerseits und diejenigen der deutschen sozialistischen und bürgerlichen Demokratie andererseits vor dem Kriege außerordentlich nahe. Eine Einflußnahme jener Kreise im Sinne eines friedlichen Ausgleichs mit Deutschland war jedoch dadurch gehindert, daß Frankreich durch das feste Bündnis an die Politik des Zarismus gekettet war. Die französische Regierung hat, wie die Dokumente ergeben, bei Gelegenheiten, welche Rußland in einen Konflikt mit Deutschland bringen konnten, keine Ratschläge gegeben, welche Rußland von seiner friedensfeindlichen Haltung grundsätzlich abbringen, mehrfach aber solche, welche es darin ermutigen mußten. So hatte der Botschafter ISWOLSKY durch das Herrn POINCARÉ vorher vorgelesene Telegramm 369 vom 17. bzw. 18. November 1912 dem Minister SASONOW mitgeteilt, der französische Ministerpräsident erachte für den Fall einer Unterstützung Österreichs durch Deutschland im Balkankonflikt den Bündnisfall für gegeben. Am 25. Februar 1913 teilte der Botschafter BENCKENDORFF seiner Regierung mit: Von allen Mächten sei seinem Eindruck nach Frankreich die einzige, die einen Krieg ohne Bedauern sehen würde. 1914 erklärte schon am 24. Juli, also vor Abbruch der österreichisch-serbischen Beziehungen, der französische Botschafter der russischen Regierung, daß Frankreich, abgesehen von nachdrücklicher diplomatischer Unterstützung, nötigenfalls alle durch das Bündnis mit Rußland bedingten Verpflichtungen erfüllen würde.

Bei dieser Sachlage ist es durchaus unmöglich, aus dem Umstande, daß der Krieg gegen Frankreich militärisch offensiv geführt werden mußte, ihn auch politisch als einen Angriffskrieg Deutschlands gegen Frankreich hinzustellen. Frankreich war an den Zarismus fest gebunden.

Was *England* anlangt, so kann hier nicht erschöpfend untersucht werden, welche Schritte in der Vergangenheit die Regierungen hätten tun oder unterlassen sollen, um das unzweifelhaft beiderseits vorhandene, höchst verhängnisvolle wechselseitige Mißtrauen zu zerstreuen. Die englische Regierung hat oft erklärt, daß sie von der öffentlichen Meinung ihres Landes in ihrem Verhalten abhängig sei. In der öffentlichen Meinung Englands aber gab es eine sehr starke Strömung, welche darauf ausging, jede Verständigung zwischen Deutschland und Frankreich zu hintertreiben. Wir verweisen auf die bekannten Worte des Herrn LLOYD GEORGE aus dem Jahre 1908, welche sich dagegen wenden mußten. Nur infolge dieses gegenseitigen Mißtrauens ist im Jahre 1912 die einigende Formel zwischen dem Reichskanzler von BETHMANN HOLLWEG und Herrn HALDANE nicht gefunden worden, und hier liegt auch der letzte Grund, weshalb es der deutschen Regierung 1914 unmöglich schien, den Konferenzvorschlag des englischen Außenministers anzunehmen. Wir geben unsererseits ohne weiteres zu, daß nicht die Tatsache, wohl aber der schließliche Umfang und der Geist des deutschen Flottenbaues in den letzten Jahren in England Mißtrauen erregen konnten. Da dies gegenseitige Mißtrauen zweifellos einer der Hauptgründe der gespannten Lage Europas war, so halten wir es für bedauerlich, daß kein Weg zu seiner Beseitigung gefunden wurde. Wir hätten daher sowohl ein anderes Verhalten Deutschlands gelegentlich der Haager Friedenskonferenzen, wie gelegentlich der Aussprache über die deutschen Flottenbaupläne gewünscht. Andererseits müssen wir es beklagen, daß durch bekannte und oft zitierte Aufsätze englischer Zeitschriften, durch das Treiben und den Einfluß der Northcliffe-Presse, durch Akte wie die Ablehnung der Kodifikation des Seerechtes im englischen Oberhaus, in Deutschland schweres Mißtrauen genährt wurde. Auch ist es unerfreulich, daß durch einen sehr tüchtigen amerikanischen Schriftsteller (VEBLEN, Theory of Business Enterprise, 1904) die in einzelnen Kreisen aller Länder bestehende, nach unserer Ansicht völlig irrtümliche Theorie von der angeblichen Naturnotwendigkeit eines Handelskrieges eine gewichtige Unterstützung erhielt. So trieben sich die nationalistischen Agitationen der verschiedenen Länder gegenseitig in die Höhe. Angesichts dessen müssen wir es ganz besonders beklagen, daß durch die jetzt vorgelegten Friedensbedingungen die von uns bekämpfte Ansicht: daß der Krieg von englischer Seite als ein Mittel zur Niederwerfung eines lästigen Konkurrenten vorbereitet und geführt worden sei, voraussichtlich für alle Zukunft in der deutschen öffentlichen Meinung befestigt werden wird.

Für die Lage Deutschlands in dem Jahrzehnt vor dem Kriege war und blieb aber entscheidend, daß dieses Land in einem Zeitalter, welches noch kein Mittel zur Vermeidung von Kriegen kannte, einer kriegerischen Auseinandersetzung mit dem scheinbar unerschütterlich feststehenden Zarismus durch kein ehrenhaftes Mittel entgehen konnte ohne Preisgabe nicht nur unserer Vertragstreue, sondern auch unserer eigenen nationalen Unabhängigkeit. Das einzige Mittel wäre unter den damaligen Verhältnissen eine ganz feste und bindende

Vereinbarung mit England gewesen, welche beiden Teilen Vertrauen eingeflößt und sowohl Deutschland als Frankreich vor jedem Angriffskrieg geschützt hätte. Wir müssen den Nachweis erwarten, daß eine solche Vereinbarung durch einen englischen Minister bei der öffentlichen Meinung Englands in den letzten Jahren vor dem Kriege noch durchzusetzen war gegenüber jenen Tendenzen, welche wir oben feststellen mußten. Wir wiederholen: daß wir jeden etwa noch nachweisbaren Schritt einer englischen Regierung auf diesem Wege als wertvoll anerkennen und jedes etwaige Ausweichen einer deutschen Regierung vor solchen Möglichkeiten für einen Fehler halten würden.

Der Zarismus, mit welchem eine wirkliche Verständigung vollkommen ausgeschlossen war, bildete das furchtbarste System der Verknechtung von Menschen und Völkern, welches – bis zu diesem jetzt vorgelegten Friedensvertrage – jemals ersonnen worden ist. *Nur* als Verteidigungskrieg gegen den Zarismus hat 1914 das deutsche Volk, wie mit Recht namentlich die gesamte Sozialdemokratie damals erklärt hat, den Kampf einmütig und entschlossen aufgenommen. Auch heute, wo Deutschlands militärische Macht für immer vernichtet ist, halten wir diesen Abwehrkrieg für unvermeidlich. Mit dem Augenblick, in welchem das Ziel der Niederwerfung der zaristischen Macht erreicht war, wurde der Krieg sinnlos. Wir würden seine Fortsetzung als einen Frevel der früheren Regierung bezeichnen, sobald uns zweifelsfrei nachgewiesen würde, daß die Gegner bereit gewesen wären, einen Frieden ohne Sieger und ohne Besiegte auf der Grundlage der Achtung der gegenseitigen Ehre mit uns zu schließen. Dafür fehlt bis heute der Beweis. Die Friedensbedingungen, welche dem Volke des auf demokratischer Grundlage erneuerten Deutschland im Gegensatz zu feierlichen Verheißungen gestellt worden sind, sprechen leider eine so schlimme Sprache für das Gegenteil, daß, wenn an ihnen festgehalten wird, es keinerlei Mittel geben wird, diesen Beweis jemals glaubhaft zu erbringen.

Versailles, den 27. Mai 1919

Hans Delbrück — Max Weber
Max Graf Montgelas — Albrecht Mendelssohn Bartholdy

Alphabetisches Verzeichnis der Gesammelten Aufsätze von Max Weber

RS I/II/III = Gesammelte Aufsätze zur Religionssoziologie I/II/III
GPS = Gesammelte Politische Schriften
WL = Gesammelte Aufsätze zur Wissenschaftslehre
SWG = Gesammelte Aufsätze zur Sozial- und Wirtschaftsgeschichte
SSP = Gesammelte Aufsätze zur Soziologie und Sozialpolitik

Max Weber

Gesammelte Aufsätze zur Wissenschaftslehre

„Seitdem die Sammlung der wissenschaftstheoretischen Aufsätze Max Webers vor nunmehr einem Menschenalter erschienen ist, gehört sie dem eisernen Bestand der Soziologie an."
ERNST TOPITSCH in *Wiener Zeitschrift für Philosophie, Psychologie, Pädagogik,* IV. Band, 1. Heft

„Wer durch seine Einflußsphäre gegangen ist, ist für alle Zukunft klarer und gerader geworden."
JOSEPH A. SCHUMPETER über Max Weber

6. Auflage 1988. XI, 613 Seiten (UTB 1492). Broschur.

Max Weber

Soziologische Grundbegriffe

Der Band enthält das erste Kapitel aus Webers heute noch grundlegendem Werk „Wirtschaft und Gesellschaft". In diese „Soziologischen Grundbegriffe" sind Überlegungen eingegangen, die Weber im Verlauf einer auf Wunsch der Studenten WS 1919/20 im Münchner Auditorium Maximum gehaltenen Vorlesung „Abriß der universalen Wirtschafts- und Sozialgeschichte" gekommen sind. Statt, wie ursprünglich vorgesehen, eine Definition von Begriffen zu geben, die in dem Gesamtwerk ständig wiederkehren würden, entschloß sich Weber, über eine bloße Definition hinaus einen Aufbau derjenigen Elemente zu konstruieren, die eine Gesellschaft tragen und am Leben erhalten.

6., unveränderte Auflage 1981. 96 Seiten (UTB 541). Broschur.

UTB
FÜR WISSEN
SCHAFT

Uni-
Taschenbücher
Stuttgart

Wolfgang J. Mommsen

Max Weber und die deutsche Politik 1890 bis 1920

„Mommsen hatte mit seiner Monographie einen sehr konsequenten, und doch sehr maßvollen Beitrag zur Kritik an der politischen Tradition Deutschlands seit 1871 geliefert, noch bevor die große Diskussion über die Kontinuitätsproblematik Bismarck – Weimar – Hitler einsetzte. ... Mommsen hat nicht den Soziologen und Wissenschaftstheoretiker, den Schöpfer der ideal typischen Kategorienlehre und Verfechter der Werturteilsfreiheit beschrieben, sondern den Politiker Max Weber, daß heißt den Nationalisten, Verfechter deutscher Großmachtpolitik, und Schöpfer des Begriffs der ‚plebiszitären Führerdemokratie'."

HELMUT RUMPLER in *Mitteilungen des Instituts für Österreichische Geschichtsforschung* (1979), Heft 1–2

2. Auflage 1974. XX, 586 Seiten. Broschur.

ARTIBUS INGENUIS J·C·B·M· 1·8·0·1

J.C.B. Mohr (Paul Siebeck)
Tübingen